MEDIA ECONOMICS

한국 미디어 경제학

권호영 지음

박영사

1. 이 책의 접근방법

정보통신기술의 발전으로 인해서 미디어 산업은 지속적으로 변화하고 있
다. 미디어 이용자는 TV와 신문에서 탈피하여 다양한 매체를 이용하고 있다.
한국에서 1990년대 중반까지도 지상파방송3사의 채널을 잠자리 안테나로 수신
된 신호를 사용하는 텔레비전으로 시청하였고, 종이에 인쇄된 신문을 구독하였
다. 1995년에 케이블TV가 등장하면서 다채널 시대가 열려 텔레비전으로 약 200
개 채널을 시청할 수 있게 되었다. 2000년 즈음에는 인터넷이 보편화되면서 신
문을 인터넷으로 보기 시작하였다. 2002년 3월에는 위성방송이 시작되었고,
2005년에는 휴대전화를 통해서 TV를 수신할 수 있게 되었다. 2000년대 중반부
터 인터넷을 통한 동영상 시청이 활발해졌고, 2008년 말에서 실시간 IPTV가 도
입되었으며, VOD의 이용이 빠르게 증가하였다.

2011년에는 공중 인터넷을 통한 동영상 전송서비스인 OTT(온라인동영상서비
스)가 등장하였다. 동영상을 TV 수상기만이 아니라 PC와 핸드폰을 이용하여 시
청하고 있다. 한편 인터넷 포털과 동영상 앱을 통해서 정보를 입수하기 때문에
신문 구독자수는 빠르게 감소하였다. 정보, 동영상, 게임, 음악 등의 이용이 스
마트폰의 앱이나 인터넷 포털을 통해서 이루어지고 있다. 광고주들이 선호하는
젊은 층이 인터넷 서비스와 모바일 기기로 빠르게 전환하면서 인터넷과 모바일

광고가 급격히 증가하였고, TV광고 규모를 능가하여 최대의 광고매체로 등장하였다. 60대 이상의 연령층의 이용자들은 텔레비전을 시청하고 종이신문을 구독하는 경우가 많지만, 60대 이상의 연령층에서도 인터넷 콘텐츠와 모바일 기기의 이용이 빠르게 증가하고 있다.

전통적인 TV 채널과 신문은 내용, 서비스 제공방식, 시청 행태 그리고 사회, 문화적 효과 측면에서 근본적인 변화를 겪고 있다. 미디어 업계는 복잡해졌으며, 미디어 업계의 움직임을 이해하기가 쉽지 않게 되었으며, 변화의 방향을 예측하기가 어려워졌다. 이에 따라, 사업의 위험을 감지하여 이에 대응하기도 어려워졌고, 새로운 사업 기회를 포착하기는 더욱 어려워졌다. 이러한 문제에 직면한 이들에게 도움이 되는 자료는 꾸준히 생산되고 있고, 미디어 업계의 움직임을 체계적으로 설명하려는 연구도 발표되고 있다. 그러나 전문가를 제외하고는 미디어 시장에서의 움직임을 체계적으로 이해하고 맥락을 파악하기에는 이들 자료와 연구들이 단편적이다. 이 책은 이러한 미디어 산업을 공부하려는 이들의 애로를 해소하기 위해서 만들어졌다. 이 책에서는 단편적이고 산발적으로 진행된 설명을 종합하면서 경제적인 시각으로 미디어 시장을 설명하였다.

미디어 상품은 무형의 서비스 형태로 제공되는 정보와 오락이고, 소비자들은 이를 소비함으로써 정보를 얻거나 기분을 전환하거나 즐거움을 얻을 수 있다. 미디어 서비스에 대한 연구는 주로 미디어 서비스의 내용(즉, 정보와 오락)과 이 내용의 문화적, 사회적, 정치적 측면에 대해서 이루어지고 있다. 한편 이러한 서비스가 만들어지기 위해서는 경제적 자원이 투입되어 조직되어야 한다. 그리고 투입에 필요한 비용을 충당할 수 있는 재원이 마련되어야 서비스가 지속적으로 이루어질 수 있다. 미디어 서비스를 제공하는 개별 기업이나 조직의 활동은 시장구조의 영향을 받거나, 법규에 의해서 구속되거나, 정치적인 역학에 좌우되기도 한다. 2020년의 시점에서 미디어 시장에서 나타나는 움직임을 가장 잘 설명하는 변인이 경제적 요인일 것이다.

이 책에서는 한국의 미디어 시장에서 나타나는 현상을 경제적인 측면에서 접근한다. 한국의 미디어 기업이 소비자의 필요를 반영하여 어떻게 미디어 상

품을 제작하는지, 그리고 제작된 상품을 어떠한 경로를 통해서 소비자에게 도
달하며, 이 과정에서 수익의 배분은 어떻게 이루어지는가를 분석한다. 또한 미
디어 기업 간에 이루어지는 방송 프로그램의 거래, 채널의 거래 그리고 미디어
기업의 거래도 분석하였다. 그리고 이러한 미디어 시장의 참여자들 행위에 영
향을 주는 기술의 발전과 구조적인 요인에 대해서도 다루었다.

　　이 책을 통해서 한국의 미디어 시장에서 일어나고 있는 경제적 움직임을
이해할 수 있을 뿐만 아니라, 미디어 시장에서 일어나는 거래에 영향을 주는
규제나 정책적인 요인에 대한 이해의 폭도 넓어질 것이다. 한 걸음 더 나아가
미디어 기업이나 조직이 취해야 할 전략과 전술을 짜는 데 도움이 될 수 있을
것이다. 또한 미디어의 다양성, 공정한 경쟁, 소비자의 보호를 포함한 공익의
증진과 같은 정책 목표를 달성하기 위해서 정부가 취해야 할 미디어 정책을 만
드는 데에도 유익할 것이다. 따라서 이 책은 미디어 시장을 체계적으로 입문하
려는 미디어 관련 학과의 학생, 그리고 미디어 부문에서 일어나는 현상과 갈등
에 대해서 체계적으로 이해하고 연구하려는 대학원생과 연구자, 미디어 경제와
경영을 가르치는 선생님에게 도움이 될 것이다. 그리고 미디어 기업에서 경영
전략, 대외 협상이나 대관 업무 등의 담당자, 또한 미디어 관련 정부 기관이나
연구 기관에서 미디어 시장의 구조 정책이나 거래 행위에 관한 정책 연구를 하
는 자에게도 직관을 줄 수 있을 것이다.

2. 이 책의 내용과 특징

　　미디어 업종에서 일하기 위해서는 미디어 공급자, 수요자 그리고 시장에서
일어나는 거래를 이해할 필요가 있다. 구체적으로는 콘텐츠가 제작되고 서비스
가 제공되는 기제(시스템)를 알아야 한다. 그리고 미디어 기업의 수익 모델과 비
용 구조를 이해해야 하며 동시에 이용자가 미디어와 콘텐츠를 선택하는 행태에
대한 이해가 이루어져야 한다. 여기서 새로운 기술의 변화가 공급자인 기업과
수요자인 이용자의 행위에 미칠 수 있는 영향을 가늠할 수 있으면 더욱 바람직

하다. 또한 방송을 포함한 미디어 서비스의 경우 정부가 강한 규제를 하고 있으며 특정 서비스나 콘텐츠에 대해 지원하기도 한다. 이러한 정부의 행위가 서비스의 제공이나 소비자의 이용에 영향을 미칠 수 있기 때문에 규제 제도와 정부의 정책 방향에 대한 이해도 필요하다. 이러한 필요를 충족하려고 이 책의 내용을 구성하였다.

이 책에서는 2019년 시점에서 미디어 산업에서 일어나고 있는 현상을 주로 경제적인 시각에서 설명하였다. 목차도 경제학 체계를 반영하여 공급(2부, 3부, 4부), 수요(5부), 시장과 정책(6부, 7부)으로 구성하였다. 그리고 경제학적인 접근으로 설명이 부족한 경우에 경영학과 언론학의 연구 결과를 가져왔다. 예를 들면, 비즈니스 모델과 수익 모델(7장)의 설명을 경영학에서 가져왔고, 미디어 이용(10장)을 설명할 때 언론학의 연구 성과를 가져왔다. 이 책에서는 주로 미디어 산업에서 일어난 현상을 체계적으로 설명하면서 한국 미디어 기업들이 당면한 재정이나 전략 문제도 다루었다. 그리고 후반부에서 미디어 산업에 대한 규제 정책 중에서 거래 행위 규제와 관련된 내용(6부)이나 구조 규제와 관련된 내용(7부)도 다루었다.

본서는 기존에 출간된 '미디어 경제학' 관련 서적 여러 가지 측면에서 차별화된다. 아래에서는 기존 '미디어 경제학' 서적과의 차이점을 설명하면서 본서의 기획 의도와 내용을 소개한다. 첫째로, 가장 큰 차이점으로 한국의 미디어 시장에서 일어난 현상과 사건을 다루고 있다는 점이다. 이 책의 모든 장에 한국에서 일어난 사안을 다루었다. 예를 들면, 도입부인 2부에서는 지상파방송사에서 시작한 방송이 유료방송을 거쳐서 인터넷방송으로 변화하는 과정을 설명하였다. 기존의 미디어 경제학 저술은 대부분 미국 서적을 번역하거나 편역하였기 때문에 한국에서 일어난 사건들을 거의 다루지 않고 있다.

둘째로, 본서에서는 미디어 산업과 시장에서 일어나는 경제 현상을 설명하는 데 대부분의 지면을 사용하였다. 기존에 발간된 미디어 경제학 저술은 대부분 미시경제이론이나 산업조직이론을 주로 설명하면서 미디어 시장에 대한 설명을 부수적으로 다루고 있는 경우가 많았다. 셋째로, 방송 프로그램의 제작부문에서 일어나고 있는 경제적 현상을 별도로 다루었다(3부). 지상파방송사의 사내 제작에서 외주 제작으로 변화되고 있고, 외주 제작 시장에서 일어나고 있는 변화를 분석하였다. 그리고 성공한 콘텐츠의 특징에 대해서도 분석하였다. 기존의 미디어 경제학 저술에서는 제작 부문을 다루지 않는 경우가 대부분이다.

넷째로, 2000년대 들어서면서 강조된 미디어 가치사슬에 맞추어 미디어 시장을 설명하였고, 각 장을 구성하면서도 가치사슬을 염두에 두었다. 2010년대 강조되고 있는 플랫폼, 네트워크 효과, 양면 시장이론을 설명하였고(8장), 양면 시장이론이 미디어 결합규제에 어떠한 영향을 주는지도 정리하였다(17장).

다섯째로, 미디어의 수요를 분석하면서 이용시간과 광고지출 측면에서 분석하였다(5부). 미디어 이용 측면에서 미디어 간 경쟁을 분석하는 미디어 대체와 적소이론을 다루었다. 여섯째로, 한국의 미디어계에서 지속적으로 갈등과 이슈가 발생하고 있는 미디어 사업자 간에 거래를 분석하였다(6부). 2000년대에 접어들어서 외주제작이 본격화되고, 유료방송사를 포함한 동영상 플랫폼이 다양해지면서 사업가 간에 거래가 활발히 이루어지고 있다. 지상파방송사나 유료방송 사업자들이 우월적 지위를 이용하는 사례가 나타나면서 공정한 거래가 방송 산업에서 중요한 주제로 부상하였다. 본서에서는 제작사와 방송사(채널사용 사업자 포함) 간의 거래, 채널 사업자와 플랫폼 간의 거래(지상파 채널의 재전송 포함)를 다루었다.

일곱째로, 방송 채널 간의 경쟁과 방송매체 간의 경쟁을 분석하였다(6부). 지상파TV 채널과 PP 채널 간의 경쟁과 유료TV매체 간의 경쟁을 다루었다. 최근에 일어나고 있는 방송매체와 OTT와의 경쟁도 포함하였다. 여덟째로, 미디어 상품의 결합판매를 다루었다(6부 15장). 유료방송사의 채널 묶음(번들링)을 분석하였고, 방송과 통신 서비스의 결합판매도 다루었다. 결합판매로 나타나는 경쟁력의 변화와 공정경쟁 이슈도 다루었다. 아홉째로, 미디어 시장의 구조와 재원이 미디어 서비스의 성과에 주는 영향을 분석하였다(7부). 그리고 미디어 서비스의 성과에서 가장 중요시되는 다양성 측면에서 분석하였다. 프로그램 선택 모형과 이를 실증적으로 분석한 결과도 정리하였다(16장). 미디어 시장의 구조를 규제하는 경쟁 정책(17장)과 유료방송 시장에서 일어나고 있는 기업 결합(18장)을 분석하였다. 2000년 이후 종합유선방송사와 채널사용 사업자의 합병이 일어나고, 2015년부터는 IPTV 서비스를 제공하고 있는 통신 사업자들이 MSO를 인수하고 있다. 기업결합의 규제 이슈와 실제 기업결합의 심사방법과 심사 사례도 정리하였다(19장).

이 책의 내용은 모두 미디어 산업을 경제적인 시각으로 분석하려는 연구성과를 모은 것이다. 따라서 이들 연구가 없었다면 이 책은 나올 수 없었으며, 많은 연구자들의 노고에 고마움을 전한다. 필자의 역량 부족으로 여러 학자의 책이나 논문을 그대로 가져온 부분이 많다. 특히 미디어 경제학을 연구하는 학자들에게 감사드린다. 필자가 기존 연구를 제대로 이해하지 못하거나 취지나 맥락에 부합하지 않게 인용한 부분도 있을 것으로 짐작된다. 많은 연구자들이 넓은 마음으로 이해해주기를 바란다. 이 책에는 다양한 오류가 포함되어 있을 것이고 또한 문맥에 맞지 않는 문장이나 오탈자도 많이 있을 것이다. 필자와 논의가 필요하거나 수정 또는 보완이 필요한 부분에 대해서 연락해주면 고맙겠다.

2020년 8월
저자 권 호 영

차 례

제1부 »» 미디어 경제

제1장 미디어 경제와 미디어 상품의 특성

제2부 ≫동영상 산업의 구조와 변화

제5부 >>> 미디어 수요

제6부 »» 미디어 시장에서 거래와 경쟁

제7부 »» 미디어 시장구조와 성과

제16장　프로그램 선택과 다양성

1부

미디어 경제

● 제1장 미디어 경제와 미디어 상품의 특성

제1장 미디어 경제와 미디어 상품의 특성

1 미디어 경제·경영학[1]

1) 미디어에 대한 경제·경영학 접근

(1) 미디어 경제학이란?

텔레비전, 신문, 인터넷 서비스는 일종의 사업이다. 이 사업의 성과는 이들 기업의 소유주와 경영자, 이들 서비스의 수요자와 공급자, 그리고 이들 업체의 종사자들이 갖고 있는 경제적 동기의 영향을 받으며, 동시에 이들 서비스 시장의 구조에 따라 좌우되기도 한다. 미디어[2] 기업의 전략과 행동을 가장 명료하게 설명해 주는 것은 경제적 요인이다. 미디어 기업이 공익 서비스의 제공과 같은 비경제적 행동을 하는 경우도 있다. 비경제적 행동은 정부의 규제를 준수

---

[1] 이 절에서는 미디어 경제학과 경영학에 대해서 설명한다. 접근방법이나 이론의 발전 과정에 관심이 적은 독자는 이 절을 건너뛰어도 무방하다.

[2] 미디어는 정보 또는 콘텐츠를 네트워크로 전송하여 수용자 간 또는 송신자(콘텐츠 기업)와 수용자 간의 상호작용(커뮤니케이션)을 가능하도록 해주는 제도화된 매개체이다.

하거나 기업의 명성을 높이기 위한 것으로 자주 행하지는 않는다. 한편 공익을 위해서 설립된 한국방송이나 교육방송과 같은 공공기관도 미디어 서비스 제공에 필요한 거래를 하거나 필요한 재원을 마련하기 위해서 경제적 행위를 한다.

미디어 경제학은 경제적이고 재정적인 요인이 커뮤니케이션 활동, 미디어 시장의 체계와 조직 그리고 미디어 산업에 어떠한 영향을 미치는지를 연구하는 학문이다.[3] 미디어 경제학에서는 일반적인 경제적 법칙과 이론을 미디어 공급자와 수요자 그리고 시장에 적용한다. 미디어의 공급측면에서 보면, 경제적 힘과 규제 그리고 재정적 제약이 미디어 기업의 활동에 어떤 영향을 주는지 그리고 미디어 시장의 역학관계에 영향을 주는지를 파악한다. 미디어 기업이 새로운 서비스를 도입하거나 기존 서비스를 변경하는 경우는 공익이나 소비자의 이익을 위하는 경우보다는 이윤 확대나 비용 절감을 위한 것이다.

기존의 언론학과 미디어 경제학이 미디어를 보는 관점에서 상당한 차이가 있다. 특히 미디어 서비스 제공자, 미디어 내용(콘텐츠) 그리고 미디어 이용자를 보는 관점에서 상당한 차이가 있다. 미디어 서비스 제공자를 미디어 경제학에서는 이윤을 추구하는 주체인 기업으로 파악하지만, 언론학에서는 사회적 가치를 실현시켜야 하는 사회적 제도로서 파악한다. 콘텐츠를 언론학에서는 공익적 가치를 실현하는 데 필요한 수단으로 본다면, 미디어 경제학에서는 경제적 가치를 가지는 상품으로 본다. 미디어 이용자를 언론학에서는 '수용자'로 부르면서 미디어의 메시지에 영향을 받는 주체 또는 권익을 보호받아야 할 주체로 인식한다. 반면에 미디어 경제학에서는 미디어 이용자를 소비자나 상품이라고 보는데, 유료방송 서비스를 소비하는 주체로 인식하거나, 미디어 기업이 모아서 광고주에게 판매하는 상품(이용자의 주목)으로 간주한다. 언론학자는 미디어 경제학에서 사용하는 용어나 접근방법이 생경하기도 하고 거부감도 느꼈을 것이다.[4]

---

3) '미디어 경제학'은 통상적으로 미디어 산업에 대해 신고전파 경제학적인 접근을 사용한 경우에 사용한다. 미디어 산업에 대해 정치경제학적으로 접근한 경우에는 통상적으로 '미디어 정치경제학'이라고 칭한다.

4) 임정수(2017)의 11~17쪽 요약.

(2) 정치경제학적인 접근과 신고전파 경제학적인 접근

현대 경제학의 흐름은 주류인 신고전파 경제학과 비주류인 정치경제학으로 나뉜다. 신고전파 경제학은(근대 경제학 또는 주류 경제학이라고도 부른다) 재화의 효율적 배분을 중요시한다. 이에 비해서, 정치경제학은 생산 영역을 중요시하고 있다. 신고전파 경제학에서는 가치중립성을 전제로 경제현상의 논리적 설명에 주력하여 실증 분석이 강조되지만, 정치경제학에는 경제문제의 역사적 성격과 계급적 성격이 강조된다. 신고전파 경제학에서는 시장을 자율에 맡기면 가격의 기능에 의해 생산과 소비가 적절히 조화되고 경제도 안정적으로 성장한다는 입장을 가지고 있다. 한편 정치경제학은 자본주의 기업과 국가의 개입(또는 규제) 사이에 적정한 균형이 필요하다는 입장이다. 미디어 경제를 연구하는 경우에도 신고전파 경제학적인 접근과 정치경제학적인 접근으로 대별된다.

미디어의 산업적 측면에 대한 연구는 정치경제학적인 관점에서 먼저 이루어졌다. 1960년대 후반과 1970년대에 들어서면서 미디어에 영향을 주는 권력구조에 초점을 두고 정치경제학을 이용하여 미디어 경제를 탐구하기 시작하였다. 커뮤니케이션 영역에 대한 정치경제학적인 접근에서는 주로 미디어 기업의 소유와 경영구조가 미디어 산물의 영역과 형식에 미치는 영향을 분석하였다. 이 학파의 대표적인 연구문제는 매체 소유의 집중으로 인한 정보, 문화, 이념 등의 획일화나 상업화이다. 미디어 정치경제학은 미디어 산업의 생산과 소비, 그리고 미디어 산업과 관련된 정책을 수립하고 운영하는 주체인 정치권력에 대한 분석과 연구를 수행하는 학문 분야이다.[5] 미디어 정치경제학자들은 경제가 기술, 정치, 문화와 정보에 미치는 영향을 밝혀내기 위해 소유권, 기업구조, 금융자본과 시장구조 간의 연계성을 분석하는 많은 연구를 진행하였다.[6][7]

---

5) 최진봉(2013, 8쪽).
6) Meehan et al.,(1994, 347쪽), 문상현(2009, 81쪽) 재인용.
7) 이 책에서는 한국에서 미디어 정치경제학의 연구의 주제, 연구자, 연구성과, 한계와 과제에 대해서 다루지 않는다. 관심 있는 분들은 조항제(2008), 문상현(2009), 최진봉(2013), 임영호(2015) 를 참조하기 바람.

이에 비해서 커뮤니케이션 영역에 대한 신고전파 경제학적인 접근은 미디어 정책에 대한 관심과 밀접한 관계를 갖고 발전하였다.[8] 1970년대에 케이블 TV가 등장하면서 나타난 변화와 신문 산업이 당면한 문제들을 해결하기 위한 노력들이 나타나면서 신고전파 경제학적인 접근법으로 미디어를 연구하는 학자들이 증가하기 시작했다. 오웬, 비비, 매닝이 1974에 집필한「텔레비전 경제학」과 스펜서와 오웬(1975)이 쓴 텔레비전 시장의 구조에 대한 논문은 미디어 경제학의 발전에 주요한 역할을 하였다. 주류 경제학과 경영학을 학문적 배경으로 하는 소수의 커뮤니케이션 학자들이 그들의 전공지식을 가지고 미디어에 접근하기 시작한 것이다.

정치경제학적인 분석과 매체경제학적인 분석의 차이는 실제 연구를 대비시켜 봄으로써 잘 알 수 있다. 사례로 세계 시장에서 미국영화의 높은 점유율을 설명하는 방식을 보자. 정치경제학자인 구벡(Guback, 1969)이나 쉴러(Schiller, 1969)는 세계 영화무역 흐름의 일방성은 미국이 정치적, 경제적 힘의 우위를 이용하여 미국적 가치의 전파를 의도적으로 힘쓴 결과라고 설명하였다. 신고전파 경제학자인 와일드만(Wildman, 1995)과 워터만(Waterman, 1996) 등은 힘의 구조의 차이보다는 공공재의 성격을 갖는 영상물 시장에서 경제규모나 인구규모의 측면에서 상대적으로 우위가 있는 곳에서 생산된 영상물이 경쟁적 우위를 갖기 때문이라고 설명하였다(김은미, 2001, 116쪽).

---

8) 공공경제학자로써 노벨 경제학상을 받은 코즈(Coase, Ronald)는 1950년에 영국의 방송 시스템을 독점 산업의 사례로서 분석하는 저서를 내놓았고, 미국으로 이민온 뒤 1959년에는 법경제학의 관점에서 FCC의 조직과 규제제도를 연구하였으며, 1968년에는 오늘날 공영방송의 원 개념이 된 초창기 교육방송의 재정문제에 관한 논문의 발표하였다. 오웬(Owen, Bruce, 1970)은 1970년에 수정헌법1조에 관한 언론자유의 문제를 경제적 관점에서 미디어 기업의 구조와의 관련성을 연구한 저서를 냈고, 1974년에는 텔레비전 프로그램 선택에 관한 연구를 발표하였다. 미국의 FCC와 법무성은 미디어 관련 정책연구나 판결 과정에서 미디어 산업의 운영원리나 규제의 근거 또는 정책 실천에 따라 예상되는 결과에 관한 정보가 필요할 경우에 경제학자 등 전문가 의견을 받아왔는데, 이러한 과정에서 경제학자들이 정책적 판단의 근거가 되는 미디어 산업의 경제학적 분석을 실행하여 왔다(김은미, 2001, 118~119쪽).

(3) 미디어 경제·경영학의 발전과 접근법

커뮤니케이션 학계에서는 1980년대에 비로소 경제적, 재정적 영향력과 이 슈들을 중요하게 고려하기 시작하였다. 미국언론학회(AEJMC)는 1988년 미디어 경영경제(Media Management & Economics)분과를 신설하여 'Journal of Media Economics'를 발간해오고 있다. 미국의 학자들을 중심으로 진행되어온 미디어 경제경영 연구는 유럽에서도 반향을 일으켰고, 1999년 스위스의 세인트 갈렌 대학에서 'International Journal on Media Management'를 발간하기 시작했다. 그 이후로 경제적 이슈와 문제들, 그리고 커뮤니케이션 기업들의 재정적 전략 과 행동에 대한 지식들이 응집되고 확장되기 시작하였다. 이를 통해 경제적, 재 정적 영향력과 전략들이 어떻게 미디어의 발전과 경영에 영향을 주는지 설명하 는 데 도움을 주기 시작하였다.[9] 'Journal of Media Economics'가 창간된 1988 년부터 2003년까지, 그리고 'International Journal on Media Management'가 창 간된 1999년부터 2003년까지 발간된 논문 중 경제이론이 33%, 경영이론이 44%, 커뮤니케이션이론이 5%, 그리고 나머지 17%는 기타로 분류된다.[10]

미디어 경제학에서 이론 틀로는 공공경제론과 산업조직론이 주로 이용되 고, 주요 분석도구로는 계량경제학 기법들이 활용되고 있다. 매체상품이 소 비의 비경합성과 비배제성이라는 강한 공공재적 특성을 갖기 때문에 공공경 제론이 분석에 이용된다. 시장을 통한 공공재의 배분은 비효율적이고 불가능 한 경우도 많다.[11] 그래서 공공재는 비시장기구가 제공하는 경우가 많다. 예 를 들면, 국방 서비스는 비시장기구인 국가가 제공하고, 공영방송 서비스 역 시 비시장기구인 공영방송사가 제공한다. 국가나 공공기관이 공공재를 배분 하는 경우에 정부 실패의 문제가 제기되었고, 공공재를 배분할 수 있는 인위 적인 시장을 창출하려는 노력이 일어났다. 가격 책정방식과 제도를 고안하여 공공재를 시장에서 거래할 경우에도 여전히 불완전한 시장이고 파레토 최적이

---

9) 정재민(2008, 135쪽)과 Picard, R. G.(2006, 25~26쪽)를 정리함.
10) Mierzjewska & Hollifield(2006), 정재민(2008, 148쪽)에서 재인용.
11) 공공재는 시장 실패를 일으킬 수 있는 여러 요인 중 하나이다.

아니다.[12]

매체의 산업적 측면을 분석하는 데 있어 산업조직론을 이용하는 것이 필요하다. 산업조직론(theory of industrial organization)이 독립된 분야로서 본격적으로 연구되기 시작한 것은 1940년대부터이다. 이 시기를 대표하는 학자로는 메이슨 (Edward S. Mason)과 베인(Joe S. Bain)을 들 수 있다. 이들이 이른바 '하버드 산업조직 학파(Harvard School of Industrial Organization)'의 창시자들이다. 이 학파는 유명한 구조-행동-성과(structure-conduct-performance)[13] 접근방법을 정립한 것으로 잘 알려져 있으며 이들의 이론은 구조주의(structuralism)라고 불린다.

하버드학파는 시장구조, 기업행동 및 시장성과의 기본적 관계를 정리하고 그 성격 및 정책적 의미를 규명하려고 노력하였다. 특히 베인(Joe S. Bain)은 바람직한 시장성과를 얻으려면 이 셋의 관계를 산업별로 구체적으로 파악하여 시장구조나 기업행동에 대한 규제 정책을 추구해야 한다고 주장하였다. 이 학파는 대체로 집중화된 시장의 성과가 경쟁적인 시장에 비해 사회적으로 바람직하지 못하므로 이를 예방·시정하기 위해서는 합병 금지나 기업 분할과 같은 강력한 반독점 정책을 실시해야 한다고 제의하였다. 하버드학파는 1950년대부터 1970년대 초까지 산업조직론 분야를 주도했다.

경영학은 조직행동(organizational behavior)과 기업 전략(corporate strategy)을 바탕으로 기업의 전반적인 경영에 대해 연구하는 학문이다. 미디어 경영학은 미디어 기업의 경영을 연구하는 학문이라고 할 수 있고, 주로 미디어 기업의 경쟁 전략과 인수·합병을 포함하는 경영 전략, 서비스 개발 등 마케팅 전략, 동기부여, 리더십에 관해서 연구가 진행되었다. 미디어 경영학을 연구한 논문의 세부

---

12) 김균(2001, 129쪽).
13) SCP 프레임워크는 산업을 분석하는 데 있어 구조(S), 행위(C), 성과(P) 간의 관계를 정형화한 것으로, 산업성과가 시장 내의 기업의 행위에 의해 결정되고 기업행위는 시장구조를 나타내는 여러 가지 요인에 의해 영향을 받는다는 것이다. 시장구조요인에는 시장집중도를 나타내는 공급자와 수요자의 수, 시장에서의 상품차별화 정도, 진입장벽, 퇴출장벽, 원가구조, 수직결합의 정도, 경쟁자 관계사의 재무능력 등이 포함된다. 행위요인은 기업들이 이윤추구를 위해 취하는 일종의 전략적 행위로 가격 및 상품 전략, R&D와 혁신 노력, 시설투자나 법률 시스템 구축 등이다. 성과요인은 기업의 이윤, 가입자수, 자원 활용 효율성과 같은 경제적 요인과 고용 창출, 다양성 증대 등 사회적 요인이 있다(이치형, 2014).

연구 분야를 살펴보면 전략경영론이 54%로 절반 이상이었고, 테크놀로지/개혁/창의성이론이 21%, 수용자/소비자행동론이 12%, 상황이론/효율성이론이 9%, 정치경제학/규범적 접근이 5%, 그리고 조직/직업문화이론이 3%이었다.[14] 미디어 기업의 전략경영론을 연구한 논문에서 세부 연구주제를 분류한 결과, 판매/마케팅이 31.5%, 기술과 혁신 17.4%, 리더십과 조직행동 11.9%, 경쟁 10.9%, 국제거래 9.8%, 조직지배구조 8.7%, 그리고 재무, 인수합병, 다각화가 각각 3.3%로 나타났다.[15] 전략 경영의 분석도구로 구조－행위－성과 접근법(SCP 프레임)과 자원－기반 관점(Resource－based View)이 주로 사용되었다.

경제학과 경영학에서 다루는 이슈와 접근방식이 많이 다르다. 예를 들어, 경쟁에 대한 접근방식을 보자. 경제학에서는 시장구조에 따라서 경쟁의 정도가 달라진다고 본다. 시장구조에 가장 큰 영향을 미치는 요인은 공급자의 수와 상품 품질의 차이로 파악한다. 그 결과, 경쟁에 가장 큰 영향을 미치는 요인은 가격과 품질이라고 본다. 미디어 상품의 경쟁력은 가격보다는 품질이 더 중요한 경우가 많다. 경영학에서는 기업의 경쟁 환경을 분석하기 위해서 마이클 포터의 '5 force 모델'을 이용하는 경우가 많다. '5 force 모델'은 산업조직론에 기반을 두고 이론화한 모델로, 기업의 경영에 영향을 미치는 다섯 가지 요인(5 forces)으로 신규 진입의 위협, 공급자의 협상력, 구매자의 협상력, 대체재, 기존 사업자를 들고 있다.

2) 한국의 미디어 경제·경영 연구

(1) 한국에 미디어 경제·경영의 도입과 연구 동향

전통적으로 언론학에서 미디어는 문화적 측면과 사회적 제도로서의 측면이 강조되었다. 언론학에서 방송 정책의 이념은 전파의 희소성에 입각한 공익과

---

14) 이 자료는 Mierzjewska & Hollifield(2006)가 Journal of Media Economics와 International Journal on Media Management의 2003년까지 논문 중에서 분석한 결과로, 정재민(2008, 149쪽)에서 재인용.

15) 챈옴스테드(Chan－Olmsted, 2003), 정재민(2008, 149쪽)에서 재인용.

공공성의 구현이었다. 이 이념은 방송법에 구현되어 있는데, 지상파방송사의
소유와 편성에 다양한 공익적 의무를 부과하였다. 그러나 1990년 초에 케이블
TV를 도입하면서 더 이상 전파의 희소성만을 주창할 수 없게 되었고, 공익과
공공성이 이념은 약화될 수밖에 없었다. 정부는 케이블TV를 도입해야 하는 근
거로 '다양성의 확대'와 '미디어 산업의 성장'을 제시하였다. 케이블TV 사업을
민간기업이 주도할 수밖에 없는 상황에서 언론학자들은 방송 정책의 정책 이념
으로 '공익성과 산업성의 조화'를 제시하기도 하였다. 케이블TV 등 유료방송미
디어의 등장으로 미디어 경제·경영학의 도입의 필요성이 증가하였다.

　　한국에서 미디어 경제·경영학이 도입되기 이전에 미디어 연구에서 경제학
이나 경영학의 접근법을 연구한 사례는 서울 소재 일부 대학의 석·박사학위
논문에서 볼 수 있다.[16] 1980년대 후반부터 미디어 경제·경영학에 대한 연구가
본격적으로 이루어졌고,[17] 1990년대 초부터 논문과 책으로 미디어 경제·경영
연구결과가 발표되기 시작했다. 2000년대부터 한국에서 미디어 경제·경영학
연구가 활발하게 진행되고 있다. 2003년에 한국에서 「미디어 경제와 문화
(Journal of Media Economics and Culture)」를 펴내면서 하나의 학문 분야로서 양적·
질적 성장을 이루어왔다. 국내 학회의 경우 2008년에 한국방송학회 내에 '방송
경영 및 마케팅 연구분과'가 설립되었고, 2009년에 한국언론학회 내에 '미디어
경제경영 분과'가 설립되어 활동하고 있다.

　　정재민(2008)의 추계에 의하면 2003년~2007년간 「한국언론학보」, 「한국방
송학보」, 「미디어 경제와 문화」에 게재된 760개의 논문 중에서 118개(15.5%)가
미디어 경제와 경영을 주요 이슈로 다루고 있었다. 「미디어 경제와 문화」의 경
우 전체 59개 가운데 25개(42.4%), 「한국방송학보」는 전체 258개 가운데 57개

---

16) Eun−Mee Kim, So−Ra Park(2004)가 집계한 연세대학교와 서강대학교의 석·박사학위 논문
　　(1980년에서 2004년간) 중에서 총 75편이 미디어 경제학 연구였다. 미디어 경제학에 관한 연구
　　는 점차 증가하고 있고, 연구 주제는 방송, 케이블TV, 정책이었다.

17) 1980년대 후반부터 국내외에서 공부한 학자들이 국내 미디어를 대상으로 한 연구가 본격화된
　　것으로 보인다. 미국에서 공부한 장용호와 최양수 교수는 신고전주의적 접근의 미디어 경제학
　　과 경영학을 국내에 소개하였고, 영국에서 공부한 고 김승수 교수는 미디어 정치경제학적인
　　접근을 국내에 소개하였다.

(22.1%), 그리고 「한국언론학보」의 경우 전체 443개 가운데 36개(8.1%)로 나타났다. 이들 연구가 사용한 방법론을 보면 양적 연구가 84건(71.2%)으로 압도적으로 많고, 질적 연구가 14건(11.9%), 이론과 개념 논문이 14건(11.9%), 양적 연구와 질적 연구를 같이 사용한 연구가 4편, 비판 연구 2건이었다. 한국의 경우 미디어 경제 연구자가 더 많기 때문에 양적 연구가 압도적으로 많았다.

이론적 논문과 비판 연구 16편을 제외한 102편의 논문에서 사용한 자료를 분류하면, 정부(방송위원회, 영화진흥위원회 등), 국제기관(ITU, World Bank), DB업체(시청률 조사업체 등), 관련 협회(케이블방송협회 등), 기업 등의 자료를 이용한 논문이 49건(48.0%)로 제일 많고, 설문조사가 21건(20.6%), 내용분석이 10건(9.8%)순이다. 이 세 가지 방식으로 자료를 수집한 연구가 전체의 80%가량 차지한다. 양적 연구에서 사용된 통계기법은 회귀분석(36번)과 이변량분석(케이자승, t 검증, 상관관계; 32번)이 압도적으로 많이 이용되었다. 양적 연구 중에서 시계열 자료를 이용해 종적 분석을 한 연구는 17건(14.4%)이고, 나머지 101건(85.6%)은 획정연구로 나타났다.[18] 한국의 경우 시계열 자료를 축적한 역사가 짧고 자료의 종류도 많지 않은 측면이 반영된 것이다.

미디어 경제·경영 연구에서 보완되어야 할 부분을 정리하면 다음과 같다.[19] 첫째로, 연구 주제가 다양해져야 한다. 특히 콘텐츠에 대한 경제·경영적인 접근이 많아져야 한다. 콘텐츠의 제작과 투자에 대한 연구는 상대적으로 소홀했다. 지금까지 플랫폼이 미디어 시장에서 핵심적인 역할을 하고 있지만, 점점 더 콘텐츠의 중요성이 강조되고 있다. 더구나 소규모 개방형 경제구조를 가진 한국은 수출이 중요하고, 콘텐츠는 수출되고 있고 향후에 수출이 확대될 가능성이 높다. 콘텐츠에 영향을 미치는 제반 요인(투자, 조직, 리더십, 인력, 시장구조, 해외판매, 외국기업의 국내 진출 등)에 대한 연구가 필요하다.

둘째로, 미디어 경영 연구가 보다 늘어날 필요가 있다. 인터넷으로 인해 미디어 기업의 집중화가 심화되고 있다. 따라서 개별 기업이 미디어 시장에서 차

---

18) 정재민(2008) 152~155쪽 요약.
19) 정재민(2008)을 참고하면서 재구성하였다.

지하는 비중이 증가하고 있고, 일부 미디어 기업은 이미 미디어 시장에 큰 영향을 미치고 있다. 미디어 기업의 전략을 연구하고, 기업의 성과를 측정하고 성과에 미친 요인을 분석하는 것이 보다 중요해졌다. 이를 위해서는 현지 관찰이나 참여 관찰, 사례 연구 등 질적 연구를 할 수 있는 여건이 마련되어야 한다. 그리고 경영학의 접근방법으로 자원준거론, 전략경영론, 개혁확산론, 마케팅, 브랜딩, 기업의 공익성, 인간관계론, 국제화, 재무관리, 제품관리, 리더십, 조직행동론 등 다양한 접근이 이루어져야 한다.

셋째로, 미디어 경제 연구의 주제가 다양해지고 다양한 분석방법이 이용되어야 한다. 공급과 정책 관련 연구가 많이 이루어지고 있다. 미디어 소비와 관련한 연구가 보완될 필요가 있다. 미디어 이용에 대해서는 언론학에서 풍부한 연구가 이루어지고 있지만, 이를 경제적인 시각에서 분석할 필요가 있다. 또한 공급과 수요가 만나서 거래되는 시장에 대한 연구가 보다 체계적으로 이루어질 필요가 있다. 미디어 시장의 경우 공급 또는 수요측면에서 과점적인 형태나 독점적 경쟁인 경우가 많다. 경제학의 과점 시장이나 독점적 경쟁 시장에서 연구를 활용하여 미디어 시장을 분석할 필요가 있다. 그리고 분석방법으로 시계열분석, 다변량(multivariate) 분석, 구조방정식 모델(SEM), 시뮬레이션, 게임이론 등이 적절히 이용될 필요가 있다.

(2) 미디어 경제학의 유용성과 한계

경제학의 실증적의 연구가 경제 정책으로 이어지는 경우는 많지 않다. 실증적 분석결과에 바탕을 두더라도 정책의 수립에는 규범적인 가치 판단이 들어가고, 또한 정책이 결정되는 과정에서 정치적인 과정을 거쳐야 한다. 경제현상의 파악과 정책수립의 상이하기 때문에, 경제학을 실증경제학(positive economics)과 규범경제학(normative economics)으로 분류하기도 한다. 실증경제학은 경제현상을 있는 사실 그대로의 분석하고, 경제 현상들 사이에 존재하는 인과관계를 발견해 미래 변화를 예측하고 대응한다. 미시경제학, 거시경제학 등 보통 경제학 또는 경제이론이라고 할 때는 이 실증경제학을 가리킨다. 반면에 규범경제학은 가치 판단을 통해서 마땅히 되어야 할 경제상태가 무엇인가에 대하여 접근하는 이론으로, 이들 이론을 경제 정책론이라고 한다.

미디어 경제학은 시장 경쟁이 가장 효율적이라는 신고전파 경제학을 바탕으로 발전되었다. 미디어 경제학의 접근방법으로 많이 이용하는 이론은 미시경제론과 미시경제론에서 발전한 산업조직론에 근거를 두고 있는 실증경제학이다. 따라서 미디어 경제학의 분석결과가 바로 정책으로 연결되기는 어렵다. 그리고 신고전파 경제학은 시장 경쟁이 가장 효율적이고, 효율성을 최고의 덕으로 간주하기 때문에 규제 완화를 지지하는 경우가 많다.[20] 이러한 효율성을 우선하는 가치 판단은 공익을 우선으로 하는 미디어 정책의 규범과 배치되는 경우가 발생한다.

실제로 한국에서 미디어 경제 분석이나 설명은 미디어 현상이나 정책과 괴리되는 경우가 발생한다. 미디어 경제학의 분석에 기반을 둔 정책 제언을 규제 완화로 간주하거나 미디어를 상업화하려는 의도로 여겨지는 경우도 있었다. 미디어 산업에서 경제적인 분석에 기반을 둔 정책 제언을 규제기관은 하나의 설명으로만 간주하고 받아들이지 않는 경우가 많다.[21] 그런데, 이러한 현상이 일어나는 것이 당연하다. 왜냐하면 실증적인 분석이나 이에 근거한 정책과는 달리, 현실에는 경제적인 요인뿐만 아니라 비경제적인 요인이 반영되어 있고, 정책에는 다양한 가치 판단을 가진 집단의 의견이 정치적으로 조율되어 반영되기 때문이다.

한편, 정부가 미디어 정책을 시행하는 명분으로 공익(시청자 권익 확대, 다양성 확대 등)을 내세우는 경우가 많다. 그러나 실제로는 배경에 미디어 기업의 경제적 이해나 정치적 이해가 작용한 경우가 많다. 우리나라의 미디어 정책에는 지금까지도 경제적 이해보다는 정치적 이해가 더 크게 작용하는 것으로 보인다. 그러나 미디어, 채널, 콘텐츠, 이용 기기 등이 모두 다양해지면서 점차 정치적 이해보다는 경제적 이해가 미디어 정책에 더 큰 요인으로 작용할 것으로 예상된다.

---

20) 주류 경제학자 중에서 케인즈학파와 후생경제학자들은 일정한 조건하에서 정부의 시장 개입이 필요하다고 주장한다.
21) Eun－Mee Kim, So－Ra Park(2004).

미디어 경제학적 접근은 기존의 언론학으로 접근하기에는 한계가 있었던 유료 방송의 소유구조, 인수·합병, 방송 권역, 서비스요금, 편성, 프로그램 수급, 광고제도 등의 미디어 정책을 수행할 이론적 근거를 제공할 수 있었다. 1990년대 중반 이래 약 20여 년 동안, 한국 미디어 산업에는 여러 종류의 새로운 미디어 플랫폼이 등장하고 사라지기도 했던 일련의 과정에서 미디어 경제학은 관련 산업과 정책 논의를 위한 이론적 논거를 제공했다.[22)]

미디어 경제학은 미디어 기업의 행위를 분석하는 경우에도 유용하다. 사례로 신문 시장을 보자. 김승수(1997)에 의하면, 신문의 공급이 수요를 초과하고, 신문사는 운영비로 대출에 의존하고, 발행 부수를 부풀린다. 그리고 신문 시장의 집중도가 높은데, 1996년에 상위 4사가 한국 신문 시장의 74.3%를 점유하였다. 신문 시장에 규모의 경제가 작동하고, 동시에 지역별로 신문 시장의 조건이 다르다.

그런데, 많은 신문사가 수년간 경영 적자를 보이고 있음에도 불구하고 계속 신문을 발행하고 있다. 이를 보면 이들 신문사는 비금적적인 목표를 가지고 있다고 간주할 수 있다. 신문사를 소유한 모 기업은 전체 이윤극대화를 위해서 적자를 내는 신문 발행을 지속할 필요가 있다. 이 기업에 위기가 닥쳤을 기업의 안전을 보장해주는 수단으로 일간 신문을 발행하고 있는 것이다. 지역별로 분석해보면, 지역신문사의 수가 많은 지역에서 전국 신문사의 점유율이 높다. 따라서 이 지역에서는 지역신문사의 평균점유율이 다른 지역에 비해서 작을 수밖에 없다. 경제적으로 지역신문사의 이 현상을 설명할 수 없다. 지역신문 시장은 경제적으로 설명할 수 없는 제시할 수 없는 비경제적인 요인에 의해 작동되고 있다. 한국에서 적자 신문사가 생존할 수 있는 이유는 모 기업의 상호보조 또는 정부보조가 있다. 모 기업은 신문을 자사의 이윤을 보호하는 수단으로 사용한다. 미디어 시장을 이해하기 위해서는 경제적인 설명에 비경제적인 요인에 대한 설명이 보완되어야 함을 알 수 있다. 한국의 미디어 체계를 제대로 분석하기 위해서는 미디어 경제학 분석과 함께 정치적, 사회적, 문화적 측면을 고려

---

22) 임정수(2017, 9쪽).

해야만 한다.[23]

(3) 미디어 경제학 시각으로 본 한국 미디어 산업 개관

방송사와 신문사를 포함한 미디어 기업은 이용자에게 오락과 정보를 제공하고 이에 대한 대가로 이용료를 받거나(실질적으로 이용료를 받지 않는 경우도 많음) 이용자의 주목을 광고주에게 판매하여 수입을 얻는다. 한국의 경우 지상파 방송사와 신문사는 이용자로부터 대가를 직접 받는 수입보다는 이용자의 주목을 광고주에게 판매하여 얻는 광고수입의 규모가 훨씬 크다. 1995년에 케이블TV의 도입으로 유료방송이 시작되었지만 이용자들의 유료 플랫폼에 대한 지불의사가 매우 낮게 형성되었다. 케이블 채널의 경우 유료방송 채널이라는 이름에 걸맞지 않는 광고수입 위주의 수익구조를 갖게 되었다. 신문의 경우 오랫동안 이용자들이 지불하는 지대수입과 광고수입의 비중이 비슷하였으나, 인터넷을 통해 정보를 제공하면서 신문을 유료로 구독하는 이용자수는 빠르게 감소하였고, 2003년에는 무가지가 등장하면서 유료 구독자수는 더욱 감소하였다.

미디어 기업이 광고수입을 늘리거나 이용료수입을 늘리기 위해서는 이용자수를 늘려야 한다. 방송의 경우 시청자수를 늘리고 신문의 경우 구독자수를 유지하기 위해서 다양한 활동을 한다. 그리고 미디어 기업은 시청자(또는 구독자)의 크기뿐만 아니라 이용자의 인구 통계학적인 성격에도 관심을 가진다. 광고주들은 이용자수가 동일하더라도 젊은 층이 보다 많이 이용하는 매체나 광고하려는 상품의 주된 사용자들이 많이 이용하는 매체에 광고하기를 원하기 때문이다.

미디어 기업이 이용자수를 늘리기 위해서는 콘텐츠의 품질을 높이거나 자사 서비스의 노출을 늘려야 하지만 이를 위해서는 비용을 추가로 지출하여야 한다. 미디어 기업이 이윤을 극대화하기 위해서 이론적으로는 한계수입과 한계비용이 같아지는 수준에 맞추어 생산량이나 지출 수준을 결정해야 한다. 그러나 미디어 기업들이 경제학이론에서 제공하는 이윤극대화 조건에 따른 행동을

23) Eun—Mee Kim, So—Ra Park(2004)의 32~34쪽 요약.

하지 않는 경우가 많다. 한국의 지상파방송사들이 풍요를 구가하던 1970년에서 2000년대 초반까지 이윤극대화를 추구하지 않고 시청률 극대화를 추구하였다. 지상파방송3사들은 이윤극대화보다는 시청률 경쟁에서 1등을 차지하여 자사의 명성과 권위를 높이고자 하였다. 2000년대 중반 이후 지상파방송사들의 경영 수지가 취약해지면서 시청률 극대화보다는 이윤극대화를 추구하는 행위로 바 뀌었다.[24)]

　방송사들은 주시청시간대에 시청률이 높은 드라마나 오락 프로그램보다 교양 프로그램이나 정부 행사 프로그램을 편성하는 사례가 있는데, 이는 방송 법과 규제기관이 요구하는 공적 책임을 수행하는 것이다. 이러한 공적 책임을 소홀히 하였을 경우에 편성규제의 위반, 방송평가에서 낮은 점수, 좀처럼 일어 나지 않지만 재면허(또는 재승인)에서 거부당할 수 있다. 이와 같이 보면 법적규 제가 미디어 기업을 옥죄는 역할을 하는 것으로 해석될 수 있다. 그러나 미디 어 특히 방송에 대한 법적규제는 민주주의를 구현하고 이용자의 편익을 높이 기 위해서 필요한 것으로 공감하기 때문에 만들어진 것이다. 미디어 정책은 근본적으로 시장과 공익을 동시에 충족시켜 줄 수 없다. 한 부문의 성장은 다 른 부문의 희생 하에 이루어지기 때문이다. 공익을 위해 규제를 강화하면 표 현의 자유가 억압되고 공공문제에 대해 방송사들이 소극적으로 임하게 만드는 위축효과를 발생시킬 수 있고, 산업 부문의 이익을 강화하면 상업주의로 인해 일률적인 콘텐츠가 보급되거나 민주주의의 근본인 여론 다양성이 훼손될 수 있다.[25)]

---

24) 실제로 기업의 경영자들은 이윤극대화를 추구하기보다는 매출액 극대화를 추구하는 사례가 많 은 것으로 알려져 있다.
25) 정영호(2012, 65쪽).

2 미디어 상품의 특성

미디어 상품에 대한 전략과 정책을 결정할 때에는 미디어 상품의 독특하면서 복잡한 특성을 염두에 두어야 한다. 대체로 미디어 상품은 비(非)물질적 요소와 물질적 요소 두 가지로 이루어진다. 비물질적 요소란 오락, 정보 및 설득 콘텐츠를 뜻하며, 물질적 요소란 비물질적 요소를 소비자에게 전달하는 매체 또는 수단이다. 대중의 필요를 충족하기 위해서는 두 가지 모두가 함께 작동해야 한다.

미디어 상품은 정보 상품(또는 정보재, information goods)이다. 정보 상품이란 정보로 이루어진 상품을 뜻하는 것으로, 정보를 담은 물건(예: CD) 또는 정보 그 자체(예: 파일)의 형태를 가진다. 정보 상품은 물리적인 상품과는 매우 다른 성격을 가지고 있기 때문에 가격을 결정하는 방법이나, 프로모션 하는 방법, 수익을 창출하는 방법 등이 기존에 물리적인 상품에 작용하던 방법과는 판이하게 다르다. 정보 상품인 미디어 상품의 수요는 일반적으로 전달요소의 영향보다 내용요소의 영향을 더 많이 받는다.[26] 미디어 상품의 중요한 특징은 고객이 원하는 정보, 오락, 설득과 같은 비물질적 욕구를 만족시키는 것이기 때문이다. 미디어 상품을 이용하는 소비자를 수용자 내지 이용자라 부르는데, 여기서는 이용자로 통칭한다. 정보 상품으로써 미디어 상품은 다양한 특성을 가지는 데 아래에서 구체적으로 설명한다.

1) 미디어 상품은 공공재

미디어 상품은 정보재로서 정도의 차이는 있지만 공공재적 특성을 가지고 있다. 먼저 공공재가 어떤 것인지 알아본다. 상품을 경합성과 배제성의 여부에 따라서 사유재(private goods)와 공공재(public goods)로 구분한다. 사유재는 경합성과 배제성을 가진 상품을 말하고, 공공재는 소비에서 비(非)경합성과 비(非)배

---

26) 노상규(2013).

제성을 가진 상품을 말한다. 경합성이나 배제성 중에서 하나의 특성만 가진 상품을 부분 공공재라고 부르기도 하고, 두 가지 특성을 모두 가진 상품을 순수 공공재라고 한다. 경합성은 한 사람이 소비하면 다른 사람이 소비할 수 없음을 말하고, 경합성을 가진 상품의 예로 사과나 빵을 들 수 있다. 비경합적이란 한 개인의 소비가 다른 개인의 소비효용을 줄이지 않는다는 뜻이다. 비경합성을 가진 상품의 예로 국방, 치안, 국립공원, TV 서비스 등이 있다. 배제성은 비용을 부담한 개인만 소비(사용)할 수 있음을 말하고, 배제성을 가진 상품의 예로 주택, 극장을 들 수 있다. 비배제성이란 비용을 부담하지 아니한 개인을 소비(사용)에서 배제시킬 수 없는 것을 의미한다. 비배제성을 가진 상품의 예로 국방이나 가로등 불빛이 있다.

순수 공공재와 순수 사유재를 효율적으로 배분하는 경제적 조건은 매우 다르다. 사적이고 탈중심화된 경쟁 시장에서 순수 공공재가 적절한 수준으로 공급되지 않는다. 민간이 공공재를 생산할 경우에 진입이나 경쟁으로부터 생산자를 보호할 필요가 있고 때로는 독점 공급이 필요하다. 그리고 무임승차자(지불하지 않은 소비자)가 공공재를 이용하지 못하도록 막는 배제 장치나 수단이 필요하다. 고속도로의 통행료 징수는 이와 같은 장치의 한 예이다.

소비에서 경합성과 배제성의 정도는 미디어 상품별로 매우 다르다. 지상파 TV와 라디오는 비경합성과 비배제성을 가진 거의 순수 공공재이다. 텔레비전 프로그램을 제작하는 비용은 실제로 그것을 보는 사람의 수와 무관하다(그러나 제작비용은 그 프로그램을 보기 원하는 사람의 수에 매우 큰 영향을 미칠 수 있다). 프로그램 파일은 얼마나 많은 시청자가 보든지 간에 여전히 이용 가능한 상태이며 변하지도 않는다. 일단 프로그램이 송출되면 방송 서비스 자체는 그 전파가 도달하는 지리적 영역 내에서는 공공재가 된다. 만일 신호에 비화(암호화) 처리한다면 해독장치를 갖고 있는 시청자들 사이에서 프로그램은 공공재가 된다.[27] 이 신호를 수신한다고 해서 다른 사람이 이용할 수 있는 전파를 감소시키지 않는

---

27) 하지만 비화(암호화)처리된 신호를 전송하는 유료지상파텔레비전은 배제성을 가지게 되고 비경합성만 가진 공공재이다. 유료지상파텔레비전의 사례로는 프랑스의 까날(Canal)TV가 있다.

표 1-1	공공재의 분류	
	경합성	비경합성
배제성	**사적재** 값을 치른 사람만이 독점적으로 사용할 수 있는 재화와 서비스 • 옷, 휴대폰, 자동차, 식료품 • 막히는 유료 도로	**비순수 공공재** • 클럽재(club goods); 한산한 유료 공원, 한산한 골프장, 한산한 유료고속도로 • 항만, 철도, 지하철, 공항, 케이블TV
비배제성	**비순수 공공재** • 공유자원, 자연자원, 물고기, 환경 • 막히는 무료 도로 • 붐비는 무료 공원	**공공재** • 국방, 치안, 공중파TV • 무료 공원 • 한산한 무료 도로

다. 방송 프로그램뿐만 아니라 영화, 음악, 신문, 책은 여러 이용자가 사용한 후에도 여전히 이용 가능한 비경합성을 가지고 있다. 한편, 유료방송, 영화, 음악, 신문기사 그리고 책의 내용은 비경합성을 가지고 있지만 배제성을 가지고 있으므로 무임승차를 막을 수 있다. 예를 들면, TV 프로그램, 영화 또는 음악의 이용권, 극장의 좌석, 책 등의 사유재 형태로 소비자에게 판매된다.

정보재의 가격은 0인 경우가 많다. 지상파TV는 무료로 제공된다. 그리고 인터넷을 통해 제공되는 콘텐츠와 서비스는 대부분 공짜로 제공된다. 우리는 네이버의 검색, 뉴스, 카툰, 구글의 검색과 유튜브의 동영상, 이메일과 SNS 서비스, 클라우드 서비스 등을 돈을 지불하지 않고 이용한다. 경제학에서 이윤극대화 조건은 '한계비용＝한계수입'이고, 정보재인 미디어 서비스의 한계비용은 0이므로 가격이 0이 된다. 기업의 입장에서 미디어 서비스를 공급하는 데 고정비용이 소요되므로 대안적인 수입원이 필요하다. 미디어 서비스가 교환되는 시장이 만들어지면 광고 시장이나 커머스(commerce) 시장이 동시에 만들어지기 때문에 공짜 서비스가 가능해진다. 인터넷에서 정보재를 공급하는 기업은 비즈니스 모델(좁게는 수익 모델)을 창출하지 못하면 살아남을 수 없게 된다. 비즈니스 모델에 대해서 다음에 설명한다.

문화 콘텐츠가 디지털화되면서 원본(혹은 정품)과 복사본의 경계가 없어졌다. 미디어 콘텐츠의 디지털화는 정품과 복사본의 차이를 없애면서, 정품의 가격을 복사본의 가격보다 높게 책정하는 것을 어렵게 했다. 1990년대 후반부터 음악이 디지털 파일 형태로 인터넷에서 공유되면서 음반 시장이 크게 위축되었다. 음반사들은 불법복제, MP3와 인터넷 음악파일 전송 서비스 등에 대해서 강한 거부감을 표하였고, 2001년부터 시작한 '소리바다' 사건에서처럼 법적대응에 나섰다. 인터넷 서점들이 책을 온라인상에서 파일형태로 판매하는 서비스를 제공하고 있는데, 이는 인쇄물에서도 정품과 복제본의 경계가 완전히 사라졌음을 보여주는 사례이다. 디지털 시대는 법으로 복사본의 유통을 저지하는 데에 한계가 있을 수밖에 없다. 정품과 복사본의 경계가 허물어지면서 미디어 콘텐츠 제작자들의 생산의욕이 저하되고 콘텐츠 산업 전반이 침체될 수 있다는 주장과 함께 이러한 현상을 거스르기 어려우므로 변화에 적응해서 새로운 수익 모델과 규제 모델을 찾아야 한다는 주장도 나타났다.[28]

2) 미디어 시장에는 규모의 경제와 범위의 경제가 작동

미디어 상품이 유통되는 시장에서는 규모의 경제와 범위의 경제가 함께 작동한다. 규모의 경제를 먼저 서술한 다음에 범위의 경제를 설명한다. 규모의 경제(economy of scale)란 생산량을 증가시킴에 따라 평균비용이 감소하는 현상을 말한다. 이는 비용측면에서 정의한 것이고 산출량측면에서는 모든 투입요소를 α배 증가하였을 때 산출량이 α배 이상으로 증가하는 경우에 규모의 경제가 있다고 말한다.

미디어 시장에서 규모의 경제가 작동하는 이유는 미디어 상품이 비경합성을 가지기 때문이다. 미디어 상품을 한 사람이 소비하더라도 미디어 상품의 양이나 질이 감소하지 않는다. 따라서 한번 만들어진 미디어 상품은 가급적이면 많은 이용자에 도달하여 규모의 경제를 실현할수록 이득이다. 미디어 상품이

---

28) 임정수(2006, 65쪽).

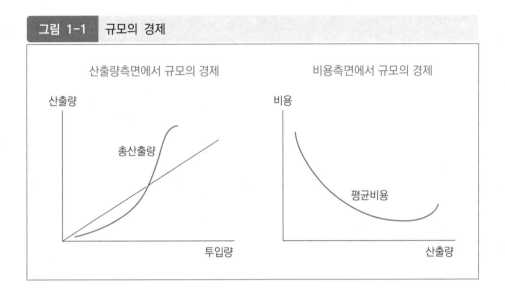

그림 1-1   규모의 경제

산출량측면에서 규모의 경제

산출량

총산출량

투입량

비용측면에서 규모의 경제

비용

평균비용

산출량

도달하는 시장을 가급적 넓히기 위해 배급창구를 분할하여 여러 단계로 유통시키는 창구화(windowing) 전략을 펴게 되는 것은 이런 이유 때문이다. 이와 더불어 미디어 상품은 처음 만들 때 많은 비용이 들지만 복제하거나 전송하는 데는 추가비용이 무시할 수 있을 정도로 적게 드는 특성이 있어 많이 유통할수록 평균비용이 급격히 감소한다.

　따라서 미디어 상품의 가격은 다른 일반 사유재와는 다른 방식으로 책정된다. 일반적 재화처럼 가격을 한계비용에 근거하여 설정하게 되면 비용을 충당할 수 없기 때문이다. 그렇기 때문에 광고와 같은 다른 수입원을 찾게 되고, 미디어 상품의 거래가격은 수요자의 크기나 지불의사에 따라 결정된다. 따라서 시장의 규모가 클수록 미디어 상품의 수익성이 높고, 기대수익 때문에 시장전체의 크기가 미디어 상품의 제작비용의 크기를 결정하게 된다. 즉, 미디어 상품이 팔릴 수 있는 잠재적 시장이 클수록 제작비가 높아지는 것이다. 제작비가 높을수록 대체로 품질이 좋다. 자국 시장이 큰 미국의 미디어 상품이 전 세계에서 인기를 끌고 있다.[29]

---

29) 이를 자국시장효과(home market effect)라고 부르기도 하는데 자세한 내용은 이후에 별도로

범위의 경제(economy of scope)는 한 기업이 2종 이상의 제품을 생산할 경우
에 각 제품을 다른 기업이 각각 생산할 때보다 평균비용이 적게 드는 현상을
말한다. 범위의 경제는 2종 이상의 제품을 이용할 때 공통적으로 이용되는 생
산요소를 공유할 때 발생한다. 범위의 경제 사례로, 성공한 웹툰(또는 소설)의 스
토리와 캐릭터를 사용하여 드라마, 영화, 뮤지컬 등을 제작하는 경우를 들 수
있다. 이와 같은 사례가 등장한 배경에는 성공한 웹툰(또는 소설)의 스토리와 캐
릭터를 이용하게 되면 드라마나 영화의 기획비용을 절약하고 성공 확률을 높일
수 있다. 웹툰, 드라마, 영화에 공통적으로 필요한 생산요소인 기획과 마케팅을
공동으로 사용함으로써 범위의 경제를 활용하였다. 다른 사례로 성공한 드라마
의 스토리, 캐릭터, 음악 등을 활용하여 소설, 영화, 뮤지컬, 캐릭터 상품, 음반
등을 제작하기도 한다. 또 다른 사례로 흔히 볼 수 있는 영·유아용품에는 성공
한 애니메이션의 캐릭터가 그려져 있는 경우가 많다. 디즈니사의 경우 캐릭터
상품의 매출이 전체 매출액의 약 8%를 차지한다. 이와 같이 한 번 제작된 문화
콘텐츠의 스토리와 캐릭터 등을 활용하여 새로운 콘텐츠를 제작하는 것을 원소
스멀티유즈(One Source Multi-Use, OSMU)라고 부른다.

3) 미디어 상품은 위험이 높은 상품

문화콘텐츠는 위험(risk)부담이 높은 특성이 있다. 문화콘텐츠의 제작은 새
로운 상품을 개발하는 것을 의미한다. 어느 상품이든지간에 신제품을 제작하는
데에는 매우 높은 위험이 따른다. 문화콘텐츠의 제작을 신상품의 개발이라는
측면을 좀 더 자세히 보자. 대부분의 미디어 기업은 지속적으로 신상품을 개발
해야 한다. 물론 음악, 게임, 유아용 애니메이션과 같은 예외는 있지만, 문화콘
텐츠를 한 번 이용한 다음에 다시 찾는 경우는 드물기 때문이다. 따라서 문화
콘텐츠의 제공자는 신상품의 개발에 따른 위험에 노출된다. 미디어 산업에서
제작은 신상품을 개발하는 것을 말하고, 이를 제조업에서는 신상품 개발(또는

다룬다.

연구 개발)이라고 부르며, 제조업에서 말하는 제작을 미디어 산업에서는 복제라고 부른다.

중소기업청 자료에 의하면, 2010년과 2011년에 중소기업의 기술 개발 성공률은 57%이고, 사업화 성공률은 38%에 이른다. 문화콘텐츠의 제작은 중소기업의 기술 개발이나 사업화와 비슷한 과정이다. 문화콘텐츠를 개발하는 경우에 비용을 초과하는 수익을 거둘 수 있는 확률이 중소기업의 사업화 성공률보다 낮을 가능성이 크다. 왜냐하면, 문화콘텐츠를 제작하는 과정이 매우 복잡하고 (예로, 영화나 드라마를 완성하기 위해서 작가, 감독, 배우 등 무수한 제작인력들이 협력해야 하는데, 이들 제작인력의 구성과 이들 간의 복잡한 상호작용에 따라 결과물이 달라진다),[30] 제작된 결과물의 품질이나 가치를 정확한 잣대로 측정하기 어려우며, 또한 이용자의 시간을 두고 경쟁하는 상품이 매우 많기 때문이다. 새로이 개발된 상품의 경우 성과가 불확실성하여 문화콘텐츠가 얼마나 성공적일 것인지 미리 알기 어렵다. 아무리 좋은 아이디어를 가지고 최고의 제작진이 만들어도 이용자들이 좋아할지 미리 알기 힘들다.

문화 상품은 새롭고 독창적인 것만 가치가 있다. 독창성(=참신성)에 대한 수요로 인해서, 문화 상품의 수명은 매우 짧은 경향이 있다. 잘 팔리는 책과 음원은 주 단위 또는 월 단위로 바뀌는데 이 기간을 수명으로 간주할 수 있다. 영화는 영화관에 개봉 후 1주 내에 성패가 갈리고, 흥행에 실패하면 스크린에서 내려진다. 따라서 각각의 문화 상품에 대한 투자 위험이 매우 크다. 불법 복제가 쉽게 이루어지고, 반복과 재소비가 용이한 것도 위험요인에 추가된다.[31]

기업의 입장에서는 위험을 어떤 방식으로든 최소화하고 분산해야 한다. 따라서 프로그램을 구매하는 입장에서는 불확실한 요소를 줄이기 위한 방편으로 여러 가지 장치나 관행이 생겨나게 된다. 먼저 문화 상품의 제작에 검증된 인력을 투입한다. 문화 상품의 제작자는 성과를 낸 경험이 있는 작가, 감독, 배우 등을 투입하기를 원하고, 따라서 스타작가, 감독, 배우의 몸값이 평균보다 10배

---

30) 김선혁·신동엽(2011) 참조.
31) Collins, ets.(1998).

이상 높은 경우가 흔하다. 둘째로, 문화 상품의 제작사가 다수의 작품을 개발하거나 제작하여 위험을 분산하기도 한다. 콘텐츠 제작사는 다수의 작품을 제작할 수 있을 정도로 규모가 커야 안정적인 경영을 할 수 있다. 하지만 우리나라의 방송 프로그램 제작사나 영화 제작사는 대부분 안정적인 경영을 할 정도의 규모에 미치지 못하고 있다. 셋째로, 제작사는 기획단계에서 국내외 방송사에게 방영권을 판매하여 제작비용을 확보하기도 한다. 예를 들면, 드라마 제작사들이 2000년대 중반 이후 일본이나 중화권에서 인기 있는 배우를 캐스팅하여 이를 근거로 해외 배급사에 방영권을 선판매한 사례가 많았다. 넷째로, 제작사가 유통망을 확보하여(예: 방송사나 극장의 지분 매입) 편성(또는 방영) 기회를 확보하기도 한다. 우리나라의 경우 3대 극장체인이 전체 상영관의 97%(위탁관 별도 계산 시 76%)를 차지하고 있는데, 이들 3대 극장체인의 계열사들이 영화배급에 참여하고 있다. 상영관을 수직결합한 이들 배급사들은 스크린을 안정적으로 확보할 수 있는 유리한 입지에 있다. 다섯째로, 제작사는 기획하거나 제작 중인 문화콘텐츠의 마케팅을 통하여 브랜드 이미지를 높여 성공가능성을 높이기도 한다. 예를 들면, 영화의 경우 총제작비의 25% 이상을 마케팅비(P&A)에 투입하고 있다. 영화의 경우 개봉 1주일 내에 흥행의 성공 여부가 판가름 나기 때문에 개봉 전 영화의 인지도를 높이기 위해서 많은 노력을 기울이고 있음을 알 수 있다.

한편 문화 상품의 제작사는 불확실성에 따른 위험을 최소화하기 위해서 제작에 필요한 대부분의 자원을 임대하여 사용하려는 유인이 존재한다. 실제로 한국의 영상 제작사는 감독, 작가, 스타급 연기자, 편집기 등 자사의 경쟁력 유지에 필요한 일부 요소만 보유하고 있다. 이들 제작사들은 제작에 필요한 연기자, 스태프, 설비나 장비 등을 임대하여 투입한다. 이러한 현상은 제조업 등에서는 볼 수 없는 현상이다. 문화 상품을 제작하기 위해 필요한 연기자, 스태프, 설비와 장비를 신속하게 모을 있는 시장이 형성되어 있다.

문화콘텐츠와 제조업과의 차이로 인해서 미디어 산업에 대한 지원정책은 제조업과는 달려져야 한다. 정부는 연구 개발에 대해서 세제감면과 금융지원을 포함하여 많은 지원을 하고 있다. 하지만 연구 개발에 대한 지원 정책이 제조 업과 같이 실물이 있는 재화를 대상으로 만들어져서 문화콘텐츠와 같은 용역 (서비스)에 대해서는 적합하지 않은 측면이 많다. 예를 들면, 조세특례제한법에 서는 연구 및 인력 개발을 위한 설비투자에 대해 세액을 공제해주지만, 문화콘 텐츠의 연구 및 인력 개발에서는 설비가 아니라 스토리(또는 아이디어)에 대한 투자가 필요하다. 스토리나 이미지 개발에는 설비를 사용하지 않기 때문에 미 디어 기업은 기존의 세액 공제제도의 혜택을 받을 수 없게 된다.

4) 미디어 상품의 제작에는 재능이 가장 중요[32)]

미디어 상품의 제작할 때 대부분 사람의 재능에 의존한다. 미디어 산업에 서 가장 중요한 자산은 재능 있는 사람이다. 오락 산업에서는 엄청난 창의성이 필요하고, 변화와 혁신이 중요하다. 이때 가장 가치 있는 요소가 인간의 상상력 이다. 콘텐츠 상품의 성공여부는 사람의 상상력, 창의성 그리고 재능에 달려있 다. 스타 연기자, 작가, 감독들이 큰 주목을 받고, 전문가 집단의 능력이 진정으 로 가치 있는 콘텐츠를 만든다.

창조 산업(creative industry)에서 성과는 재능에 의해 좌우된다. 창조 산업에 서 개인의 창의성, 기술 그리고 재능에서 나오는 행동이 가장 독특하고, 이 행 동에서 지적 소유권이 창조되고 부와 일자리가 만들어진다. 창조 산업과 문화 산업의 개념이 유사하고, 미디어 상품 경영에서 개인의 창의성 또는 창조성이 핵심이다. 미디어 상품별로 개인적 재능을 사용하는 정도와 재능을 사용하는 방법에 따라 성공과 실패가 갈린다.

예를 들어, 케이브스(Caves, 2000)는 미디어 상품을 '예술적 또는 창조적 노 력의 요소를 상당히 포함하는 상품'으로 정의하였고, 미디어 상품은 매우 다양 하고 예상하기 어려울 정도로 변형되는 점을 강조하면서 다음과 같이 그 이유 를 설명하고 있다. 이용자들이 정형화되지 않은 경험을 하고싶어 하고(수요

---

32) Reca(2006, 186~187쪽)을 인용하면서 부분적으로 가필함.

측면), 성공 또는 실패요인을 사전적으로 때로는 사후적으로도 알 수 없기(공급 측면) 때문이다. 미디어 상품의 생산에는 고정비용이 많이 들고 매몰비용이 필요하다는 특성과 함께, 수요의 불확실성과 공급에서의 성공 여부를 알 수 없는 특성 등이 추가로 더해져 미디어 상품의 생산에는 엄청난 경제적 위험이 뒤따르게 된다.

다른 부문과 달리, 문화 상품의 생산에서 주요한 생산요소는 창조적 노동자인데, 이 창조적 노동자들이 상품의 질과 양에 영향을 주고 동시에 상품의 생산을 관리한다. 기자, 가수, 배우, 작가 등은 자신의 선호, 취향, 전문가적 식견을 가지고 있고, 이것이 문화 상품에 담긴 내용의 질과 양에 직접적인 영향을 미친다. 따라서 전문가의 창조적인 투입요소들이 창작에 참여하는 집단 내에서 조정되고 조화되어야 한다. 이와 동시에 이들 투입요소들은 배급과 같은 단순한(창조적이지 않은) 투입요소와 통합되어야 한다. 또한 문화 상품에는 서로 다른 창조적 기술이 내포되어 있어 굉장히 차별화된 성격을 가지게 된다.

이러한 측면으로 인하여 미디어 상품의 경영에서 스타 경제학(star economy)이 큰 역할을 하고 있다. 스타 경제학은 영화산업에서 오랫동안 적용되었고, 이제는 음악 산업에서 뉴미디어 산업에 이르기까지 다른 시장에서도 적용되고 있다. 스타 배우, 가수, 운동선수 등이 보통사람들이 수년간 벌어들일 수익을 삽시간에 버는 사례를 어렵지 않게 접할 수 있고, 스타의 재능이 미디어 산업에서 큰 비중을 차지하고 있다. 재능 있는 개인이 자신의 재능을 브랜드로 만드는 사례도 있다. 일부 상품은 브랜드로 인해서도 성공이 좌우된다. 예를 들어, 일종의 콘텐츠 포맷을 가진 "인텔인사이드(intel inside)" 같은 것이다. 이것은 재능이 특정한 미디어 브랜드와 연결되어 진정한 브랜드 협력을 이룬 사례이다.

불행히도 재능 있는 개인에 의존한 미디어 상품은 그 위험성이 매우 크다는 문제가 상존한다. 개인이 하나의 미디어에서 다른 미디어로, 또는 한 회사에서 다른 회사로 이용자를 움직이게 할 수 있기 때문에 개인은 협상력을 행사할 수 있고 특정 회사의 경쟁력에 영향력을 행사할 수 있게 된다. 따라서 이 산업에서는 전문가의 활동에 관한 계약이 매우 중요하다.

미디어 상품의 이러한 특성들로 인해 상품 관리가 매우 어렵다. 미디어 상품의 품질과 가치를 분석하거나 생산요소(특히 재능)를 선택하는 데 있어서의 판단 기준을 설정하기가 어렵다. 신문을 경영하는 것과 영화 사업을 하는 것이 원칙적으로는 차이가 있지만, 이 둘이 모두 다양한 측면을 가지고 있고 재능이 중요한 투입요소라는 측면에서 보면 그 차이는 많이 줄어든다.

문화 상품의 투입에 필요한 재능은 선천적으로 타고난 경우도 있지만 전문화된 교육과 훈련으로 만들어 질 수도 있다. 잘 훈련된 전문인력을 만들어서 문화 상품의 품질을 높일 수 있다. 전문인력 또는 높은 수준의 제작인력은 장기간의 투자를 필요로 하며 그만큼 값비싼 노동력으로써 가치를 갖는다.[33] 예를 들면, 한국의 많은 기획사들은 가수를 양성하기 위해서 최소한 5년 이상 집중적으로 훈련시키는 학습 과정을 가지고 있다.

5) 미디어 상품의 생산성 향상이 어려움: 보몰의 질병[34]

미디어 상품과 같은 문화 상품의 제작에서 노동이 핵심적인 역할을 차지하고 노동이 기계 등으로 대체되기 어려워서 생산성을 향상시키기 어렵다. 예를 들면, 연기자, 작가, 감독을 제외하고 드라마가 만들어지기는 거의 불가능하다. 한편 공산품의 생산에는 기계의 이용과 자동화를 통하여 생산성이 빠르게 증가하고, 공산품 부문 종사자의 임금은 빠르게 상승한다. 문화 부문의 임금은 노동시장의 유동성으로 인하여 공산품 부문의 임금에 맞추어진다. 문화 상품의 제작에서 생산성은 증가하지 않지만, 임금상승으로 제작비용은 증가하게 된다. 이에 따라 문화 상품의 가격은 물가 상승보다 빠르게 상승할 수밖에 없다.

보몰(Baumol, 1965, 1967)은 이 현상을 체계적으로 밝히면서 보몰의 비용질병(Baumol's cost disease)으로 이름을 붙였고, 그 내용은 다음과 같다; 생산 과정에서 기계 등 다른 요소로 대체할 수 없는 노동 투입에 의존하는 서비스업(공연예

---

33) 박소라(2001), 77~78쪽.
34) 이 내용은 Preston & Sparviero(2009)에 기반을 두어 재구성하였음.

술, 자동차 수리, 건강 검진, 교육, 우편 서비스, 자동차 보험, 장애인 보살피기)의 생산성 증가는 제조업과 같이 기계로 대체되거나 자동화할 수 있는 산업의 생산성 증가에 미치지 못하게 된다. 소득이 증가함에 따라 서비스재와 공산품의 수요가 증가하고, 서비스재의 가격이 공산품가격보다 빠르게 상승한다.

비용질병의 사례를 들면 다음과 같다. ① '모차르트 현악 4중주'를 연주하려면 1790년이나 지금이나 4명의 연주자가 똑같이 필요하다. ② 런던 드루리 레인 극장의 1770년대 시즌의 공연비용과 1960년대 초반 로열 셰익스피어 극장의 시즌 공연비용을 비교한 결과, 영국의 일반 물가 수준은 6.2배 상승하는 동안 공연비용은 13.6배 증가하였다(Baumol, 1967에서 든 사례). ③ 1843년에서 1964년까지 121년 동안 미국 물가는 4배 올랐지만, 뉴욕 필하모니 오케스트라의 공연 입장료는 20배 상승하였다.

보몰(Baumol, 1987, 1985)은 비용질병이론을 개선하였다. 음악 연주의 생산성은 증가하지 않았지만, 녹음하여 음반, 방송, CD, 파일 등으로 배급됨에 따라서 소비 측면에서 산출량은 급증한다. 기술 혁신으로 음악의 연주 서비스는 시간 이동과 공간 이동이 가능해졌고, 음악 소비를 저렴한 가격으로 가능하게 되었다. 보몰(1985, 1987)은 현악 4중주에 초점을 두지 않고 방송 부문과 컴퓨터 산업에 초점을 두고, 비용질병이론을 재구성하였고 그 내용을 다음과 같이 바뀌었다; 일부 서비스 산업은 제조업보다도 생산성 증가가 빠를 수 있고, 한때 생산성이 낮은 산업이 기술의 발전으로 생산성이 빠르게 증가할 수 있다.

음악뿐만 아니라 드라마, 예능과 같은 미디어 상품도 녹화되어 재방송, VOD, 국내외 판매가 가능해지면서, 미디어 상품의 가격이 물가수준보다 빠르지 않을 수 있게 되었다. 미디어 상품의 초판 제작에서 물가 상승보다 빠른 비용 상승은 여전히 일어나고 있다. 초판 제작비용의 상승으로 인해 미디어 상품의 제작자나 구매자는 비용 상승 압박을 받게 없고, 이를 해소하기 위해서 미디어 상품의 2차 유통이나 OSMU를 활발히 해야 한다. 그래야 소비자 가격이 인상되지 않을 수 있다.

6) 미디어 상품은 양면 시장을 창출

미디어 사업자는 콘텐츠를 이용자에게 무료(또는 유료)로 제공하고, 이를 통해 만들어진 이용자의 주목을 광고주에게 판매하여 수입을 창출한다. 이때 미디어 사업자는 콘텐츠 시장과 광고 시장에 동시에 참여하게 된다. 미디어 사업자는 콘텐츠를 제공하는 플랫폼을 통해서 두 개의 시장에서 거래한다. 이와 같이 하나의 플랫폼을 통하여 서로 다른 고객들과 거래하는 시장을 양면 시장이라고 있다. 양면 시장에서는 한 고객 집단이 한 플랫폼에 많을수록 다른 고객 집단도 같은 플랫폼에 몰리는 현상이 나타난다. 이러한 특징 때문에 양면 시장에서 활동하는 플랫폼은 시장을 독식하는 경향이 나타난다. 양면 시장에 참여하는 업종은 미디어, 신용카드, 인터넷포털 등 매우 다양하다. 양면 시장에 대한 자세한 논의는 다음에 한다.

미디어 사업자는 광고주가 원하는 이용자를 모집할 수 있는 콘텐츠를 제작하거나 구매하여야 한다. 예를 들면, 지상파방송사의 광고주들은 단시간에 신상품을 널리 알리거나 브랜드 이미지를 높이려고 하므로, 보편적으로 좋아하는 프로그램을 제작하거나 구매한다. 반면에 전문 채널의 광고주들은 특정한 연령대 또는 특정한 취향을 가진 이용자에게 접근하려고 하므로, 이들이 좋아하는 프로그램을 제공해야 한다. 미디어 경제학과 경영학 연구에서는 미디어 콘텐츠와 광고 콘텐츠 간에 서로 어떠한 영향을 주고받는지를 설명하려고 노력해 왔다. 예를 들면, 신문에서 뉴스와 광고 콘텐츠의 상호의존성, 독자 수요와 광고주 수요의 상호관계를 고려한 가격결정방식, 광고주 입장에 대한 이해를 바탕으로 한 미디어 콘텐츠 등에 대한 연구가 있다.

미디어 상품은 이용자의 주목(attention)을 필요로 한다. 플랫폼이 다양해지고 동시에 이들 플랫폼으로 제공되는 미디어 상품이 풍부해짐에 따라 개별 미디어 상품에 대한 주목이 줄어들고 있다. 미디어 상품은 소비자의 주목을 두고 경쟁하기 때문에 소비시간, 반복, 빈도, 그리고 다른 상품과의 호환성(또는 비호환성)이 중요한 변수가 된다. 그러므로 미디어 시장에서는 콘텐츠와 광고가 소비자의 시간을 차지하기 위해서 경쟁하는 시장이다. 따라서 미디어 상품의 제작과 배급에서 시간요인이 큰 영향을 미치게 된다. 하루의 생활 리듬에 따라서 미디어 이용시간이나 이용매체가 다르고, 계절이나 요일에 따라 이용하는 매체(예: 여름에는 고정매체의 이용시간이 감소)나 선호하는 콘텐츠가 달라진다. 수많은 시간적 요인이 미디어 시장구조와 운영에 영향을 미치고, 미디어가 전달하는 콘텐츠가 적절한 시기에 제공되었는지가 가장 크게 영향을 준다. 미디어의 이용시간에 따라 미디어 상품으로 이용자가 느끼는 바가 달라지고, 이용자의 입지에 따라서도 느끼는 것이 달라지기도 한다.

7) 미디어 상품의 사회적 영향

미디어 상품이 사회에 영향을 미치기 때문에 미디어 부문에 대한 공공적 그리고 정치적 간섭이 정당화된다. 미디어 상품의 고객은 이용자와 광고주 외에도 제3의 고객이 있는데, 이것이 바로 사회이다. 슐츠(Schultz, 1993)의 표현을 빌리자면, "전통적 소비자 상품과 미디어 상품의 주요한 차이는 공동체와 사회에 미치는 영향에 있다. 미디어는 이용자와 광고주뿐만 아니라 공동체에도 서비스를 제공해야 한다". 이러한 사고가 반영되어 미국에서는 헌법(수정헌법 제1조, 언론의 자유권리 기타)으로 특별히 보호하는 유일한 사업이 미디어 사업이다.

미디어 상품은 문화적이고 상징적인 특성을 가지고 있는데, 미디어 상품은 창의성의 결실이므로 문화 산업에 포함되기도 한다. 미디어 상품은 경제적 가치와 동시에 사회문화적 가치를 동시에 가진다. 영화나 음악 같은 상품은 사회의 문화적 유산이기도 하다. 심지어 뉴스매체의 양, 질 그리고 범위에 따라서 그 사회의 사회적, 정치적 구조가 바뀌기도 한다.

대체로 문화 산업은 상징적 상품으로 이루어져 있다. 그 결과로 문화 상품의 경제적 가치는 문화적 가치로부터 결코 분리될 수 없다. 미디어 문화 상품과 예술 문화 상품(전통 예술)의 여러 가지 차이에도 불구하고, 경제적 관점에서 예술성과 상업성을 분리하기 어렵다. 문화 상품과 예술 상품은 두 가지 모두 의미와 즐거움에 따라 결정되는 상징적 가치에 따라 거래된다. 문화 산업에서는 독창성을 저작권으로 보호하고 있다.

모든 미디어 상품을 문화 상품으로 보기에는 어려운 측면도 있다. 예로 뉴스를 문화 상품이라고 부르기는 어려울 듯하다. 전통적으로 문화 상품은 경제적인 대상이라기보다는 교양적 또는 오락적 대상으로 여겨 경제적 상품으로의 관점에서 보지 않았다. 문화 산업 연구에서 경제적 접근과 문화적 접근은 전혀 다른 것으로 간주되며 두 접근 간의 간극이 매우 크다. 문화 산업을 경제적으로 접근할 때 문화 상품을 사회문화적 외부성을 발생시키는 상품으로 보게 되면 두 접근의 차이가 조정되거나 좁혀질 수 있다. 실제로 문화 상품이 시장에서 거래되는 가격보다 더 많은 편익을 가져오는 경우가 많다. 예를 들어, 방송 프로그램과 영화에 담긴 바람직한 속성으로 인해 시청자가 활기를 띠게 되거나, 사회가 보다 밝고 긍정적이게 될 수도 있다. 이러한 외부 효과를 편익이라는 경제적 가치로 인정하게 되면 문화적 접근과의 차이가 좁혀질 수 있다.

방송의 상업성보다 공익성을 강조하는 유럽에서는 지상파방송사들이 특정한 이벤트(예: 국가적 이벤트나 축구)를 방송하는 것을 공개적으로 보호해주는 것에 대해서 사회문화적 논란이 일고 있다. 미디어 상품이 사회적 영향력과 문화적 특성으로 인해 미디어 시장에 영향을 미치는 저작권 완화나 방영의무 등의 규제가 정당성을 가지게 된다. 미디어 상품이 시장에서 제공되느냐 아니면 정부가 이를 제공하느냐에 따라 제작이나 유통방식도 확연히 달라진다. 미디어 경제 연구에서는 이용자와 광고주의 양면성에 초점을 맞춤으로써 정부가 통제하는 조직이 공급하는 미디어 상품의 특성이 고려되지 않는다. 정부가 미디어 상품을 공급하는 경우에 양면성은 소비자(TV 시청자, 라디오 청취자 등)와 규칙을 정하는 정치가(또는 행정가)에게 나타난다. 방송사는 소비자의 주목과 콘텐츠를 거래하는 시장과 소비자(유권자)의 주목을 정치가에게 주고 대가로 정부 예산을 받는 시장에서 동시에 활동하게 되는 것이다.

8) 미디어 상품의 특성을 감안한 전략[35]

(1) 미디어 상품의 범위

미디어 상품은 공산품 등에 비해서는 상대적으로 용이하게 창작할 수 있는 특성이 있고, 소비자는 신작을 원하는 특성을 이용한다. 미디어 기업은 제품의 범위를 조정하여 히트할 가능성을 증가시킬 수 있다. 방송사의 경우 하나의 방안으로 서로 다른 프로그램을 하나의 편성표로 결합하여, 결합된 전체를 판매한다. 다른 방안으로 소구력이 강한 프로그램을 새로운 프로그램과 혼합한다. 경영 전략의 측면에서는 편성과 비용을 관리하는 범위가 중요하다. 방송사는 프로그램 간에 상호 보조할 수 있고, 다채널 방송사는 채널 간에 상호 보조가 가능하다.

방송사가 제공할 수 있는 프로그램의 범위가 제한되면 이 채널의 경쟁력이 떨어진다. 왜냐하면 상품을 구성할 수 있는 선택 폭이 좁아지기 때문이다. 또 전파도달 범위가 제한되어도 채널 경쟁력이 크게 손상된다. 프로그램의 구성을 제한하는 것은 종합편성과 전문편성 채널 중 어느 것이 바람직한 편성이냐는 문제와는 다른 것이다. 다채널의 이점을 주장하는 사람들이 극도로 세분화된 시장에 관심을 집중하는 경우가 있다. 틈새 시장에서 살아남을 수도 있지만, 대부분의 시청자들은 하나의 세분화된 부문이 아니라 여러 개의 세분화된 부문에 관심을 가지고 있다. 방송 서비스는 출판사가 아니라 서적 도매상이나 소매상과 비교되어야 한다.

(2) 분배의 통제

방송사는 채널과 콘텐츠로 시청자에게 정기적으로 접근할 수 있어야 한다. 이를 위해서는 생산이 아니라 분배를 통제할 수 있어야 한다. 분배를 장악한 경우에 생산자와는 다양한 형태로 연계될 수 있다. 분배자는 어떠한 형태로든 개별 재화의 성격과 내용을 통제하게 된다. 방송사는 채널을 제공하여 시청자

---

35) Collins, etc.(1988)과 Blumler and Nossiter(1991)를 정리.

에게 정기적으로 접근할 수 있다. 방송사는 편성권을 활용하여 필요한 프로그램을 내부에서 제작하던지 외부에서 조달할 수 있다. 다매체 시대에도 시청자에게 접근권을 장악한 플랫폼이 중요하다. 시청자에게 접근하는 분배를 장악한 사업 모델(지상파방송사, 유료방송 사업자, OTT 사업자)이 채널과 콘텐츠에 집중한 사업 모델보다 적어도 현재까지는 합리적이고 효율적이다.

문화적 가치의 시간적 요소를 이용하기 위해서 시청 흐름을 지속시키는 것이 중요하다. 시간 의존성이 강한 프로그램(뉴스와 스포츠 중계)의 경우 줄띠 편성 등을 통해서 매일 동일한 시간에 지속적으로 상품을 제공해야 한다. 이를 통해서 지속적으로 소비하도록 유인하고, 다른 사업자가 동일한 시장에 진입하지 않도록 해야 한다. 그러나 이 전략은 시간 의존성이 약한 예능이나 드라마 프로그램에는 적용될 가능성이 낮다. 시간 의존성이 약한 프로그램은 재방이나 VOD라는 2차 시장이 존재하고, 2차 시장이 증가하고 있다. 시간 의존적인 재화는 대체성[36]이 약하고, 시간 의존성이 강한 프로그램의 효용은 실시간 시청에서 크다.

채널과 매체 간의 경쟁이 심화된 환경하에서 방송사의 제작은 두 가지 형태로 나뉜다. 하나는 편성위주의 전략을 취하여 제작을 외주에 맡기게 된다. 다른 하나는 전통적인 자체 제작으로, 뉴스와 스포츠를 자체 제작한다. 방송사가 내부에서 제작하는 프로그램의 범위를 적절하게 선택해야 한다. 지상파방송사의 경우 뉴스나 스포츠를 직접 제작하고, 드라마나 예능 프로그램을 외부에서 조달하는 경우가 많다. 그러나 방송사가 제작 부문을 줄이면서 외부 조달에 과하게 의존해서도 곤란하다. 방송사가 각 장르별로 전문성을 가진 기획이나 제작 역량을 보유하여 양질의 프로그램을 제공하여 소비자의 필요를 충족시켜야 한다. 내부에 기획이나 제작 역량을 강화할 경우에 조직의 규모가 커지면서 조

---

36) 여기서 '대체성'은 경제학 용어로 말하면 '대체재적인 성격'을 의미하다. 대체재(代替財, substitute goods)는 재화 중에서 동일한 효용을 얻을 수 있는 재화를 이르며, '경쟁재'라고도 부른다. A와 B 두 재화가 있다고 할 때, A재화의 가격 상승(하락)시 A재화의 수요가 감소(증가)하는 반면 B재화의 수요가 증가(감소)하면 두 재화는 대체재다. 예컨대 버터-마가린, 쇠고기-돼지고기 등을 들 수 있다[네이버 지식백과].

직적인 느슨함이나 비효율(X-inefficiency)이 생길 수도 있다.

(3) 비가격 경쟁

미디어와 같은 문화 산업에서는 비가격 경쟁이 일어난다. 시장구조가 과점인 경우에 기업이 소비자들을 놓고 가격으로 경쟁하는 경우가 대부분이다. 비용 효율적인 기업이 낮은 가격을 제시할 수 있고, 경쟁에서 이길 수 있다. 그러나 기업들이 가격 경쟁을 하지 않거나 할 수 없는 경우도 있다. 방송 시장의 경우 채널 시청에 가격이 직접적으로 연관되어 있지 않고, 소비의 단위비용이 매우 낮으며, (유료TV의 경우에도) 프로그램별로 효과적인 가격차별화가 어렵다. 비가격 경쟁의 방법으로 ① 품질 경쟁, ② 선전 경쟁, ③ 판매조건 경쟁이 있는데, 미디어의 경우 품질과 선전 경쟁이 주로 이루어진다.

방송사는 프로그램의 품질은 높이기 위해서 통상 제작비를 더 많이 투자한다.[37] 1999~2007년간 한국의 지상파방송3사의 매출액 대비 방송제작비는 지속적으로 증가하였다. 이 시기에 케이블TV의 가입자수가 빠르게 증가하였고, 위성방송과 DMB방송이 도입되었으며 또한 PP등록제가 시행되어 유료방송의 활성화와 채널 경쟁이 본격화하던 시기였다. SBS의 방송제작비비중이 KBS나 MBC에 비해서 높았으며, 이 비중의 증가폭도 높았다. 이는 상업방송이 경쟁적 상황에 보다 적극적으로 대체하고 있음을 보여준다.[38]

방송사는 프로그램을 선전을 하기 위해서 다양한 활동을 한다. 방송사는 프로그램을 선전하는 데 자사의 매체나 프로그램을 이용한다. 그리고 토크쇼나 교양, 오락 프로그램 등에서 자사 프로그램과 관련된 사람들이 등장하여 특정 프로그램을 소개한다. 이는 프로그램을 선전하는 것을 물론이고 그 자체로 시청자에게 정보제공과 오락으로서의 기능을 함께 수행한다. 기자들을 대상으로 인터뷰 자리를 주선하고 간담회를 개최하거나, 보도 자료를 내기도 한다. 프로그램을 홍보하는 영상물이나 포스트를 제작하여 온라인이나 오프라인에서 홍

---

37) 프로그램 제작비 투자가 많을수록 질적으로 우수한 프로그램을 제공한다고 전제한다.
38) 전혜선(2009), 133~134쪽.

보하기도 한다. 이와 같이 비가격 경쟁 활동에는 비용이 소요되기 때문에 비가격 경쟁으로 비용이 증가한다.

(4) 비용 증가[39]

일반재의 경우에 특정한 가격에 맞추어 제품을 생산할 수 있고, 여러 가지 가격과 품질의 조합을 선택할 수 있다. 이러한 접근이 문화재의 경우에는 거의 불가능하다. 방송 프로그램 제작비용이 지속적으로 증가할 수밖에 없는 내재적인 요인이 있다. 첫째로, 방송사가 사전적으로 소비자의 수요를 파악하여 수요자가 원하는 프로그램을 제작하기가 거의 불가능하다. 문화 상품의 수요는 매우 불확실하다. 예를 들면, 실패한 문화 상품의 수가 실패한 자동차 모형보다 많다. 반면에 제조업의 경우 소비자의 수요와 가격 민감도에 따라서 제품의 품질을 선택하여 제작할 수 있다.

둘째로, 제품의 가격과 생산비용이 연계되어 있지 않다. 이러한 문화 산업의 특성이 방송에서는 더욱 강화된다. 왜냐하면 소비의 단위가격이 0이거나 매우 낮고, 소비할 때 직접적으로 지불하지 않는다. 문화 산업에서 특정한 재화와는 무관하게 가격이 고정된 경우는 많다. 예를 들면, 극장의 입장료는 보통 영화별로 차이가 나지 않는다. 이러한 비가격 경쟁으로 두 가지 전략을 취하게 된다. 독점이나 과점인 경우에 진입장벽을 강화하려고 노력하고, 경쟁적인 경우에 생산비용에 더 많이 지출하려고 한다. 방송사의 매출액이 증가할수록 생산비용이 증가하는 경향이 있다. 타 방송사보다 품질이 좋고 창의적인 프로그램을 편성하려는 비가격 경쟁으로 인해서 제작비가 증가하는 메커니즘이 방송사에는 있다.

셋째로, 방송 프로그램의 비용 상승 압력은 보몰의 비용질병으로부터 발생한다. TV 프로그램의 제작은 노동집약적으로 이루어지고, TV 프로그램의 제작에 있어서 노동절약적 기술 개발에 투자할 경우에 생산성이 증가할 가능성은

---

39) 이때 프로그램 제작비용의 증가는 평균적인 물가보다 프로그램 제작비용이 더 빨리 증가한다는 것을 의미한다.

제한적이다. TV 프로그램의 생산성 증가보다 임금 상승의 속도가 더 빠르고 이로 인해서 제작비용이 상승하게 된다. TV산업에서 녹화와 편집기술이 발달하여 제작비용을 낮추는 데 기여하였지만, 제작비에서 녹화나 편집비용이 차지하는 비중이 크지 않다.

　　문화 산업에서 생산비용의 상승 압력에 대처하는 방안을 두 가지로 나눌 수 있다. 하나는 진입장벽을 높여서 과점상태를 유지하는 것이다. 다른 하나는 서비스가격을 인상하는 것이다. 문화 산업에서 가격인상이 가능한 경우도 있고 그렇지 못한 경우도 있다. 공연 산업의 경우 입장료의 인상으로 대처하였다. 음악 공연, 뮤지컬, 연극 등의 공연료는 물가수준보다 빠르게 인상되었다. 녹음이나 녹화가 가능한 음악, TV 프로그램, 영화 등의 경우 가격 인상보다는 제품 시장을 확대하여(규모의 경제를 이용) 비용을 분산하여 단위비용을 유지하는 경향이 강하다.

　　방송사는 단위비용을 내리기 위해서 규모의 경제를 이용하여야 한다. 방송사는 시장을 확대해야 한다. 2020년의 시점에서 보면 방송사의 경우 국내 시장은 상당히 제한되어 있다. TV수상기 시장은 이미 포화되어 있고 일일 시청시간도 이미 많아서 더 이상 증가하기 어렵다. 더구나 채널수가 200개나 되었고 온라인 동영상매체의 이용 증가로 채널당 시청자수는 감소 추세에 있다. 제작사나 방송사가 제품 시장을 국내에서 확대하여 광고수입의 증가를 꾀하기 어려운 상황이다. 해외 시장으로 눈을 돌려보면 현재의 동아시아, 미국, 동남아시아 위주의 시장에서 확장하기가 매우 어려운 상황이다. 해외 시장 개척비용이 많이 들고, 문화적 할인을 극복하고 비용을 초과한 수익을 기대할 수 있을지에 대해서도 확신이 없다.

　　제작사나 방송사가 선택할 수 있는 대안은 가격 인상밖에 없다. 지상파방송사의 경우 재전송료를 인상하고, PP 채널의 경우에도 채널사용료를 인상한다. 그리고 국내 유료방송사나 OTT(Over The Top, 온라인동영상 서비스)[40]를 통한 VOD 판매를 확대하거나 판매가격을 인상한다. 전체 방송 재원을 확대하

---

40) OTT를 간혹 OVD(Online Video Distributer, 온라인비디오유통업자)라고 부르기도 한다.

기 위해서 공영방송사의 재원인 수신료를 인상해야 한다는 주장이 나오기도
했다.

참고문헌

김 균(2001), "외부자가 본 매체경제학,"「언론과 사회」, 9(2), 127-133.

김승수(1997),「매체경제분석」, 서울, 커뮤니케이션북스.

김은미(2001), "매체경제학을 어떻게 이해할 것인가,"「언론과 사회」, 2011년 봄 9권 2호, 115-126.

김지운·정회경 엮음(2005),「미디어 경제학: 이론과 실제」, 커뮤니케이션북스.

문상현(2009), "미디어 정치경제학의 학문적 지형과 이론적 과제,"「한국언론정보학보」, 77-110.

박소라(2001.11), "지상파 방송사의 외주 제작 프로그램 거래과정 특성에 관한 연구,"「방송과 커뮤니케이션」, 75-112.

이치형(2014), "IPTV 경쟁전략과 시장성과,"「Telecommunications Review」, vol. 24, no. 5, 578-588.

임영호(2015), "한국 미디어 정치경제학의 한계와 가능성 탐색,"「한국언론정보학보」, 9-34.

임정수(2006),「영상미디어 산업의 이해」, 한울아카데미.

임정수(2017), "미디어 경제학의 한국 언론학에 대한 학문적 기여와 새로운 역할 모색,"「언론정보연구」, 54(2), 7-38.

정영호(2012),「다매체·다채널 시대의 미디어 다양성에 대한 시스템 다이내믹스 모형의 적용 및 검증」, 서울대학교 대학원 언론정보학과 박사학위논문.

정재민(2008), "미디어 경제경영 연구의 동향과 방법론적 특성,"「미디어 경제와 문화」, 6(3), 133-168.

조항제(2008), "한국의 비판언론학에 대한 비판적 성찰: 문화연구와 정치경제학을 중심으로,"「한국언론정보학보」, 43, 7-46.

최진봉(2013),「미디어 정치 경제학」, 커뮤니케이션북스.

Baumol, W. J. & Bowen, W. G.(1967). "On the performing arts: The anatomy of their economic problem," In R. Towse (Ed.), *Baumol's cost disease: The arts and other victims*(pp. 44−54). Cheltenham, England: Elgar.

Baumol, W. J.(1967). "Macroeconomics of unbalanced growth: the anatomy of urban crisis," *American Economic Review*, 57(3), 415−426.

Baumol, W. J., Batey Blackman, S. A. & Wolff. E. N.(1985). "Unbalanced growth revisited: Asymptotic stagnancy and new evidence," *American Economic Review*, 754, 806−817.

Baumol, H. & Baumol, W. J.(1987). "The mass media and the cost disease," In R. Towse (Ed.), *Baumol's cost disease: The arts and other victims*(pp. 180−194). Cheltenham, England: Elgar.

Blumler, G. J and T. J. Nossiter(1991). Broadcasting Finance in Transition: A Comparative Handbook, Oxford University Press.

Caves, R. E.(2000). *Creative Industries, Cambridge and London*, Harvard University Press.

Chan−Olmsted, S. M.(2003). "Fundamental issues and trends in media strategy research," *Media Economics and Culture*, 1(1), 9−37.

Collins, Richard, Nicholas Garnham, Gareth Locksley(1988). *The Economics of Television: The UK Case(Media Culture & Society Series)*, SAGE Publication.

Eun−Mee Kim, So−Ra Park(2004). "Doing media economics research in Korea where non−market forces are dominant," 「미디어 경제와 문화」, 2(2), 26−46.

Guback, T. H.(1969). *The International film industry*, Bloomington: Indiana Univ Press.

Meehan, E., Mosco, V. & Wasko, J.(1994). "Rethinking Political Economy: Change and Continuity," In Levy, M. & Gurevitch, M.(eds), *Defining Media Studies: Reflections on the future of the Field*(pp. 347−358), Oxford University Press.

Mierzjewska, B. I. & Hollifield, C. A.(2006). "Theoretical approaches in media management research," In A. B. Albarran, S. M, Chan−Olmsted, & M. O. Wirth. (Eds.), *Handbook of Media Management and Economics*(pp. 275−296). Mahwah, NJ: LEA.

Owen, B. M., Beebe, J. H., & manning, W. G.(1974). *Television economics*,

Lexington, MA: Heath.

Paschal, P. and S. Sparviero(2009). "Creative Input as the Cause of Baumol's Cost Disease: The Example pf Media Services," *Journal of Media Economics*, 22, 239－252.

Picard(2006). "Historical Trends and Patterns in Media Economics," in the *Handbook of Media Management and Economics*, Lawrence Erlbaum Associates.

Reca, Ángel Arrese(2006). "Issues in Media Product Management," in A. B. Albarran etc(ed.), *Handbook of Media Management and Economics*, London: Lawrence Erlbaum Associates, Publishers.

Schiller, H. I.(1969). *Mass communication and American empire*, New York: Kelley.

Schultz, D. E.(1993). *Strategic newspaper marketing*(2nd ed.), Reston, VA: International Newspaper Marketing Association.

Waterman, D.(1996). *World motion picture trade*, Presentation at Northwestern University, dept of communication studies.

Wildman, S. S.(1995). "Trade liberalization and policy for media industries: A theoretical examination of media flows," *European journal of communication*, 20, 367－3.

2부

동영상 산업의 구조와 변화

제2장 방송 서비스의 공급과 지상파방송

1 방송 산업의 구조

1) 방송 산업의 행위자와 구조

이 절에서는 2차 세계대전 이후에 영화를 누르고 오락매체로 군림해 온 TV를 중심으로 유통구조와 가치사슬을 설명한다. 방송 산업에는 세 유형의 행위자(프로그램 제작자, 프로그램을 채널로 편성하는 자, 채널을 분배하는 자)가 있다. 세 가지 기능을 지상파방송사와 같이 한 개의 조직이 수행하는 경우도 있다. 세 유형의 행위자 간, 소비자를 포함하는 외부 시장 간의 관계에 따라서 방송 부문의 구조가 결정된다. BBC가 처음으로 방송할 때에 방송 시장의 행위자는 방송사, 시청자 그리고 규제자가 전부였다. 상업방송사가 도입되면서 광고가 수익모델이 되면서 광고주가 행위자로 추가되었다.

방송 시장이 발달하면서 방송사 외부에서 방송 프로그램을 제작하는 사업자가 등장하였다. 영상 전송기술이 발전하면서 지상파 중심의 소수채널 시기에서 케이블과 위성이 가세한 다채널 시대로 발전하게 된다. 1970년대 이후 발달한 케이블TV에서는 방송사가 채널 사업자(Program Provides, PP)와[1] 가입자를 관리하고 채널을 전송해주는 유료방송사[2]로 분화하게 된다. 이후 등장한 유료방송사인 위성방송사와 IPTV의 경우에도 케이블TV와 같이 채널사용 사업자와 전송 사업자가 분리된 형태를 가지게 된다. 전통적인 국내방송 시장의 개략적인 구조는 아래 그림으로 파악할 수 있다.

아래 그림을 간략히 설명하면 다음과 같다. 시청자들은 TV, 핸드폰, PC, 태블릿 등을 이용하여 유료방송사가 보내준 방송신호를 받아서 방송을 시청한다. 5% 내외의 시청자들은 지상파방송신호를 직접 수신하기도 한다. 유료방송사들은 위성을 통해서 지상파 채널이나 PP 채널을 수신한 다음에 가입자에게 보낸

그림 2-1   국내 방송 시장의 구조

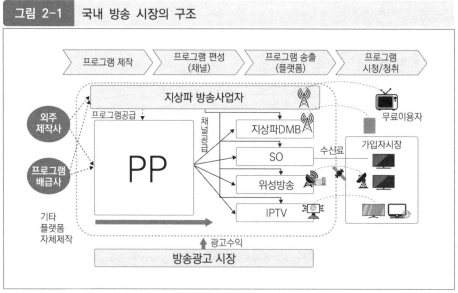

출처: 공정거래위원회(2016.7.16, 15쪽).

---

1) 채널 사업자의 법적인 용어는 채널사용 사업자이고, 이를 유료방송 채널, 케이블 네트워크 또는 PP(Program Provider)로 표현한다. 이 책에서는 문맥에 따라서 혼용하여 사용한다.

2) 유료방송사는 케이블TV의 경우 '종합유선방송 사업자'(SO, System Operator), '케이블 시스템'이라고 부르고, 위성방송의 경우 '위성방송 사업자', IPTV의 경우 '인터넷멀티미디어 사업자', 'IPTV 사업자'라고 부른다.

다. 지상파 채널은 프로그램을 자체제작, 외주 제작, 외부 구매 등을 통해서 조달하고, PP들은 외부제작과 외부 구매를 통해서 조달하는 비중이 크지만, 일부 PP들은 자체제작도 한다. 지상파방송사나 PP 사업자들은 광고를 판매하여 필요한 재원의 대부분을 충당한다. 유료방송사들은 가입자로부터 수신료를 받아서 대부분의 재원을 마련한다.

2) 방송의 가치사슬

(1) 가치사슬

가치사슬(value chain)은 포터(Porter, Michael. E, 1985)가 기업의 경쟁 우위를 파악하기 위해서 기업의 활동을 세분화하면서 만들어진 개념이다. 기업의 활동을 제품의 설계, 생산, 배송, 판매와 마케팅, 서비스로 구분하고, 이 활동을 통해서 가치가 창출되는 구조를 가치체계(value system)라 칭하고, 가치를 창출하는 개별 활동이 연속적으로 이루어진다는 측면에서 이를 가치사슬(value chain)이라고 불렀다. 포터가 제시한 가치사슬 모델을 미디어와 통신 산업과 같은 네트워크를 기반으로 하는 산업을 분석하는 데 많이 이용하고 있다.

방송과 신문의 경우 산업의 초기에는 한 기업이 생산과 유통을 모두 전담하였고, 1990년대 이전에는 이윤보다는 공익성과 공정성이 강조되었으므로 이 산업에 대해서 경제적 측면의 분석이 별로 이루어지지 않았을 뿐만 아니라 이 산업을 가치사슬이라는 측면에서 분석하려는 시도는 전혀 이루어지지 않았다.[3] 방송의 경우 유료방송과 인터넷이 등장하면서 유통 과정이 세분화되고 복잡해지면서 방송기업이나 방송 산업의 분석에 가치사슬 접근을 도입하였고, 신문의 경우에도 인터넷을 통해 배포되는 디지털 신문이 등장하면서 제작과 유통과정이 복잡해졌고 이에 따라 가치사슬 접근이 이루어졌다. 방송과 신문의 가치사슬을 설명한다.

---

3) 물론 가치사슬측면에선 접근하는 연구가 1980년대 후반에 이루어졌기 때문일 수도 있다.

(2) 지상파TV의 가치사슬

지상파TV의 가치사슬을 보자. 먼저 방송사나 제작사가 대본, 연기자, 제작 스태프 등을 투입하여 프로그램을 제작한다. 다음에 방송사는 제작하거나 구매한 프로그램을 시간대별로 묶어서 채널을 만들게 된다. 방송사는 채널을 TV주조정실을 통해 송신소로 송출하고, 소비자들은 이 방송신호를 TV수상기로 직접 수신하거나 유료방송사들을 통해서 이용할 수 있다. 지상파방송국의 면허는 대체로 행정구역인 도 단위와 비슷한 지역별로 허가가 난다. 각 지역별로 지상파방송사가 소재하고 수신자는 각 지역방송사가 송출한 방송신호를 수신하게 된다. 지역의 네트워크방송사는 서울소재방송사가 내보낸 프로그램에 자사가 편성한 프로그램을 합쳐서 채널을 구성한다. 이때 서울에 소재한 방송사는 자사의 채널을 무선망(극초단파)나 유선망(광케이블망 등)으로 지역방송국에 송신한다.

그런데 지상파방송사가 채널을 이용자에게 송신할 때 이용하는 주파수 대역은 초단파와 극초단파인데, 이 주파수대는 중파나 단파에 비해서 직진성이 강해서 산이나 건물들에 의해 가려지면 난시청 지역이 발생하게 된다. 지상파 난시청을 해소하기 위해서 중계유선방송이 1960년대 초에 등장하였다. 중계유선방송사는 산꼭대기 등에 설치한 안테나로 지상파신호를 수신하여 유선으로 난시청지역 시청자에게 방송신호를 중계하고, 그 대가를 가입자로부터 받는다. 지상파 채널은 1995년 이후 등장한 유료방송을 통해서 재전송되고 있다. 1995년 3월에 본방송을 시작한 종합유선방송사, 2002년 3월 등장한 위성방송, 2008

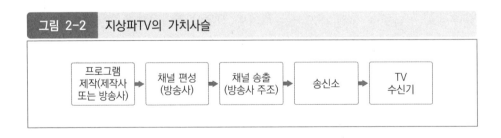

그림 2-2   지상파TV의 가치사슬

프로그램 제작(제작사 또는 방송사) → 채널 편성(방송사) → 채널 송출(방송사 주조) → 송신소 → TV 수신기

년 말에 등장한 IPTV를 통해서 지상파 채널이 재전송되고 있다. 종합유선방송
의 경우 1995년에 본방송이 시작되면서 지상파 채널이 재전송되었다. 이때 지
상파방송사는 재송신료를 받지 않았다. 위성방송과 IPTV의 경우 지상파 채널의
재전송에서 재전송료를 두고 협상의 과정이 필요하였다.

(2) 유료방송의 가치사슬

케이블TV의 가치사슬은 다음과 같다. 1990대에 들어서 종합유선방송을 도
입하면서 제작, 채널 편성, 채널 전송이 서로 다른 주체에 의해서 공급되었다.
프로그램을 제작하거나 구매한 다음에 채널을 편성하여 종합유선방송국(SO)에
제공하는 사업자가 채널사용 사업자(PP)이다. PP의 자체 제작은 대부분 외주
제작의 형태를 띤다는 점에서 지상파방송사와 차이가 난다. 많은 PP가 편성에
필요한 프로그램을 100% 구매하는데, 이때 구매하는 프로그램은 지상파방송사
의 프로그램, 해외의 프로그램 그리고 국내외 영화이다. 뉴스, 스포츠, 일부 오
락(낚시, 바둑, 연예, 음악, 종합오락) 채널 등은 제작 인력과 설비를 내부에서 보유
하고, 자체 제작 프로그램의 비율이 높다.

채널사용 사업자가 전국에 산재해 있는 종합유선방송 사업자에게 채널을
전송하는 망은 채널 분배망이라고 부르고, 이 단계의 채널 전송에는 주로 위성
망 등 통신회사가 제공하는 전용 통신망을 이용한다. 채널 사업자로부터 받은
채널을 몇 개의 채널 다발로 묶어서 가입자에게 제공하는 사업자가 종합유선방
송사(SO)이다. 종합유선방송사가 해드엔드를 통해서 내보내는 채널 묶음을 가
입자에게 전달하는 망을 전송망이라고 하고, 종합유선방송사가 이 망을 소유하

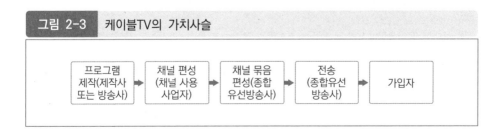

그림 2-3 케이블TV의 가치사슬

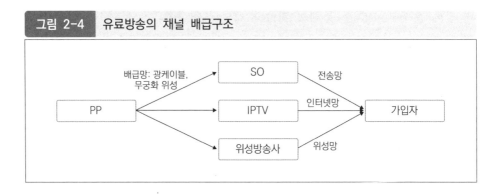

그림 2-4   **유료방송의 채널 배급구조**

고 있다.[4]

위성방송사와 IPTV의 경우에도 PP 사업자로부터 채널을 수신하는 경로는 케이블TV와 동일하다. IPTV의 경우 인터넷망을 통해서 채널을 가입자에게 전송하고, 위성방송의 경우 무궁화위성을 통해 가입자에게 채널을 전송한다.[5]

(3) 휴대전화로 채널 유통

이동전화의 데이터 전송속도가 빨라지면서 2002년 말에 SK텔레콤과 KTF는 지상파 채널을 이동전화의 데이터망을 이용하여 핸드폰으로 제공하는 서비스인 준(June)과 핌(Fimm) 서비스를 제공하였다. 이들 서비스를 이용하려면 전용 단말기를 구매해야 한다. 준의 단말기는 350만대, 핌 단말기는 90만대가 판매되었다. 그러나 이들 서비스의 요금이 비싸고, DMB 서비스가 등장하면서 사라졌다. SK텔레콤은 2005년 5월에 위성DMB 서비스를 제공하여 이동전화기로 다채널 서비스를 받아볼 수 있게 되었고, 지상파TV의 전송방식을 둔 논쟁의 결과로 도입된 지상파DMB는 2005년 12월에 시작되었다. 그러나 DMB 서비스는 인

---

4) 한국에서는 종합유선방송 초기에 전송망을 부설하고 유지·관리하는 사업자를 별도로 두었는데, 이 사업자가 전송망 사업자이다.

5) 스카이라이프는 가입자 가구마다 접시 안테나를 설치하지 않고, 인근 전화국에서 위성채널신호를 받은 후 이를 인터넷망을 통해서 가입자에게 전송하는 시스템(DCS 시스템)을 개발하여 2017년 상반기부터 서비스를 제공하였다. DCS의 경우 기존 위성방송의 단점인 단방향성을 극복하고 음영지역에서도 서비스가 가능하다. 그러나 케이블TV방송사가 DCS가 위성방송사의 역무(서비스) 범위를 넘어선다는 문제를 제기하였고, 방송통신위원회는 이를 위법으로 규정하였다.

터넷 동영상 서비스가 활성화되면서 위축되기 시작하였다. 위성DMB는 2012년 8월에 서비스를 종료하였고, 지상파DMB 서비스는 제공되고 있으나 이용자가 거의 없다시피 한다.

2000년대 초부터 인터넷이 보편화되면서 PC로 동영상을 볼 수 있게 되었고, PC에 TV카드를 내장하면 지상파TV채널을 볼 수 있게 되었다. 지상파방송사는 2000년 초부터 자사 웹사이트를 통해서 다시보기 서비스를 제공하였다. 2009년 말에 한국에도 스마트폰이 도입되었고, 지상파방송사들은 앱을 개발하여 자사의 TV채널을 실시간으로 제공하였다. 2011년 3월에 SBS가 가장 먼저 앱 서비스를 시작하였고, 이어 동년 9월에 KBS가, 동년 10월에 MBC가 서비스를 시작하였다. 지상파방송4사(EBS포함)는 각사의 앱을 통합한 서비스인 POOQ을 2011년 10월에 시작하였고, 2012년 7월부터 POOQ의 유료 서비스를 시작하였다. POOQ은 2018년 9월부터 SK의 옥수수와 통합하여 WAVVE란 이름으로 서비스되고 있다. 이상에서 설명한 방송 프로그램의 유통구조를 종합하면 다음 [그림 2-5]와 같다.

그림 2-5   방송 프로그램의 유통구조

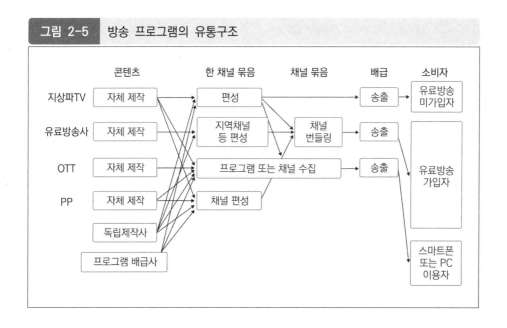

(4) VOD 서비스의 유통

2000년대 중반에 IPTV의 도입을 두고 방송위원회와 정보통신부가 줄다리기를 하면서 도입이 지연되자, 2006년 중반부터 IPTV를 준비하던 통신 사업자들이 VOD 서비스만 가능한 IPTV 서비스를 시작하였다. 2006년 7월에 하나로텔레콤은 '하나TV'를 출시하였는데, 하나TV는 인터넷망을 통해 TV로 영화와 방송 프로그램을 제공하는 유료 VOD 서비스이다. 하나TV로 4.5만 편의 영화, 드라마 등의 콘텐츠를 제공하였다. 2004년부터 자회사를 통해서 영화와 방송 프로그램을 VOD로 서비스해오던 KT는 2007년 7월에 '메가TV'라는 이름으로 하나TV에 대응하는 서비스를 제공하였다. 하나TV와 메가TV를 pre-IPTV라고 불렀고, 이들은 IPTV 서비스의 VOD 상품인 'BTV'와 '올레TV'로 전환되었다. LGU+는 2007년 12월에 myLGTV란 이름으로 VOD 서비스를 하였고, 이후 U+TV로 전환되었다. IPTV 사업자 면허를 받은 KT, SK브로드밴드, LGU+는 각각 VOD 시스템을 구축하여 방송 프로그램, 영화, 뮤직비디오, 학습 프로그램 등을 유료와 무료로 IPTV가입자에게 제공하고 있다. 실시간 채널 전송은 정부의 면허를 받은 후 2008년 말부터 시작되었다.

아날로그로 시작한 케이블TV는 2005년 2월부터 디지털로 전환하면서 VOD 서비스가 가능해졌다. 케이블TV는 전국에 77개 권역에 119개의 SO 사업자가 각자 VOD 시스템을 구성할 필요가 없다. 이에 티브로드 등 대형 MSO(복수 SO)들이 연합하여 VOD 서비스를 제공하는 회사인 홈초이스를 2007년 2월에 설립하였고, 2015년 3월에 사명을 케이블TV VOD로 변경하였다. VOD 서비스를 먼저 시작한 IPTV 가입자가 케이블TV에 비해서 VOD를 상대적으로 많이 이용하고 있고, 초기에는 IPTV 사업자의 라이브러리가 홈초이스의 라이브러리보다 풍성하였다. 이후 상대적으로 많은 가입자를 확보한 케이블TV의 VOD 이용자수가 증가하였으나 최근에 IPTV 가입자수가 증가하면서 케이블TV VOD 이용자수의 비중은 감소하고 있다.

(5) 신문사의 가치사슬

전통적인 신문사의 가치사슬은 다음 [그림 2-6]과 같은 구조를 가지고 있다. 신문사는 기자들이 생산한 기사(content)를 취합(aggregation)하는 과정을 거쳐 각 사의 편집원칙에 따라 자사 신문의 독자적인 성격을 가진(editing)해 뉴스 및 정보 콘텐츠를 종이에 인쇄(medium)한 형태로 독자들에게 판매한다. 신문 산업은 디지털기술을 도입함에 따라 과거부터 축적해왔던 정보 콘텐츠를 디지털 데이터베이스로 구축하여 방대한 양의 정보 콘텐츠를 효율적으로 재판매하고 재활용할 수 있게 되었다.

그림 2-6	전통적인 신문 산업의 가치사슬

출처: 최낙진(2001, 395쪽).

2 지상파방송사

1) 지상파방송 네트워크

(1) 지상파방송 네트워크란

지상파방송은 지상파 주파수의 도달 범위가 제한되어 있어 네트워크(network) 체제를 가지고 있다. 지상파 네트워크 체제는 하나의 방송사(station)가 편성하여 송출한 방송신호를 다수의 타 방송사가 수신하여 시청자에게 송신하는 체제를 말한다. 네트워크와 방송사의 관계는 나라마다 차이가 있는데, 미국의 경우 네트워크(또는 주 방송국, key station)는 프로그램을 편성하여 각 지역의 제휴사 (affiliate station)들에게 제공하는 역할을 한다. 주 방송국(key station)은 방송망 조직에서 중심이 되어 방송순서를 편성·제작·송출하는 방송국으로, 지방국에 대립되는 개념으로 중앙국이나 네트워크(network)라고도 한다. 네트워크는 방송의 브랜드 기능을 하며 브랜드파워가 강한 네트워크(예: NBC, ABC, CBS, FOX 등)는 더 많은 지역의 제휴방송사를 확보한다. 반면에 브랜드파워가 약한 네트워크 (예: UPN, WB 등)는 제한된 지역(주로 인구밀접지역인 도)에서만 제휴사를 확보하기도 한다.

일반적으로 지역방송사(또는 방송국, station)라고 부르는 것이 제휴사이다. 제휴사인 방송사는 제휴된 네트워크 사의 편성을 받아서 방송을 하지만 일부 기존 프로그램을 구입하거나 자체 제작한 프로그램을 방송하기도 한다. 제휴사는 네트워크 사와 사업적 제휴를 한 것일 뿐, 별개의 기업으로 제휴 중인 네트워크가 경제적 이윤을 창출할 수 없게 되면 언제든지 제휴를 중단할 수 있다(임정수, 2006, 204-205쪽).

한국에는 전국적으로 법인 기준으로 TV방송 32개, 라디오 21개, 이동멀티미디어방송 19개의 지상파방송사가 있다. 전국방송을 하는 지상파TV 네트워크는 KBS1, KBS2, MBC, SBS, EBS 5개가 있다. 지상파 네트워크에서 서울에 소재하는 방송사가 주 방송국의 역할을 하고 있다. KBS는 지역방송사를 직할하고 있고, MBC는 지역방송사를 계열사로 소유하고 있으며, SBS는 지역방송사와 제휴하는 형태로 전국 방송을 하고 있다. 그리고 OBS는 인천과 경기 지역을 방송구역으로 TV방송을 하고 있는데, KBS와 MBS 그리고 특히 SBS의 견제를 많이 받고 있다.

(2) 지상파 네트워크의 이점

네트워크 체제하에서 한 방송사가 편성한 프로그램을 다수의 방송사가 공유함으로써 편성비용이 절감된다. 이는 방송의 비경합성으로 시청자수가 늘어날수록 평균비용이 감소하는 규모의 경제가 나타나기 때문이다. 각 방송국마다 자체적으로 프로그램을 편성하는 경우보다 네트워크 체제에서 보다 많은 제작비를 투입할 수 있고 이윤도 증가한다. 제작비의 투입액과 프로그램의 질은 대체로 비례하므로, 시청자는 보다 양질의 프로그램을 시청할 수 있게 된다.

서울의 키국은 네트워크 체제를 구축하여 이들이 구축한 질서 아래 한국의 방송 산업이 움직였다. 먼저 키국은 지역방송국에 대해 자기 네트워크 외의 다른 네트워크와는 제휴할 수 없는 배타적인 관계를 맺었다. 네트워크의 체제를 구성함으로서 전국의 모든 시청자에게 도달할 수 있다. 둘째로, 키국은 제작사에 대해서는 많은 제작비가 드는 프로그램의 유일한 수요처로서 제작의 조건을 정하고, 외부 제작요소를 구매할 때에 우월적 지위를 행사할 수 있다. 셋째로, 키국은 네트워크로서 광고판매 조건과 가격의 결정을 주도하였다. 넷째로, 키국은 시청자에 대해서 5개 내외의 채널 중에서 채널을 선택하도록 했다.[6]

1960년대부터 한국의 텔레비전을 주도했던 지상파 텔레비전 네트워크가 2000년 이후에 예전과는 다른 환경 속에 놓이게 되었다. 케이블TV, 위성방송, IPTV, 유선 인터넷, 모바일 인터넷 등으로 텔레비전 프로그램의 공급경로가 다양해지면서 그동안 독점적 지위를 누렸던 지상파 네트워크는 다른 많은 채널들과 크게 다르지 않은 하나의 채널로 그 위상이 바뀌고 있다. 시청자들의 텔레비전 프로그램 시청행태 변화도 지상파 네트워크의 영향력을 감소시키고 있다. 유료방송 VOD와 인터넷 동영상을 통해서 텔레비전을 편리한 시간에 시청하는 사람들이 점차 늘고 있다. 실시간 TV시청이 줄어들면서 주청시간대에 광고의 수요 초과 현상은 이제는 거의 없어졌고, 일부 인기 프로그램에 광고의 초과 수요 현상이 가끔 나타나고 있다.

(3) 지상파방송사의 수익구조[7]

KBS를 제외한 지상파방송사는 광고가 주된 수입원이다. 광고가 수익 모델인 방송사의 고객은 광고주이다. 시청자는 방송사의 고객인 기업(광고주)의 고객

---

6) 박인규(2009, 254쪽)의 글을 인용하면서 일부 수정하였다.
7) 스가야 미노루·나카무라 기요 편저(2003)를 한국에 맞게 수정하였음.

이고, 기업으로부터 상품이나 서비스를 구입한다. 방송사는 기업의 고객인 시청자에게 기업으로부터 의뢰를 받은 광고를 제공하는 삼각관계로 되어 있다. 이 경우 텔레비전 프로그램은 시청자의 광고 접촉을 유인하는 역할을 하고, 프로그램 제작에 필요한 비용을 광고주가 부담한다. 따라서 프로그램 내용에 광고주의 의향이 반영될 수 있는데, 이를 차단하는 장치로서 광고대행사인 미디어렙[8]을 두고 있다. 광고주는 광고대행사를 통해서 광고시간을 구매하는데, 광고시간에 지상파방송이 만들어낸 시청자의 주목이 포함되어 있다. 서울에 소재한 지상파방송사 키국이 자체 또는 제작사를 활용해서 광고주의 잠재고객인 시청자용으로 프로그램을 제작한다. 키국이 지역계열사에 프로그램을 송신하고, 지역계열사는 자사 설비를 이용하여 시청자에게 방송한다.

한국의 경우 독립방송사인 OBS를 제외하고 지상파방송사는 어느 하나의 네트워크에 속해 있다. 대형 광고주의 광고를 전국적으로 전개하려는 필요에 부응하기 위해 네트워크가 도입되었다. 기업의 광고비를 주된 재원으로 하고 있는 지상파방송사로서는 대기업의 대형 광고를 획득하는 것이 경영상 극히 중요하다. 그러나 지역방송사는 도 단위의 범위에 전파를 보내기 때문에 전국 광고주를 획득하기 어렵다.

키국은 네트워크 프로그램 유통의 중요한 역할을 맡고 있고, 네트워크를 대표해서 전국 광고주와 교섭하여 광고를 획득한다. 지역국은 키국이 조달한 프로그램('네트워크 프로그램'이라 불림)과 광고를 제공받아 각 지역의 시청자에게 제공한다. 지역사는 실질적으로 키국이 제공하는 프로그램의 중계국적인 역할을 수행하고 있다. 지역국은 프로그램 조달을 키국에 크게 의존하고 있다. 네트워크 프로그램 이외에 지역국이 프로그램을 제작하지만 지역국이 제작한 프로그램은 전체 방송시간의 30% 미만이다. 또 네트워크 내에서 키국을 중심으로 해서 보도 소재를 교환하거나 프로그램을 공동 제작한다.

지역국은 경영적으로도 키국에 크게 의존하고 있다. 네트워크 프로그램을

---

8) 미디어렙은 Media Representative의 준말로서, 방송사의 광고시간을 광고주에게 배급하는 회사이다.

지역국을 통해 방송할 경우 키국으로 보면 지역국의 방송시간을 구입하는 셈이 되므로 키국은 전국 광고주로부터 받은 광고비의 일부를 '네트워크 분배금'(이를 전파료(傳播料)라고 한다)으로 지역국에 지불한다. 지역국으로서는 전파료가 주된 수입원이다. 전파료는 원칙적으로 개별 지역국의 커버하는 지역의 인구나 경제력을 기준으로 결정되는 것이지만, 실제로는 개별 지역국이 안고 있는 경영 사정 등도 고려되어 금액이 결정된다. 이와 같이 키국은 지역국의 전국 네트워크를 형성하기 위해 필요로 하고, 거꾸로 지역국은 키국에 광고 영업, 프로그램 제작 면에서 의존하고 있는 등 상호의존관계로 되어 있다.

2) 지상파방송사의 경영

강남준(2006, 5쪽)이 미국의 지상파방송 시스템에 대해서 말한바와 같이, 한국에서도 지상파방송 시스템은 거시적으로는 한국 사회의 정치, 경제, 문화 전 영역에, 미시적으로는 개개인 삶의 형식에 가장 큰 영향을 미친 사회적 기구이다. 한국의 지상파방송은 1927~1995년까지 채널의 수나 소유구조의 변화가 있었다. 그러나 기본적으로 지상파방송사에 배정된 주파수 대역이 제한되어 있고, 이 주파수 대역으로 가능한 방송 채널수가 통상 5개 내외에 불과하여, 지상파방송 시장은 과점 형태를 띠게 된다. 다른 전송수단이 개발되기 이전에 지상파방송사는 안락한 과점을 누릴 수 있다. 한국의 지상파방송사는 2000년대 이전에는 경영수지에 대해서 거의 걱정하지 않았다. 지상파방송사 간의 시청률 경쟁은 매출액을 늘려 이윤을 증대시키기 위함이 아니라, 방송사 간에 평판(reputation)을 둔 경쟁이었다.

하나의 지상파방송사는 1개의 채널(많아야 2개)을 송출하므로 전문 편성을 하지 않고 종합 편성을 한다. 소비자의 다양한 취향을 만족시키기 위해서 보도, 교양, 오락 프로그램을 1개 채널에 편성하는 것이다. 지상파방송사는 방송 프로그램을 기획하여 제작하고 이용자에게 제공하였다. 방송 산업이 제작요소, 제작업, 채널편성, 매체 운용, 콘텐츠 유통 등으로 세분화된 현재의 시점에서 보면, 지상파라는 매체를 보유한 사업자(하류 부문)가 제작요소, 제작업, 편성업 (상류 부문)을 출범할 때부터 수직 통합하고 있었다.

한국의 경우 1990년대까지 지상파방송사는 필요한 방송 프로그램 전부를 내부에서 제작하였다. 그리고 제작에 필요한 인적 자원과 물적 자원도 모두 보유하였다. 기자, 아나운서, PD뿐만 아니라 작가, 탤런트, 코미디언을 전속제도를 통하여 보유하고 있었고(초기에는 심지어 가수까지), 스튜디오, 카메라, 편집기 등 방송용 기자재와 기자재 운용 인력을 확보하고 있었다(윤석민, 2006, 9쪽). 1990년대 이전에서 지상파방송사에 소속되지 않은 소수의 작가, 연기자 등이 존재하고 수 개의 제작사도 있었다.

지상파방송사가 방송 프로그램의 일부를 반드시 외부의 제작사로부터 구매하도록 강제하는 의무외주제도를 1991년부터 정부가 실시하였고, 이후에 점차적으로 의무외주비율을 확대하였다. KBS와 MBC는 외부외주제도에 대응하면서 1990년대 초에 제작부문, 유통 부문, 장비 부문, 무대 부문 등을 분리하여 자회사를 설립하였다. 그리고 1992년 말에 SBS가 등장하며 스카우트 경쟁이 일어나면서 탤런트, 코미디언, 작가의 전속제도에 약간의 변화가 있었고, 이들 출연진의 전속제도는 1998년 IMF 경제 위기 때 비용 절감을 위해서 폐지되었다. 2000년대에 들어오면서 지상파방송사는 의무외주 제작비율 이상으로 드라마의 제작을 외부 제작사에게 맡겼고, 2000년대 중반이 되면 지상파방송사가 편성하는 주말드라마와 미니 시리즈의 대부분을 외부 제작사가 제작하게 된다.

2000년대 이전에는 방송 광고량과 가격이 규제되어 있었고, 방송수입의 대부분을 차지하는 주시청시간대 광고는 대부분 판매되었으며, 방송 광고가격이 시청률과 연동되어 있지 않았다. 박소라(2001)는 이를 다음과 같이 설명하였다; 우리나라 (지상파)방송의 가장 중요한 특성 중 하나는 프로그램성과와 방송사의 수입 간에는 직접적인 상관관계가 없다는 것이다. 방송위원회와 한국방송광고공사가 방송 광고량과 가격을 규제하고 있다. 다시 말해 한국의 지상파방송은 수익률규제를 하는 독점 사업의 형태를 띠고 있다. 되돌아오는 이윤이 한정되어 있으면 기업은 굳이 효율성을 증대시켜 이윤을 극대화할 동기가 없다. 따라서 재투자를 하거나 인력운용을 비효율적으로 하는 등 비대한 조직이 될 가능성이 높다.

그러나 1995년 이후, 케이블TV, 위성방송, IPTV, VOD, OTT 등 미디어가 다양해지고 200여개의 채널과 다양한 형태의 OTT콘텐츠로 콘텐츠가 풍부해지면서, 시청자들의 미디어 이용행태가 변하고, 지상파방송사의 위상은 낮아지고 있다. 지상파방송사의 위상이 하락되었다고 할 수 있는 현상으로는 다음을 들수 있다; ① 지상파TV의 시청률이 낮아졌고, PP의 채널의 시청률이 증가되었다. 그리고 인터넷매체의 이용시간이 빠르게 증가하고 있다. ② 광고 시장에서 지상파TV의 점유율이 낮아졌고, PP의 점유율이 높아졌다. 방송매체보다 인터넷매체의 광고점유율이 더 높아졌다. ③ 지상파방송사의 신뢰도는 떨어지고 유료방송과 인터넷의 신뢰도가 상승하고 있다. ④ 인기 장르인 드라마를 내부에서 제작하는 능력을 거의 상실하였고, 인기 연예인과 작가들이 지상파방송사에 노출되는 것을 최우선으로 고려하지 않는 경우가 나타나기 시작했다.

한국의 지상파방송사의 시청점유율이 하락하고 있지만, 향후에도 상당한 기간 커다란 영향력을 가진 미디어로 존재할 것이다. 케이블TV, 위성방송, IPTV, 인터넷방송 등이 지상파방송을 대체할 수 없는 영역을 가지고 있기 때문이다. 지상파방송은 사회적 통합 기능과 보편성을 중심으로 존재가치가 있다. 예를 들어, 국가적 행사나 스포츠 이벤트는 지상파방송을 통해서 제공된다. 지상파방송사는 타 매체와 경쟁력측면에서 비교해도 뒤지지 않는 강점을 보유하고 있다. 지상파방송사는 오락 프로그램 제작 능력, 뉴스 취재망과 인력, 소비자 인지도와 접근 용이성측면에서 가장 강력하다. 지상파방송 채널과 PP 채널간의 시청률을 비교해보면 지상파방송 채널은 연평균 3~6%의 시청률을 유지하고 있지만, PP 채널 중에 가장 시청률이 높은 종편 채널조차 연평균 1.8%를 넘는 경우가 없다. 지상파방송 채널은 여전히 타 채널에 비해서 강력한 파급력을 가지고 있음을 확인할 수 있다.

3) 2000년대 중반 이후 지상파방송사의 경영 전략

지상파방송사들의 주된 수익 모델은 양질의 프로그램을 공급하고 대신에 광고수익을 가져오는 단순한 구도였다. 한국에서 월드컵이 개최된 2002년 이후에 지상파방송사의 광고수익이 지속적으로 감소하고, 반면에 프로그램 제작비용과 인건비 등이 지속적으로 증가되고 있다. 이에 지상파방송사는 비용절감과 수익확대 전략을 적극적으로 추진하여 왔다.

비용을 줄이기 위해 핵심가치 영역이 아닌 사업 부문을 아웃소싱하거나 자회사로 분사시켰다. 그리고 임금 인상을 억제하고, 지역 지상파에 지불하는 전파료를 삭감하였다. 제작비를 엄격하게 관리하였다. 제작비는 지속적으로 증가하였으나, 방송사의 전체비용에서 제작비의 비중은 지속적으로 감소하였다. 외주 제작의 경우 외주사에게 직접제작비의 100% 지불하다가, 2000년대 들어서 프로그램 수출액의 일부를 외주사에게 지불하면서 직접 제작비의 80%로 줄였고, 2010년대 후반에는 직접 제작비의 65% 내외로 줄였다.

지상파방송사는 2001년부터 PP가 등록제가 되면서 3개 이상의 PP를 설립하였다. 다만 SBS는 등록제 이전에 스포츠 채널을 매입하여 운영하고 있었다. 지상파방송사는 주로 드라마, 오락과 예능, 스포츠 장르의 PP를 만들었고, 이들 채널에 모회사가 제작한 양질의 프로그램을 비계열 PP 채널보다 우선적으로 제공하였다. 따라서 지상파계열 PP의 시청률은 PP 채널 중에서 가장 높았고, 경영 실적도 양호하였다.

지상파방송사는 광고수입을 늘리기 위해서 광고제도를 개선하였고(방송시간 확대, 방송 광고규제 품목 축소, 광고총량제 도입), 중간 광고가 허용되지 않자 동일 프로그램을 1부와 2부(때로는 3부)로 쪼갠 뒤 그 사이에 광고를 하고 있다(PCM이라고 부른다). 또한 유료방송사로부터 받는 재전송료를 인상하고 있고 유료방송사에 VOD용으로 제공하는 프로그램의 가격을 인상하고 있다. 인터넷 시대에 대응하여 지상파방송사는 처음에 자사 콘텐츠를 VOD나 다운로드방식으로 서비스를 제공하였고, 이후 지상파방송사가 연합하여 유료 OTT 서비스인 POOQ

를 제공하였다. 2019년에는 POOQ을 SK텔레콤의 옥수수와 합병하여 '웨이브
(wavve)'라는 브랜드로 출범시켰다.

4) 지역 지상파방송

공익적 측면에서 지역 방송사는 지역민에게 지역의 뉴스와 정보를 제공해
야 하고, 지역 여론 조성 및 의제 설정의 중심 기능을 수행하며, 지역의 문화를
계승하고 전파하며 또한 발전시켜야 한다. 그러나 지역방송사가 취약한 재정으
로 지역 문화를 창달하는 등의 고유한 책무를 다하기 어려운 상황이다. 지역방
송사를 경제성으로만 평가하면 점점 더 존립하기 어렵지만, 지역방송사가 해야
하는 공익적 역할을 감안하면 영속되어야 한다.

현실적으로 한국에서 지역 지상파방송사의 주된 역할은 중앙방송사의 방송
신호를 지역 수신자에게 재전송하는 것이다. 특히 KBS의 지역국은 중앙방송사
의 단순 중계국의 역할을 하고 있다. KBS 9개 총국의 자체 편성비율의 평균은
KBS1TV의 경우 9.4%이고, KBS2TV 경우 1.5%이다(2010년 기준). MBC 지역방송
사의 경우 TV채널의 자체 편성비율은 14.3%이고, 지역민방TV(OBS제외)의 자체
편성비율은 29.5%이다. 공영방송사인 KBS의 지역국이나 MBC의 지역방송사가
민영방송사인 지역방송사보다 자체 편성비율이 낮은데, 이러한 현상은 정부의
편성규제 정책으로 인한 영향이 크다. 그리고 적게 편성되는 자체 제작 프로그
램은 뉴스를 제외한 대부분이 황금시간대가 아닌 시청률이 낮은 시간에 편성되
고 있다.

지역방송사는 지역 경제규모 축소, 지역 인구 감소, 지역 범위 한계로 인한
광고수입 제한, 광고요금 책정 기준의 불합리성, 중앙사와 지역사 간 전파료 배
분의 형평성문제, 경영의 독립성문제, 지역방송 전송로를 통하지 않고 중앙 방
송을 시청할 수 있는 매체(예: OTT나 VOD)의 증가로 다면적인 위기상황에 직면
해 있다. 지역방송사는 자체 프로그램의 제작이 어려워지고, 프로그램의 질적
저하로 지역방송의 위상과 가치가 낮아지고 있다(유승관, 2017, 72쪽).

KBS와 OBS를 제외한 지역방송사의 광고수입은 전파료(傳播料)와 서울 MBC
와 SBS와의 광고결합판매(연계판매) 그리고 지역방송사의 직접 광고수입으로 구
성된다. 여기서 전파료는 중앙방송사의 프로그램을 지역방송사가 당해 방송구
역에 수중계하면, 그 대가로 이 프로그램에 붙는 광고료의 일부를 받는 것을
말한다. 지역 민방과 지역 MBC의 경우에 중앙방송사로부터 받는 광고수입(즉,
전파료)은 전체 광고수입 중 약 80% 정도에 달한다고 한다. 전파료의 크기는 중
앙방송사와 지역방송사 간에 협상을 통해서 결정되는데, 이에 대해서는 '콘텐츠
거래'를 다루는 이 책의 뒷부분에서 논의한다.

대부분의 지역방송은 수익성 악화를 타개하기 위해 방송 사업과 무관한 기
타 사업에 상당부분 의존(2016년에 기타매출이 총매출의 15.9%를 점유)하고 있다.
MBC 지역국을 비롯하여 일부 지역 민영방송사는 적자를 내고 있다. 특히, 콘텐
츠 경쟁력 확보의 핵심요소인 방송직 종사자(기자, PD, 아나운서 등)의 경우 중앙
지상파 3사는 2012년에서 2016년간 약 12% 증가한 반면, 지역방송사는 약 14%
감소하였다. 지역방송의 자체 편성 제작비는 2016년에 약 1,210억 원으로 방송
사업매출의 19.3% 수준으로 매우 낮고, 시간당 제작비는 중앙지상파 3사의
10%에 불과한 수준이다. 제작비 투자 부족은 콘텐츠 경쟁력 약화로 이어져 지
역방송의 2012년~2016년간 프로그램판매수익은 약 627억 원으로서 전체 방송
사업판매수익의 1.4%에 불과하다.

지역방송사는 재정적 어려움으로 인해 프로그램의 제작비용을 줄여서 프로
그램의 질이 저하되고 있다. 조충남·이오현(2008)은 광주 지역 라디오방송을 대
상으로 한 연구에서 광고수익이 감소함에 따라 자체 제작의 시사·보도 프로그
램의 비율이 감소했고, 제작비부담이 적은 단순 오락 프로그램의 비중이 높아
지는 편성상의 변화가 일어났다고 밝히고 있다. 그리고 지역방송의 수익 감소
에 따라, 지역 라디오방송의 제작 인력 노령화, 복수 제작 체계, 비(非)PD 제작
체계 등 프로그램 완성도에 부정적 영향을 미칠 수 있는 요인들이 나타났다고
분석했다.

지역방송사의 재정문제를 해결하기 위한 다양한 방안이 제안되었는데, 그

중에서 가장 많이 언급된 것이 지역방송의 광역화와 전파료 배분 확대이다. 첫째로, 지역방송의 광역화를 보자. 광역화는 인근 지역방송사를 통합하여 방송구역을 넓힌다는 것이고, 이를 통해 수익 기반을 확대하고 비용을 절감한다는 방안이다. 실제로 MBC계열사는 일부 지역에서 광역화하였다. 지역방송의 광역화로 지역방송의 재정적 어려움을 일시적으로 완화시키는 데 불과하고, 광역화의 규모에 비례하여 지역성이 훼손될 것이다. 둘째로, 전파료의 배분을 확대하는 방안을 보자. 전파료 배분 정책을 개선해서 보다 많은 수익이 지역방송국으로 갈 수 있도록 조정해야 한다는 것이다. 그러나 지상파방송의 시청률이 하락하고 광고수입이 감소하여 중앙방송사도 재정적으로 압박을 받고 있는 상황에서, 중앙방송사가 지역방송사에게 전파료를 더 배분해주기를 기대하기 어렵다.

지역방송을 확대하거나 지역 콘텐츠 제작을 지원하는 방안으로 지역 채널의 전국화, 케이블TV를 지역방송에 포함, 보편적 서비스 차원에서 지역 콘텐츠 제작의 지원이 제안되었다. 셋째로 지역 채널의 전국화 방안을 보자. 지역 연합 채널은 각 지역 방송사가 제작한 프로그램으로 하나의 채널을 만들고, 이를 전국 채널화한다는 방안이다. 이때 전국 채널화하는 방안은 두 가지가 있는데, 하나는 공영 채널 중 하나를 일정 시간대에 지역방송을 개별 편성하는 지역연합 채널로 만드는 방안이 있고, 다른 하나는 각 지역방송의 프로그램을 편성하는 PP 채널을 만들어 유료방송에 제공하는 방안이 있다. 전자는 현실화하기 어려운 방안이고, 후자는 실현 가능한 방안이다. 실제로 MBC를 제외한 16개의 문화방송계열 방송국과 스카이라이프가 공동 출자하여 'MBC NET' 채널을 운영하고 있다.

넷째로, 김재영·양선희·신태섭(2011)이 제안한 방안으로 지역방송의 범주에 케이블TV를 포함시키는 것이다. 이들이 충남 지역을 중심으로 케이블 지역 채널 뉴스와 지역 지상파의 지역 뉴스를 비교 분석한 바에 의하면, 케이블TV의 지역 정보 채널이 지역 지상파방송보다 훨씬 토착적인 뉴스를 제공한다고 밝히고 있다. 케이블TV의 자체 채널이 지역 뉴스와 정보를 제공하는 매체로서의 기

능을 하고 있다는 것이다. 현재 방송법에는 케이블방송 사업자는 지역 정보를
전달하기 위해서 자체 채널의 운영을 의무화하고 있지만, 보도 등 언론기능을
제한하고 있다. 따라서 이 규제를 완화하거나 폐지해서 케이블 사업자가 지역
뉴스와 정보매체로서의 역할을 할 수 있도록 해야 한다.

　　다섯째로, 조영신(2012, 323-326쪽)은 보편적 서비스를 제공하는 차원에서
지역 지상파방송사가 콘텐츠를 제작하는 데 재정적 지원을 하는 방안을 제안하
였는데 그 내용을 보자. 보편적 서비스 통신 정책에서 발전된 개념으로 방송
정책에서는 구체적으로 발전되지 않았다. 통신 산업에서 보편적 서비스제도는
'기본적인 통신 서비스를 적정한 요금으로 책정하여 누구나 이용할 수 있어야
한다'는 것이다. 방송에서 보편적 서비스라는 용어를 사용하고 있지는 않지만,
방송법(제44조 2항)에서는 한국방송공사가 방송의 보편적 수신을 위해서 노력하
도록 규정하고 있다. 방송 수신의 보편적 제공을 넘어서 지역방송 콘텐츠가 보
편적으로 제공될 수 있는 제도가 만들어져야 한다. 통신의 경우 보편적 서비스
를 구현하기 위해서 통신 사업자에게서 기금을 조성하는데, 방송의 경우에도
지역방송 콘텐츠를 제작할 경우 부족한 비용을 충당해주는 기금을 조성하거나
기존의 방송발전기금을 활용해야 한다.

참고문헌

강남준(2006), "미국 네트워크 TV의 발전과정과 미국사회에 미친 영향," 「언론정보연구」, 42(2), 5-40.

공정거래위원회(2016.7.16.), "공정위, SK텔레콤-CJ헬로비전 인수·합병 금지 — 유료 방송 시장과 이동통신 시장의 경쟁 제한 가능성 원천 차단—," 보도자료.

박소라(2001.11), "지상파 방송사의 외주 제작 프로그램 거래 과정 특성에 관한 연구," 「방송과 커뮤니케이션」, 75-112.

박인규(2009), "미국 텔레비전 산업의 지형 변화에 따른 지상파 네트워크의 변화," 「현상과 인식」, 봄/여름, 254-286.

스가야 미노루·나카무라 기요 편저(2003) 송진명 옮김, 「방송 미디어 경제학」, 커뮤니케이션북스.

유승관(2017), "지역방송 활성화를 위한 정책지원제도에 대한 분석," 「언론과법」, 16(3), 71-99.

윤석민(2006.6), "21세기 초반 우리나라 방송 산업의 주요 동향과 정책 쟁점들," 「방송과 커뮤니케이션」, 7(1), 6-43.

임정수(2006), 「영상미디어 산업의 이해」, 한울아카데미.

조영신(2012), "스마트TV 시대의 지역 기반 방송의 위상과 과제-망의 진화로 본 방송 시장," 「언론정보연구」, 49(1), 295-329.

최낙진(2001.여름), "디지털 시대 신문산업의 가치사슬 모형에 관한 연구-조선·중앙·동아일보의 디지털 포털 전략을 중심으로," 「한국언론학보」, 45권 3호, 388-420.

Porter, Michael E.(1985). "Competitive Advantage," Free Press New York.

제3장 유료방송

 1 유료방송사와 채널사용 사업자

1) 미국의 케이블TV와 케이블TV 네트워크

케이블TV는 동축케이블이나 광케이블을 통해 주전송장치(Head−End, 분배센터)로부터 각 가정으로 TV신호를 분배하는 체계이다. 케이블TV[1]는 주로 위성 중계기를 통해서 보내진 케이블 네트워크의 TV신호나 지상파방송사가 송출한 TV신호를 주전송장치에 모은 다음에 가정으로 배분하는 역할을 한다. 케이블 네트워크[2]는 방송 프로그램이나 영화를 모아서 채널을 만들어 케이블TV에 제공하는 채널 사업자이다. 가정으로 보내는 TV신호는 비화(scramble) 처리되어 있어서 케이블TV방송사가 지급한 셋탑박스를 통해야만 TV수신기에서 영상을 볼 수 있다. 미국에서 1970년대 초반 이후 통신위성이 급격하게 증가하면서 전

---

1) 케이블TV방송사 또는 케이블방송사, 한국의 종합유선방송사.
2) 한국에서는 채널사용 사업자, PP(Program Provider).

국에 소재한 수천 개의 케이블 시스템에 PP의 신호를 값싸게 보낼 수 있게 되면서 케이블TV는 급격하게 성장하게 된다.

미국에서 1948년에 등장한 케이블TV는 처음에 지상파방송을 재송신하는 매체로 시작되었다. 지상파방송의 수신 불량한 지역의 시청자는 케이블TV에 가입해야 지상파방송을 시청할 수 있었다. 이후 케이블TV 방송사와 가입자수가 증가하였고, 1973년에 케이블TV를 통해서 영화 채널을 제공한 HBO가 시장성을 인정받았다. 이후 HBO와 유사한 케이블TV 네트워크가 본격적으로 등장하였다. 1980년대에 들어서 유선망을 통해서 수십 개의 채널을 소비자에게 직접 전달할 수 있게 되었다. 1976년 단 4개에 불과하던 케이블TV 네트워크가 1991년에는 70여 개로 증가하였고, 2014년 이후 900여 개의 케이블 네트워크가 방송하고 있다. 케이블TV 네트워크는 미국전역에 산재해 있는 만여 개의 케이블TV방송 사업자에게 채널을 송출한다.

지역별로 허가를 받는 케이블방송사가 비용을 줄이고 케이블 네트워크에 대한 협상력을 높이기 위해서 MSO(두개 이상의 케이블방송사를 소유·운영하는 사업자) 체제를 유지하고 있다. MSO들이 소유한 케이블방송국이 지역적으로 인접할 경우에 비용이 절감된다. MSO들은 1980년과 1990년대에 케이블방송국을 교환하여 집적화하였다.

미국의 케이블TV 가입자수는 지속적으로 증가하여 2004년에 최고 7,360만이었으나, 이후 위성방송과의 경쟁이 심화되고, IPTV와 OTT가 등장하여 가입자수를 잠식당하여 2017년에는 4,861만이 되었다. 2000년에 유료 TV 가입자의 80%가 케이블TV 가입자였으나, 2016년에 53%로 하락했다. 미국에서 케이블TV는 새로운 매체에 비해서 이용요금이 상대적으로 비싸다. 케이블TV는 유선망의 설치와 유지에 비용이 소요되고, 1만여 개의 시스템으로 분리되어 있어 인력과 장비가 상대적으로 많이 든다. 그리고 케이블TV는 유선망이므로 외딴 지역에 서비스를 제공하기에는 경제성이 없는데, 미국의 경우 전국토의 약 20% 지역에서 케이블TV망이 설치되지 않았다고 한다. 이들 지역에서는 위성방송을 이용할 수밖에 없다.

케이블TV방송사는 지역 면허권을 받으면서 지역 채널(Public Access Channel, PAC)을 제공하거나 지역 센터(local community center)를 운영하는 의무를 부여받았다. 지역 행정단체나 교육 단체 혹은 개인들이 지역 채널로 자신들이 제작한 콘텐츠를 지역민에게 제공할 수 있다. 반면에 지역에 기반을 두지 않은 위성방송의 경우에는 지역 채널 의무를 지지 않는다. 국내에서도 케이블TV의 경우에는 지역 채널을 확보해서 해당 SO들이 지역 정보를 제공할 것으로 강제하고 있지만, 위성의 경우에는 지역 채널 의무가 없다.

2) 한국의 케이블TV

한국의 경우에서는 1960년에 지상파방송을 재송신하는 중계유선이 등장하였고, 독자 채널을 제공할 수 있는 종합유선방송은 1995년부터 제공되었다. 수십 개에서 수백 개의 채널을 제공하는 케이블TV가 바로 종합유선방송이다. 종합유선방송을 도입하면서 중계유선방송 사업자(RO)에게 면허를 주지 않고 새로운 사업자에게 종합유선방송사(SO) 면허를 발급하여 중계유선과 종합유선이 병존하는 구조를 띠게 된다. 정부는 전국을 110개의 방송구역으로 구분한 다음에 먼저 대도시 지역에 면허를 발급하였다. 하나의 법인에게 하나의 면허만 발급하고 겸영을 금지하였다.

먼저 허가를 받은 대도시 지역의 SO들이 가입자 모집이 저조하여 경영에 어려움을 겪자, 2차로 중소도시와 농어촌 지역에 면허를 발급하면서 방송구역을 77개로 축소하였다. 대도시 지역에서 가입자 유치가 어려운 현상을 고려하여 중소도시와 농어촌 지역에서 기존에 구분한 방송구역을 통합하였기 때문이다. 1995년 이후 정부와 SO는 종합유선방송을 대대적으로 홍보하였다. 그러나 소비자들은 종합유선방송과 중계유선방송 간의 차이를 인식하지 못하였고 가격이 저렴한 중계유선방송을 선택하였다. 종합유선방송의 홍보로 인하여 종합유선이 아니라 중계유선의 가입자가 폭발적으로 증가하였다.

중계유선방송은 녹음, 녹화채널로 전일의 지상파방송 프로그램을 낮시간에 재방송하거나 드라마, 영화, 바둑 등으로 분류하여 방송하였다. SO를 통해 제공되는 PP 채널의 품질이 낮았고, 중계유선을 통해서 지상파 채널뿐만 아니라 해외위성 채널도 시청할 수 있었다. 해외위성 채널에는 STAR-TV, NHK, CNN 등이 있었고, 한국 프로그램을 편성하여 제공하는 채널도 있었다. 그리고 1998년에 중계유선에 허가한 채널수는 12개였는데, 이를 위반하는 사업자가 많았다. 중계유선을 관할하던 정보통신부는 중계유선방송업계의 요구를 반영하여 1999년에 채널수를 31개로 확대하였으나, 일부 사업자들은 40개 이상의 채널을 운영하였다. 정부는 케이블TV를 도입하면서 중계유선 사업자를 종합유선방송 사업자로 전환해주지 않았고, 종합유선방송을 도입할 경우 중계유선이 소멸할 것으로 보았다. 결과적으로 이는 잘못된 판단이었고, 잘못된 정책 판단으로 한국의 유선방송은 저렴해졌다고 볼 수 있다.

중계유선과 경쟁에 직면한 SO들은 케이블TV의 가격(월 15,000원)과 중계유선의 가격(3,000~4,000원) 사이의 지불의사를 가진 소비자를 유인하기 위해서 기본료 15,000원보다 저렴한 티어를 제공하기를 원하였다. 이에 정부는 허가증의 부관사항에 기재되어 있던 '전 채널 의무전송'을 1998년 8월에 폐지하여 저가 티어링이 가능해졌다. 케이블TV 사업자들은 1999년부터 본격적으로 중계유선과 경쟁할 수 있는 가격대의 상품을 본격적으로 출시하였다. 이때부터 케이블TV가격은 저렴해졌고, 이후 한국의 유료방송의 가격이 외국에 비해서 상대적으로 저렴한 수준으로 고착되게 된다.

그리고 가입자 확보가 어려워지자 종합유선방송사를 매각하고 퇴출하려는 사업자가 나타나면서 종합유선방송사의 겸영이 이루어지기 시작했다. 겸영은 불법이었지만 2개 이상의 SO를 보유한 MSO가 등장하였다. 정부는 1999년 1월에 종합유선방송법을 개정하여 일정한 범위 내에서 겸영을 허용하게 된다. SO를 겸영할 경우에 이점은 다음과 같다; ① 설비 등의 비용 감소가 MSO의 가장 큰 장점이자 MSO의 목표이다 ② 통합적인 기업 관리와 마케팅, 가입자 관리 등으로 비용이 감소될 수 있다 ③ 광범위한 지역과 많은 가입자를 확보하고 있기 때문에 PP와의 채널계약에서 좋은 거래조건을 요구할 수 있다 ④ 기업의 총

매출액의 증가로 경쟁력이 높아지게 된다(임정수, 2006, 210-211쪽).

SO의 경영 수지가 개선되지 않고, SO와 RO가 시설을 중복투자하자, 방송개혁위원회(1998. 12~1999. 2)는 중계유선을 종합유선으로 전환하는 제안을 하였고, 2000년 1월 방송법에는 이러한 전환의 근거가 마련되었다. 2001년과 2002년에 일정한 조건을 갖춘 RO(종합유선방송구역 내 가입가구수비율이 15% 이상 등)에 한하여 SO로의 전환 승인이 이루어졌다. 총 42개 지역에서 RO가 SO로 전환되었고, 전환된 SO의 영업 지역에는 복수의 SO가 경쟁하게 되었다. 그 결과 77개 방송구역에 SO의 수는 119개로 증가하였다. 일부 중계유선이 종합유선방송사로 전환되면서 케이블TV의 가입자수는 증가하였지만 케이블TV의 가격은 더욱 낮아졌다. 기존의 중계유선 가입자의 반발을 우려하여, 종전의 중계유선가격을 유지하는 티어를 제공하면서 케이블TV의 가격은 평균적으로 더 낮아지게 되었다.

SO간 수평결합이 허용된 이후에 인수합병이 지속적으로 이루어졌다. 동일지역의 2개 SO가 합병할 경우에 면허권을 1개 반납하면서 119개 사업자수가 90개로 줄었다. 2015년에 세종시가 방송구역으로 추가되면서 2개의 SO가 면허를 받아갔다. 이에 따라 2017년 말 기준으로 SO 사업자수는 92개, 방송구역은 78개가 되었다. 2017년 12월 기준으로 CJ헬로비전이 23개, 티브로드가 23개, 딜라이브가 17개, CMB가 11개, 현대HCN이 8개 등 총 82개의 SO가 5개 MSO에 의해 운영되고 있다. 독립 SO는 10개로 줄었다.

3) 종합유선방송사의 수익구조와 경영

케이블TV가 출범한 초기에 SO는 가입자수가 적어서 재정적으로 어려움을 겪었다. 그러나 도심지역에서 1995년부터 서비스를 시작한 1차 SO는 평균적으로 1999년부터 이윤을 내기 시작하였고, 농어촌지역에서 1998년부터 서비스를 시작한 2차 SO는 평균적으로 2002년부터 이익을 거두기 시작하였다. 1998년에 티어링이 가능해지고, 2001~2002년간 이루어진 중계유선의 종합유선 전환으로 가입자수가 증가하면서 SO는 2002년부터 상당한 순이익을 기록하였다. 2002년 3월에 경쟁 서비스 제공자인 위성방송이 도입되었지만, 다채널 서비스 시장에서 케이블TV의 위상은 공고하였다.

그러나 2008년 11월에 출범한 IPTV가 결합 상품을 무기로 가입자수를 빠르게 늘려나갔다. 케이블TV는 IPTV와의 가입자 유치 경쟁을 하면서 결합 상품에서의 불리함을 가격 인하로 대응하면서 가입자당 수입은 감소하기 시작하였다. IPTV 출범 이후에도 케이블TV의 가입자수는 완만히 증가하였으나, 2017년 9월 이후로 가입자수가 감소하기 시작하였고, 2017년 11월에는 IPTV에 가입자수를 추월당했다. MSO의 수익성이 낮아졌음에도 불구하고 영업이익을 창출하고 있고 재무구조는 전반적으로 양호하다. 그럼에도 불구하고 2015년 이후 SO의 수익구조와 경영에 대한 우려가 제기되고 있다.

SO의 수입에서 방송수신료와 홈쇼핑 채널 송출수수료가 주 수입이고, 지역광고와 VOD수입이 있다. SO의 수입에서 수신료의 비중이 감소하고 홈쇼핑 송출수수료와 단말장치수익의 비중이 증가하고 있다. 가입자를 유치하는 경쟁이 심화되어 SO가 요금을 할인해 주면서 수신료의 비중이 감소하고 있다. 그러나 홈쇼핑 채널의 수입이 정체(또는 감소)상태에 있고 SO의 가입자 감소로, SO가 홈쇼핑 송출수수료를 현재 수준 이상으로 인상하기 어려운 상황이다.

SO의 비용에는 PP에게 지불하는 프로그램사용료, 지상파 재전송료, 인건비, 감가상각비 등이 있다. 이중에서 정부는 프로그램사용료로 수신료의 25%이상 PP에게 지불할 것을 SO에게 권고하고 있다. 프로그램의 제작비용의 증가로 PP가 프로그램사용료의 인상을 요구하고 있다. 지상파방송사는 광고수입의 감소 등으로 수익구조가 악화되면서 재전송료의 인상을 요구하고 있다. SO의 지출에서 프로그램사용료와 재전송료의 비중이 빠르게 증가하고 있다. SO는 IPTV와 경쟁하면서 저가결합 상품을 이용해 가입자규모를 확대하고 이를 기반으로 매출을 확대하려는 전략을 구사하였다.

SO는 경영상의 어려움에 직면하여 IPTV와 SO 간의 합병을 추진하거나 네트워크와 서비스를 개선할 필요가 있다. SO는 합병을 통해서 가입자 기반을 확보하고 이를 기반으로 교섭력을 높여 수익을 증대시킬 수 있다. MSO와 단독SO 의 성과를 비교한 결과, 단독SO보다 MSO의 가입자 1인당 매출액이 높다(이영미 외, 2009). SO는 IPTV와 경쟁할 수 있는 결합 서비스를 제공하거나, 케이블망과 IP망을 융합하여 인터넷 서비스의 속도를 개선할 필요가 있다. 경쟁 정책의 측 면에서 보면 유료방송 시장이 IPTV로 통합되는 것이 바람직하지 않다. SO와 IPTV가 경쟁하는 구도로 만들어야 소비자의 후생이 침해되지 않을 수 있다. SO의 소유자들이 시장에서 퇴출하지 않도록 정부가 IPTV의 이동전화 등과의 결합 상품 제공을 불공정 경쟁으로 규제하던지, 또는 SO가 이동전화 등과의 결합 상품을 IPTV사와 동일한 조건으로 제공할 수 있도록 규제하는 것이 바람직 하다.

4) 케이블TV에서 규모의 경제

전력 산업, 통신 산업, 케이블TV 산업과 같은 네트워크를 활용한 산업에서 는 규모의 경제가 존재함을 검정한 연구가 많고, 그리고 금융과 의료 산업에서 도 규모의 경제가 존재하는 연구가 있다. 규모의 경제가 존재한다고 해서 자연 독점이 이루어지지 않는다. 장기평균비용곡선이 가장 낮은 생산 수준을 나타내 는 점을 최소효율규모라고 하는데, 최소효율규모의 수준이 매우 커서, 어떤 경제의 수요량이 최소효율규모보다 적은 경우에 자연독점이 이루어진다. [그림 3-1]에서 어떤 경제의 수요의 합계가 최소효율규모보다 왼편에 있으면 자연독점의 상태이다.

케이블TV 산업에서는 규모의 경제 효과는 여러 연구에서 입증되었다. 노엄 (Noam, E. M., 1985)은 미국 케이블TV 사업자들의 규모의 경제를 1981년 4,800개 케이블 사업자의 자료를 비용함수를 이용하여 추정하였다. 그는 전반적으로 케이블TV 시장에서 규모의 경제와 범위의 경제가 존재하는 것으로 확인했다. 그런데 네트워크 구축 자체의 규모의 경제는 가입자 확산의 규모의 경제에 비해 상대적으로 작은 것으로 나타났다. 즉, 케이블TV에서 기업의 규모 때문에 생산

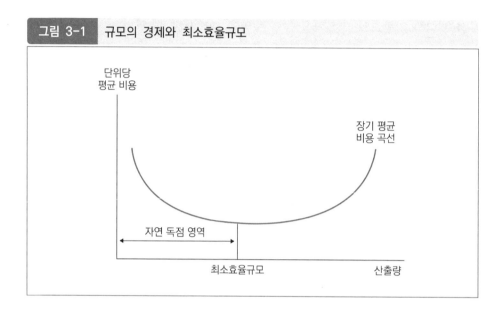

그림 3-1   규모의 경제와 최소효율규모

비상의 이점이 별로 발생하지 않으며, 대규모의 케이블 시스템들이 케이블 서
비스를 묶어서 판매하여 규모의 경제가 생겨난다고 밝히고 있다.

　　오웬과 그린할(Owen & Greenhalgh, 1986)은 제공되는 채널의 수와 전송망의
길이 등의 기본조건이 동일한 경우, 케이블TV 가입자가 절반으로 줄었을 때 가
입자당 소요되는 총비용은 14% 가량 증가한다는 것을 입증하였다. 이는 특정
지역의 케이블TV 가입자가 양분될 경우 즉, 복수 사업자의 존재는 단일 케이블
사업자가 지역을 독점하는 것보다 14% 정도의 비용 상승을 가져온다는 것을
의미한다.

　　국내에서도 케이블TV규모의 경제 효과를 검정하였다. 조은기(2003)는 '가입
자수가 많은 SO일수록 가입자당 비용이 적다'는 것을 실증적으로 보여주었다.
이종원(2003)은 2002년을 기준으로 전국 118개 SO 중 105개를 대상으로 비용분
석을 실시하여, 가입자수가 1만에서 2만으로 증가할 때 19~20%, 10만 명을 넘
어서면 51~33% 내외의 비용절감 효과가 발생한다는 것을 밝혀낸 바 있다. 이
영주(2006)는 'SO의 투입물 증가비율보다 산출물 증가비율이 더 크다'는 것을

실증적으로 보여주었다. 이 분석에서 투입물로는 영업비용과 시설투자를 이용하였고, 산출물로는 매출액과 가입자를 이용하였다.

이덕선(2013)은 SO의 비용함수를 이용하여 규모의 경제를 추정하였는데, 종속변수의 선택에 따라서 추정치가 상당히 달랐다. 설명변수로 SO별 ① 방송 가입자수, ② 아날로그방송 가입자수, 디지털방송 가입자수, 인터넷 가입자수의 복합 산출물, ③ 방송 가입자수와 인터넷 가입자수의 복합 산출물의 세 가지를 사용하였다. 박민수 외(2017)는 SO별 유료가입자수와 총매출액을 사용하여 비용함수를 추정하였다. 유료가입자수를 이용했을 때와 총매출액을 이용했을 때의 추정치가 조금 차이가 있지만 대체로 규모의 경제가 있는 것으로 나타났고, 한국의 SO들이 최소효율규모보다 작은 규모에서 사업을 운영하고 있는 것으로 나타났다. 이 결과만 놓고 보면 SO들이 수평적으로 결합할 경우 생산의 효율성이 증대할 수 있음을 보여준다.

5) 채널사용 사업자(PP)

1995년에 방송을 시작한 케이블TV방송사에게 채널을 제공하는 사업자가 PP(채널사용 사업자)이다. 케이블TV를 도입하면서 PP는 허가제였고 29개의 채널에 허가증을 발급하였다. 허가 PP의 사업권은 대기업이나 정부기관이 받아갔다. PP들이 콘텐츠를 제작하지 않고 기존의 콘텐츠를 구매하여 편성할 경우 콘텐츠의 다양성이 나타나지 않거나 시청자들이 새롭게 볼만한 콘텐츠가 부족할 경우를 우려하여, PP가 일정한 양(방송시간의 10%)의 콘텐츠를 반드시 자체 제작하도록 법으로 강제하였다. 종합유선방송 가입자가 원활하게 확보되지 않아서 PP의 경영이 어려워지자 1999년에 종합유선방송법을 개정하여 자체 제작을 의무화한 규정을 폐지하였다. 방송법과 종합유선방송법이 통합된 2000년에 발효된 방송법에서는 PP가 등록제로 전환하여 진입이 자유롭게 된다.[3]

---

3) 정부는 1999년 말에 14개 PP를 추가로 허가하기로 결정하였는데, 2000년 방송법으로 이들 14개 PP를 승인해 주었다. PP 등록제는 실제로 2001년부터 시행되었다.

케이블TV의 출범과 함께 사업을 시작한 허가 PP는 1995년과 1996년에 각 사별로 연간 100억 가량의 적자를 기록하였고, 1997년 말에 불어 닥친 외환위기로 많은 PP들이 매각되었고, 매각 사유는 다양하지만 모기업의 자금난이 가장 큰 요인이다. PP의 매각요인을 보면, 대기업의 구조조정, 모기업이 자본이 부족하거나 부도, 정부의 민영화 대상, 종파 간의 갈등 등이 있다. 이러한 PP의 매각 배경에는 PP의 수익성 악화와 모기업의 자금난 이외에도 유료방송규제제도의 변화가 있다.

1998년 이후 SO의 협상력을 강화시키고 PP의 협상력을 약화시킨 정책으로 1998년 8월에 SO의 전 채널 의무전송제를 폐지한 것, 2000년 5월 14개의 PP 승인한 것, 그리고 결정적으로 2001년 5월에 PP 등록제를 시행한 것을 들 수 있다. 케이블TV를 도입하면서 SO는 PP의 전 채널을 편성해야 했고, SO와 PP는 채널 공급과 그 대가에 대해 단체로 계약했다. SO는 PP에게 수신료의 32.5%를 배분하고, PP는 이 수신료를 지상파 채널, 공공 채널, 홈쇼핑 채널을 제외한 나머지 PP에게 배분하였다. 1998년 8월부터 SO는 채널 티어링을 할 수 있게 되면서 단체계약제도가 더 이상 유효한 계약방식이 아니었고 개별계약으로 전환하게 되었다. 단체계약은 2000년까지 진행되었고, 2001년에는 단체계약과 개별계약을 병행하고, 2002년부터는 완전히 개별계약으로 바뀌었다. 채널의 전송 여부와 프로그램 이용료의 수준이 시장에 의해서 결정되는 시대가 된 것이다.

2001년에 PP 등록제가 시행되면서 PP의 수는 폭발적으로 증가하였다. 2000년까지 총 43개의 PP 채널이 제공되고 있었는데, 2001년에 120개의 TV 채널이 등록한 이후 연간 40개 내외의 TV 채널이 등록하면서 2005 기준으로 폐업하거나 취소한 TV 채널을 제외한 현존하는 등록 TV 채널은 200개이다. PP와 SO의 계약이 개별 계약으로 바뀌고 PP 수의 급증으로, SO에 대한 PP의 협상력을 급격히 약화되었다. 일부 경쟁력 있는 PP를 제외한 대부분의 PP들은 프로그램 이용료를 종전보다 적게 받게 되었다.

우리나라의 PP 산업은 초기에 CJ계열 PP, 온미디어계열 PP, 지상파3사계열

PP, 티브로드계열 PP 그리고 보도전문 PP들이 이끌어 왔다고 할 수 있다. 2009년 말에 CJ가 온미디어를 인수하면서 PP 시장에서 최강자로 부상하였고, 중앙그룹은 애니메이션과 골프 채널 등을 운영하다가 종합편성채널인 JTBC가 뜨면서 PP 시장에서 중요한 비중을 차지하게 되었다. 우리나라 PP 시장에는 양질의 콘텐츠를 공급할 능력이 없는 영세 PP들이 많다. 2009년에 우리나라의 일반 PP 수는 149개인데, 이중에 99개(66.4%)에 PP의 자본금이 50억 원 미만이고, 자본금 10억 미만의 PP가 39개(26.2%)에 달한다. 2009년 AGB닐슨 시청률자료에 의하면 시청률 0.1% 미만이 채널이 56개였다.

  우리나라 일반 PP의 매출구성을 보면 광고수익이 50% 내외를 차지하고, 프로그램 제공매출액이 24% 내외, 다음으로 협찬, 프로그램판매, 행사수입 등이 있다. 미국의 경우 일반 PP의 매출에서 프로그램 제공매출의 비중이 가장 높지만, 한국은 유료방송의 가격이 상대적으로 저렴하고, 유료방송사의 수신료수입 중에서 PP에게 지불하는 비율이 낮기 때문에 프로그램 제공매출의 비중이 낮다. 일반 PP의 비용에서 프로그램 제작이나 구매비용이 가장 큰 비중을 차지한다. 그러나 영세한 일반 PP의 경우에는 저렴한 프로그램을 조달하므로 프로그램 조달비용보다는 인건비 등 관리비 성격의 비용이 더 많을 것이다. 여기서 일반 PP만을 대상으로 언급한 것은 PP 중에 홈쇼핑TV 채널의 경우 매출구조와 비용구조가 일반PP와 전혀 다르기 때문이다.

  일반 PP 사업자의 전형적인 사업 모델은 채널을 유료방송사에 제공하여 프로그램 이용료와 광고수입을 확보하는 것이다. 이때 목표시청자를 선택하고, 이에 적합한 프로그램으로 편성한 채널을 만들어야 한다. 그리고 필요한 프로그램을 외부에서 구매할 것인지 직접 제작할 것인지를 결정해야 한다. 우리나라 PP 사업자들은 지상파 프로그램을 과다하게 편성하고 있다는 지적을 받았다. 실제로 지상파3사계열 PP들은 모회사가 본방을 한 직후에 재방송하여 많은 매출과 높은 이익을 거두었다. 그리고 영세 PP들은 우리나라의 지상파방송사나 해외방송사에서 본방한지 2년 이상이 지난 프로그램으로 채널을 채웠다. PP 사업자들이 지상파 프로그램을 많이 편성하는 상황을 〈표 3-1〉을 통해서 보자.

표 3-1	2009년 유료방송 시청률 상위 50 프로그램의 유형별 비율				
	지상파 재방	자체 제작	어린이	스포츠	미드/영화
비율	54.0%	10.0%	12.0%	4.0%	20.0%

출처: AGB닐슨 연간 시청률 보고서(2009), 윤석민·이현우(2011, 29쪽) 재인용.

2009년 PP가 제공한 프로그램 중에서 연간 시청률 상위 50위 프로그램을 보면 54%가 지상파 프로그램인 반면에 자체 제작한 프로그램은 10%에 불과하다.

이 자료는 PP들이 콘텐츠를 제작하는 것보다 콘텐츠를 구매하는 것이 경영에 유리할 수 있음을 암시한다. 조영신 외(2014)는 실증분석을 통해서 PP들이 구매 전략보다는 자체 제작이 외형적 성장에 기여하지만, 자체 제작보다는 양질의 프로그램을 구매하는 전략이 수익성 향상에 영향력이 있음을 보여주었다. 이 논문에서 2008년부터 2012년까지 5년간 평균적으로 프로그램 제작비를 1,000원 투입하면 방송사업매출이 135원 증가하였으며, 프로그램 구입비를 1,000원 투입하면 영업이익은 70원 증가(수익률 7%)함을 보여주었다. 또한 이 논문에서 PP의 장르별로 자체제작과 구매의 성과가 달라짐을 보여주었다.

6) 위성방송과 IPTV

위성방송과 IPTV의 경우 유료방송매체라는 점에서 케이블TV와 많은 점에서 유사하다. 먼저 전송매체가 다르기 때문에 나타나는 차이점을 보면 다음과 같다. 위성방송은 위성을 통해서 가입자에서 방송신호를 전송하여 대한민국 전역에서 방송을 시청할 수 있다는 특징이 있다. 따라서 유선망을 깔기 어려운 산간 오지나 도서지역에서도 다채널방송을 이용할 수 있다는 장점이 있다. 그러나 남쪽 상향 45도에 장애물이 있는 곳에서는 방송을 시청할 수 없고, 비나 눈이 많이 올 경우에 방송이 중단된다는 단점이 있다. IPTV의 경우 유선망이므로 수신환경측면에서는 케이블TV와 유사하지만, 인터넷 신호를 사용하므로 인터넷 신호를 사용하는 핸드폰이나 PC와 쉽게 호환되는 장점을 가지고 있다.

위성방송과 IPTV는 케이블TV에 비해서 후발주자라는 점에서 애로요인을 가지고 있다. 사업 초기에 지상파 채널과 PP 채널을 확보해야 하는 과제를 풀어야 했다. 케이블TV가 출범할 당시에는 지상파방송사와 PP 사업자들이 케이블TV로 채널을 전송하는데 기꺼이 응했다. 지상파방송사의 입장에서는 음영지역을 해소해주는 이점이 있었고, PP 사업자 입장에서는 전송할 매체가 케이블TV밖에 없었기 때문이다.

그러나 위성방송이 출범할 때에는 지상파방송사는 재전송료를 요구하였으며, 지역 지상파방송사는 지역방송사별로 채널을 전송할 것을 요구하였다. 위성방송사인 스카이라이프가 서울의 지상파 채널을 전국에 재전송할 계획을 세우자, 19개 지역MBC와 9개 지역 민방이 지역방송을 고사시키는 처사라며 지역방송사의 TV 채널을 재전송할 것을 스카이라이프에게 요구하였다. 이에 스카이라이프는 방송 초기에는 KBS와 EBS만을 재전송할 수 있었고, 오랜 협상을 거친 결과, 2005년부터 MBC 본사와 19개 계열사, SBS와 지역민방의 채널을 모두 송출하고, 스카이라이프 가입자는 해당 권역의 지역TV 채널로 시청할 수 있게 되었다.

케이블TV로 채널을 전송하고 있는 PP 사업자의 입장에서는 위성방송으로 채널을 추가로 송출할 경우 수익기반이 확대된다는 점에서 긍정적이다. 그러나 기존 사업자인 SO들이 위성방송을 견제하기 위해서 위성방송에 채널을 제공할 경우 불이익을 주거나 케이블TV로만 전송할 경우 혜택을 주는 전략을 구사하였다. 이에 위성방송으로 채널을 전송하기를 주저하는 사업자가 나타나게 되었다. 그 결과, 스카이라이프, SO, PP 간의 다툼이 일어났고, 정부기관의 중재에도 불구하고 소송으로 번지기도 하였다.

IPTV가 출범할 때에도 지상파 채널의 재전송을 두고 오랫동안 협상하였다. 그러나 IPTV 3사의 경우 위성방송과는 달리 지역 지상파 채널을 전송하면서 지역방송사 간의 갈등은 없었다. IPTV의 경우에도 초기에 PP 채널을 확보하는 데 어려움을 겪었다.

케이블TV, 위성방송, IPTV는 모두 가정에 있는 텔레비전을 이용하는 방식이므로 가입자를 두고 직접적으로 경쟁한다. 케이블TV가 위성방송과 IPTV 사업을 억제하는 전략을 구사하는 것은 미국에서도 나타났다. 미디어 간에 대체가능성이 높기 때문에 경쟁과 갈등이 심할 수밖에 없다.

　IPTV를 도입할 때에는 위성방송을 시작하면서 나타났던 PP 채널 확보에서 갈등을 해소할 목적으로, '인터넷멀티미디어방송법'에 IPTV가 PP 채널을 쉽게 확보할 수 있도록 '콘텐츠동등접근' 조항을 담았다. 그러나 이 조항에는 특정 IPTV 사업자에게 채널을 제공할 경우 다른 IPTV 사업자에게도 반드시 채널을 제공하도록 하는 내용이 담겼다. 따라서 SO는 PP 채널을 IPTV로의 채널 송출하지 못하도록 견제할 수 있게 되었고,[4] 콘텐츠동등접근의 도입 목적이 달성되지 못하였다.

　2002년 3월에 위성방송을 시작한 스카이라이프는 3,000억 원의 자본금으로 2011년에 설립되었다. 출범 초기에 큰 폭을 적자가 지속되었으나 2006년에 흑자로 전환하였고 이후 흑자를 지속하고 있다. 출범 이후 2005년 말까지 5,142억 원의 누적적자를 기록하였고, 이를 1,100억 원의 증자와 3,170억 원의 사채로 버텼다. 큰 폭의 누적 적자에도 퇴출되지 않은 이유는 스카이라이프의 모회사로 KT가 있었기 때문이다. 2006년 이후 스카이라이프는 이윤을 창출하면서 안정적인 경영을 하고 있지만, 2013년 이후 IPTV의 가입자가 대폭 증가하면서 재정이 나빠지고 있다. 2013년 이후 수신료매출이 감소하고 영업이익도 감소하고 있다. 위성방송은 IPTV에 비해서 화질이 나쁘고 콘텐츠가 적으며 가입자가 위성접시를 달아야 하는 불편한 점이 있다.

　IPTV의 도입 과정에 대해서 먼저 살펴보자. 일정한 품질이 제공되는 폐쇄된 인터넷망을 이용하는 IPTV 서비스의 제공에는 인터넷망을 보유한 통신 사업자가 유리하다. 대부분의 국가에서 통신 사업자가 IPTV 서비스를 제공하고 있다. IPTV의 도입초기에 면허제의 여부에 대한 논란이 있었지만, 미국, 홍콩, 프랑스 등에서 면허제를 통해서 IPTV 서비스가 도입되었다. 한국에서는 방송과 통신을 담당하는 두 정부 기관 간에 IPTV에 대한 주도권 다툼을 벌이면서

---

4) 콘텐츠 접근에 대해서는 12장의 동영상 사업자 간 경쟁을 다루면서 구체적으로 다룬다.

IPTV의 도입이 다른 나라에 비해서 늦어졌고, 2009년에 면허를 받은 3개 사업자가 시작하였다.

IPTV의 사업권을 받은 통신3사는 가입자 확보측면에서 위성방송사인 스카이라이프보다 어려운 시장상황에 직면했다. 2008년의 유료방송 가입자는 1,757만으로 전국 가구수 1,667만이라는 점을 감안하면 대부분의 가구가 이미 유료방송을 가입하고 있었다. 그리고 IPTV는 초기에 지상파 채널 중에서 의무전송채널(KBS1, EBS)을 제외한 채널을 제공할 수 없었고, 양질의 PP 채널을 제공하지 못하였다. 이에 위성방송사를 자회사를 둔 KT는 스카이라이프와 협력하여 OTS(Olleh TV Skylife)라는 결합 상품을 개발하였다. OTS는 스카이라이프 채널과 IPTV의 VOD를 결합한 서비스이다. OTS로 KT의 IPTV는 케이블TV와 대등한 채널을 제공할 수 있었고, VOD 서비스를 제공할 수 없는 아날로그 가입자를 보유한 케이블TV에 비해서 VOD 서비스는 강점으로 작용하였다.

SKB와 LGU＋는 핵심 채널을 제공하지 못하는 가운데 통신 서비스와 결합을 통해 가입자를 확보하였다. 전체 IPTV 가입자가 400만 명이 넘어서면서 주요 PP들과 협상할 수 있게 되었고, 2012년 초에 모든 지상파 채널을 제공할수 있게 되었다. 이때부터 SKB와 LGU＋도 방송 상품을 구성하여 본격적으로 가입자 확보에 나설 수 있게 되었다. 이후 IPTV 3사는 방송 서비스에 인터넷 접속 서비스, 유선전화, 무선전화 등을 결합한 상품을 제공하여 빠른 시간에 가입자를 증가시켜나갔다. IPTV 3사는 방송 서비스에 통신 서비스를 결합하면서 가격을 할인된 가격으로 제공하였다. 그러나 케이블TV는 통신 서비스와 결합한 서비스를 제공하기 어려웠고, 제공할 경우에도 가격 경쟁력이 없었다. 그리고 IPTV3사는 통신 서비스의 가입자 정보를 이용하여 IPTV의 마케팅에 활용할 수 있었다. 2010년에 시내전화, 이동전화, 초고속인터넷의 가입자수를 합치면 8,726만으로 이 가운데 SO의 초고속인터넷 가입자 283만을 제외하면 모두 IPTV 3사의 가입자이다. 그리고 IPTV 3사는 SO에 비해서 월등한 자금력과 로비력을 가지고 있었다. IPTV 서비스가 제공된 지 거의 9년만인 2017년 11월에 IPTV 가입자수(1,422만)가 케이블TV 가입자수(1,410만)를 추월하였다.

7) 유료방송수익원과 가입자수 변화

(1) 유료방송의 수익원

케이블TV, IPTV, 위성 등 유료방송사 수익원은 수신료, 홈쇼핑채널송출수수료, 단말장치대여료, 가입료와 시설설치비, 광고와 협찬수입 등으로 구성된다. 수신료는 유료방송사가 제공하는 방송 프로그램과 VOD 콘텐츠를 보는 대가로 가입자들이 지불하는 요금으로 유료방송사의 가장 기본적인 수익원이다. 수신료는 기본채널수신료, 유료채널수신료, VOD수신료로 나누어진다.

홈쇼핑채널송출수수료는 유료방송사가 홈쇼핑방송을 송출해주는 대가로 받는 채널사용료이다. 홈쇼핑송출 과정에서 발생하는 추가적인 비용부담이 적어 사실상 홈쇼핑송출수익의 대부분이 이익이다. 단말장치 대여수입은 가입자에게 유료방송 수신장치(STB 등)를 제공하여 얻는 매출이다. 가입비와 시설설치비는 신규 가입자 유치에 따른 가입비와 유료방송수신설비를 댁내 설치해주는 인건비를 포함한다. 광고매출은 큐톤 광고(PP 광고시간의 1/10), VOD 광고(무료 VOD에 삽입되는 광고) 등으로 광고매출을 만들어가고 있다.

아래 [그림 3-2]에 제시된 2016년도 유료방송 사업자의 수익원별 매출 현황을 보자. 2016년에 기본채널수신료 구입이 2.033조 원으로 유료방송매출의 39.4%로 수익원 중에서 가장 많았다. 홈쇼핑채널송출수수료가 전체 매출의 24.3%를 차지하여 두 번째로 많았고, VOD수입이 세 번째로 많았다. 다음으로 단말장치 대여수입과 광고수입이 각각 11.3%, 4.8%를 차지하였다.

수익원별로 향후 증가 여부를 전망을 해보자. 가입자수에 비례하는 수신료수입은 가입자수가 거의 포화상태로 지속적인 증가를 기대하기 어렵다. 홈쇼핑채널송출수수료도 더 이상 증가를 기대하기 어려운 상황이다.[5] 왜냐하면 홈쇼

---

5) 홈쇼핑채널송출수수료는 유료방송 가입자수, 홈쇼핑 채널을 통한 상품매출액, 채널번호 등을 고려해 홈쇼핑 PP와 유료방송사 간에 매년 협상을 통해 결정된다. 과거에 유료방송사의 홈쇼핑채널송출수수료매출이 빠르게 증가하였다. 그 이유로 가입자수 증가, 홈쇼핑 채널 간에 채널 확보 경쟁과 좋은 번호 확보 경쟁, 홈쇼핑 채널수의 증가(홈쇼핑채널이 1995년의 2개에서 7개로 증가, 데이터홈쇼핑 10개 채널이 2012년부터 TV홈쇼핑을 시작하여 2015년 이후 본격적으로 TV홈쇼핑을 하고 있다)를 들 수 있다.

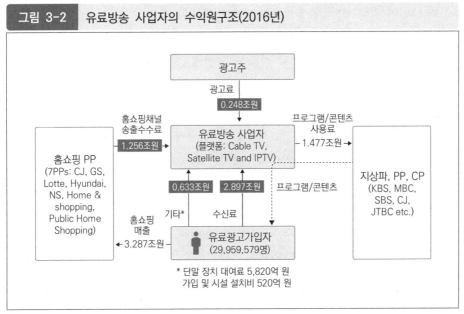

그림 3-2   유료방송 사업자의 수익원구조(2016년)

출처: 손장우(2018).

핑 채널이 온라인쇼핑과의 경쟁에서 밀리는 양상을 보이면서 홈쇼핑 채널의 매출은 거의 정체될 것으로 예상된다. 반면에 VOD수입이 증가할 것으로 기대를 모으고 있지만, 넷플릭스와 같은 유료 OTT 가입자와의 경쟁에 직면해 있다.

(2) 유료방송의 가입자수 변화

케이블TV가 시작한 1995년에 유료방송 가입자수는 725만이었다. 이중에서 중계유선 가입자수가 669만으로 대부분을 차지하였고, 케이블TV의 무료 가입자수가 35만, 유료 가입자수가 21만이었다. 이후 중계유선 가입자는 1998년까지 증가하여 701만을 기록한 다음에 감소하기 시작하였다. 1998년부터 케이블TV가 저가 티어 상품을 출시하여 중계유선과 가격 경쟁력을 갖게 되었다. 이때부터 케이블TV 가입자수는 빠르게 증가하였는데, 고가의 기본형 가입자보다 저가 티어 가입자수가 보다 빠르게 증가하였다.

2011년과 2012년에 중계유선을 종합유선으로 전환하면서 대부분의 중계유선 가입자가 종합유선 가입자로 전환되었다. 중계유선 가입자수는 2000년의 691만에서 2004년에는 51만으로 감소한 반면에, 종합유선 가입자수는 2000년의 309만에서 2004년의 1,301만으로 증가하였다. 케이블TV는 중계유선이 종합유선으로 전환된 2004년부터 IPTV가 본격화되기 이전인 2009년까지 최고의 전성기를 누리게 된다. 종합유선 가입자수는 2009년에 1,505만을 기록한 다음 IPTV와 경쟁하면서 서서히 감소하여 2017년에는 1,404만을 기록하였다.

스카이라이프는 2002년 3월부터 위성방송을 시작하였고 첫해에 가입자를 105만 확보하였다. 위성방송 가입자수는 증가하여 2013년에 418만으로 최고를 기록한 이후 가입자수가 완만하게 감소하고 있다. 2008년 말에 출범한 IPTV의 가입자수는 2009년에 174만을 기록한 이후 빠르게 증가하여 2017년에 1,433만

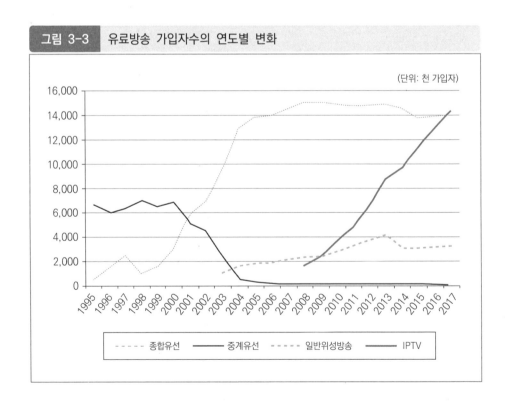

그림 3-3   유료방송 가입자수의 연도별 변화

으로 증가하였다. 2017년 10월에 IPTV의 가입자수는 케이블TV 가입자수를 능가하게 되었다.

위성DMB(Digital Multimedia Broadcasting)는 세계 최초로 휴대전화를 통해 제공되는 실시간 방송 서비스였다. SK텔레콤이 일본 사업자와 제휴하여 2005년 7월에 서비스가 시작되었다. 위성DMB 서비스는 SK텔레콤의 자회사인 TU미디어가 제공하였고, 유료로 제공되었다. 지상파DMB는 지상파디지털 전송방식의 논쟁을 종식하는 과정에서 생겨났다. 이 서비스는 2005년 12월에 본방송을 시작하였으며, 무료 광고 모델을 채택하였다.

위성DMB의 가입자수는 2005년에 37만에서 증가하여 2009년에 200만까지 증가하였다. 그러나 2009년 이후 가입자수가 감소하자 위성DMB 수신 휴대폰이 신규로 출시되지 않았다. 2010년 2분기를 기점으로 가입자수가 감소하였고, 위성DMB 가입자수는 2011년에 117만을 기록하였고, TU미디어는 2012년 8월에 위성DMB 서비스를 종료하였다. 위성DMB는 지상파DMB와 스마트폰을 통한 동영상 서비스와의 경쟁에서 밀린 것이다. 한편 지상파DMB 수신 휴대폰은 2011년 3분기까지 누적 판매대수가 5,479만대로 집계되었다. 그러나 지상파DMB도 스마트폰 이용자수가 증가하고 다양한 OTT 서비스의 등장으로 이용자수가 감소하여 광고판매액이 급격히 감소하면서 유명무실해졌다.

2 다매체 다채널의 등장으로 인한 변화

미디어는 처음에 종이매체인 신문으로 시작되어, 동영상을 제공하는 영화로 이어졌다. 무선기술이 발전되면서 1906년에 라디오방송이, 1929년에 텔레비전방송이 시작되었다. 1940년대에 지상파방송은 지상파라는 가장 효율적인 망에 맞추어 네트워크구조를 만들었고, 1970년대에 케이블TV는 당대에 가장 효율적인 망을 이용해서 케이블방송국과 채널 사업자의 이원화 시스템을 구성했다. 케이블TV로 인해서 시청자들이 이용할 수 있는 채널수는 3~6개에서 50개 이상으로 비약적으로 증가하게 되었다. 1980년대에 등장한 위성방송은 전국매체라는 점에서 지역매체인 지상파와 케이블TV와 구별된다. 그리고 1990년대 활성화된 인터넷망이 속도가 빨라지면서 동영상을 실시간으로 전송할 수 있게 되었고, 이에 따라 IPTV를 포함한 인터넷방송이 제공되었다. 바야흐로 다매체 다채널 시대가 왔다.

1) PP 채널의 성장과 지상파 채널의 위상 약화

1995년에 케이블TV가 등장하였지만 대부분의 PP 채널은 지상파프로그램을 재방영하거나 질이 낮은 콘텐츠를 편성하여서, 지상파방송사에게 별다른 영향을 주지 않았다. 우리나라에서 유료방송 서비스의 가격은 매우 낮고, PP가 받는 프로그램 공급료도 매우 적었다. PP들은 광고와 인포머셜에 의존하고 있었지만, 이 수입마저도 많지 않기 때문에 편성에 적절한 지출을 할 수 없는 상황이었다. 대부분의 PP는 저비용 → 저급한 프로그램 품질 → 저수입으로 이어지는 악순환 고리에서 갇혀 있었다.

다만 영화, 애니메이션, 스포츠(바둑 포함) 장르의 주도권은 PP 채널로 넘어가면서, 지상파TV는 영화와 애니메이션의 편성을 대폭 줄이거나 폐지하였고 스포츠의 경우 국가적 이벤트 경기만 중계하게 되었다. 2000년대 중반이 되면서 온미디어, CJ미디어, MBC 드라마넷 등이 드라마와 예능 프로그램을 제작하기 시작하였고, 2009년 12월에 CJ그룹이 온미디어를 인수한 이후 콘텐츠 제작에 본격적으로 투자하면서 PP 채널의 시청률은 1% 미만에서 벗어나게 되었다. 2011년 12월에 등장한 종편 채널이 뉴스를 편성하고 프로그램의 제작에 많은 투자를 하면서 PP 채널의 위상은 한층 더 높아지게 된다.

2011년에 처음으로 PP 채널의 제작비 합계가 지상파TV의 제작비 합계보다 더 많아지게 되고, 이후 그 격차는 더욱 커지게 된다. 2013년부터 지상파 채널의 시청률 합계보다 PP 채널의 시청률 합계가 더 많아졌다. 2016년을 전후하여 드라마, 예능 등의 프로그램에서 지상파 채널의 우위가 약화되면서, tvN이나 JTBC 채널 등에서 방송한 프로그램의 시청률이 지상파 채널보다 높은 경우가 자주 나타나게 되었다. 유료방송사의 도입으로 인한 PP의 등장으로 인해서 다양한 규모의 채널 사업자가 병존할 수 있게 되었다. 새로이 등장한 PP 채널의 프로그램 내용이나 편성 전략은 지상파방송사에 비해 훨씬 유연하고, 결과적으로 시청자는 다양한 채널을 선택할 수 있게 되었다.

지상파방송사는 TV 채널의 시청률이 하락한 것과 함께 지상파TV 채널의 시청자들의 연령이 높다는 문제에 직면해 있다. 지상파방송3사는 오랫동안 과점상태에서 말없는 다수를 두고 경쟁하는 사이에, 채널의 브랜드 이미지가 희미해지고, 중년과 고령층이 핵심적인 시청자가 되었다. 2017년에 평균 시청연령을 보면 KBS1은 58세, MBC는 50세, KBS2는 49세, SBS는 48세였고, 이는 2013년에 비해서 평균시청연령이 각각 3~4세 정도 올라갔다. 이러한 시청자의 고령화에 미친 요인으로 우리나라의 인구 구성의 고령화, 실시간 채널의 시청감소, 코호트 효과(친숙한 세대가 그대로 고령화하는 효과), 올드하고 보수적이며 진부한 프로그램의 편성 등을 들 수 있다. 지상파 채널에 비해서 PP 채널 중 tvN이나 JTBC는 신선하고 새로운 형태의 콘텐츠를 지속적으로 제공한 결과, 20대와 30대가 즐겨 시청하는 채널 이미지를 갖게 되었다. 지상파 채널은 광고매체로서 매력도가 떨어지고 있고, tvN이나 JTBC는 매력 있는 광고매체로서 부상하게 되었다.

전체 방송 시장은 성장하고 있지만, 매체의 위상의 변화가 발생하였다. 지상파방송사는 여전히 강력하지만 재정적으로 어려운 상황에 놓여있다. 다매체로 인한 시청자의 분산으로 인한 시청률의 감소, 양방향방송에 따른 목표 시청자의 파악이 가능한 광고매체의 등장으로 광고수입의 감소, 인건비와 제작비용의 지속적인 증가 등으로 지상파방송사의 재정이 악화되었다. 반면에 유료 방송사들은 가입자의 증가와 ARPU(가입자당 평균수입)의 증가 등으로 수입이 증가하면서 재정상태가 개선되고 있다. 유료매체 내에서 결합 상품에서의 우위를 점유한 IPTV는 지속적으로 성장하고 있지만, SO는 가입자 감소와 ARPU의 감소로 어려워지고 있다. 위성방송사도 조만간 가입자의 감소로 인한 어려움이 닥칠 것으로 예상된다. 대부분의 가정이 유료방송을 통해 TV를 시청하는 상황에서 지상파방송은 장기적으로 독자적인 매체로서의 지위를 점차 상실하고 다양한 플랫폼을 통해 제공되는 가장 인기 있는 채널(PP)군 정도로 전환될 가능성도 있다.

2) 지상파 채널과 PP 채널의 다양성

(1) 지상파 채널의 다양성 감소

지상파방송사는 다매체의 등장으로 수익원이 증가하였다. 지상파 채널을 유료방송사에 재전송하면서 재전송료를 받을 수 있고, 자사 프로그램의 방영권을 PP 채널과 유료방송사의 VOD용으로 판매할 수 있으며, 해외에서도 채널의 증가나 매체의 증가로 지상파 프로그램의 수요가 증가한다. 우리나라의 지상파방송사는 여러 윈도우의 유통을 통해서 증가한 수입을 프로그램 제작 예산에 투입하여 프로그램의 완성도를 높이는 데 사용할 수도 있다.

방송 서비스 제공 창구의 확대 및 프로그램의 다단계 유통으로 후속창구로부터의 수입이 추가되고, 경쟁이 심화된다. 이에 따라 방송 사업자는 프로그램 제작 예산을 증가시켜서 프로그램의 완성도가 높아지는 효과를 초래하게 된다(오웬과 와일드만, 1992). 실제로 워터만과 그랜트(Waterman & Grant, 1989)는 영화에 대한 후속 시장인 케이블TV가 등장함으로써 1976년부터 1985년 사이에 주요 할리우드 스튜디오의 영화 제작 예산이 122% 증가되었음을 밝혀낸 바 있다.

하지만 한국의 지상파방송사는 유료방송사의 등장 이후 윈도우 유통을 통해서 증가한 수입을 제작비를 증액하기보다는 감소하는 광고비를 보전하는 데 사용하였다고 할 수 있다. 지상파방송3사의 TV제작비가 2000년대에 거의 변화가 없거나 약간 증가하다가, 종편 출범을 앞두고 2010년에 전년도에 비해 29.2%로 대폭 증가하였고, 2010년~2017년간 거의 변화가 없었다. 물가 상승과 스타 출연진의 인건비 폭등으로 인한 프로그램 제작비의 상승을 감안하면 지상파방송사는 TV 제작비를 적절한 수준으로 증가시키지 않았다. 따라서 윈도우가 증가였지만 우리나라 지상파 프로그램의 완성도는 그다지 높아졌다고 보기 어렵다.

2000년대 중반 이후 PP 채널이 인기를 얻기 시작하였고, 포털등 유선 인터넷매체의 이용도 증가하였다. 2010년 이후 스마트폰의 확산으로 무선 인터넷매체의 이용이 증가하였다. 특히 인터넷매체의 경우 목표시청자를 대상으로 광고가 가능하고 또한 광고 효과를 즉시 측정가능하게 되면서 광고주들은 지상파TV에서 PP, 유선 인터넷매체, 무선 인터넷매체로 광고 집행을 늘려나갔다. 이에 따라 광고가 주된 수입원인 지상파방송사의 수익성이 지속적으로 약화되었다.

지상파방송사의 재원이 적절히 증가하지 못하면서 다양성이 위축되는 부작용이 발생하고 있다. 지상파방송사는 예능과 드라마 등 대중성이 높은 프로그램에 집중하고 다큐멘터리 등 교양 프로그램의 편성을 줄이거나 제작비를 감소하게 되었다. 지상파방송3사가 매년 기획 특집으로 제작하던 대형 다큐멘터리를 본지 오래되었다. 지상파방송은 다매체 다채널상황하에서 시청자를 확보하고 동시에 창구효과를 실현할 수 있는 오락과 드라마 장르 중심으로 편성하게 되었다.

텔레비전 산업에서 지상파 채널의 다양성이 감소하는 반면에 200여개의 PP 채널로 인한 다양성이 확대됨으로써 텔레비전 산업의 '공공성'을 암묵리에 전제로 두는 기존의 틀에 대한 위협이 될 가능성도 있다. 지상파방송의 공공성은 전파의 희소성이나 서비스의 수익을 파악하기 어려운 점, 매몰비용(sunk cost)이 크다는 점 등 기술·산업적인 여건에도 의존해 왔기 때문이다. 텔레비전 산업의 정책 당국이나 공영방송사는 공공성을 다시 정의하거나 새로이 구축하는 과제에 직면해 있다(윤석민, 2006).

(2) PP 채널의 다양성 증가

한국의 경우에 정부가 PP를 허가하면서 장르를 지정하였다. 그리고 PP를 등록할 경우에도 장르를 정해야 한다. 따라서 PP는 태생적으로 주로 편성한 프로그램의 장르를 가지고 있는 전문 편성 채널이다. PP의 수가 200여개가 되면 다양해질 수밖에 없는 구조이다.

지상파 채널만 있었던 과점 시장에서는 시청자를 획득하기 위해서 어느 시간대에 경쟁 채널이 공급하는 프로그램에 따라 자사 편성을 결정하는 과점하의 전략적 행동을 취했다. 200여개가 넘는 채널의 등장으로 채널 시장의 구조가 과점 시장에서 독점적 경쟁 시장으로 바뀌었다. 독점적 경쟁 시장에서는 수요자의 취향에 맞는 상품을 제공하기 위해서 노력해야 하고, 상품들이 서로 대체성을 가지고 있기 때문에 비가격 경쟁을 하게 된다. 그 결과, 다양한 상품이 제공되고 이용자의 만족도는 높아질 수 있다.

종합편성 채널이나 뉴스 채널을 제외한 일반 PP는 다른 채널과 차별화하여 독자적인 시장 영역을 확보하여 독점하는 것이 수익의 측면에서 합리적인 선택이 될 수도 있다. 특정 PP가 동질적인 시청자 집단을 보유할 경우에 광고주에게 매력적이기 때문이다. 광고주들은 자신이 원하는 목표 집단(취향 또는 연령대 측면에서)에 저렴한 가격으로 접근하기 원한다. PP 채널의 편성 담당자가 특정한 광고주를 예상하고 프로그램을 편성할 수도 있다. PP의 입장에서 유료방송사로부터 편성을 받기 위해서도 다른 채널과 차별화된 독자적 채널을 제공하는 것이 유리하다. 유료방송사가 티어를 구성할 때 차별화된 PP를 선호할 것이다. 유료방송사가 장르나 시청 대상이 중복되지 않는 채널을 구성하거나 추가하면 새로운 시청자를 유인하거나 기존 시청자를 유지하는 데 도움이 될 것이다.

3) 프로그램 제작사의 성장

1995년에 케이블TV가 등장하면서 채널 편성과 매체 운용이 분리되었다. PP들은 초기에 내부에 제작기능을 두어야 했지만, 1999년 1월에 종합유선방송법이 개정되어 PP의 자체 제작 의무 조항이 삭제되었다. 뉴스 채널, 스포츠 채널 그리고 바둑과 낚시 등 취미 채널 등을 제외한 대부분의 PP들은 비용을 절감하기 위해서 자체 제작 조직을 폐지하였다.

2000년대에 들어서 일부 PP들이 필요한 프로그램을 구매에만 전적으로 의존하지 않고 프로그램을 제작하기 시작하였다. PP들은 프로그램 제작을 내부에서 제작하지 않고 외부에 의뢰하였다. 이로 인해서 독립 제작사가 제작하는 프로그램의 양이 증가하게 되었다. 초기에는 PP중에서 온미디어와 CJ계열 채널들이 프로그램을 제작하였고, 다음으로 종합편성 채널이 등장하여 프로그램 제작을 늘리면서 독립 제작사의 제작량이 증가하였다. 2016년에 한국이 진출한 넷플릭스가 한국의 예능과 드라마를 제작하면서 독립 제작사의 프로그램 제작은 더욱 늘어나게 되었다.

독립 제작사는 2000년대에 들어서 작가, 감독, 출연자 등 방송 프로그램의 성과에 영향을 주는 핵심적인 요소를 고용하거나 장기계약하고 있는 경우가 많아졌다. 이러한 독립 제작사의 변화의 배경으로 지상파방송사가 작가와 출연자의 전속계약을 폐지한 것과 2000년대 들어서 제작비를 절감하기 위해서 드라마의 외주 제작을 본격화한 것을 들 수 있다.

참고문헌

김재영·양선희·신태섭(2011), "대전·충남 지역 지상파와 케이블 지역 채널 뉴스 비교 분석,"「한국방송학보」, 25권 3호, 167−200.

박민수·김정민·김성환(2017), "종합유선방송 산업에서의 규모의 경제 추정,"「정보통신정책연구」, 제24권 제1호, 41−73.

방송통신위원회(2017),「제2차 지역방송발전지원계획(안)(2018년~2020년)」.

손장우(2018), "국내 유료방송 시장 현황(7) 유료방송사의 주요 수익원 현황," 2018.3. 21,「Netmanias TECH−BLOG」.

윤석민(2006.6), "21세기 초반 우리나라 방송 산업의 주요 동향과 정책 쟁점들,"「방송과 커뮤니케이션」, 7(1), 6−43.

윤석민·이현우(2011), "우리나라 유료방송 PP사업자 정상화 방안,"「정보통신정책연구」, 제18권 3호, 23~56.

이덕선(2013), "케이블TV산업의 규모의 경제 및 범위의 경제에 관한 실증연구," 연세대학교 박사학위논문.

이영미·김원용·홍아름(2009), 케이블TV의 수평적 결합 완화 정책 실시에 따른 경제 성과와 수용자 복지 측면에서의 차이에 관한 연구.「한국방송학보」, 23권 5호, 217−257.

이영주(2006), "케이블TV 사업자의 시장 성과와 규모의 경제에 관한 연구,"「한국언론학보」, 50(4), 228−248.

이종원(2003),「케이블TV 결합이 시장집중과 효율성에 미친 영향」, 서강대학교 대학원 박사학위 논문.

임정수(2006),「영상미디어 산업의 이해」, 한울아카데미.

전혜선(2009), "미디어시장의 '경쟁'과 지상파TV '프로그램의 질'에 관한 연구,"「한국언론학보」, 53권 4호, 116−137.

조영신·이선미·정은정(2014), "방송 채널사용사업자의 콘텐츠 자체제작 및 구매전략이

성과에 미치는 영향," 「한국방송학보」, 28(4), 280−314.

조은기(2003), "케이블TV 규모의 경제," 「방송통신연구」, 57호, 61−82.

Noam, M. E.(1985). "Economies of scale in Cable television," in Noam, M. E. (ed.),
   Video Media Competition: Regulation, Economics, and Technology, New York:
   Columbia University Press, 1985, 93−120.

Owen, Bruce M., & Peter R. Greenhalgh(1986). "Competitive Considerations in Cable
   Franchising," *Contemporary Policy Issue,* 4, 69−79.

제4장 디지털화와 미디어 변화

1 디지털 혁신과 미디어의 발전

1) 디지털화로 인한 산업구조의 변화

디지털화는 미디어 산업을 포함한 모든 산업에 커다란 변화를 가져왔고, 동시에 모든 사람의 일상에도 획기적인 변화를 가져왔다. 정보의 디지털화가 우리의 생활에 지금과 같이 큰 영향을 미칠 것이라고 예측한 사람도 별로 없을 것이다. 1950년대에 컴퓨터를 상용화하면서 텍스트와 숫자로 구성된 데이터가 먼저 디지털화되었다. 1970년대에 들어서 디지털방식의 전자식 교환기가 생산되면서 음성의 디지털화가 시작되었고, 한국에서는 1980년에 들어서 전자식 교환기가 도입되었다. 목소리에 비해서 정보량이 많은 음악의 디지털화는 1980년대에 CD가 등장하면서 시작되었다. 동영상의 디지털화는 MPEG 등 디지털 압축기술이 개발된 1990년대 초반 이후에 본격화되었다. 온라인 네트워크화는 1994년 넷스케이프가 인터넷 상용 서비스(World Wide Web, WWW)를 개시하면서 일반화되었고 전 세계가 단일망으로 통합되었다.

　디지털기술에 바탕을 둔 갖춘 정보기술(Information Technology, IT)에 의해 산업의 생산성은 향상되었고, IT 제품의 성능이 향상되는 동시에 가격이 하락하였다. 디지털이 경제전반에 영향을 미치기 시작한 것은 네트워크 때문이다. 네트워크 중에서도 인터넷이 디지털 경제의 범위와 규모를 확산을 촉진한 핵심적인 네트워크다. 디지털기술의 발전과 인터넷의 확산으로 인한 변화를 '디지털 혁명'이라고 불렀고, 디지털 혁명은 장기 호황속의 물가안정이라는 신경제 현상을 가져왔다. 생산량이 증가할수록 이익도 함께 증대되는 수확체증의 법칙이 작용하여 국가경제의 고속성장을 주도하였고, 정보기술 제품의 지속적인 가격 하락과 인터넷을 통한 직거래의 활성화로 거래비용이 절감되어 물가안정에 기여하였다.

　1990년대 중반부터 20여 년간 디지털 기반의 다양한 사업이 만들어지고 발전되면서 이제 성숙 단계에 이르렀다. 현재까지 디지털화 과정을 〈표 4-1〉과 같이 3단계로 구분할 수 있다. 2010년대 이후 진행되고 있는 3단계를 디지털 전환(digital transformation[1])이라고 부르고 있다. 디지털 전환이라는 개념은 '산업 내에 기업이 최신의 디지털기술을 실제적으로 활용하여 프로세스가 변화하는 과정에서부터, 이를 통해 비즈니스 모델의 변화를 가져오는 효과까지' 포함하고

표 4-1	디지털화의 단계
단계	특징
디지털 상품과 기반 구축 단계	1990년대 중반 이후 음악, 오락 분야를 중심으로 디지털 상품이 출시되고 기업 내부에 디지털 인프라가 구축된 단계
디지털 유통과 웹기술 발전 단계	2000년대 초 인터넷이 대중화되면서 전자상거래, e-비즈니스, 전자 정부 등이 확산된 시기
비즈니스 모델의 디지털화 전환 단계	2010년대 초 모바일, IoT, AI 등 디지털기술 발전에 따라 기업과 산업 전반의 변혁이 확산된 시기

출처: 김덕현(2018.7.28.), "4차 산업혁명과 디지털 트랜스포메이션," 브런치.

---

1) Digital Transformation을 디지털 혁신으로 번역하여 사용하기도 한다.

있다. 디지털 전환은 제4차 산업 혁명을 기업의 관점에서 디지털기술을 활용하여 전환하는 프레임을 제시하고 있다. 디지털 전환은 이미 각 산업 분야에서 진행되고 있으며, 디지털기술을 활용하여 기존 사업의 프로세스는 물론 기존 산업의 가치사슬 변화를 이끌어내고 있다. 특히 디지털 전환은 빅데이터, 모바일, 클라우드 및 소셜 등 디지털기술을 활용하여 운영 효율성과 경쟁력을 높이는 프로세스의 변화와 이를 바탕으로 하는 비즈니스 모델의 최적화 및 재구성(재구축)을 가능하게 만들어 준다(김민식·손가녕, 2017. 2, 29쪽).

2) 디지털로 인한 미디어의 변화

(1) 미디어 융합

디지털기술이 발전하면서 아날로그 미디어인 출판, 신문, 음악, 영화, 방송 등이 디지털 미디어로 탈바꿈했다. 이들 미디어가 디지털화된 통신망, 방송망, 태생적으로 디지털인 인터넷을 통해서 배급된다. 이용자는 디지털 기기(PC, 핸드폰, TV) 가운데 하나의 기기만으로 다양한 미디어를 이용하게 되었다. 하나의 망에서 다양한 매체가 배급되고, 하나의 기기로 다양한 서비스가 제공되면서, 사업자들도 이종 분야에 진출하기 시작하였다.

우리는 PC, 스마트폰, 심지어 TV를 통해서 신문, 영화, 라디오 프로그램, TV 프로그램, 개인 방송 콘텐츠와 같은 미디어 콘텐츠뿐만 아니라 게임, 소설, 웹툰을 이용할 수 있고 SNS와 통신 서비스도 이용할 수 있게 되었다. 미디어, 오락과 문학, 통신이 융합된 서비스를 이용할 수 있는 시대에 우리가 살고 있다. 융합 개념을 일찍이 제시한 네그로폰테 교수는 1979년에 통신기술의 발달로 인쇄출판업, 영화와 방송 산업, 컴퓨터 산업이 합쳐져서 하나의 새로운 분야와 새로운 형태의 소통이 탄생할 것이라고 예견하였다.

미디어 융합은 신문, 영화, 라디오와 TV 프로그램을 동일한 망을 통해서 전송하고, 이들 미디어를 하나의 플랫폼에서 서비스하며, 하나의 기기에서 이용할 수 있는 것을 말한다. 한국에서는 2000년대 중반에 IPTV의 도입을 앞두고 방송과 통신의 융합에 대한 논의가 활발히 진행한 바 있다. 방송통신융합은 방송망과 통신망의 구분이 없어지고, 방송 서비스와 통신 서비스 간의 구분이 모호해지며, 하나의 기기로 방송 서비스와 통신 서비스를 이용할 수 있음을 의미한다. 방송과 통신의 융합은 기술적으로 네트워크 융합, 서비스의 융합, 기기의 융합이라는 세 가지 측면에서 일어났다.

네트워크 융합은 디지털 변환기술, 압축기술, 전송기술의 발달로 데이터, 음성, 영상을 하나의 네트워크로 전송할 수 있음을 의미한다. 그 결과, 디지털화된 전화망, 데이터망, 인터넷망, 지상파방송망, 케이블TV망, 위성망, IPTV망으로 데이터, 음성, 영상 자료를 보낼 수 있게 되었다. 다만 네트워크별로 전송용량과 전송속도의 차이가 있고, 지상파방송망과 위성망은 다른 망과 달리 양방향 전송이 되지 않는 차이가 있을 뿐이다. 서비스의 융합은 기술적으로는 하나의 플랫폼 사업자가 신문, 영화, 라디오와 TV 프로그램, 전화 서비스, SNS 서비스 등을 동시에 서비스할 수 있게 되었음을 의미한다. 기기의 융합은 스마트폰, PC, TV와 같은 디지털화된 기기 중에서 하나의 기기로 신문, 음악, 동영상, 전화, SNS 등의 서비스를 이용할 수 있음을 말한다. 이러한 융합의 결과, 한 사업자가 방송과 통신 서비스를 동시에 제공할 수 있게 되면서 산업의 융합이 일어났다. 그리고 규제 영역이 애매한 경우가 많아서 업무 영역을 두고 규제기관 간의 다툼이 발생하였고, 결국에는 방송규제기관과 통신규제기관이 합쳐졌다.

(2) 미디어 플랫폼과 서비스의 변화

미디어 융합으로 인해서 미디어 플랫폼과 서비스의 변화가 일어났고, 그 변화는 지금도 지속되고 있다. 디지털 신호는 아날로그 신호보다 주파수 대역을 적게 사용하므로 채널수가 늘어났고, 화질이 좋아졌다. 디지털기술의 발전으로 주파수 활용의 효율성은 초기에 2배정도 증가되었고 이후 4배, 8배로 증가하고 있다. 또한 디지털기술의 발전으로 화질도 이와 비슷하게 증가되고 있다. SD급 디지털 영상물은 대체로 아날로그 영상과 비슷한 수준의 화질을 제공한다. 2000년도 이후에 유료방송과 지상파방송을 통해 제공되고 있는 풀HD급 영상은 SD급 영상보다 화소수가 6배 많다. 2010년대에 들어 풀HD 영상보다 화소수가 4배 많은 UHD 영상을 유료방송사들이 시험적으로 제공하고 있고, 지상파방송사는 주파수를 확보하고 일부 UHD급 영상을 방송하고 있다. 디지털기술을 이용하여 입체영상을 개발되어 스카이라이프를 통해 시험적으로 제공되기도 하였다. 하지만 입체영상을 시청하기 위해서 안경을 착용해야하고, 어지럼증, 눈의 피로 등의 부작용이 발생하였다. 현재 기술 발전 추세는 고화질 영상, AR, VR, MR 영상을 제공하는 데 초점을 두고 있다.

디지털 유료방송과 인터넷방송에서는 양방향 망을 통하여 이용자를 식별할 수 있게 되면서 VOD 서비스[2] 제공, 시청자의 미디어 이용정보 수집 등이 가능해져서 개인별로 맞춤형 서비스가 가능하게 되었다. 이용자의 요구에 따라 스트리밍이나 다운로드방식으로 콘텐츠가 제공된다. 지상파방송사는 이용 데이터를 수집할 수 없고, 이용자 맞춤형 서비스를 제공할 수 없는 것이 약점이다. VOD 서비스가 등장함으로써 이용자는 원하는 콘텐츠를 원하는 시간에 소비할 수 있게 되었다. 뉴스, 스포츠, 이벤트와 같은 콘텐츠는 여전히 실시간 서비스로 소비하겠지만, 드라마, 오락, 영화 등과 같은 콘텐츠는 비선형 서비스로 소비하는 비중이 증대할 것이다. 비선형 서비스가 확산되면서 검색과 추천이 중요해졌다.

지상파방송사를 포함한 선형TV 사업자에게 편성은 핵심적인 전략이다. 특정한 시간대에 경쟁 채널이 아닌 자사 채널로 시청자를 유인하고, 유입된 시청자가 자사 채널을 계속 시청하도록 프로그램을 편성해야 하기 때문이다. 그리고 지상파방송에서 초방한 프로그램을 다른 창구로 유통하여 수익을 극대화하기 위해서는 홀드백이 중요하다. 이에 반하여 비선형 플랫폼에서는 편성시간은 의미가 없어지게 되었고, 보유한 콘텐츠를 소비자가 쉽게 접근하고 이용할 있도록 해주는 검색과 추천이 중요해진 것이다. 비선형 플랫폼에게 중요한 것은

---

2) VOD 서비스를 비선형(non-linear)이라고 부르고, 실시간 채널을 선형 서비스(linear)라고 부르기도 한다.

소비자가 선호하는 콘텐츠를 쉽게 찾을 수 있도록 해야 하고, 선호할 만한 콘텐츠의 정보를 제공해야 한다. 검색과 추천이 중요해짐에 따라서 미디어 서비스를 제공하는 데 있어서 SNS가 강점을 가지게 된다. 왜냐하면 SNS에서는 이용자들의 의견이 자유롭게 소통되기 때문이다.

(3) 미디어 이용의 변화[3]

디지털화로 스크린이 많아지면서 미디어 소비에서의 변화가 나타났다. PC 스크린, 스마트폰 스크린, 태블릿 스크린으로 미디어를 수신할 수 있게 되었다. 소비자들은 TV를 시청하면서 스마트폰과 태블릿을 동시에 이용하는 경우가 증가하고 있다. 구글(Google, 2012)에 의하면, 소비자들이 TV와 다른 일을 하는 방식은 동시 이용과 순차적 이용의 두 가지 방식이 있다. 동시에 이용할 때 시청자는 2개 기기로 서로 관련성이 없는 것을 한다. 예를 들어, 광고시간에 비디오 게임을 하거나, TV를 배경으로 틀어놓고 e-메일을 한다. 미디어 다중 이용자 중 78%는 동시에 이용한다. 순차 이용을 하는 22%는 TV 프로그램이나 광고와 관련된 행동을 한다. 닐슨(Nielsen, 2014)에 의하면, 오스트레일리아 성인의 36%가 TV를 시청하면서 또는 시청 직후에 SNS에서 다른 시청자와 의견을 교류한다. 구글(2012)에 의하면 다중 이용의 17%는 광고에 의해서 일어나는데, TV시청자가 판매 사이트를 방문하거나 상품 정보를 입수하거나 충동 구매를 한다.

디지털화로 소비자가 미디어 서비스를 보다 잘 통제할 수 있게 되었다. 디지털화 초기에는 리모콘을 이용하여 재핑을 할 수 있고, DVR이나 VOD를 이용하면서 시간 이동이나 빨리감기 등을 할 수 있었다. 방송계에서는 시청자의 재핑으로 광고수입이 감소할 것을 매우 걱정했다. 그러나 재핑으로 인해서 광고수입이 감소하지는 않았다. 또한 DVR 이용이 증가하여 광고 효과가 감소했다는 증거도 없다. DVR를 이용하면서 광고를 회피한 이용자가 매우 적었다.

그리고, PC나 휴대전화로 OTT나 SNS 서비스를 이용할 수 있게 되면서 TV 소비의 개인화가 진행되었다. 2000년대에 들어서 이동전화망과 무선 인터넷망

---

3) Wilbur(2016, 211~214) 정리.

이 발달하여 이동형 매체가 등장하였다. 휴대폰 등 이동형 기기로 미디어를 소
비할 수 있게 되면서 이용자는 어디서나 미디어를 소비할 수 있게 되었다. 또
한 스마트폰의 등장과 함께 앱 시장이 열리고, 모든 단말기에 인터넷이 연결됨
에 따라서 N-screen 서비스가 가능해졌다. N-screen 서비스는 PC, TV, 휴대
폰 등 N개의 이종 단말기에서 동일한 콘텐츠를 끊임없이 이용할 수 있는 서비
스이다. 인터넷 서비스는 모두 개념적으로 N-screen 서비스가 가능하지만, UI
와 속도의 문제 등으로 실제로 이용이 제한되는 경우도 있다.

3) 인터넷의 발전으로 인한 미디어 변화

(1) 인터넷으로 인한 미디어 사업의 변화[4]

인터넷은 미디어 융합을 촉진한 주요한 동인으로 정보와 커뮤니케이션 기
술을 연결한다. 인터넷 미디어는 전통적인 미디어의 특성을 일부 가지고 있지
만, 여러 가지 새로운 특성을 가지고 있다; ① 콘텐츠측면에서 편집을 하지 않
는 3자가 제공하는 콘텐츠와 UCC가 점점 더 중요해지고 있다. ② 광고측면에
서 인터넷 미디어와 SNS에서는 개별 사용자의 특성을 감안하여 맞춤형 초정밀
타켓팅 광고를 할 수 있다. ③ 소비자측면에서 시간 이동, 멀티호밍(multi-
homing),[5] 능동적인 검색이 증가하고 있다. 이러한 변화는 검색 엔진이나 인터
넷 서비스를 제공하는 사업자와 같이 미디어 시장에 새로 진입하는 사업자와
함께 진행되고 있다. 이들 사업자들은 검색결과를 제시하는 방법과 같은 이전에
없었던 새로운 이슈에 대해서 전략적으로 대응하고 있다. 아래에서 인터넷 미디
어로 인해서 미디어 시장에서 등장한 이슈를 네 가지로 구분하여 정리한다.

---

4) Peitz, M. & Reisinger M.(2016, 445~450쪽) 인용.
5) 멀티호밍(multi-homing)은 여러 서비스를 동시에 이용하는 것을 말한다. 미디어의 멀티호밍
   을 다중 미디어 이용 또는 동시 미디어 이용이라고도 부른다. 또한 멀티호밍은 하나의 필요를
   충족하기 위해서 하나의 사업자(또는 서비스)만 이용하지 않고 여러 사업자(또는 서비스)를 이
   용한다는 것을 의미하기도 한다. 이 경우의 예를 들면, 인터넷 쇼핑을 할 경우에 하나의 쇼핑
   사이트만 이용하는 것이 아니라 다수의 쇼핑 사이트를 이용하는 경우를 인터넷 쇼핑에서 멀티
   호밍이라고 한다.

첫째로, 인터넷은 미디어 사업자의 콘텐츠 제공에 영향을 미친다. 각 신문과 TV채널이 웹과 앱을 만들어 기사와 동영상을 제공한다. 대형 인터넷 사업자는 정보를 모으거나 콘텐츠 제공자와 계약을 통해서 정보 중개자(aggregator)가 되었다. 이 온라인 사업자는 편집 정책을 가지고 있지 않지만, 알고리즘이나 사용자의 피드백에 기반하여 콘텐츠를 제공한다(예: 구글이나 페이스북). 구글이나 페이스북은 뉴스 제공자로 출발하지 않았지만, 뉴스를 제공하고 있다. 유튜브는 순전히 오락물 콘텐츠와 UCC를 제공하는 것으로 시작하였다. 그러나 현재 유튜브는 미디어의 기능을 하는 정보 제공자가 되었다.

둘째로, 인터넷은 미디어 콘텐츠를 이용하는 소비자에게 영향을 준다. 많은 OECD 국가에서 인터넷이 미디어를 소비하는 주된 공간이 되었다. 많은 국가에서 오프라인보다 온라인에서 미디어를 소비하는 시간이 더 많다. 종이, TV 스크린, 라디오 스피커가 단순히 휴대전화, PC 등의 스크린이나 스피커로 대체되었다면, 전통적인 미디어 시장의 구조나 경영 전략이 바뀌지 않았을 것이다. 그러나 이용자들은 TV, 라디오, 신문을 소비하는 방식과 다르게 인터넷에서 미디어를 이용하고 있다. TV를 시청하면서 멀티호밍을 하는 경우가 있지만, 인터넷에서 광고 미디어를 이용할 때에는 다른 웹사이트를 클릭하는 경향이 더 많다. 인터넷에서 멀티호밍이 미디어 경쟁에 영향을 줄 가능성이 더 크다.

이용자들은 주로 검색 엔진을 이용하여 미디어 콘텐츠를 찾는다. 따라서 검색 엔진의 기능이 미디어 소비에 영향을 줄 수 있다. 특히 검색 엔진이 검색 질문에 대해서 결과를 왜곡할 수 있고, 이 왜곡으로 미디어 시장이 영향을 받을 수 있다.

한편, 인터넷에서 미디어를 소비할 때 능동적인 경우가 많다. 이용자의 피드백이 인터넷 미디어의 콘텐츠에 영향을 준다. 댓글이나 추천의 형태로 나타나는 독자의 피드백이 콘텐츠의 확산에 영향을 준다. SNS에서는 공유의 형태로 나타나고, 공유 여부가 콘텐츠 확산에 영향을 미친다. 이때 이용자는 큐레이터가 된다. 이용자가 이미지나 영상을 올리는 경우 자신이 창작자가 된다. 이 이미지나 영상이 온라인 커뮤니티에서 뉴스가 될 수 있다. 커뮤니케이션과 대비되는 미디어의 주요 특성은 정보의 일방향 흐름이다. 그러나 인터넷에서는 이 둘의 차이가 명확하지 않다. SNS에서는 UCC가 양방향으로 흐르기도 하고 노출이 제한되기도 한다. 노출이 제한된다는 것은 SNS에서 선택된 집단만이 정보에 접근할 수 있다는 의미이다.

셋째로, 인터넷 미디어는 광고와 콘텐츠를 연결한다. 대부분 인터넷 미디어의 주된 재원은 광고수익인데, 광고에는 노출(디스플레이) 광고, 검색 광고 등 다양한 형태가 있다. 노출 광고는 전통 미디어의 광고와 유사하다. 그러나 전통 미디어에서는 광고와 콘텐츠가 연관성이 없다(다만 좁은 목표 집단을 가진 매체(예: 전문 잡지)는 타깃 광고가 가능하다). 반면에 인터넷에서는 각 콘텐츠에 적합한 광고를 할 수 있다. 예를 들면, 인터넷에서는 광고주가 제공하는 상품에 관심이 있을 것으로 보이는 작은 고객 집단에게 목표 광고를 할 수 있다. 이는 광고가격과 대기업의 광고 집약도(기업의 매출액에서 차지하는 기업 광고비의 비중)에 영향을 준다. 또한 목표 광고를 잘 하려면 오프라인과 온라인 미디어 간에 상호관계를 활용해야 한다.

인터넷에서는 키워드(keyword) 광고가 강력한 광고 수단이다. 키워드 광고는 검색 사이트에서 검색어를 입력하면 검색결과가 나오는 화면에 관련 업체의 광고가 노출되도록 하는 광고 기법이다. 키워드 광고는 광고주의 메시지를 적절한 표적에 정확하게 도달하게 해준다. 키워드 광고로 후생의 증감 여부는 확실하지 않다. 광고와 소비자를 정확하게 연결하도록 검색 엔진을 만드는 것이 유익한지도 명확하지 않다. 광고주 간의 경쟁으로 보다 정확하게 소비자에게 연결될 수도 있고, 이로 인해 검색 엔진의 수익이 변할 수 있다. 클릭률(Click-Through Rates, CTRs)로 측정되는 키워드 검색이 효율적인지도 의문이고, 검색 엔진이 검색결과를 가장 효율적인 순서로 배열하는지도 의문이다.

넷째로, 인터넷 미디어는 이용자를 광고와 직접 적절하게 연결한다. 인터넷 사용자에 대한 데이터(쿠키로부터 확보한 정보도 포함)가 증가하면서 인터넷은 개별 광고 목표를 추적할 수도 있고, 미디어 콘텐츠와 광고를 연결하지 않을 수도 있다. 이로 인해 미디어 시장의 기능에 변화가 일어나고 있다. 예를 들면,

광고와 상품가격을 일정하게 유지하여, 사용자를 더 잘 추적하는 것이 광고주에게 더 유익일 수 있다. 왜냐하면 지속적인 추적으로 광고 메시지가 쓸모없어질 확률이 낮아지기 때문이다. 그 결과, 웹사이트(또는 앱)는 더 많은 광고수입을 얻을 수 있다. 동시에 사용자를 더 잘 추적할 경우에 소비자를 보다 더 잘 알게 됨으로써 광고주 간에 경쟁이 증가한다.

이러한 긴장이 미디어 시장의 결과에 영향을 주고, 다시 인터넷 사용자에 영향을 준다. 사용자에게 꼭 맞는 광고가 제공되면 사용자가 광고를 막지 않을 것이다. 동시에 민감한 영향이 나타날 수 있다. 예를 들면, 광고수입을 늘리기 위해서 플랫폼은 사용자가 다른 플랫폼으로 전환하기 않기를 바란다. 사용자의 전환을 막기 위해서 높은 품질의 콘텐츠를 제공한다. 예를 들면, 뉴스를 소비하는 사용자에게 하나의 웹사이트(또는 앱)가 모든 정보를 제공하여, 다른 웹사이트(또는 앱)에서 뉴스를 볼 필요가 없도록 한다. 결과적으로 콘텐츠는 추적기술의 영향을 받는다.

보다 나은 추적기술로 인해 웹사이트(또는 앱)가 광고주에게 데이터를 제공하여 추가적인 수입을 얻을 수 있다. 웹사이트(또는 앱)는 사용자에게 콘텐츠를 제공하고 생산자에게 광고 공간을 제공하며, 생산자에게 데이터를 제공할 수 있다. 생산자는 데이터를 이용하여 광고를 보다 효과적으로 할 수 있으므로, 데이터에 대가를 지불하게 된다. 광고와 소비자를 정확하게 매치하는 것뿐만 아니라 추적을 잘해주게 되면 생산자에게는 더욱 유익하다. 예를 들면, 추적을 이용하면 생산자는 사용자에게 다시 접근하여 사용자가 광고에 주목하는 시간을 늘릴 수 있다.

사용자가 인터넷을 이용하는 시간이 증가하고 웹사이트(또는 앱)가 광고수입에 의존도가 높아지면서, 사용자는 모든 광고를 회상하기 어려워질 것이다. 사용자는 다수의 광고 사이트(또는 앱)를 방문하기 때문에 혼잡문제가 인터넷에서도 나타날 가능성이 크다. 전통적인 미디어에서도 혼잡문제가 나타났다.

(2) 스마트폰의 등장으로 인한 변화

2006년 아이폰(iphone)이 만든 스마트 미디어로 디지털 미디어의 가치사슬 구조(C-P-N-D)에 변형이 일어났고, 미디어 콘텐츠의 유통과 이용이 크게 변화하였다. 스마트 미디어란 '다양한 콘텐츠를 이용자에게 시간이나 공간 그리고 기기의 제약 없이 전달할 수 있는 미디어'를 말한다. 스마트 미디어는 아이폰 등 스마트 기기의 등장으로 시작되었다. 스마트폰은 애플의 iOS나 구글의 안드로이드라는 범용운영체제(Operating System, OS)를 탑재하여 다양한 애플리케이션(앱, App)을 자유롭게 설치, 동작시킬 수 있는 고기능의 이동전화기를 말한다. 스마트폰에서는 통화나 문자 서비스 등 기존의 이동전화 서비스에 더해 정보와 오락 콘텐츠를 공유하고, 검색하며, 송신과 수신할 수 있게 되었다.

애플은 아이폰에서 동작할 수 있는 다양한 애플리케이션을 3자가 개발할 수 있게 SDK를 공개하였고, 개발된 애플리케이션을 거래할 수 있는 온라인 장터인 앱스토어를 개설하였다.[6] 애플의 앱스토어가 사업적으로 큰 의미를 갖는 성과를 보이자 구글의 안드로이드 마켓, 한국의 원스토어 등 수 많은 앱스토어가 구축되었다. 앱스토어가 개설되기 이전에는 모바일 인터넷 서비스는 통신사의 관문을 통과해야만 제공될 수 있었다. 그러나 앱스토어가 만들어지면서 누구나 서비스를 제공할 수 있는 개방된 구조를 가지게 되었다. 동영상, SNS, 게임, 쇼핑, 인쇄와 출판 등의 콘텐츠를 서비스하려는 사업자들은 통신사와 협상

---

6) 애플은 2007년 1월에 아이폰을 발표하였고 6월부터 판매하였다. 아이폰은 깔끔하고 세련된 디자인, 풀 터치스크린 화면, 직관적 UI, 쾌적한 터치감으로 혁신적인 제품으로 평가되었지만, 초기에 아이폰의 판매는 그다지 성공적이지 않았다. 애플은 2008년 7월에 아이튠즈의 업데이트 형태로 응용 소프트웨어를 다운로드할 수 있는 서비스인 앱스토어를 개설하였다. 앱스토어를 통해서 다양한 앱(어플리케이션)을 이용할 수 있게 되면서부터 아이폰의 판매는 폭발적으로 증가하였다. 아이폰이 출시된 지 2년도 되지 않은 시점에 삼성전자, 노키아, LG전자 등이 아이폰과 유사하거나 성능이 뛰어난 스마트폰을 출시하였지만, 이용할 수 있는 앱이 아이폰에 미치지 못하였다. 애플 앱스토어와 같은 웹기반 플랫폼의 역할이 부각되면서 구글과 같은 포털 사업자들이 모바일 플랫폼으로 진출하여 사업 영역을 확장하고 있다. 2014년 2분기 아이폰 한 대당 모바일 앱 매출액이 안드로이드 폰보다 4배 이상 높았다. 앱스토어에서 초기에는 유틸리티형 소프트웨어 앱이 다수였지만, 앱이 보편화되면서 모든 종류의 멀티미디어 콘텐츠(e-book, 이미지, 음반, 영화, 방송 프로그램)가 앱의 형태로 판매되고 있다.

하지 않고 모바일 인터넷 서비스를 제공할 수 있게 되었다. 이들 서비스 사업자들은 C-P-N-T라는 가치사슬을 염두에 둘 필요도 없이, 매력 있는 서비스를 제공하여 이용자를 확보하고 이를 통해서 얻어지는 유료나 광고수입을 사전에 정해진 규칙에 따라 앱스토어 사업자로부터 배분받는다.

스마트폰과 같은 파급력은 없지만 스마트TV도 등장하였다. 스마트TV는 텔레비전에 인터넷 접속기능이 결합되어 있으며, OS가 탑재되어 각종 앱을 설치해 TV 방송 시청 이외의 다양한 기능을 활용할 수 있는 TV이다. 스마트TV에는 일체형과 분리형이 있다. 일체형은 기존의 TV제작사(삼성전자, LG전자, 소니 등)가 TV 내에 안드로이드 등의 OS를 탑재한 TV이다. 분리형은 별도의 셋탑(또는 스틱)으로 일반TV에 이 셋탑(또는 스틱)을 붙이면 스마트TV가 된다. 분리형 제품으로는 크롬캐스트, 애플TV, 파이어TV(Fire TV), 미박스(Mi Box) 등이 있고, 게임기인 플레이스테이션2(Playstation 2)나 엑스박스(X Box)도 스마트TV의 기능을 제공한다.

(3) 인터넷 동영상 서비스의 진화와 독립형 OTT

인터넷을 이용한 동영상 서비스는 PC를 통해서 처음으로 제공되었다. 2000년대 초에 PC의 성능이 개선되면서 PC에서 동영상이 구동되고 동시에 인터넷의 전송속도가 빨라지면서, 온라인으로 동영상을 제공하는 사업자가 등장하였다. 초기에는 인터넷 속도의 한계로 다운로드&플레이방식으로 제공되었으나, 이후 전송속도가 제공되면서 스트리밍방식이 가능해졌다. 2000년대 초에 인터넷 속도가 가장 빨랐던 한국에서 온라인 동영상 서비스가 먼저 제공될 수 있었다. 초기의 온라인 동영상 서비스로는 2003년 이후로 판도라TV, 곰TV, 아프리카TV, 다음TV팟 등이 있다.

2000년대 들어서 인터넷의 사용이 보편화되면서 인터넷망을 통해서 TV로 VOD 서비스와 실시간 동영상 서비스를 제공하는 것이 가능한 환경이 구축되었다. 그러나 2000년대 중반에 범용 인터넷망(best-effort망)으로는 안정적인 동영상 제공이 어려워, 일정한 수준의 품질이 보장되는 전용 인터넷망(QoS망)을 통해서 동영상이 제공될 필요가 있었다. 그래서 정부의 면허를 받고, QoS 인터넷망을 이용하는 인터넷방송 사업인 IPTV가 2008년 말에 도입되었다. 이후 인터넷망의 성능이 개선되고 전송과 압축기술 등이 발전함에 따라 범용 인터넷망으로도 안정된 동영상 스트리밍이 가능해지면서 TV급 화질을 제공하는 인터넷 동영상 서비스가 제공되기 시작한다. OTT(Over The Top) 서비스는 범용 인터넷망을 통해서 동영상을 VOD 또는 실시간 채널로 제공하는 서비스이다.[7] OTT 서비스는 지상파방송 서비스나 유료방송 서비스를 제외한 모든 동영상 서비스를 총칭한다.

우리나라에서 온라인 동영상 서비스는 웹에서 VOD 콘텐츠를 제공하는 형태로 시작되었다. 2004년 10월에 한국에서 처음 나타난 동영상 서비스인 '판도라 TV'는 동영상 서비스와 UCC 시장의 선구자 역할을 하였으며, 2007년에는 유튜브보다 먼저 UCC로 생기는 수입을 콘텐츠 제공자와 분배하는 비즈니스 모델을 세계 최초로 도입하였다. 뒤이어 2006년에는 개인 방송을 위주로 서비스하는 '아프리카 TV'가 출시했고, 같은 해에 곰플레이어로 유명한 (주)그래텍이 '곰TV'라는 이름으로 온라인 VOD형 서비스에 참여했다. 2005년 2월에 출범한 '유튜브'는 2008년 한국 사이트를 론칭했다.

대형 포털인 네이버는 2006년에 '네이버 비디오'를 출시하였고, 다음은 2007년 '다음 TV팟'을 출시하여 VOD뿐만 아니라 실시간으로 개인이 방송 스트리밍을 할 수 있게 되었다. 그리고 네이버는 '네이버 비디오 서비스'를 2010년에 종료하였으나, 2년 뒤인 2012년에 네이버는 동영상 서비스를 재개하였다. 판도라TV, 네이버TV, 다음 TV팟 등에서는 UCC 동영상을 제공하였는데, 많은 UCC에 방송사의 프로그램이 포함된 경우가 많았다. 이로 인해서 저작권자인 방송사와 온라인 서비스 제공자 간에 분쟁이 일어났고, 방송사는 소송을 통하여 불법적인 콘텐츠 이용을 막았다.

2005년 2월에 미국에서 시작한 '유튜브'는 세계 최대의 무료 동영상 공유

7) 우리나라에서는 판도라TV, 네이버, 파란, 다음 등의 포털에서 제공되는 동영상 서비스를 온라인 서비스제공자(Online Service Provider, OSP)로 불렀으나, 이제는 이 용어를 사용하지 않고 미국에서 사용하는 용어인 OTT 사업자로 부른다.

사이트로 2008년 1월에 한국어 서비스를 시작하였다. 유튜브는 초기에 VOD 서비스만 제공하다가 이후 실시간 서비스도 제공하고 있으며, 무료 광고형 서비스가 주된 수익 모델이지만, 광고를 제외한 유료 서비스도 있다. 한국의 동영상, 뮤직 비디오, 1인 방송 등이 유튜브로 집결되고 있고, 한국인이 가장 많은 시간을 이용하는 OTT 서비스가 유튜브이다. 세계적인 OTT 서비스인 넷플릭스가 2016년 1월부터 한국에서 서비스를 제공하였다. 넷플릭스는 유료 VOD형 서비스로, 주로 미국의 영화와 방송 프로그램이 포함되어 있지만, 한국 가입자를 모집하기 위해서 한국 예능과 드라마를 제작하여 포함시키고 있다. 넷플릭스의 가격이 비싸고 한국 콘텐츠가 적어서 가입자 모집이 어려울 것이라는 예상을 뒤집고, 가입자를 빠르게 늘려서 2019년 6월 기준 가입자수는 184만 명이 되었다. 우리나라에서 넷플릭스 이용자의 69%가 20대와 30대인 것으로 조사되었다.

(4) RMC(Ready Made Content)제공 OTT

CJ헬로비전은 N스크린이 가능하고(주로 모바일용), RMC콘텐츠를 제공하는 OTT 서비스인 'Tving'을 2010년 7월에 시작하였다. Tving에서는 실시간 채널과 영화, 드라마, 예능 프로그램을 VOD로 제공하였고, 유료 모델을 채택하였다. 우리나라에서 Tving이 최초의 RMC형 OTT 서비스이다. SK텔레콤은 2011년 1월에 주로 영화를 제공하는 유료 VOD 서비스인 'Hoppin'을 시작하였다. 한편, 현대 HCN은 2011년 7월에 지상파 채널과 CJ계열 채널 등을 제외한 PP 채널을 실시간으로 제공하는 에브리온TV를 시작하였다. 에브리온TV는 무료 광고 모델을 채택했는데, 2019년 9월에 서비스를 종료하였다.

지상파방송사는 2000년대 초부터 자사 홈페이지를 통해서 다시보기 서비스를 제공하였고, 2011년 11월부터 지상파방송4사 콘텐츠를 제공하는 '푹(POOQ)' 서비스를 시작하였다. 푹에서는 지상파 채널을 포함한 PP 채널(CJENM과 JTBC계열 채널은 제외)을 실시간으로 제공하며, 동시에 VOD 서비스를 유료로 제공한다. 2016년 1월에 시작한 왓챠플레이는 영화를 주로 제공하는 유료 OTT 서비스이다. 왓챠플레이는 '사용자 평점'이 우수하고 추천 기능도 우수하다.

IPTV 서비스를 제공하는 통신3사도 OTT 서비스를 시작하였지만, 초기에는 자사의 IPTV 가입자나 자사(또는 계열사)의 이동전화 가입자를 위한 부가 서비스의 형태로 제공하였다. SK그룹이 먼저 BTV 모바일을 옥수수로 개편하여 본격적인 OTT 서비스를 시작하였다. SK그룹은 2016년 1월에 BTV모바일과 hoppin(영화 VOD 서비스)을 합쳐서 2016년 1월에 옥수수(Oksusu) 서비스를 시작하였다. 옥수수는 콘텐츠를 제작하는 등 야심차게 시작하여 국내 최대 유료 가입자수를 가진 OTT로 성장하였다. LG유플러스는 2018년 11월부터 넷플릭스와 제휴하여 해외 드라마와 영화, 자체 제작 콘텐츠를 제공하고 있다. KT는 올레TV모바일이라는 OTT 서비스를 시작하였다. 넷플릭스가 국내에서 가입자수를 늘리면서 가입형 OTT 시장을 잠식하자, 2019년 8월에 지상파방송사의 POOQ와 SK그룹의 옥수수가 통합되어 웨이브(Wavve)라는 새로운 서비스로 출범하였다. KT는 기존 OTT 서비스를 2019년 11월에 시즌(Seezn)으로 개편하여 TV, 영화, 음악을 한 군데서 이용할 수 있도록 하였다.

(5) OTT 서비스의 분류

OTT 서비스별로 상이한 콘텐츠를 제공하고 수익 모델도 다르다. OTT로 제공되는 콘텐츠의 유형을 보자. 전통적인 오락형 동영상인 방송 프로그램과 영화는 물론이고 뮤직 비디오도 제공된다. 완전한 방송 프로그램이 아니라 이 중에서 하이라이트만 편집한 영상 클립이 OTT에서 인기리에 이용되고 있다. 이와 같은 전문가 제작 콘텐츠(Ready Made Contents, RMC)이외에도 이용자들이 제작한 콘텐츠(UCC)[8]가 추가되었고, 또한 '전문가 같은 아마추어(proteur)'가 저비용을 들여서 제작한 PCC도 있다. 개인방송이 진화하면서 1인이 제작하는 경우보다 다수가 참여하여 제작하는 경우가 더 많고, 이러한 개인방송을 하는 크리에이터를 관리해주는 엠씨엔(Multi Channel Network, MCN)이 등장하였다. 개인방송의 경우 게임, 요리/먹방, 뷰티/패션과 같은 인기 있는 콘텐츠의 제작자는

---

8) UCC는 User Create Content(이용자 제작 콘텐츠)의 약칭이고, 이를 UGC(User Generated Content, 이용자 발생 콘텐츠) 또는 UGV(User Generated Video, 이용자발생동영상)이라고도 한다.

전문적인 크리에이터가 대부분이다. 이들 이외에도 정치인, 헬스 트레이너, 의사, 변호사, 요리사 등 직업인들도 크리에이터로 참여하고 있다.

OTT의 수익 모델로는 광고, 후원, 월정액, 건별 과금 등으로 구분된다. 광고형 OTT는 이용자에게 무료로 제공하지만 동영상에 다양한 유형의 광고를 붙여 수익을 얻는다. 광고형 OTT 서비스에는 주로 UCC가 제공된다. RMC도 일부 제공되는데, 광고형 OTT에 제공되는 RMC는 OTT 사업자가 구매하여 제공하기도 하고, 제작자(또는 저작권자)가 홍보를 위해서 제공되기도 한다. 광고형 OTT 서비스에는 세계에서 가장 많은 UCC가 제공되는 유튜브, 국내 사업자로는 네이버TV, 카카오TV 등이 있다. 아프리카TV는 광고와 후원을 함께 수익 모델로 이용하고 있다.

가입형 OTT는 이용자가 월정액을 내고 동영상을 이용하는 서비스로, 여기에는 대부분 RMC가 제공된다. 세계 최대 월정액 서비스인 넷플릭스, 2019년 말에 출범한 디즈니 플러스, 국내에는 웨이브(Wavve), 티빙(Tving), 왓챠플레이(Watch play) 등이 있다. 거래형 OTT는 이용자의 요청에 따라 편당 결제를 통해 동영상을 제공하는 서비스로, 건당 결제하는 VOD와 유사하다. 건별 과금을 하

표 4-2	국내에 서비스하는 주요 OTT 서비스 분류			
서비스명	콘텐츠	수익모델	사업자	실시간 여부
Wavve	방송 프로그램, 영화	월정액/건별과금	지상파3사, SKT	실시간/VOD
네이버TV	UCC, 방송클립	광고형	네이버	VOD(live)
Tving	방송 프로그램, 영화	월정액/건별과금	CJ ENM	실시간/VOD
Seezn	방송 프로그램, 영화, 음악	월정액/건별과금	KT	실시간/VOD
U＋모바일TV	방송 프로그램, 영화	월정액/건별과금	LGU＋	실시간/VOD
왓챠플레이	영화	가입형	(주)왓챠	VOD
아프리카TV	UCC	광고/후원(별풍선)	(주)아프리카	VOD(live)
유튜브	UCC, 방송클립, 음악	광고형	구글	VOD(live)
넷플릭스	영화, 방송 프로그램	가입형	(주) 넷플릭스	VOD

는 서비스로는 카카오페이지(Kakaopage)가 있고, 국내의 많은 가입형 OTT가 건별 과금을 추가로 이용하고 있다.

한편, 1인 방송을 하는 크리에이터의 수익 모델은 매우 다양하게 발달해 왔다. 크리에이터의 수입으로 광고 배분수입이 가장 많고, 후원금의 분배금, 상품이나 기업을 홍보한 콘텐츠(브랜디드 콘텐츠)의 수입의 분배금, 상품을 판매(커머스)한 수입 분배금, 크리에이터의 이름을 빌려준 수입(브랜드 굿즈나 IP비즈니스) 등이 있다.

OTT 서비스를 누구나 제공할 수 있게 됨에 따라 미디어 시장의 참여자의 수가 많아지고 참여자의 출신이 다양해졌다.[9] OTT 플랫폼을 제공하는 사업자의 유형을 보면, 전통적인 방송 사업자(지상파방송 사업자, 케이블TV 사업자, IPTV 사업자), NHN와 카카오 등 포털 사업자, 독립형 사업자로 OTT가 주된 사업자(아프리카TV, 왓챠플레이) 등이 있다.

4) 디지털화로 인한 콘텐츠 사업의 변화

디지털기술이 발전하면서 콘텐츠의 제작에도 디지털기술을 이용하였다. 디지털 영상의 제작에 적합한 디지털 카메라와 디지털 편집기가 개발되었다. 카메라와 편집기가 디지털화되면서 소형화와 경량화가 가능해지면서, 가격도 저렴해지고 조작도 쉬워졌다. 핸드폰에서 동영상 촬영이 가능해졌고, 앱을 이용하여 동영상 편집이 가능해졌다. 이에 따라 누구나 쉽게 동영상을 제작할 수 있게 되어, UCC(User Created Content 또는 UGC(User Generate Content)가 등장하였다. 아프리카TV나 유튜브 등을 통한 개인방송은 디지털 영상 기기의 발전으로

---

9) 미국의 경우 애플, MS, Tivo 등은 플랫폼과 단말기를 들고 OTT 시장에 뛰어들었다. 이들은 탁월한 단말기와 플랫폼의 힘을 이용하여 콘텐츠를 유인했다. 반면에 넷플릭스, 아마존, 구글은 플랫폼만을 들고 시장에 뛰어 들었지만, 플랫폼 시장 지배력을 바탕으로 콘텐츠와 단말기를 유인하고 있다. 구글은 전체 인터넷 시장의 지배력을 바탕으로 소니를 단말기 사업자로, 타임워너 케이블과 디시 네트워크 등을 콘텐츠 사업자로 끌어들였다. 넷플릭스는 미국 내 최고의 가입자를 바탕으로 총 200여개에 달하는 기기를 끌어당길 수 있었다. 반면에 훌루는 지상파 콘텐츠라는 무기를 바탕으로 인터넷 동영상 시장에 진입했고, 이 힘을 근간으로 단말기를 유인하였다(조영신, 2011.9, 242쪽).

말미암아 가능했다. 개인방송을 하는 크리에이터(Creator)에게 광고수익 등을 배분하는 서비스 모델이 등장하여, 크리에이터가 점차 전문화되고 직업화되었다. 이에 따라 준전문가나 전문가들이 저예산을 들여서 제작한 영상물(PCC)이 등장하게 되었다.

그리고 휴대폰에 적합한 콘텐츠가 개발되고 있다. 휴대폰으로 통화나 문자 메시지와 같은 통신용으로 사용하는 시간의 비중은 감소하고 채팅/메신저나 게임, 신문, 책, 동영상 등의 멀티미디어 콘텐츠를 이용하는 시간의 비중이 증대하고 있다. 휴대폰으로 짧은 시간에 가볍게 즐길수 있는 문화 콘텐츠(이를 '스낵컬처'라고 부른다)가 지속적으로 만들어지고 있는데, 현재까지 개발된 스낵컬처로는 웹툰, 웹드라마, 웹소설, 모바일퀴즈쇼, 웹예능, 영화 클립 서비스 등이 나타났다. 양방향성을 활용한 상호작용 드라마가 제작되기도 하였지만, 아직까지는 양방향 드라마의 성공 사례가 나타나지 않고 있다.

디지털화로 인해서 미디어와 콘텐츠의 공급이 증가하면서 어떠한 콘텐츠가 이용자의 눈을 끌 수 있을지에 대해서 두 가지 관점이 제시되고 있다. 공급 초과 현상으로 수용자가 선호하는 니치 콘텐츠와 메시지의 중요성이 커진다는 입장이 존재한다. 반면에 대량 시장(mass market)을 확보할 수 있는 프리미엄 콘텐츠의 중요성이 더 커진다는 주장이 있다. 전자가 수용자가 콘텐츠를 이용하는 맥락을 통제하는 만큼 다양한 수용자의 니즈가 갖는 중요성을 강조하는 것이라면, 후자는 콘텐츠 제작의 경제성이 약화되고 UCC나 PCC의 보급을 고려할 때 모두가 원하고 아마추어 콘텐츠와 확연히 구분되는 콘텐츠를 중요시하는 관점이라 할 수 있다. 또한 이는 사업자의 특성에 따라 콘텐츠 비즈니스 전략을 차별화해야 함을 의미하기도 한다. 전통적인 TV시청 경험을 토대로 하는 유료TV 사업자는 인터넷 기반의 유연한 콘텐츠를 공급할 수 있어야 하며, 반대로 단말기제조사는 HD 및 블록버스트 영화처럼 고품질 콘텐츠를 확보하여 서비스를 차별화해야 한다는 것이다(최세경, 2010, 26쪽).

또한 미디어가 상호작용을 통해 새로운 서비스를 제공하면서 콘텐츠 비즈니스에 변화가 일어나고 있다. 첫째로, 새로운 콘텐츠 포맷의 개발 또는 콘텐츠의 향상이 일어난다. 예를 들어, 상호작용 TV방송 프로그램이 여기에 해당한다. 상호작용성은 소비자에게 더 많은 정보 또는 최적화(customization)의 기회를 제공함으로써 시청자의 경험을 변화시킬 수 있다. 또는 프로그램 자체에 직접 피드백 함으로써 그 내용을 새롭게 변화시킬 수 있다. 둘째로, 새로운 비즈니스 모델과 콘텐츠 배포 모델을 발전시키고 있다. 팟캐스팅(Podcasting)과 같은 가입 방식의 라디오 서비스, PC 또는 모바일 단말기에 음악과 비디오를 다운로드하는 완전판매(sell through) 모델, 영화와 TV 프로그램의 인터넷 배포, 공공 서비스 콘텐츠에 대한 온라인 무료 서비스 등을 지칭하는 것이다. 셋째, 새로운 플랫폼이 기존 콘텐츠를 전송해주는 멀티 플랫폼 현상이다. 예를 들어, 디지털TV에서 라디오, 모바일 전화기에서 게임, 아이튠(iTune)으로부터 다운로드한 오디오북, 모바일 단말기로 읽고 볼 수 있는 신문 등처럼 전통적인 콘텐츠를 기존과 다른 플랫폼을 통해 전송할 수 있다. 이러한 새로운 전송 플랫폼은 콘텐츠에 대한 접근하는 방식을 확대할 뿐만 아니라 접근할 수 있는 콘텐츠의 범위까지 확장키고 있다. 마지막으로 이러한 세 가지의 변화는 소비자가 콘텐츠를 이용하는 새로운 패턴을 창출하고 있다(최세경·박성호, 2010, 9쪽).

2 디지털 융합 시대 가치사슬

1) C-P-N-T의 가치사슬

미디어가 융합된 시대의 가치사슬을 C-P-N-T(또는 D)로 설명한다. 여기서 C는 콘텐츠(content), P는 플랫폼(platform), N은 네트워크(network), T(또는 D)는 단말기(Terminal, Device)이다. 콘텐츠(content)는 디지털 콘텐츠를 줄인 말로, 콘텐츠란 문자, 소리, 화상, 영상 등의 형태로 이루어진 정보의 내용물을 지칭하며, 출판, 음악, 영화와 방송 프로그램을 포함한 영상물, 사진 등의 화상, 게임, DB 등을 포함한다. 가치사슬에서 C는 콘텐츠를 제작하고, 제작된 콘텐츠의 이용권리를 구매하고(aggregation), 구매한 콘텐츠를 채널 등의 형태로 편성하는 (packaging) 부분을 포함한다.

콘텐츠라는 용어는 1990년대 중반에 유럽에서 빠르게 진행되고 있는 방송과 통신의 융합 현상에 주목하는 과정에서 '멀티미디어 콘텐츠'라는 용어를 사용하면서부터 시작되었다. 미디어를 통해서 제공되는 모든 서비스의 내용물을 콘텐츠라고 부르지만, 콘텐츠에는 매우 다양한 분류 체계가 있다. 유통플랫폼 측면에서는 방송 콘텐츠, 인터넷 콘텐츠, 모바일 콘텐츠로 분류될 수 있고, 수요측면에서는 게임, 음악, 교육 콘텐츠 등이 있으며, 콘텐츠 형식의 진화 과정에 따라서 콘텐츠 원형, 콘텐츠 작품, 콘텐츠 상품의 구분이 가능하다. '강남스타일'은 인터넷을 통해 공개되었는데 이때의 콘텐츠는 '인터넷 음악 콘텐츠 원형'이고, '강남스타일'을 벨소리로 만들어 유통시켰을 경우 그때의 콘텐츠는 '모바일 음악 콘텐츠 상품'이 되며, 양자 모두 넓은 의미에서의 콘텐츠 산업을 구성하는 요소가 된다.

플랫폼(platform)은 다양한 서비스를 제공할 수 있는 기본구조로 통상적으로 플랫폼 사업자들이 가입자를 접점을 확보하고 있다. 플랫폼 사업자는 여러 콘텐츠를 묶어서 소비자에게 제공하고 반대 급부로 이용자로부터 이용료를 받거나 광고판매를 하여 수익을 얻는다. 방송의 경우 지상파방송사, 종합유선방송

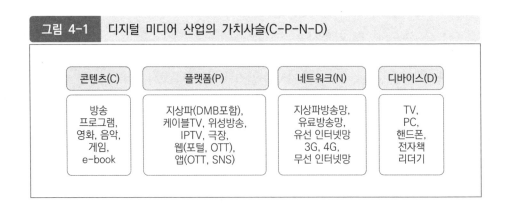

그림 4-1 디지털 미디어 산업의 가치사슬(C-P-N-D)

콘텐츠(C)	플랫폼(P)	네트워크(N)	디바이스(D)
방송 프로그램, 영화, 음악, 게임, e-book	지상파(DMB포함), 케이블TV, 위성방송, IPTV, 극장, 웹(포털, OTT), 앱(OTT, SNS)	지상파방송망, 유료방송망, 유선 인터넷망 3G, 4G, 무선 인터넷망	TV, PC, 핸드폰, 전자책 리더기

사업자, 위성방송 사업자, IPTV 사업자 등이 플랫폼 사업자이고, 인터넷 포털과 극장 등이 플랫폼 사업자군에 포함된다. 애플은 2001년에 mp3플레이어인 아이팟을 판매하면서 음악을 다운받을 수 있는 아이튠즈와 결합함으로써 단말기를 플랫폼화하여 큰 수익을 챙겼다. 애플은 2007년에 아이폰에서도 음악, 게임, 비디오, 정보 등을 앱스토어에서 다운받을 수 있도록 하여, 핸드폰을 플랫폼화하였다. 삼성전자는 2010년에 스마트TV를 출시하면서 앱스토어를 통해 콘텐츠를 이용할 수 있도록 하였다. 이용자들이 특정 플랫폼을 많이 이용할 경우에 플랫폼 사업자들은 콘텐츠 제공자에 대해서 우월적 지위를 행사할 수 있게 된다.

네트워크는 서비스가 배급되는 물리적인 경로를 의미하는데, 방송의 경우 지상파방송망, 케이블TV방송망, 위성방송망, 인터넷방송망 등이 존재한다. 통신의 경우 유선전화망, 무선전화망, 유선데이터망, 무선데이터망으로 구분되는데, 인터넷 프로토콜을 사용하는 데이터망을 인터넷망이라고 부른다. 망이 디지털화됨에 따라서 방송망과 통신망의 구분이 희미해지고 있지만, 방송망은 대용량의 동일한 신호를 다중에게 제공하는 데 장점이 있고, 통신망은 양방향으로 신호를 제공하는 데 장점이 있지만 이러한 구분도 희미해지고 있다.

단말기는 콘텐츠를 이용하는 데 사용하는 기기로, 텔레비전 수상기, 라디오, PC, 핸드폰, 게임기 등을 의미한다. 단말기는 과거에 콘텐츠를 일방적으로 수신하는 기기였지만, 양방향 통신이 가능한 PC와 핸드폰이 등장하고, TV수상기나 게임기에도 양방향 통신이 가능한 기능을 추가하면서 단말기 자체가 플랫폼이 되고 있다.

2) 수직적 구조의 해체

(1) 아날로그 시대의 수직적 구조

과거 미디어 양식에서는 특정 네트워크에 의해 콘텐츠의 전송과 소비가 결정되어 있었기 때문에 네트워크, 플랫폼, 콘텐츠가 모두 수직으로 결합되어 있었다. 즉, 가정 내 거실에 존재하는 TV 수상기, 지상파(네트워크), 그리고 지상파

TV방송사(플랫폼)가 TV 프로그램을 제공하고 소비하도록 하는 TV 미디어를 형성했다(최세경, 2010, 15쪽). 디지털 융합이 되기 전에는 신문, 영화, 라디오, 텔레비전의 각 매체별로 사업자가 있었고, 각 매체의 제작자들은 각 매체의 유통사업자와 수직적으로 연계되어 있었고, 각 매체별로 고유한 이용 수단(종이, 스크린, 라디오와 TV 수신기)이 있었다.

매체별로 제작, 유통, 이용 수단이 수직적으로 연계되어 있었기 때문에, 전방 산업과 후방 산업을 수직적으로 결합하고 있는 사업자가 많았다. 신문사는 기사 제작자이자 유통사였고, 영화 제작사가 극장을 보유하였고, 유통망을 보유한 라디오 방송사와 텔레비전 방송사가 직접 콘텐츠를 제작하였다. 이러한 상황을 C−P−N−T의 측면에서 보자. 신문사는 C−P−N−T를 모두 가지고 있었고, 지상파방송사는 C−P−N을 가지고 있었으며, 유료방송사는 P와 N을 보유하고 있으며 OTT의 경우 P만 보유하고 있다.

그림 4-2   방송통신 융합 현상의 전개

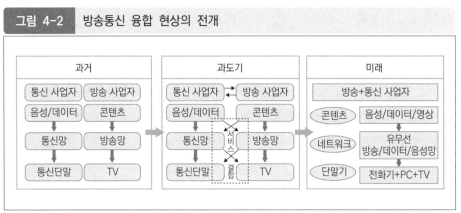

출처: 주정민(2006, 114쪽).

(2) 수평적 구조로 전환

미디어 융합으로 기술적으로는 수평적 구조로 전환되었다. 디지털 융합에 따라 거의 모든 유형의 콘텐츠가 하나의 망을 통해서 하나의 플랫폼이나 하나의 단말기를 통해서 이용할 수 있게 되었다. 따라서 망 사업자, 플랫폼 사업자,

단말기 사업자 모두 하나의 콘텐츠 장르를 취급하지 않고, 여러 콘텐츠 장르를 동시에 취급하게 되었다. 신문, 잡지, 라디오, TV라는 매체의 의미가 희석되고, 망 사업자 간, 플랫폼 사업자 간, 단말기 사업자 간에 경쟁하는 구조로 변화되었다. 즉, 각 가치사슬을 구성하는 유사한 시장 참여자 간의 수평적 관계가 중요해졌다. 이러한 환경에서는 기존의 수직적 가치사슬에 따른 가치창출의 방식이 오히려 경제적 효율성을 저해하는 요소로 작용할 수 있다. 콘텐츠 산업자는 단일한 플랫폼보다는 여러 개의 플랫폼을 통해서 콘텐츠를 배포하게 되면 부가 가치가 증대될 수 있다.

위의 [그림 4-2]에서는 방송과 통신이 융합되는 현상을 그림으로 보여주고 있다. 과거에는 통신 사업과 방송 사업으로 구분되던 것이 과도기를 거친 후에 방송·통신 사업자로 융합된다. 융합된 시점을 기준으로 보면, 통신 사업자나 방송 사업자로 분류되지 않고, 콘텐츠 사업자, 네트워크 사업자, 단말기 사업자로 분류된다. 시장에서 경쟁도 콘텐츠 사업자 간, 네트워크 사업자 간, 단말기 사업자 간에 이루어진다.

그러나 미디어의 가치사슬이 수평적으로 전환되었다고 해서, 수직적 결합이 일어나지 않는 것은 아니다. 미디어 사업자들은 경쟁력을 강화하기 위해서 수직적 결합을 강화하기도 한다. 유료방송사가 경쟁력을 강화하기 위해서 콘텐츠 사업자를 인수하여 수직적으로 결합하는 경우가 흔히 발견된다. 유료방송사업자가 플랫폼의 경쟁력 강화(즉, 소비자에게 소구력을 강화)를 위해서 단말기(셋탑박스)의 성능을 개선하기 위해서 투자하기도 한다. OTT 사업자가 유료방송사나 타 OTT 사업자에 대한 경쟁력을 강화하기 위해서 콘텐츠에 대한 투자를 늘리고 있고, 콘텐츠 사업자를 인수하기도 한다.

3) 디지털 융합이 미디어 사업에 미친 효과

방송·통신 융합 환경 즉, 디지털 플랫폼 상에서 유통·소비되는 콘텐츠 상품 고유의 특성은 과거의 아날로그 패러다임과는 구별될 수 있는 변화를 보이기도 하지만 몇 가지 측면에서는 오히려 전통적인 의미에서의 문화 상품의 속성을 좀 더 극명하게 부각시키기도 한다. 예컨대 디지털 혁명은 공공재로서의 콘텐츠 생산과 유통에 작용하는 규모와 범위의 경제를 극단적으로 실현시키는 동인이 될 수 있다. 디지털 융합이 미디어 사업에 미치는 효과 중 대표적인 변화는 다음과 같다.

(1) 수요의 불확실성의 감소

먼저 디지털화로 수요의 불확실성이 부분적으로 감소할 수 있다. 콘텐츠 상품에 내재한 고유한 속성 중의 하나인 수요의 불확실성은 디지털 환경에서 상대적으로 감소될 가능성이 있다. 문화 상품에 있어 불확실성의 근원은 '수요 예측'이 어렵다는 데서 기인한다. 아무리 인기 있는 배우와 장르로 영화를 만들어도 흥행 여부를 미리 가늠하기란 매우 어려운 것이다. 실제로 소비자의 수요는 매우 변화무쌍하며 당사자조차도 예견하기 어려운 측면이 있다. 과거 아날로그 시대에는 이러한 수요의 불확실성을 감소시키는 장치가 거의 존재하지 않았다. 상품을 만드는 과정에 전혀 소비자가 개입할 수 없었으며 이미 만들어진 상품을 소비자의 구미에 맞게 차후에 변화시키는 것도 불가능했다.

디지털 콘텐츠로 전환된 문화 상품은 두 가지 측면에서 수요의 불확실성을 감소시킬 수 있다. 첫째로 과거에는 소비자에게 완전히 전송되기 전까지는 소비자의 선호를 알 수 없었으나 디지털기술로 제작 과정이나 배급 과정에 이미 인터넷 등을 통하여 다양한 피드백을 미리 받을 수 있게 되었다. 또한 현재 쌍방향 매체를 통하여 다양하게 이루어지고 있는 직접 마케팅의 여러 가지 기법들은 단순히 소비자의 기호를 파악하는 수동적인 대응에서 벗어나 오히려 콘텐츠 상품 소비에 앞서 적극적으로 소비자의 선호 체계를 형성하는 것도 가능하게 한다. 예컨대 인터넷 공간에서 이벤트나 커뮤니티를 통한 적극적인 사전 정보 제공과 소비자 의견의 수렴 등이 대표적인 경우이다. 아울러 다양한 마케팅 기법을 통하여 미리 선호도를 측정할 수 있는 기술들이 발달하게 되었다. 그럼에도 불구하고 아직까지 콘텐츠의 수요를 예측하기가 여전히 어렵고 불완전하다.

둘째로 소비자에게 전달되어 소비자의 수요가 어떤지 확실해진 상품의 경우 과거에는 성공과 실패로 양분되었으나 디지털화 이후에는 이러한 구분이 확실하지 않게 되었다. 왜냐하면 다중 플랫폼 환경 아래에서는 극장에서는 실패한 특정한 영화 콘텐츠가 VOD 시장이나 인터넷 시장에서 손실을 보전할 수 있는 수익을 발생시킬 수 있으며, 국내에서는 실패했더라도 해외에서 수익을 거두는 사례 역시 더욱 빈번하게 발생할 가능성이 높기 때문이다. 이는 근본적으로 방송·통신 융합에 의한 다중 플랫폼의 형성과 최근 들어 빠르게 진행되고 있는 콘텐츠 산업의 글로벌화에 기인된 결과이며, 콘텐츠의 원소스 멀티유즈가 실현될 수 있는 물리적인 인프라가 구축되었다는 것을 의미한다. 즉, 디지털 혁명은 다양한 콘텐츠 창구를 형성시켰고, 그에 따라 콘텐츠 유통의 리스크가 여러 시장에 걸쳐 분산될 수 있는 구조를 만들었다.

(2) 디지털화로 공공재적 속성이 극복될 것이지 또는 강화될 것인지?

디지털 시대에는 문화 상품의 비배제성으로 인한 시장 실패가 부분적으로 극복될 수 있는 반면에 비경합성으로 인한 규모의 경제는 훨씬 강력하게 작용할 수 있다. 문화 상품의 비배제성과 비경합성으로 시장 실패가 야기될 수 있다. 적절히 배제하지 않을 경우에 무임승차가 가능하고, 비경합성으로 한 사람만이 아니라 무한한 사람이 이용할 수 있다. 따라서 이를 극복하기 위하여 소비의 비배제성을 극복하려는 시도들이 일어나고 그것이 불가능한 경우에는 광고와 같은 다른 재원을 확보하는 방식으로 문화 상품의 시장 실패문제를 해결해 왔다. 즉, 문화 상품 소비의 무임승차를 배제하는 방법을 고안하거나, 아니면 무임승차를 그대로 두되 다른 방식으로 수익을 찾는 방식이 일반적인 문화 상품 생산·유통의 사업 모델이었다.

디지털 플랫폼 하의 콘텐츠 소비의 무임승차 이슈는 과거 전통적인 아날로그 패러다임하의 무임승차문제가 해결될 수 있는 기회의 측면과 동시에 무임승차문제가 더욱 증폭될 수 있는 위기의 측면을 동시에 갖는다. 기회의 측면에서 주목할 만한 변화는 무엇보다도 디지털기술에 의한 지능형 단말기의 출현과 콘텐츠 유통을 추적할 수 있는 수용자 선별 송신 기술(addressability)의 발달이다. 예컨대 모든 디지털매체가 통신형 미디어로 진화되고 있고, 이 경우에 콘텐츠 개별 소비에 따른 일대일 과금 체계가 가능하다.

반면 위기의 측면에서 보면 지능형 단말기가 장악하지 못한 시장, 대표적으로 인터넷 시장에서의 무임승차문제는 더욱 심화될 것이며, 그것이 지능형 단말기가 존재하는 시장 자체를 전복시킬 수도 있다는 점이 강조될 수 있다. 예컨대 최근 개인 간 파일 교환(P2P) 서비스에 의한 음원과 영상물에 대한 유통은 지능형 단말기가 존재하는 시장에서의 주문형 콘텐츠(Content On Demand, COD) 시장 자체가 형성되는 것을 붕괴시킬 수 있는 파괴력을 가지고 있다. 디지털 플랫폼 상에서 콘텐츠의 형식과 관계없이 특정 콘텐츠가 다중 플랫폼으로 자유롭게 유통될 수 있다는 사실은 콘텐츠 제작에서의 규모의 경제가 극대화된다는 것을 의미한다.

(3) 미디어 사업자의 재편

디지털화로 이용할 수 있는 콘텐츠가 거의 무한대로 제공되면서, 특정한 플랫폼이나 콘텐츠에 할당되는 수용자의 관심이 축소되는데, 이를 '수용자 분화(audience fragmentation)'라고 부른다. 그리고 수용자가 자신의 필요에 따라 플랫폼을 선택하고, 자신의 관점과 선호에 따라 콘텐츠를 선택한다. 수용자는 개인화된 맞춤형 서비스를 지향하게 된다.

소비자의 주목을 획득하는 경쟁이 심화됨에 따라서 미디어 사업자들은 양질의 콘텐츠와 양질의 서비스를 제공하게 될 것이다. 여기에 디지털 콘텐츠를 모든 창구(윈도우)에 쉽게 유통할 수 있다는 특성이 가미되면서 콘텐츠 제작 투자가 증가할 것이다. 콘텐츠 유통 사업자는 대형화하고 글로벌화가 불가피하게 진행되고 있다. 콘텐츠와 수용자 간의 접점을 통제하고 네트워크 효과를 창출할 수 있을 만큼 풍부한 자금을 가진 사업자만이 살아남고 그렇지 못한 사업자는 시장에서 사라질 가능성이 크다.

개별 콘텐츠를 제작하여 유통하는 수직적 가치사슬이 해체되고, 모든 장르의 콘텐츠를 함께 이용할 수 있는 플랫폼에 주목이 집중되고 있다. 예를 들면, 독자가 신문을 월정액을 지불하고 구독하는 경우에 신문사는 독자의 주목을 광고주에게 판매하였다. 그러나 디지털 환경에서 대부분의 독자들은 신문을 구독하지 않고, 포털에 게재된 기사를 이용하고 포털이 독자의 주목을 광고주에게 판매하게 되었다. 신문사가 포털에 기사를 제공하면서 신문사는 구독자를 잃게 되었고, 뉴스 시장의 주도권은 디지털 플랫폼이 가지게 되었다.

디지털 환경에서는 소비자들은 특정한 신문을 보거나 TV 채널을 시청하기보다는, 포털에서 개별 콘텐츠 단위로 이용하는 것이 보편적이다. 포털에는 고품질 고비용 콘텐츠와 저비용 고주목 콘텐츠가 함께 제공된다. 소비자들의 기사나 동영상의 출처에 관심을 두지 않게 되고, 출처를 쉽게 잊어버리거나 처음부터 알지 못하게 된다. 그 결과, 브랜드가 큰 자산인 유명한 신문사나 방송사가 브랜드의 가치를 수익화할 수 있는 기회가 상실된다. 그리고 메시지 전파를 원하는 주체(기업, 기관, 정부 등)들이 미디어에 의존하기보다는, 대상 고객과의 직접 커뮤니케이션하는 것이 증가하고 있다(이동후, 2010).

기존의 플랫폼은 콘텐츠와 수용자 간의 거래를 중개할 수 있으려면 제3자의 도움을 받거나 새로운 플랫폼 분야로 자신의 역할을 확장해야 한다[10](최세경, 2010, 15쪽). 디지털 미디어 플랫폼이 발전해 가면서 점차 통합의 과정을 거치며 기존의 플랫폼이 디지털 플랫폼을 흡수할 수도 있고, 또는 역방향의 통합

---

10) 기존 TV 사업자가 수용자의 이용 맥락과 경험을 관리하는 가장 적절한 방법은, TV 프로그램을 인터넷 서버 환경에 저장하고 이를 타 플랫폼/단말기에서 소비할 수 있도록 자체 서비스를 개발하는 것이다. NBC와 Fox가 연합하여 TV 프로그램을 인터넷 비디오로 제공할 목적으로 설립한 '훌루(Hulu)', 인터넷을 기반으로 다양한 단말에서 자사 TV 프로그램을 이용하도록 해주는 BBC의 '아이플레이어(iPlayer)', Cablevision이 PC에 저장된 콘텐츠를 TV에서 시청하도록 지원하기 위해서 개발한 '스크린그랩(Screengrab)', 그리고 아이튠의 영상과 음악을 애플TV에서도 이용할 수 있도록 해주는 애플의 '에어플레이(Airplay)'등은 모두 수용자의 이용 맥락과 경험을 관리하기 위한 서비스에 해당한다. 따라서 기존 TV방송사는 N스크린 이용환경에서 모든 수용자가 콘텐츠를 소비하는 경유지가 될 수 있도록 서비스 통합 환경을 서둘러 구축해야 할 것이다. 여기에다 콘텐츠와 수용자 간의 거래를 중개하는 과정에서 발견의 병목을 활용하기 위한 에그리게이팅 기능, 그리고 플랫폼/미디어 간의 이동과 교차를 원활하게 유도할 수 있는 수용자에 대한 심도 있는 분석능력을 동시에 갖출 때 N스크린 이용환경에 TV 비즈니스의 성공가능성을 높일 수 있다(최세경, 2010, 30쪽).

도 이루어질 수 있다. 인터넷이라는 효율적인 망이 시장을 점유하기 시작할 때, 기존 망을 이용하는 사업자들 중에서 가장 취약한 미디어부터 붕괴될 것이다. 그러나 역사적으로 새로운 미디어가 활성화되더라도 특정 미디어가 멸망하지 않고 신구(新舊) 미디어가 공존(co-existence)하고 있다. 기존 미디어의 역할이 감소함과 동시에 수익도 줄어들고, 개별 미디어 간에 역할 분담이 이루어지게 된다. 이런 맥락에서 보면 OTT가 확산되면서 기존 미디어는 지금보다 축소된 형태로 생존할 것이다.[11]

---

11) 조영신(2011, 299쪽)을 인용하면서 문맥을 일부 수정함.

참고문헌

김덕현(2018.7.28.), "4차 산업혁명과 디지털 트랜스포메이션," 브런치.

김민식·손가녕(2017.2), "제4차 산업 혁명과 디지털 트랜스포메이션의 이해,"「동향」, 2017/2/16, 정보통신정책연구원.

엠브레인(2019), 트렌드 모니터 'OTT 서비스" 설문조사.

이동후(2010), "미디어 산업의 변화," 강의노트.

조영신(2011), "스마트 TV를 둘러싼 경쟁 지형과 정책 방안 – 미국과 한국의 OTT 사업자들을 중심으로,"「한국방송학보」, 25 – 5, 233 – 266.

주정민(2006. 겨울), "방송통신 융합에 따른 산업구조의 변화와 공익성,"「한국언론정보학보」, 통권 36호, 109 – 132.

최세경(2010), "N스크린 대에 TV비즈니스의 전망과 대응 전략: 콘텐츠 유통과 소비 패러다임의 변화를 중심으로,"「방송문화연구」, 제22권 2호, 7 – 36.

최세경·박상호(2010), "멀티 플랫폼 콘텐츠 포맷의 개발과 텔레비전 적용: 상호작용성의 구현과 재목적화,"「방송과 커뮤니케이션」, 제11권 1호, 5 – 46.

Nielsen(2014). *Social TV on the rise: Almost one in Two Online Australians Engaging in Digital Conversation*, https://www.nielsen.com/au/en/insights/article/2014/social – tv – on – the – rise/

Google(2012). *The New Multi – Screen World Understanding Cross – Plarform consumer Behavior*, White Paper.

Peitz, Martin & Markus Reisinger(2016). "The Economics of Internet," in *Handbooks: Media and Economics*, 445 – 530, (eds) Simon P. Anderson, David Stromberg, Joel Waldfogel, Amsterdam: North Holland.

Porter, Michael. E.(1985). *The Competitive Advantage: Creating and Sustaining*

Superior Performance, NY: Free Press.

Wilbur, K. C.(2016). "Recent Developments in Mass Media: Digitalization and Multitasking," in *Handbooks: Media and Economics*, 205−224, (eds) Simon P. Anderson, David Stromberg, Joel Waldfogel, Amsterdam: North Holland.

3부

방송 프로그램의 제작과 성과

제5장 방송 프로그램의 제작과 외주제도

1 방송 프로그램의 제작

1) 방송 프로그램 제작의 주체

미디어 소비자들이 이용하는 것은 방송 프로그램, 영화, 음악 등을 포함한 콘텐츠이다. 이들 콘텐츠 제작은 주로 전문 제작사가 담당을 하지만, 방송 프로그램의 경우는 조금 다르다. 한국에서 방송 프로그램의 제작은 지상파방송사가 담당하다가 1991년에 도입된 외주 정책으로 인해서 독립 제작사가 제작에 참여하였다. 1995년 이후 케이블TV가 도입되면서 채널사용 사업자들이 프로그램의 제작에 참여하였으나, 케이블TV 가입자수의 증가가 예상보다 더디게 진행되면서 대부분의 채널사용 사업자들은 프로그램 제작을 중단하였다. 이때에도 뉴스, 스포츠, 음악, 일부 취미 채널은 프로그램을 제작하였고, 이들은 대부분 내부에서 제작하였다. 2000년대 중반에 들어서 드라마와 예능 등의 프로그램을 제작하였는데, 이번에는 외주 제작형태로 제작하였다.

현재 한국의 방송 프로그램은 방송사가 자체 제작하는 경우와 외주 제작사가 제작하는 경우로 구분된다. 자체제작은 방송사가 보유하고 있는 연출자, 작가, 기술스태프 등 내부인력을 투입하면서 연기자, 출연진 등은 외부에서 공급받는다. 외주 제작을 하는 경우 대부분 제작사와 방송사가 협력하여 제작하는 경우가 많다. 먼저 기획안이 방송사 심의를 통과한 후에 편성을 확인받은 다음에 제작에 들어가고, 제작과정에서는 방송사와 협조적인 관계를 유지한다. 제작사가 주체가 되어 자율적으로 결합한 생산요소를 결정하여 방송 프로그램을 기획·제작을 하여 결과물을 판매하는 경우도 가끔 있다.

방송 프로그램의 제작에서는 규모의 경제가 존재하지 않는다고 알려져 있다. 규모의 경제가 존재하는 산업에서는 산업이 성숙하게 되면 독과점 기업이 출현한다. 그러나 방송 프로그램 제작사는 독점화되지 않고 수십 개의 기업이 공존하고 있다. 또한 한국은 물론이고 미국 등 외국에서도 방송 프로그램 제작사의 규모는 매우 다양하다. 그러나 방송 산업에서는 규모의 경제가 존재한다고 말한다. 이때 규모의 경제는 소비의 비경합성으로 방송 프로그램의 배급에서 발생하는 것으로, 방송 프로그램의 유통 회사는 규모가 클수록 이점을 가진다.

2) 생산요소 시장

생산요소는 프로그램의 제작에 투입되는 인력(연출자, 작가, 연기자, 스태프)과 시설과 장비를 말하는데, 방송 프로그램의 제작에는 인적요소가 가장 중요하다. 한국의 3대 지상파방송사는 생산요소 대부분을 직접 보유하고 있거나, 생산요소를 안정적으로 공급받을 수 있는 체계를 갖추고 있었다. 지상파방송3사는 제작 인력, 시설, 장비를 보유하고 있는데, 그 규모는 독립 제작사와 비교할 수 없을 정도로 크고 많다. 제작 인력의 경우 연출자와 기자를 보유하고 있고, 스태프 인력은 주로 자회사가 보유하고 있다. 과거에는 연기자, 코미디언, 작가도 직접 보유하고 있었다. 지상파방송3사가 보유한 설비를 보면 KBS는 여의도, 수원, 상암동에 스튜디오를 보유하고 있고, MBC는 상암동, 의정부, 일산에 스튜디오를 보유하고 있으며, SBS는 목동, 상암동, 탄현, 등촌동에 스튜디오를 보유하고 있다. 그리고 이를 기반으로 지상파3사는 가장 많은 양의 프로그램을 제작하고 있다.

그러한 한국의 방송 산업에서 1990년대 중반부터 20여년에 걸쳐 방송사의 수직적 결합이 부분적으로 해체되면서 생산요소 시장이 형성되었다. 1998년 IMF 외환위기로 인해 광고수입이 급감하자 지상파방송사들이 비용을 절감하기 위해서 연기자, 코미디언, 작가의 전속제를 폐지하였다. 외주 제작 프로그램이 증가하면서 방송 장비와 설비의 임대 시장이 형성되었다. 활발하게 진행된 제작 인력의 자유로운 이동의 결과에 의해서, 작가는 프리랜서 또는 외주 제작사로, 연기자는 연예기획사로 이동하였고, 일부 연출자는 외주 제작사나 채널사용 사업자(PP)로 이동하였다.

방송사는 연출자, 기자, 그리고 기술 스태프를 보유하고 있다. 스튜디오의 경우 방송사가 보유하는 경우가 많고, 정부기관과 제작사가 일부 소유하고 있다. 장비의 경우 지상파방송사, 제작사, 채널사용 사업자, 전문 임대 사업자 등이 보유하고 있다. 방송 프로그램을 제작하는 경우에 방송사(PP 포함)가 주도하는 경우가 많다. 뉴스 제작을 제외하고는 방송사가 보유한 생산요소만을 투입하는 경우는 거의 없으며, 방송사 외부의 생산요소와 결합하여 방송 프로그램을 제작하게 된다. 특히 드라마 제작의 경우에 필수적인 생산요소인 작가와 연기자를 제작사들이 보유하는 경우가 많기 때문에 드라마의 경우 외주 제작이 활발하게 이루어지고 있다.

3) 특정 생산요소 수요의 집중화[1]

배우와 작가 등 방송이나 영화업계에서 일하는 노동자의 임금은 천차만별이다. 인기 배우나 작가의 소득은 평균 소득자의 수백 배에 이르는 반면에 최저임금도 받지 못하는 배우, 작가 그리고 스태프가 매우 많다. 방송이나 영화의

---

1) 스가야 미노루·나카무라 기요 편저(2003)를 기반으로 재작성함.

경우 비용을 부담하는 주체와 효용을 수혜하는 주체가 분리되어 있고, 수혜자
가 대가를 의식하지 않아도 된다. 이에 따라 시청자는 특정 작품, 배우, 작가
등에 집중하게 되고, 시청자가 집중하는 작품이나 인력이 시장을 독식할 수 있
게 된다. 특정 프로그램이나 특정 배우에 대해서 인기가 집중되는 사례는 영상
산업에서 흔히 일어난다. 영상 산업 노동자의 임금 격차가 크게 나는 기본적인
메커니즘은 비용부담자와 수혜자의 분리되어 수요와 공급의 불균형이 쉽게 일
어나기 때문이다.

　아래 [그림 5-1]에서와 같이 인기를 모을 만한 재능의 소유자(공급자)는 정
규분포처럼 높은 수준에서는 적고, 중간 정도에서는 많으며, 낮은 수준에서는
적은 대칭 분포일 가능성이 많다. 그에 비해 시청자의 인기는 재능이 많은 소
유자에 집중된다. 통상의 거래에서는 높은 품질의 재화에 대해서 높은 대가가
요구되기 때문에 수요량은 억제되는데, 비용부담자와 수익자가 분리된 방송이

그림 5-1 **독식의 논리**

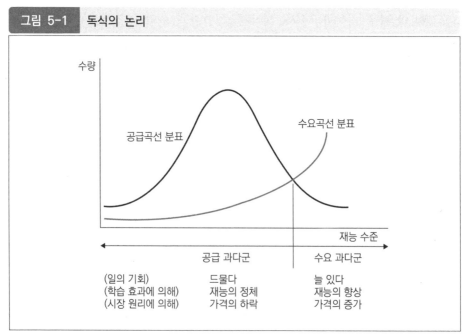

출처: 스가야 미노루·나카무라 기요 편저(2003).

나 영화에서는 높은 재능에 수반되는 높은 대가를 시청자가 의식하지 않아도 되기 때문이다. 그러나 방송사나 영화사는 이러한 높은 재능의 소유자를 사용하지 않으면 성공할 확률을 높일 수 없다. 그 결과, 재능이 높은 집단에 수요가 집중되어 수요 초과 현상이 일어나고, 재능이 중간 정도 이하의 집단에 대해서는 수요가 별로 없어 공급이 더 많아지게 된다.

더욱 심각한 것은 재능을 키울 기회조차 불평등해진다는 것이다. 높은 재능군은 일을 얻을 기회가 많기 때문에 학습 효과가 축적되어, 그 재능이나 실력을 키울 기회도 많아진다. 한편 공급 과다가 되는 집단에서는 늘 일을 얻을 수도 없고 학습 효과의 축적도 불확실하다. 그 때문에 재능이나 실력을 키울 기회조차 격차가 생겨, 양극화구조는 점점 더 심해져서 최저임금 이하의 임금을 스스로 선택하는 노동자가 출현하게 된다. 영화나 방송업계에서 배우, 작가, 촬영, 조명, 프로듀서, 분장, 의상 등의 분야에서 열정 페이를 자원하는 사람이 많은 게 현실이다.

그리고 수요측(시청자)의 특성으로 소수 인력의 독식이 더욱 가속화되기도 한다. 가령 방송 프로그램, 영화, 배우는 사람들의 일상 대화 속의 화제가 되기 쉬운 것의 하나인데, 이러한 화제를 통해 시청자끼리 서로 시청 의욕을 자극하는 경우에는 수요의 집중은 더욱 진행된다. 게다가 매력도가 높은 경우에는 수요를 서로 자극하는 빈도가 보다 높아지게 된다. 또한 이러한 독식 현상은 인기가 급상승 중이고, 급격하게 광고료나 출연료가 상승하는 인적 자원에서 일어난다.

4) 프로그램 제작방식

방송 프로그램을 제작하는 방식으로는 크게 방송사의 자체 제작 모델, 독립 제작 모델, 스튜디오 모델로 구분할 수 있다. 전통적으로 지상파방송사들은 방송 프로그램의 생산요소를 모두 보유하여 내부에서 프로그램을 제작하여 방송하였다. 이렇게 방송사가 자체제작을 할 경우에는 거래비용이 소요되지 않고, 제작된 프로그램은 반드시 방송되므로 제작된 프로그램이 방송되지 않을 가능성이 근본적으로 배제되며, 하나의 프로그램이 실패하더라도 다수의 다른 프로 그램으로 보상할 수 있으므로 내부적으로 위험을 회피할 수 있는 장점이 있다. 하지만 방송사가 PD와 기술 인력뿐만 아니라 탤런트, 희극인 등의 인력을 보유 하게 됨에 따라 인력 활용의 탄력성이 떨어지고 관리비용이 증가하게 된다. 그 리고 스튜디오, 카메라, 편집장비, 조명 장비, 소품 등을 보유함에 따라 시설 투 자와 관리비가 많이 소요된다.

독립 제작사 모델을 보자. 한국의 전형적인 독립 제작사는 특정 기간에 1~2개의 프로그램을 제작하며 5~15명 정도의 내부 직원을 투입한다. 프로그램 의 기획은 독립 제작사나 방송사에서 이루어진다. 독립 제작사가 기획하였을 경우에도 제작비용을 충당하기 위해 방송사에게 콘텐츠에 대한 권리를 넘기고 제작비 형태로 비용을 보전하는 것이 일반적이다. 또한 다수의 독립 제작사들 은 프로그램을 유통한(다중 플랫폼을 염두에 둔 마케팅 전략을 수립하거나 해외 시장을 대상으로 한 거래) 경험이 일천하기 때문에 사전판매를 통한 제작비 충당이 용이 하지 않다. 그러한 까닭에 많은 독립 제작사들은 프로그램의 완성과 동시에 저 작권판매를 통해 제작비를 회수하게 된다. 그 결과, 독립 제작사들이 자본을 축 적하여 성장할 기회를 가지지 못하고 지속적으로 영세할 가능성이 높다.

한편 미국 등에서 이용되고 있는 스튜디오 모델에서 스튜디오(대형 기획·제

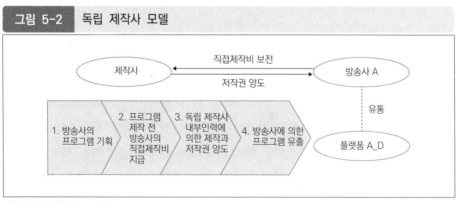

그림 5-2 독립 제작사 모델

제작사 ←→ 방송사 A
직접제작비 보전
저작권 양도

1. 방송사의 프로그램 기획
2. 프로그램 제작 전 방송사의 직접제작비 지급
3. 독립 제작사 내부인력에 의한 제작과 저작권 양도
4. 방송사에 의한 프로그램 유출

유통

플랫폼 A_D

출처: 조은기(2005, 61쪽).

작사)는 외부 제작자의 프로그램 개발 및 제작을 지원하고, 프로그램 콘텐츠 라이브러리를 구축하며 콘텐츠의 마케팅 및 배급을 관할한다. 스튜디오 모델에서 스튜디오는 직접적으로 프로그램 제작에 투자를 할뿐만 아니라 방송 사업자들에게 권리를 사전판매(pre-sale)함으로써 제작비를 충당하고, 외부 제작사를 관리하며 여러 지역에 다양한 포맷(TV, 비디오, DVD)으로 프로그램을 활용한다. 스튜디오 모델 하에서의 스튜디오는 기획과 프로덕션 매니지먼트를 주된 기능으로 한다. 즉, 다양한 원천으로부터 아이디어를 얻으며, 재원을 확보하고 프로그램 제작을 관리하며 제작된 프로그램들을 판매한다.

스튜디오 모델에서 스튜디오의 기능을 다음의 [그림 5-3]을 이용하여 설명할 수 있다. 제1단계는 스튜디오가 다수의 프로그램 포맷과 스토리를 보유하기 위해 외부 제작사들로부터 다중 플랫폼 유통과 글로벌 시장 진출이 가능한 아이디어를 수집한다. 다음 2단계에서는 아이디어를 패키지해서 플랫폼 사업자에게 제안하고 제작 예산의 50% 정도를 확보하기 위해 방영권을 사전판매해 제작비를 확보한다. 제3단계에서는 내부적으로도 제작비를 충당하고 프로그램

그림 5-3 스튜디오 모델

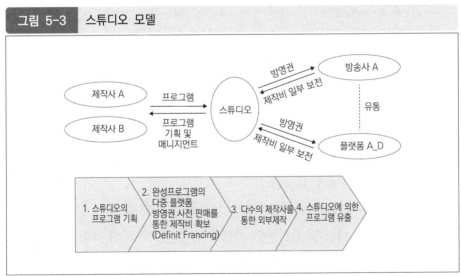

출처: 조은기(2005, 62쪽).

에 대한 권리를 확보한다. 제4단계에서는 프로그램을 제작하는 외부 제작사들이 예산과 제작의 효율성을 기하는지를 감독한다. 마지막 단계에서는 제작이 완료된 프로그램을 사전에 권리를 구매한 방송 사업자들에게 판매한다. 스튜디오 모델의 강점은 많은 프로그램들이 제작될 수 있는 재정적 기반을 만들어 주고 추가적으로 외부 제작사의 프로그램 권리와 연계되어 협상력을 가질 수 있는 풍부한 저작권 라이브러리를 창출시킨다는 점이다.

스튜디오 모델은 독립 제작사 모델보다 여러 가지 편익을 제공한다. 첫째, 스튜디오 모델은 제3자 즉, 외부 제작자에게 실질적인 제작을 아웃소싱하기 때문에 고품질의 프로그램을 제작할 수 있도록 감독을 할 수 있다. 둘째, 제작물량이나 제작비규모가 커질수록 협상력이 증가하기 때문에 프로그램 권리를 확보하기가 더 용이해진다. 셋째, 유통 물량이 많아질수록 위험을 관리할 수 있는 내부적인 투자 포트폴리오를 관리할 수 있기 때문에 수입은 안정적으로 형성된다. 마지막으로, 스튜디오는 콘텐츠 지적재산권(IP)을 국내외의 여러 채널이나 매체에 판매할 수 있다. 독립 제작사 모델과 스튜디오 모델의 차이를 정리, 묘사한 것이 앞의 두 그림이다(조은기, 2005, 61쪽).

독립 제작사 모델에서는 방송사의 자금에 의존한다는 측면에서 프로그램 제작에서 방송사가 중심이라고 할 수 있다. 반면에, 스튜디오 모델에서는 스튜디오가 프로그램의 제작에서 자금 조달, 기획, 제작, 유통, IP 사업까지 전 과정을 주도한다. 스튜디오는 자체 조달한 자금과 기획능력, 우수한 프로듀서와 작가, 감독을 기반으로 직접, 혹은 다른 제작사와 협력해 콘텐츠를 제작한다. 콘텐츠 품질이 검증된 스튜디오는 더 많은 자금을 끌어 모아 역량을 키우고, 보다 경쟁력 있는 콘텐츠를 만들어 특정 플랫폼에 얽매이지 않고 OTT 등 콘텐츠를 필요로 하는 플랫폼에 공급한다.

한국의 드라마 제작에서 스튜디오 모델이 도입되고 있다. 2016년에 CJ ENM이 '스튜디오드래곤'을 분사하며 국내에서 최초로 드라마 스튜디오 모델을 도입하였고, 2020년에 SBS와 JTBC가 드라마 제작 자회사를 콘텐츠 제작 전 과정을 주도하는 스튜디오 형식으로의 변경할 것을 발표하였다. 스튜디오드래곤은 CJ계열 채널인 tvN, OCN은 물론이고 지상파 채널이나 온라인동영상 서비스(OTT)에도 콘텐츠를 유통한다.[2]

5) 방송사의 프로그램 제작과 구매

방송 프로그램의 제작할 경우에 방송사가 결정해야 사항이 매우 많다. 먼저 큰 틀에서 방송사의 예산규모를 결정해야 하는데, 이때 예산의 구성요소인 인건비, 제작비, 관리비의 규모가 결정된다. 대부분의 사업자들은 사업초기를 제외하고는 수입을 초과하는 적자 예산 계획을 짜지는 않는다. 지상파방송사나 채널사용 사업자도 대체로 흑자 재정 계획을 세우는데, 경기침체로 인해서 광고수입이 일시적으로 20% 이상 감소하는 경우에는 불가피하게 적자 예산을 편성하거나 사후적으로 손익에서 적자를 기록하기도 한다.

예산의 구성요소인 인건비, 제작비, 관리비의 비중은 매년 크게 변동하지는 않지만, 장기적으로 보거나 기업별로 보면 이들 항목의 비중에서 큰 차이가 일어나고 있다. 지상파방송사의 경우 고용의 경직성으로 인해서 인건비의 구성비는 증가하고 있고, 외주 제작비를 삭감하거나 또는 동결하여 전체 예산에서 제작비의 구성비가 감소하고 있다.

편성의 결정에서 신작 방송시간과 재방송시간의 결정은 주로 재무적인 요인에 의해서 결정되고 있다. 최윤태·한진만(2009)은 2005~2009년간 지상파방송사의 재방송 프로그램의 편성 현황을 분석하였다. 분석 기간에 편성에 영향을 줄수 있는 2가지 요인이 일어났는데, 하나는 2005년 12월부터 지상파방송사가 낮방송을 실시하여 방송시간이 확대된 것이고, 다른 하나는 2008년 세계금융위기로 인한 경기 침체에 따른 방송 광고수입의 급격한 감소가 일어났다. 분석결과에 의하면, 첫째로, 낮방송 실시 이후 재방송 프로그램의 비율이 4개 채널(KBS1, KBS2, MBC, SBS)중 KBS2만 증가하였다(16.8% → 18.5%). 둘째로, 세계금융위기이후에 4개 채널 모두 재방송 프로그램 편성이 크게 증가해 KBS2의 경우

2) 서울경제(2005.5.20).

재방송비율이 19%에서 37.3%까지 높아졌다.

　다음으로 주어진 제작비 내에서 채널별로 각 시간대에 적합한 방송 프로그램의 결정해야 한다. 지상파방송사들은 통상 1년에 2번 편성을 개편한다. 편성의 결정에는 매우 다양한 요인들을 반영하게 된다. 편성을 결정할 때 가장 우선시 되는 것은 시청률을 높여 광고수입을 극대화하는 것이다. 한편 방송사에게 요구하는 공익과 법률적 규제 조항을 준수해야 한다.[3] 방송사의 편성부서에서 편성이 결정되면, 제작부서, 외주부서, 구매부서에서 특정 프로그램을 조달하게 된다.

| 표 5-1 | TV와 라디오방송 프로그램 제작시간과 제작비(2013년) |

(단위: 억 분, 억 원)

	자체제작	공동제작	순수외주	특수관계사 외주	국내물 구매	국외물 구매	총계
지상파 제작시간	234.2	6.5	11.1	1.3	3.4	1.9	258.3
PP 제작시간	453.9	0.4	10.1	0.5	80.0	268.7	813.5
지상파 제작비용	5,382	106	4,100	515	105	88	10,296
PP 제작비용	7,962	56	2,182	498	2,395	1,921	15,014

출처: 「2014년 방송 산업 실태조사보고서」 117, 120쪽.

　지상파방송사의 경우 외주 제작은 법률의 강제에 의해서 시작되었지만, 외주 제작제도가 시행된 지 약 30년이 흐른 2010년대에는 법률에 정한 외주 제작비율 이상으로 제작을 외주에 맡기고 있다. 방송사들은 보도 프로그램은 대부분 자체제작을 하고 있지만, 예능과 오락 프로그램은 내부에서 기획한 다음에 제작은 외주사에 맡기는 경우가 많다. 드라마의 경우 아침드라마와 일부 주말드라마를 제외한 대부분의 미니시리즈와 일부 주말드라마를 외주 제작하고 있다. 다큐멘터리의 경우에는 자체 제작하는 경우와 외주 제작하는 경우가 혼재

---

3) 법률적으로는 종합편성방송사의 경우 오락에 관한 방송 프로그램을 50% 이하 편성해야 하며, 지역 지상파방송사는 일정비율 이상 자체 편성해야하고, 모든 방송사는 일정비율 이상 외주 제작물을 편성해야 하며, 일정비율 이상 국산물로 편성해야 한다.

되어 있다. 방송사들은 외주 제작을 통해서 비용을 절감하고 있고, 필수적인 생산요소를 용이하게 투입할 수 있기 때문에 외주 제작을 활용하는 사례가 증가하고 있다.

지상파방송사의 TV드라마 제작결정요인을 분석한 유건식(2014)에 의하면, 드라마 제작결정 요인별 중요도는 1위 스토리의 매력, 2위 대본의 완성도, 3위 소재의 참신성, 4위 작가에 대한 신뢰성, 5위 주역 배우의 경쟁력 순으로 나타났다. 이 분석에서는 지상파방송사 전체 드라마 PD를 대상으로 14개의 요인에 대한 83명의 설문응답결과를 이용하였다.

2 외주 제작제도

1) 의무 외주 제작제도의 도입

지상파 과점의 국내 방송제작 시장에 경쟁체제를 도입한다는 목표 아래 1990년에 도입된 지상파방송사에 대한 외주 제작 프로그램 편성 정책은 우리나라 방송 산업, 특히 그 지배적 행위자인 지상파방송사의 인력 운영, 프로그램 수급, 편성 등 사업 운영의 전 측면에 지속적이고 커다란 영향을 준 정책이다. 현행 방송법령(법 제72조 및 시행령 제58조)에 따르면 방송 사업자는 영화를 제외한 외주 제작 프로그램을 매반기 전체 방송시간의 100분의 35 이내에서 방송통신위원회가 고시하는 비율 이상을 편성해야 한다. 또한 종합 편성을 하는 방송사는 매반기 주시청시간대 방송시간의 15% 이내에서 방송통신위원회가 고시하는 비율 이상으로 외주 제작 프로그램을 편성해야 한다.

의무외주제도는 수직적으로 결합된 텔레비전 방송사들이 텔레비전 공급사슬을 과점하지 못하도록 막기 위한 것이다. 이 정책의 목적은 프로그램 제작 부문의 경쟁을 도모하고, 콘텐츠 제작사들이 독자적으로 발전할 수 있는 기회를 제공하여 다양성을 확대하는 것이다. 제작 주체가 다양화될 경우에 프로그램의 내용도 다양해질 것이라는 가설이 배경에 깔려있다. 의무 외주 제작제도는 미국에서 먼저 도입되었고 영국에서도 도입되었다. 미국과 영국 정부는 텔레비전 산업의 지배력이 과도하게 집중되는 현상을 방지하기 위하여 수직 공급 사슬에 직접 개입하였다.

미국에서는 정부가 개입하여 '재정이익 및 신디케이션 규정(Financial Interest and Syndication Rule, Finsyn Rule)'을 제정하였다. 이 규정에 의해 1970년부터 1995년까지 당시 미국의 3대 메이저 방송사인 ABC, CBS, NBC와 할리우드 등지의 콘텐츠 제작사 간의 수직적 결합의 범위가 제한되었다. 핀신룰은 네트워크가 방송사 프로그램의 부수적 판매를 통해 취할 수 있는 이익을 제한함으로써, 3대 네트워크가 프로그램 제작 산업에 진출하는 것을 효율적으로 제한할 수 있었다.

이와 유사한 정책적 개입이 영국에서도 시도되었다. 영국의 텔레비전 방송사들은 1993년 이후 자신이 소유하지 않았거나 다른 방송사에 의해 소유되지 않은 독립적인 텔레비전 프로그램 제작사로부터 총편성시간의 1/4 정도를 구매하도록 규제되었다. 미국과 영국 텔레비전 방송사와 프로그램 제작사의 수직적 결합 정도는 매우 높았으며, 이들은 프로그램의 제작과 유통의 모든 단계에 참여함으로써 이익을 얻고 있었다. 전반적으로 볼 때 경쟁적인 프로그램 공급자가 부족하기 때문에 미국과 영국방송사들이 수직적으로 통합하고 있다고 판단하기는 어렵다. 그럼에도 불구하고 미국과 영국의 지상파 텔레비전방송사는 수직적 통합을 사실상 지상파방송사가 반드시 갖추어야 할 조건으로 간주하였다.

2) 외주 정책에 대한 옹호와 반대 논리

한국에서 외주 정책을 도입해야 한다는 주장은 「방송제도연구보고서(1990년 4월)」에서 처음으로 언급되었다. 1990년 7월에 개정된 방송법에 외주 정책이 포함되었고, 1991년에 정부는 지상파방송사의 의무외주비율을 3%로 고시하였다. 이후 정부는 의무외주비율을 빠르게 증가시켰는데, 1993년에 의무외주비율이 10%였고, 이후 연평균 3%씩 증가하여 2001년에 31%, 2012년에는 약 35%로 증가하였다. 1994년부터 순수 외주 제작비율을 별도로 고시하였는데, 그 이유는 지상파방송사들이 자회사를 통하여 외주 제작 프로그램을 대량으로 공급받고 있어 정책의 실효성이 떨어지기 때문이었다. 지상파방송사들이 외주 제작 프로그램을 주시청시간대에 편성하지 않자, 2000년부터 주시청시간대 편성비율을 의무화하였다. 이 규정으로 지상파방송사들은 매월 주시청시간대 방송시간의 10% 이상을 외주 제작 프로그램으로 편성해야 한다.

외주 정책이 지속적으로 추진되고 있지만, 지상파방송사는 이의 축소 내지 폐지를 주장하였다. 지상파방송사와 방송노조는 외주 정책을 반대해 왔지만, 정부와 독립 제작사는 외주 정책을 옹호하였고, 정치권과 언론학계에서도 반대보다는 찬성을 주장하는 입장이 강하였다. 언론학계에서는 외주 정책 도입 이후 10여 년간 외주 정책에 대해 성숙하고 생산적인 논의를 하였다. 윤석민·장하용(2002, 254−258쪽)이 이러한 논의결과를 옹호하는 논리와 반대하는 논리로 구분하여 아래와 같이 정리하였다. 먼저 외주 정책을 옹호하는 논리는 우리나라의 지상파방송 산업이 수직계열화된 독과점구조를 형성하며, 그에 따라 방송산업육성 및 수용자복지차원에서 여러 가지 부정적 결과가 초래된다는 문제의식에서 출발한다.

① 지상파방송사의 독점적 지위약화: 지상파방송사의 프로그램 제작 및 유통 부문의 수직계열화는 소수 사업자에 의한 프로그램 제작 및 유통에 대한 독점적 지배구조로서 일반적인 독점의 여러 폐해를 드러내게 되는 바, 지상파방송사 운영의 효율성측면에서든 그와 경쟁관계에 있는 사업자의 입장에서든 바람직하지 않다.

② 독립 제작사의 육성: 방송사의 수직통합은 시장접근 배제, 공급 거부 또는 상대가격조작 등을 통해 독립 제작사 및 제작인력 시장, 제작보조 시장 등의 성장을 구조적으로 제한한다.

③ 경쟁적 서비스제공 사업자의 육성: 지상파방송사의 수직계열화는 여타의 경쟁

적 방송영상 서비스의 활성화를 저해하기 때문에 다채널 다매체 서비스의 활성화를 위해서도 수직통합구조가 해체되어야 한다.

④ 수용자복지의 제고: 지상파방송사의 수직적 결합구조 해체는 다양한 독립 제작사가 성장할 수 있게 해주고, 그 결과, 채널 편성에 있어서 프로그램의 질 및 다양성이 제고되어 방송 수용자의 프로그램 선택권 및 복지가 제고된다.

⑤ 다매체시대 영상물수요에 대비: 케이블TV 및 위성방송의 도입으로 본격화된 국내 다매체 다채널 시대의 막대한 영상물 수요에 대비하기 위해 독립 제작사로 대표되는 제작 시장 육성이 필요하다.

⑥ 방송영상물의 국제경쟁력 제고: 국제 영상물 유통 시장에서 경쟁력을 지닐 수 있을 만큼 양질의 방송영상 프로그램이 제작되기 위해서는 프로그램 제작 시장 내의 경쟁 활성화가 필요하고, 이를 위해서 외주 제작비율의 확대가 필요하다.

외주 정책의 옹호논리에 대한 반박은 수직계열화된 지상파방송사의 산업구조가 과연 우리나라 방송 산업과 관련해 지적되는 부정적 성과들의 원인인지, 그리고 지상파방송 산업의 제작 부문을 분리해내고자 하는 외주 정책이 긍정적 성과를 초래하게 될 것인지에 대한 보다 엄밀한 평가가 필요하다는 데서 출발한다.

① 수직통합의 비효율성에 대한 의문: 지상파방송 산업의 수직적 통합구조가 경제적으로 비효율적이라는 주장은 검증되기 어려우며 경우에 따라서는 범위의 경제, 거래비용감소에 따른 효율성 증대, 최종적인 가격 인하, 소비자 편익 증대와 같은 효과가 있다.

② 독립 제작사 육성을 위한 복합적 요인의 무시: 독립 제작사가 영세성을 면치 못하는 데는 국내방송 시장규모의 영세성, 제작인력을 공급하거나 시설장비 등을 대여하는 요소 시장 부문의 미발달 등 다수의 요인이 복합적으로 작용한다.

③ 광고 및 방송시간 규제의 문제: 우리나라는 광고요금과 방송시간의 규제를 받고 있어서 프로그램의 성공에 따른 보수는 적고, 실패할 경우 수입의 감소와 고정적 제작비의 지출을 부담해야 한다.

④ 제작 시장 육성의 협소한 해석: 외주 정책은 방송영상 시장의 육성을 목표로

하는데, 방송영상 시장에는 지상파방송사, 케이블 채널, 위성 채널, 독립 제작사, 지상파계열자회사 등을 고루 발전시키는데 그 목표가 있다. 하지만, 현재의 외주 정책은 독립 제작 시장의 육성으로만 협소하게 해석하고 있다.

⑤ 경쟁에 대한 맹신: 외주 정책이 근거를 삼는 경쟁의 도입은 단순히 공급주체의 다수를 추구할 뿐 프로그램의 다양성이나 내용의 다양성으로 이어지지 않는다. 따라서 경쟁의 도입 자체가 목표가 될 수 없다.

⑥ 다매체시대 영상 시장 확대에 대한 의문: 채널이 증가하더라도 시청자들이 프로그램 시시청에 지불하는 시간과 비용이 증가하지 않을 수 있다. 이 경우에 다매체 다채널에 양적으로 비례하여 제작수요가 증가하지 않을 수 있다.

⑦ 시대착오적인 내적 다원주의: 다매체 다채널을 통해서 다원주의를 실현할 수 있음에도 불구하고, 수적으로 제한된 지상파 채널을 통해 다양성을 극대화시키려는 것은 시대의 흐름에 역행하는 것이다.

⑧ 국제경쟁력확보 논리에 대한 의문: 영상콘텐츠 제작과 판매에서 절대적, 비교적 우위에 있는 지상파방송사의 수직적 통합구조 해체를 통해 영세한 독립 제작사를 육성하여 영상프로그램의 국제경쟁력을 강화시키고, 해외 시장 진출을 도모할 수 있다는 논리는 극히 비현실적이다.

⑨ 경쟁과 수용자복지증진의 관계에 대한 의문: 제작원의 다양화가 프로그램의 다양성 확보로 직결되지 않을 수 있고, 독립 제작사가 방송사 자체제작보다 양질의 프로그램을 제작하지 않을 수 있다. 따라서 독립 제작사의 육성을 통한 경쟁이 수용자의 복지를 증진하지 못할 수 있다.

박소라(2001, 91-95쪽)에 의하면, 외주 제작은 굳이 규제가 아니어도 수요가 생기면 자생적으로 이뤄질 수밖에 없는 것이다. 왜냐하면 외주 제작이 지니고 있는 장점이 있고, 외주를 하는 것이 더 효율적인 프로그램이 분명히 있기 때문이다. 그러나 사실상 외주라고 했을 때에는 완전히 만들어진 프로그램을 구입해오는 것뿐만 아니라, 기획 단계부터 제작의 각 단계별로 제작인력을 투입하여 공동으로 만든 것까지의 다양한 범위의 제작방식이 있을 수 있다. 외주를 이런 넓은 의미에서 봤을 때, 지상파방송사 내부에서 자체제작하고 있는 프로그램의 부분적인 요소들은 이미 외주를 하고 있다. 예컨대, 작가, FD, 미술, 카메라 등 다양한 방면에 있어서 고정적인 고용비용을 사용하지 않고 계약에 의해 인력을 그때그때 활용하고 있다.

이와 같은 현상은 거래비용 경제학의 관점에서 해석할 수 있다. 일부 제작 요소를 내부에 두지 않는 이유는 조직 내에 두고 관리하는 비용보다는 외부에 두고 거래하는 비용이 더 적기 때문이다. 특히 표준화된 상품이나 인력의 경우 그리고 지대(rent)가 발생하는 영역에서 이런 양상을 보인다. 표준화된 상품이나 인력의 경우에는 탐색비용 등 거래비용이 최소화될 수 있기 때문이고, 지대가 발생하는 영역에서는 관리비용이 지나치게 커지기 때문인 것으로 추론할 수 있다. 그런데 프로그램은 어떤 장르를 막론하고 표준화라는 것은 매우 어려운 것이다. 따라서 프로그램 전체를 구입해오는 것보다는 제작인력의 일부분(특히 표준화된 영역의 인력)을 아웃소싱하고 전체 프로그램은 조직 내에서 관리하는 것이 가장 효율적인 체제일 수 있다. 그러나 지대가 형성되어 있는 분야의 전문 인력을 조직에 장기적으로 귀속키는 데는 유지비용이 많이 들게 된다.

3) 외주 제작사의 양적 성장과 영세성

외주 정책이 방송영상 시장의 활성화, 시청자 복지 실현, 방송영상물의 국제 경쟁력 제고라는 목표를 가지고 추진되었지만, 성과에 대해서는 대체로 긍정적 평가와 미흡하다는 평가가 공존하고 있다. 외주 정책의 도입으로 프로그램의 제작원의 다양화는 상당한 수준으로 달성하였다. 외주 제작사의 수는 600개가 넘고 방송사들이 의무외주비율을 초과하여 외주 프로그램을 편성하고 있다. 외주 제작 프로그램의 시청률이 나쁘지 않았고, 시청자의 만족도가 높았다. 2002년부터 전체 드라마의 과반수가 외주 제작한 것이고, 2009년부터는 약 70% 이상이 외주 제작 드라마이다. 2005년 이후 수출되는 드라마의 대부분이 외주사가 제작한 것이다.

그럼에도 불구하고 외주 정책의 성과가 미흡하다는 평가를 받는 이유는 대부분 외주 제작사의 규모가 영세하고 경영이 안정적이지 않기 때문이다. 외주 제작사의 영세성과 불안정한 경영의 원인에 대해서도 논자들 간에 의견이 갈리고 있다. 외주 정책을 옹호하는 입장에서는 지상파방송사가 우월적 지위를 이용하여 독립 제작사에게 불평등한 거래를 강요하고 저작권을 모두 가져가고 있기 때문이라고 하고, 외주 정책을 반대하는 입장에서는 외주 정책이 우리나라 방송 시장 현실을 고려하지 않은 채 도입되어 지상파방송의 일방적 희생을 강요하여 독립 제작사를 육성하려는 것으로, 외주 정책의 방향 선회가 필요하다고 한다. 아래에서 '방송영상독립 제작사 실태조사'의 결과를 중심으로 외주 제작사의 변화를 정리한다.[4)]

독립 제작사수는 2009년의 393개에서 2017년의 631개로 증가하였다. 매출액은 2009년의 7,962억 원에서 2017년의 1조 5,314억 원으로 증가하였다. 종사자수는 2009년의 4,748명에서 2017년의 8,522명으로 증가하였다.[5)] 사업체당 평균매출액은 2009년의 20억 원에서 2017년의 24억 원으로 증가하였고, 사업체당 종사자수는 2009년의 12명에서 2017년의 14명으로 증가하였다. 종사자 1인당 매출액은 2009년의 1.7억 원에서 2017년의 1.8억 원으로 증가하였다. 독립 제작사의 수, 매출액, 종업원수는 빠르게 증가하였다. 사업체당 매출액, 종사자수, 종사자 1인당 매출액은 매우 천천히 증가하였는데, 사업체당 매출액과 1인당 매출액은 그동안 물가상승을 감안하면 실질적으로 감소하였다.

매출액 1억 원 미만의 소규모 영세사업체와 매출액 100억 원 이상의 대형 사업체는 증가하는 동시에 매출액 10~100억 원 미만인 중간규모의 사업체들이 감소했다. 국내 방송영상독립 제작사이 규모의 측면에서 양극화가 진행되고 있다. 전체 매출액 중 소수 대형 기업들이 차지하는 비중은 상당히 크다. 일례로 스튜디오드래곤의 2017년 매출실적은 2,868억 원으로 집계되었는데, 이는 2017년 전체 방송영상독립 제작사 매출액 1조 5,314억 원의 18.7%에 해당하는 수치이다. 이외에도 SM C&C, 초록뱀미디어, 팬엔터테인먼트 등 매출액이 수백

---

4) 아래 방송영상독립 제작사에 대한 자료는 한국콘텐츠진흥원(2019)의 「2018방송영상산업백서」를 정리한 내용이다.

5) 촬영, 조명, 작가 등의 방송영상 제작인력들은 대부분 프로젝트별로 사업에 참여하기 때문에 고용이 안정적이지 않고 종사기간이 불규칙적이다.

억 원 규모에 이르는 사업체들이 존재하는데, 이들이 전체 방송영상독립 제작사에 미치는 영향이 매우 크다.

방송영상독립 제작사는 여전히 영세성과 열악한 환경에 놓여있다. 많은 방송영상독립 제작사들이 방송용 영상 콘텐츠 제작 이외에 다른 영상 콘텐츠 제작을 겸하며 어렵게 사업을 이어가고 있다. 영세한 사업자들 간의 치열한 경쟁으로 인해 1년 사이에도 창업과 폐업이 빈번하게 발생하는 상황 또한 여전하다. 전체 방송영상독립 제작사 중 57.7%가 종사자 수 10인 미만이고, 70.1%는 1년 매출액이 10억 원을 넘지 못하고 있다.

방송영상독립 제작사가 제작한 35,350건 중에서 저작권을 보유한 비중을 보면, 방송사가 63.8%, 독립 제작사가 26%, OTT가 4%, 제작사와 방송사의 공동이 3.4%, 제작사와 OTT의 공동이 2.8%였다. 2007년에 방송영상독립 제작사가 제작한 36,233시간 중에서 순수 제작의 비중은 90.8%였고, 공동 제작의 비중은 9.2%였다.

방송영상독립 제작사 중에서 드라마 제작사는 상대적으로 규모도 크고 경영도 비교적 안정적이다. 2017년에 방송사와 거래한 실적이 있는 드라마 제작사는 53개였다. 드라마 제작사는 대부분의 주말드라마와 미니시리즈를 제작하고 있다. 지상파방송사들은 일일드라마와 아침드라마를 직접 제작하고 있고, 종편 채널을 포함한 PP들은 전부 외주 제작을 통해서 신작 드라마를 수급한다.

드라마 제작사 중 경쟁력을 가지는 유형을 대별해 보면, 작가를 많이 보유하여 기획력이 뛰어난 경우, 출연진을 보유하여 비용을 통제하거나 출연진의 수입을 내재화할 수 있는 경우, 감독을 보유하여 드라마를 기획하거나 드라마 제작비용을 통제할 수 있는 경우, 흑자를 축적하는 등을 통해 자금력이 있는 경우, 경영진의 전문성과 경영권의 안정성이 있는 경우 등으로 대별할 수 있다.

4) 외주 제작 시장에서 불공정거래

방송사와 외주 제작사 간의 불공정거래는 관행적이다. 프로그램 제작사는

600개가 넘지만, 신작 프로그램을 정기적으로 구매하는 사업자는 4개 지상파방송사만 있었기 때문이다. 수요 과점적인 시장구조하에서 프로그램 제작사는 방송사의 요구를 거부하기 어렵다. 2000년대 중반 이후 tvN과 종편 4사가 추가되어 신작 프로그램의 구매자가 증가되어 불공정거래의 정도는 완화되었지만, 완전히 없어지지 않고 있다.[6]

　　방송 프로그램 거래에서 가장 빈번하고 구조적으로 발생하고 있는 문제점을 크게 네 가지로 분류할 수 있다; ① 계약 시기와 변경의 문제 ② 저작권 보유문제 ③ 제작비의 적정성문제 ④ 협찬과 간접광고수익의 배분. 첫째로, 계약과 관련하여 계약서를 작성하지 않거나 구두로 편성을 약속하고 외주사가 제작에 들어가고, 방송 이후에 계약서를 작성하는 관행이 여전히 존재한다. 외주 제작계약기간이 남아 있어도 방송사가 자의로 외주 제작사를 변경하거나 프로그램을 폐지하는 경우가 있다. 외주 공모에 제출한 기획안이 낙찰되었을 경우 방송사가 기획안을 돌려주지 않거나, 기획안을 변형해 이용하기도 한다.

　　둘째로, 저작권과 관련하여, 제작사가 기획하거나 제작하여 창작에 기여했음에도 불구하고 대부분의 프로그램 공급계약에서 방송사가 저작권을 보유하고 있다. 가장 많이 사용하는 표준계약(일반 외주계약)에서 방송사가 프로그램 유통수익의 대부분을 가져가는데, 국내 유통수익은 제작사에 배분하지 않고, 해외의 유통수익의 일부만이 제작사에 배분된다. 그리고 방송사의 저작권 보유기간에 대한 제한이 없다.

　　제작사와 방송사가 저작물의 창작에 기여한 비율에 따라 저작권을 보유하는 것이 합리적이다. 외국의 예를 보면, 영국 BBC는 외주 제작 프로그램에 대해서 5년간 2회의 방영권만 갖고 1회에 한하여 연장하고 있다. 또 BBC의 시행규약은 2차적인 저작권에 대해서 제작사 귀속을 원칙으로 하고, 방송사가 이를 얻고자 하면 기본 방영권에 대한 협의에 동의한 다음 별도로 협상하도록 규정

---

6) 2006년에 출범한 tvN과 2016년에 한국에 진출한 넷플릭스가 제작비 100%에 일정한 금액을 더한 가격으로 방송 프로그램을 구매하는 있는데, 이 계약방식에서는 불공정거래의 요소가 상당히 없어졌다. 이 계약방식에도 방송사가 저작권을 기간 제한 없이 모두 가져가고, 간접비와 수익률을 적절하게 보장해주고 있는지에 대해서는 논란이 있을 수 있다.

하고 있다. 한국에서 제작사가 저작권을 보유하는 관행을 만들기 위해서 미국
에서 약 25년간 시행된 핀신룰(Fin Syn Rule)을 도입해야 한다는 주장이 제기되
기도 했다(김정기, 2004; 현대원, 2004).[7]

　　셋째로, 제작사에게 제작비를 적절한 수준 이하로 지급하고 있다. 표준계약
을 하는 경우에 방송사가 제작사에게 제작비의 50%~80%를 지불하는데, 제작
사가 협찬, 간접광고, 해외유통수입의 일부, OST 판매, 프로그램관련 상품판매
등으로 나머지 제작비와 일반관리비를 벌충하기가 대단히 어렵다. 또한 방송사
가 제작비를 산정할 때에 기획비용을 누락시키거나 일부만 반영하는 경우가 많
고, 편성이 지연될 경우 발생하는 인건비가 보상되지 않으며, 방송사의 사정으
로 계약보다 프로그램 편성시간이 늘어날 경우에 제작비가 증액되지 않는 경우
도 있다.

　　넷째로, 협찬 및 간접 광고와 관련된다. 제작사 입장에서는 부족한 제작비
나 관리비를 협찬 또는 간접 광고수입을 통해 충당해야 한다. 프로그램 공급계
약에서 협찬이나 간접 광고를 금지하는 경우도 있고, 방송사와 수익분배가 불
합리하게 이루어진다. 제작사에 비해서 우월한 협상력을 가지고 있는 방송사에
유리하게 협찬이나 간접 광고수입이 배분되고 있다.

　　지상파방송사 등 방송 사업자가 안정적이고 지속가능한 거래관계를 중요시
하기보다는 단기적 시각으로 수익확보에 집중하면서 단가가 낮은 외주 제작물
을 선호하고 불공정한 거래관계가 지속되고 있다. 독립 제작사는 적자를 겨우
면하는 상황에서 열악한 제작 환경과 인프라를 개선할 여력이 없다. 프로그램
의 제작 과정에서 대규모 인력이 투입되고 촉박하게 진행되는 일정 등으로, 종
사자의 안전이 위협받고 15시간 이상 작업이 지속되는 경우가 흔히 발생한다.
저임금 고강도 노동구조에서 비롯된 종사자들의 열악한 복지 수준으로 방송 프
로그램 제작에 참여하는 인력의 퇴출이 잦다. 이에 따라 방송 프로그램 제작의
노하우가 축적되어 발전되기 어렵다.

---

7) 신디케이션 시장이 부재한 우리나라에서 Fin/Syn의 본격적인 도입은 제작사와 네트워크 간의
　위험분산 메커니즘을 왜곡시킬 수 있다며 새로운 네트워크의 도입과 신디케이션 시장을 통해
　제작 부문을 활성화시키자는 주장도 있었다(조은기, 2002).

5) 방송 프로그램 거래 시장의 변화

(1) 2003년~2011년간 외주 제작 시장의 변화

2003년 이후 방송 프로그램의 거래 시장이 변화하였는데, 그 이유는 다음과 같다; ① 지상파방송사는 방송 프로그램 제작비용을 삭감하였고 외주 제작비는 더 많이 삭감하였다. 2003년 이후 유료방송 가입자가 1,000만을 넘어서고 인터넷 이용이 보편화되면서, 지상파방송사의 시청률이 하락하고 이에 따라 광고수입이 정체되었다. 지상파방송사의 광고수입은 월드컵이 열린 2002년이 최대였다. 지상파방송사의 인건비는 지속적으로 증가하고, 디지털화와 HD화로 인한 투자비용은 증가하였다. ② 방송 프로그램의 2차 유통이 활성화되었다. 유료방송사와 인터넷 사업자가 방송 프로그램의 구매를 증가시켰다. ③ 한류의 본격화로 드라마의 해외판매수입이 의미 있는 규모로 커졌다. 독립 제작사는 해외 선판매로 제작비의 일정비율을 확보한 후 제작하여 지상파방송사와의 계약에서 입지가 높아졌다.

2003년 이후 제작요소의 가격 증가로 드라마 제작비용이 급증하였다. 외주 제작이 본격화 본격화된 시점이 2002년이고, 드라마의 해외판매가 증가한 시점이 2002년이다. 이들 제작요소의 가격이 증가한 이유로 두 가지를 들 수 있다; ① 외주 제작이 증가하면서 제작사는 지상파방송사로부터 편성을 받기위해서 스타 출연진과 작가를 캐스팅하였다.[8] ② "겨울연가(2002. 1~3, KBS2)"와 "대장금(2003. 9~2004. 3, MBC)"의 인기로 한류가 본격화된 2003년경부터 드라마의 해외판매가 증가하였고, 제작사들은 드라마의 해외 선판매를 위해서 해외에서 지명도 있는 배우와 작가를 투입하게 된다. 이 두 요인으로 인해 수요의 급증으로 스타급 배우와 작가의 출연료와 작가료가 빠르게 증가하였다.

---

8) 외주 제작사의 입장에서는 방송사로부터 기획안을 채택받기 위해 그리고 해외 선판매를 위해서 스타 연기자를 캐스팅하고, 방송사의 외주담당자는 시청률을 보장받기 위해서 스타 연기자의 캐스팅을 요구하였다. 사후적으로 분석해보면 스타 연기자의 출연 여부가 드라마의 시청률에 미치는 영향이 크지 않지만, 방송사의 외주담당자는 위험 회피 수단으로 스타 출연에 집착하고 있다.

2004년 이후 드라마 제작비에서 출연료가 60%(스타급 주연 배우 2명은 40%)를 차지하였다. 미국과 일본의 경우 제작비에서 출연료의 비중은 25~30%선이다. 드라마 제작비에서 출연료와 작가료가 차지하는 비중이 70%가 넘게 됨에 따라 드라마 제작에서 문제가 발생하고 있다. 우선 제작사들이 드라마 제작으로 수익을 남기는 경우보다 손실을 보는 경우가 더 많아졌다. 둘째로, 스타 출연료와 원고료를 벌충하기 위해서 세트, 의상, 소품 등 미술비와 음향과 조명시설비용, 조연과 엑스트라 등 프로그램의 완성도를 위해 필요한 다양한 요소에 드는 예산을 줄이고 있다. 제작 스태프의 임금은 20년째 월 100여만 원으로 동결되었는데, 이들의 임금은 근로기준법상의 최저임금에도 미치지 못하였다. 제작사가 드라마 제작에서 손실을 보는 경우 조연, 엑스트라, 제작 스태프의 임금을 지불하지 못하여 사회적 문제가 되기도 하였다.

2004년 이후 드라마 수출이 확산되면서 방송사와 PD가 드라마 작품을 만드는 것에서 벗어나, 드라마의 제작이 투자와 수익 추구의 대상으로 변화되었다. 드라마의 소재도 복잡한 가족관계, 삼각관계, 부유층, 불치병 등과 같은 흥행요소를 이용하는 경우가 대부분이다. 2006년 이후 주말극과 미니시리즈의 경우 방송사 내부 제작은 찾아보기 힘들게 되었고, 외주 제작사가 이들 드라마의 제작을 맡게 되었다. 2004년 이전 드라마는 2004년 이후 드라마에 비해서 상대적으로 자체 제작이 많고, 제작비규모가 작았으며, 가족극이나 멜로물이 많았다. 반면에 2004년 이후 드라마는 스타 배우 의존도가 높아졌으며, 이야기의 흐름이 복잡하고 자극적인 경우가 많아졌다.

드라마 시장의 주도권이 연출자에서 연기자로, 연기자에서 작가로 변하고 있다. 2005년을 전후해서 한류가 활기를 띨 때 한류 스타에 의존하여 수익을 확보하려고 경향이 강했지만, 2000년대 후반에 한류 스타가 출연한 드라마의 시청률이 저조한 사례가 많아지면서, 드라마의 성공에 작가의 기여도가 중요하다는 인식이 커졌기 때문이다. 이러한 분화의 결과, 드라마 제작의 주도권은 스타 작가나 배우를 확보하고 있는 외주 제작사나 연예기획사로 이동하였다. 외주 제작사가 작가와 배우와 같은 생산요소의 결합에 주도적인 역할을 하였고,

지상파방송사가 A급 작가와 배우를 캐스팅하기 어려운 경우도 일어났다.

2000년대 중반 이후 외주 제작사는 수익보다는 외형 위주의 경영하여 적자로 인해서 도산하는 사례가 많아졌다. 제작사는 지속가능한 경영을 추구하지 않고, 손해가 예상되는 프로그램 제작계약을 체결하였다. 제작사는 '시청률 대박'이라는 요행을 바라거나 프로그램 제작 이외의 사업(예: 기념이나 홍보 영상 촬영 사업)으로 손실을 보존하려고 하였고, 제작사 중 일부는 증권 시장에 우회 상장하여 시세 차익을 노렸다. 많은 제작사들이 적자로 경영에 어려움을 겪었고, 대형 제작사인 스타맥스(2008년)와 올리브나인(2010년)은 상장 폐지되었고, 김종학프로덕션은 매각되었다.

(2) 2012년 이후 외주 시장의 변화

2012년에 종편 채널이 등장하면서 한때 드라마 제작사들이 판매자 시장(sellers' market)이 형성될 것이라고 기대하였으나, 지나치게 낮은 시청률로 인해 의미 있는 빅 바이어가 될 수 없었고, 중국 시장은 성(省)별로 세분화되어 있는 방송사들의 구조 및 외산 콘텐츠에 대한 각종 규제로 역시 의미 있는 빅 바이어로 자리잡지 못했다. 한편 유일한 빅 바이어였던 일본 시장 역시 국내 방송 채널에서 기 편성된 작품들만을 구매 대상으로 삼았기 때문에, 드라마 제작사들이 처해 있는 '편성에 종속적인' 국내 시장구조를 바꾸는 데 기여하지 못하였다.[9]

그러나 2018년의 경우 tvN과 jTBC의 드라마가 지상파 드라마보다 시청률과 화제성이 더 높은 경우가 많았다. 비지상파 채널에서 드라마의 시청률이 증가하기 시작한 것은 tvN에서 2012년에 방영된 "응답하라 1997"부터 시작되었다고 볼 수 있다. tvN은 이후 매년 히트작 드라마를 방영하였고, jTBC는 2014년부터 본격적으로 드라마를 제작하기 시작하여 2016년부터 본격적으로 히트작을 내놓고 있다. 이들 PP는 드라마를 외주로 구매하면서 지상파보다 좋은 조건으로 계약을 하는 것으로 알려져 있다. 가장 큰 변화는 지상파방송사가 제작비의

---

9) 이대우(2014.6.10.), "엔터테인먼트(드라마제작사)," 대우증권 이슈 코멘트.

70%~60% 지불하고 2차 저작권의 일부를 지급하지만, PP는 제작비의 100%를 지급하면서 저작권을 모두 가져갔다.

한편 2016년에 넷플릭스가 한국에 진출한 이후 드라마 제작 시장에 변화가 일어나고 있다. 넷플릭스는 한국 콘텐츠를 확보하려고 노력하고 있는데, 이미 방영된 콘텐츠뿐만 아니라 신작을 제작하기도 한다. 2017년에 드라마 2편의 동시 방영권을 제작비의 60% 이상을 지급하면서 넷플릭스가 구매하였고, 2018년 1월에는 드라마를 자체 제작하여 공개하기도 하였다. 넷플릭스는 한국 진입 초기에 제작비에 20%의 마진을 붙여서 외주 드라마를 제작한 것으로 알려졌다. 이 경우에 드라마 제작사는 협찬 광고나 간접 광고를 하지 않고서도 이윤을 확보할 수 있다. 일부 PP와 넷플릭스가 드라마 제작 시장에 참여함으로써 과거 지상파방송사만 존재할 때와는 상황이 크게 변하고 있다. 넷플릭스는 한국의 드라마를 구매하여 전세계에 유통하고 있다. 넷플릭스는 대작 드라마를 원하고 있고, 제작자가 원하는 제작비를 지불하면서 드라마의 제작비가 증가하였다. 넷플릭스의 진입으로 편당 2~3억 원하던 드라마 제작비가 5억 원으로 상승하였고, 2019년에는 편당 8억 원(최고는 10억 원)으로 상승하였다.

6) 외주 시장의 변화와 외주제도의 질적 개선 노력

2010년대에 들어서 외주 정책의 논점이 변화되었다. 지상파방송사들은 외주 제작을 대세로 인정하고 적극적으로 활용하고 있다.[10] 방송사의 입장에서는 외주 제작을 하는 경우에 비용이 절감되고 위험부담이 감소한다. 정부는 더 이상 의무외주비율을 증가시키지 않고, 내실을 기할 수 있는 질적 개선 방안으로 표준계약서 마련, 외주 인정 기준, 제작비 쿼터제, 외주전문 채널의 도입,[11] 표

---

[10] 2000년대 중반에도 지상파방송사들은 외주 정책의 폐기 또는 의무외주비율을 축소를 주장하였다.

[11] 외주 정책에 대한 비판과 획기적인 전환을 위해서 문화관광부가 2003~2004년에 공영 지상파 네트워크의 형태로 제안했다가, 공영체제에 대한 문제, 주파수 할당문제, 정부주도형 채널의 문제 등 여러 가지 국내방송 여건에 부합하지 않는 측면들이 부각되면서 좌절되었다. 그러나 외주편성 채널은 영국의 '채널4'에서도 찾아볼 수 있고 지역민영방송인 경인방송의 재건 과정에서 부분적인 도입이 거론되기도 했다.

준 제작비제도화 등을 제안하였다. 문화부와 한국방송진흥원(현 한국콘텐츠진흥원)을 중심으로 질적 개선방안에 대한 논의가 전개되었고, 방송통신위원회와 공정거래위원회도 외주제도의 정착을 위해서 노력하였다. 하지만 이러한 정부의 논의와 제안에 지상파방송사는 대부분 반대하고, 정부도 이를 법제화하지는 않고 권고 수준에 머물렀다. 아래에서 표준계약서 마련, 외주 인정 기준, 공정경쟁 환경 구축에 대해서 부연 설명한다.

지상파방송사와 제작사 간의 불공정거래를 시정하기 위해서 문화부는 2002년 3월 표준계약서 시안을 발표한 바 있다. 2004년 12월 방송위원회는 '외주 제작 가이드라인'을 권고사항으로 제정하였다. 2013년 4월 문화부는 '방송 프로그램 제작 표준계약서'와 '방송 프로그램 방영권 구매계약서(안)'을 마련하여 발표하였지만 지상파방송사는 반대하였다. 의무외주비율이 증가하면서 기형적이고 편법적 거래와 제작방식이 등장하자 이를 개선하기 위해 외주 인정 기준을 마련하였다. 외주 제작 방송 프로그램의 인정 기준을 고시하도록 방송법 시행령이 개정(2011.8.19.)되었고, 방통위는 2012년 2월 '방송 프로그램 등의 편성에 관한 고시'를 개정하여 외주 제작 방송 프로그램 인정 기준을 정하였다.

방송법에는 방송 사업자와 독립 제작사 사이의 불공정한 거래관계를 직접적으로 다루는 규정이 없다. 외주 시장에서의 불공정거래행위를 규율하는 법은 '공정거래법'과 그 하위법인 '하도급거래공정화에 관한 법률'과 '표시광고의 공정화에 관한 법률'이 있다. 2005년에 용역업종이 '하도급거래공정화에 관한 법률'의 적용대상으로 포함됨에 따라 방송업종도 포함되었다. 공정거래위원회(공정위)는 2006년에 '방송업종 표준 하도급계약서'를 제정하여 보급하였다. 현재 방송사와 제작사 간의 프로그램 외주 제작은 하도급거래의 형태는 많지 않아 위 표준계약서의 실효성이 커지 않다. 하도급법의 경우 하도급만 대상으로 하므로 완전 외주 제작의 경우 적용하기 어렵다.

공정위는 외주거래의 불공정에 대해서 애매한 입장을 취한 바 있다. 2008년 드라마제작사협회는 방송사가 우월적 지위를 남용하여 외주 제작사의 저작권을 일방적으로 방송사에 귀속하도록 계약을 요구한다는 이유로 공정위에 제

소하였다. 공정위는 실태 조사 후 최종적으로 불공정행위에 대해 무혐의 결정
을 내렸다. 이 결정에서 공정위는 '저작권이 핵심창작 활동인 기획, 극본, 연출
을 누가 주도했는가'로 분담할 수 있다고 지적하면서, '드라마별로 계약 형태
가 달라 불공정행위 여부를 일률적으로 판단하다는 것이 불가하다'는 입장을
밝혔다.

　　과기정통부는 2018년 2월에 외주 제작 시장의 불공정거래 관행 개선을 위
하여 '방송 프로그램 제작지원 사업수행 지침'을 개정하였다. 첫째로, 제작지원
사업 수행시 표준계약서 사용을 의무화하고, 불공정한 이면계약을 금지하였다.
둘째로, 제작지원작 선정 시 적정한 제작비를 보장하기 위하여 제작비 적정성
심사 절차를 신설하였다. 셋째로, 정부 제작지원 조건인 국내방송 채널을 통한
송출 조건을 완화하여 해외방송사 송출도 인정하였다. 넷째로, 방송제작 환경
을 개선하기 위해 최근 3년 내 방송사들의 안전사고 발생 이력을 제출하도록
했다.

　　방송통신위원회와 과기정통부는 2019년 7월에 '방송 프로그램 외주 제작거
래 가이드라인'을 마련하였다. 가이드라인의 내용을 보자. 우선 촬영시작 전에
서면계약을 해야 하고, 방송사 자산 이용을 금지하며, 임의로 계약을 해지할 수
없다. 둘째로, 방송사가 매년 '외주 제작 프로그램 표준제작비 산정 기준'을 마
련하고 계약시 이용한다. 셋째로, 저작권은 창작자에 귀속되는 것이 원칙이고,
양도시 권리의 종류와 양도기간을 명시해야 한다. 넷째로, 방송사가 상생협의
체를 운영하여야 한다.

참고문헌

권호영(2009), 「드라마 성공 요인 분석」, 한국콘텐츠진흥원 연구보고서, 09-50.

권희상(1996), "영상 소프트웨어로서의 한국 TV 드라마의 거래과정과 부가가치 창출에 관한 실증적 연구", 서강대 석사학위 논문.

김기배·권호영(2005), "TV 프로그램에 대한 투입과 성과 간의 관계 연구,"「한국언론학보」, 49(6), 36-56.

김은미·이준웅·심미선(2004), "텔레비전 프로그램의 시청률과 품질의 상관관계에 대한 연구-이중위험을 중심으로,"「한국언론학보」, 48(4), 323-350.

김정기(2004), "방송콘텐츠 유통시장 활성화를 위한 제언,"「신문과 방송」, 8월.

박소라(2002.4), "지상파 외주 제작 프로그램의 성과 결정 요인에 관한 연구,"「한국언론학보」, 46(2), 341-379.

방송제도연구위원회(1990.4), 「방송제도연구보고서」.

방송통신위원회(2014), 「방송 산업 실태조사 보고서」.

서울경제(2005.5.20), "한국 드라마 시장에 '할리우드 시스템' 바람"

스가야 미노루·나카무라 기요 편저, 송진명 옮김(2003), 「방송 미디어 경제학」, 커뮤니케이션북스.

유건식(2014), 「지상파 방송사의 TV 드라마 제작결정 요인에 관한 연구」, 광운대학교 대학원 신문방송학과 박사학위 논문.

유세경·정윤경(2000), "국내 지상파 텔레비전 프로그램의 해외 판매 결정요인에 관한 연구-1997년부터 1999년까지의 해외 판매를 중심으로,"「한국방송학보」, 14(1), 209-255.

윤석민·장하용(2002.7), "외주정책을 둘러싼 논쟁의 특성과 그 성과에 관한 연구,"「한국방송학보」, 16-2호, 242-272.

조은기(2002), "TV 프로그램 시장의 저작권 거래에 관한 연구,"「방송과 커뮤니케이션」, 2002년 1호.

조은기(2005.12), "방송·통신 융합 시대의 영상 콘텐츠 산업 — 가치사슬의 재편과 다중 플랫폼 유통," 「방송문화연구」, 17(2), 45 – 66.

최세경·양선희·김재영(2006), "방송 프로그램의 성과에 영향을 미치는 요인 분석 — 프로그램의 질, 수용자, 경제적 성과를 중심으로," 「방송통신연구」, 171 – 199.

최윤태·한진만(2009), "지상파 TV방송 재방송 편성에 관한 연구 — 낮방송 실시와 경제위기 상황 변화를 중심으로," 「사회과학연구」, 48집 2호, 107 – 133.

한국콘텐츠진흥원(2009), 「2018방송영상산업백서」.

한국콘텐츠진흥원(2015), 「2014방송영상산업백서」.

현대원(2004), "한국방송 산업의 제작 활성화에 대한 지원방안 연구," 한국방송학회 주체 세미나, 「유료방송시장의 콘텐츠 및 광고 활성화 방안」 발제문.

Collins, R., Garnham, N., Locksley, G., The Economics of Television, (London: Sage, 1988).

Lacy, Stepben(1992). "The financial commitment approach to news media competi – tion," *Journal of Media Economics*, 5(2), 5 – 21.

Noll, Peck & Mcgowan(1973). *Economic aspects of Television Regulation*, The Brookings Institution.

Powers, Angela, & Stephen Lacy(1991). *Competition in Local News: Applying the Industrial Organization Model*. Unpublished paper, Northern Illinois University.

Shachar, P. & Emerson, J.(2000). "Cast demographics, unobserved segmentation and viewing choice models for network television," *Journal of Advertizing*, 21(1), 1 – 17.

Waterman. D.(1993), *World Television Trade: The economic effects of privatization and new technology*. In E. M. Noam & J. C. Millonzi(ed), The international market in film and television programs(pp. 59 – 80), Norwood.

Webster, J., Phalen, P. & Lichty, L.(2000). *Rating analysis: The theory and practice of audience research*, Hillsdales, NJ: Lawrence Erlbaum Associates.

Wildman, Steven, & Siwek, Stephen(1993). "*The economics of trade in recorded media products in a multilingual world: implications for national media policies*," In E. M. Noam & Joel C. Millonzi(eds.). *The international market in film and television programs*(pp. 13 – 40). Norwood, NJ: Ablex.

제6장 방송 프로그램의 성과와 스타

1 방송 프로그램의 성과

방송에서의 성과 개념은 1980년대에 공공사업(public utility)으로 독점이 보장되거나 정부의 개입이 용인되던 공영방송 영역의 비효율성을 문제 삼으면서 등장했다. 신자유주의로 대변되는 공영방송 비판론자들은 프로그램의 사회문화적 가치까지 측정이 가능한 요소로 일반화하면서 공영방송의 재정적 성과를 집중적으로 지적했다. 이러한 움직임에 대해서 방송의 공적 서비스 전통이 오래된 서구 유럽을 중심으로 1990년대 이후 구체적인 대응 방안이 나왔다. 이 가운데 두드러진 경향 중 하나가 '성과평가 시스템(performance assessment system)'의 도입이었다. 이는 공영방송사가 수행해야 할 기능과 임무를 명확히 규정하고 이를 준거로 프로그램의 가치 및 성과, 그리고 경영의 효율성 등을 측정함으로써 시청자들에 대한 공적 책무성(accountability)을 실현하는 방안의 일환이라고 할 수 있다(최세경·양선희·김재영, 2006).

공영방송과 상업방송의 경영 목적은 다르다. 광고를 재원으로 하는 상업방송사의 경영 목적은 이윤 추구라고 볼 수 있지만, 공영방송사의 경영 목적은 공익의 추구라고 볼 수 있다. 그런데 한국의 지상파방송사 중에서 KBS, MBC, EBS가 공영방송이고 SBS와 지역민방 그리고 OBS는 상업방송이다. 방송법에 '공정하고 건전한 방송문화를 정착시키고 국내외 방송을 효율적으로 실시하기 위하여' 한국방송공사를 설립한다고 규정되어 있다. 방송사의 경영에서 자사의 경영 목적에 적합한 방송 프로그램을 제작하고 편성하는 것이 가장 큰 목표가 된다.

최세경·양선희·김재영(2006)은 유럽의 공영방송사의 성과를 평가하는 척도를 분석한 다음에, 방송 프로그램의 성과를 질적 성과, 수용자성과, 경제적 성과의 세 차원에서 평가해야 한다고 제안하고 있다. 질적 성과는 프로그램에 대한 시청자와 전문가의 비평을 의미하고, 수용자성과는 수용자의 접근 정도 즉, 시청률을 의미하며, 경제적 성과는 수입과 비용 대비 수익 같은 효율성을 의미한다.

방송 프로그램의 성과 중에서 시청률, 수입, 이윤 등은 양적 지표로 평가가 용이하다. 프로그램의 수입은 광고수입, 프로그램의 2차 유통수입, 기타 부대사업수입(캐릭터판매, DVD판매 등)으로 구성되고 이윤은 수입에서 비용을 뺀 값으로 정의된다. 반면에 좋은 프로그램, 유익한 프로그램, 희망을 주는 프로그램과 같은 질적인 평가는 매우 어려울 뿐더러 거의 불가능하다. 과거 심의기능만을 갖고 있던 방송위원회가 AI지수(1990년초 개발)와 KI지수(2004년 개발)를 개발하여 프로그램의 품질에 대한 평가를 실시하였으나 실패로 끝나고 말았다. 뿐만 아니라 각 방송사별로 프로그램 질적 평가체계들인 PSI(KBS), QI(MBC), ASI(SBS) 등을 갖고 있지만 활용도가 극히 미미하고, 완성도나 재미와 같은 부분만 강조하고 있기 때문에 시청률에 대한 보완적인 의미이지 시청률을 대체하기는 힘들다는 평가를 받고 있다. 이보다 앞서 일본에서는 1990~1992년간 NHK가 방송 프로그램의 질을 평가하는 방안을 모색하기 위해서 세계적인 석학들을 초빙하여 연구하였지만 이 또한 실패로 끝나고 말았다. 따라서 방송 프로그램에 대한 성과를 책정하기 위한 척도로서 질적 측면을 고려한다는 것은 매우 어렵다는 사실을 알 수 있다.

② 방송 프로그램의 성과에 미치는 요인

방송 프로그램이 성과에 영향을 미치는 요인으로는 '제작비의 규모'와 '편성시간대'가 대표적이고, 이외에도 프로그램의 장르와 내용, 프로그램의 제작에 참여한 인물(출연진, 작가, PD) 등도 영향을 준다.

1) 제작비

일반적으로 더 많은 비용이 투자될 경우 경쟁력 있는 프로그램 제작의 가능성은 높아진다고 할 수 있다. 프로그램의 질은 프로그램에 투여되는 예산(투자의 규모)과 밀접한 관계가 있다. 프로그램의 길이나 유형이 같을 때에 투자규모가 클수록 프로그램의 대중 호소력이 높아진다. 놀, 펙 & 맥고완(Noll, Peck & McGowan, 1973)의 연구에 의하면, 시청률 15%를 기준점으로 해서 프로그램 에피소드의 30분당 비용이 1,500달러 정도 증가하면 시청률도 1%씩 증가하였다. 권희상(1996)은 텔레비전 드라마의 부가가치 창출에 관한 연구에서, 방송 프로그램이 창구효과 등으로 더 많은 부가가치를 창출하기 위해서는 더 많은 제작비가 요구된다고 제안하였다.

제작비 투입이 경쟁력 향상의 동력이 될 수 있다는 점은 레이시(Lacy, 1992)의 재정투입이론을 통해서도 설명이 되고 있다. 이 이론은 자본투자가 내용의 질을 향상시킴으로써 경쟁력을 향상시키고, 결과적으로 경제적 보상을 가져오게 된다는 것이다. 실제로 파워즈 & 레이스(Powers & Lacy, 1991)와 레이시(Lacy, 2000)는 경쟁의 강도가 독립 방송사의 뉴스의 양과 긍정적인 상관관계를 지니고 있으며, 뉴스의 양은 보도국의 예산 및 기자의 수와 긍정적인 관계를 가지며, 이는 다시 저녁 뉴스의 시청률과 긍정적인 관계를 지니고 있다는 사실을 밝힘으로써 재정투입이론을 입증하였다.

와일드만 & 시윅(Wildman & Siwek, 1993)은 프로그램에 대한 제작비 투입과 후속 시장의 확대라는 두 가지 개념의 관계를 프로그램에 대한 자본투자행위와 경쟁력 향상이라는 경제적 보상의 개념으로 설명한다. 이들에 의하면 프로그램의 제작자에게 있어서 가장 중요한 것은 배우, 극작가, 연출자, 기타 스텝, 작곡 등 각각의 요소들에 얼마나 많은 제작비를 투자하는가의 문제이다. 이러한 요소에 대한 투자는 수용자를 흡인하는 원동력이 되어 투입되는 제작비의 양을 증가시키는 만큼 수익도 증가되기 때문이다.

그리고 워터만(Waterman, 1993)은 프로그램에 투입되는 예산규모의 증가는 해당 프로그램이 후속 창구에 진입할 수 있는 원동력이 된다고 설명한다. 즉, 프로그램의 예산이 증가될수록 프로그램의 2차 시장 진입량이 증가되며, 이는 다시 프로그램 제작에 투입되는 자본규모에 영향을 미치게 된다는 것이다.[1] 이와 같이 프로그램에 투입되는 예산의 크기와 프로그램의 후속 시장에 판매되는 프로그램의 양은 서로 영향을 주고받으며 전반적인 프로그램의 질을 향상시킬 수 있는 기반이 된다.

하나의 프로그램 생산에 투여된 자본의 양과 그 프로그램이 차지하는 시청자 집단의 크기는 서로 상호작용한다. 프로그램에 투여되는 예산을 증가시키면 일반적으로 더 많은 시청자가 보장되며, 기대되는 시청자의 수가 많을수록 이윤을 극대화하고자 하는 제작자라면 더 큰 자본을 투자할 동기를 갖게 되는 것이다(김은미, 1999). 김기배·권호영(2005)은 프로그램 제작비가 시청률성과와 광고수입 및 프로그램판매수입에 긍정적인 영향을 미친다고 밝혔다. 그러나 제작비가 시청률과 프로그램판매수입에 미치는 영향은 그다지 크지 않은 것으로 나타났다. 하지만 제작비 투자가 어느 일정 한계를 넘어서면 수확 체감의 법칙이 작용해서 투자액의 증가만큼 수요자가 늘어나지 않게 된다(박소라, 2002; 스가야 미노루, 2003). 따라서 특정 프로그램에 대한 투자가 무한히 증가하지는 않게 된

---

1) Owen & Wildman(1992)에서 인용.

다. 시청률이 높은 드라마가 해외에 판매될 확률이 높아 2차 시장에서 수입의
확보가 용이하다(정윤경·유세경, 2000). 최세경·양선희·김재영(2006)은 제작비가
시청률에 별다른 영향을 주지 못하고 있고, 제작비는 프로그램의 공헌이익(프로
그램의 광고수입과 판매수입의 합계액에서 직접제작비를 뺀 값)에는 부정적인 영향을
주었음을 보여주었다.

2) 프로그램의 편성

프로그램의 편성요인 중에서는 편성시간이 프로그램의 성과에 가장 큰 영
향을 미친다. 시청자들이 TV를 시청하는 시간은 하루 중에서도 크게 다르고,
평일과 휴일이 다르며, 계절에 따라서도 차이가 난다. 아래 [그림 6-1]은 하루
중에 TV시청과 모바일기기 이용시간과 비중을 보여주는데, 시간대별로 큰 차
이가 있음을 알 수 있다. 방송사들은 시청자들이 TV를 시청하는 행태에 맞추어

| 그림 6-1 | 시간대별 TV와 모바일기기 이용시간과 비중 |

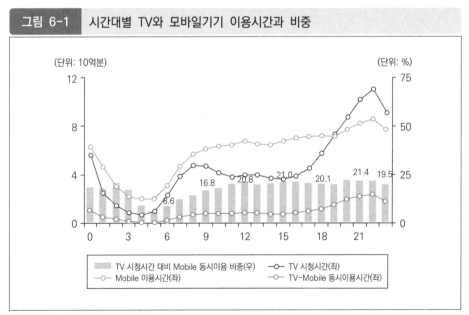

출처: 닐슨-코리안클릭(2014.7).

프로그램을 선택하여 배열하는데, 이를 편성이라고 부른다. 예를 들면, 어떤 프로그램을 주시청시간대(오후 7시~11시)에 배치할 경우 시청률을 높을 것이고, 새벽에 편성할 경우 시청률이 낮을 것이다. 광고시간의 판매단가는 시청률이 높은 시간대에는 올라가고, 시청률이 낮은 시간대에는 내려간다. 아래 〈표 6−1〉에 제시한 2017년 1월 12일(목)에 KBS2와 MBC의 편성표와 광고시간표를 보면, 15초당 광고요금은 75만 원~1,350만 원으로 큰 차이가 있음을 알 수 있다.

표 6-1   KOBACO의 편성표와 광고요금표(2017년 1월 12일 목)

구분	시간	KBS2		기본단가 (천원/15초)	MBC		기본단가 (천원/15초)
오전	5	00	이욱정PD의 자연담은한끼	750	00	0500뉴스(목)	780
		15	다큐공감(재)	750	10	놀랄법한이야기	780
	6	10	걸어서 세계속으로(재)(목)	900	00	뉴스투데이1부(화목)	825
					25	뉴스투데이2−1(목)	2,070
	7	00	생방송 아침이 좋다(목)	2,100	20	뉴스투데이2−2(목)	2,070
					50	아침드라마(목)	4,920
	8	00	KBS8아침뉴스타임(목)	2,700	30	생방송오늘아침(목)	2,970
	9	00	TV 소설(목)	5,100	30	0930뉴스(수목)	2,430
		40	여유만만(목)	3,150	45	기분좋은날(목)	2,430
	10	40	지구촌뉴스(목)	900			
	11	00	재방송 1100(목)	750	00	드라마특선(목)	1,785
오후	12				00	1200뉴스(목)	1,260
					20	MBC와이드(목)	1,170
	1						
	2	00	14뉴스타임(목)	750	20	텔레몬스터 – 재(목)	1,170
		10	재방송 1410(목)	750	30	헬로키즈	1,170
	3	00	자동공부책상 위키(목)	750	00	1500뉴스(목)	1,170
		30	TV유치원(목)	750	10	헬로키즈(목)	1,170
					55	창작만화(목)	1,170
	4	00	누가누가 잘하나	750	25	일일특별기획(재) – 목	1,170
	5	00	만화(목)	1,500	00	이브닝뉴스(목)	2,310
		30	주간연예수첩	750			
	6	00	KBS 뉴스타임 18(목)	4,350	10	생방송오늘저녁(목)	4,965
		20	2TV 생생정보(목)	6,600			
저녁	7	50	일일드라마(목)	10,950	15	일일연속극(목)	10,050
					55	뉴스데스크(목)	12,600

	8	30 글로벌 24(목) 55 비타민	7,500 9,600	55 일일특별기획(목)	12,000
	9			30 리얼스토리 눈(목) ·	11,100
	10	00 수목드라마(목)	13,500	00 수목미니시리즈(목)	13,485
	11	10 해피투게더	11,100	10 미래일기	10,050
	12	35 스포츠하이라이트(목)	3,000	30 뉴스24(목) 55 다큐프라임	3,225 2,025
새벽	1	00 재방송 2500(목)	1,500	50 아시아프리즘	1,515
	2				
	3				
	4				

1970년대에서 1990년대까지 지상파방송사의 광고가 수요 초과상태이고, 광고단가가 시급에 의해 결정되고 시청률과 무관하였기 때문에 편성이 변화하더라도 광고수입이 거의 영향을 받지 않았다. 이 당시 편성 전략과 방송사 간 시청률 경쟁은 방송사의 위신을 세우기 위함이었다. 하지만 2000년대 들어서 지상파방송사가 시청률이 감소하는 와중에 광고단가를 인상하였다. 지상파 광고가격은 균형가격보다 높게 설정되어 판매되지 않는 광고가 늘 남는 상태이다.[2] 2010년 후반 이후에 지상파방송사의 광고의 판매율은 50%를 밑돈다. 그리고 2000년부터 광고단가를 시청률과 부분적으로 연동하는 방식을 취하였다. 따라서 2000년대 들어 지상파방송사의 광고수입은 편성 전략과 그 결과인 시청률에 따라 크게 달라졌다. 시청률이 높으면 광고가 100% 판매되고 또한 광고 단가의 상승으로 추가적인 수입도 얻을 수 있다. 방송사는 통상 광고 단가가 높은 시간대에 많은 제작비를 투입한 프로그램을 배치한다.

시청자들은 TV를 볼 것인지 여부를 결정한 다음에 프로그램을 선택하기 때문에 시청자의 흐름을 지속시키는 프로그램 배열과 같은 구조적 요인이 개인의 프로그램 선호보다 더 중요한 시청자 흡인요인으로 작용한다(Webster et al., 2000). 샤차르·이머슨(Shachar & Emerson, 2000)은 편성의 구조적 요인이 시청 선택에 대한 전체 변량의 60% 정도를 설명한다는 연구결과를 제시하기도 하였다.

---

2) 광고가격을 균형가격보다 높게 설정하는 이유는 광고수요의 가격 탄력성이 낮기 때문이다. 자세한 내용은 11장(광고와 미디어 지출)에서 다시 설명한다.

김기배, 권호영(2005)에 의하면 시청률에 가장 큰 영향을 주는 요인은 편성시간
대로 전체 변량의 54.8%를 설명하였다. 방송사들은 사람의 일과가 주 단위보다
는 일별로 정해지기 쉽다는 사실에 착안하여 줄띠편성을 이용한다. 따라서 시
청자는 요일별로 다른 시리즈를 시청하려고 하기보다는 줄띠 편성된 프로그램
을 매일 청하는 습관을 가질 가능성이 더 크다(Owen, 1992).

  프로그램의 장르별 차이는 그 내용이 지닌 보편적 소구력이 다르기 때문이
며 프로그램의 주제나 내용에 따라 보편적 소구력도 달라지고, 후속 창구의 진
입성과 역시 달라질 수 있다. 아래 [그림 6-2]를 보면 장르별로 시청률이 크게
다름을 알 수 있다. 드라마와 영화의 시청률이 가장 높고, 교육과 어린이(유아)
프로그램의 시청률은 낮은데, 그 차이는 5배 정도이다. 그리고 장르별로 국내판
매와 해외판매에서 큰 차이가 있다. 국내판매의 경우 드라마와 오락 프로그램
이 주로 판매되고 있고, 수출의 경우 드라마의 판매 비중이 73.6%로 압도적으
로 많고, 다음으로 교양(19.8%), 오락(5.3%), 다큐멘터리(0.8%) 등의 순이다(2015년

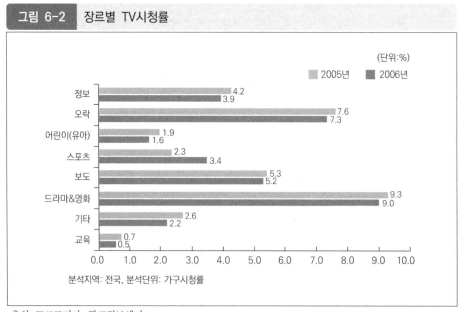

그림 6-2   장르별 TV시청률

출처: TNS코리아, 광고정보센터.

수출금액 기준).

심미선(2003)은 지상파방송의 편성특성에 관한 연구에서 주시청시간대에서는 공영방송과 상업방송 간의 장르별 편성비율에서 유의미한 차이가 있음을 밝혀냈다. 이는 방송사의 경영 목적에 따라 각 지상파방송사의 편성 전략이 다르다는 것을 의미하며, 편성에 따라서 프로그램의 성과에 유의미한 차이가 있을 것이라는 예측이 가능하다. 박소라(2002)는 외주 프로그램의 장르별 시청률을 분석한 결과, 드라마의 평균 시청률이 가장 높고 그 다음이 오락, 교양/다큐, 어린이/만화의 순이었다. 최세경·양선희·김재영(2006)에서는 뉴스/시사와 리얼리티/다큐가 시청률에 부정적인 영향을 끼치는 것으로 분석되었다. 김기배·권호영(2005)은 편성시간대와 장르가 시청률에 영향을 줄뿐만 아니라 광고수입과 프로그램판매수입에도 영향을 미치고 있음을 밝혔다. 특히 드라마, 교양, 예능 프로그램 중에서 드라마 장르가 미미하나마 프로그램수입에 영향을 미친다는 사실을 보여주었다.

장르와 제작형태가 프로그램의 질에 영향을 미치고 있음을 간접적으로 검토한 연구가 있다. 김은미·이준웅·심미선(2004, 344쪽)은 장르를 매개변수로 이용하여 시청률과 품질평가지수 간에 일정 부분 상관관계가 있음을 밝혔다. 교양 프로그램의 경우 품질평가의 증가와 시청률의 상승과 밀접하게 관련되어 있지만, 오락 프로그램의 경우에는 둘 간의 관계가 통계적으로 검증되지 않았다. 즉, 프로그램의 시청률과 품질평가에 대한 '이중위험현상(double jeopard phe-nomenon)'이 교양과 오락이라는 장르에 따라 달리 나타났다.[3]

최세경·양선희·김재영(2006)은 장르가 프로그램의 질적 성과에 영향을 미치고 있다는 분석결과를 제시하였다. 시청자들은 뉴스/시사 프로그램을 질적으로 높다고 인식하고, 드라마를 질적으로 낮다고 인식하였다. 이들의 분석에 의하면, 뉴스/시사 프로그램의 시청률은 낮지만, 제작비가 상대적으로 적게 투입되면서도 광고시급이 높은 시간대에 편성된 덕분에 가장 많은 공헌이익을 창출하였다. 제

---

3) 텔레비전 시청의 이중위험현상이란 시청률이 낮은 프로그램은 시청집단이 적을 뿐 아니라 그 소수의 집단조차 그다지 그 프로그램을 좋아하지 않는 현상이다. 자세한 내용은 10장에서 다룬다.

작비가 높을수록 공헌이익이 줄어드는 점을 상기하면, 방송사들이 많은 제작비를 투입하여 드라마와 오락프로그램을 제작하는 이유는 공헌이익이 높은 저녁 뉴스프로그램에 시청자를 유입시키기 위한 전략이라는 해석도 가능하다.

3 스타 경제학

　　방송 프로그램의 성과에 프로그램의 제작에 참여한 인물(출연진, 작가, 감독)이 영향을 준다. 출연진, 작가, 감독이 문화 콘텐츠 산업에 미치는 영향을 파악하기 위해서 스타 경제학에 대해서 공부한다. 스타 경제학은 연기자나 운동선수의 경우 스타는 천문학적인 수입을 올리는 반면 나머지 대부분은 평균 또는 평균 이하의 소득을 얻는 상황을 경제적으로 설명한다. 스타는 종교인, 학원강사, 전문경영인, 의사, 변호사, 대학 교수 등에도 있다.

1) 대중문화 상품에서 스타의 활용

(1) 스타 시스템

　　대중의 문화 소비 기호에 초점을 맞춰 생산되는 문화 상품은 성공여부가 매우 불투명하다. 대중문화 상품의 수요 불확실성은 그때그때 소비자들이 직접 경험해야만 상품의 가치를 알 수 있는 경험재(experience good)적 속성을 지니고 있는데 기인한다. 영화제작에는 상대적으로 많은 제작비용이 투입되면서도 그 성패를 예측하기 어려운 산업적 속성 탓에 가능하면 수요 불예측성을 줄이려는 노력이 두드러지게 나타날 수밖에 없는 구조이다. 미국 할리우드의 영화 제작자들은 흥행에서 이전에 성공한 적이 있는 장르와 스타를 선택하여 수요예측성을 높이려고 노력하였다. 영화 제작의 위험을 줄이기 위해서 장르 시스템[4]과

---

4) 장르 시스템은 할리우드에서 대중이 좋아하는 장르(서부극, 로맨틱코미디, 슈퍼히어로 등)의

스타 시스템을 활용하였다(김정호, 2008).

　현재 대중들에게 많은 사랑을 받고 있는 대부분의 영화, 드라마, 버라이어티 프로그램들은 스타에 의존하는 바가 매우 큰 게 현실이다. 특정 스타를 중심으로 기획, 제작하여 흥행의 안전성을 도모하는 전형적인 스타 시스템이다. 스타 시스템은 상품에 대한 수요를 늘리려는 목적으로 상품의 시장성공에 기여할 수 있는 능력 즉, 스타 파워를 보유한 스타를 생산 과정에 집중적으로 투입하는 하나의 마케팅 기법이자 사업 전략으로 정의될 수 있다(김휴종, 1998).

　이미 시장에서 흥행이 확인된 포맷과 스타 파워를 활용하여 소비자에게 익숙한 콘텐츠가 많이 제공되고 있다. 인기 영화나 드라마의 후속작을 기획·제작되는 경우를 쉽게 볼 수 있다. 그렇다고 스타 파워에 입각한 제작이 경험법칙상 수요의 불예측성을 낮출 수는 있겠으나 성공을 담보해 줄 수 있는 것은 결코 아니다. 흥행의 성패는 그야말로 "아무도 모르는 상황(Nobody knows any-thing)"(De Vany & Walls, 1999)인 셈이다.

　따라서 스타 시스템은 흥행 실패의 위험성을 줄이기 위해서 최적의 제작 조합을 찾으려는 과정에서 생겨났다고 볼 수 있다. 스타 시스템의 다른 이점으로는 영화 등 미디어 콘텐츠를 홍보하는 데 유리하다. 미디어 콘텐츠의 내용을 홍보하는 것보다 출연한 스타가 누구인지를 알리고 그가 거기서 어떤 이미지를 보여줄지를 알리는 것이 미디어 콘텐츠를 알리는 데 훨씬 효율적이다. 그리고 스타 시스템은 자생적으로 나타나는 스타를 기다리면서 검증이 안 된 수많은 스타지망자들에게 들여야 할 비용을 소수의 스타를 키우고 관리하는 데 사용함으로써 효율성을 기할 수 있다(임정수, 2006, 355-356쪽).

　영화를 반복적으로 제작하는 것을 말한다. 이때 장르별로 대중에 소구력이 있는 내러티브 공식을 이용한다. 예를 들어, 서부극에서 고독하고 무뚝뚝한 총잡이가 악당의 괴롭힘에 빠져 있는 마을을 정의롭게 구해내고 다시 서부로 돌아간다는 내용이나 로맨틱 코미디의 경우 상반된 성격과 신분의 두 남녀가 티격태격하다 서로의 사랑을 확인하고 행복한 결말을 맞는다는 것 등이 동일한 장르에서 반복되는 전형적인 내러티브 공식이다[네이버 지식백과]. 할리우드 장르 시스템(할리우드 영화, 2013.2.25, 신강호).

(2) 스타란 누구인가?

어떤 사람을 스타라고 부르며 또한 그들은 어떤 요소를 지니고 있는지 알아보자. 스타 파워를 갖는 사람을 스타라고 부를 수 있다. 스타 파워(star power)는 일반적으로 개별 스타가 자신의 투입된 상품의 시장성을 제고시키는 데 기여하는 정도를 의미한다. 유명인 즉, 스타가 갖는 파워는 스타의 전문성, 매력, 유사성 등 다양한 요인에서 비롯된다. 스타의 전문성, 매력, 유사성 등은 상황이나 개인에 따라 다르지만, 스타는 막대한 대중 설득효과를 갖는다.

대중은 자기동일시, 투시, 감정적 유사성, 모방과 같은 심리적 기제를 통해 스타에게 감정을 갖게 된다. 이런 심리적 과정을 통해 대중은 스타에 대해 감정적 유대감을 갖게 되고, 이 같은 유대감을 갖게 되는 결정적인 요인은 바로 스타가 갖는 매력과 신뢰도이다. 스타와 대중 간의 감정적 유대는 스타의 매력과 신뢰성 때문에 구축되기 때문에 미디어는 정보원으로서 스타의 매력과 신뢰성을 제고하려는 노력을 하게 된다. 스타의 매력과 신뢰도로 인해서 대중은 스타를 자신의 친구, 또래 집단의 일원, 그리고 유사친구로 인식한다.

이 같은 감정적 유대감은 결과적으로 일종의 카리스마나 유사 카리스마로 진전돼 대중의 행동에 영향을 미친다. 바로 이러한 스타의 상징적 속성이 스타에게서 상품으로 다시 소비자로 전달되면서 소비자의 상품구매에 직접적인 영향을 미치는 방식으로 스타 파워는 행사된다. 스타가 방송 프로그램, 신문과 잡지, 영화와 같은 대중문화 상품의 마케팅에 긍정적인 효과를 미친다는 것은 이미 많은 연구를 통해서 입증이 된 바 있다. 즉, 스타에 대한 미디어 상품 소비자의 긍정적 태도는 미디어 상품의 소비에 연결돼 방송 프로그램, 영화 소비, 음반 소비로 이어진다.[5]

이 같은 유명인의 스타성이 대중문화 상품의 시장성공에 기여하는 바를 경제학적인 용어로 다음과 같이 설명하기도 한다; 스타는 상품자체의 차별성을 창출한다. 대중의 인기를 확보하고 있는 스타에 대한 대중의 기호는 대체 불가

---

5) 이 소절에서 앞의 부분은 허행량(2004)을 인용하며 정리함.

능한 측면이 강하기 때문에 시장성을 제고시킬 수 있으며, 이는 스타가 제공하는 서비스가 유일하기 때문이다. 스타가 참여한 상품은 다른 상품과 구별되는 상품차별성(product differentiation)을 창출시킨다. 한편으로 제작 과정에서 스타 시스템을 활용하여 투자 위험성을 낮춰 줌으로써 좀 더 용이하게 외부 자본의 유입이 가능해지는 제작환경을 조성하는 데 긍정적으로 기여할 수 있을 것으로 보여 진다. 그 결과, 스타가 출연한 상품은 국지적 혹은 부분적 독점(local, partial monopoly)의 지위를 얻게 되고, 잉여이윤을 획득할 수 있는 가능성이 존재하게 된다.[6]

드라마나 버라이어티 프로그램이 스타에 의존하는 정도가 커지면서 스타 시스템이 역기능으로 작용한다는 비판이 제기되고 있다. 스타 시스템이 프로그램 제작에 미치는 부정적인 효과를 정리하면 다음과 같다[7];

① 프로그램 독식: 시장 지배적인 연예기획사 소속 인기 연예인들이 이른바 '인기'를 무기로 지상파방송 프로그램을 장악한다. 스타를 보유한 연예기획사는 상당한 힘을 보유하게 되었고, 이들은 우월적 지위를 이용하여 캐스팅에 영향력을 행사하거나 시나리오의 수정, 촬영일정의 조정, 감독 및 스텝 구성, 홍보 마케팅 등 모든 과정에 개입해 기획, 제작, 연출 고유 영역을 침해하기도 한다.

② 제작 자원의 집중: 인기 스타는 제작비, 제작 시장의 재원을 대부분 독점한다. 인기 탤런트의 드라마 출연료는 회당 수천만 원이나 된다. 소수의 인기 연예인들이 출연료, 공연료, 광고료, 행사료 등 각종 분야에서 자원을 독식하는 것은 문제다. 방송 재원이 소수 인기 스타에 집중된 결과, 구성작가, 스텝노동자, 보조출연자 등 창의적 문화 노동자들이 아주 나쁜 노동 환경에서 생계비에도 거의 못 미치는 임금을 받을 수밖에 없도록 만들었다.

---

6) 박상미(2006)를 인용하면서 가필함.
7) 아래 내용은 김승수(2007) 및 유승관(2007)의 내용을 정리함.

2) 스타의 영향력8)

스타에 대한 학술적인 연구는 위에서 간략히 언급한 스타의 긍정적 효과와 부정적 효과를 대비하는 것보다는 스타가 영화 흥행에 어떠한 영향을 주는 지에 초점을 두고 진행되었고, 최근에는 스타가 드라마 흥행에 미치는 영향을 분석한 연구도 진행되었다. 기존의 국내외 관련 연구들은 주로 대표적인 흥행 산업인 영화 제작과 관련된 것들이 대부분이었다. 그 이유를 유추해 본다면 영화는 상대적으로 대규모 제작비가 투입되는 문화 상품으로써 흥행에 실패했을 경우 방송사가 여러 장르의 일부로서 편성되는 드라마에 비해서 투자비를 손실을 최소화시킬 수 있는 보완장치가 취약하다는 점이다. 스타 파워가 영화, 드라마의 제작 과정 및 결과에 미치는 영향에 관한 기존의 국내외 연구들을 살펴보자.

학계의 선행적인 연구로써 1960년대 후반 미국영화 62편을 분석한 개리슨(Garrison, 1971)은 여자스타의 출연 여부는 영화 흥행에 다소간의 긍정적인 영향을 끼치지만 남자스타의 출연 여부는 영화 흥행에 별다른 영향을 끼치지 못한다는 주장을 했다. 개리슨의 이러한 연구는 시모넷(Simonet, 1978)의 연구에 의해 다시 확인되었다. 그러나 이 연구결과는 지금의 시대적 환경을 고려한다면 상당한 거리감이 느껴질 수밖에 없다.

남녀의 성별 차이에 따른 영향력이 발생할 수 있지만 스타의 영향력이 실재로 성패에 커다란 요소로 작용하고 있음을 밝혀내고 있다. 오히려 최근에는 남자스타들에 대한 영향력과 비중이 높아지고 있다는 연구결과도 있다. 영화 제작에 참여한 배우, 제작자, 감독, 원작자 그리고 각색자가 영화 흥행에 미치는 영향을 분석한 결과, 한번 흥행에 성공했다 하더라도 이러한 성공은 그 이후에 참여한 영화의 흥행 실적과 아무런 관계가 없거나 오히려 부정적인 관계를 갖는다고 주장도 있다. 하지만, 1980년대 들어서 킨뎀(Kindem, 1982)은 개리슨(1971)과 시모넷(1978)의 연구방법론상의 오류를 지적하면서 이들의 연구결과

---

8) 이 절에서 해외의 연구사례는 김휴종(1998), 유현석(2002, 187~188쪽), 김은미(2003, 194~195쪽) 및 유승호(2009)를 정리함.

를 인정할 수 없다고 주장하였다.

리트만(Litman, 1983)은 흥행에 영향을 미치는 변수를 세 가지 유형으로 구분하고 있다. 즉, 창조 영역, 배급 유통의 영역, 마케팅 영역이다. 여기서 창조의 영역에는 영화의 장르, 등급, 스타의 캐스팅 여부, 제작비규모 등을 포함하게된다. 나아가 스타의 영향력이 미치는 범위에 대해서 좀 더 상세하게 구분하고있으며 아카데미상 후보작이나 수상작인 점이 흥행에 크게 영향을 미친다고 주장한다. 또 장르에 따라서 스타의 영향력이 다르게 나타나고 있음도 보여주고있다. 특히 액션물의 경우 스타 파워의 성과가 높았으나 나머지 장르에서는 큰영향력을 보이지 않고 있다고 주장했다. 전반적으로 창조의 영역에서는 모든데이터를 분석한 결과, 출연한 장르와 수상경력으로 측정된 배우의 스타 파워가 흥행에 영향을 미치고 있었으며 한편으로 배우의 출연 편수는 영향을 미치지 못하고 있음을 밝혔다.

포코미와 세지윅(Pokormy & Sedgwick, 1999)은 제작규모에 따라 영화를 나누어 별도로 분석하였는데, 중간규모 제작비 수준의 영화에서만 스타가 흥행에큰 영향을 미치고 대규모 제작비 수준의 영화에서는 유의미한 영향을 미치지못한다는 것을 발견하였다. 스타의 중요도가 감소하는 것은 아마도 대규모 예산이 투입된 영화의 경우 다른 창작적 요인들이 상대적으로 우월하게 갖추어지기 때문이라고 할 수 있다. 이는 스타의 영향력이 제작비규모에 따라 일관되게나타나지 않고 있다는 것을 보여주고 있다.

치솜(Chisholm, 2004)은 할리우드 영화의 극장수입에서 결정적인 요소로서작용하는 스타의 출연여부를 설명하기 위해서 1959년에서 1989년까지 미국 상위 20개 영화에 출연한 톰 크루즈, 톰 행크스, 브루스 윌리스 등 배우들의 영향력 및 수익구조를 분석하였고, 그 결과, 지난 20년간 성공을 거둔 상위권 영화들의 성공이 배우들의 경력에 따라 영향을 받은 것으로 나타났다. 월레스(Wallace, 1993)를 비롯한 여러 연구자들은 개별 영화 스타들의 영향력을 측정하였고 그 중 스타는 영화수입의 약 15%를 설명하였다.

영화뿐 아니라 예술, 문학, 스포츠 분야에 있어서 스타의 영향력에 관한 연구들은(Rosen, 1981; Prag & Casavant, 1994; Casavant, 1994, DeVany & Walls, 1996) 스타의 존재가 긍정적이고 비선형적인 영향을 미치고 있음을 제시하고 있다. 즉, 스타는 흥행에 영향을 미치지만 이들의 인기도가 높을수록 흥행이 계속 올라가는 것이 아니라는 것이다.

바겔라와 베케티(Bagella & Becchetti, 1999)는 이탈리아 영화 산업의 분석을 통해 배우의 인기뿐 아니라 감독의 인기도 흥행에 영향을 미치고 있으나 이들의 영향력은 비선형적이며 또한 감독의 인기와 배우의 인기는 상호작용을 통해 이 두 요소가 병존할 경우 더 큰 효과를 낸다고 한다. 이후 스타급 연기자의 출연이 영화의 흥행에 어떠한 영향을 미치는 가에 대해서 많은 연구가 이루어졌고 이들은 공통적으로 스타의 강한 영향력을 입증하고 있다(Litman & Kohl, 1989; Wallace, Seigerman, Holbrook, 1993; Sochay, 1994).

김휴종(1998)은 한국 영화에서 스타 개개인이 영화의 흥행에 얼마만한 기여를 하는가를 계량 분석하였다. 분석결과에 의하면 스타가 출연한 영화는 그렇지 않은 영화에 비해 3만 명을 약간 넘는 관객을 추가적으로 동원하는 것으로 조사되었다. 또한 3편 이상 연출한 감독의 경우 1만 6천명, 국내외 영화제 수상작의 경우 10만 4천명 정도의 추가 관객 동원력이 있는 것으로 조사되었다. 반면 상영등급, 복합관수, 상영 시기, 장르 등은 흥행과 무관한 것으로 조사되었다.

유현석(2002)에 따르면 한국에서 1988년부터 1999년까지 영화 732편을 분석한 결과, 흥행에 미치는 인적자원의 중요도는 1기(1988년~1993년)에는 감독-남자배우-여자배우-제작사순으로 나타났고, 2기(1994년~1999년)에서는 남자배우-감독-여자배우-제작사 순으로 나타나 갈수록 스타 특히 남자배우에 대한 중요도가 높아지고 있는 현상을 보여주고 있다. 한편으로 남녀 스타를 동시에 기용했을 경우 상호 효과가 유의하지 않는 것으로 드러난 점은 흥미롭다.

김은미(2003)의 연구에서도 스타 파워는 전체 영화를 분석한 결과, 흥행에 큰 영향을 미치고 있었다. 배우의 수상경력은 흥행성과에 유의미한 영향을 끼치고 있었고 배우의 출연편수는 영향을 미치지 못하는 것으로 나타났다. 이때 배우의 수상경력이 전체적으로는 흥행에 영향을 끼치나 비교적 예산의 규모가 크고 성공한 영화에서는 영향을 끼치지 못하는 것으로 나온 것은 포코미와 세지윅(Pokormy & Sedgwick, 1999)의 결과와 일치했다. 특히 배급력이 있는 배급사의 작품일 경우 스타 출연진의 기용이 많은 경향이 확인되어 한국의 영화 시장이 배급사의 유통 능력과 스타 파워에 의해 많이 결정된다는 점이 밝혀졌다. 이러한 결과는 영화의 유통구조와 방송드라마의 유통구조가 크게 다르다는 점을 감안하더라도 스타 파워의 큰 영향력을 입증하는 데는 무리가 없을 것이다.

임성준(2005)은 국내 영화 396개의 표본을 통해 회귀분석한 결과, 영화에서 제작자의 사업적 우수성과 감독 및 배우의 우수성이 영화의 흥행성에 긍정적인 영향을 미치는 것을 밝혀주고 있다. 즉, 이전에 흥행작을 많이 낸 제작자와 각종 시상식에서 수상경력이 많은 감독과 배우를 활용한 영화일수록 흥행 성적이 좋게 나타났다는 점이다.

박상미(2006)는 영화와 드라마의 스타 파워 간에 어떠한 연관성이 있는지를 실증 분석하였다. 1995~2004년간 영화 흥행 TOP 10과 드라마 평균 시청률 TOP 10을 기록했던 배우들의 개별 출연작품과 흥행 데이터를 분석하였다. 그 결과, 세 가지로 정리할 수 있는데, 첫째로, 영화 흥행 TOP 10을 기록한 배우가 드라마에 출연하는 경우, 드라마 평균 시청률 TOP 10을 기록할 확률이 그렇지 않을 확률보다 3배 가량 높았다. 둘째로, 영화에서 흥행 TOP 10을 기록한 후 드라마에서도 평균 시청률 TOP 10에 속하는 배우 대다수는 영화나 드라마 중 역량 집중 영역을 가지고 있는 경우가 많았다. 셋째로, 드라마에서 주연을 시작한 배우들의 경우 영화나 드라마 한쪽에서 집중적으로 연기하고 나머지 영역에 간헐적으로 등장하는 것이 양쪽 영역에서의 높은 흥행 성적을 기록하게 하는 데 긍정적인 요인으로 작용할 수 있으나, 항상 그러하다고 말할 수는 없다.

김정호(2008)는 영화 흥행에서 스타 배우와 감독의 효과를 실증 분석하였다. 이 연구에 의하면 스타 파워가 있는 배우가 출연한 영화는 그렇지 않은 영화보다 평균 240.5명의 관객을 더 동원하였다. 스타 감독이 연출한 영화는 그렇지 않은 영화보다 평균 277.4명의 관객을 더 동원하였다. 이 연구에서는 스타 파워의 존재를 확인하였지만, 김휴종(1998)과 유현석(2002)에서 보다 작은 규모의 스타 파워와 작은 수의 스타 파워를 지닌 배우들이 파악되었다. 이러한 차이는 분석대상 시기로 인한 것이기보다는 관객수를 서울로 잡느냐 전국으로 잡느냐의 차이에 기인하는 것으로 보인다.

류설리·유성호(2009)는 한국 영화 산업에서 가장 많은 영향력을 끼치고 있는 것으로 여겨지는 감독과 배우 중 안정적인 관객 동원력을 가진 영화인을 선출하고, 그 결과를 바탕으로 네트워크 분석을 통하여 가장 중심적 역할을 하는 영화인을 찾았다. 그 결과에 의하면 중심적인 역할을 하는 감독은 김상진, 강우석, 곽경택, 이준익, 김지운 등으로 파악되었으며, 중심적인 역할을 하는 배우는 이영애, 장동건, 최민식, 이병헌, 류승범 등으로 파악되었다.

위에서 살펴본 바와 같이 스타 파워가 흥행에 미치는 영향 연구는 전적으로 영화 산업을 분석하는 데 치중되어 있는 점을 알 수 있다. 이는 앞에서도 잠깐 언급하였지만 영화가 드라마에 비해 수익구조에서 위험성이 더 높다는 점과 유통구조가 방송과는 다른 시스템을 채택하고 있다는 점, 그리고 제작에 투여되는 비용이 영화가 방송드라마에 비해 월등히 많다는 점에서 근본적인 차이점을 지니게 된다. 다만 그와 같은 구조적인 차이점에도 불구하고 문화 상품이 지닌 경험재적 속성에 따른 수요의 불예측성, 제작 과정의 유사성 등에서 동질적인 요소가 많다는 점을 고려한다면 기존의 영화에서의 스타 파워에 관한 연구들에서 방송드라마와의 관련성을 충분히 찾을 수 있을 것으로 보여 진다.

3) 스타의 가격결정

(1) 스타의 가격결정구조[9]

개별 스타를 차별화 상품으로 보게 되면 스타가 거래되는 시장은 독점적 경쟁 시장이라고 볼 수 있다. 그러나 스타 시장으로 진입이 자유롭지 않다는 측면에서 독점적 경쟁 시장과 차이가 있다. 스타는 생산자나 공급자의 의도대

---

9) 주영길(2006, 19~22쪽) 정리.

로 생산되지 않고, 예측하기 어려운 문화 상품의 흥행성공에 따라 생산되는 상품이다. 따라서 공급량이 일반 상품에 비해 상대적으로 고정되어, 스타의 공급은 가격에 대해서 비탄력적이다. 스타의 초과이윤은 진입의 제한으로 인해서 지속될 수 있다. 스타 파워로 인한 스타의 높은 몸값을 경제적 지대로[10] 볼 수 있다. 경제적 지대는 일반적으로 공급이 제한된 경우에 발생한다. 개별 스타의 가격은 결정에서 두 개의 중요한 요인이 작용한다. 첫째로, 스타의 경제적 지대는 공급곡선이 아니라 수요곡선에 의해서 결정된다. 스타에 대한 시장수요는 영화 산업이나 드라마 산업에서만 이루어지지 않고, 광고나 뷰티 산업 등에서도 발생한다. 스타는 산업 간에 자유롭게 이동할 수 있기 때문에 여러 산업에서 수요가 일어난다. 둘째로, 스타의 수요자에게 스타의 지대는 비용이 되는데, 문화 상품의 가격이 지대의 가격을 결정한다. 스타의 시장가격은 문화 상품의 가격 즉, 문화 상품이 벌어들 수익의 크기에서 결정된다.

연예인의 경우 데뷔하게 되면 먼저 수요자 시장에서 활동하게 된다. 수요자 시장(buyer's market)은 수요보다 공급이 많아서, 가격협상에서 수요자가 공급자보다 우위에 있는 시장이다. 비스타는 경쟁적 수요가 아니라 단지 생산자의 선택 여부에 따라 출연하므로, 공급자의 협상력이 거의 없는 수요자 우위의 시장에 속한다. 비스타를 포함한 일반 노동 시장은 수요자 우위의 시장으로 노동

표 6-2   스타와 비스타의 특성 비교

	자원의 희소성	공급의 탄력성	한계생산력	협상력
스타	매우 희소함	비탄력적	큼	공급자 우위
비스타	매우 풍부함	매우 탄력적	작음	수요자 우위

출처: 주영길(2006, 20쪽, 영어 단어를 한글로 수정함).

---

10) 경제적 지대는 생산요소에 대해 기회비용을 넘어서 지급되는 소득으로, 준지대라고 부르기도 하다. 공급이 비탄력적일수록 경제적 지대가 증가한다. 여기서 기회비용(opportunity cost)은 어떤 선택으로 인해 포기된 기회들 가운데 가장 큰 가치를 갖는 기회(또는 기회의 가치)를 말한다. 예를 들면, 대학에 진학해서 공부할 때의 기회비용은 대학 등록금이나 책값이 아니라, 대학에 진학하지 않고 취업했을 경우에 벌어들일 수 있는 최대 금액을 말한다.

력의 수요자가 우월한 협상력을 갖는다. 이는 비스타가 수요에 비해 공급이 많은 매우 풍족한 자원인데다가 한계생산성이 낮기 때문에 생긴 당연한 결과다.

연예인이 비스타에서 스타가 되면 수요자 시장이 아니라 공급자 시장에서 활동하게 된다. 공급자 시장(seller's market)은 공급보다 수요가 많아서, 가격협상에서 공급자가 수요자보다 우위에 있는 시장이다. 스타는 자원의 희소성과 높은 한계 생산력을 갖고 있으므로 수요자보다 공급자인 스타가 우월적 지위를 가지게 되기 때문이다. 이러한 스타의 시장권력(market power)은 한국 영화 시장에서는 1960년대부터 지속되고 있지만, 방송 시장의 경우 SBS가 출범한 이후 발생하였다. 그러나 헐리우드에서는 20세기 초부터 지금까지 상존하고 있다. 스타는 자신을 수요하려는 생산자들 간의 치열한 경쟁에 따라 막강한 시장권력을 갖기 때문에 계약의 협상과 체결 등 모든 과정에서 이익을 극대화하는 선택을 자유롭게 할 수 있다.

(2) 외부성과 스타가격결정[11]

스타는 영화, 방송 프로그램, 음악과 같은 문화 상품에 등장함으로써 부산물로 탄생하게 된다. 문화 상품 제작의 외부 효과로 스타가 등장하게 되는 것이다.[12] 스타에게 발생하는 경제적 지대는 스타를 탄생시킨 문화 상품의 제작자가 아니라 스타 그 자신에게 귀속된다. 스타가 합리적으로 행동한다면 스타는 문화 상품의 출연 선택부터 시장이동까지 경제적 지대를 극대화할 것이다.

생산자는 자신이 제작하는 문화 상품에 참여할 경우 참여자의 인지도가 높아지고 스타 탄생의 기회를 제공한다는 사실을 알고 있다. 또한 제작하는 문화

---

11) 주영길(2006, 23~26쪽)의 아이디어를 이용하여 서술하였음.

12) 외부성이란 특정인의 경제활동이 의도와는 달리 다른 사람에게 혜택이나 손해를 끼침에도 불구하고 혜택에 대한 대가나 손해에 대한 비용을 지불하지 않는 상태로 정의된다. 따라서 외부성은 말 그대로 손실과 이득의 문제가 시장내부에서 해결되지 않고, 시장외부에 방치되어 있다는 것을 의미하는 동시에, 시장에서 발생하는, 의도하지 않은 제삼의 효과를 지칭한다. 이러한 외부성은 이익과 손실이 시장가격에 반영되지 않음으로써 '사회적 편익(비용)'과 '사적편익(비용)' 간 편차를 배태하며 시장 실패(market failure)를 야기한다. 그런 까닭에 외부성을 시장 내부화하여 사유권을 확정하고, 외부성에 따른 이익과 손실을 가격에 반영시키는 행위는 경제적 효율성을 위해 매우 중요한 일이다.

상품에 참여하기를 원하는 사람이 매우 많을 경우에 노동 공급자의 가격은 매우 낮게 매겨질 수밖에 없다. 예를 들어서 방송사의 경연 프로그램에 출연하는 예비 가수의 출연료는 매우 낮다.

그런데, 문화 상품에 참여하는 자가 스타 배우일 경우에 가격은 어떻게 결정되어야 하나? 예를 들어, 방송사의 토크쇼 프로그램에 출연하는 스타 배우의 출연료에 경제적 지대를 모두 포함해서 지불해야 할까 그렇지 않으면 경제적 지대를 인정하지 않고 비스타 배우와 동일한 출연료를 지불해야 할까? 스타 배우의 입장에서는 높은 인지도와 인기를 유지하기 위해서 방송 프로그램에 출연할 필요가 있다. 방송사의 입장에서는 스타 배우의 출연으로 시청률이 높아질 수 있고, 스타가 이용한 소품을 제공한 업체로부터 협찬수익이나 간접 광고수익을 얻을 수 있다.[13] 스타의 출연으로 긍정적 외부효과가 양방향으로 발생할 수 있다. 일반화하여 다시 정리하면, 문화 상품의 생산에 스타가 참여하는 경우에 스타는 문화 상품에 반복적으로 등장하여 인지도를 유지하거나 높일 수 있고, 문화 상품 생산자는 스타의 높은 인지도를 자신의 문화 상품과 연결하여 높은 수요를 창출할 수 있고 부가적인 수입도 확보할 수 있다. 양자의 거래는 스캔들이나 표절사건 등 특별한 경우들을 제외하면, 외부 비경제의 부정적인 손해를 유발하지 않기 때문에 호혜적인 바탕에서 이루어질 수 있다.

스타의 가격에는 스타와 문화 상품 생산자 상호간에 제공하는 외부성의 크기가 반영된다. 아래 [그림 6-3]에서는 문화 상품별로 스타 외부성과 문화 상품 외부성의 크기를 필자의 판단에 따라 배치한 것이다. 이 그림에서 45도선을 기준으로 아래에는 스타의 외부성이 큰 경우이므로 스타에게 스타의 경제적 지대를 지불해야 하는 경우이다. 외부성의 상대적 크기에 대해서는 시대적 배경, 스타의 인기도와 캐릭터, 문화 상품의 성격에 따라서 달라질 것이다.

신문, 잡지, 일부 방송 프로그램의 경우에 문화 상품 생산자와 스타 간에

---

13) 스타 연기자, 가수 등은 높은 인지도와 인기를 바탕으로 외부성을 야기한다. 예컨대 헐리우드의 스타가 패션, 헤어스타일, 선글라스 등의 유행을 전세계적으로 주도할 수 있다. 따라서 패션과 액세서리 산업은 수억 원의 제품을 스타에게 무료로 제공하거나, 오히려 돈을 지불하고 제공한다.

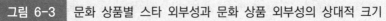

그림 6-3   문화 상품별 스타 외부성과 문화 상품 외부성의 상대적 크기

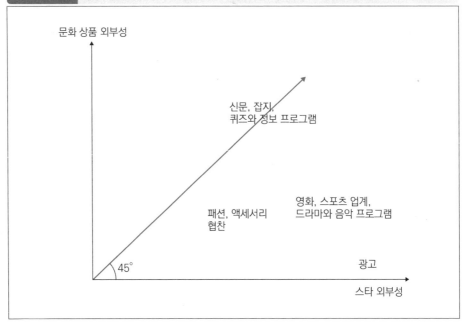

긍정적 외부성이 크기가 비슷하여 교환거래가 이루어진다. 이 경우에 스타의 경제적 지대는 인정되지 않는다. 반면에 광고의 경우에 문화 상품의 외부성은 거의 없고, 스타의 외부성만 이용하기 때문에 스타에 스타의 경제적 지대를 모두 지불해야 한다. 양자의 중간에는 영화, 스포츠 업계, 드라마와 음악 프로그램과 같이 스타가 만들어지는 상품이기는 하지만, 스타의 긍정적 외부성을 활용하는 비중이 훨씬 크기 때문에 스타에게 경제적 지대의 상당한 부분을 지불해야 한다. 스타에게 패션이나 엑세서리를 협찬하는 경우에는 스타나 제작자의 비용을 줄여주거나 외모를 돋보이게 하는 편익과 스타의 긍정적 외부성이 교환되어 스타에게 경제적 지대의 일부만 지불한다.

4 드라마 시청률에 미치는 요인

드라마의 시청률에 미치는 요인으로 채널의 인지도, 스타(출연자, 작가, PD) 참여 여부, 드라마 유형, 외주 제작 여부, 드라마 주제, 드라마 내용 등이 있다. 배진아(2005)는 채널, 스타 출연, 드라마 유형, 외주 제작 여부가 드라마 시청률에 미치는 영향을 분석하였다. 분석결과, 외주 제작 여부를 제외한 나머지 요인들은 시청률과 유의미한 관련이 있는 것으로 나타났다. 채널별로는 KBS1의 드라마 시청률이 가장 높았으며 그 다음은 MBC, SBS, KBS2의 순이었다. 스타의 출연 여부에 따른 시청률성과의 차이도 발견되었는데, 남자 스타보다는 여자 스타의 출연이 시청률성과와 더 밀접하게 관련이 되며 남자 스타와 여자 스타가 한 명도 출연하지 않은 경우 시청률성과가 매우 낮았다. 주말드라마와 수목드라마의 시청률이 다른 유형의 드라마보다 높았다. 한편 외주 제작 여부는 시청률성과와 별 관련이 없는 것으로 분석되었다.

허행량(2004)은 2명의 유명인이 출연하였을 경우 방송 프로그램 시청에 미치는 영향을 분석하였다. 두 유명인 모두에 대해 호감을 갖는 소비자는 이들이 출연하는 프로그램에 호감을 갖고 시청하려는 의도를 보이는 반면, 두 유명인 모두에 대해 반감을 갖는 소비자는 이들이 출연하는 프로그램에 반감을 갖고 시청하지 않으려 하는 것으로 나타났다. 또 두 유명인에 대해 상반된 감정적 태도를 보인 소비자는 싫어하는 스타에 대한 반감에도 불구하고 자신이 좋아하는 스타 때문에 프로그램에 호감을 보이고, 또한 시청하려는 의도를 보여주고 있다.

김경묵(2009)은 드라마 시청률에 영향을 미치는 요인으로 장르 친숙성, 주연배우 지명도, 인터넷 기사 등을 잡아 225개 드라마를 실증 분석하였다. 장르 친숙성은 드라마 장르를 멜로, 가족, 역사 등 8개로 구분하고, 드라마가 방영되기 시작하기 전 2개년 방영된 당해 드라마 장르의 비율로 측정하였다. 실증 분석한 결과, 장르 친숙성, 주연배우 지명도, 인터넷 기사 등은 드라마 시청률에 긍정적인 영향을 미치는 것으로 나타났다. 또한 장르 친숙성과 인터넷 기사, 주연배우 지명도와 인터넷 기사 등의 상호작용 효과를 분석한 결과, 주연배우 지명도와 인터넷 기사 상호작용 항(項)만 드라마 시청률에 유의한 영향이 있는 것으로 나타났다. 구체적으로 주연배우 지명도가 드라마 시청률에 미치는 긍정적인 영향은 인터넷 기사수가 많을수록 강화되는 것으로 나타났다. 마지막으로, 주연배우 지명도, 그리고 인터넷 기사는 대 흥행(blockbuster)드라마에서 독립 및 상호작용 효과를 모두 지니고 있는 것으로 나타났다.

권호영 외(2009)는 드라마의 성공요인을 다양한 측면에서 분석하였다. 첫째로, 드라마의 내용을 구성하는 개별 요소가 드라마의 시청률에 미치는 영향은 상당히 제한적임을 실증 분석을 통해 보여주었다. 드라마의 주제(역사, 시대, 남녀 등)와 캐릭터의 일부 측면(주인공의 직업, 주인공의 성격요인)만이 드라마의 시청률에 유의미한 차이를 가져온 것으로 파악되었다. 주인공의 외모나 경제적 수준, 특수 소재(불륜, 출생의 비밀, 기억 상실, 불치병)의 활용 여부를 포함한 다른 요인은 드라마의 시청률에 별다른 차이를 주지 못하였다. 드라마의 시청률에는 편성시간, 드라마형태(일일연속극, 미니시리즈 등), 방영횟수, 방영 채널과 같은 편성요인의 영향을 많이 받는다. 지명도가 높은 탤런트 151명을 스타로 정의한 다음, 스타가 출연한 드라마의 시청률 평균치가 그렇지 않은 드라마에 비해서 오히려 시청률이 낮았다.

권호영 외(2009)에서는 스타 파워의 지속성을 분석하였는데, 모든 인적 자원의 스타 파워는 드라마 참여 횟수가 늘어날수록 시청률이 떨어지고, 일정 횟수를 초과할 경우 비(非)스타와도 차별화되지 않았다. 분석결과를 아래 [그림 6-4]으로 설명하면 드라마에 참여한 PD, 작가, 출연배우의 모든 인적자원들에 있어서 스타가 비스타보다 높은 시청률을 나타내고 있다. 첫 드라마부터 스타로 인정된 경우(스타)와 특정 시점부터 스타로 인정받은 경우(스타탄생)는 큰 차이를 보이지 않으나 비스타와는 구별되는 높은 시청률을 보이고 있다.

여기서 재미있는 것은 PD, 작가, 출연배우의 모든 인적자원에 있어서 스타의 드라마 참여 횟수가 늘어날수록 시청률은 우하향의 감소하는 추세를 보이고

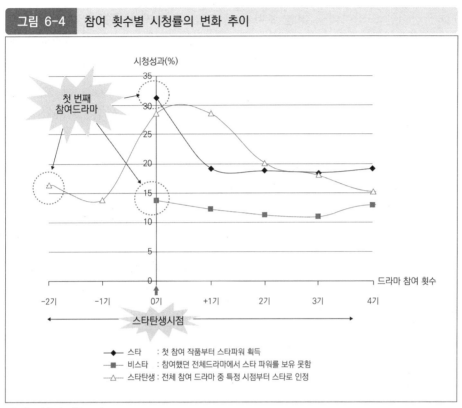

그림 6-4 참여 횟수별 시청률의 변화 추이

출처: 권호영 외(2009).

있다는 것이다. 스타 이후 시기 드라마 참여 회수가 PD의 경우 6회, 작가의 경우 4회, 출연배우의 경우 6회 참여까지는 비스타 대비 높은 시청률 차이를 보이고 있다. 즉, 인적자원이 가진 스타 파워는 시효성이 있는 짧은 기간 동안에 발휘되는 효과로 볼 수 있다. 이는 인적자원을 반복적으로 활용하는 것은 같은 연출기법, 아이디어, 이미지를 반복적으로 사용하여 시청자들에게 더 이상 새로울 것이 없는 가치나 정보를 제공할 가능성이 크며, '참신하고 새로운 아이디어를 공급받기 위해서는 다양한 인적자원을 활용하여야 한다'는 관점과 맥락을 같이 한다.

　　스타 작가와 스타 PD가 참여한 드라마의 시청률이 비스타 작가와 비스타

PD가 참여한 드라마의 시청률 보다 높을 것인가? 이러한 질문에 대한 하기 위해서 권호영 외(2009)는 'PD-작가', '제작자-PD', '제작자-작가', '제작자-출연배우'의 스타 조합과 비스타 조합을 구분한 다음에 시청률을 분석하였다. 분석결과 모든 인적자원 구성조합에 걸쳐 스타조합이 참여한 드라마가 비스타조합이 참여한 드라마보다 통계적으로 유의하게 높은 시청률을 보이는 것으로 나타났다.

유세경·김숙(2010)은 외주제작드라마를 대상으로 드라마의 시청률에 영향을 미치는 요인을 제작요인과 인적요인을 중심으로 분석하였다. 분석결과, 방영 편수가 길수록, 제작사가 매니지먼트 기능을 수행할 경우, 인적요인 간 연결성이 많을 경우, 그리고 스타 작가일 경우 시청률이 더 높은 것으로 나타났다. 그리고 이들 요인 중 드라마의 시청률에 가장 영향을 미치는 요인을 살펴보기 위해 회귀 분석한 결과, 제작 방영 편수, 제작사가 매니지먼트의 기능을 보유한 경우, PD-작가의 친밀성이 시청률에 긍정적인 영향을 미치는 것으로 나타났다.

임성준·이준근·추승엽(2012)은 대표적인 지식기반 산업이자 프로젝트기반 조직의 성격을 가진 방송드라마 산업을 대상으로 드라마 제작자가 환경변화에 대응하여 기업 내·외부를 넘어 연출자, 작가, 배우 등의 자원을 재조합하는 역동적 능력을 실증하였다. 구체적으로 안정적인 환경에 속해있던 1994~2002년 시기보다 불확실성이 높은 환경에 속해있던 2003~2009년의 시기에 드라마 제작자들이 상대적으로 동일한 자원을 반복적으로 이용하는 정도가 낮은 경향이 있음을 밝혔다.

참고문헌

권호영 외(2009), 「드라마 성공 요인 분석」, 한국콘텐츠진흥원, 연구보고서, 09-50.

권희상(1996), "영상 소프트웨어로서의 한국 TV 드라마의 거래과정과 부가가치 창출에 관한 실증적 연구," 서강대 석사학위 논문.

김경묵(2009), "대 흥행(block-buster) 드라마의 조건: 드라마의 친숙성, 주연배우 지명도, 인터넷 기사 등이 시청률에 미치는 영향," 「전략경영연구」, 제12권 제1호, 25-54.

김기배·권호영(2005), "TV 프로그램에 대한 투입과 성과간의 관계 연구," 「한국언론학보」, 49권 6호, 36-56.

김승수(2007), "외주 제작 시장과 스타 시스템의 왜곡 성장," 「방송과 커뮤니케이션」, 8권 1호, 6-38.

김은미(1999), "프로그램 제공사업에서 시장진입순서가 갖는 의미에 대한 분석," 「사이버커뮤니케이션학보」, 통권 제4호.

김은미(2003), "한국 영화의 흥행 결정 요인에 관한 연구," 「한국언론학보」, 47권 2호, 190-220.

김이준웅·심미선(2004), "텔레비전 프로그램의 시청률과 품질의 상관관계에 대한 연구-이중위험을 중심으로," 「한국언론학보」, 48(4), 323-350.

김정호(2008), "한국영화 스타파워 분석," 「영화연구」, 38호, 11-38.

김호석(1998), 「스타 시스템」, 삼인.

김현주(2002), "시청자의 TV 프로그램 선택 요인에 관한 연구," 「방송연구」, 겨울호, 167-193.

김휴종(1998), "한국 영화스타의 스타파워 분석," 「문화경제연구」, 1권 1호, 165-200.

닐슨-코리안클릭(2014.7), 3Screen behavioral DATA.

류설리·유승호(2009), "한국영화 주요 배우·감독 네트워크의 관객동원 안정성에 관한

    연구: 1998-2007 영화를 중심으로,"「한국콘텐츠학회논문지」, 9권 6호.

박상미(2006), "영화와 드라마의 스타파워 연관성," 추계예술대학교 문화예술경영대학
    원 석사학위논문.

박소라(2002), "지상파 외주 제작 프로그램의 성과 결정 요인에 관한 연구,"「한국언론
    학보」, 46권 2호, 341-379.

배진아(2005), "드라마 시청률 영향 요인 분석: 드라마 속성 및 수용자 요인을 중심으
    로,"「한국방송학보」, 19권 2호, 270-309.

스가야 미노루·나카무라 기요시 공저, 송진명 역(2003),「방송미디어 경제학」, 커뮤니
    케이션북스.

심미선(2003), "지상파방송의 편성특성에 관한 연구-한국, 미국, 영국, 일본, 대만을 중
    심으로,"「한국방송학보」, 17-4, 37-75.

심미선·한진만(2002), "프라임타임대 지상파 텔레비전 프로그램 선택에 영향을 미치는
    요인에 관한 연구,"「한국언론학보」, 46권 4호, 177-216.

MBC 시청자연구소(2006),「드라마 성공 모델 분석-최근 5년간 방송 3사의 드라마를
    중심으로」, 시청자 연구소 보고서.

유세경·김숙(2010.8), "드라마 시청률에 영향을 미치는 요인에 관한 연구-외주 제작
    드라마의 생산 요소들을 중심으로,"「미디어 경제와 문화」, 8(3), 7-48.

유세경·정윤경(2000), "국내 지상파 텔레비전 프로그램의 해외 판매 결정요인에 관한
    연구-1997년부터 1999년까지의 해외 판매를 중심으로,"「한국방송학보」, 14-1호,
    209-255.

유승관(2007), "스타 시스템과 엔터테인먼트 산업의 문제와 개선방안," 한국방송학회 가
    을철 학술대회 발표문.

유현석(2002), "한국영화의 흥행 요인에 관한 연구,"「한국언론학보」, 46권 3호, 183-
    213.

이화진·김숙(2008), "TV 드라마 시청률에 영향을 미치는 요인: 내용변인을 중심으
    로,"「한국방송학보」, 21권 6호, 492-533.

임성준·김주수(2005), "한국 영화의 흥행성과 결정요인에 관한 통합적 연구,"「한국전
    략경영학회보」, 9권 2호, 336~362.

임성준·이준근·추승엽(2012.12), "환경변화에 따른 TV드라마 제작자의 적응행동변화,"
    「한국콘텐츠학회논문지」, 12권 12호, 627-638.

주영길(2006), "스타 시스템이 드라마 제작성과에 미치는 영향에 관한 연구," 한양대학

교 언론정보대학원 언론학석사학위논문, 2006년 8월.

최세경·양선희·김재영(2006), "방송 프로그램의 성과에 영향을 미치는 요인 분석: 프로그램의 질, 수용자, 경제적 성과를 중심으로," 「방송연구」, 여름호, 171-199.

허행량(2004), "출연진에 태도가 프로그램 시청률에 미치는 효과에 대한 연구," 「한국언론학보」, 48권 4호, 126-145.

Aberbash, D.(1996). *Charisma in Politics* , Religion and Media, New York: New York.

Basil, M. D.(1996). "Identification as a Mediator of Celebrity Effects," *Journal of Broadcasting and Electronic Media*, 40, 478-495.

Chisholm, D. C.(2004). "Two-Part Share Contracts, Risk, and the Life Cycle of Stars: Some Empirical Result from Motion Picture Contracts," *Journal of Cultural Economics*, 28(1), 37-56.

Christopher, L.(2006). "Why 'idol' is golden?," *Television Week*, 25(7), 1-22.

De Vany, A S. & Walls, W. D.(1996). "Bose-Einstein dynamics and adaptive con-tracting in the motion picture industry," *The Economic Journal*, 106, 1493-1524.

De Vany, A. S. & Walls, W. D.(1999). "Uncertainty in The Movie Industry: Does Star Power Deduce the Terror of Box Office?," *Journal of Cultural Economics*, 23(4), 1999, 285-318.

Diekema, D. A.(1991). "Televangelism and mediated Charismatic Relationship," *Social Science Journal*, 28(2), 143-162.

Garrison, L.(1971). *Decision process in motion picture production: A study of un-certainty*, Ph.D. Dissertation, Stanford University.

Harrington, C. L. & D. D. Biebly(1995). S*oap Fns: Pursuing Pleasure and Making Meaning in Everyday Life*, Philadelphia: Temple University Press.

Horton, D. and Wohl, R.(1959). "Mass Communication and Para-social Interaction: Observations on Intimacy at a Distance," *Psychiatry*, 19, 215-229.

Kindem, G.(1982). *The Business of Motion Picture*, Carbondale, Southern Illinois University Press.

Koenig, F. & Lessan, G.(1985). "Viewers' Relationship to Television Personalities," *Psychological Reports*, 57-266.

Lacy, Stepben(1992). "The financial commitment approach to news media competi－tion," *Journal of Media Economics*, 5(2), 5－21.

Levy, M. R.(1979). "Watching TV News as Para－Social Interaction," *Journal of Broadcasting*, 23(1), 69－80.

Liladhar, J.(2000). "From the soap queen to Aga－Saga: different discursive frame－works of familial feminity in contemporary women's genres," *Journal of Gender Studies*, 9(1), 5－12.

Litman, B. R.(1983). "Predicting success of theatrical movies: An empirical study," *Journal of Popular Cultural*, 16, 159－175.

Litman, B. R. & Kohl, L. S.(1989). "Predicting financial success of motion picture: The 80s experience," *Journal of Media Economics*, 2(2), 35－50.

McCracken, G.(1989). "Who is Celebrity Endorser? Cultural Foundations of the Endorsement Process," *Journal of Consumer Research*, 16, 310－321.

Noll, Peck & Mcgowan(1973). *Economic aspects of Television Regulation*, The Brookings Institution.

Owen, Bruce M., & Steven S. Wildman(1992). *Video Economics*. Cambridge, MA: Harvarrd University Press.

Perloff, R. M.(1993). *The Dynamic Persuasion*, Hillsdale, NJ: Lawrence Erlbaum Associates.

Perse, E. and Rubin, R.(1989). "Attribution in Social and Para－social Relationship," *Communication Research*, 16(1), 59－77.

Pokormy, M. & Sedgwick, J.(1999). "Movie stars and the distribution of financially successful films in the motion picture industry," *Journal of Cultural Economics*, 23, 319－323.

Powers, Angela, & Stephen Lacy(1991). "Competition in Local News: Applying the Industrial Organization Model," *Unpublished paper*, Northern Illinois University.

Pran, J. & Casavant, J.(1994). "An empirical study of the determinants of revenues and marking expenditures in the motion picture industry," *Journal of Cultural Economics*, 18, 217－235.

Riegel, H.(1996). "Soap operas and gossip," *Journal of Popular Culture*, 29(4), 201－209.

Rosen, S.(1981). "The economics of superstar," *American Economic Review*, 71(5), 845–858.

Shachar, P. & Emerson, J.(2000). "Cast demographics, unobserved segmentation and viewing choice models for network television," *Journal of Advertising*, 21(1), 1–17.

Simonet, T.(1978). *Regression analysis of prior experience of key production personnel as predictor of revenues from high–grossing motion picture in American release*, New York, New York, Amo press.

Sochy, S.(1994). "Predicting the performance of motion picture," *Journal of Media Economics*, 7, 1–20.

Tudor, A.(1974). *Image and Influence*. London: George Allen & Unwin Ltd.

Wallace, W., Siegerman, T. & Holbrook, M.(1993). "The role of actors and actress in the success of films: How much is the movie star worth?," *Journal of cultural economics*, 17(1).

Waterman. D.(1993). "World Television Trade: The economic effects of privatization and new technology," In E. M. Noam & J. C. Millonzi(ed), *The international market in film and television programs*(pp. 59–80), Norwood.

Webster, J. G. & G. D. Newton(1991). *Rating Analysis: Theory and Practice*, Hillsdale, NJ: Lawrence Erlaum.

Wildman, Steven, & Siwek, Stephen(1993). "The economics of trade in recorded media products in a multilingual world: implications for national media policies," In E. M. Noam & Joel C. Millonzi(eds.). *The international market in film and television programs*(pp. 13–40). Norwood, NJ: Ablex.

4부

수익 모델과 콘텐츠 유통

제7장 미디어 산업의 비즈니스 모델과 수익 모델

1 비즈니스 모델과 수익 모델

1) 비즈니스 모델과 수익 모델의 의미

비즈니스 모델은 기업이 고객을 위한 가치를 창출하여 전달하며, 수익을 획득하는 방안을 지칭한다. 보다 구체적으로 말하면 비즈니스 모델은 비즈니스를 전개하기 위해서 필수적인 구성요소들은 모아놓고 상호관계를 모델화하는 것이다. 비즈니스 모델의 필수적인 구성요소는 가치 설정(어떤 가치를), 목표고객(누구를 대상으로), 가치사슬(어떻게 창출해서), 전달방식(어떤 방식으로 전달하여), 수익 모델(어떻게 수익을 창출할지)로 구성되어 있다. 예를 들어, 생수 회사는 생수를 팔아서 돈을 번다. 고객에게 가치를 제공하는 서비스 모델과 돈을 버는 모델이 일치한다. 하지만 네트워크 비즈니스에서는 가치를 제공하는 서비스 모델과 돈을 버는 모델이 다른 경우가 더 많다. 구글의 서비스 모델은 검색이지만 수익 모델은 광고이다. 카카오톡의 서비스 모델은 모바일 메신저이지만 수익 모델은 중개(예: 게임과 게이머)다. 네트워크 비즈니스에서 이러한 현상이 일어난 이유는 대부분의 인터넷 서비스가 무료를 기반으로 시작하였기 때문이다. 구글, 페이스북, 스포티파이, 김기사(현 카카오택시) 등 수많은 서비스와 앱들이 무료로 서비스를 시작했다. 고객을 확보하면 수익은 자연스럽게 따라올 것으로 생각하지만 한번 무료화된 서비스를 기반으로 돈을 버는 것(monetization)은 그렇게 간단한 문제는 아니다. 특히 서비스의 무료화가 가속화되고 있기 때문에 수익 모델에 대한 고민은 더욱 가중되고 있다.

한편 수익 모델은 상품(재화나 서비스)을 제공하고 수익을 창출하는 방안으로 비즈니스 모델에 포함되어 있다. 수익은 일정 기간에 사업하면서 벌어들인 돈을 말한다. 수익이 바로 매출액으로 이익과 다르다. 이익은 매출액에서 비용을 공제하고 남은 금액이다. 플랫폼의 수익 모델로는 이용료, 광고료, 중계료(수수료), 라이선스, 아이템판매가 있다. 일부 플랫폼은 수익을 추구하지 않는 경우도 있다. 유형(有形)의 상품의 제조하여 판매하는 경우에는 비즈니스 모델과 수익 모델이 거의 같은 의미로 사용될 수 있다.

하지만 인터넷 포털, 동영상 사이트, 자동차앱 등의 서비스와 같이 무료로 제공되는 것은 서비스 모델이다. 서비스 모델은 고객에게 어떤 가치를 창출하고 어떻게 전달할 것인지에 대한 이야기이다. 따라서 무료 서비스 모델에서는 수익 모델을 별도로 고민해야 한다. 미디어 상품은 비경합성을 가지고 있어서 한 번의 소비가 상품의 효용가치를 감소시키지 않기 때문에 미디어 콘텐츠의 가격결정을 어렵게 한다. 일반적으로 지상파방송은 수용자가 아예 지불하지 않고 광고주가 지불하는 형태를 띠고, 케이블TV나 위성방송, 신문, 잡지 등은 수용자와 광고주가 분담하여 지불하는 방식을 취하며, VOD, PPV, 휴대전화 인터넷 정보 서비스 등은 수용자가 대부분을 지불하는 방식을 취한다.

2) 수익 모델

수익 모델은 돈을 누구에게서(payer), 서비스의 어떤 부분을(packaging), 얼마에, 어떤 방법으로(pricing) 받을 것인지에 대한 이야기다.

(1) 누구에게서 돈을 받을 것인가?(Payer)

기존의 비즈니스에서는 (당연히 모든 고객이 돈을 내기 때문에) 누구에게서 돈을 받을 것인가에 대한 고민을 하지 않았지만 네트워크 비즈니스의 수익 모델에서 가장 중요하고 근본적인 질문이다. 누가 돈을 낼 가능성이 제일 높은지, 누구에게서 돈을 받는 것이 가장 비즈니스를 잘 성장시킬 것인가에 관한 질문이다. 서비스를 이용하는 고객으로부터 받는다면 구체적으로 어떤 고객들로부터 받을 것인지, 제3자에게서 받는다면, 누가 될 것인지에 대해 결정해야 한다. 구글의 경우는 광고주들로부터 돈을 받지만 기존의 대형 광고주가 아닌 중소규모의 광고주로부터 돈을 받는다.

(2) 서비스의 어떤 부분을 팔 것인가?(Packaging)

고객에게 가치가 있는 모든 것은 판매의 대상이 될 수 있다. 그러나 가치가 있다고 모든 고객이 돈을 내지는 않는다. 구글 검색이 가치는 있지만 고객으로부터 돈을 받는 것은 불가능하다고 봐야 한다. 그렇다면 어떤 부분이 고객 또는 제3자가 돈을 기꺼이 낼 의사가 있는 부분인지 파악해야 하는데 그렇게 단순하지는 않다. 사람들은 넘쳐나는 것에 돈을 지불할 의사가 없기 때문이다. 최소한 돈을 낼 사람들에게 중요하고 희소한 부분을 찾아야 한다. 예를 들면, 구글은 광고할 공간을 파는 것이 아니라 광고주들이 관심 있는 키워드를 팔고 있다. 인터넷 세상에서 광고할 공간은 넘쳐나지만 광고주들이 관심을 가진 키워드를 입력하는 소비자들은 희소하다.

(3) 얼마나, 어떤 방법으로 받을 것인가?(Pricing)

과거에는 가격을 정하는 것이 간단했다. 하지만 이제는 다양한 패키징(버저닝과 번들링)이 가능하고 받는 방법(예: 월정액, 건별, 고정가격, 변동가격 등)도 다양하다. 인터넷 서비스에서는 돈을 내는 사람이 언제든지 떠날 수 있기 때문에 단기적인 수익의 극대화보다는 장기적인 수익의 극대화를 목적으로 가격 등을 정해야 한다. 예를 들어, 아마존의 창업자인 제프 베조스는 다음과 같이 장기적인 수익 극대화의 중요성을 강조했다: "세상에는 두 종류의 기업이 있다. 하나는 고객에게서 어떻게든 더 많이 받으려 하는 기업이고 다른 하나는 고객에게 어떻게든 적게 받으려는 기업이다. 아마존은 후자다". 구글은 광고 건별로 경매를 통해 가격을 정한다. 광고주 입장에서는 (효과가 있는 만큼 돈을 쓰면 되므로) 울며 겨자 먹기로 입찰에 참여하지 않아도 되는 반면, 구글 입장에서는 수익이 극대화되는 방법이다.

음악 서비스의 사례를 통해 수익 모델이 어떻게 변해왔는지를 살펴보자. CD 시절에는 10개 내외의 음악이 패키지로 판매되었다. 당연히 고객이 일이만 원의 돈을 내고 CD를 구매했다. 애플의 아이튠즈는[1] CD로 묶여있는 것을 풀어 한 곡씩 $1에 판매하였고, 이때에도 고객이 돈을 지불하였다. 멜론 등의 유료 음악 서비스에서는 이제 더 이상 곡을 소유하는 것이 아니라 한 달 동안 음악을 무제한 들을 수 있는 권리가 판매의 대상이 되었고 고객이 매월 구독료 5천원 정도를 지불한다. 이렇게 유료로 제공되던 음악은 스포티파이를 통해 본격적으로 무료화되었다. 스포티파이는 음악 서비스를 두 가지 형태로 판매한다. 하나는 광고이고, 다른 하나는 프리미엄 서비스이다(소위 freemium＝(free＋premium) 모델). 프리미엄 서비스는 광고가 없고 오프라인상태에서도 들을 수 있다. 2019년 3월에 월간 이용자수는 2억 1,700만 명이고 이중 유료 가입자는 1억여 명이다.

---

1) 2001년 10월에 출시한 아이팟과 아이튠즈에 애플은 2003년에 뮤직 스토어를 추가하였다. 이에 따라 소비자들이 자기가 원하는 노래를 곡당 약 1,000원에 구매할 수 있게 되었고, 이러한 가치로 인해서 아이튠즈 뮤직 스토어는 성공하였고, 아이팟의 판매량은 2004년부터 본격으로 성장하였다. 기존에 테이프나 CD라는 음악 패키지에서는 제일 인기 있을 만한 노래에 추가적인 노래를 끼워 팔기하며 패키지가격을 1만 원 이상으로 유지했다. 곡 하나만을 음반으로 만드는 싱글앨범의 가격도 기본 앨범가격의 1/3 이하로 내리지 못하였다. 음원 서비스를 시작한지 7년째인 2010년 3월에 아이튠즈 스토어에서 100억번째 음악파일 내려받기가 이루어졌다. 2010년 3월 현재 아이튠즈 스토어는 1,200만곡의 음원을 보유한 세계 최대 음악유통 채널로 세계 디지털 음원판매 시장의 70%를 차지하고, 아이팟은 세계 엠피3플레이어 시장의 70%를 점유하였다. 아이팟과 아이튠즈를 통한 음원 유통으로 기기 제조업자인 애플이 음원 제공 서비스를 통하여 기기판매에 성공하는 동시에 음원 유통 사업자로 등극하게 되었다.

표 7-1	음악 서비스의 수익 모델의 진화		
음악 서비스	지불 주체	판매 서비스	가격 설정
CD	소비자	CD(10여곡)	CD 당 $10－20
iTunes	소비자	1곡	곡당 $1
Melon	회원	월간 무제한 스트리밍	월 5,000원
Spotify	광고주	7가지의 다양한 포맷	$15 CPM
	유료 회원	월간 무제한 스트리밍 (Premium 버전)	월 $10

출처: 노상규(2015e)

양면 시장에서 수익 모델을 검토해보자. 양면 시장에서 보조하는 집단과 보조받는 집단이 존재함을 보았다. 로쉬 & 티롤(Rochet & Tirole, 2003)은 양면 시장을 '네트워크 효과를 지닌 플랫폼으로 거래에 참여하는 서로 다른 성질의 고객(또는 이용자) 간의 효율적 교차보조를 지원하는 시장'으로 정의하였다. 플랫폼 사업자가 양면의 이용자 집단에 부과하는 가격을 그들이 받는 효용과 대응되지 않게 부과함으로써, 사실상 한 집단에서 다른 집단으로 보조가 일어나는 것을 교차보조라고 한다. 로쉬 & 티롤(Rochet & Tirole, 2003)에 의하면, 플랫폼 사업자가 보조하는 집단과 보조받는 집단 간에 효율적인 교차보조가 일어나도록 할 때 교차 네트워크 효과가 발생한다고 한다. 즉, 플랫폼 사업자가 제대로 된 교차 보조 전략을 구사하지 않으면 교차 네트워크 효과는 발생하지 않는다. 따라서 양면 시장에서 플랫폼 사업자가 이용자 집단에 부과하는 가격할당과 이 가격할당에 영향을 주는 요소를 잘 구성하는 것이 매우 중요하다.

플랫폼 사업자가 교차보조를 주는 집단과 받는 집단을 적절히 설정하고, 비용할당(또는 가격구조)을 적절하게 설계하여야 한다. 노상규(2016)는 플랫폼 사업자가 취할 수 있는 교차보조 전략의 유형을 4가지로 구분하여 설명하고 있다; ① 자기 자신, ② 같은 서비스를 사용하는 다른 사용자, ③ 제3의 서비스를 사용하는 다른 그룹, ④ 서비스를 생산/제공하는 시장이다. ①에서 ④번으로 갈수록 자기 자신과 관계가 없어지고 더 근본적인 차원의 교차보조라고 할 수 있다. 이 4가지 유형에 대해 하나씩 알아보자.

① 내가 나에게(From Me to Me)

지금 당장은 공짜로 서비스를 사용하지만 결국은 자기 자신이 돈을 내게 되는 경우이다. 이러한 유형은 이미 마케팅의 영역에서 많이 이용하는 '공짜'라 할 수 있다. 예를 들어, 공짜 제품을 미끼 상품으로 이용하여 고객을 모으고 이들이 다른 유료 제품을 사도록 유도하는 경우이다. 공짜 스마트폰이 이 경우에 해당한다. 내가 나 대신 돈을 내는 경우는 크게 두 가지가 있는데 한 가지는 제품/서비스 차원이고 다른 하나는 시간 차원이다. 물론 대부분의 경우에는 두 차원이 동시에 적용된다.

우선 제품/서비스 차원의 교차보조는 공짜를 미끼로 유료 제품을 사도록 유도하는 경우이다. 이는 할인의 다른 형태이지만 심리적으로는 더욱 효과적일 수 있다. 엔씨소프트의 블레이드앤소울과 같은 월정액 게임에서 월 이용권(월 23,000원)을 구매하면 공짜 게임아이템을 제공하거나, 아마존 프라임(amazon prime)과 같이 무제한 무료배송 서비스(연간 79불)에 무료 영화 스트리밍 및 무료 전자책 대여 서비스를 포함하는 경우를 예로 들 수 있다(초기의 아마존 프라임은 같은 가격에 무제한 무료배송만 제공하다가 2011년부터 무료 콘텐츠를 추가하였다).

시간 차원의 교차보조는 미래의 내가 현재의 나를 보조하는 경우이다. 넷플릭스의 영화 스트리밍 서비스($7.99/월), 아마존 프라임과 같은 유료 서비스를 최초 1개월간 공짜(free trial)로 제공하는 경우나 유료 소프트웨어를 한시적으로 공짜로 제공하고 추후 유료 업그레이드를 유도하는 경우가 이에 해당된다.

두 가지 차원이 동시에 적용되는 경우로는 공짜 스마트폰이나 원가에 판매되는 아마존 킨들을 들 수 있다. 공짜 스마트폰의 경우 유료 음성/데이터 서비스를 2년간 가입함으로써, 아마존 킨들은 나중에 유료 전자책을 구매함으로써 미래의 내가 현재의 나를 보조하게 되는 것이다. 이러한 경우는 대부분 공짜인 제품과 유료 제품이 보완재(補完財, complement goods)[2]이다. 또 다른 예로는 넥

---

2) 두 재화를 따로따로 소비했을 때의 효용을 합한 것보다 함께 소비했을 때의 효용이 증가하는

슨의 메이플 스토리와 같이 부분 유료화 게임을 들 수 있다. 이러한 게임의 경우 공짜로도 게임을 즐길 수 있으나 시간을 절약하려하거나, 더욱 강해지려하거나, 잘 꾸미기 위해서는 유료 게임아이템을 구매할 수밖에 없다.

② 유료사용자가 나에게(From Person to Person)

유료사용자가 지속적으로 공짜사용자를 보조하는 경우이다. 대표적인 사례로 freemium을 들 수 있다. freemium은 free와 premium의 합성어로 기본적인 서비스는 공짜로 제공하고 추가적인 서비스를 유료화하는 비즈니스 모델이다. 예를 들어, 노트 서비스인 에버노트와 클라우드 문서 서비스인 구글 드라이브의 경우 대부분의 사용자는 공짜로 사용한다. 하지만 다른 사용자들과 협업이 필요하거나 사용량이 많은 헤비유저의 경우 유료버전을 사용한다.

freemium 모델이 앞에서 설명한 내가 나를 보조하는 경우와 다른 점은 대부분의 공짜사용자는 공짜사용자로 머문다는 것이다. 공짜가 미끼가 아니고 지속적인 가치를 제공하는 것이다. 따라서 대부분의 사용자들은 기본 서비스가 제공하는 가치에 만족하여 돈 한 푼 내지 않고 서비스를 사용하며, 약 5% 정도의 일부 사용자들이 돈을 내고 사용하는 게 되는 것이다.

또 다른 사례로는 고객의 유형에 따라 다른 가격을 받는 경우이다. 예를 들어, 일부 온라인 데이팅 서비스에서는 여자는 공짜이고 남자는 유료이다. 구글의 클라우드 서비스인 구글 앱스(google apps)의 경우 학교의 경우 공짜이고 일반 기업의 경우에는 유료이다. 이처럼 일부 단체(대부분의 경우 돈이 없는)는 공짜인 경우도 유료사용자가 지속적으로 공짜사용자를 보조하는 경우라 할 수 있다.

③ 제3자(3rd Party)가 나에게(From Party to Party)

직접적으로 서비스를 사용하지 않는 제3자가 서비스를 사용하는 모든 (공짜) 사용자를 대신하여 돈을 내는 경우이다. 라디오나 TV와 같은 전통적인 미디어의 광고 모델이 대표적인 사례이다. 이를 3자 시장(three-party market)이라고도

재화를 '보완재'라고 한다. 보완관계에 있는 두 재화 중 한 재화의 수요가 증가하면 다른 재화의 수요도 증가하고, 한 재화의 가격이 상승하면 두 재화의 수요 모두 감소하는데, 커피-설탕, 펜-잉크, 바늘-실, 버터-빵을 예로 들 수 있다[네이버 지식백과].

하는데 서비스 제공자(TV 방송국)와 서비스 사용자(시청자)의 양자 간의 거래에 제3자(광고주)가 서비스 사용자를 대신하여 돈을 내는 시장이다. 대부분의 경우 제3자는 서비스 사용자가 (잠재)고객이어서 장기적으로 보면 서비스 사용자가 돈을 내는 것이나 마찬가지이다.

인터넷 경제에서 3자 시장의 대표적인 사례로 구글(Google)의 광고 플랫폼인 애드워즈(adwords)를 들 수 있다. 광고주는 애드워즈를 이용하여 구글에 검색 광고 또는 컨텍스트 광고를 내고 이 광고가 클릭될 때에 광고비를 지불한다. 덕분에 구글 사용자는 공짜로 구글의 다양한 서비스를 즐길 수 있는 것이다. 구글은 여기서 한 걸음 더 나가 애드센스(adSense)라는 서비스를 기반으로 자신의 광고플랫폼을 구글밖의 서비스(예: 뉴스 사이트, 개인 블로그 등)로도 확장함으로써 3자 시장이 아니라 4자 시장을 만들었다고도 할 수 있다.

페이스북이나 동영상 스트리밍 서비스인 훌루 등 인터넷 상의 많은 서비스들이 제3자의 보조에 기반을 둔 수익 모델을 가지고 있다. 하지만 전통적인 미디어의 광고 모델과는 달리 매우 다양하고, 효과를 측정할 수 있으며, 확장 가능한 형태로 진화하고 있다.

④ 시장이 나에게(From Monetary Market to Non Monetary Market)

서비스 제공자가 모든 (공짜)사용자를 보조하는 경우이다. 서비스 제공자가 자신의 서비스를 돈이 아닌 것을 대가로 받고 서비스를 제공하는 것이라 할 수 있다. 첫째는 자신이 가진 정보/지식 등을 공짜로 다른 사람들과 나누는 것이다. 자신이 가진 것을 아무 조건 없이 나누고 만족감을 얻거나 장기적으로는 명성을 얻기도 한다. 위키피디아나 리눅스와 같은 사례가 이에 해당한다. 이러한 시장을 선물 경제(gift economy)라고 부르기도 한다. 둘째는 사용자로부터 돈이 아닌 다른 것을 요구하는 경우이다. 사용자의 노동력, 시간, 개인정보, 영향력 등을 요구하고 서비스를 제공하는 경우이다. 이를 물물교환 경제(barter economy)라 할 수 있다. 예를 들어, 구글이 전화번호 안내 서비스를 무료로 제공한 것은 사용자로부터 음성인식 시스템을 향상시키는 데 필요한 데이터를 얻기 위해서였다. 또 다른 예로는 앱이나 리포트를 트위터의 리트윗이나 페이스북의 '좋아요'로 사는 것이다. 블로그를 통해서 공짜로 지식과 정보를 나누는 것은 많은 독자들의 관심을 끌고 궁극적으로는 세상에서의 명성을 얻기 위한 것이라고 할 수 있다.

2 미디어 서비스의 수익 모델[3]

전통적인 미디어 서비스의 수익 모델은 이용자로부터 직접적으로 대가를 받거나, 제3자인 광고주로부터 광고수입을 받았다. 앞 절에서 본 양면 시장의 수익모델 중 '제3자가 나에게' 형태만 발전되었던 것이다. 아래 [그림 7-1]에서는 전통적인 미디어의 수익 모델을 그림으로 나타내었다. 전통적인 미디어의 수익 모델은 광고 수익 모델이나 유료 시청료(구독료) 모델이다.[4]

| 그림 7-1 | 미디어 시장 수익 모델 |

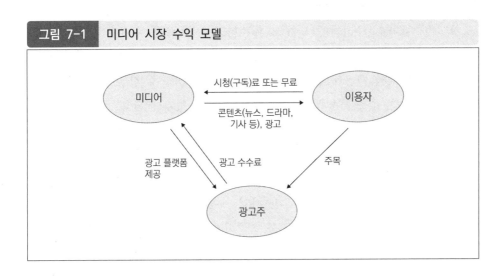

---

3) 본 절에서 지상파방송사의 재원에 대한 내용에서 많은 부분은 Collins(1988)과 스가야 미노루·나카무라 기요 편저(2003; 52-59쪽, 67-69쪽)에서 가져와서 정리하였다.
4) 2000년대 들어서 시청료라는 용어는 거의 사용하지 않고 수신료라고 통일되어 사용하고 있다.

1) 지상파방송사의 주파수 배분과 사용

지상파방송사는 희소한 자원인 주파수를 사용하고 있다. 주파수 자원이 어떻게 배분되어야 하고, 또한 사용에 대한 대가를 어떻게 부과해야하는가라는 과제가 있다. 경제학자들은 이 과제의 해결 방안으로 시장의 가격 기제(메커니즘)를 떠올릴 것이다. 그러나 영국을 포함한 유럽국가(이를 답습한 일본, 한국) 등에서 이 가격 기구를 이용하지 않았다. 영국의 경우 선착순으로 주파수를 배분하고, 행정비용을 근거로 허가료를 받았다. 그리고 주파수사용료는 주파수의 가치를 반영하여 받지 않고, 관련된 행정비용을 받는 정도였다. 한국에서 SBS와 지역민방을 허가할 때 정부가 제안서를 심사하여 결정하였고, 행정비용을 근거로 허가료를 받았다. 한국에서는 주파수사용료를 받는 대신 광고수입의 일부를 방송통신발전기금으로 징수하고 있다. 주파수를 국가가 배분하고, 사용료도 국가가 징수하고 있다. 지상파방송사는 희소한 자원을 배분받아 이용하는 대신에 공익에 봉사해야 하는 책무를 부담한다.

희소한 주파수를 허가에 의해서 배분하고, 사용료를 주파수의 경제적 잠재가치와 무관하게 부과함으로 인해서 두 가지 문제가 일어난다. 우선, 기회비용을 무시함으로써 사용자가 주파수를 최대로 사용하도록 정부가 강제하지 않고, 이로 인해서 효율성이 상실된다. 다른 하나는 허가에 의한 주파수 할당은 잠재적인 사용자를 배척하게 된다. 주파수 할당으로 인해서 진입장벽이 만들어진다.

만약 정부가 방송용 주파수를 통신용 주파수와 같이 입찰하는 등의 가격 기구를 이용하는 경우를 상정해보자. 가격 기구는 행정적인 판단을 시장의 판단으로 대체하게 되고, 경제적 가치를 반영하게 된다. 가격 기구는 이점을 가지고 있다. 첫째로, 사용자는 주파수를 보다 경제적으로 소비하려는 유인을 갖게 된다. 주파수의 사용과 가치를 연결시키기 때문에, 가격 기구는 분배적 효율성을 가져온다. 현재 한국은 사용가치가 반영되지 않는 간접적인 부담금을 받고 있다. 지상파방송사부터 받고 있는 방송통신발전기금 징수액은 주파수사용료를 받을 경우에 비해서 적을 가능성이 크고, 지상파방송사의 자원 배분을 왜곡시키고 있다.

주파수 사용권을 경매할 경우에 분배적 효율성이 증가하고, 현재의 적절성에 대해서 의문이 있는 기금 징수방식을 대체할 수 있다. 주파수 사용으로 인한 예상 이윤이 입찰가격에 반영될 것이다. 정부가 지상파방송사에 부과하는 공적 서비스를 면허 요건에 포함할 수 있고, 공적인 의무는 입찰가격의 할인으로 반영될 것이다. 1985년 BBC의 재원구조를 검토한 피콕위원회가 주파수 입찰제를 제안한 바 있다.

한국의 경우 방송용 주파수의 대가를 받지 않음으로 문제가 발생하였다. 한국의 경우 2014년에 양질의 주파수 대역인 700MHz 주파수를 통신용과 방송용으로 사용하기로 계획하였다. 그러나 정치권이 개입하여 이 계획을 무효화시키고 방송용으로 우선 할당하도록 하여 통신용으로 사용이 어렵게 되었다. 2014년부터 지상파방송사는 700MHz 주파수를 UHD 방송용으로 요구하였고, 방통위가 2016년 8월에 지상파방송사에 할당하였다. 한편 지상파방송사가 UHD 방송에 적절한 투자를 하지 않고 있고, 또한 UHD 방송을 수신할 수 있는 여건이 마련되어 있지 않다. 2019년에 국회의원들이 UHD방송이 제대로 되지 않고 있다고 지적하고 있지만, 2014년과 2015년에 여야 국회의원들은 700MHz 주파수를 지상파방송사에 우선 할당해야 한다고 주장하였다.

주파수를 보다 많이 사용하려고 하고, 주파수를 이용하는 기술이 발전함에 따라, 가격 시스템을 이용하지 않는다면 주파수 할당 계획은 더욱 어려워질 것이다. 그러나 시장 메커니즘도 문제점을 가지고 있다. 방송 주파수 입찰제는 세 가지 측면에서 검토가 필요하다. 첫째로, KBS나 BBC와 같은 공영방송에는 적용하기 어렵다. KBS나 BBC는 준조세성격의 수신료라는 고정된 수입을 가지고 있기 때문에 경쟁 입찰에 참여하기 어렵다. 공영방송사의 경우 무료로 주파수를 할당하고, 공익적인 역할을 확실히 부여하면 될 것이다. 둘째로, 지상파방송사 간의 경쟁이 제한적이라는 점이다. 대부분의 국가에서 지상파방송 채널은 5개 내외로 제한되어 있고, 정부가 이 채널수를 유지할 경우에 자유 시장 원리가 작동하지 않을 것 같다. 그러나 다채널 방송과 인터넷 방송이 도입된 현시점에 방송 시장의 경쟁은 지상파방송사 간에만 일어나지 않게 때문에 이 문제는 더 이상 고려하지 않아도 된다. 셋째로 최고가로 낙찰된 기업이 자기의 입지를 극대로 이용하여 최대의 수입을 얻으려는 데 있다. 저렴하거나 자극적인 프로그램을 제공하는 등 지나치게 상업성을 추구할 가능성이 있다. 그러나 이윤을 극대화하기 위해서 저렴하거나 자극적인 프로그램을 제공하는 것이 최선의 전략이 아니므로, 그다지 우려하지 않아도 된다. 따라서 주파수 경매제의 걸림돌은 민영 지상파방송사에게 공익적 역할을 부여할 경우에 소요되는 비용을 어떻게 감면할 것인가만 남게 된다.

2) 지상파방송사의 재원

지상파방송의 비배제성으로 인해서 이윤을 추구하는 사업자가 시청자로부터 직접적으로 사용료를 받거나 이윤을 실현하기 어렵다. 또 방송 서비스의 비경합성으로 한계비용이 지속적으로 하락하는 사실과 경제학에서 가격을 한계비용으로 설정한다는 사실을 결합하면, 요금수준은 거의 0에 가까운 한계비용을 반영하여야 한다. 요금을 받기도 어렵지만 거의 0에 가까운 요금을 징수하는 비용이 더 클 가능성도 있다. 이것이 지상파방송 서비스의 공공재적 특성으로 인한 시장 실패이다. 재원문제에 대한 어떠한 해결책도 차선일 수밖에 없다. 여기서 차선이라는 것은 경제학에서 말하는 최적 조건인 한계조건이 위배되고 기술적으로 비효율성이 발생할 수 있다는 의미이다.

전형적인 방송의 재원으로 준조세인 수신료, 광고, 유료수신료의 세 가지 대안이 있다. 세 가지 모두 파레토 후생경제학의 기준에서 비효율적이다. 각각은 고유의 차선의 최적결과를 가지고 있다. 유료TV는 소비자의 선호를 보다 잘 반영할 수 있지만, 유료요금은 한계비용과의 즉각적인 괴리를 가져오기 때문에 가장 비효율적이다. 유료TV는 적절한 수준보다 요금이 높고 적게 공급된다.

방송의 재원으로 비전형적인 보조금과 상품판매 광고(인포머셜)가 있다. 방송사의 운영에 보조금을 지급하는 주체는 종교재단, 정부나 지방자치단체, 정치 집단 등이 있을 수 있다. 보조금으로 운영되는 방송사는 이용자에 소구하는 프로그램을 편성할 이유가 없기 때문에 편파적인 내용을 담은 프로그램이나 불공정한 보도를 할 가능성이 있다. 상품판매 광고(인포머셜)를 하는 방송사는 홈쇼핑TV 채널과 영세한 PP이다. 영세한 PP들은 낮은 시청률로 인해서 광고를 판매하기 어렵기 때문에 상품을 판매하는 광고(인포머셜)를 편성한다. 지상파방송사인 EBS의 경우에 교재판매 등 출판 사업이 전체수입의 32%(2018년)를 차지한다. 종편 채널 등 일부 PP의 경우 건강식품을 소개하는 프로그램과 동시간대에 홈쇼핑 채널에 동일한 건강식품을 판매하는 연계편성을 하는 경우가 있는데, 이것도 상품판매 광고에 포함시켜야 할지는 의문이다.

준조세수신료와 광고를 통한 재원조달은 0의 요금이라는 조건을 거의 충족한다. 이것 때문에 준조세수신료와 광고가 현재까지 지상파방송 서비스의 재원으로 선호되어왔다. 이 사실을 특별히 강조해야 할 이유가 있다. 왜냐하면, 방송 서비스를 유료로 제공하는 것이 시장원리에 충실한 것이고, 바람직하다는 주장이 나올 수 있기 때문이다. 시장을 최우선에 두는 신자유주의가 팽배할 때 이러한 주장은 보다 강해질 것이다.

광고를 재원으로 삼는 방송은 불특정 다수의 시청자를 대상으로 가능한 한 시청률을 높이려 하기 때문에 인기가 높은 프로그램에 집중하고,[5] 그 결과, 방송사 간의 프로그램 차이는 없어져 방송 프로그램의 유사성이 높아진다. 또 광고 방송은 프로그램이 무료로 공급된다는 의미에서는 소비자 잉여는 최대화되지만, 시청자와 방송 사업자 사이에 직접적 시장이 존재하지 않으므로 시청자 선호와 지불 의사를 반영할 수 없다. 특히 최대공약수적인 방송 프로그램을 공급하는 광고 방송은 소수 시청자의 선호를 반영하지 않는다는 의미에서 소비자 주권에 반하게 된다. 광고 재원의 또 다른 문제점이자 가장 많이 지적되는 것은 광고주의 이해가 편성이나 프로그램에 반영될 수 있다는 점이다.

[5] 시청률을 높이기 위해서 선정적이고 폭력적인 프로그램을 제작하거나 편성한다는 주장도 있다. 그러한 선정적이고 폭력적인 프로그램이 그렇지 않은 프로그램에 비해서 상대적으로 시청률이 높다는 것은 실증적으로 검정되지 않는다.

한편, 유료수신료에 의해 유지되는 유료방송 시장은 시청자의 지불 의사를 반영한다. 유료방송사는 시청자와의 직접거래를 통해 계약자수나 유료 프로그램의 계약비율, 그 계약자의 여러 가지 속성 등 유료방송의 경영에 필요한 데이터를 알 수 있다. 그런 의미에서는 통상의 재화, 서비스와 같은 마케팅이 가능한 구조로 되어 있다. 유료TV가 광고 재원TV보다 다양한 프로그램을 제공한다. 그런데, 유료이기 때문에 가격보다 낮은 지불의사를 가진 시청자는 배제된다. 만일 시청의 배제가 부담 능력이나 소득 격차에서 생긴다면 공평성 관점에서 문제된다. 또 유료방송 시장은 방송 프로그램의 차별화를 전제로 하기 때문에 독점적 경쟁의 특성을 띤다. 유료 시장으로 진입이 자유로울 경우에 독점적 경쟁 시장의 특징이 나타날 수 있다. 독점적 경쟁기업은 다양한 제품의 생산으로 소비자의 다양한 욕구를 충족시키므로 소비자의 후생이 증가한다. 동시에 최적 생산량보다 적게 생산되므로 초과 설비가 나타나게 된다.

3) 준조세 수신료

준조세 성격을 갖는 수신료로 운영되는 공영 지상파방송(BBC나 NHK와 같이)의 경우에 방송 프로그램에 대한 광고주나 정치적 개입의 여지를 줄이고 중립성이나 독립성을 유지한다는 점에서 뛰어난 제도이다. 수신료로 지원되는 TV방송사는 균형 있고 다양한 서비스(다양한 흥미와 욕망을 충족시키고, 다수뿐만 아니라 소수를 만족시키는)를 제공하는 것을 목표로 한다. 그러나 수신료도 역시 문제가 있다. 첫째로, TV는 거의 보편적으로 소유하고 있기 때문에, 수신료는 인두세와 유사하여 형평성이나 공평성에서 문제가 일어난다. 한국의 경우 사회적 약자에게 TV수신료를 감면해주고 있다. 둘째로, 시청자가 선호를 나타낼 시장 메커니즘이 없기 때문에,[6] 방송사가 수용자의 기호와 수요곡선을 알아내어 최적의 프로그램 선택을 해야 한다. 현실적으로 공영방송사는 수용자의 선호를

---

6) 공영방송의 경우에는 우선 그 수신료의 ① 부과 근거가 수상기의 보유에 있고 ② 수신료가 정액제이고, 수신료의 수준을 국회가 승인해야 하는 등의 이유 때문에 그 지불행동과 지불 금액에는 시청자의 지불 의사와 지불 의사의 정도가 반영되지 않는다.

알지 못하기 때문에 대체로 또한 역사적으로도 엘리트 문화의 경향을 보인다. 셋째로, KBS나 BBC와 같은 공영방송사를 의뢰인인 시청자를 위해 공급을 실행하는 대리인으로 파악한다면, 콘텐츠의 적절성뿐만 아니라 비용과 효율성에 대해서도 정보의 비대칭성이 존재한다. 공영방송사가 생산 효율성을 달성했는지 여부를 시청자가 판단할 수 없는 대리인의 문제가 발생한다.

넷째로, 시장이라는 판단 기준이 없기 때문에 공영방송사의 재원규모의 어느 수준으로 결정하는 것이 최적인지를 알 수 없다. 이 결정은 경제적이 아니라 순전히 정치적으로 결정된다. 공영방송사의 재원은 경제적인 이유가 아니라 정치적인 이유로 과소 공급되는 경향이 있다. 그 이유 중 하나는 수신료의 수준이 상대적으로 오랜 기간 고정되는 경향이 있고, 수신료 수준의 결정에 영향을 미치는 국회의원 등 엘리트 여론 주도자들은 대중의 저항을 두려워하여 수신료를 필요한 수준으로 인상하는 것을 꺼리게 되며, 여론 주도자들은 (여러가지 선택 중에서) 공영방송사의 적정한 재원에 크게 관심이 없다.

공영방송의 재원을 적정한 수준으로 보장해주는 것이 복지, 교육, 국방보다 사회적 필요성이나 중요성이 낮다고 쉽게 판단할 일은 아니다. 광고주로부터 독립되고 정치적으로 중립적이며 가짜 뉴스나 정보를 걸러주는 방송이 예전보다 더 중요해진 측면도 있다. 왜냐하면 광고주에게 봉사하거나 특정 정치 세력에 봉사하는 방송이 많고, 가짜 뉴스나 정보가 쉽게 동영상매체를 통해서 유포되고 있기 때문이다.

영국의 피콕(Peacock, 1996)은 BBC의 재원을 검토한 보고서에서 수신료제도가 안고 있는 문제점을 해결하는 방법의 하나로 '공공서비스방송기금(public service broadcasting fund)'을 제안하였다. 이 경우 수신료는 독립적인 공공방송기관의 재원이 아니라 공공성이 높은 프로그램을 제작·방송하기 위한 기금으로 사용된다. 즉, 공적인 방송기관이든, 민간방송이든 국가 자산인 주파수 대역을 이용하는 이상, 어떤 방송 사업자나 기본적으로 공공성이 높은 프로그램을 방송할 의무(public-service obligations)를 진다면, 수신료는 공공성이 높은 프로그램의 공급에 사용되어야 한다는 것이 공공서비스방송기금 안이다. 한국의 방송법에서 민간방송 사업자도 공적인 의무를 수행하도록 규정하고 있고 지상파방송사를 포함한 종합편성을 행하는 보도·교양 및 오락에 관한 방송 프로그램을 포함하여야 하고 편중되지 않아야 한다고 규정하고 있다. 이 기금을 이러한 활동을 지원하는 데 사용하게 된다. 만일 공공서비스방송기금을 목표로 한 콘텐츠 경쟁이 생긴다면 양질의 프로그램이 보다 많이 편성될 것으로 기대된다.

4) 광고 재원

많은 지상파방송 사업자의 주된 수입은 광고판매수입이다. 지상파방송사가 광고수입을 획득하는 과정을 보면 간단하지 않다. 지상파방송사는 먼저 시청자에게 방송 프로그램을 제공하고, 시청자의 주목을 만든다. 이렇게 만든 시청자의 주목을 광고주에게 판매하는 것이다. 지상파방송사가 광고수입을 늘리기 위해서는 프로그램을 시청자에게 제공한 다음 주목을 많이 생산해야 한다. 주목을 계량하는 도구가 시청률이다. 지상파방송사는 수익을 높이기 위해서는 시청률이 높을 것으로 예상되는 프로그램을 기획하거나 구매하여 시청자에게 제공해야 한다. 이러한 행태는 일반적인 농산물이나 공산품의 수익 모델과는 전혀 다르다. 농산물과 공산품은 실물을 제공한 대가를 받는다. 이들의 가격은 공급자와 수요자가 다수인 경우에 시장에서 수요와 공급에 따라서 결정된다.

그러나 지상파방송사는 3~4개로 소수이므로, 지상파방송사가 제공하는 광고의 가격은 시장에서의 수급상황에 따라서 결정되지 않고, 관련 당사자 간의 협의에 의해서 결정된다. 지상파방송사의 광고가격은 공급자인 지상파방송사, 수요자인 광고주 그리고 방송 광고판매대행사가 모여 결정한다. 지상파방송사의 채널별·시간대별·프로그램별 프로그램 광고와 스팟 광고의 가격이 사전에 결정되고, 특정 광고를 광고주가 통상 광고대행사를 통해서 구매하게 된다. 현재 모든 매체 중에서 지상파방송사가 소비자에게 도달하는 범위가 가장 넓고 가장 이용시간이 많은 매체다. 따라서 광범위한 대중에게 신제품을 알리고 싶

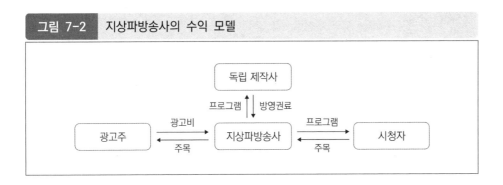

그림 7-2 지상파방송사의 수익 모델

은 광고주에게 지상파방송사는 가장 효율적인 광고 수단이다. 하지만, 지상파방송사를 통한 광고의 효과를 측정하기가 어렵고, 목표 고객층이 좁은 상품을 판매하려는 광고주에게 지상파방송 광고는 상대적으로 비싼 광고 수단이다.

지상파방송사의 수입에서 광고수입 이외의 수입이 증가하고 있다. 방송 시장에서 채널이 증가하고, 본방을 놓치더라도 보고 싶은 프로그램을 보는 수단이 증가하여 지상파방송사의 시청률이 하락하여 광고수입이 정체되거나 감소하고 있다. 하지만 지상파방송사는 PP 채널이나 VOD로 프로그램판매수입이 증가하고 있고, 유료방송사에게 채널을 재전송하여 받는 재전송료수입이 증가하고 있다.

5) 유료방송사의 수신료수입

유료방송사인 케이블TV, 위성방송, IPTV의 주된 수입은 가입자로부터 받는 수신료수입이다. 유료방송사는 채널사용 사업자로부터 채널을 구매하고, 구매한 채널을 시청자에게 제공한 대가로 수신료를 받는다. 미국, 영국, 일본, 한국 등 많은 국가에서 유료방송사가 채널사용 사업자로부터 채널을 구매한 대가로 [그림 7-3]과 같이 채널사용 사업자에게 채널사용료를 지불하고 있다. 하지만 독일 등 일부 유럽 국가에서는 유료방송사가 채널사용 사업자의 채널을 시청자

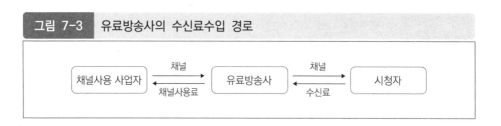

그림 7-3   유료방송사의 수신료수입 경로

에게 전달해주는 네트워크로서의 역할이 강조되어 유료방송사가 채널사용 사업자로부터 음의 채널사용료(즉, 전송료)를 받는 경우도 있다. 그 이유는 유료방송사가 자사 채널을 시청자에게 전달해주는 편익이 채널을 제공하는 편익보다 더 크다는 데 동의하기 있기 때문이다. 하지만 독일 등 유럽국가에서도 최근에는 채널의 가치를 더 중시하여 유료방송사들이 채널사용 사업자로부터 전송료를 받기보다는, 채널사용 사업자에게 채널사용료를 지불하는 사례가 증가하고 있다.

유료방송사가 취하는 수입은 수신료가 대부분이지만 이외에도 유료채널수입의 일부, VOD수입의 일부, 광고수입, 셋탑박스 임대료 등이 있다. 캐치원등 영화채널, 스파이스 등 성인채널, 키즈톡톡플러스와 같은 교육 채널은 가입자로부터 별도의 요금을 받는데(이를 유료채널이라고 한다), 유료방송사들은 이들 유료 채널을 전송해주는 대가를 받고 있다. 유료방송사가 월정액 또는 편당 과금 형식으로 가입자에게 판매하는 VOD수입을 유료방송사가 거두어 일정액의 수수료를 떼고, 프로그램 공급자에게 지불한다.

한국의 유료방송사는 외국의 유료방송사와는 달리 광고수입을 획득하고 있다. 유료방송사가 편성하는 채널의 광고는 통상 채널사용 사업자가 광고주에게 판매하여 채널사용 사업자의 수입이 된다. 그런데 한국에서는 케이블TV가 출범하던 초기에 채널사용 사업자들이 광고시간의 1/10을 종합유선방송사가 사용할 수 있도록 하였고, 종합유선방송사는 해당 지역의 음식점, 예식장 등에게 광고를 판매한다(업계에서는 이를 큐톤 광고라고 한다). 그리고 유료방송 가입자들이 이용하는 셋탑박스를 임대해주는 형식으로 지급되기 때문에 유료방송사들은 임대료를 받게 된다.

6) 유료 미디어에서 가격결정방법

미디어 서비스를 제공하는 기업이 가격을 어떻게 설정하는 지를 알아보자. 경제학에서 가격과 수량은 수요곡선과 공급곡선이 만나는 지점에서 결정된다고 한다. '수요가 증가하면 가격이 증가하고 공급이 증가하면 가격이 감소한다'는 것은 경제학에서 금과옥조이다. 완전경쟁 시장에서 개별 기업은 시장에서 결정된 가격을 받아들일 수밖에 없다. 그러나 완전경쟁 시장은 현실에서 거의 존재하지 않고 특히 미디어 서비스 시장은 완전경쟁 시장이 아니다. 왜냐하면 미디어 서비스의 경우 동질적이지 않고 차별적이며, 공급자가 제한되어 있으며, 진입이 자유롭지 않은 경우가 많다. 미디어 서비스 기업은 이윤을 극대화하기 위해 한계비용곡선과 한계수입곡선이 만나는 지점의 공급량과 가격을 선택해야 한다. 경제학의 이 가르침은 개별 기업의 입장에서 가격과 공급량을 결정하는데 있어서 개념적인 함의를 제공하지만 실용적이지 않다. 왜냐하면 대부분의 기업은 자기 상품의 공급곡선과 수요곡선을 모르기 때문이다. 따라서 대부분의 기업은 경영학이 가르쳐 주는 가격결정방식을 이용하게 된다. 가격결정방법에는 여러 가지 종류가 있지만, 여기서는 그 중에서 가장 기본적인 방법 네 가지(원가기준법, 목표수익률 기준법, 경쟁기준법, 지각된 가치기준법)를 알아보자.[7]

(1) 원가기준법

원가기준법(cost-plus pricing 또는 markup pricing)은 상품의 원가에 일정비율의 이익을 더하여 가격을 결정하는 방법이다. 예를 들어, 어떤 상품의 변동비가 단위당 10만 원이고 고정비가 60억 원이라고 하자. 그리고 이 상품의 예상판매량이 10만개라면, 이 상품의 단위 원가는 다음과 같다;

---

7) 경영학적인 가격결정방법의 내용은 https://fastinformation.tistory.com/45 [빠정빠소]을 인용하였다(2019.7.4.)

$$단위원가 = 변동비 + 단위당고정비$$
$$= 10만 \ 원 + 60억 \ 원/10만개 = 16만 \ 원$$

이 상품을 판매해서 20%의 이익을 얻고자 한다면, 이 상품의 가격은 다음과 같이 결정된다;

$$가격 = 단위원가/(1 - 희망이익률) = 16만 \ 원/(1 - 0.2) = 20만 \ 원$$

이 방법은 단순하다는 장점 때문에 많은 품목의 가격을 결정해야 하는 유통업자들이 주로 이용하고, 군수 산업이나 건설 산업에서도 종종 이용된다. 그러나 다음과 같은 단점들을 갖고 있어서 종종 비판의 대상이 되고 있다. 우선 고객의 관점을 완전히 무시하고 있다. 즉, 고객이 이 상품에 대하여 어느 정도의 가치를 느끼며, 얼마정도를 지불하려고 하는지를 전혀 고려하지 않는다. 이 방법에 의하여 결정된 가격은 고객이 지불하려고 하는 가격보다 훨씬 낮아지거나 높아질 가능성이 있다. 둘째로, 경쟁자의 가격이나 원가에 대한 고려도 전혀 하지 않고 있다. 셋째로, 논리적인 결함을 안고 있다. 단위 원가는 판매량에 따라 달라지기 때문이다. 그러므로 판매가격을 정하기 위하여 단위 원가를 계산한다는 것은 논리적으로 모순이다. 군수 산업이나 건설 산업처럼 판매수량이 계약에 의하여 결정되어 있는 경우에는 문제가 없지만 판매수량이 가격에 의하여 영향을 받는 경우에는 부적절하다.

(2) 목표수익률 기준법

목표수익률 기준법(target-return pricing)이란 목표로 하고 있는 투자수익률(Return On Investment, ROI)을 달성할 수 있도록 가격을 결정하는 방법이다. 앞의 예에서 나온 회사가 그 상품을 만들기 위하여 총 200억 원을 투자하였고, 이 투자금액에 대하여 10%의 투자수익률을 얻기를 원한다면, 이 상품의 가격은 다음과 같이 결정된다;

$$가격 = 단위원가 + (목표\ 투자수익률 \times 투자금액)/예상판매량$$
$$= 16만\ 원 + (0.1 \times 200억\ 원)/10만개$$
$$= 18만\ 원$$

이 방법의 장점 및 단점은 원가기준법과 동일하다. 이 방법은 시장 내에서 독점적인 지위를 갖고 있고, 투자자들에게 적절한 이익을 제공해야 하는 의무를 안고 있는 정부 투자기관이나 공기업들에 의하여 많이 사용된다. 1995년에 정부가 케이블TV의 가격을 결정하고, 3분할 사업자 간에 분배율을 결정할 때 이 방법을 이용하였다.

(3) 경쟁기준법

경쟁기준법(going-rate pricing)은 경쟁자의 가격을 기준으로 동일한 수준이나 아니면 조금 높거나 낮도록 가격을 결정하는 방법이다. 예를 들어, 소수의 대기업들이 시장을 지배하고 있는 철강, 정유, 제지, 비료 등의 시장에서는 모든 기업들이 동일한 가격을 매기고 있는 것을 발견할 수 있다. 이런 산업에서는 리더 회사가 가격을 변경하면, 나머지 회사들은 이것을 따라가는 패턴을 보이고 있다. 이 방법은 가격경쟁을 최소화할 수 있다는 장점을 갖고 있는 반면에, 고객측면을 전혀 고려하지 않는다는 단점을 갖고 있다. 한국의 케이블TV방송사가 1998년 6월부터 저가 티어링을 도입하여 가격을 결정할 때 이 방법을 적용하였다.[8] 케이블TV방송사는 저가 티어의 경쟁 서비스인 중계유선방송의 가격을 고려하여 월 3천원~4천원 정도의 가격을 설정하였다. 그리고 위성방송과 IPTV 사업자가 수신료를 결정할 때 기존의 디지털 케이블TV 서비스의 가격을 고려하였다. 이 사업자들이 경쟁기준법 또는 '지각된 가치기준법'을 이용하였을 것이다.

[8] 국내 케이블TV 티어링은 1995년 케이블TV를 도입하면서 모든 채널을 의무적으로 송신하도록 규정하고 가격도 월 15,000원으로 정함으로써 티어링은 원천적으로 불가능하였다. 케이블TV 가입자 증가가 예상보다 저조하고, 중계유선 상품에 대한 경쟁력 있는 상품 도입의 필요성을 느낀 일부 SO에서는 티어링을 도입하기 시작하였다.

(4) 지각된 가치기준법

　가치란 '고객이 어떤 상품으로부터 얻는 편익과 그 대가로 지불하는 비용의 차이'라고 정의할 수 있다. 지각된 가치기준법(perceived-value pricing)이란 이처럼 고객이 지각한 가치를 기준으로 가격을 결정하는 방법을 가리킨다. 이 방법은 대개 다음과 같은 절차를 거친다. 첫째로, 우리 상품과 비교의 기준이 될 준거 상품(reference product)을 선정한다. 이것은 대개 고객이 이미 사용하고 있는 상품이거나 아니면 경쟁자의 상품이 된다. 둘째로, 준거 상품 대신 우리 상품을 사용함으로써 고객이 얻게 될 경제적인 편익의 증가분(incremental economic benefits)을 화폐단위로 계산한다.

　셋째로, 이 값이 0보다 크다는 것을 전제로, 적절한 가격수준을 결정한다. 이때, '우리 상품의 가격＝준거 상품의 가격'이면 우리 상품을 사용함으로써 고객이 얻게 되는 경제적 편익의 증가분을 모두 고객에게 돌려주는 것이 되고, 반대로 '우리 상품의 가격＝준거 상품의 가격＋경제적 편익의 증가분'이면 우리 상품을 사용함으로써 고객이 얻게 되는 경제적 편익의 증가분을 모두 우리가 갖게 되는 것이 된다. 그러나 실제로 가격수준은 이 중간의 적절한 선에서 결정되는 것이 보통이다. 고객이 지각한 가치를 측정하는 방법에는 여러 가지가 있다. 산업재의 경우에는 베타테스트(beta test)나 산업공학적인 방법들이 이용되며, 소비재의 경우에는 설문조사나 컨조인트 분석(conjoint analysis)과 같은 마케팅 조사 기법들이 이용된다. 지각된 가치기준법은 고객의 관점에서 출발하지만, 경쟁 상품의 특성과 우리 회사의 원가를 모두 고려한다는 점에서 앞서 나온 다른 가격결정방법들보다 우월하다. 실제로 점점 더 많은 기업들이 이 방법을 가격결정에 도입하고 있으며, 앞으로 더 널리 이용될 것으로 전망된다.

⬜3 콘텐츠의 수익 모델

1) 방송 프로그램의 유통수입[9]

방송 프로그램의 외주 제작 초기인 1990년대에는 방송사가 제작사에게 프로그램의 제작을 하청하는 구조였다. 외주 제작사는 제작한 프로그램의 권리 전체를 방송사에 주고, 방송사로부터 제작비의 100%를 받았다. 방송사가 프로그램을 기획하고, 방송사의 PD가 감독하고, 방송사의 제작 시설을 이용하였다. 외주 제작사는 운영인력의 인건비 등 간접비용을 조달하기 위해서 협찬 광고를 판매하였다. 방송 프로그램은 1990년대 말 이전에는 거의 수출되지 않았다.

하지만 1990년대 후반에 시작된 드라마의 수출이 2000년대에 들어오면서 급격히 확대되면서 드라마의 수익원이 다양해졌고, 이때부터 드라마에서도 수익 모델이 중요해졌다. 2002년 초에 국내에서 방송된 드라마 〈겨울연가〉가 일본에 수출되어 큰 성공을 거두어 수백억 원대의 수익을 안겨주었다. 〈겨울연가〉로 인해 방송사와 제작사는 해외 시장을 통해 커다란 수익을 거둘 수 있음을 알게 되었다. 방송사는 해외 시장에서 단순히 방송 판권만이 아니라 DVD, 소설 출간, 기념품, 공연 등 파생 상품 저작권이 수익이 되는 것을 알게 되었다. 제작사가 권리를 가지고 있는 OST를 통해서도 수익을 창출할 수 있음을 알게 되었다(김훈, 2011, 43~48쪽 정리).

2002년 이후 드라마 제작사가 드라마를 제작할 때 한국의 방송사로부터 편성 확약을 받는 동시에 일본 등 해외 유통회사에게 해외방영권을 선판매하였다. 파생 상품 저작권은 이 드라마가 성공할 경우에 활용할 수 있는 수익원이지만, 드라마의 주인공이 해당 국가에서 스타로 대접받는 경우에는 드라마 제작단계에서 파생 상품 저작권이 판매되는 경우도 있다.

정리하면 방송 프로그램의 유통수입으로는 ① 본방송이 방영되는 플랫폼

---

9) 김현수(2013)를 인용하고 보완함.

사로부터 얻는 1차 수익, ② 프로그램 종영 후 국내외 판권판매를 통한 2차 수익이 있으며 ③ 협찬수익, 간접 광고(PPL), 자막고지를 통한 수익이 있으며 ④ 인기 프로그램의 경우 OSMU수익이 발생한다. 이는 방송 프로그램을 제작한 사업자가 저작권을 모두 가지는 경우 얻을 수 있는 수익이다. 그러나 한국의 외주 제작사는 방송사와 프로그램 공급계약을 체결하면서 저작권을 방송사에 넘기고, 방송사가 2차 유통 등 저작권수입을 통해 얻는 수익을 공유하는 경우가 많다.

2) OSMU

OSMU(One Source Multi Use)는 하나의 원작이 다양한 분야나 장르로 활용되며 부가가치를 극대화하기 위한 전략수단이다. 기존의 콘텐츠를 다른 문화콘텐츠 장르 성격에 맞게 재가공하여 새로운 파생 상품을 만들어 수익을 창출하는 활동을 말한다. 하나의 원천 콘텐츠를 개발하여 다양한 시장과 미디어에 활용함으로써 가치창출의 극대화를 위한 비용을 감소시키며, 불확실성의 위험을 관리하고, 시너지효과를 높일 수 있는 전략이다.

OSMU 전략으로는 창구화(windowing), 장르 전환(adaptation), 관련 상품판매(merchandising), 브랜드 창출 효과 등이 있다.[10] 시각화되지 않은 문학 작품을 원천 소스로 이용할 경우에 OSMU를 하려면 시각화와 영상화의 과정을 거쳐야 하는 데 비해서, 영상이나 그림이 있는 드라마, 영화, 만화, 웹툰 등을 원천 소스로 이용할 경우에는 그 자체를 활용하여 OSMU를 할 수 있다([그림 7-4] 참조). 창구화는 콘텐츠를 시간적으로 계열화함으로써 수익을 창출하는 방식이다. 하나의 콘텐츠를 창구별(매체별)로 노출시점을 달리해 수익 극대화를 지향하는데, 신규 시장 창출 효과가 없어 장르 전환에 비해서 큰 수익을 기대할 수 없지만, 추가되는 투자액이 적으므로 안정적이다.

---

10) 박기수(2008, 7쪽)가 OSMU의 전략을 이와 같이 구체화하였다.

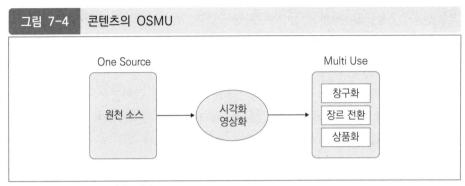

그림 7-4 콘텐츠의 OSMU

출처: 한혜경(2015, 13쪽)을 변형.

장르 전환은 원천 콘텐츠를 다른 장르의 콘텐츠를 제작하는 것을 말한다. 장르 전환을 하는 데 있어서 전략적으로 두 가지 요인을 고려해야 한다. 첫째로, 원작을 어느 장르로 전환해야 하는가? 만화나 웹툰의 원작의 경우 드라마, 영화, 애니메이션, 뮤지컬, 게임, 캐릭터 상품 등으로 전환이 이루어지는데, 우선적으로 어떤 장르로 전환되어야 하는지에 대한 판단을 해야 한다. 두 번째로, 장르를 전환할 때 원작의 어떤 요소를 유지하고, 강화되어야 하는가에 대한 판단이 필요하다. 전환되는 매체의 특성에 따라서 서사구조, 캐릭터의 변용, 영상이나 음악 등을 활용한다. 그리고 원작을 상징하는 시각적, 청각적 요소, 제작사/원작자, 사용자, 원산지 국가 이미지 등의 요소도 장르 전환시 고려해야 한다(김영재, 2012, 16쪽 정리).

상품화는 콘텐츠의 내용이나 소재를 상품으로 기획·개발해 관련 상품과 부가 상품 등으로 다양하게 활용함으로써 부가가치를 극대화하는 것이다. 콘텐츠의 모든 내용, 소재, 캐릭터, 소품, 배경이 상품화에 활용되는 것은 아니고, 콘텐츠의 브랜드 아이덴티티에 적합한 요소만을 활용하여야 관련 상품의 매출과 콘텐츠의 장기적 부가가치를 증대시킬 수 있다.

드라마 〈대장금〉은 드라마에서의 인기를 이용하여 소설(한국, 일본), TV애니메이션, OST, 비디오/DVD/VOD, 상품화, 뮤지컬 등으로 확장되었다. TV애니메이션 〈뽀롱뽀롱 뽀로로〉는 캐릭터 상품, 만화/서적, 홈비디오, 가족뮤지컬,

체험전, 극장용 애니메이션 등으로 확장되었다. 웹툰 〈와라! 편의점〉은 웹툰이 연재되던 기간(2008~2014년)에 일본어와 중국어로 웹툰을 서비스하였고(창구화), 출판만화, 어린이용 출판만화, 웹투니메이션, TV애니메이션, 웹게임과 모바일게임(이상 장르 전환)과 우유, 음료, 아이스크림 등 편의점 PB 상품, OST 상품(이상 상품화)을 출시하였다. 〈와라! 편의점〉은 배경공간인 '편의점'의 특성을 캐릭터와 결합해 OSMU를 진행하였다.[11]

3) 영상 콘텐츠의 창구화

영화, 방송 프로그램, 게임, 음악과 같은 콘텐츠는 복제하고 재활용하는 것이 매우 용이한 상품이다. 초판비용의 제작에 대부분의 비용의 들고, 이를 복제하는 데 소요되는 비용은 초판 제작비용의 1%도 소요되지 않고, 마케팅비용을 포함한 유통에 따른 비용을 포함하더라도 재판비용은 초판비용의 10% 미만이다. 따라서 콘텐츠 제작자들은 한 번 만든 콘텐츠를 다양한 유통창구를 통하여 많은 소비자에게 도달하려고 노력한다. 아날로그 미디어 시대에도 이러한 노력은 늘 있어 왔지만 디지털 미디어가 출현하면서 더욱 다양한 미디어로 유통이 가능해져서 유통창구에 대한 논의가 더욱 활발해졌다.

(1) 창구화란?

미디어 콘텐츠를 이용하더라도 사라지지 않고(비경합성), 한 번 방영하더라도 이를 보려는 시청자들이 존재한다. 다양한 수요를 가진 소비자들을 대상으로 똑같은 상품을 다른 공간이나 다른 시간대에 가격을 달리해서 판매하면 이용자수가 늘어난다.[12] 창구화 전략(windowing strategy)은 동일한 콘텐츠를 창구별(매체별)로 노출시키는 시점을 달리하여, 개별 창구별로 충돌을 전략적으로 피하고, 콘텐츠수익 창출 기간을 연장함으로써 수익을 극대화하는 방법이

---

11) 〈와라! 편의점〉의 내용은 한혜경(2015, 6~12쪽)을 정리함.

12) 다른 공간에 판매한다는 의미는 통상 외국에 판매하는 수출을 의미하고, 미디어 상품의 수출은 별도의 장에서 다룬다.

다.[13] 창구화는 모든 상품에서 효과적이지는 않은데, 비경합성을 가진 미디어 콘텐츠는 초기상품 개발 및 제작비용이 상대적으로 많이 들어가는 대신 한계비용은 무시할 수 있는 수준(MC≒0)이므로 창구화하기에 적절하다. 이론적으로 창구화로 인한 수입 증가가 여기에 소요되는 비용을 초과하는 한 창구화는 지속될 수 있다. 미디어 콘텐츠는 창구화를 통해서 규모의 경제가 시현된다.

창구화 전략은 지불의사가 다른 소비자를 대상으로 매체별로 배급시점을 달리해서 수입을 극대화하려는 전략으로 일종의 가격차별화 전략이다. 가격차별화는 특정 상품의 공급을 독점하고 있는 기업이 한 상품을 여러 다른 가격으로 판매하는 행위를 말한다. 가격차별이 가능하기 위해서는 세 가지 조건이 필요하다. 첫째로 소비자를 그 특성에 따라 두 개 이상의 상이한 집단으로 나눌 수 있어야 한다. 상이한 집단 간에 전매(轉賣)가 불가능해야 한다. 창구화의 경우 시간적 격차로 소비자를 분리하고, 수출의 경우 지역으로 소비자가 분리된다. 둘째로, 판매자가 가격결정력을 가지고 있어야 한다. 미디어 상품은 차별화된 상품이므로 판매자는 가격결정력을 갖게 된다. 셋째로, 수요의 가격탄력성에서 차이가 나야 가격차별화로 이윤이 증가한다.[14][15]

영화를 배급할 경우에 가장 체계적으로 시간차 배급을 하고 있다. 가장 지불의사가 높은 소비자들을 대상으로 먼저 극장에 유통시킨 후, 그 영화에 상대적으로 낮은 가치를 부여하는 소비자들에게 차후에 비디오 또는 방송을 통해 유통시킨다. 따라서 1인당 지불가격이 후속 창구로 갈수록 적어진다.

가격차별화를 하려면 가격을 인하하기 전에 최소한의 판매기간을 둬야 한다. 그렇지 않으면 먼저 비싼 가격에 상품을 구매하려는 수요자 층이 감소하기 때문이다. 가격인하의 기간을 단축시키면 지불의사가 낮은 소비자들은 가격인하를 기다렸다가 구매를 하게 된다. 즉, 너무 빨리 다음 창구에서 유통이 된다

---

13) 박기수(2008, 7~8쪽).

14) 미디어 상품에 대해 수요의 가격탄력성을 실증적으로 분석한 연구를 찾기 어렵다.

15) 수요의 가격탄력성은 가격이 1% 변화하였을 때 수요량이 몇 % 변화하는가를 나타낸 크기이다. 탄력성은 변수 x변화율에 대한 변수 y의 변화율을 의미한다.

$$탄력성 = \frac{y의 변화율}{x의 변화율} = \frac{x}{y} \times \frac{dy}{dx}$$

면 점점 소비자들은 앞의 창구에서 소비를 하지 않고 후속 창구를 기다리게 되는 것이다. 따라서 시차를 일정한 간격으로 유지하는 것이 창구화 성공의 관건이다. 비디오 게임 시장에서는 미래를 내다보는 소비자 층을 고려하지 않고 가격책정을 하게 되면 손실이 크다는 것이 검증되기도 하였다(Nair, 2007).

영화의 경우 배급시간과 매체를 달리하여 소비자 집단을 구분하고, 영화 서비스를 다른 집단 간에 전매(轉賣)할 수도 없기 때문에 가격차별화가 가능하다. 영화를 담은 파일이 외부로 유출될 경우에 더 이상 수익을 창출할 수 없기 때문에 할리우드 영화사들은 불법 복제가 심한 국가에 최신 영화를 공급하지 않고 있다. 텔레비전 프로그램 가운데서는 드라마가 주로 창구화의 대상이 되어 왔으며 생명주기가 매우 짧은 뉴스와 같은 콘텐츠는 창구화가 잘 이뤄지지 않는다.

영화와 방송 프로그램의 경우 1차 시장에서 모든 제작비가 회수되지 않고 여러 단계를 거쳐서 수익을 올려 제작비를 회수하고 이윤을 남긴다. TV용 애니메이션의 경우 1차 창구인 TV방송이 실질적인 수익 창구인 비디오나 VOD 시장 활성화를 위해 마케팅 수단으로 활용되고 있다.

창구화는 프로그램 공급자 간의 경쟁을 대단히 복잡하게 만든다. 프로그램을 배급한 채널 내에서 다른 프로그램과 경쟁하게 되고, 채널 간의 경쟁을 통해서 다른 채널에 공급된 프로그램과도 경쟁하게 되며, 동일한 공급자가 제공한 다른 프로그램과도 경쟁하게 된다. 창구화는 제작예산에도 영향을 미친다. 제작자는 예산을 결정하는 데 있어서 프로그램이 배급될 각 창구에서 발생할 수입을 고려한다. 창구가 많을수록 수입이 축적되므로 프로그램이 단 하나나 소수의 유통창구에서 방영될 때보다 더 많은 예산을 투입할 수 있게 된다.

해외 시장에의 판매는 미국에서 제작된 프로그램과 영화의 주요 수입원이다. 미국은 영상 상품의 국제 간 거래에서 대규모의 흑자를 일으키고 있다. 미국 제작업체는 영화와 프로그램에 있어서 국제무역을 지배하며, 이러한 성공은 주로 영화와 프로그램의 높은 완성도와 세계적으로 통용되는 영어로 제작되기 때문이다. 미국 스튜디오는 자국 시장의 규모가 크고 언어적 이점으로 다른 국가보다 더 많은 예산을 투입할 수 있고, 그 결과, 영상물의 완성도를 높여서 인기를 확보하여 이윤을 남기도록 한다.

높은 부가수익 창출로 화제가 되었던 드라마 〈올인〉(SBS, 2003년 방영)과 〈겨울연가〉(KBS, 2002년 방영)를 보자(〈표 7-1〉). 〈올인〉의 광고수익은 총 수입 대비 57%인 것으로 나타났으며, 일본에서 '욘사마' 열풍을 일으켰던 〈겨울연가〉의 광고수익비율은 74%로 나타났다. 특히 〈겨울연가〉는 제작비의 4.5배에 이르는 수입을 창출하였다. 국내 케이블TV의 수익 비중이 낮은 이유는 자회사 일괄거래방식에 기인한 것으로 여겨진다. 또한 VOD의 경우 〈올인〉의 높은 수익에 비해 〈겨울연가〉의 수익 비중이 현격하게 낮은 이유는 KBS의 무료 VOD 서비스 때문인 것으로 해석할 수 있다.

| 표 7-1 | 드라마의 창구별 수익 비중 |

(단위: 억 원/ %)

드라마 명	제작비	광고수익	PP판매	VOD수익	해외 수출	OST	수익계
올인	56.0	48.5 (57%)	0.5 (0.1%)	15 (18%)	11.5 (13%)	10 (12%)	85.5 (100%)
겨울연가	29.8	75.9 (74%)	0.5 (0.5%)	1 (1%)	10 (9.8%)	14.9 (15%)	102.5 (100%)

출처: 이문행·이현숙(2006).

(2) 창구화 순서

프로그램의 공급자는 다양한 배급 채널[지상파, 유료방송사(VOD, 채널), 다양한 OTT, 해외판매]을 통해 배급경로와 시기를 조절함으로써 프로그램으로부터 나오는 이윤의 현재가치를 최대화하고자 한다. 프로그램을 방영한 다음에 배급할 때 프로그램의 가격을 낮추게 된다. 왜냐하면 프로그램의 방영이 반복됨에 따라 그것을 보고자 하는 시청자의 규모가 감소하고 시청 시기가 지연됨에 따라 시청자의 유보가격(reservation price)[16]이 낮아지기 때문이다. 따라서 프로그램

---

16) 소비자가 제품에 대해 지불할 용의가 있는 최대 가격.

공급업자는 시청자당 이윤이 높은 채널에 먼저 공급하는 것이 유리하다. 그리고 시청자당 이윤이 낮더라도 대규모 시청자에게 먼저 공급하는 것이 유리한 경우도 있다. 배급 순위가 지연되어 시청자의 유보가격이 떨어지는 정도에 대한 고려가 필요하다. 이윤의 가치는 수입의 할인된 현재가치이므로 이자율이 높을 경우에 유통 창구간에 배급기간을 축소할수록 커지게 된다.

방송 프로그램의 특성에 따라 2차이용 시장에서 이용가치는 크게 달라진다. 아래 [그림 7-5]와 같이 세로축에 이용가치를 나타내고, 가로축에 창구 횟수(시간의 경과)를 나타내면, 일반적으로 창구 횟수와 더불어 그 이용가치가 감소하는 우하향관계를 그릴 수 있다. 그러나 그 저하되는 속도는 프로그램 장르에 따라 당연히 크게 다르다. 예컨대 영화나 애니메이션은 텔레비전 드라마 등에 비해 창구 전개와 더불어 이용가치가 비교적 천천히 감소한다. 특히 유아들

그림 7-5   영화의 창구화 모델

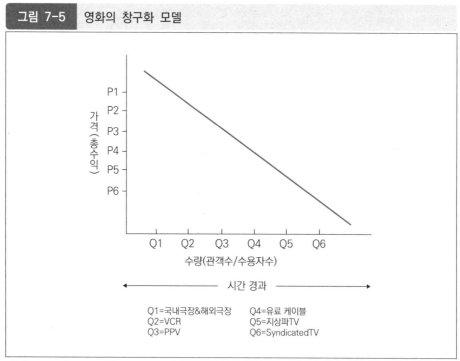

출처: Litman(1998, 75쪽).

그림 7-6	방송 프로그램의 가치와 창구 횟수(개념도)

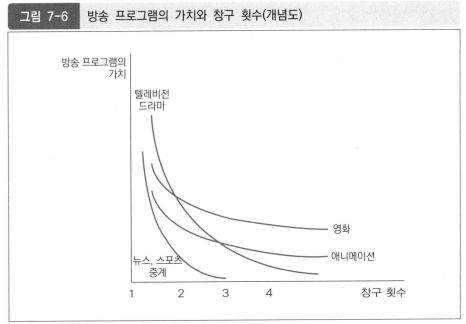

출처: 스가야 미노루·나카무라 기요시(1993, 50쪽)에서 재인용.

은 애니메이션을 반복적으로 이용하는 것을 좋아하기 때문에 애니메이션은 창구 횟수에 따라 가치의 감소가 느리다. 이에 비해 생생한 중계방송이 의미가 큰 뉴스나 스포츠 프로그램인 경우에는 그 정보의 신선함이 중시되기 때문에 이용가치는 시간의 경과와 더불어 급속도로 저하될 것이다([그림 7-6] 참조, 스가야 미노루·나카무라 기요, 2003, 49쪽).

DVD나 VOD가 보편화되기 이전에 미국에서 영화 유통의 기간은 극장 상영 후 3개월가량이면 항공사나 호텔 PPV(pay-per-view), 6개월~2.5년 사이에 비디오 시장, 케이블 PPV에는 7~8개월, 유료 텔레비전에는 1~2.5년, 지상파와 기본 케이블방송에는 3년 정도 시간이 소요되었다. 한국의 경우 영화의 창구화 기본 순서는 극장 → VOD → 유료PP → 지상파 → 무료PP 순으로 이루어진다. 최근에 미국 영화 시장의 극장매출은 그 후속 창구인 DVD/비디오 창구매출보다 비중이 적어졌지만, 극장 시장에서의 일인당 수익이 더 크기 때문에 극장에 먼저 배급되고 있다.

창구의 순서에 가장 큰 영향을 미치는 요인은 구매자 1인당 수익이고, 그 다음으로는 전체 시장에 창구가 기여하는 정도, 기회비용과 이자율, 콘텐츠의 시의성 등이 있다. 이자율이 높을수록 창구 간의 길이는 짧아지는 경향이 있다 (Owen & Wildman, 1992). 이러한 요인 외에도 무임승차가 얼마나 쉬운가(재판매가 가능한가)에도 영향을 받고, 드라마와 같이 연속적인 콘텐츠가 있는 경우에는 창구 간에 상호 마케팅이 영향을 주기도 한다.

영화 유통의 후속 창구는 서로 영향을 주고받는다. 극장 상영 기간은 다른 후속 창구의 배급 시점이나 관객수(시청자수)에 영향을 주게 된다. 극장 상영 기간이 길어지면 비디오를 통해 영화를 관람하는 소비자는 더 오랜 시간 기다려야 하고 그렇게 되면 그 숫자는 줄어들게 된다. 반면 DVD나 VOD 출시를 빨리 하면 극장에 가서 볼 동기가 낮아져 극장 관객수가 줄어든다. 이와 같이, 홀드백(유통 지연) 기간과 각 창구별 성과 간에는 밀접한 관계가 있다. 유럽에서는 이러한 창구 간 유통 지연 기간에 대한 규제를 하기도 한다. 왜냐하면 각 창구의 기간은 다른 창구의 매출에 영향을 미치기 때문이다. 우리나라나 미국에서는 이러한 창구 기간에 대한 규제가 없다.

디지털화로 매체가 증가함에 따라서 콘텐츠의 수익이 증가하고 콘텐츠의 제작비가 증가하는 경향이 있다. 미국에서 DVD가 보급된 1998년 이후에 영화의 평균 제작비가 증가하였다. 박소라(2006)는 1992~2002년까지 미국에서 개봉된 영화를 이용하여 창구별 수입의 규모의 상관관계를 분석하였다. 이에 의하면 극장수입은 비디오판매나 PPV수입과 역의 상관관계를 보였고, 비디오판매와 PPV수입은 정의 상관관계를 보였다. 또한 영화 제작비와 극장수입은 정의 상관관계를 보였지만, 영화 제작비와 비디오/DVD출시 시점과는 부의 상관관계를 보였다.

가격체계가 비교적 일관된 게임이나 영화 산업에서는 소비자 층을 지불의사에 따라 나누는 것이 어렵지 않다. 그러나 방송의 경우 첫 번째 창구가 무료 방송인 지상파방송이다. 방송 프로그램의 창구화는 소비자의 지불의사에 따라

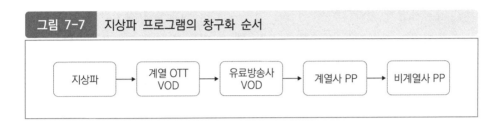

그림 7-7   지상파 프로그램의 창구화 순서

지상파 → 계열 OTT VOD → 유료방송사 VOD → 계열사 PP → 비계열사 PP

결정되기보다는 각 창구의 규모에 따라 순서가 정해져 있다고 봐야 할 것이다. 지상파방송사에서 초방된 직후에 계열사 OTT로 제공한다. 다음에 유료방송사의 VOD에 제공되는데, 2000년대 후반까지만 해도 유료방송사 VOD에는 본방송 12시간 이후에 제공되었으나, 최근에는 이러한 홀드백이 지켜지지 않는 경우가 많다. 드라마와 오락 프로그램은 유료로 제공되는데, 편당 1,000원 내외의 가격을 받는다. 지상파 방영 후 1주일 이내에 지상파계열 드라마 채널이나 드라마 제작에 투자한 채널로 방영된다. 1년이 지난 지상파 프로그램은 비계열 PP를 통해서 방영되고 있다.

지상파방송사의 자사 인터넷 다시보기 서비스매출액은 본방송 후 24시간 이내에 대부분 이루어지는 것으로 나타났다(이상옥, 2006). 유료방송을 통한 VOD매출은 본 방송 후 1주일 내에 대부분(VOD이용량의 약 80%) 이루어지고 있다. 케이블TV, 위성방송, IPTV등 새로운 매체가 등장할 때마다 새로운 프로그램 공급을 기대하였지만, 이들 매체를 통해서 제공되는 채널(PP)들은 지상파 프로그램을 구매하여 편성하는 경우가 대부분이다. 지상파계열 드라마 채널에서 지상파 콘텐츠 편성 비중은 80~90%에 이르고 있고, 비계열 오락 채널에서 지상파 프로그램의 편성 비중은 30~70%에 이른다. 한편 지역 지상파방송사의 경우 PP가 제작한 프로그램을 구매하여 편성하기도 한다.

디지털 쌍방향 미디어의 비중이 커질수록 시청자 분절화가 진행되어 미디어의 특성에 따라 수용자 층이 나뉘기 때문에 시간차 전략에도 변화가 일어나고 있다. 실제로 영화 시장에서는 여러 창구에 동시에 유통시키는 시도들이 있어 왔고, 영화의 디지털화 진행과 더불어 창구 간 길이가 감소하고 있다. 전통적인 가격차별화 전략으로서 시간차 전략이 점차 변화하여 창구간 홀드백 기간이 단축되거나 융합되는 새로운 현상을 볼 수 있는 것이다. TV 프로그램을 TV, 인터넷, 모바일에 동시에 노출하거나 불과 1시간 차이로 노출하는 경우가 많아졌고, 영화를 극장과 VOD로 동시에 노출하는 경우도 자주 볼 수 있다.[17] 이는 극장 개봉 이후 일정 홀드백 기간을 두고 VOD 서비스를 제공하는 것보다는, 극장 개봉 시점에서 확보한 영화의 인지도를 통해 VOD매출을 증대시키는 것이 영화의 전체수익을 극대화할 수 있다는 판단에 기인한 것이다(김영재, 2012, 166쪽).

콘텐츠 유통의 창구 주기가 앞당겨지는 이유로 디지털 미디어 등장으로 불법 복제와 유통이 용이해져서 무임승차자를 배제하기가 점점 어려워진 점도 반영되었을 것이다. 시간차를 많이 둘 경우 또는 다음 창구의 가격이 높을 경우 다음 창구로 유통되기 전에 이미 P2P와 같은 별도의 창구를 통하여 시청자들이 콘텐츠를 접하게 된다. 그런데 P2P 시청층이 과연 VOD나 유료방송의 시청자과 얼마나 중복되는가를 먼저 파악해야 한다. 이들이 동일한 소비층이 아니라면 굳이 P2P를 의식하여 창구화를 지나치게 앞당길 필요가 없다. 그러나 만약 어느 정도 대체성이 있는 시청층이라면 현재의 매체 다변화 전략이 현 시점에서는 가장 효율적일 수도 있다.

새로운 미디어의 등장으로 유통창구가 많아졌는데 이것이 지상파방송사에게 갖는 의미는 이중적이다. 하나는 배급체계가 많아졌으므로 수익을 늘릴 기회가 많아졌다는 것을 의미하고 다른 하나는 경쟁하는 미디어들이 많아져서 지상파 시청자를 빼앗길 수 있다는 것이다. 콘텐츠 사업자로서 지상파방송을 바라본다면 기회이지만 유통 사업자로서 바라보게 되면 위기인 것이다. 그러나 지상파방송사들은 수직적으로 결합된 구조를 띠고 있기 때문에 두 가지 상반된 세력의 균형을 잡아야 하는 것이다.

지상파방송사는 수익원이 광고시간판매와 콘텐츠판매로 나뉜다. 플랫폼 사업자로서 지상파방송사를 바라본다면, 후속 창구 홀드백 기간을 단축시켜 시청

---

17) 넷플릭스는 영화와 드라마를 넷플릭스와 극장에 동시에 배급한다.

률이 떨어지면 광고 수요가 감소하는 불이익을 보게 된다. 반면, 콘텐츠 사업자로서 볼 때에는 홀드백 기간을 단축시켜 고가에 콘텐츠를 판매하여 판매수익을 올릴 수 있는 계기가 된다. 이러한 두 가지 상반된 방향의 이해관계가 공존하기 때문에 홀드백 기간의 단축으로 인한 광고수입의 감소분 대비 콘텐츠판매수익 증가분의 규모를 고려하여 홀드백 기간을 두는 것이 가장 합리적인 선택인 것이다.

(3) 창구화 전략의 효과

콘텐츠 사업자들은 창구화 전략을 이용하여 수익 기회를 다원화하여 위험을 분산하고, 동시에 이용자규모를 늘리고 있다. 디지털 미디어 시대가 되면서 기존에 문화 상품이 가지고 있었던 고유의 위험을 분산시키는 것이 용이해졌다. 과거에는 성공과 실패로 양분되었으나 이제는 다양한 창구가 있기 때문에 첫 번째 창구에서는 실패했더라도 인터넷 등 후속 창구에서 성공하는 사례들이 나타나고 있다. 예를 들면, 영화가 극장에서는 실패하더라도 VOD에서 성공할 수 있다. 실증 분석에 의하면, VOD에서 가장 인기가 있는 영화는 영화관에서 관객이 아주 많거나 아주 적었던 영화가 아니라 관객이 중간 정도인 영화였다. 디지털화로 인한 다양한 창구의 형성으로 리스크를 여러 시장에 걸쳐 나눌 수 있는 구조가 만들어졌다.[18]

방송 사업자들은 창구화 전략으로 위험을 분산시킬 수 있게 되었다. 첫 번째 창구에서 성과가 상대적으로 낮았던 프로그램이 VOD나 유료방송에서 성과를 올리는 프로그램도 있다. 반면에 첫 번째 창구에서 높은 성과가 VOD나 유료방송의 성과로 반드시 이어지지는 않는 경우도 있다.

연속적으로 방영되는 드라마나 예능 프로그램의 경우 후속 창구에서 인기를 얻어서, 역으로 초방 창구에서 시청률이 상승하는 경우도 있다. 영화와 같은 단편물에서 일어나지 않는 현상이 드라마나 예능 프로그램과 같은 연속물에서 일어날 수 있다. 연속물의 경우 방송기간이 최소 몇 주에서 몇 달, 길게는 몇

---

18) 장용호·조은기·박소라(2004)를 인용하면서 일부 용어를 바꾸었음.

년까지 이어진다. 이때에 앞서 방송한 프로그램에 대한 주변의 평가, 언론보도, 입소문, 인터넷 담론 등 다양한 방식으로 드라마에 대한 이야기가 오가고 그것 자체가 마케팅 효과로서 기능하게 된다. 드라마나 예능 프로그램은 연속시청의 특성이 있으므로 회차가 진행될수록 수용자층이 누적(build-up)되는 특성이 있다. 이와 같은 맥락에서 VOD, 유료방송 채널 그리고 P2P 시장까지 본 방송의 시청률을 높이는 데 기여한다.

일반적으로 선행 창구는 콘텐츠의 품질과 가치를 검증해주는 시장의 역할을 하며 후속창구의 성과에 직접적으로 영향을 미친다. 국내 시장에서 시청률이 높은 드라마가 해외 시장에 높은 가격에 판매되고 있다. 그러나 방송 프로그램의 경우 국내 시장에서 선행 창구가 후속 창구에 일방적으로 영향을 미치는 것이 아니라 상호 영향을 미칠 가능성이 높다.

참고문헌

김영재(2012), "브랜드 아이덴티티 기반 문화콘텐츠 OSMU 전략 연구,"「만화애니메이션 연구」, 2012.09, 155－180.

김현수(2013), "팬엔터테인먼트: 기업탐방노트," 2013.1.14.

김　훈(2011), 「TV드라마 산업의 수익구조와 현안」, 한울.

박기수(2008), "서사를 활용한 문화콘텐츠간 One Source Multi Use 활성화 방안 연구,"「한국언어문화」, 제36집.

박소라(2006), "영화의 후속 시장과 영화 제작 및 유통 간의 관계에 대한 연구,"「미디어경제와 문화」, 봄호 제4－2호, 7－41.

박소라(2007), "지상파 방송 프로그램 유통 전략의 특성에 관한 연구: 매체 다변화와 시간차 배급의 전략적 선택,"「방송과 커뮤니케이션」, 8－2호, 6－35.

스가야 미노루·나카무라 기요 편저(2003), 송진명 옮김, 「방송 미디어 경제학」, 커뮤니케이션북스.

이문행·이현숙(2005), "국내 지상파 드라마의 창구 다각화에 대한 연구,"「한국방송학보」, 19－2호, 501－538.

이문행·이현숙(2006), "국내 지상파 방송 드라마의 창구화 차이에 대한 연구,"「한국언론정보학보」, 여름, 통권 34호, 98－131.

이상옥(2006), "지상파방송사의 콘텐츠 유통 전략 개선 방안에 대한 연구－매체별 순차적 판매 방식을 중심으로,"「방송과 커뮤니케이션」, 7권 1호, 75－98.

이성춘(2011.2), "플랫폼이란," Issue & Trend, DigiEcho보고서, KT경영경제연구소.

장용호·조은기·박소라(2004), 「디지털 문화콘텐츠의 생산, 유통, 소비과정에 관한 모형」, 정보통신정책연구원.

조영신(2011), "스마트 TV를 둘러싼 경쟁 지형과 정책 방안－미국과 한국의 OTT 사업자들을 중심으로,"「한국방송학보」, 25－5, 233－266.

조은기(2005.12), "방송·통신 융합 시대의 영상 콘텐츠 산업－가치사슬의 재편과 다중 플랫폼 유통," 「방송문화연구」, 17(2), 45－66.

최낙진(2001.여름), "디지털 시대 신문산업의 가치사슬 모형에 관한 연구－조선·중앙· 동아일보의 디지털 포털 전략을 중심으로," 「한국언론학보」, 45권 3호, 388－420.

한혜경(2015), "웹툰 OSMU의 방향성과 전략 연구 〈와라! 편의점〉 사례를 중심으로," 「애니메이션연구」, 11(3), 151－171.

Averch, Harvey; Johnson, Leland L.(1962). "Behavior of the Firm Under Regulatory Constraint", *American Economic Review.* 52(5), 1052－1069.

Caves, R. E.(2000). *Creative Industries, Cambridge and London*, Harvard University Press.

Nair, H.(2007). "Intertemporal price discrimination with forward－looking consumer: Application to the US market for console video－games," *Quantitative Marketing and Economics*, 5(3), 239－292.

Litman(1998). *The Motion Picture Mega－Industry,* Allyn & Bacon.

Owen, B. M. & Wildman, S. S.(1992). *Video economics, Cambridge*, MA: Harvard University Press.

Porter, Michael. E.(1985). *The Competitive Advantage: Creating and Sustaining Superior Performance*, NY: Free Press.

제8장 네트워크와 플랫폼

 ## 1 네트워크

　네트워크(망, 網, network)는 서로 다른 것들을 연결시키는 체계나 조직으로 다양한 성격을 가지고 있다. 전화망, 인터넷, 방송망과 같이 단말기를 연결하는 통신 네트워크가 있고, 사람들을 연결시키고 집단이나 조직을 연결하는 관계인 사회적 네트워크도 있으며, 상품을 판매하기 위해 조직된 마케팅 네트워크도 있다. 통신 네트워크 중에서 인터넷이 가장 핵심적인 위치를 차지고 있다. 인터넷은 1990년대 초부터 상업적으로 이용되기 시작했고, 1990년대 중반 이후 인터넷의 도입이 가속화되면서, 사람들의 삶이 크게 변화하고 많은 산업에서 경쟁의 양상과 구조에 혁명적 변화가 일어나기 시작했다. 인터넷은 컴퓨터와 컴퓨터를 연결하기 위해 만들어진 기술이지만 이러한 기반 위에 문서들 간의 연결(월드와이드웹), 사람 간의 연결(소셜네트워크 서비스), 판매자와 구매자 간의 연결(마켓플레이스)등 세상의 모든 것을 연결하는 기술이 되었다. 인터넷 기반의 비즈니스를 네트워크를 형성하는 비즈니스라 하여도 과언이 아니다.[1]

---

1) 노상규(2013).

1) 네트워크 효과

(1) 네트워크 효과의 의미[2]

사용하는 사람 숫자가 많아지면 많아질수록 그 가치도 덩달아 커지는 상품이 있다. 이들 제품은 홀로 쓰일 때는 거의 아무런 가치를 갖지 못한다. 따라서 이런 종류의 재화와 서비스 사용자들이 여러 형태의 네트워크를 구성하는 특징을 갖는다. 이러한 특성을 갖는 시장을 네트워크 시장(a network market)이라고 한다. 특정 상품의 구매량이 상품의 효용에 영향을 미치는 경우를 네트워크 효과(또는 네트워크 외부성, 또는 소비 외부성)이라고 한다.[3] 대표적인 사례가 통신 상품(전화, 이메일, 인터넷 접속, 팩스 기계, 모뎀)으로 이들 모두 네트워크 외부성을 가지고 있다.

전화기의 경우를 보면 네트워크 효과를 가장 쉽게 이해할 수 있다. 전화 시스템은 전화기를 가진 사람들 간에 언어를 교환하는 시스템이다. 따라서 전화기를 사용하는 사람이 나밖에 없는 경우 전화기는 전혀 쓸모가 없다. 한편 전화기의 사용자가 많을수록 그 가치가 높아져 전화기의 소비는 증가되고, 이에 따른 전화기 사용자 수의 증가는 다시 전화기의 가치를 높이게 된다. 이러한 현상은 페이스북과 같은 소셜네트워크 서비스, 카카오톡과 같은 메신저 서비스 등 거의 모든 네트워크 비즈니스에서 나타난다. 이러한 네트워크 효과는 일반적으로 상품의 사용자 수에 비례하며, 선형적으로 증가하는 것이 아니라 기하급수적으로 증가한다고 알려져 있다.

많은 사람들이 알고 있는 '메칼프의 법칙(Metcalf's law)'이 이러한 네트워크 효과를 설명하는 이론이다. 메칼프의 법칙에 의하면 네트워크의 가치는 가능한 모든 링크의 수에 비례한다. 예를 들어, 현재 전화기를 가진 사람이 3명인 경우

---

2) 노상규(2015a)를 인용하면서 가필함.

3) 동일한 현상을 Katz and Shapiro(1985, 424쪽)는 consumption externality(소비 외부성)라고 불렀고, Carl Shapiro and Hal R. Varian(1998)는 network externalities, or network effects, or demand economics of scale(네트워크 외부성 또는 네트워크 효과 또는 규모의 수요경제)이라 불렀다. Hal Varian 구글 수석 이코노미스트와 Carl Shapiro 경영학과 교수는 네트워크 효과에 대한 개념을 크게 대중화시켰다.

1대1로 연결 가능한 방법은 3가지가 있다. 1명이 더 추가되어 4명인 경우에는 6가지가 된다. n명의 경우 $n(n-1)/2$가지다. 메칼프(Bob Metcalf)는 이러한 논리로 네트워크의 가치가 사용자 수의 제곱에 비례하여 증가한다고 결론짓는다.[4] 사용자(노드)수가 10배 증가하면 연결의 수(링크)가 100배 증가하였고, 연결의 수에 정비례하여 네트워크의 가치가 증가한다.[5] 예를 들어, n이 1,000에서 10,000으로 10배 증가하는 경우 네트워크의 가치는 499,500에서 49,995,000로 100배 증가한다.[6]

편승 효과, 속물 효과, 베블런 효과

라이벤스타인(Leibenstein, 1950)은 소비자들이 유행을 따르는 욕구, 다른 사람과 차별화하려는 시도, 과시하려는 소비 현상을 설명하는 논문을 발표하였는데, 이들에게 각각 편승 효과(bandwagon effect), 속물 효과(snob effect), 베블런 효과(veblen effect)이름을 붙여서 설명하였다. 먼저 편승 효과는 어떤 사람들이 유행을 이끌면 다른 사람들이 이것에 영향을 받아 해당 상품을 사게 되는 현상을 가리킨다. 우리나라에서 명품 소비가 대중화되고 있는 것도 이러한 편승 효과에 힘입은 측면이 크다. 편승 효과는 영어 명칭 그대로 밴드웨건 효과로 불리기도 하는데, 밴드웨건은 미국 서부개척시대에 쓰이던 악단 마차를 말한다. 요란한 연주로 사람들을 불러 모으고 금광이 발견되었다는 소식을 알려주고 사람들을 이끌고 몰려갔다. 이러한 모습에서 힌트를 얻어 이 논문에서 밴드웨건 효과라는 단어를 처음 사용하였다. 명품뿐만 아니라 커피 전문점이나 스마트폰 등 우리 주변에서 흔히 유행하는 소비 품목 중 상당수는 편승 효과 덕을 크게 보고 있다.

다음으로 속물 효과는 편승 효과와는 반대되는 개념이다. 속물(snob)은 아랫사람을 무시하고 윗사람에게 아부하는 사람을 뜻하지만, 속물 효과라고 할 때에는 '다른 사람이 구입하는 물건은 구입하지 않고 남들과 구별될 수 있는 특이하거나 특별한 물건을 구매하고자 하는 행위'를 말한다. 즉, 다른 사람과 구별되려고 특별한 의상을 입는다든지, 진귀한 예술품이나 희귀한 스포츠카를 소유하고자 하는 행위를 지칭한다. 이러한 행위를 하는 소비자는 상품을 구매할 때 남과 다른 자신만의 개성을 추구하는 방식으로 의사결정을 내리기 때문에 다른 사

---

4) 수학적으로 엄밀히 이야기하자면 메칼프의 법칙은 기하급수적인 증가는 아니다

5) 노드(node)는 독립된 개체이고 링크(link)는 독립된 개체를 연결해주는 관계를 의미한다.

6) 노상규(2015)를 인용하면서 정리함.
　 https://organicmedialab.com/2015/07/09/network-effects-focus-on-links-not-on-nodes/

람들이 많이 사용할수록 구매 의사가 줄어드는 현상이 나타난다.

베블런 효과(veblen effect)는 가격이 오르는 데도 수요가 줄지 않고 오히려 증가하는 현상을 말한다. 이와 대비하여 편승 효과나 속물 효과는 다른 사람들의 구매여부에 따라 구매 행위가 영향을 받는 것이다. 베블런 효과는 미국의 사회학자이자 사회평론가인 베블런(T. B. Veblen)이 1899년 출간한 저사 「유한계급론」에서 처음 사용한 개념이다. 그는 이 책을 통해 물질 만능주의를 비판하면서 상류층 사람들은 자신의 성공을 과시하고, 허영심을 만족하기 위해 사치를 일삼는다고 꼬집었다. 베블렌 효과는 주로 상류층 소비자들에 의해 이루어지는 소비행태로 고급 자동차나 고가 주택, 명품 가방이나 옷, 고가 화장품 들은 경제상황이 악화되어도 수요가 줄어들지 않는 실례에서 찾아볼 수 있다. 이러한 소비가 일어나는 이유는 필요에 의해서 구입하기 보다는 자신의 부를 과시하거나 허영심을 채우기 위해 구입하기 때문이다.

이 세 가지 효과 모두 전통적인 수요이론과 배치되는 현상이다. 이중에서 편승 효과는 양의 네트워크 효과, 속물효과는 음의 네트워크 효과라고 할 수 있다.

(2) 직접 네트워크 효과와 간접 네트워크 효과[7]

카츠와 사피로(Katz and Shapiro, 1985)는 직접 네트워크 외부성과 간접 네트워크 외부성의 개념을 발표하였다. 경제학에서 외부성(또는 외부 효과, externalities, external effect)은 어떤 경제활동이 당사자가 아닌 제3자에게 끼치는 영향을 말한다. 외부성은 경제활동 중에는 경제 주체가 시장의 가격 기구(price mechanism)를 통하지 않고 대가의 교환 없이 무상으로 다른 경제주체에 이득이나 손해를 가져다주는 것을 말한다. 생산측면에서 긍정적 외부효과의 사례로는 사회간접자본인 도로건설이 있고, 부정적 외부 효과의 대표적인 사례로는 공해물질의 발생을 들 수 있다. 소비 측면에서 외부성은 어떤 제품이나 서비스를 사용하는 소비자가 많으면 많을수록 사용가치가 더욱 더 높아지는(또는 낮아지는) 현상을 말한다. 생산측면에서 외부효과가 발생하는 경제활동은 시장으로 하여금 자원을 효과적으로 배분하는 기능을 둔화시키게 되므로(즉, 시장 실패의 요인이 되므로)

---

7) 노상규(2015b)를 인용하면서 가필함.

정부가 개입하여 직접 생산하거나 규제하게 된다. 아래에서 단면 네트워크와 양면 네트워크가 무엇인지 그리고 단면 네트워크 효과와 양면 네트워크 효과가 무엇인지 알아본다.

　네트워크를 단면 네트워크와 양면 네트워크의 두 가지 유형으로 대별할 수 있다. 카카오톡의 경우 사용자가 하나의 그룹이고, 그 그룹 내에 연결(친구관계)이 이루어진다. 반면에 쿠팡의 경우 사용자가 판매자와 구매자 두 그룹으로 이루어져 있고 그룹간에 연결(거래관계)이 이루어진다. 단면 네트워크(one-sided network)는 동질의 사용자로 이루어진 하나의 그룹 내에서 연결이 이루어지는 네트워크이고, 양면 네트워크(two-sided network)는 서로를 필요로 하는 두 사용자 그룹간의 연결로 이루어지는 네트워크다. 이를 표현한 것이 [그림 8-1]이다.

　단면 네트워크에는 전화 서비스, 메신저, 이메일과 같은 커뮤니케이션 서비스, 카카오톡이나 페이스북과 같은 소셜네트워크 서비스, 신용카드 서비스 등이 이에 해당한다. 단면 네트워크에서 나타나는 네트워크 효과를 직접 네트워크 효과(direct(or same-side) network effect)라고 하는데 이는 사용자의 수가 증가하면 같은 그룹 내의 사용자 간의 연결 가능성이 높아져서 네트워크의 가치가

그림 8-1　단면/양면 네트워크(One-sided or Two-sided Networks)

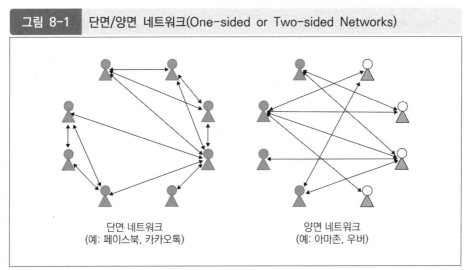

단면 네트워크
(예: 페이스북, 카카오톡)

양면 네트워크
(예: 아마존, 우버)

출처: 노상규(2015b).

높아지기 때문이다. 다시 말하면, 직접 네트워크 효과는 동일한 재화나 서비스를 이용하는 소비자 집단의 규모의 증감에 의해서 동일 집단의 효용이 증가하거나 감소하는 효과를 말한다. 예를 들어, 카카오톡에 친구가 가입하면 카톡 네트워크의 가치가 높아지는 경우이다.

　양면 네트워크에는 쿠팡, 아마존, 구글플레이 등과 같은 오픈마켓 서비스, 배달의 민족, 우버와 같이 서비스 제공자 그룹과 이용자 그룹이 존재하는 서비스가 이에 해당한다.[8] 양면 네트워크에서는 한 그룹 내의 사용자가 많아지면 같은 그룹 내의 사용자 간의 연결 가능성이 높아져 네트워크가치가 높아지는 것이 아니라 연결 대상이 되는 다른 그룹의 사용자들의 연결 가능성이 높아져 네트워크가치가 높아지는 현상이 일어난다. 예를 들어, 쿠팡에서 구매자가 많아지면 판매자가 판매할 대상이 많아지기 때문에 네트워크가치가 높아진다. 반대로 판매자가 많아지면 구매자는 구매할 대상이 많아져서 네트워크가치가 높아진다. 이러한 현상을 간접(또는 교차) 네트워크 효과(indirect(or cross-side) network effect)라고 한다. 다시 말하면, 간접 네트워크 효과는 한 측면의 소비자집단이 얻는 효용은 다른 측면의 소비자집단의 수 또는 소비량에 직접적으로 영향을 받을 때 나타나는 효과를 말한다.

　기술적으로 우월한 상품을 출시한 기업이 보완재를 적절히 제공하지 못하여 경쟁기업에 밀린 사례를 쉽게 발견할 수 있다. 과거 비디오테이프 표준 전쟁에서 기술적으로 우월하였던 소니의 베타맥스가 JVC의 VHS와의 경쟁에서 밀려 시장에서 퇴출되었다. JVC는 렌털 서비스로 시장을 선점하였고, 이후 영화 제작자들과 라이선스계약을 통해서 VHS방식으로 영화를 제공하는 데 적극적이었다. PC전쟁에서 기술적으로 우월하였던 애플(Apple)의 퍼스널 컴퓨터가 IBM 호환 PC에 밀렸다. 그 이유는 애플은 자사 소프트웨어와 하드웨어를 고집해

---

8) 플랫폼의 시각에서는 양면 시장(two-sided market)에 해당한다. 그러나 플랫폼 경제에서의 정의와 관점이 네트워크측면에서는 조금 다르다. 예를 들어, 페이스북의 기본구조는 사용자 간의 네트워크다. 광고주는 사용자를 필요로 하지만 사용자는 광고주를 필요로 하지 않는다. 따라서 페이스북과 같이 광고에 기반을 둔 미디어 서비스를 광고주와 사용자 간의 양면 네트워크로 보지 않고 단면 네트워크로 간주한다.

'폐쇄적'이었던 반면에, IBM 호환 PC는 기성품을 부품으로 사용하고 아키텍처를 개방하여 타사가 주변기기나 호환기종을 만들 수 있도록 하여 다양한 하드웨어와 소프트웨어가 개발될 수 있었기 때문이다. 그리고 MP3 플레이어 시장에서 시장을 선점하였던 한국 기업들이 애플의 아이팟(iPod)에 밀렸다. 한국 기업들은 MP3 플레이어(아이리버가 대표적)라는 하드웨어를 판매한 반면에, 애플은 아이팟을 출시하면서 음반사를 설득하여 음원을 모으고, 음원 관리 프로그램인 아이튠즈를 개발하여 방대한 음악을 간단히 감상할 수 있도록 만들었다. 위 세 가지 사례에서 모두 승자들은 보완재를 제공하여서 이에 의한 간접적인 네트워크효과가 작용할 수 있는 여건을 조성하였다. 이처럼 보완재가 없으면 고객에게 가치를 주지 못하는 제품이나 서비스를 플랫폼 상품이라고 하는데, 특정 플랫폼의 수용자가 많을수록 외부 개발자들이 소프트웨어나 콘텐츠와 같은 보완재를 많이 개발하게 되어 네트워크의 가치를 더욱 올리기 마련이다.

양면 시장에서는 교차 네트워크 외부성을 확보하는 것이 중요하다. 왜냐하면 서로 다른 양측이 존재하는 것만으로는 양면 시장을 형성할 수 없기 때문이다. 양측의 서로 다른 고객군이 존재하고, 이 둘 간에 교차 네트워크 외부성이 확보되지 않으면 거래가 일어나지 않기 때문이다. 간접적 네트워크 효과는 선순환구조를 만들기도 하지만 소위 '닭과 달걀'의 문제를 일으킨다. 구매자가 없으면 판매자가 모이지 않고 판매자가 없으면 구매자가 모이지 않는다는 것이다. 이는 단면 네트워크에서 초기 사용자가 참여할 인센티브가 없는 것과 마찬가지이다.

(3) 긍정적 네트워크 효과와 부정적 네트워크 효과[9]

지금까지 살펴본 네트워크 효과는 긍정적인 효과(positive network effect)였지만 부정적인 효과가 발생하기도 한다. 많은 서비스들이 몰려드는 사용자들 때문에 서비스의 품질이 저하되고, 이로 인해서 사용자들이 떠나는 경우도 있다. 또한 판매자가 너무 많으면 판매자 간의 경쟁이 치열해지기 때문에 판매자에게

---

9) 노상규(2015b)를 인용하면서 가필함.

는 부정적인 영향을 미친다. 한편 구매자 입장에서도 수많은 판매자 중 어떤 판매자를 선택해야할지 어려워지기 때문에 부정적인 효과가 발생한다. 사용자나 판매자가 많아지면 혼잡(congestion)해져서 해지하는 경우도 발생한다. 이러한 현상을 부정적 네트워크 효과(negative network effect)라고 한다. 통상 부정적 네트워크 효과는 대부분의 경우 처음부터 발생하는 것이 아니라 적정수준을 넘어가면 발생한다. 부정적 네트워크 효과는 긍정적 네트워크 효과와 반대로 악순환구조를 만든다.

표 8-1   네트워크 효과의 유형

	긍정적 효과	부정적 효과
직접 네트워크 효과	연결의 증가	서비스 품질의 저하
간접 네트워크 효과	선택 기회의 증가	선택의 어려움

출처: 노상규(2015b)를 수정함.

네트워크 기업이 성공하려면 사용자수의 극대화보다는 연결을 만들어야 하고, 긍정적 네트워크 효과를 극대화하고 부정적 네트워크 효과를 줄여야 한다. 연결을 만들기 위한 전략의 예를 들면, 페이스북은 연결을 확대하기 위해서 '알 수도 있는 사람'을 추천하였다. 긍정적 네트워크 효과를 증대시키기 위해서는 신뢰성 있는 정보를 제공하고 고객 리뷰에 쉽게 접근할 수 있도록 해야 한다. 부정적 네트워크 효과를 줄이기 위해서는 서비스 정체나 병목을 예방하고 정제된 정보를 제공할 필요가 있다.

(4) 네트워크 효과는 노드수가 아니라 링크수에 비례[10]

사용자 수가 늘어도 연결이 실질적으로 늘지 않는다면 네트워크 효과는 기대할 수 없다. 네트워크의 가치가 노드 수의 제곱(이는 가능한 링크수의 최대치)에 비례하여 증가하지 않고, 실제 발생하는 링크 수와 유사하게 증가한다. 이러한

---

10) 노상규(2015a)와 노상규(2015c)를 인용하면서 일부 수정함.

사례를 페이스북의 사례를 통해서 볼 수 있다. 페이스북의 시장가치는 사용자 수가 아니라 친구관계수에 비례하여 증가하였다. 페이스북의 사용자수가 약 1억4천만 명에서 14억명으로 9.6배 증가할 때 시장가치는 40억불에서 2,160억불로 54.2배 증가하였다. 메칼프 법칙에 의하면 사용자 수가 10배 증가하면 네트워크의 가치(시장가치가 네트워크의 가치를 잘 나타낸다고 볼 때)가 100배 늘어야 하겠지만 실질적으로는 약 50배가 증가하였다. 페이스북의 친구관계수가 72.5억에서 2437.8억으로 33.6배 증가할 때 시장가치는 40억불에서 2,160억불로 54.2배 증가하였다. 페이스북의 시장가치는 친구관계수보다 1.6배 더 빠른 속도로 증가하였다. 페이스북의 시장가치가 친구관계수보다 빨리 증가한 이유는 주식시장에서 페이스북의 성장성을 높게 판단한 것으로 추측된다.

하지만 주의해야 할 것은 네트워크가 크다고 해서 항상 네트워크 효과가 창출되지는 않는다는 점이다. 예를 들어, 인스턴트 메시징에서는 가족, 친구, 동료 등 극소수의 친지로만 구성된 폐쇄적인 네트워크 특성상 고객 효용이 친지들과 메시지를 교환하는 데에서만 발생한다. 이 경우 고객 효용은 특정회사의 고객 네트워크 전체 크기에 비례해 커지지 않는 특성이 있다. 구체적으로 특정 메신저 회사의 전체 고객수가 2,000만 명이라고 하더라도 내 친지 네트워크에 소속된 사람의 숫자가 50명이라면 여기에 포함되지 않은 2,000만 명에 이르는 가입자들은 나와는 무관하기 때문이다. 이 때문에 친지네트워크에 기반을 둔 인스턴트 메시징에서는 AOL이나 카카오톡과 같이 대규모 고객을 확보한 선점 기업의 승자독식 현상이 나타나는 동시에, 후발주자가 성공적으로 진입하기 어렵다.

금세기 초반 닷컴 기업의 부침은 맹목적으로 수확체증의 법칙을 받아들인 데서 비롯됐다. 자사(自社) 상품이 지니는 네트워크의 독특한 구조적 특성을 무시한 채 무조건 대규모 고객 네트워크를 선제적으로 구축하기 위해 막대한 비용을 투자했는데, 상당수의 경우 잘못된 전략이었던 것이다. 따라서 네트워크 기반의 경쟁 전략을 세울 때 단순히 네트워크 크기에만 집착하기 보다는 네트워크와 연관된 소비자들의 혜택의 근원과 특성을 명확히 파악하는 작업이 선행되어야 한다. 아울러 경쟁 전략은 이러한 네트워크의 구조적 특성에 대한 올바른 이해를 바탕으로 수립돼야 한다.

21세기 들어 더욱 중요해지고 있는 네트워크를 올바로 인식하고 이를 토대로 전략을 수립하여 기존 고객의 충성도를 높이고, 신규 고객을 적극 유치할 수 있다면 경쟁자와 차별화된 경쟁우위를 창출할 수 있다. 기업 경영 전략을 수립할 때 네트워크 경제의 경쟁원리에 대한 이해가 절실히 요청된다.

2) 네트워크 비즈니스에서 승자독식[11]

인터넷의 급부상과 함께 대두한 신(新)경쟁 전략의 논리 중 가장 영향력이 컸던 것은 '승자가 독식한다'는 수확체증의 법칙이다. 네트워크 비즈니스는 수확체증(Increasing Returns to Scale)이 작동한다. 수확체증이 존재하는 시장에서는 승자독식(독점)이 일어나게 된다. 특정 기술이나 기업이 고객 네트워크에서 임계점을 넘어서게 되면 초기 경쟁의 승자가 시장을 장악하면서 고(高)이윤을 향유하고, 초기 경쟁의 패자나 후발 진입기업들은 생존조차 어려워지게 된다. 검색에서는 구글, 경매에서는 이베이, 친구 네트워크에서는 페이스북, 서점에서는 아마존 등이 승자독식의 대표적인 사례이다. 과거 통신 시장에서 한 사업자만이 존재하는 독점구조였지만, 정부의 규제와 정책으로 복점 또는 과점의 형태로 변화하였다.

수확체증이 일어나는 산업에서는 수확체감이 일어나는 산업에서와 달리 균형점이 존재하지 않는다. 수확체증의 법칙에 의해 움직이는 네트워크 비즈니스에서는 예측이 불가능하고 불안정하다. 네트워크 비즈니스는 새로운 시장을 만들어 가는 과정이고, 자신이 만든 시장에서 독점을 하는 구조이다. 새로운 시장을 정의하고 가치가 있는 네트워크(특히 고객 네트워크)를 창출하고 활용하여야 한다. 승자독식을 달성하기 위해서 수확체증을 극대화하고 이를 방해하는 요소를 제거해야 한다. 자신이 만든 상품을 사용하는 고객의 크기를 키워야 하고,

---

11) 이 절은 노성규(2015d)를 주로 인용하였고, 송재용(2007)도 일부 인용하면서 가필하였다.

이 상품의 범위를 확장하여 차별적인 상품의 등장을 억제해야 한다.

네트워크 비즈니스에서 수확체증이 일어나는 이유는 네트워크 효과(network effects, 규모의 수요 경제)와 규모의 경제(economies of scale, 규모의 공급 경제, 공급에서 수확체증) 효과가 동시에 나타나고, 이로 인해서 양의 피드백(positive feedback) 메커니즘이 이중으로 작동하기 때문이다. 네트워크 효과는 위에서 설명하였듯이 네트워크가 크면 클수록 상품의 가치가 높아지는 것이다. 규모의 경제는 상품의 생산량이 클수록 생산 단가가 낮아지는 것을 의미하는데, 네트워크 비즈니스에서는 규모의 경제가 작동한다. 전체비용에서 고정비용이 차지하는 비중이 큰 경우를 생산이 자본집약적이라고 하고, 자본집약적 산업에서 규모의 경제가 주로 작동한다. 예를 들면, 반도체, 화학, 철강, 통신 산업에서 규모의 경제가 존재한다. 특히 방송, 통신, SNS와 같은 서비스를 제공하는 시스템을 구축하게 되면 가입자가 추가된다고 비용이 증가하지 않는다(한계비용이 0). 물론 가입자수의 증가가 일정한 범위를 넘어서게 되면 시스템을 증설하여야 하므로 비용이 발생한다.

하지만 이러한 선순환구조에도 불구하고 네트워크 비즈니스에서 승자독식이 되지 않는 경우가 종종 발생하기도 한다. 우리나라의 경우 오픈 마켓에서 여러 사업자들이 공존하고 있다. 많은 사용자들이 여러 서비스를 동시에 사용하는 멀티호밍(multi-homing)이 일어나면 다수 사업자의 공존이 가능하다. 오픈마켓의 경우 많은 구매자들이 구매할 때마다 가장 저렴한 곳에서 제품을 구매한다. 판매자도 주요 오픈마켓에는 모두 입점하는 경우가 대부분이다. 멀티호밍은 각 서비스가 차별화된 기능을 제공하고 사용자 입장에서 여러 서비스에 참여하는 비용이 적은 경우에 발생한다.

사용자들이 두 개 이상의 서비스를 사용하는 이유는 각 서비스가 차별화된 기능 또는 네트워크를 제공하기 때문이다. 네이버와 구글은 같은 검색엔진이라고는 하지만 찾을 수 있는 정보가 다르다. 카카오톡과 라인은 거의 유사한 기능을 가졌지만 서로 다른 친구들이 있기 때문에 둘 다 사용한다. 하지만 서비스가 차별화된 기능/네트워크를 제공한다 하여도 여러 서비스를 동시에 이용하는 비용이 높다면 사용자들이 여러 서비스를 사용하지 않을 것이다. 위에서 언급한 검색엔진 서비스나 메신저 서비스의 경우 멀티호밍비용이 높지 않다.

　　멀티호밍 현상이 발생할 가능성이 높으면 승자독식이 일어나지 않을 가능성이 있다. 이와 반대로 각 서비스가 전혀 차별화 되지 않고 여러 서비스에 참여하는 비용이 높으면 모노호밍(mono-homing, 이용자들이 하나의 서비스만 이용하는 것)이 발생하고 이는 승자독식으로 진화할 가능성이 높다. 제조업에서 1등 기업은 쫓아오는 기업과 지속적으로 차별화를 시도하고, 쫓아가는 기업은 1등과 닮아가려고 노력했다. 그러나 네트워크 시장에서는 앞서가는 기업이 기능과 네트워크 등에서 쫓아오는 기업들과 차이점을 줄이기 위해 노력한다. 페이스북은 친구 소식을 받아보는 서비스에서 일정 다이어리, 메신저, 광고 마케팅 플랫폼 등으로 지속적으로 확장되고 있다. 결과적으로 멀티호밍비용을 높임으로써 멀티호밍의 가능성을 줄이고 모노호밍을 유지하려는 것이다. 반대로 쫓아가는 기업은 차별화된 기능과 네트워크에서 새로운 시장을 찾아야만 한다. 승자독식은

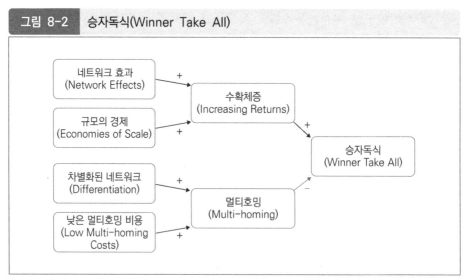

그림 8-2   승자독식(Winner Take All)

출처: 노상규(2015d).

　주: 승자독식은 수확체증의 메커니즘에 의해 나타난다. 반면 멀티호밍이 (절대적 영향이 아니라고 하더라도) 승자독식의 가능성을 낮추기도 한다.

주어지는 것이 아니라 만들어 가는 것이다. 네트워크 효과와 규모의 경제에 기
반을 둔 선순환구조를 만들고, 멀티호밍의 필요성을 낮춤으로서 승자독식으로
진화하는 것이다.

수요와 공급측면에서 규모의 경제로 인해서 승자독식이 일어나는데, 이러
한 승자독식구조를 고착시키는 또 다른 요인으로 전환비용(switching cost, 한 제품
에서 경쟁사의 다른 제품으로 전환하는 데 드는 비용)이 있다. 플랫폼 사업이 지배적
사업으로 가기 쉬운 또 다른 이유는 일단 고객이 한 플랫폼을 선택한 후엔 이
를 버리고 다른 플랫폼을 선택할 경우에 비용이 크기 때문이다. 아이폰을 예로
들어보면 현재 아이폰용 앱을 개발하는 사업자는 애플에서 제공하는 개발 언어
와 방식들을 따라야 한다. 따라서 나중에 구글에서 만든 안드로이드 폰에 맞는
앱으로 변경할 경우에 추가비용이 발생한다. 이러한 전환비용은 앱 개발자뿐만
아니라 소비자에게도 발생한다. 아이폰용 앱을 구매한 소비자가 안드로이드폰
으로 교체하면 이미 구매한 앱을 이용할 수 없게 된다. 미국 아이폰 소비자들
은 1년에 평균 5만 원어치 앱을 구매한다. 앱 구매가 많은 아이폰 소비자일수
록 전환비용이 커진다.

3) 가격과 브랜드 효과의 한계[12]

네트워크 효과를 다른 유사한 시장 형성 도구들, 이를테면 가격 효과 및 브
랜드 효과와 구별해야 한다. 이 둘의 차이점에 대한 오해는 플랫폼 비즈니스
모델의 가치를 평가할 때 지금도 혼란을 불러일으키며, 이런 오해가 1977년부
터 2000년에 벌어진 닷컴 기업들의 성공과 몰락을 야기했다. 닷컴 기업 호황기
동안 많은 스타트업 투자자들은 시장점유율을 사실상 비즈니스 성공을 판가름
하는 유일한 잣대로 간주했다. 닷컴 회사들은 시장점유율을 높이기 위해서 할
인과 쿠폰을 남발하여(심지어 거의 0에 가까운 가격으로) 고객을 모집하였다. 크리
스 앤더슨은 2009년에 출간한 베스트셀러(Free: The Future of a Radical Price)에서

---

12) 마셜 밴 앨스타인외(2018, 61~65쪽) 정리.

상품이나 서비스의 가격을 공짜(free)로 책정한 후 고급(premium)기능에 대해서만 유료화를 하는 프리미엄(freemium, free+premium)방식으로 가야 한다고 주장했다. 문제는 이러한 가격 효과는 오래가지 않는 데 있다. 가격 효과는 할인이 종료되거나 다른 회사가 더 저렴한 가격을 제시하는 순간 사라진다. 일반적으로 고객의 1~2%만이 무료 고객에서 유료가격으로 전환한다. 부분 유료화 모델인 프리미엄(freemium)방식은 수익을 내기 어려운 무임 승차자를 양산한다.

브랜드 효과는 더 복잡하다. 브랜드 효과는 사람들이 특정 브랜드와 품질을 연관지을 때 생긴다. 그러나 브랜드 효과는 가격 효과와 마찬가지로 지속시키기 어려운 경우가 많다. 게다가 비용이 훨씬 더 많이 든다. 브랜드 구축에 수백만 달러를 지출한 온라인 장남감 회사 이토이즈는 2001년에 파산했다. 배우 우피 골드버그를 회사 대변인으로 고용한 온라인 택배업체 코즈모도 2001년에 파산했다. 2001년 1월 닷컴 붕괴가 일어나기 직전, 19개의 스타트업들이 슈퍼볼 광고 자리를 구매했으며, 각각 200만 달러 이상을 들여 브랜드 인지도를 구축하려했다. 10여 년 후, 그 가운데 여덟 곳은 이 세상에서 사라졌다.

가격 효과와 브랜드 효과는 분명히 스타트업의 성장 전략으로 필요하다. 그러나 네트워크 효과만이 선순환을 만들어내어 사용자 네트워크를 구축한다. 스타트업의 성공과 실패를 결정짓는 원인을 파악하기 위해서 수십 가지 사례를 조사한 결과에 의하면, 대부분의 실패 기업들이 가격이나 브랜드 효과에 크게 의존했다. 반면 성공한 기업은 실제로 효과가 있는 아이디어를 생각해 냈다. 이를테면 한 사용자 그룹으로부터 트래픽을 유도해 냄으로써 다른 사용자 그룹으로부터 수익을 내는 것이다. 오늘날 이베이, 우버, 에어비앤비, 업워크, 페이팔, 구글과 같은 성공적인 플랫폼 기업들이 양면 네트워크 효과를 다양한 형태로 잘 보여주고 있다.

4) 네트워크 산업에서 경쟁 정책

수확체증이 일어나는 네트워크 산업에서는 독점이 일어날 가능성이 높다.

그러나 네트워크 산업에서는 독점으로 인해서 가져다주는 사회적 편익이 크기 때문에 일반적인 경쟁 정책의 논리를 적용하게 되면 사회적 편익이 감소할 가능성이 크다. 세계적으로 1970년대 이전에는 통신 서비스, 방송 서비스, 전기 서비스, 항공 서비스, 철도 서비스 등을 독점 기업이 제공하여 왔으며, 많은 국가에서 이들 독점 기업을 국가가 소유하였다.

그러나 독점 기업이 조직과 운영측면에서 비효율적이고, 적정한 투자가 이루어지지 않고,[13] 소비자 편의 위주로 서비스가 제공되지 않는 등의 다양한 문제가 나타났다. 1970년대부터 서구 선진국에서 항공, 철도, 전기, 통신, 방송 부문에서 독점 기업을 민영화하는 동시에 경쟁을 도입하였다. 이와 같은 경쟁을 도입한 논리는 다음과 같다; 수확체증이 나타나는 산업에서 2개 이상의 기업이 등장하게 되면 규모의 경제를 누리지 못하게 됨에 따른 생산측면에서 손실이 발생하지만, 기업 경영이 효율적이게 되고 기술이 발전함에 따른 편익이 더 크다.

독점 기업이 서비스를 제공하는 통신 산업에서는 소비자를 보호하기 위해서 보편적 서비스(universal service)라는 제도를 만들었다. 보편적 서비스란 모든 소비자가 적정한 비용으로 통신 서비스를 제공받을 수 있어야 한다는 것을 말한다. 예를 들면, 원가가 많이 소요되는 산간지역이나 섬에서도 적정한 가격으로 전화 서비스를 이용할 수 있도록 하였다. 독점 기업이 전화 서비스를 제공할 경우에 시내전화 서비스 제공에서 발생하는 적자를 시외나 국제전화 서비스에서 보전하도록 하였다.

통신 시장에 경쟁을 도입하면서 크림스키밍(Cream Skimming)[14]을 방지하고 보편적 서비스비용을 마련하기 위해서 보편적 서비스 기금(universal service fund,

---

13) 독점 기업이 독점가격을 설정하여 초과 이윤을 획득하는 것을 막기 위해서 많은 정부에서 공정보수율규제를 적용하는 경우가 많았다. 독점 기업이 상품의 가격을 설정할 때 원가에 적정한 이윤율(통상 시장이자율)을 적용하도록 한 것이 공정보수율규제이다. 이 경우 독점 기업은 적정한 수준 이상의 과잉 투자를 하여 원가를 높여 이익을 늘리는 행위를 한다. 이를 애버치존슨 (Averch-Johnson) 효과라고 부른다.

14) 크림스키밍은 원유에서 맛있는 크림만 떠먹고 다른 부위는 버리는 것에서 유래한 말이다. 처음에는 통신이나 방송 사업자가 수요가 많은 지역에만 인프라를 구축해 사업을 시행함으로써 서비스 소외지역을 양산하는 행위를 의미했다. 지금은 그 의미가 확장돼 통신뿐 아니라 의료보험, 병원 등 다양한 분야에서 쓰이고 있다.

USF)을 만들었다. 그리고 통신 산업에서는 후발 진입자가 기존 사업자와 경쟁할 수 있도록 필수설비제도를 만들었다. 한국의 경우 필수설비 의무제공은 KT가 관로, 전신주, 케이블 등 필수설비를 독점하지 못하도록 경쟁사가 요구하면 반드시 개방하도록 의무를 부과한 제도이다. 그리고 통신 산업에서는 정부가 후발기업을 보호하고 경쟁체제를 유지하기 위해서 '비대칭적 규제'를 도입하였다. 유선통신 시장에서 시장지배적 사업자인 KT에 다른 사업자보다 강한 규제를 적용하고, 이동통신 시장에서 선발 사업자인 SKT에 KT와 LG U+보다 엄격한 규제를 적용하고 있다.

인터넷을 기반으로 한 검색, 동영상, 음원, 소셜네트워크, 온라인쇼핑 서비스 등의 개별 시장에서 독점 또는 과점 기업이 서비스를 제공하면서 오랫동안 불공정 경쟁의 문제는 별로 제기되지 않았다. 왜냐하면 네이버, 구글, 유튜브, 넷플릭스, 스포티파이, 페이스북과 같은 네트워크 비즈니스는 공짜이거나 거의 공짜인 경우가 대부분이므로 소비자 가격을 조작할 여지가 별로 없기 때문이다.

그리고 이들이 독과점하는 시장에 경쟁이 도입되어 다수의 기업이 서비스를 제공하는 경우에 소비자의 후생이 증가하지 않고 오히려 불편할 수 있다. 특히 페이스북과 같은 소셜네트워크 서비스에서 두 개 이상의 기업이 동일한 서비스를 제공할 경우 소비자들은 불편할 것이다. 오히려 인터넷을 기반으로 한 네트워크 서비스에서는 개인정보 유출, 데이터 독점으로 인한 폐해 등이 더 큰 문제로 부각되었다. 특정 기업이 축적하는 데이터의 양이 방대해짐에 따라 사회적, 정치적, 경제적 문제로 증폭될 가능성이 크다.

그러나 2010년대 후반에 들어오면서 인터넷을 기반으로 한 서비스 사업자들에게도 공정 경쟁차원에서 문제가 제기되고 있다. 이들 기업이 소비자 가격을 조작하지는 않지만, 소비자가 이용하는 서비스의 폭을 제한할 수는 있다. 보다 더 큰 문제는 이들 기업이 수요나 공급 독점력을 이용하여 하류 기업 또는 상류 기업에게 불공정한 행위를 할 수 있다.

2019년에 미국의 연방정부, 의회, 주 검찰 등이 세계 IT업계의 혁신을 이끌어온 GAFA 즉, 구글, 아마존, 페이스북, 애플을 반독점 혐의로 조사하고 있다.

조사의 내용은 기업에 따라 조금씩 다르지만 우월적 시장 지배력을 남용해서 시장 경쟁을 훼손하고 경쟁 기업과 소비자에게 해를 끼쳤다는 점에서 동일하다. GAFA의 시장 독점에 대한 문제의식이 산업계와 시민사회를 넘어서 정치권에까지 확산되었기 때문에 이들 기업에 대한 동시다발적인 조사가 가능했다. 미국의 경우 필요하다고 판단되면 독점을 해체하기도 하였는데, 석유회사인 스탠더드오일트러스트와 통신회사인 AT&T를 분할한 바 있다.

2 플랫폼

1) 플랫폼이란?

ICT 산업에서 플랫폼(platform)이 중심이 되었고, 미디어 산업에서도 플랫폼이라는 용어가 일반화되었다. 플랫폼은 원래 기차를 승차하는 승강장이나 연사나 지휘자가 사용하는 강단이나 지휘대 등을 뜻했다. 지금은 플랫폼을 다양한 제품이나 서비스를 제공하기 위해 사용하는 토대라는 의미로 사용하고 있다.[15] 플랫폼이라고 하면 떠오르는 승강장이 어떤 역할을 하는지 살펴보면 플랫폼의 의미를 파악할 수 있다. 승강장은 교통수단과 승객이 만나는 공간이다. 그래서 승강장은 교통수단과 승객이 만날 수 있는 거점 역할을 하며 교통과 물류의 중심이 되고 거래가 발생하게 된다. 사람이 많이 몰리는 승강장에서 다양한 형태의 비즈니스 모델로 부가적인 수익을 창출할 수 있다. 주요 수익모델인 승차요금 외에도 광고나 상품판매 등 부가적인 비즈니스 모델로 수익을 창출하고 있

---

15) 최근에 플랫폼은 매우 다양한 의미로 사용된다. 첫째로 플랫폼은 다양한 상품의 생산하거나 판매하기 위해 공통적으로 사용하는 기본구조로, 예로는 자동차 플랫폼, 전자 제품 플랫폼이 있다. 둘째로, 플랫폼은 상품거래나 응용 프로그램을 개발할 수 있는 하부구조(infra)로, 예로는 온라인 쇼핑몰, 운영체제(OS), 앱스토어가 있다. 셋째로, 플랫폼은 작업을 하거나 대상에 접근하기 위한 구조물을 의미하는데, 예로는 철도플랫폼(승하차장), 원유플랫폼(원유시추설비), 우주선 발사대, 다이빙 플랫폼이 있다(이성춘, 2011, 6쪽).

다. 이와 같은 플랫폼이 제공하는 기능을 고려하면 다시 정의해보면, 플랫폼은
공급자와 수요자 등 복수그룹이 참여해 얻고자 하는 가치의 거래를 통해 교환
할 수 있도록 구축된 물리적 또는 가상적인 공간이다.[16]

　　플랫폼이라는 용어는 다양한 분야에서 사용된다. 하드웨어 기업에서 플랫
폼은 여러 제품을 생산하는 데 공동적으로 사용하는 물리적 장치나 프로세스를
일컫는다. 자동차회사는 하나의 차체를 이용하여 여러 차종을 생산한다. 애플
사는 강력한 센스나 프로세서를 만들어 아이폰이나 아이패드에 적합한 앱을 쉽
게 만들 수 있도록 개발자들에게 제공한다. 한편 소프트웨어 플랫폼도 있는데
윈도우, 브라우즈, 자바, iOS, 안드로이드와 같이 다양한 앱을 만들 수 있는 기
반이 되는 소프트웨어를 지칭한다. 그리고 많은 사람이 사용하는 앱 서비스가
플랫폼으로 진화하고 있는데, 네이버, 다음카카오, 유튜브, 페이스북 등이 이미
플랫폼으로 기능하고 있다.

　　플랫폼을 위와 정의하고 보면, 플랫폼과 시장의 정의와 대동소이함을 알
수 있다. 국어사전에는 시장이란 '상품이 거래되는 추상적인 영역'이라고 적혀
있다. 자연발생적인 재래 시장도 있고, 특정한 주체가 만든 증권 시장이나 대형
할인점과 같은 시장도 있다. 재래 시장, 증권 시장 그리고 대형할인점도 플랫폼
이라고 부를 수 있다. 하지만, 2000년대 이후에 사용하는 플랫폼이라는 용어는
통상 기업이나 개인이 정보통신기술을 이용하여 만든 가상적인 공간을 지칭하
고, 이 공간에서 정보가 교류되거나 거래가 이루어진다. 플랫폼 비즈니스는 외
부 생산자와 소비자가 상호작용을 하면서 가치를 창출하는 것에 기반을 둔 비
즈니스이다. 플랫폼은 이러한 상호작용이 일어날 수 있도록 참여자를 독려하는
개방적인 인프라를 제공하고 그에 맞는 거버넌스를 구축한다. 플랫폼의 가장
중요한 목적은 사용자들끼리 꼭 맞는 상대를 만나서 상품이나 서비스, 또는 사
회적 통화를 서로 교환할 수 있게 해 주어 모든 참여자가 가치를 창출하게 하
는 데 있다.[17]

---

16) 노규성(2016, 4~5쪽)의 서술을 재구성하였음.
17) 마셜 밴 앤스타인 외(2016, 35~36쪽).

특히 2000년대 후반부터 대부분의 기업이 플랫폼을 만드는 데에 많은 투자와 노력을 기울이고 있다. 플랫폼은 오늘날 가장 빠른 성장세로 가장 강력하게 기존 질서를 파괴한 기업들(마이크로소프트, 구글, 아마존, 애플, 페이스북, 에어비앤비, 이베이 등)이 거둔 성공의 토대였다. 플랫폼은 기술을 이용해 사람과 조직, 자원을 인터렉티브한 생태계에 연결하여 엄청난 가치를 창출하고 교환할 수 있게 해 준다. 각각의 플랫폼은 독특하며 저마다 특화된 산업과 시장에 집중하면서 플랫폼의 힘을 이용하여 세계 경제에 큰 변화를 몰고 왔다. 2018년도 전 세계에서 시가총액 상위 10대기업 중에서 7개 기업이 플랫폼 기업이고, 플랫폼 기업이 시가총액 상위 1위에서 6위까지 점하고 있다.[18)

2) 플랫폼으로 인한 변화[19)

기업들이 전반적으로 채택하고 있는 전통적인 시스템을 우리는 '파이프라인(pipeline)'이라고 말한다. 플랫폼과 달리 파이프라인은 가치의 창출과 이동이 단계적으로 일어나며, 이때 파이프라인의 한쪽 끝에는 생산자가, 반대편 끝에는 소비자가 있다. 회사는 먼저 제품이나 서비스를 디자인한다. 그런 다음 제품을 제조해서 판매하거나 서비스를 제공하기 위한 시스템이 작동한다. 마지막으로 고객이 등장해서 제품이나 서비스를 구매한다. 이와 같은 간결한 단선적 형태로 인해 우리는 파이프라인 비즈니스를 '선형적 가치사슬(linear value chain)'이라고 설명하기도 한다.

최근 몇 년간 점점 더 많은 기업들이 파이프라인구조에서 플랫폼구조로 전환하고 있다. 이 같은 변화 속에서 단순했던 파이프라인방식이 생산자와 소비자 그리고 플랫폼이 변수로 개입되는 복합적인 관계로 변하고 있다. 플랫폼 세

---

18) 2018년 시가총액 상위 10위에 포함된 플랫폼 기업은 애플(1위), 알파벳(2위), 아마존(3위), 마이크로소프트(4위), 텐센트(5위), 페이스북(6위), 알리바바(8위)이다. 이중에서 애플과 마이크로소프트는 각각 하드웨어와 소프트웨어 사업의 수입이 큰 비중을 차지하지만, 두 기업 모두 플랫폼을 만들어 서비스를 제공하고 있다.
19) 이 소절에서는 마셜 밴 앤스타인 외(2016, 36~43쪽)를 인용하거나 요약하면서 부분적으로 가필하였다.

계에서 다른 종류의 이용자들(일부 생산자와 일부 소비자, 그리고 때에 따라 생산자와 소비자 역할을 동시에 수행하는 사람들)이 서로 만나고, 상호작용을 일으키면서 플랫폼이 제공하는 자원을 사용한다. 이런 과정에서 이들은 가치 있는 무엇인가를 교환하고 소비하며 때로는 함께 만들어 내기도 한다. 가치는 생산자에서 소비자까지 일직선으로 흘러가지 않고, 사람들에 의해 다양한 장소에서 다양한 방식으로 만들어지고 변경되며 교환되고 소비된다. 그리고 이 모든 것들이 플랫폼에 의한 연결을 통해 가능해 졌다.

모든 플랫폼은 저마다 다르게 작동하고 다른 유형의 사용자들을 끌어들이며 다양한 형태의 가치를 만들어 낸다. 이와 같은 기본 요소들을 모든 플랫폼 비즈니스에서 동일하게 찾아볼 수 있다. 예를 들어, 휴대전화 산업에는 현재 두 개의 주요 플랫폼(애플의 iOS와 구글이 지원하는 안드로이드)이 있다. 둘 중 하나의 플랫폼에 가입한 소비자는 해당 플랫폼이 제공하는 가치(예: 스마트폰에 내장된 카메라의 이미지 편집 기능)를 소비한다. 그러나 이들 소비자들은 일련의 개발자들이 플랫폼의 기능을 확장하기 위해 만든 콘텐츠를 소비하기도 한다. 다시 말해서 사용자가 애플 아이폰을 통해 접근한 앱이 제공하는 가치를 소비한다는 뜻이다. 그 결과, 플랫폼이 창출한 가치의 교환이 이루어진다.

말 그대로 전통적인 선형적 가치사슬에서 플랫폼의 복합적인 가치 매트릭스로 변화가 진행되었다는 사실이 단순하게 들릴 것이다. 그러나 그 안에 담긴 의미는 꽤 복잡하다. 플랫폼 모델이 한 산업에서 다른 산업으로 확산되면서 비즈니스는 거의 모든 측면에서 혁신적인 변화를 맞이하고 있다.

플랫폼의 등장으로 인한 변화를 오락 산업의 예를 들어서 알아보자. 플랫폼으로 인해서 게이트 키퍼(gate keeper)가 사라지고 있다. 과거에는 가수나 탤런트가 되기 위해서는 음반기획자나 방송사(또는 제작사) PD의 선택을 받아야 했다. 그러나 가수나 연기자 지망자가 유튜브 등 동영상 플랫폼에 자기가 만든 음원이나 영상을 올려서 활동할 수 있고, 인터넷에서 인기를 얻게 되면 정식으로 데뷔할 기회가 제공된다.

그리고 플랫폼으로 인해서 공급자의 성격이 달라지고 있다. 텔레비전방송국과는 전혀 다른 비즈니스 모델인 유튜브는 그 어떤 방송국보다 많은 시청자를 보유하고 있으며, 시청자들이 직접 만든 콘텐츠를 활용한다. 싱가포르에 본거지를 둔 비키(Viki)는 아시아 영화와 드라마에 자막을 올리는 번역자들의 오픈 커뮤니티를 이용하여 전통적인 미디어 가치사슬에 도전장을 내밀었다. 비키는 자사의 번역자들이 자막을 올린 동영상의 라이선스를 다른 나라 배급업체에 제공한다.

플랫폼으로 인해서 품질 관리방식이 바뀌고 있다. 유튜브나 네이버TV와 같은 플랫폼은 독자들의 피드백을 이용하여 텔레비전 채널과 경쟁한다. 이러한 플랫폼이 콘텐츠의 품질에 대한 커뮤니티의 반응을 수집할수록 이후 시장에서 상호작용이 더 효율적으로 이뤄진다. 다른 소비자들의 피드백은 자신이 원하는 동영상을 쉽게 찾을 수 있게 해 준다. 부정적인 피드백을 많이 받은 상품은 대개 플랫폼에서 완전히 사라진다.

3) 양면 시장

양면 시장(two-sided market)이란 두 종류의 이용자(또는 사업자)가 특정한 플랫폼을 통해 상호작용함으로써 가치가 창출되는 시장이다. 플랫폼을 제공하는 사업자는 양측의 거래 또는 상호작용이 발생할 수 있는 환경을 제공하고 그 이용료를 양측 또는 어느 한쪽으로부터 받음으로써 수익을 얻는다. 이러한 예는 미디어(방송, 신문, 인터넷 포털), 신용카드, PC운영체제, 정보중개업(예: 결혼중개) 등을 들 수 있다. 생산자와 소비자를 연결한다는 의미에서 대부분의 상업행위가 양면 시장에 해당한다고 생각할 수도 있겠으나 실은 그렇지 않다. 예컨대, 어떤 방송 사업자가 모든 프로그램을 직접 제작하거나 도매구입한 후 이를 수신료 기반으로 방송한다면 이는 양면 시장이라고 할 수 없다. 이에 반해, 계약에 의해 다른 채널사용 사업자나 광고 사업자가 방송 플랫폼을 이용하여 직접 방송 플랫폼 가입자에게 접근하도록 허용한 경우 양면 시장 특성이 나타나게 된다. 마찬가지로, 일반 소매상점의 경우 양면 시장이라고 할 수 없으나, 쇼핑몰의 경우는 소매상점과 소비자들이 만나서 거래활동을 할 수 있도록 편의를 제공하는 플랫폼으로서 양면 시장을 형성한다(김성환외, 2008).

일반적으로 플랫폼은 양면 시장의 개념과 함께한다. 플랫폼 전략에 관한 연구나 플랫폼 시장에 관한 연구들은 모두 양면 시장에 기초를 두고 이루어진다. 경제학자들은 2000년대에 들어서 플랫폼이 양면 시장이 되는 조건을 연구하고, 단면 시장에서의 경쟁 정책이 양면 시장일 경우에 어떻게 보완되거나 바뀌어야 하는 지에 대해서 연구하였다.[20] 2000년대 중반에 하버드 비즈니스 스쿨의 경영학자들이[21] 플랫폼 기업의 전략을 연구할 때에 양면 시장의 관점에서 사례분석을 하였다. 여기에서는 경제학자들이 양면 시장에 대해서 연구한 결과를 정리한다.

경제학 분야에서 연구되어온 양면 시장이론에서 플랫폼이란 서로 다른 이용자 또는 고객집단이 거래를 원활히 할 수 있도록 제공된 물리적, 가상적, 제도적 환경을 통칭한다(이상규, 2010). 에반스(Evans, 2003), 에반스·슈발란제(Evans & Schmalensee, 2008) 등에 따르면, 양면 시장이란 상호연결을 필요로 하는 둘 이상의 이용자 그룹들이 존재하고(양면성), 한 면의 이용자 그룹이 얻는 편익이 다른 면의 이용자 그룹의 규모가 클수록 더욱 높아지며(간접적 네트워크 외부성), 더 나아가 서로 다른 이용자 그룹들이 자체적인 노력으로 직접 거래하는 것이 실질적으로 불가능하여 플랫폼을 이용해야만 거래가 성립하는 시장이다(이광훈, 2011, 53쪽). 이 세 가지 조건은 플랫폼이 양면 시장이라고 불리기 위해서 갖춰야 할 최소한의 필요조건이다.

이용자 집단이 플랫폼 이용을 통하여 창출하는 편익이나 만족도가 서로 다른 이용자들 집단 간의 상호작용을 통해 창출되는 간접적 외부성의 영향을 받

20) Katz & Shapiro(1985)는 네트워크 효과에 대한 최초의 논문이며, Evans, David S.(2003)에서 양면 시장의 필요조건에 제시되었다. 그리고 Rochet, Jean‒Charles and Tirole, Jean(2006)에서 양면 시장의 조건, 가격할당, 교차보조 등을 다루었고, Armstrong, M. and Wright, J(2007)에서 싱글호밍, 멀티호밍에 관한 이론이 개발되었다.
21) Harvard Business School의 Thomas R. Eisemann, Gedffrey Parker, Marshall Van Alstyne 그리고 Andrei Hagiu 교수가 대표적이다. 앞의 3명이 공동집필하여 Harvard Business Review(October, 2006)에 발표한 논문(Strategies for Two‒Sided Markets)은 인터넷 비즈니스이론 가운데 가장 널리 가르치는 내용이다.

게 된다는 점이 양면 시장을 규정하는 핵심적인 내용이다. 그런데, 이러한 상호
작용을 통해 창출되는 간접적 네트워크 외부성이 대칭적일 필요는 없으며, 더
나아가 양쪽 모두에 발생해야 하는 것도 아니다. 예컨대, 신문의 경우 해당 신
문을 이용하는 고객이 증가할수록 해당 신문에 광고를 하려는 광고주의 편익이
높아지게 되나, 광고의 증가가 신문 이용 고객의 편익을 증가시키는 효과는 크
지 않거나 없다(이광훈, 2011, 53쪽).

　　양면 시장의 필요조건을 만족하는 플랫폼의 가장 큰 특징은 간접 네트워크
효과 극대화를 위한 가격책정이다. 아이젠만·파커·반알스튄(2006)에 의하면, 양
면 시장 내 플랫폼이 양 고객 군을 대상으로 가격을 책정하는 전략 추진 과정
은 그리 간단하지 않다. 일반적으로 비용을 지불하는, 즉 보조하는 집단은 보조
받는 집단의 규모가 큰 것을 선호하며, 보조받는 집단의 이용자 수가 클수록
간접 네트워크 효과가 커진다. 따라서 플랫폼은 공급자 단독 사업 시 부과할
가격보다 더 낮은 가격 설정을 공급자에게 요구하는 경향이 있다. 보조하는 집
단이 시장가격보다 높은 대가를 부담하는 것이 가능한 이유는 보조받는 집단을
충분한 수만큼 확보할 경우에 보조하는 집단이 높은 대가를 지불해도 수익이
창출되는 구조가 예상되기 때문이다.

　　미디어는 전형적인 양면 시장의 특징을 지니고 있다. 우선 방송이나 신문
을 이용하고 있는 최종 이용자(시청자 또는 구독자)와 이에 광고를 게재하는 광고
주라는 서로 다른 고객군이 존재한다. 예를 들어, 신문사는 시청자들을 위한 뉴

그림 8-3 양면 시장의 개념적 구조

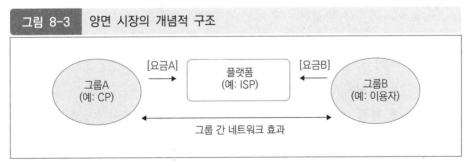

출처: 이광훈(2011).

스를 제공하고 광고주에게는 광고 지면을 판매하여 이러한 독자들에 대한 접근을 제공한다. 광고주는 더 많은 이용자를 보유한 미디어에 광고하기 때문에 미디어 사업자는 더 많은 이용자를 확보하기 위해 무료 또는 아주 낮은 요금 (구독료)을 부과하여 이용자를 확보하고자 하는 동기를 갖게 된다. 이러한 특성은 미디어 시장의 광고주에 대한 요금구조에 반영되어, 광고가격은 광고 제작 원가보다 높은 수준에서 미디어 이용자 수와 이용자의 특성을 반영하여 책정된다. 광고주는 미디어를 이용함으로써 직접 거래 시에 발생하는 거래 비용을 줄일 수 있다. 예를 들면, 광고주가 개별적으로 광고를 노출시키려면 많은 비용이 들어가지만 신문사와 이용자를 찾는 비용을 공유함으로써 좀 더 효율적으로 거래가 이루어진다.

일반적 시장에서와 마찬가지로 이러한 양면 시장에서 플랫폼 사업자의 가격 설정 역시 경쟁하는 플랫폼의 수에 의해 큰 영향을 받게 된다. 암스트롱 (Armstrong, 2006)은 이처럼 복수의 플랫폼이 시장에서 경쟁하는 상황을 분석하였다. 그는 플랫폼의 각 이용자들이 한 종류의 플랫폼만을 선택하여 이용하는 싱글호밍(single-homing)을 하는지, 복수의 플랫폼을 함께 이용하는 멀티호밍 (multi-homing)을 하는지 여부에 따라 균형가격 설정과 경쟁 양태에 대한 분석 결과가 영향을 받게 됨을 설명하고 있다.

특히 한 측면은 싱글호밍, 다른 측면은 멀티호밍 하는 경우를 '경쟁적 병목 (competitive bottlenecks)'이라고 하였는데, 이는 현실에서 관찰될 가능성이 가장 높은 양면 시장의 형태이다.[22] 이러한 경쟁적 병목의 경우 플랫폼 사업자들은 싱글호밍 이용자들을 확보하기 위해서 경쟁함과 동시에 확보한 이용자들에 대한 접근 허용권을 기초로 멀티호밍측에 대해서는 일종의 독점력을 갖게 되는 상황이 된다. 이러한 경쟁적 병목의 상황에서는, 싱글호밍측에서 플랫폼 간의 경쟁은 치열한 반면, 멀티호밍측에서는 플랫폼 사업자가 국지적 독점력을 갖게 되며, 멀티호밍측에 대해 높은 가격을 책정하여 획득한 높은 이윤이 싱글호밍측에 낮

---

22) 신문구독(싱글호밍)-광고(멀티호밍), 쇼핑몰방문(싱글호밍)-쇼핑몰입점(멀티호밍), 유료방송
    가입자(싱글호밍)-프로그램공급자(멀티호밍) 등의 시장을 이러한 경쟁적 병목 시장의 관점에
    서 분석할 수 있다.

은 가격 설정을 통해 전이되는 결과가 발생하게 된다(이광훈, 2011, 54-55쪽).

예컨대, 신문의 경우 구독자들은 대체로 하나의 신문을 구독하는 반면에 광고주들의 입장에서는 각 확보하고 있는 구독자에 대한 접근을 위해 동시에 여러 신문에 광고를 하게 된다. 즉, 구독자측면은 싱글호밍의 성격이 강하며, 광고주측면은 멀티호밍의 성격이 강하다.[23] 따라서 신문사들은 대체로 하나의 신문만을 이용하는 구독자들이 자신의 신문을 선택하도록 하기 위해 구독자측 면에서 치열한 경쟁을 하게 되며, 이렇게 확보된 구독자들은 신문사 간에 거의 중첩되지 않으므로, 광고주 입장에서는 해당 신문사가 자신의 구독자들에 대한 독점적 접근 허용권을 가지고 있는 것으로 간주될 수 있다.[24] 따라서 구독자 쟁 탈을 위해 낮은 구독료를 설정하거나 더 나아가 보조금을 지급한다. 대신 광고

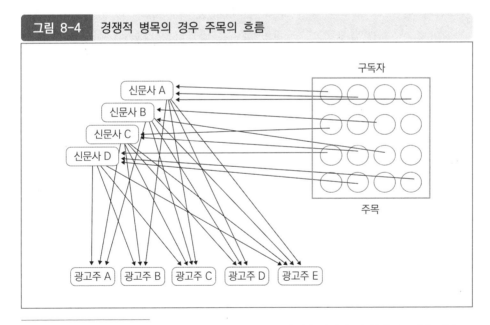

그림 8-4 경쟁적 병목의 경우 주목의 흐름

---

23) 현실적으로는 멀티(싱글)호밍측면이라 해도 이용자 전체가 완전히 멀티(싱글)호밍을 하기 보 다는 그중 상당 부분이 멀티(싱글)호밍을 하는 형태로 나타나게 된다.

24) 광고주 입장에서는 신문 외에도 방송이나 인터넷 등의 미디어를 통해서도 동일한 광고 타깃에 접근을 할 수 있으며, 이러한 측면에서 신문사가 구독자에 대한 접근권에 대해 독점력을 행사 하는 것은 현실적으로는 상당히 제한적일 수 있다.

주들에게는 확보한 구독자에 대한 독점적 접근 허용권을 바탕으로 높은 수준의 광고료를 책정하여 이윤을 창출하게 된다. 따라서 멀티호밍 시장에서의 독점력에 바탕을 둔 높은 가격 설정이 반드시 플랫폼의 초과 이윤으로 연결되지는 않으며, 싱글호밍측의 경쟁압력이 클수록 이 측면에서의 경쟁을 보조하는데 사용되게 된다. 플랫폼 간 차별성이 작을수록, 그리고 멀티호밍측면으로부터의 수입이 클수록 싱글호밍측 가격은 낮게 설정될 수 있다(이광훈, 2011, 55－56쪽).

양면 시장을 대상으로 하는 플랫폼 비즈니스에서 가격 책정을 그림으로 설명할 수 있다. 수요 변화측면에서 플랫폼 비즈니스는 각각 고객 그룹의 수요가 서로 독립적으로 무관하게 일어나는 것이 아니고, 다른 고객 그룹의 참여와 수요가 얼마나 활발하고 강한지에 따라 영향을 받는다. 유료 신문을 예로 들어본다. 먼저 다른 고객 그룹들의 수요 변화는 양상이 다를 수 있으므로 [그림 8-5]와 같이 고객 그룹별로 두 개의 곡선을 따로따로 살펴보아야 한다. 이 그림에서 구독자의 수요가 구독료에 민감하고, 광고주의 광고수요량은 광고가격에 상대적으로 덜 민감하다고 보았다. 그러나 이러한 수요탄력성에 대한 가정이 결과에는 영향을 주지 않는다. 이때 신문사가 수익을 극대화하기 위해서 가

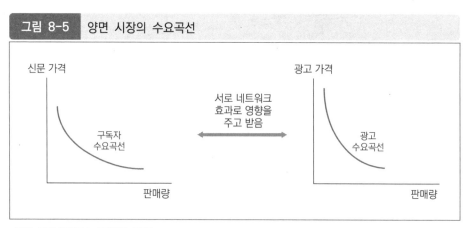

그림 8-5   양면 시장의 수요곡선

출처: 조용호(2011, 72쪽)를 변형.

격을 어떻게 설정해야 할까?

　신문사가 구독료의 가격을 낮추는 경우를 상정하여 [그림 8-6]을 그렸다 (조용호, 2011. 73쪽을 변형). 구독료를 낮추어 구독자수가 많아지면 광고수요가 증가할 것이다. 구독료를 낮추게 되면 구독수요의 가격탄력성에 따라 구독료수입이 변화할 것이다. 한편 광고수요의 가격탄력성에 상관없이 광고수입은 증가한다. 극단적으로 구독료를 받지 않게 되면(구독료가격은 0) 구독료수입은 0이 되지만, 광고수요가 증가로 광고수입이 증가한다. 이러한 논리로 무가지(無價紙)의 사업 모델이 나오게 된다. 동일한 논리로 지상파방송사가 시청자에게 무료로 방송하는 경우와 채널사용 사업자가 유료방송사에게 채널사용료를 받지 않고 채널을 제공하는 경우를 설명할 수 있다. 양면 시장에서 활동하는 플랫폼 사업자는 한 시장의 수요자에게는 보조금을 주더라도 다른 시장에서의 수익을 통해서 전체적으로 이익을 낼 수 있다.

　시장 조건에 따라 어느 한쪽의 이용자는 플랫폼 이용료를 거의 내지 않는 대신 다른 측 이용자는 비용보다 높은 이용료를 지불하는 등 특수한 요금 구조가 시장의 효율성 달성에 중요한 역할을 하게 된다. 양면 시장의 조건인 간접

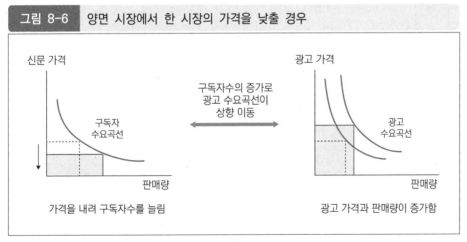

그림 8-6 양면 시장에서 한 시장의 가격을 낮출 경우

출처: 조용호(2011, 73쪽)를 변형.

적 네트워크 외부성으로 인해서 '닭과 달걀문제(chicken & egg problem)'가 나타
난다. 예를 들면, 중개 서비스업자가 구매자를 유인하기 위해서는 많은 판매자
가 필요하지만, 판매자들은 구매자들이 많아야만 참여하려고 할 것이기 때문에
이 현상이 발생하는 것이다. 이 양면 시장에서는 약탈적 요금규제의 의미가 없
어지고 요금구조에 대한 사업자 간 협의가 일부 정당화될 가능성마저 있다. 또
한 기존의 방식으로 입증된 지배력이 양면 시장적 특성에 의해 부정되는 사례
가 나타날 수도 있다. 인터넷을 통한 중개 활동의 경우 시장집중으로 반드시
비효율성이 나타나지 않고, 오히려 보다 효율적일 수도 있다. 중개 이윤은 집중
된 시장에서 더 클 수 있으며, 이용자 잉여는 집중된 시장에서 더 클 수도 있
다. 양면 시장에 관한 경쟁정책 규칙을 설계할 때에는 이러한 특징을 충분히
고려할 필요가 있다(김성환 외, 2008).

4) 플랫폼 비즈니스 경쟁력[25]

(1) 규모의 공급 경제에서 규모의 수요 경제로 전환

플랫폼 비즈니스에서 가치 창출과 경쟁력의 주요 원천은 네트워크 효과이
다. 네트워크 효과는 기술 혁신이 주도하는 새로운 경제 현상을 대변한다. 20세
기 산업화 시대의 거대 독점 기업들은 규모의 공급 경제(supply economies of
scale)에 기초해 생겨났다. 규모의 공급 경제는 생산 효율성에 따라 추동됐고,
이는 생산량 증가를 통해 제품이나 서비스의 단위 생산비용을 낮추는 방식이었
다. 이러한 규모의 공급 경제는 선진 공업 경제 국가의 대기업들에게 엄청난
비용 우위를 제공하여 다른 경쟁자들이 따라잡기 매우 어렵게 만들었다.

산업화 시대에 성장한 거대 기업을 생각해 보라. 철강 생산에서 용융한 선
철에 고압의 바람을 불어 넣는 베서머 제강법(bassermer process)은 불순물을 제
거할 뿐만 아니라 철강 생산비용을 톤당 40파운드에서 7파운드로 절감했다.
5톤짜리 베서머 용광로 18개를 운영하는 배로적철석철강회사(Barrow Hematite

---

25) 마셜 밴 앨스타인 외(2017, 58~61쪽)를 인용하고 일부 보완함.

Steel Co.)는 20세기에 들어서면서 세계 최대의 철강회사가 되었다. 마찬가지로 공기 중의 질소로 비료를 만들어 내는 독일의 허버─보슈 공정은 오늘날 소비되는 식량 생산의 절반에 이용되는데, 이 공정은 화학 회사 바스프(BASF)가 거대 기업으로 부상하는 데 기여하였다. 바스프는 여전히 세계 최대 화학 회사이다. 그리고 미국의 토마스 에디슨이 발명한 전구와 값싼 전력 생산으로 제너럴 일렉트릭(GE)이 뜨는 동안 헨리 포드는 대량 생산 시스템을 적용하여 포드 자동차 회사(Ford Motor Company)의 성장을 가속화했다. 비즈니스규모가 크면 클수록 생산, 마케팅, 유통 비용은 더 떨어졌으며, 이러한 선순환 효과는 기업들이 꾸준히 성장하고 이익을 창출하는 데 도움을 주었다.

21세기 인터넷 시대에 과거 거대 기업들에 상응할 만한 독점 기업들은 규모의 수요 경제(demand economics of scale)를 통해 생겨났다. 규모의 공급 경제와 달리 규모의 수요 경제는 생산자측 수익 방정식에서 한쪽 절반을 차지하는 수요측면의 기술 향상을 이용한다. 규모의 수요 경제는 소셜네트워크의 효율성, 수요 결집, 앱 개발, 기타 네트워크가 크면 클수록 사용자들에게 더 많은 가치를 가져다주는 현상에 따라 움직인다.

규모의 수요 경제는 한 플랫폼 시장에서 가장 몸집이 큰 기업에게 네트워크 효과의 우위를 제공하기도 하며, 이때 네트워크 효과측면에서 우위에 있는 기업을 경쟁업체들이 따라잡기란 극히 어렵다. 규모의 수요 경제는 긍정적인 네트워크 효과의 근원이며 오늘날 경제가치의 주된 동력이다. 규모의 공급 경제가 더 이상 중요하지 않다는 말이 아니다. 규모의 공급 경제는 지금도 중요하다. 그러나 규모의 수요 경제가 네트워크 효과의 형태를 띠면서 가장 중요한 차별화요인이 되었다.

네트워크 효과를 통해 이룩한 성장은 시장 확대로 이어진다. 신규 구매자들이 시장에 들어오는 이유는 네트워크에 참여하는 친구들의 수가 점점 늘어나는 데 매력을 느끼기 때문이다. 만일 가격까지 떨어지면(대부분 기술이 성숙하고 생산량이 증가하면 가격이 떨어진다) 매력적인 가격으로 인해 네트워크 효과가 커지면서 거대한 시장 채택 현상을 불러온다.

네트워크 효과에는 직접 네트워크 효과와 간접 네트워크 효과로 구분될 수 있음을 앞 절에서 보았다. 양면 네트워크 효과가 일어나는 플랫폼의 경우에, 플랫폼 기업들은 종종 돈을 들여서라도 시장의 한쪽으로 참여자들을 끌어들이려 한다. 플랫폼의 한쪽 면에 참여자들을 불러올 수 있으면 다른 쪽도 따라올 거라는 사실을 아는 것이다. 긍정적인 피드백을 동반한 양면 네트워크 효과는 우버가 수백만 달러에 달하는 투자금을 30달러짜리 무료 이용권을 찍어서 뿌리는 데 사용할 수 있었는지 설명해 준다. 우버가 쿠폰으로 시장점유율을 사들인 것은 추후 우버에 가입하여 제값을 모두 지불한 운전자와 탑승객들 간의 선순환을 끌어내기 위함이었다.

한국에서 일부 신문사가 구독자들에게 일 년 구독료보다 더 비싼 경품을 제공하거나 현금을 제공하는 이유도 간접 네트워크 효과로 설명된다. 구독자가 늘게 되면 광고주로부터 받을 수 있는 광고수입이 증가하여 음의 구독료를 능가하는 수입을 얻을 수 있기 때문이다. 나이트클럽에서 젊은 여자에게 입장료를 받지 않거나 할인해 주는 이유도 간접 네트워크 효과로 설명된다. 나이트클럽에 젊은 여자가 많아지면 남자 입장객이 증가하고, 남자들이 여자들에게 허세를 부리면서 매상이 증가한다. 따라서 양면 시장에서는 B시장과 관련된 A시장의 성장이 B시장의 성장을 가능하게 한다면 때로 A시장에서 재정적 손실을 감내하는 것(그것도 일시적이 아니라 영구적으로 감내하는 것)이 경제적으로 합리적일 수 있다. 단 여기서 유일한 전제 조건은 B시장에서 거두게 될 수익이 반드시 A시장에서 입은 손실보다 커야 한다는 것이다.

(2) 네트워크 효과를 만들기 위해서는[26]

지난 20년 동안 애플, 아마존, 페이스북, 구글이라는 네 개의 거인 기업은 기존의 어떠한 기업보다 빠르게 성장하였고, 그 과정에서 좋은 일자리를 수십만 개 창출하였다. 이들 기업이 플랫폼을 구축하고 네트워크 효과를 이용하여 성과를 만들었는데, 네트워크 효과가 유발될 수 있는 출발은 무엇일까? 이들은

---

26) 스콧 갤러웨이(2018, 260~277쪽)를 재구성하였음.

각기 사람을 끌리게 하는 매력적인 상품을 제공하였다. 성공한 모든 사업은 감성적으로 매력적이거나 가성비가 좋은 상품을 제공하였다.

상품을 마케팅할 때 감성에 소구하는 경우가 가장 많다. 상품 구매를 포함해서 인간이 하는 행동은 대부분 감정이 이끌리는 데로 따라가기 때문이다. 비용－편익 분석을 하는 것보다 감정에 따르는 편이 훨씬 더 쉽고 재미있다. 인류 역사에서 가장 위대한 힘인 사랑도 감성이다. 2차 세계 대전 이후 마케팅은 소비자의 감성에 소구하는 전략을 구사하여 소비자의 구매를 폭발적으로 증가시켰다. 그 무렵에 브랜드, 선전문구, 광고방송용 노래는 모두 소비자에게 가장 중요한 것 즉, 소비자가 사랑하는 것에 초점을 두었다. 예를 들면, 인기 드라마 주인공의 실제 생활 모습에 정밀하게 초점을 맞춰 소비자의 감정에 호소했다. 마케팅 담당자의 관점에서 소비자의 심금을 울리는 것은 모두 이윤으로 바뀐다.

그러나 디지털 시대가 되면서 구매결정에서 감정이 차지하던 부분이 잠식당하고 있다. 예를 들어, 검색엔진과 사용자 후기로 인해서 감정보다는 투명하게 비교할 수 있게 되었다. 구글과 아마존은 바야흐로 브랜드 시대를 끝내고 있다. 세계 최대 소비재 부문인 생활소비재는 여전히 감성에 따라서 구매하고 있다. 그런데, 2015년에 미국에서 조사한 바에 의하면 생활소비재 브랜드의 90%가 시장점유율이 줄어들었고 약 3분의 2가 매출이 감소했다. 월마트와 아마존, 그리고 중국은 오로지 가격으로 승부한다. 월마트와 아마존이 각각 오프라인과 온라인의 소매유통업을 지배하게 되었다. 한편 구글은 어마어마한 양의 전 세계 정보에 접근해 뇌에 말하고 뇌를 보조하며 인간의 기억을 거의 무한대 수준으로 확장한다. 그 결과, 구글은 지식 산업을 지배하였다.

디지털 시대에도 감성에 호소하여 성공한 기업이 있다. 페이스북은 우리의 감성에 호소했다. 우리를 친구나 가족과 연결해주었다. 페이스북은 우리가 누군가에게 받아들여지고 사랑받는다는 느낌과 함께 행복감을 안겨준다. 애플은 애초에 가성비에 초점을 맞춰 출발하였으나, 이후 수정하여 과시적인 사치품 브랜드로 소비자를 휘어잡았다. 애플은 아름답고 멋스러운 상품으로 유사한 다른 기업에 비해 터무니없을 정도로 높은 이윤을 거두며 역사상 가장 수익성 높은 기업이 되었다. 애플의 홍보 메시지는 위대한 사치품 브랜드와 같이 경쟁자보다 당신이 더 멋지고 우아하고 빛나고 열정적으로 보일 것이라는 내용이다. 크리스찬 디올, 루이비통, 티파니, 테슬라와 같은 사치품은 소비자의 뇌를 혼란에 빠뜨리고 심장이 질투심에 불타도록 만든다. 비이성적인 선택을 하도록 만드는 사치품 사업은 세계 최대 산업으로 자리잡았다.

참고문헌

김성환 외(2008), 「양면시장(two−sided market) 이론에 따른 방송통신 서비스 정책 이 슈 연구」, 정보통신정책연구원, 기본연구 08−11.

김진영(2014), "플랫폼 전략을 논하다(4): 플랫폼과 양면시장 전략에 대한 고찰," Vertical Platform, https://verticalplatform.kr/archives/3586.

노규성(2016), 「플랫폼이란 무엇인가」, 커뮤니케이션북스.

노상규(2013), "스마트 경제의 3가지 측면," Organic Media Lab, https://organic−medialab.com/2013/01/30/3−dimensions−of−smart−economy/

노상규(2015a), "네트워크 효과: 사용자 관계가 가치를 만든다," Organic Media Lab, https://organicmedialab.com/2015/07/09/network−effects−focus−on−links−not−on−nodes/.

노상규(2015b), "아마존의 네트워크 효과: 아마존은 어떻게 악순환을 끊고 선순환을 극대화시켰는가?," Organic Media Lab, https://organicmedialab.com/2015/08/05/ net−work−effects−of−amazon/.

노상규(2015c), "정보는 세상의 중심이 되고 연결은 세상을 지배한다," Organic Media Lab, https://organicmedialab.com/2015/06/23/network−is−eating−the−world−2/.

노상규(2015d), "네트워크 세상의 경쟁, 수확제증, 승자독식: 디지털 세상에는 0과 1만 존재한다(Competition in Network Business)," Organic Media Lab, https:// organicmedialab.com/2015/08/16/winner−take−all−in−network−business/.

노상규(2015e), "수익 모델의 3P((3Ps of Revenue Models: Payer, Packaging, and Pricing)", Organic Media Lab, https://organicmedialab.com/2015/08/25/3ps−of−revenue−models−payer−packaging−and−pricing/.

노상규(2016), "하지만 공짜 점심은 없다?," Organic Media Lab, https://organicmedialab.com/2013/04/30/there−is−no−free−lunch/.

마셜 밴 앨스타인·상지트 폴 초드리·제프리 파커(2018), 「플랫폼 레볼루션」, 부키.

송민정(2013.3), "망중립성 갈등의 대안인 비즈니스모델연구: 양면 시장 플랫폼전략의 6가지 전략 요소를 근간으로," 「사이버커뮤니케이션학보」, 사이버커뮤니케이션학회, 30권 1호, 191-237.

송재용(2007), "네트워크가 경쟁력이다", 조선일보, 2007.11.23.

스콧 캘러웨이(2018), 이경식 옮김, 「플랫폼 제국의 미래: 구글, 아마존, 페이스북, 애플 그리고 새로운 승자」, 비즈니스북스.

이광훈(2001), "양면 시장으로서의 유료방송 시장의 경쟁 구조 및 정책 이슈," 「미디어 경제와 문화」, 9(1), 46-92.

조용호(2011), 「플랫폼 전쟁」, 21세기 북스.

한국정보화진흥원(2008.6), "플랫폼으로서 인터넷 포털의 경제적 이해," 「정보화 이슈」, 08-USPT-02.

Armstrong, M.(2006). "Competition in two-sided markets," *RAND Journal of Economics*, 37(3), 668-691.

Armstrong, M., and Wright, J.(2007). "Two-sided markets, competitive bottlenecks and exclusive contracts," *Economic Theory*, 32(2), 353-380.

Eisenmann, Thomas R., Parker, Geoffrey, and Marshall W. Van Alstyne(2006). "Strategies for two sided markets," *Harvard Business Review*, Oct. 2006, 92-101.

Evans, David S.(2003). "The antitrust economics of multi-sided platform markets," *Yale Journal on Regulation*, 20(2), 324-381.

Leibenstein, H.(1950). "Bandwagon, Snob, and Veblen Effects in the Theory of Consumers' Demand." *The Quarterly Journal of Economics*, Vol. 64, No. 2. (May, 1950), 183-207.

Katz, Michael L. and Shapiro, Carl(1985). "Network Externalities, Competition, and Compatibility", *The American Economic Review*, Vol. 75, No. 3(Jun. 1985), 424-440.

Shapiro, Carl and Hal R. Varian(1998). Information Rules, Harvard Business Review Press, 1998 (번역본 「정보법칙을 알면 .COM이 보인다」 임세윤 옮김, 미디어휴전, 1999).

Rochet, J. C. and Tirole, J.(2003). "Platform competition in two-sided markets," *Journal of the European Economic Association*, 1(4), 990-1029.

제9장　영상물의 국제 유통

1　영상물 국제 간 흐름의 방향과 원인

1) 무역이론

　국가 간에 상품을 교역함으로써 교역 상대국이 모두 이익을 얻는다. 이때 자국은 상대국에 비해서 상대적으로 생산비가 적게 드는 상품을 수출하고, 상대적으로 생산비가 많이 드는 상품을 수입한다. 이것이 비교우위론(comparative advantage theory)으로 리카르도(David Recardo)가 1817년에 주장하였다. 비교우위론에서는 비교우위가 발생하는 원인에 대해서는 구체적으로 언급하지 않았다.

　헥셔(Heckscher, 1919)와 그의 제자 오린(Ohlin, 1931)은 국가 간에 비교우위가 발생하는 원인과 무역 패턴의 결정요인을 각국의 요소부존량비율의 차이와 생산량 간의 요소투입비율(요소집약도)의 차이로서 설명하였다. 이를 헥셔-오린이론(heckscher-ohlin theory) 또는 요소부존이론(factor endowment theory)이라고 한다. 이 이론이 설명하는 예를 들면, 선진국과 후진국 간의 무역을 설명할 때,

상대적으로 자본이 풍부한 선진국은 자본집약적인 기계를 수출하고, 상대적으로 노동이 풍부한 후진국은 노동 집약적인 봉제품(옷, 인형 등)을 수출한다.

　비교우위론이나 요소부존이론은 주로 노동생산성의 차이가 큰 나라 혹은 산업 간 무역을 대상으로 하였다. 전통무역이론으로 해석할 수 없는 현상 즉, 선진국 간이나, 동일한 산업 내에서 수출과 수입이 동시에 이루어지는 현상들이 나타났다. 유럽 국가 간의 교역을 조사한 보고서(1948년, 1958년)에서 산업 내 무역 현상이 보고되었다. 국제무역에서 산업 내 무역에 대한 이론적 해석이 필요해짐에 따라 1960년대부터 새로운 이론이 등장하였다. 이때 등장한 무역이론으로 '대표수요이론', '중력모형', '산업 내 무역이론' 등이 있다. 이들 이론 간에는 서로 상당한 연관성을 가지고 있다. 이들 이론으로 유럽, 아시아, 중남아메리카 등 지역 내의 활발한 교역, 동일한 상품을 국가 간에 주고받는 현상, 공산품과는 다른 패턴을 보이는 서비스 교역 등을 설명하고 있다.

　린더(Linder, 1961)의 '대표수요이론(representative demand theory)'은 국내 시장이 잘 발달된 제품이 비교우위를 가져 수출된다는 이론이다. 이 이론에 따르면 1인당 국민소득이 유사할수록 중복수요의 가능성이 더 커지고 무역 잠재력도 더 커지게 된다. 중력모형(gravity model)은 원래 중력이 질량에 비례하고 거리에 반비례한다는 물리학의 법칙에서 유래되었다. 이를 팀버겐(Timbergan, 1962)이 물리학의 중력모형과 같은 함수형태가 국제무역흐름에 적용될 수 있다는 것을 최초로 제안하면서 국제무역이론으로 도입되었다. 국제무역이론에서는 양국 간 교역이 거리에 반비례하고 경제규모에 비례한다는 가정에 기초한 모형으로 그동안 국제무역이론에서 간과되어 왔던 경제규모와 인구의 규모, 인접 여부 등의 지리적 요인까지 고려할 수 있게 되었다.

　산업 내 무역(intra-industry trade)이란 동일 산업 내에서 수출과 수입이 동시에 이루어지는 것을 말하고, 이를 이론화한 연구는 1975년에 처음 발표되었다. 산업 내 무역이론은 규모의 경제(economies of scale)와 제품차별화(products differentiation)에 근거를 두고 있다. 규모의 경제는 주로 제품의 공급측면에서, 제품차별화는 주로 제품의 수요측면에서 분석한 것이다. 산업 내 무역이론은 자동차와 같이 선진국 간에 활발히 교역되는 산업 내 무역을 설명하는 데 적절하다.

1978~1985년에 과점 시장, 규모의 경제, 그리고 R&D를 중요시하는 '전략적 무역이론(strategic trade theory)'이 등장하였다. 항공기와 같은 첨단기술 산업에서 일어나는 무역을 두고 개발된 이론이다. 원래 전략적 무역 정책은 특정 산업이나 기업 그리고 특정 정부의 행동 여하에 따라 전략적으로 대응하는 것을 의미한다. 이 이론을 처음 발표한 브랜더와 스펜서(Brander J. and Spencer, B. 1981)에 의하면 국가정부가 국내기업을 지원함으로써 국제경쟁력을 향상시킬 수 있다고 강조한다.[1] 항공기 국제무역에 있어서 항공기 산업의 특성상 규모의 경제에 의해서 2개 이상의 기업이 항공기 산업에 투자할 때 이윤은 매우 적어지게 된다. 따라서 다른 기업이 이 시장에 진입하지 못하도록 행동을 취할 수 있고, 이 행동이 전략적 경쟁(strategic competition)이다.

전략적 무역이론은 시장구조가 과점(혹은 불완전 경쟁 시장)인 경우 무역 정책으로 자국이나 외국 기업의 전략적 선택을 변경시킴으로써 외국 생산자의 이윤을 희생시켜 국내 생산자의 이윤을 높일 수 있다는 이론이다. 전략적 무역이론을 정책으로 구현할 때에는 현실에서 다양한 요인을 고려하거나 소비자후생도 평가해야 한다. 그러나 전략적 무역 정책은 국내기업에 대한 보조를 통해 외국 기업의 이익을 희생시키고 자국기업의 경쟁력을 향상시키는 데 그 목적을 두는 경우가 많다. 미국의 정계와 일부 학자들은 전략적 무역이론을 보호주의 및 산업 정책 필요성을 정당화하는 논거로 이용하였다. 미국에서는 이 이론을 인용하여 '하이테크 산업에서 미국 기업이 일본 기업과의 경쟁에서 이길 수 있도록 지원해야 한다'는 주장이 제기되었다.

2) 시장규모와 영상물의 국제 유통

국제 영상물 유통에 관해서는 1950년대부터 논의가 시작되었다. 선진국과

---

1) 1980년대 초중반에 전략적 무역이론의 발전을 이끈 주요 경제학자는 제임스 브랜더, 바바라 스펜서 이외에도 폴 크루그먼, 엘하난 헬프만 등이 있다(Spencer, B., and J. Brander(1983), Brander J. and B. Spencer(1981), Helpman, E. and P. Krugman(1988)).

개발도상국 간의 일방적이고 불균형한 정보의 유통을 교정하고자 국제사회는 관심을 가지고 있었는데, 그러한 노력에도 불구하고 정보의 일방적 흐름은 더욱 심화되어갔다. 디지털기술의 발달로 문화 상품의 국제적 유통은 더욱 활발해지고 있다. 미국의 문화 상품이 특히 지배적으로 교류되고 있는데, 왜 이러한 일방적인 지배현상이 나타나는지에 대한 설명으로 전통적으로 크게 두 가지의 뿌리를 가지고 있다. 하나는 미국 헤게모니 패러다임과 다른 하나는 미시경제학적 무역의 논리하고 할 수 있다(박소라, 2003, 191쪽).

혜게모니 패러다임의 시각에서 일부 문화 이론가들은 이러한 불균형이 의도적 문화지배를 반영하는 것이라고 주장한다(Schiller, 1969). 외국으로부터의 일방적인 문화 상품 유입이 다른 외국 소비 상품의 확산과 이질적인 생활양식의 모방을 초래하여 자국의 전통적인 가치관을 붕괴시키고 문화적 정체성을 파괴한다. 그 결과, 그러한 문화 상품의 유입은 궁극적으로 문화적 종속현상을 유발하며 나아가 기존 선진국과 개발도상국 간의 경제적 종속관계를 더욱 심화시킨다는 것이다(Smith, 1980). 쉴러(Schiller, 1992)는 미국의 대중매체, 산업, 군사적인 이해관계가 미국 제국주의의 근원이며, 이는 세계의 커뮤니케이션 체계를 장악함으로 유지되고 있다는 입장이다.

미디어 상품의 무역 패턴은 무역장벽에 의해 차단되지 않는 한 시장규모가 큰 국가에서 작은 국가로 흘러 들어가는 일방적 흐름을 보이는 데 대해서 경제학자들의 다음과 같이 설명한다. 시장규모가 커질수록 최적 제작예산이 커지고 제작비의 증가는 소비자의 효용을 증가시키는 상품의 질의 향상으로 이어지기 때문이다. 미디어 상품에 대한 투자와 미디어 상품의 질이나 인기도 사이에는 인과관계가 성립한다(Wildman & Siwek, 1987; 오정호, 2004, 10쪽 재인용). 제품이 차별화되고 시장구조가 독점적 경쟁일 때 규모의 경제가 발생하는 산업에서 시장규모가 상대적으로 큰 국가가 이 상품의 순수출국이 되는데, 크루그만(Krugman, 1980)은 이러한 현상을 자국 시장 효과(home market effect)라고 불렀다.

미국 영상 산업은 세계에서 가장 규모가 크다. 1980년대에 국제 영상 산업에서 미국의 비중이 80%이고, 세계 미디어 기업 가운데 미국 기업이 차지하는 비중이 50%가 넘는다. 영어권 시장에서의 경쟁에서 미국제작자들은 다른 국가의 제작자들보다 훨씬 더 비싼 프로그램을 제작한다. 영어권 시장은 자본주의 국가의 영상 시장에서 각각 두 번째와 세 번째로 큰 언어적 시장을 구성하는 일본어와 독일어 인구의 세 배 또는 네 배에 해당한다. 1980년대에 미국 할리우드 메이저사의 수입 중에서 해외에서 거둬들이는 비중이 50%를 넘었다. 미국 텔레비전 프로그램 제작자는 첫 방송 3년간 60% 이상의 매출을 해외에서 거둬들인다(Havens, 2002).

워터만(Waterman, 1993)은 국내 총생산, 인구, 광고비, 시청료, 국내 총생산 대비 TV 광고와 같은 구체적인 경제 수치를 이용하여 미국과 5개 방송 프로그램 유통 대상 국가 간의 크기를 비교하여, 시장 크기에 의한 프로그램의 일방향 유통을 증명하였다. 아시아 9개국의 프로그램수입에 관한 연구를 통해서 워터만 등(Waterman & Rogers, 1994)은 국내 총생산과 방송사 총 수입이 클수록 자국에서 제작되는 프로그램은 많아지고 해외수입이 감소한다고 설명하였고, 시장규모가 국제적 유통을 설명하는 주요 요인임을 확인하였다.

3) 문화적 요인과 영상물의 국제 유통

영상물의 유통에서 문화적 할인(cultural discount)이라는 요소가 작용하여 영상물이 일방적으로 유통되는 힘을 약화시킨다(Hoskins & Mirus, 1988). 문화적 할인이란 문화 상품이 문화가 다른 사회나 국가로 흘러갈 때 생기는 문화 상품 소구력의 감소를 의미한다. 두 국가 간의 문화적 거리가 멀수록 해당되는 외국의 미디어 상품에 대한 지불용의가 감소된다. 문화적 할인은 언어와 같은 가시적인 측면 외에도 미디어 상품의 콘텐츠에 담겨져 있는 여러 가지 내용과 맥락에서 발생할 수 있다. 문화적 할인이 작용하기 때문에 해외수입물보다 자국 영상물의 다소 품질이 떨어지더라도 자국인이 선호하는 경향이 있다. 문화적 할인으로 할리우드 영화사들이 세계의 영상물 유통을 지배하다시피 해도 자국 영화나 프로그램이 생존할 수 있는 것이다(박소라, 2006, 120쪽).

문화적 할인의 크기와 프로그램 제작비용이 모든 나라에 동일하다면 문화적 할인 효과에 의해 국내 시장규모가 가장 큰 나라가 프로그램의 국제 유통을 지배할 것이라고 설명되기도 한다(Hoskins & Mirus, 1988).[2] 문화적 할인으로 인해서 작은 시장에서 큰 시장으로 문화 상품을 수출하기가 보다 더 어려워진다. 국내 시장의 규모가 작은 국가는 상대적 규모에 따른 불이익을 받고, 거기에 문화적 할인까지 적용되어 문화 상품의 수출이 더욱 어려워진다. 문화적 할인은 무역의 장애요인으로 작용한다.

미디어 상품의 국가 간 유통에 있어서 언어적 요인의 중요성이 강조되어 분석 모델이 정치적 경계인 국가별 기준의 시장보다 언어권 시장에 기반을 두기도 한다(Wildman & Siwek, 1988). 모든 시청자들은 더빙되거나 자막처리된 것보다 자국어로 된 프로그램이나 영화를 더 좋아한다. 영어 외의 언어로 제작된 영화과 프로그램은 미국 시청자에게 경쟁에서 이중으로 불리하다. 더빙과 자막이라는 약점을 지니게 되고 예산이 훨씬 더 적기 때문에 상품성이 떨어지는 것이다. 따라서 외국어 제작물은 미국에서 단지 제한된 사람에게만 노출되지만, 미국 영화와 프로그램은 해외 시장에서 더 큰 시청자를 확보한다.

세계 각국의 시청패턴에 관한 연구에서 베어리스(Varis, 1984)는 조사대상 해외국가에서 수입 프로그램이 차지하는 방송시간이 전체의 약 1/3에 해당된다는 것을 발견했다. 미국은 다른 국가에서 수입되는 프로그램의 가장 큰 공급자였

---

2) 호스킨스, 맥파덴, 그리고 핀(Hoskins, McFadyen & Finn, 1997)은 문화적 할인과 시장규모의 차이가 적정한 문화 상품 제작비에 어떠한 영향을 미치는가를 살펴보기 위해 몇 가지 단순화된 가정을 도입하였다. 첫째, 두 국가만 존재한다. 국가 A는 시장규모가 크고 국가 B는 시장규모가 작다고 가정한다. 둘째, 40%의 문화적 할인율이 적용된다. 셋째, 각 나라의 프로그램 제작비용은 100이다. 넷째, 시장규모가 큰 국가 A는 국내 시장에서 100이라는 수입을 얻을 수 있고 시장규모가 작은 국가 B는 10이라는 수입을 얻는다. 이러한 가정 하에서 국가 A에서 제작된 프로그램의 총수입은 $106(=100+(1-0.4)*10)$이고 국가 B에서 제작된 프로그램의 총수입은 $70(=10+(1-0.4)*100)$이다. 결론적으로 국가 A는 프로그램 제작할 유인이 생기는 반면 국가 B는 프로그램을 제작할 유인이 없다, 이는 국내 시장규모가 클수록 높은 제작비의 프로그램을 생산할 유인이 생긴다는 것을 의미한다. $36(=106-70)$이라는 총수입의 차이는 시장규모의 차이와 문화적 할인이라는 두 요인이 결합하여 생겨난 효과다. 국내 시장규모 또는 동일한 언어를 쓰는 언어 시장의 규모가 클수록 수익 기반이 크므로 동일한 문화적 할인율이 적용된다고 가정하면 시장규모가 클수록 경쟁적 우위도가 커진다.

다. 한편 미국 시청자들은 해외 프로그램, 특히 영어 이외의 다른 언어로 녹음된 것은 거의 보려고 하지 않는다. 미국에서 해외 프로그램이 차지하는 방송시간은 단지 1~2%뿐이었으며, 그 중 대부분이 영국으로부터 수입한 프로그램이었다. 미국 시청자들은 외국 프로그램에 적게 노출되어 더빙이나 자막에 익숙하지 않다. 또한 미국 이외의 국가에서 제작된 영상물은 해외 시장을 겨냥하지 않는 경우가 대부분이다.

미국 프로그램이 해외에서 문화적 할인율이 낮게 적용되는데, 그 이유로 두 가지를 들 수 있다. 먼저 미국 제작자들은 수용자를 소구할 수 있는 프로그램 제작에 대한 노하우를 많이 축적하고 있고, 할리우드 제작자들은 미국뿐만 아니라 해외 수용자들의 취향에 민감하게 반응해 온 전통을 가지고 있다. 다음으로 해외 시청자들이 미국 프로그램에 더 많이 노출되어 미국의 문화적 취향에 익숙하다는 점이다. 미국 이외의 국가에서 필요한 영상물이 충분히 공급되지 못하여 미국 영상물이 많은 공급되었기 때문이다. 또한 해외 시청자들이 미국 영상물을 이용할 경험이 축적되어 미국 배우, 감독, 영화 캐릭터에 친숙하다. 스타 배우, 스타 감독, 영화의 슈퍼히어로(예: 슈퍼맨, 배트맨, 스파이더맨, 아이언맨 등) 등이 등장하는 신작 영화나 시리즈물에 친근하다.

문화적 할인의 정도는 영상물의 장르에 따라서 달라지므로 미디어 상품의 국가 간 유통이 한정된 장르에 집중되는 이유를 설명할 수 있다. 예를 들면, 액션 장르는 문화적 장벽을 극복하기 쉽다. 반면에 시트콤은 국제 유통이 잘 이루어지지 않는데 국가에 따라서 유머의 취향이 다르고 언어의 미묘함이 번역 과정에서 사라지기 때문이다. 시사 프로그램도 특정한 사회적, 문화적 맥락에서 이해될 수 있으므로 문화적 할인율이 크다(오정호, 2004, 12쪽 재인용).

위에서 설명된 내용을 종합하여 미국이 프로그램 유통 시장에서 지배적인 위치를 유지할 수 있는 이유를 세 가지를 들 수 있다. 첫째로, 미국의 세계 최대의 국내 시장을 가지고 있어 가장 많은 제작비를 투입하여 가장 소구력이 있는 영상물을 제작한다. 둘째로, 미국의 영상물은 가장 많은 언어권 시장을 가지고 있는 영어로 제작된다. 셋째로, 미국의 영상물이 외국에서 비대칭적으로 낮

은 문화적 할인을 받는다.[3)]

4) 규제요인과 영상물의 국제 유통

대부분의 국가에서 영상물의 수입에 대해서 규제하고 있다. 그 이유는 자
국의 영상물 산업을 보호하고 동시에 자국 문화의 정체성을 보호하기 위함이
다. 대표적인 보호 수단으로는 외국 프로그램의 수입량을 제한하는 쿼터제와
자국 영상물의 제작에 대한 지원이 있다. 경제학에서 이러한 보호 정책을 지지
하는 근거는 유치산업보호론과 전략적 무역 정책이 있다.

유치산업보호론(Infant Industry Argument)은 어린이와 마찬가지인 유치 산업
을 외국 산업과 경쟁할 수 있을 때까지 일시적으로 보호하여 육성한 다음 자유
무역을 실시해야 한다는 이론이다. 한국은 비교우위에 입각한 자유무역의 논리
를 따르지 않고, 유치산업보호론에 따라서 경제발전 경로를 밟아왔다. 한국의
영상 산업의 성장은 미국에 비해서 한참 뒤쳐져 있다. 영상 산업을 보호하지
않았을 경우에 한국의 영화관에서 상영되는 영화가 대부분 미국 등 선진국의
영화로 채워졌을 수도 있다. 그러나 유치산업보호론은 일정한 기간만 보호해야
한다는 전제가 붙어 있다. EU나 한국이 수십 년간 시행하고 있는 쿼터제나 보
조금제도를 유치산업보호론으로 설명하기에는 한계가 있다.

쿼터제나 보조금제도를 지속하는 이유를 ‘전략적 무역 정책’으로 설명할 수
있다. 초과이윤이 생기는 과점 시장에서 쿼터제나 보조금을 통해 자국기업을
지원하면 외국기업의 초과이윤을 자국기업으로 이동시킬 수 있다. 이 전략적
무역 정책이 성공하기 위해서는 자국 기업의 변경된 행위가 외국기업에게 신빙
성 있는 위협인지에 달려있다. 쿼터제나 보조금 정책을 지속하게 되면 외국기
업은 이 정책을 신빙성있는 위협으로 간주하게 된다. 영상 산업에 대한 쿼터제
등 지원 정책이 지속적으로 집행되어야 효과를 기대할 수 있다.

---

3) 오정호(2004, 11쪽)가 Hoskins, McFadyen & Finn(1997)를 인용한 부분을 필자가 다시 풀어 적
   었다.

한편, 오정호(2004, 13쪽)는 영상 산업에서 쿼터제가 지속적으로 유지되어야 하는 이유를 자국 시장 효과로 설명하였다. 쿼터제는 문화적 할인 효과를 상쇄하기에 충분한 거대한 제작비규모를 경쟁적 우위로 활용하는 할리우드 영화에 대해 국산영화만이 상영될 수 있는 배타적 시장규모를 확보함으로써 최적 제작비규모의 하락을 방지하는 역할을 한다. 최적 제작비규모의 하락을 방지한다는 것은 영화의 질 또는 소구력의 감소를 차단한다는 의미로 볼 수 있다. 텔레비전 방송 산업의 경우도 외국 프로그램에 대한 규제는 동일한 논리가 적용되며 영화 산업의 경우보다 공익성을 중시하므로 규제요인의 영향력은 더욱 크다고 볼 수 있다.

현실적으로도 우리나라 시장에서 미국산 영화의 점유율은 2000년대 초반까지는 우리나라 영화의 점유율을 항상 상회하였다. 하지만 2000년 중반 이후 국내영화의 점유율은 점차 증가하여 2006년에는 60%를 넘는 시장점유율을 기록하였다. 이러한 국내영화의 성과에는 시장형성이 상대적으로 미흡하여 경쟁력 확보가 보장되지 않은 유치 산업(infant industry)적 성격을 띠고 있던 우리나라 영화 산업의 보호를 위해 시행된 스크린 쿼터와 같은 제도적 지원책의 영향이 단기적으로는 중요하게 작용했다는 사실은 부인할 수 없다.

그러나 보다 근본적으로는 케이블방송, 위성방송, DMB와 같은, 영화 산업을 직·간접적으로 지원하는 미디어 산업의 견고한 성장이 우리나라 영화 산업의 경쟁력을 높인 요인으로 판단되고 있다. 이러한 미디어 산업의 성장은 현재의 우리나라 영화 시장의 규모를 폭발적으로 성장시키는 계기가 되고 있으며 국내 시장뿐 아니라 해외 시장에서의 경쟁력 확보에 큰 영향을 미치고 있다. 이처럼 미성숙 혹은 자국 시장의 크기가 상대적으로 작은 산업의 경쟁력 확보를 위한 지원 정책은 해당 산업 자체의 성장뿐 아니라 그 산업의 성장 폭발력을 증대시킬 수 있는 연관 산업과의 확산 통로 및 방법이 동시에 고려되어야 한다(박문수·이경희, 2010, 55−56쪽).

5) 영상물의 가격결정

영상물의 국제 시장가격은 두 가지 특성을 지닌다; 하나는 수출가격이 제작비용보다 저렴하다는 점이고, 다른 하나는 수출가격이 국가마다 다르게 설정되는 차별화된 가격이라는 점이다(Hoskins et al., 1997). 비경합성을 가진 재화의 가격은 수요자의 지불의사에 의하여 결정된다. 영상물 수출업자의 입장에서는 영상물의 복제비용(한계생산비용)과 판매경비(한계배분비용)를 초과하는 가격만 받을 수 있으면 수출할수록 이익이다. 한편 수입영상물과 경쟁하는 국내 제작자는 제작비용을 충당해야 하므로 가격 경쟁에서 뒤질 수밖에 없다. 해외 영상물이 자국 영상물에 대해 비용 우위를 가지고 있다. 미국의 영상물이 전세계에 배급될 수 있는 이유가 질적인 우위만이 아니라 비용의 우위로 기인한 측면도 크다. 한국에서 1995년(케이블TV 도입)과 2011년(PP등록제 도입) 이후 수년간 많은 채널사용 사업자들이 비용을 절감하기 위해서 저렴한 해외 영상물을 주로 편성하였고, 지금도 해외 영상물을 주로 편성하는 채널사용 사업자들이 많다.

영상물의 수출가격의 설정에서 가격 차별화가 극단적으로 일어난다. 통상적으로 영상물의 수출업자는 생산원가와 무관하게 수입하는 국가의 소득수준에 따라서 가격을 매긴다. 미국의 메이저 미디어회사는 영국과 같이 서구 선진국과 같이 소득 수준이 높은 국가에서는 높은 가격을 설정하고, 아프리카나 아시아와 같이 소득 수준이 낮은 국가에는 낮게 설정하는데, 그 차이가 수 만 배에 달하기도 한다.[4]

영상물의 수출가격은 일반적으로 영상물 제작비용보다 저렴하다. 영상물의 경우 원가 이하 가격으로 판매하는 것을 덤핑이라고 간주하여 불공정 경쟁이라고 규정하기가 어렵다.[5] 영상물의 수출가격은 구매자의 유보가격과 판매자의

---

4) 일반 재화의 경우 자유무역으로 상품의 가격이 균등화된다. 일반재의 경우 자유무역으로 국가 간의 가격이 운송비용 이상으로 차이가 나지 않게 된다. 그러나 영상물의 비경합성으로 인해서 미디어 상품의 자유무역으로 가격이 균등화되지 않는다.

5) 미디어 상품의 경우 수출가격이 일반적으로 제작비용보다 저렴한 것에 대한 덤핑(dumping) 논의는 무의미하다는 견해가 일반적이다. 덤핑은 다음의 두 조건 중 하나를 만족시켜야 한다. 하나는 외국으로 수출되는 가격은 비용 이하여야 한다는 것이다. 그러나 영상물의 경우 비용은

수출비용 사이에서 양자의 협상력에 의해서 결정된다. 그런데 판매자의 수출비용은 매우 적어 거의 0에 가깝다. 구매자의 유보가격은 구매자가 영상물을 유통하여 얻을 수 있는 수익에 따라서 결정될 것이다. 구매자의 수익에 영향을 미치는 요소는 영상물 이용자의 규모, 소득 수준, 언어의 차이, 문화적 거리 등이다. 그리고 구매자의 협상력에 영향을 미치는 요소는 잠재적 구매자 수, 대체재의 존재 여부 등이다.

오정호(2004, 16쪽)는 텔레비전 프로그램 수출가격을 실증적으로 분석한 연구를 종합하여 다음과 같이 정리하였다; 텔레비전 프로그램의 해외 수출가격은 국내총생산이나 텔레비전 가구 수로 측정된 수입국 시장규모가 클수록, 그리고 수입국 구매자들의 경쟁이 치열할수록 높게 설정되는 것으로 나타났다. 또한 미국 프로그램은 비영어권 국가보다 영어권 국가에서 높은 수출가격을 설정한다. 그 이유는 같은 영어권에서는 문화적 거리가 거의 없고 문화적 할인율이 낮으므로 프로그램의 소구력이 국경을 넘어도 별로 감소하지 않기 때문이다.

2 한국 텔레비전 프로그램의 수출

1) 지역 영상 시장의 성장과 영상물의 교역

국제적으로 미국의 영상물만이 유통되는 것은 아니다. 유럽, 남미, 동남아시아, 아랍권 등 각 지역에서 제작된 영상물이 각 지역 내에서 활발하게 교류되고 있고, 때로는 지역을 넘어서 타 지역으로 유통되기도 한다. 특히 남미의

제작비용보다 한계비용(한계생산비용＋한계배분비용)으로 파악해야 하므로 영상물의 수출가격은 덤핑가격에 해당되지 않는다고 볼 수 있다. 다른 조건은 동일한 상품가격이 국내보다 저렴해야 한다는 것이다. 그러나 미국 이외의 국가도 자국보다 시장규모가 작은 국가로 수출할 경우 수출가격은 국내가격보다 작은 것이 일반적이다. 따라서 결합소비상품(joint consumption goods)의 경우 덤핑 논의는 무의미하다는 것이 일반적 견해다(Hoskins et al., 1997, 오정호, 2004, 14~15쪽 재인용).

'텔레노벨라(Telenovela)'는 인기를 끌어서 중남미에서 활발하게 유통되고 미국으로 수출되고 있다. 아시아에서는 1990년대 초반 홍콩의 영화, 1990년대 중반 일본의 애니메이션, 2000년대 한국의 드라마와 K-POP는 아시아 시장에서 활발하게 소비되고, 일본의 애니메이션과 한국의 K-POP은 아시아를 넘어서 전세계에서 소비되고 있다. 미국이 지배적이었던 문화 권역들이 서서히 자국 또는 자국과 유사한 문화권의 영상물로 교류가 활발히 일어나는 현상이 일어나고 있다.

와일드만과 시웍(Wildman and Siewk, 1998)은 자국 시장이 성장하면서 일정한 규모를 가지게 되었고, 이에 따라 콘텐츠 제작 경쟁력이 생겼다는 방식으로 설명한다. 이들의 설명을 구체적으로 보자. 1970년대에 이후 세계적으로 공영방송을 민영화하거나 새로운 상업방송사들이 설립되었다. 상업방송의 초기에는 미국의 영상물에 대한 수요가 급증하였다. 자국방송사의 수입이 증가하게 됨에 따라 자국에서 영상물의 제작에 필요한 인프라가 구축된다. 시장의 규모가 성장하게 되면 국내에서 제작된 프로그램이 경쟁력이 생기고, 이때 문화적 할인이 작용하기 때문에 해외수입물보다 다소 품질이 떨어지더라도 자국 영상물을 선호하는 경향이 있다.

1980년대 초에 베네수엘라, 브라질, 칠레, 멕시코, 페루, 아르헨티나의 방송시간에서 수입 프로그램의 비중을 조사한 바에 의하면, 베네수엘라, 브라질, 칠레에서 전체 방송시간에서 수입물의 편성비율이 현저히 감소되었다. 그리고 아르헨티나, 브라질, 멕시코, 페루를 대상으로 프로그램의 편성시간과 시청시간을 비교한 결과에 의하면, 전체편성시간에서 수입 프로그램의 편성비율이 전체방송시간에서 수입 프로그램의 시청비율보다 더 큼을 알 수 있다(아래 〈표 9-1〉 참조). 이들 4개국에서 시청자들은 수입 프로그램보다 국산 프로그램을 상대적으로 더 좋아하고 있음을 알 수 있다(Wildman & Siwek, 1998, 246쪽). 이탈리아에서는 1980년대 초에 상업방송사가 등장하면서 미국산 영화와 방송 프로그램의 수입이 크게 증가하였다. 이후 이탈리아 제작사들이 대중적인 오락물을 제공하면서, 텔레비전용 영화와 방송 프로그램의 수입이 1982년과 1983년에 감소하였

표 9-1	라틴 아메리카 4개국에서 수입 프로그램 편성시간과 시청시간(1982년)		
국가	수입 프로그램 편성시간 비중(%)	시청시간 비중(%)	
		수입 프로그램	자국 프로그램
아르헨티나	40	37	63
브라질	39	22	78
멕시코	50	34	66
페루	70	66	34

출처: Wildman & Siwek(1998, 232쪽 247쪽 결합).

다. 이탈리아 상업방송사의 주시청시간대에 외국 시리즈물이 점차 자국산 프로그램으로 대체되었다(Wildman & Siwek, 1998, 251쪽).

세계 각국에서 영상물의 제작이 증가하였고, 지리적 거리와 문화적 거리가 가까운 이웃 국가에 영상물을 수출하기 시작하였다. 1980년대부터 남미 국가들 간에 텔레비전 프로그램이 서로 교류되고 있다. 남미국가들(멕시코, 베네수엘라, 푸에르토리코, 아르헨티나 등)은 미국의 히스패닉 텔레비전 방송사인 유니비전(Univision)과 텔레문도(Telemundo)에 텔레비전 프로그램을 수출하고 있다. 이러한 세계의 각 지역 내에서 문화콘텐츠가 활발하기 교류되는 현상을 다른 방식으로 설명하기도 한다. 이미 앞의 무역이론에서 보았듯이, 대표적 수요이론, 중력이론으로 설명할 수도 있다. 구체적인 내용은 한류의 원인에 대해서 설명하면서 보기로 하자.

2) 한국에서 영상물의 수출입 실적

한국에서는 영상물의 수입이 수출보다 많았다. 영상물 제작의 인프라가 잘 갖추어지지 않았고, 제작사의 경쟁력도 낮았기 때문이다. 1970년대에 수입 프로그램이 방송사 전체 편성시간의 15% 내외를 차지하였고 주시청시간에도 수입 프로그램이 편성되었다. KBS '명화극장'에서 편성되는 영화의 90% 가량이 외국 영화(대부분이 미국 영화)였다. 한국 영화는 1960년대부터 수출한 기록이 있고, 방송 프로그램의 경우 1980년대에 수출한 기록이 있다. 그러나 1990년대 이전에 영상물의 수출 단가가 수입 단가보다 훨씬 낮았다.

1990년대에 들어서 방송 프로그램의 수출에 방송사와 정부가 관심을 보이기 시작하였다. 정부가 1990년에 의무외주 제작제도를 도입하고, 방송사는 거의 같은 시기에 조직구조를 개편하여 다수의 자회사를 만들었다. 이때 지상파 방송3사 모두 방송 프로그램의 제작과 유통을 전담하는 프로덕션 회사를 설립되었다. 각사의 프로덕션에서 종합상사 출신의 직원을 충원하여 방송 프로그램의 수출을 담당하게 하였다. 1990년대 중반에 방송 프로그램의 수출이 늘어나면서, 정부는 방송 프로그램의 수출에 관심을 갖고 지원하기 시작하였다.

방송 프로그램의 수출액은 1995년에 554만$에서 2016년에는 3억 4,731억$로 연평균 19.7%씩 빠르게 증가하였다. 방송 프로그램의 수입액은 1995년에 4,282만$에서 2016년의 1억2,107만$로 연평균 4.7%씩 증가하였다. 방송 프로그램의 경상 수지는 만성적인 적자에서 2000년에 흑자로 반전되었다.[6] 1999년에 중국에서 인기를 얻은 음악 공연을 두고 '한류'라는 용어가 등장하였다. 방송 프로그램의 수출 실적으로 보면, 방송 한류는 1998년에 싹을 보였고('사랑이 뭐길래' 등 수출), 전년대비 수출액이 2.3배 증가한 2001년부터 본격화되었다고 볼 수 있다. 2003년에 〈겨울연가〉 2004년에 〈대장금〉이 초기 한류의 정점을 찍었다.

방송 프로그램의 수출은 2014년 이후 성장 속도가 느려졌다. 2012년 8월에 이명박 대통령의 독도 방문으로 일본에서 반한 감정이 높아지면서, 일본에서 한국 방송 프로그램의 수입이 급격히 감소했고, 2017년에는 사드 도입으로 인한 중국으로 수출이 거의 막혔다.

---

6) 2002년에는 예외적인 상황이 발생하였다. 2002년의 경우 방송 프로그램수입액이 무려 8억$를 넘어서 적자폭도 8억$가 넘는 것으로 기록되어 있다. 2002년의 수입액의 내역을 보면 지상파 방송사는 1,698만$로 2001년의 1,727만$로 오히려 약간 감소한 반면, PP의 수입액은 8억 2,877억$로 2011년의 169만$의 490배이다. PP의 수입액에서 미국으로부터 수입액이 7억 7,964만$이고, 다큐멘터리수입액이 7억 98만$, 영화수입액이 1억 2,077만$이다. 2002부터 PP 등록제가 시행되면서 프로그램의 수입액이 증가하였을 것으로 추정되지만 과다하게 큰 액수이다. 한편 문화부가 추계한 자료에 의하면 2002년도 방송 프로그램의 수입액은 전년도에 비해서 2.6배 증가하였다.

표 9-2	한국의 방송 프로그램 수출입액

(단위: 천 달러)

연도	수출액	수입액	흑자액	연도	수출액	수입액	흑자액
1995	5,536	42,818	−37,282	2007	150,953	64,939	86,014
1996	5,996	63,904	−57,908	2008	160,120	78,261	81,859
1997	8,318	57,696	−49,378	2009	170,228	121,733	48,495
1998	10,049	27,057	−17,008	2010	171,009	102,302	68,707
1999	9,640	32,430	−22,790	2011	203,354	127,919	75,435
2000	9,786	4,007	5,779	2012	216,986	128,032	88,954
2001	22,715	19,676	3,039	2013	287,755	114,486	173,269
2002	27,141	845,793	−818,652	2014	313,808	59,338	254,470
2003	35,559	54,715	−19,156	2015	301,994	139,726	162,268
2004	70,306	58,586	11,720	2016	347,307	121,068	226,239
2005	121,763	43,177	78,586	2017	285,582	102,208	183,374
2006	133,917	72,563	61,354				

출처: 「방송 산업실태조사보고서」, 단 1995년과 1996년은 문화부 자료.
주: 2002년도 수입액을 이상점으로 처리할지 여부를 판단하기 어려움(272쪽의 주) 6 참조).

한국은 미국, 서유럽, 일본, 홍콩 등으로부터 대중문화를 수입하여 소비하던 국가에서 '한류'를 통해 문화 수출국으로 전환되었다. '한류'는 아시아 전역을 아우르는 하나의 트렌드가 되었으며, 한국의 국가 이미지를 높이고 한국 상품의 경쟁력을 강화하는 데 상당히 기여하였다. 한국의 문화 상품 이용, 특히 드라마의 시청이 한국 상품에 대한 이용 의향을 높인다는 연구는 매우 많다(이준웅, 2003; 한은경, 2005; 강한균, 2009, 남수중, 2011; 대한무역투자진흥공사, 2011; 최문성, 2012; 김병철, 2014).

그림 9-1   한국의 방송 프로그램 수출입액

(천 달러)

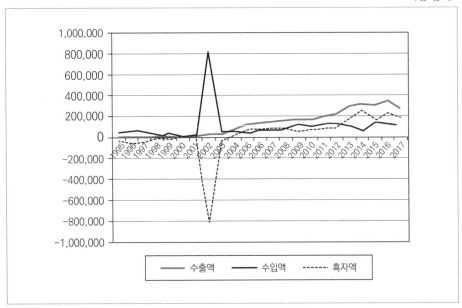

3) 드라마 한류의 원인

한국에서 수출한 방송 프로그램의 90% 이상이 드라마다. 한국드라마는 주로 일본, 중국, 대만, 홍콩, 동남아시아 국가로 수출되었다. 미국이나 일본 방송 프로그램을 주로 수입하던 아시아 국가들이 2000년대 초에 한국드라마수입으로 부분적으로 변경하게 된 요인으로 한국드라마의 품질이 좋았고, 또한 드라마의 가격이 미국과 일본보다 저렴한 요인이 작용하였다. 이는 드라마뿐만이 아니라 공산품 등에도 적용되는 보편적으로 적용되는 설명이다.

한국의 드라마는 공산품과는 달리 유난히 한국과 지리적으로 또는 문화적으로 가까운 국가에 수출되었다. 정윤경(2001)은 1992~1999년의 8년간 지상파 방송3사가 수출한 프로그램을 실증적으로 분석하여, 문화적 영향력과 지리적 근접성이 경제적인 요인보다 더 크게 한국 방송 프로그램의 수출에 크게 작용하였음을 밝혔다. 박아현(2006)은 1998~2004년간 한국의 방송 프로그램에 관한 자료를 중력모형의 관점에서 분석하여 다음과 같은 결과를 제시하였다; 아시아에서 시장규모가 큰 국가의 프로그램이 한국으로 수입되었고, 한국 시장보다 규모가 큰 일본으로 방송 프로그램이 많이 수출되었다. 아시아 시장에서 한국 프로그램이 일방적인 흐름이 아니라 시장규모가 큰 국가들 사이에서 상호간에 많이 유통되었다. 한국과 인적 교류량이 많고 지리적으로 근접한 국가일수록 프로그램이 많이 유통되었다. 문화적인 거리가 가까운 일본, 대만, 중국과의 유통이 활발하였다. 아시아 지역에서 한국 영상물의 유통은 중력모형의 추정과 거의 같았다.

정윤경(2009)은 1996~2007년간 국내 영화와 텔레비전 프로그램의 수출 자료 등을 분석한 결과, 영화와 텔레비전 프로그램의 수출증가율과 수출 지역이 달랐다. 텔레비전 프로그램은 지리문화적 테두리 내에서 소비되는 지역 상품이다. 반면에 영화는 비아시아 국가에 많이 수출되는 점을 감안하면 영화의 문화적 할인 폭이 텔레비전 프로그램보다 적다.

참고문헌

강태영(1998), "텔레비전 프로그램의 국제적 유통에 관한 연구,"「정보사회와 국제커뮤니케이션」, 황상재편, 나남출판.

강한균(2009), "동남아지역의 한류 문화콘텐츠가 한국의 수출과 FDI에 미치는 경제적 효과,"「무역학회지」, 34권 1호, 29-47.

김병철(2014), "방송 콘텐츠 수출이 일반 상품 및 서비스 수출에 미치는 영향: 아사 10개국에 대한 방송 콘텐츠 수출 효과 분석,"「방송문화연구」, 26(1), 85-106.

남수중(2011), "문화 상품의 수출효과 분석: 한국의 對중, 對일 수출 비교를 중심으로,"「동북아경제연구」, 23권 1호, 1-32.

대한무역투자진흥공사(2011),「문화한류에서 경제 한류로의 도약을 위한 글로벌 한류 동향 및 활용 전략」, 대한무역투자진흥공사.

박문수·이경희(2010.6),「국가간 서비스 무역패턴 분석-자국시장 및 요소부족 효과를 중심으로」, 산업연구원 ISSUE PAPER 2010-254.

박소라(2003), "상대적 시장규모와 국가간 교류가 텔레비전 프로그램 수입에 미치는 영향에 대한 연구,"「한국방송학보」, 17(4), 186-221.

박소라(2006), "방송 시장 개방에 따른 미디어 상품의 국가간 흐름 모델과 자국 문화 보호: 상대적 시장의 규모와 문화적 할인 개념을 중심으로,"「사아버커뮤니케이션학보」, 18, 113-151.

박아현(2006), "중력모형을 이용한 아시아 시장의 국내 영상물 유통 패턴 분석," 서울대학교 대학원 언론정보학과 석사학위논문.

오정호(2004), "텔레비전 프로그램의 수출가격 결정요인에 관한 연구,"「한국언론학보」, 48(6), 5-33.

이문행(2003), "방송 콘텐츠의 수익 창출 구조에 대한 연구―드라마 〈올인〉을 중심으로―,"「방송연구」, 여름호, 221-243.

이준웅(2003), "한류의 커뮤니케이션 효과: 중국인의 문화 상품 이용이 한국에 대한 인식과 태도에 미치는 영향," 「한국언론학보」, 47권 5호, 5-35.

정윤경(2001), "국내 방송 프로그램의 해외 시장 진입에 관한 연구: 아시아 프로그램 유통에 관한 대안적 모델을 위하여," 「한국언론학회 학술대회 발표논문집」, 5월, 332-360.

정윤경(2009.7), "영상물의 국제 교역 차이에 관한 연구: 국내 영화와 텔레비전 프로그램의 수출을 중심으로," 「한국방송학보」, 23(4), 164-2002.

최문성(2012), "한류가 우리나라 수출에 미치는 효과," 「통상정보연구」, 14권 1호, 67-86.

한은경(2005), "한류의 소비자 지각상 경제적 파급효과: 한류 파생 문화산업 및 한국 소비재 산업에 대 한 영향력을 중심으로," 「한국방송학보」, 19권 3호, 325-360.

Brander J. and B. Spencer(1981). "Tariff Protection and Imperfect Competition," in H. Kierzkowski(ed.), *Monopolistic Competition and International Trade*, Oxford: Oxford University Press, 1984, 194-206.

Brander J. and B. Spencer(1985). "Export subsidies and International Market Share Rivalry," *Journal of Onternational Economics*, Vol. 18, 83-100.

Helpman, E. and P. Krugman(1988). *Trade Policy and Market Structure*, Cambridge, Mass: MIT Press.

Havens, T.(2002). "It's still a white world out there: The interplay of culture and economics in international television trade," *Critical Studies in Mass communication*, 19(4), 377-397.

Helpman, E. and P. Krugman(1985). *Market Structure and Foreign Trade: Increasing Returns, Imperfect Competition and the International Economy*, MIT Press, Cambridge, MA.

Hoskins, C., & Mirus, R.(1988). "Reasons for the US dominance of the international trade in television programmers," *Media, Culture and Society*, 10, 499-515.

Krugman, P.(1980). "Scale Economics, Product Differentiation and the Pattern of Trade", *American Economic Review*, 70(5), 950-959.

Krugman, P.(ed.)(1988). *Strategic Trade Policy and the New International Economics, Cambridge*, Mass: MIT Press.

Linder, S. B.(1961). *An Essay on Trade and Transformation*, Wiley.

McFadyen, S., Hoskins, C., & Finn, A.(1997). *Measuring the cultural discount in the price of exported US television programs*, Working paper.

Schiller, H. I.(1969). *Mass Communication and American Empire*, New York, NY:Kelly.

Schiller, H. I.(1992). *Mass Communication and American Empire*(2nd ed), Boulder: Weatview Press.

Smith, Anthony(1980). *The Geopolitics of Information: How Western Culture Dominates the World*, New York, NY: Oxford University Press.

Spencer, B., and J. Brander(1983). "International R&D Rivalry and Industrial Strategy," *Review of Economics Studies*, Vol. 50, 707−722.

Varis, Tapio(1984). "Global Traffic in Television Programming," in G. Gerbner, et al.(eds.), *World Communication: A Handbook*, New York, NY: Longman.

Straubhaar, J. & Viscasillas, G. M.(1991). "Class, genre, and the regionalization of television programming in the Dominican Republic," *Journal of Communication*, Winter, 1991, v41 n1 53(17).

Waterman, D.(1988). "The economic effects of privatization and new technology," *Telecommunications Policy*, 141−151.

Waterman, D.(1993). "World television trade: The economics effects of privatization and new technology," In E. Em Noam & J. C. Millonzi(ed), *The international market in film and television program*, 59−81, Norwood, NJ: Ablex.

Waterman, D. & Rogers, E.(1994). "The economics of Television program production and trade in Far East Asia," *Journal of Communication*, 44(3), 89−112.

Wildman, S., & Siwek, S.(1998). *International trade in film and television programs*, Cambridge, MA: Baillinger.

Wildman, S., & Siwek, S.(1998). "다언어 세계에서 영상물의 교역 경제학," 「정보사회와 국제커뮤니케이션」, 황상재편, 나남.

5부

미디어 수요

제10장 미디어 이용

1 미디어 이용시간

1) 미디어 이용에 대한 접근

미디어 이용에 대한 연구는 텔레비전 프로그램의 선택행위를 연구하면서 시작되었다. 미디어 이용에 관한 연구는 '시청자의 흐름' 연구와 '프로그램 선호' 연구로 구분할 수 있다. 시청자의 흐름에 관심을 주목한 연구들은 텔레비전 시청에 영향을 미치는 중요한 요인으로 시청 가능성에 주목하면서 편성과 같은 구조적인 요인의 중요성을 강조하였다. 프로그램 선호에 중점을 둔 연구들은 특정 프로그램 유형에 대한 선호와 선택 패턴과의 관계를 추적함으로써 시청자들의 텔레비전 이용행위를 설명하였다.

텔레비전 시청에서 구조적인 요인을 강조한 연구자들은 텔레비전 시청을 2단계 과정으로 이해한다. 첫 번째 단계에서는 텔레비전을 볼 것이라 말 것인가를 결정하는 단계이고, 두 번째 단계는 무엇을 볼 것인가를 결정하는 단계이

다. 첫 번째 단계가 시청 가능성과 같은 구조적 요인에 의해 시청 여부가 결정
된다면, 무엇을 시청할 것인가 하는 두 번째 단계는 내용선호요인에 의해 결정
된다는 것이다.

　그러나 미디어기술의 발달로 미디어 이용에 있어 시간과 공간의 제약이 사
라지면서 구조적인 요인보다는 개인선호요인이 더 중요해졌다. 특정 내용으로
전문화되는 다채널과 OTT상황에서는 시청자는 자신이 선호하는 장르만을 찾
아다니며 집중적인 시청을 할 수 있게 되었기 때문이다. 매체와 채널이 소수인
시대에는 시청 가능성과 같은 구조적인 요인이 중요했다면, 다중 미디어 환경
에서는 구조적인 요인의 중요성은 감소하고 개인선호요인이 미디어 이용행위
를 설명하는 데 더 설득력이 있다. 시간과 장소의 제한이 없어진 미디어 이용
환경에서 이용자는 자신의 미디어 이용을 생활패턴에 맞게 재편하기 때문이다.

　융합 미디어 환경에서는 시청 가능성 대신 비용요인이 새로운 구조적인 요
인으로 작용하고 있다. 새로운 미디어를 이용하려면 단말기 구입비와 서비스
이용비용 등을 지불해야 하는데, 이런 비용요인이 개인에 따라서는 구조적인
제약으로 작용할 수 있다. 새로운 미디어가 도입될 경우에 초기비용은 언제나
구조적인 요인으로 작용해 왔다. 소득이 새로운 미디어 수용에 직접적인 영향
을 미친다는 연구결과는 여러 개 있다. 결국 미디어 이용행위는 구조적인 요인
과 개인선호요인이 결합되어 나타난다.[1] 이 장의 1절과 2절에서는 구조적인 접
근을 시도한 미디어 이용시간의 결정과 다채널 다매체 시대에 미디어 이용행태
를 정리한다. 3절에서는 미디어 이용측면에서 본 미디어 간 경쟁을 살펴본다.

---

1) 심미선(2010, 44~47쪽)을 정리하면서 부분적으로 수정하였다.

2) TV 시청시간의 결정 메커니즘 [2]

다양한 미디어 중에서 텔레비전을 가장 많이 이용한다. 아래에서는 TV시청시간을 구조적인 측면에서 접근하여, TV시청시간을 결정하는 메커니즘을 설명한다. 개인은 생활 필수행위(수면, 식사, 신변 잡일)와 노동(일, 학업, 통근, 가사)에 우선적으로 시간 자원을 할당하고, 남은 여가시간을 여러 대안 중에서 정신적·물질적 비용을 감안하여 효용이 가장 높은 순으로 여가활동을 선택할 것이다. 여가 활동을 텔레비전 프로그램시청과 다른 여가활동으로 크게 구분하여 보자.

다음 [그림 10-1]에서 수평축에 하루의 생활활동시간(24시간)을 표시하고, 수직축에 기대순편익을 표시하자. 균형 텔레비전 시청량은 여가시간제약선 N, 시청 수요곡선 D_v, 비시청 여가수요곡선 D_o의 상호작용에 의해서 결정된다. 수평축은 전형적인 하루 일과를 이루는 주요소인 생활필수활동과 노동시간, TV 시청시간, 비시청 여가시간(텔레비전 이외의 매체이용과 기타 여가활동)으로 구분된

그림 10-1   시간 대 기대순편익

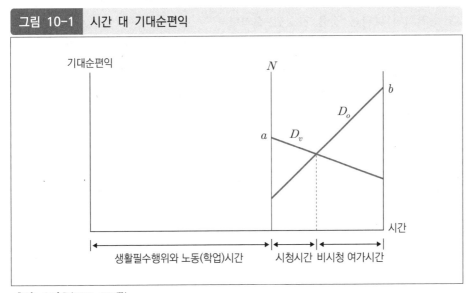

출처: 오정호(2001, 232쪽).

---

2) 오정호(2001)를 인용하면서 일부 가필하였다.

다. 여가제약선 N은 생활필수활동시간과 여가시간을 구분하는 선으로 가시청시간의 한도를 규정한다.

시청수요곡선 D_v는 시간제약선을 기점으로 기대 순편익이 가장 높은 시청행위부터 시작하여 오른쪽으로 가면서(시청시간량이 증가하면서) 기대순편익이 낮은 시청행위를 정렬한 것이다. 비시청 여가수요 곡선 D_o는 오른쪽에 있는 수직축을 기점으로 기대순편익이 가장 높은 비시청 여가행위부터 시작하여 왼쪽으로 가면서(비시청 여가시간량이 증가하면서) 기대순편익이 낮은 비시청 여가행위를 정렬한 것이다.

위의 [그림 10-1]에서 시청수요곡선 D_v의 기울기가 비시청 여가수요곡선 D_o의 기울기보다 상대적으로 낮게 그려져 있다. 이는 프로그램 선택에서의 차별성이 다양한 비시청 여가활동 선택에 있어서의 차별성 보다 상대적으로 작다고 보았기 때문이다. D_v의 절편(D_v가 시간제약선 N과 만나는 점으로 a로 표시했음)이 D_o의 절편(b로 표시했음)보다 낮게 설정되어 있다. 이는 최우선순위에 위치해 있는 시청행위가 최우선순위에 속한 비시청 여가활동보다 기대순효용 또는 기대 순편익이 낮다는 것을 가정한 것이다.

이 그림을 이용하면 텔레비전 시청시간, 기타매체의 이용시간, 비매체 여가활동시간 사이에 경쟁적인 관계인 경우에는 이들 간의 관계를 잘 설명할 수 있다. 만약 비매체 여가활동시간과 텔레비전 시청시간이 동시에 증가할 경우에는 어떻게 설명할 수 있을까? 그것은 시간제약선 N의 좌측 이동으로 설명할 수 있다. 다시 말하자면, 생활필수활동이나 노동 또는 학업에 소요되는 시간이 감소할 경우에 시청과 비시청 여가활동이 모두 증가할 수 있게 된다. 그러나 이 그림으로 2개 이상의 활동을 동시에 할 경우에는 이들 활동 간의 관계를 설명하기는 어렵다. 예를 들면, 일을 하면서 TV를 시청하던지, TV를 시청하면서 이동전화를 이용하는 경우를 이 그림으로는 설명하기 어렵다.

3) 텔레비전 시청시간에 변화를 주는 요인[3]

텔레비전 시청시간량에 영향을 미치는 요인은 크게 세 유형으로 나누어볼 수 있다. 시간제약선 N의 이동에 영향을 미치는 요인들, 시청수요곡선의 이동에 영향을 미치는 변인들, 그리고 비시청 여가수요곡선의 이동에 영향을 미치는 요인들로 분류해 볼 수 있다.

(1) 시간제약선 N의 이동

시간제약선의 이동은 시청시간과 비시청 여가시간도 변화시킨다. 일요일에 노동하지 않을 경우 평일에 비해서 시간제약선은 좌측으로 이동하여 여가시간이 증가한다. 텔레비전 시청수요와 비시청여가수요에 미치는 요인들의 변화가 없다면, 여가시간의 증분은 시청시간의 증분과 비시청 여가시간의 증분으로 배

그림 10-2 시간제약선 N의 이동

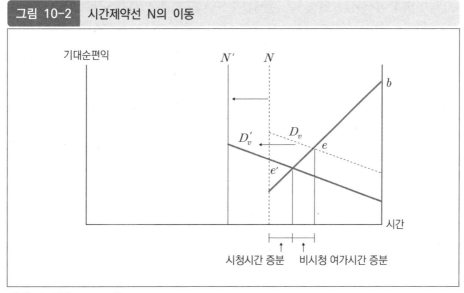

출처: 오정호(2001, 237쪽).

---

3) 오정호(2001)를 인용하면서 일부 가필하였다.

분된다. 이때 시청수요곡선과 비시청여가 수요곡선의 기울기의 차이에 의해서 증가한 여가시간이 시청행위와 비시청 여가행위 중에 할당되는 크기를 결정한다. [그림 10−2]와 같이 시청수요곡선의 기울기가 비시청여가 수요곡선의 기울기보다 작다면, 시청시간의 증분이 비시청 여가시간의 증분보다 클 것이다. 비시청수요곡선의 기울기에 비해서 시청수요곡선의 기울기가 상대적으로 작기 때문에, 시간이 증가할 경우 상대적으로 시청으로 인한 순편익이 느리게 감소하기 때문이다.

노동시간이 감소할 경우에 텔레비전 시청시간과 비시청 여가시간이 모두 증가한다. 경험적 연구에 의하면 실직할 경우에 텔레비전 시청시간이 증가한다. 특정 지역의 실업률이 증가하게 되면 이 지역의 텔레비전 시청시간이 증가하게 된다. 일반적으로 여성은 남성보다 텔레비전을 더 많이 시청하는 것으로 알려져 있다. 그러나 여성이 텔레비전을 더 많이 시청할 본질적 특성을 갖고 있는 것은 아니다. '국민생활시간조사'에 의하면 일요일에 남성과 여성의 텔레비전 시청시간의 차이가 거의 없다. 경제활동참여와 무관한 14세 이하의 연령층에서는 성별에 따른 시청시간량의 차이가 없다. 여성의 시청시간이 남성보다 많은 것은 여성의 경제활동참가율이 남성보다 낮기 때문일 것이다.

인구의 연령구조에 따라 텔레비전 시청시간이 달라진다. 연령에 따라서 시청시간의 변화가 규칙적으로 나타나기 때문이다. 한국의 경우 평일 기준으로 시청시간은 50대 이상이 제일 높고, 그 다음으로 40대, 30대가 높으며 10대가 가장 낮은 수준을 보이고 있으며, 그 중에서도 15~19세 집단이 가장 낮은 시청시간을 갖는다. 노년 인구가 증가하면 비경제 활동 인구비율의 증가로 국민일인당 평균노동시간이 감소하여 여가시간이 증가하여 텔레비전 시청시간이 증가할 것이다.

(2) 시청수요곡선(D_v)의 이동

시청자에게 더 많은 순효용을 주는 프로그램이 제공될 수 있는 구조의 변화가 일어날 경우에 시청수요곡선 D_v가 위로 이동한다. 그러면 시간제약선의

| 그림 10-3 | 시청수요곡선(D_v)의 이동 |

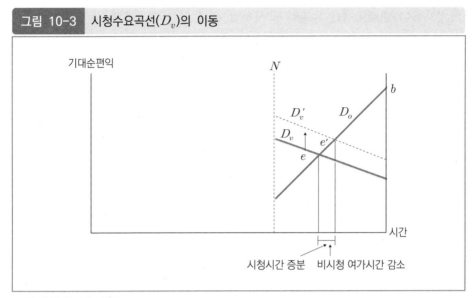

출처: 오정호(2001, 242쪽).

변화가 없다면 시청시간이 증가하고 비시청 여가시간이 감소하게 된다. 시청
수요곡선 D_v에 영향을 주는 요인으로는 텔레비전 시장규모의 증가, 이용가능
한 채널수의 증가, 가족구조의 변화, 휴대전화나 PC의 보급 증가 등을 들 수
있다.

텔레비전 시장규모가 증가하게 되면 시청수요곡선 D_v이 위로 이동한다. 그
과정을 보면 다음과 같다. 텔레비전을 보유한 가구가 증가할 경우에 텔레비전
수신료와 텔레비전 광고수입이 증가하게 된다. 텔레비전 프로그램의 공급자의
수입이 증가함에 따라 텔레비전 프로그램의 질이 좋아지고 양이 늘어나게 된
다. 이에 따라 텔레비전을 시청하는 순편익이 증가할 것이다.

케이블TV, 위성방송, IPTV와 같은 다채널 유료방송의 도입이나 보급률이
증가할 경우에 시청시간이 증가할 수 있다. 이들 매체는 백여 개 이상의 채널
을 제공하여 유료방송 가입자의 선택지가 많아진다. 이에 따라 텔레비전 시청
으로 인한 순편익이 증가할 수 있다. 다채널 유료방송은 지상파 난시청지역의

시청자들이 텔레비전을 원활하게 시청할 수 있도록 함으로써 시청시간이 증가하기도 한다. 다채널 유료방송으로 인해 시청자들이 여가시간을 재분배하여 텔레비전 시청시간이 증가했다는 실증적 연구들이 있다.

우리나라에서는 가구당 구성원수가 감소하고 있다. 가구당 구성원수가 감소할 경우에 텔레비전 시청이 증가하는 요인과 감소하는 요인이 공존한다. 가구당 구성원수가 감소하게 되면 원하는 프로그램에 대한 접근성이 증가하거나 선택의 폭이 증가하여 시청시간이 증가할 수 있다. 최근에 1인 가구가 증가하고 있고, 1인 가구의 경우 텔레비전 수상기를 보유하지 않는 사례가 다인 가구에 비해서 많다. 텔레비전 수상기를 보유하지 않는 가구(zero tv 가구)의 증가는 바로 텔레비전 시청시간의 감소로 이어진다.

휴대전화, PC, 태블릿 등의 보편적으로 보급되면서 텔레비전 수상기를 보유하지 않는 가구가 증가하고 있다. TV 프로그램을 텔레비전 수상기가 아닌 대안매체를 이용하여 시청하는 경우가 젊은 세대를 중심으로 확산되고 있다. 이는 텔레비전 시청시간의 감소를 가져온다. 대안매체를 이용하여 TV 프로그램을 이용하는 경우를 광고 효과에 포함하기 위해서 '통합시청률 조사'의 필요성이 제기되었다. CJENM은 시청률자료 한계를 보완하기 위해서 독자적으로 '콘텐츠영향력지수(Contents Power Index, CPI)'를 만들어 광고판매에 이용한다. CPI는 텔레비전 프로그램의 영향력을 파악하기 위해서 프로그램 관련 뉴스를 구독한 사람수, 인터넷을 검색한 횟수, 사회관계망 서비스(SNS) 이용량 따위를 종합해 산출한다.

(3) 비시청 여가수요곡선(D_0)의 이동

대부분의 사람들이 여가시간의 가장 많은 부분을 텔레비전 시청에 할애하고 있다. 텔레비전 시청이외에 우리나라 사람이 주로 이용하는 여가활동으로는 인터넷검색/채팅/1인미디어제작/SNS, 쇼핑/외식, 잡담/통화하기/문자보내기, 산책/걷기, 친구만나기/동호회모임, 음주, 게임, 영화관람 등이 있다.

근년에 텔레비전 시청시간(특히 실시간)이 감소하고 있는데, 그 이유로 휴대

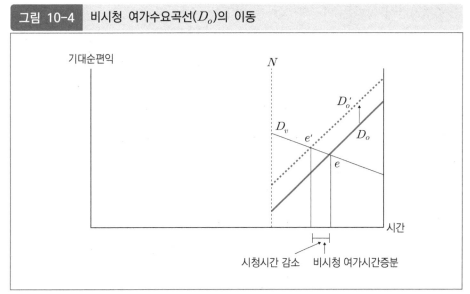

그림 10-4 비시청 여가수요곡선(D_o)의 이동

출처: 오정호(2001, 247쪽).

전화, PC 등의 매체로 방송 프로그램을 시청하거나 방송이 아닌 동영상의 시청
이 증가하였음을 들고 있다. 다양한 인터넷매체가 등장하고, 이에 대한 이용자
들의 순편익이 높을 경우에 비시청 여가수요곡선 D_o이 위로 상승하게 되어 텔
레비전 시청시간이 감소한다.[4]

　　일조량이나 기온이 텔레비전 시청시간에 영향을 미친다. 일조량이나 기온
에 따른 시청시간의 변화는 여러 나라에서 관찰되었다. 일조시간이 긴 날에는
사람들이 텔레비전을 적게 보고 옥외활동을 포함한 비시청여가 활동에 더욱 많
은 시간을 할애한다. 추운 계절에는 옥외활동을 줄이고 텔레비전을 더 많이 시
청한다. 겨울에는 시청시간이 길고 여름에는 시청시간이 짧다.

　　소득이 텔레비전 시청시간에 미치는 효과는 명확하지 않다. 소득이 높을수

---

4) 온라인 미디어와 텔레비전과의 관계(이용 정도나 이용 기간측면에서)를 실증적으로 분석한 연
구에 의하면 대체관계, 보완관계, 관계없다는 연구가 공존한다(이재현, 2005, 229쪽). 이들 연
구는 온라인 미디어가 등장한 초기에 이루어진 분석으로, 2020년 현시점에서 보면 대체관계가
성립한다고 보는 것이 옳다. 자세한 논의는 이 장의 뒷 부분에서 다룬다.

록 시청시간이 많다는 연구와 적다는 연구가 공존한다. 이론적으로 고소득자들은 다채널매체를 수용할 가능성이 높으므로 시청시간량이 많을 수도 있으나, 동시에 다양한 비시청 여가활동을 즐길 경제적 여유를 가지고 있으므로 시청시간량이 적을 수도 있다. 오정호(2001)가 1995~1999년간 유럽국가를 대상으로 실증분석한 바에 의하면 소득수준이 높은 국가에서 텔레비전의 시청시간이 적었다.

4) 한국인의 미디어 이용시간

미디어 이용에 영향을 주는 요인 중에서 여가시간의 변화를 먼저 보자. 우리나라에서 생활시간을 조사한 자료로는 문화부의 '국민여가시간조사', 통계청

그림 10-5 한국인의 여가시간의 변화

(단위: 시간)

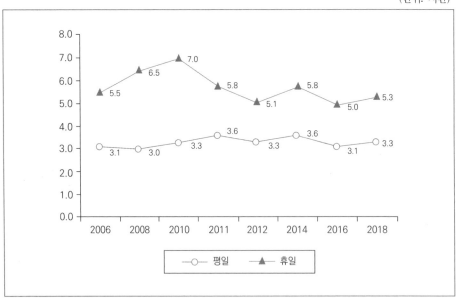

출처: 국민여가활동조사(문화부).

의 '생활시간조사', 한국방송의 '국민생활시간조사'가 있다. 문화부의 국민여가
조사를 보면 평일의 여가시간의 2006년 이후 거의 변화가 없음을 알 수 있다.
휴일의 여가시간은 2008년과 2010년에 일시적으로 증가하였지만, 그 이외의 연
도에는 대체로 비슷한 수준을 유지하고 있다고 볼 수 있다.

　한국인의 미디어 이용시간은 다채널매체와 인터넷매체의 등장으로 1990년
대 후반부터 빠르게 변화하였다. 미디어 이용시간은 대체로 증가하였다. '언론
수용자의식조사'(한국언론진흥재단)에 의하면 일일 개인의 미디어 이용시간은

그림 10-6	하루 평균 미디어 이용시간 추이(1993~2018년)

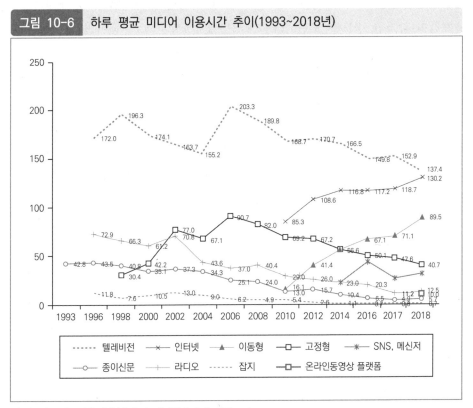

출처: 한국언론진흥재단(각년도), 「언론수용자 의식조사」.
주 1: 텔레비전의 경우 2004년까지는 지상파텔레비전 이용시간만을, 2006년 이후는 지상파, 유료방송의
　　구분없이 수상기를 통한 이용시간임.
주 2: 'SNS, 메신저'의 경우 2014년은 SNS만, 2016년 이후는 SNS와 메신저 이용시간임.
주 3: 2018년의 이용시간은 라디오가 12.5분, 온라인동영상 플랫폼이 10.6분, 신문이 5.7분, 잡지가 0.7분임.

1996년의 300분에서 2018년의 347분으로 증가하였다. '소비자행태조사'(한국방송
광고진흥공사)에 의하면 일일 개인의 미디어 이용시간은 1999년의 306분에서
2019년의 374분으로 증가하였다. 동일 기간에 한국인의 여가시간에서 별다른
변화가 없다고 볼 수 있다면, '비미디어 여가활동시간'이 감소하거나, '생활필수
행위와 노동(학업)시간'이 감소하였다.

전체 미디어 활동시간이 증가하였지만, 과거 4대 매체(TV, 신문, 라디오, 잡지)
라고 일컫던 매체의 이용시간이 모두 감소하였다. '언론수용자의식조사'에서 추
출한 '하루 평균 미디어 이용시간'을 보면, 1999년에서 2018년간 각 매체의 이
용시간이 감소한 정도를 보면, TV는 172분에서 137분으로, 종이신문은 44분에
서 6분으로, 라디오는 73분에서 13분으로, 잡지는 12분에서 0.7분으로 감소하였
다. 반면에 인터넷매체(특히 2010년 이후 이동형 매체), SNS, 메신저의 이용이 급격
히 증가하였다.

텔레비전 이용시간은 2000년대 들어서 완만하게 감소하였다. 일일 평균 개
인의 텔레비전 이용시간은 2000년의 217분에서 2017년에는 193분으로 24분 감
소하였고(연평균 −0.63%), 일일 평균 가구의 텔레비전 이용시간은 2002년의 535
분에서 2017년에는 485분으로 50분 감소(연평균 −0.65%)하였다.

종이신문의 이용시간의 변화는 텔레비전 이용시간의 변화보다도 더 극적으
로 변화하였다. 하루 평균 종이신문 이용시간은 1993년의 42.8분에서 2018년에
는 5.7분으로 37.1분 감소하여(연평균 −8.1%), 2018년에는 1993년의 13.3%수준
에 불과하다. 한국인의 뉴스 소비가 이 수준으로 감소한 것은 아니고, 다양한
매체를 이용하여 뉴스를 소비하고 있다. 2018년의 경우 뉴스 이용시간은 82.6
분으로 종이신문 이용시간 5.7분에 비길 바가 되지 않는다. 각 미디어에서 뉴스
이용비율이 높은 매체는 종이신문을 제외하고도 텔레비전(28.3%), 모바일인터넷
(23.7%), 라디오(20%), PC(18.1%), SNS(16.7%), 잡지(14.3%) 등이다.

					인터넷(A+B)		메신저		온라인	
연도	텔레 비전	종이 신문	라디오	잡지	모바일 (A)	PC (B)	서비스	SNS	동영상 플랫폼	합계
미디어 이용(분)										
2017	152.9	4.9	11.2	0.6	118.7	71.1	47.6	26.7	15.9		330.9
2018	137.4	5.7	12.5	0.7	130.2	89.5	40.7	31.6	15.0	10.6	343.7
뉴스 이용(분)										
2017	41.5	4.9	2.1	0.1	26.8	18.5	8.2	2.1	2.5		79.9
2018	38.9	5.7	2.5	0.1	28.6	21.2	7.4	3.0	2.5	1.3	82.6
뉴스/미디어 이용비율(%)										
2017	27.1	100.0	18.8	16.7	22.6	26.0	17.2	7.9	15.7		24.1
2018	28.3	100.0	20.0	14.3	22.0	23.7	18.1	9.4	16.7	12.3	24.0

표 10-1　하루 평균 미디어 이용시간 중 뉴스 이용시간과 비율

출처: 한국언론진흥재단의 언론인수용자의식조사.

② 미디어 이용행태

1) 채널수의 증가로 인한 채널 이용의 집중과 분산

(1) 수동적 시청과 이중위험 현상

채널수가 증가하여 스포츠, 영화, 애니메이션, 여행, 낚시, 패션, 요리, 모험, 역사 등 다양한 분야의 전문 채널이 많이 등장하였다. 그럼에도 불구하고 많은 비용이 투입된 대중 취향의 일반 오락물을 여전히 선호되고 있고 앞으로도 지속될 가능성이 크다. 텔레비전 시청은 근본적으로 저관여행위이기 때문에 능동적인 행위보다는 수동적 시청이 일반적이다. 지상파 채널만이 있을 때에 구조적인 요인으로 텔레비전 시청의 많은 부분을 설명할 수 있었던 것도 수동적인

시청행위 때문이다.

　　다채널 시대에도 사람들은 대중적 오락 프로그램을 보고싶어 하고 대부분의 시간을 종합편성 채널을 시청하고 가끔씩 전문 채널을 시청할 것이다. 이러한 현상을 이중위험현상(double jeopardy phenomenon)[5]으로 설명한다. TV시청에서 이중위험현상이란 한 프로그램이나 채널을 시청하는 집단의 크기가 작을 경우, 이를 시청하는 집단이 이 프로그램이나 채널을 대중적인 프로그램이나 채널보다 적게 이용한다는 것이다. 이를 일반화하여 설명하면, 이중위험현상은 한 프로그램이나 채널을 시청하는 집단의 크기와 그 집단이 그 프로그램이나 채널을 즐겨 찾는 혹은 애용하는 정도(반복시청률이나 시청시간 등의 충성도)는 정적인 상관관계를 갖는다는 것이다. 지명도가 낮은 채널이나 방송 프로그램은 그것이 많은 사람들에게 알려져 있지 않기 때문에 많은 사람들에게 선택되지 않는데, 이것이 낮은 지명도가 갖는 첫 번째 불리한 점이다. 지명도 낮은 채널이나 프로그램을 시청하는 소수의 사람들도 그것을 다른 채널이나 프로그램을 선택하는 것보다 낮은 빈도로 선택하는 경향이 있는데, 이것이 두 번째의 불리한 점이다. 따라서 지명도 낮은 프로그램은 이중의 손실을 입게 된다. 이중위험 현상이란 쉽게 말하지만, '엎친데 겹친 격'이란 말이다(김은미, 1998, 44-45쪽 정리).

　　김은미(1998)는 미국의 1994년도 시청률 자료를 이용하여 분석한 결과에 의하면, 채널이 증가하여도 이중위험현상이 나타나고 있음을 보여주었다. 동시에 시청자의 양극화 현상이 나타나고 있음도 보여주었다. 바니즈(Barnes, 1990)의 연구에서는 공중파방송과 같이 광범위한 수용자를 겨냥하는 미디어에서는 이중위험현상이 높고, 라디오와 같이 좁게 정의된 수용자를 겨냥하는 미디어에서는 그 현상이 낮은 것으로 드러났으며, 케이블TV는 그 중간으로 나타났다. 임정수(2002)의 연구에서는 인터넷의 경우도 광범위한 이질적 수용자를 겨냥한 사이트와 좁게 정의된 동질적 수용자를 겨냥한 사이트가 공존하므로 중간 정도의 이중위험현상이 있는 것으로 드러났다.

---

5) 이를 '이중위험 효과(double jeopardy effect)'라고도 한다.

한편 영화 소비는 영화 소비자들이 다양하게 영화를 선택하기보다는 적은 수의 대작 영화를 중심으로 집중화된 소비구조를 갖는 것으로 분석되었다. 매년 국내 및 해외 영화의 상영 편수가 증가하고 있지만, 미디어 이용자들은 제한된 여가시간 및 문화 분야에 대한 가처분 소득이라는 구조적 요인으로 인해 콘텐츠 소비의 폭이 넓어지기보다는 오히려 감소되기 때문이다(전범수·최영준, 2005).

이중위험현상(double jeopard phenomenon)

텔레비전 시청의 이중위험현상이란 시청률이 낮은 프로그램은 시청집단이 적을 뿐 아니라 그 소수의 집단조차 그다지 그 프로그램을 좋아하지 않는 현상을 일컫는다. 이는 텔레비전 프로그램에 대한 시청률이 프로그램에 대한 충성도나 질적인 평가와도 함께 연동하여 시청률이 낮은 프로그램은 그것을 보는 소수의 사람들이나마 그것에 대한 충성도 낮고 선호도도 낮은 현상을 의미한다.

이러한 현상에 처음 주목하고 대중행동(mass behavior) 현상의 하나로 설명을 시도했던 것은 사회심리학자인 맥피(McPhee, 1963)였다. 그가 근본적으로 '이중위험'현상이라는 용어를 통해서 주목하였던 것은 인지도(혹은 인기, familiarity 또는 popularity)의 차이에 따른 영향력이었다. 기본적으로 유사한 상품들이 경쟁을 할 때 인지도가 낮은 상품은 사람들이 이러한 대안들 가운데서 선택을 하거나 혹은 품질에 대해 평가를 내리는 상황에 있어서 손해를 볼 수밖에는 없다는 것이다.

여기서 인지도(혹은 친숙도)는 흔히 브랜드 제품을 예를 들어 설명이 된다. 유사한 특징을 가진 두 상품이 하나는 인기 브랜드 제품이고 다른 하나는 비인기 브랜드 제품이라고 가정을 하고 소비자가 이들을 어떻게 평가하겠는가 하는 것이다. 인지도의 차이 때문에 인기 제품을 알고 있는 사람의 수가 더 많을 수밖에는 없다. 이들 중 인기 제품만을 아는 사람은 이를 자주 사용하고 우호적으로 평가할 것이다. 그러나 비인기 제품과 인기 제품을 모두 알고 있는 사람들이라면 두 상품 모두를 비슷하게 사용할 것이고(유사한 수준의 품질이며 단지 인지도의 차이라고 가정하였음) 둘을 비슷하게 평가할 것이다. 따라서 집단적인(aggregated) 결과로 나타나는 것은 인기 제품이 비인기 제품에 비해 상대적으로 더 많은 수의 사람들이 자주 이용하며 평가도 높게 받는다는 것이다. 한마디로, 한 상품의 시장점유율(집단의 크기), 브랜드충성도(반복구매의 정도), 상품에 대한 평가는 모두 상호 정적인 관계를 가지며 이것은 인지도, 혹은 인기의 차이에서 주로 기원하는 것이지 본질의 차이를 의미하지는 않는다는 것이다.

　서로 비슷한 성질을 갖고 있으나 인기도가 다른 상품들이 함께 판매될 경우, 인기도가 상
대적으로 낮은 제품은 단지 그 소비자의 숫자가 적을 뿐만 아니라 그 적은 수의 소비자들조
차 그 제품에 대한 선호도가 높지 않은 현상이(less-knowns are less-liked) 바로 이중
위험 현상이다. 예를 들어, 시장점유율에서 차이가 있는 여성 잡지들이 여럿 있다고 가정할
때, 가장 점유율이 높은 잡지의 경우 그 잡지를 찾는 독자들의 수도 많고, 동시에 그들의 반
복구매율도 높지만, 점유율이 낮은 잡지의 경우 독자의 수가 적을 뿐만 아니라, 그 적은 수
의 독자들조차 그 잡지를 늘 구매하기 보다는 가끔 구매하는 정도의 약한 선호도를 갖고 있
다는 것이다. 이중위험현상은 TV 프로그램뿐 아니라 커피, 자동차, 일반소비재 등 다양한 산
업군에서 검정되었다.

출처: 김은미·이준웅·심미선(2004, 327-328쪽).

(2) 파편화와 양극화

　웹스터(Webster, 1989)는 텔레비전 시청행위에 변화를 일으키는 매체의 변
화로 채널의 수 즉, 선택의 폭이 증가되어 내용의 다양성이 증가한다는 점과
각 채널이 특정한 타깃 시청자 층을 가지는 방향으로 특화되어 간다고 언급
하였다. 그는 이러한 변화 때문에 시청자 분산(fragmentation)과 시청자 양극화
(polarization)현상이 일어난다고 했다.

　케이블TV를 포함한 다채널 유료방송이 보편화되었다. 이용자들은 5개 내외
의 지상파 채널의 시청에서 200여개의 채널을 시청할 수 있게 되었다. 이용자
들의 제한된 시간과 주목은 다수의 채널로 분산되었다. 그리고 PC와 휴대폰을
이용할 수 있는 다양한 서비스가 등장하면서 이용자들이 시간과 주목은 더욱
더 분산되고 있다. 이용자들의 시간과 주목이라는 수요는 제한되어 있는데, 콘
텐츠의 양이 급격하게 증가함에 따라서 일어난 현상이다.

　이러한 현상을 강조하고 싶은 관점에 따라서 미디어 이용의 파편화(frag-
mentation), 분절화(fragmentation), 세분화(segmentation), 전문화(specialization) 등으
로 부르고 있다.[6] 조성동·강남준(2008.8)은 상위 프로그램들의 시청점유율이 감

6) 파편화는 여러 채널로 분산되는 것을 강조한 관점이고, 분절화는 집중의 정도가 완화된다는 점

소하고 있고 감소된 시청점유율은 다수의 하위 프로그램으로 분산되며 지니계수와 허핀달-허쉬만지수 역시 2000년에 비해 2008년에 현저하게 낮아졌다. 이를 바탕으로, 특정 채널에 대한 집중도가 낮아지는 파편화가 진행되고 있음을 보여주었다.

시청자들은 이용 가능한 채널이 증가하더라도 특정 채널만을 주로 시청한다. 시청자들은 채널 정보와 시간 제약 등으로 자주 이용하는 채널과 익숙한 채널만을 이용하기 때문이다. 개인이나 세대가 규칙적으로 시청하는 채널 묶음을 '채널 레퍼토리(channel repertoires)'라고 부르고, 이에 대한 많은 연구가 이루어졌다.[7] 채널 레퍼토리에 관한 연구는 시청률의 쏠림에 의한 시청집중현상과 채널 레퍼토리를 구성하는 채널수에 한 것으로 크게 구분할 수 있다. 먼저 시청집중현상은 시청자들의 채널 소비가 개인적인 선호, 시간과 구조적인 제약, 채널 및 프로그램에 대한 정보부족 등의 이유로 특정 채널을 위주로 이루어진다는 설명이다. 시청 채널수에 관한 연구는 가용 채널이 무수히 많은데도 수용자들은 일정한 수의 채널만을 규칙으로 시청한다는 사실을 보여준다. 채널 레퍼토리 관련 연구들은 시청자들이 모든 프로그램을 고루 시청하지 않고 자신이 선호하는 특정 프로그램만을 편식함에 따라 채널이나 프로그램의 내용 다양성이 증가하여도 노출 다양성은 일정 수준을 넘지 못한다고 결론내리고 있다.

한국인들은 대체로 12개 내외의 채널 레퍼토리를 가지고 있고, 채널이 증가할수록 채널 레퍼토리의 수가 증가하는 경향을 보인다. 채널 레퍼토리의 수의 증가는 채널증가의 속도에 미치지 못한다(조성동·강남준, 2008). 다매체·다채널상황에서 채널이 증가함에 따라 과거 일부 지상파 채널에 집중되었던 텔레비전 시청행태가 여러 다른 채널로 흩어져 파편화되지만, 단순히 여러 채널로 퍼지기만 하는 것이 아니라, 시청자의 선호도와 채널의 특성에 따라 특정 채널들만을 이용하는 분극화(polarization) 현상이 발생한다는 것이다(정영호, 2013, 224쪽).

을 강조한 용어이며, 세분화는 마케팅의 측면에서 편성 전략과 광고 전략의 측면에서 만들어진 용어이며, 전문화는 이용자의 취향에 따라 전문 채널이나 콘텐츠를 집중적으로 이용되는 측면을 강조한 용어이다.

7) 채널 레퍼토리에 대해 관심 있는 독자는 조성동·강남준(2008.8)을 참조하시오.

또한 채널 레퍼토리에 포함되는 채널이 연령별·직업별로 비슷한 특성을 보여, 인구구조별로 채널 이용의 집중화와 분극화 현상이 나타난다.

미디어 이용자가 소수의 집단으로 갈라지는 분극화(polarization) 현상이라고 하고, 2개의 집단으로 갈라지는 것을 양극화라고 부른다. 이용자들이 특정 미디어 콘텐츠를 이용하거나 회피하는 극단적인 이용현상을 분극화라고 부른다. 예를 들어 보자. 시청자들이 전문채널 환경에서 자신의 취향에 맞은 채널만을 이용하면서 시청행태가 분극화된다. 정치에 관심이 많은 집단은 뉴스를 많이 소비하고 보다 적극적으로 정치에 관여하지만, 정치에 관심이 없는 집단은 오락을 많이 소비하면서 정치 과정에 더욱 멀어진다. 정치적인 성향에 따라 시청하는 채널이나 열독하는 신문이 다르게 된다. 자신의 정치적 성향에 맞는 매체나 뉴스를 편향적으로 이용하게 됨으로써 더욱 극단적인 정치적 편향으로 이어진다. 온라인 환경에서 사회적 이슈별로 이용자별 편향성에 따라 다르게 그룹이 형성된다.

지상파 시청이 주를 이루던 시기에는 수용자들이 원하는 프로그램을 기다리면서 간접적으로라도 뉴스 등에 노출될 기회가 있었다. 다채널 다미디어상황에서 수용자들은 자신이 원하는 장르나 프로그램만을 선택적으로 소비할 수 있게 되면서 사회적으로 다양하게 논의되고 있는 정치사회적 사안들을 무시하거나 회피할 수 있는 가능성이 커졌다. 정보가 많을수록 사람들은 자신의 신념이나 의사결정과 일치하는 내용의 정보에 더 많은 가치를 부여하며 그러한 정보를 선별적으로 접하려는 성향을 보인다. 미디어 이용의 양극화로 인해 이데올로기의 격차가 점점 심화되고 있다.

2) 새로운 미디어의 등장으로 인한 미디어 이용 변화

이용 가능한 미디어가 늘어나면 사람들은 원하는 미디어를 더 많이 소비하게 되고, 그 결과, 미디어 소비량도 늘어나고 이용하는 미디어의 종류도 다양해진다. 소매체 시대에 특정 미디어 이용은 시공간적인 제약으로 인해 불가피하게 다른 매체의 이용을 감소시켰지만, 융합 미디어 환경 하에서는 중복 이용과 같은 복합 미디어 이용이 보편화되면서 총 미디어 이용시간은 늘어날 수 있다. 심미선(2007)에 의하면, 다중 미디어 이용자의 평균 미디어 이용시간은 지상파 중심 미디어 이용자보다 30%나 많았다. 이준웅 외(2007)에서 낮시간대에는 단일매체 중심으로 이용하지만, 아침 7~8시대와 저녁 6시 이후 시간대에 미디어 중복 이용률이 높게 나왔고, 미디어의 중복 이용으로 미디어 이용시간은 증가하였다(심미선, 2010, 52쪽).

(1) 서비스와 기기의 선택, 시간이동, 장소이동

콘텐츠를 시간이동이 가능한 비실시간 서비스로 이용하기도 하고, 장소이동이 가능한 휴대용 단말기로 이용하게 되면서 미디어 이용행태를 설명하기가 복잡해졌다. 이재현(2016)은 2010년대 이후에 이루어지고 있는 미디어 이용의 변화를 3가지 차원에서 파악할 것을 제안하였다. 먼저 예를 들어 보자. 신문 기사라는 콘텐츠는 종이 미디어라는 '기기'와 결합되어 있었으나, 이제는 다른 미디어 기기와 결합되기도 한다. TV 프로그램은 방송 플랫폼을 통해서만 소비되었다면, 이제는 오픈 인터넷 플랫폼으로도 유통된다. 하나의 콘텐츠가 제공되는 서비스와 기기가 다양해진 것이다. 여기서 콘텐츠에는 텍스트, 이미지, 사운드, 영상, SNS 등이 있고, 서비스에는 방송형 서비스, 통신형 서비스, 웹 서비스, 앱 서비스 등이 있으며, 기기에는 종이, 텔레비전, 라디오 수신기, 컴퓨터, 휴대전화기, 게임기 등이 있다. 미디어 이용자는 콘텐츠, 서비스, 기기를 조합하여 미디어 이용이라는 경험을 만드는 것이다. 이것이 첫 번째 차원이다. 두 번째 차원은 시간의 변화이고, 세 번째 차원은 장소의 이동이다.

이재현(2016)이 2012년~2014년간의 한국미디어패널조사를 이용하여 분석한 결과는 다음과 같다; 미디어 이용 시 콘텐츠, 서비스, 기기의 조합에서 변화는 별로 일어나지 않았다. '방송플랫폼－가정용TV－실시간'이 중심이었다. 시간 변화의 측면에서는 TV는 변화가 별로 없었지만, 모바일기기와 PC의 이용시간이 증가하였으며, 비실시간 시청이 느리게 증가하고 있다. 장소 이동의 측면에서는 미디어를 여전히 가정에서 많이 이용하고 있고, 집 이외의 장소에서 이용이 느린 속도로 늘어났다. 이 분석결과는 불과 3년이라는 짧은 기간을 분석하였다는 점과 2014년 이후의 변화를 포함하지 못하는 점에서 제한적인 의미를 가진다.

2010년대에 들어서면서 20대와 30대를 중심으로 TV 프로그램을 TV수상기로 시청하기보다는 모바일기기나 PC로 시청한다. 그리고 실시간 시청의 비중이 작아지고 다시 보기로 시청하는 경우가 많아지고 있다. 엠브레인(2019)에 따르면, 응답자 중에서 TV 프로그램을 실시간 시청하는 비중이 62.1%이고 다시보기로 시청하는 비중이 30.4%였다. 연령별로 다시보기를 이용하는 비중은 20대 45%, 30대 36.6%, 40대 15.8%, 50대 17.6%였다. 모바일기기나 PC로 시청할 때 OTT 서비스를 이용하고, 다시보기로 시청하는 경우에는 OTT 서비스나 유료방송의 VOD 서비스를 이용한다.

표 10-2   TV 프로그램 시청 기기(%)

	평균	20대	30대	40대	50대
집TV	52.2	31.4	46.5	63.2	67.8
모바일기기	28.8	44.0	32.9	21.0	17.1
PC	19.0	24.6	20.6	15.8	15.2

출처: 엠브레인(2019), 트렌드 모니터 'OTT 서비스' 설문조사.

주문형 비디오(Video On Demand, VOD) 서비스는 이용자들이 원하는 동영상을 편리한 시간에 볼 수 있게 해 준다. VOD 서비스는 유료방송사와 OTT 사업자가 제공하고 있다. 우리나라에서 IPTV의 가입자가 본격적으로 증가하기 시작한 2010년 이후 VOD매출액이 빠르게 증가하고 있다. 실시간 시청보다 VOD 시청에는 능동성이 요구되며, 능동성이 높은 이용자일수록 VOD를 더 많이 이용한다.

시청률과 VOD 시청건수 간에는 역U자형의 관계가 있다. 시청률이 높을수록 VOD 시청건수도 늘어나지만 VOD 시청건수의 증가율은 점차 둔화되고, 시청률이 일정 수준을 넘어서면 VOD 시청건수가 감소한다는 것을 뜻한다. 장르별로 살펴보면, 드라마는 시청률과 VOD 시청건수가 역U자형관계를 보였다. 예능에서는 유료 VOD의 경우 두 변수 간에 단순한 선형관계가 있고, 시사, 교양의 경우 유료 VOD에서는 두 변수 간에 유의한 관계가 없었다. VOD 이용에서 지상파프로그램이냐 비지상파 프로그램이냐에 따라서 차이가 발견되었다. 건별 VOD(TVOD) 이용에서는 비지상파 프로그램이 더 많았다. 그러나 무료 VOD와 월정액 VOD(SVOD)의 시청에서는 지상파와 비지상파 프로그램 간에 나타나지 않았다. 특히 드라마의 경우 무료 VOD 이용건수가 지상파보다 비지상파 프로그램의 이용이 더 많았다. 이는 CJENM과 종합편성 채널의 콘텐츠 파워가 높아지고 있음을 보여준다. 드라마와 예능 프로그램의 무료 VOD와 건별 VOD 시청건수가 비슷하였고, 월정 VOD의 경우 드라마의 시청건수가 가장 많고, 다음이 예능이었고, 시사·교양 프로그램의 시청건수가 가장 적었다(이종희, 조지형, 조신, 2018).

(2) 다중미디어 이용

PC와 휴대전화를 이용하여 미디어를 이용하게 되면서, 동시에 여러 매체를 이용(이를 '다중미디어 이용' 또는 '동시미디어 이용'이라고 부른다)하는 사람이 많아졌다. 다중미디어 이용에 있어 가장 중심적인 미디어는 여전히 TV이지만 인터넷과 컴퓨터가 거의 대등한 수준까지 성장했고 스마트폰과 같은 모바일미디어가 중심미디어로 급성장하고 있다.[8] 또한 두 개 이상의 매체를 상시적으로 이용하는 사람들이 60%를 넘어섰으며 남성과 젊은 세대에서 다중미디어 이용 경향이 높게 나타나고 있다. 주목할 점은 다중미디어 이용자군의 인구사회학적 구성이 전체 인구구성과 유사하게 나타나고 있다는 점이다. 오히려 단일미디어중심 이용자에게서 차별화된 인구사회학적 특성이 나타나 다중미디어 이용은 점차 전

---

8) 20대와 30대에서는 TV가 중심이 아니라 모바일 미디어와 SNS가 중심 미디어로 점차 자리 잡고 있다.

세대에 걸쳐 보편적인 미디어 이용현상으로 자리잡아가고 있는 것으로 보인다
(김은미·이혜미, 2011). PC 이용시간의 56.8%, 스마트폰 이용시간 중 56%의 시간
동안 동시 이용을 하는 것으로 나타났다(황주성·이재현, 2011). 다중미디어를 이
용할 경우에 미디어 효과는 각 미디어 효과의 단순한 합계가 아니라 '추가효과
(plus alpha)'가 나타날 수 있다. 그리고 다중미디어 이용 시 자신이 사회의 일원
으로서 필요한 지식과 정보를 습득하고 사회규범을 익히는 데 도움이 된다(이창
훈·김정기, 2013).

(3) 다매체 시대에 시청자의 측정[9]

광고매체의 경우 광고를 판매하기 위해서 신문판매부수나 TV 시청률 자
료와 같은 매체 이용 자료가 필요하다. 광고주는 매체와 콘텐츠 이용자의 규
모와 이용자의 인구통계학적 자료를 감안하여 자사 상품에 광고에 적절한 매
체와 프로그램(또는 시간)을 선정하게 된다. 방송매체의 시청률 자료나 인터넷
매체의 이용 자료는 민간 조사회사가 만들어서 매체사와 광고주에게 판매하게
된다.

인쇄매체(신문이나 잡지)의 경우 판매부수로 이용자수를 측정하였다. 신문에
서 노출의 개념이 연장되어 라디오와 텔레비전의 경우 시청률로 이용자수를 측
정하였다. 인터넷 광고의 효과는 여러 가지 방식으로 측정되는데, 페이지뷰로
측정하는 경우는 노출의 개념을 적용한 것이다. 지상파만 존재하였을 때에는
시청률 조사회사의 표본의 크기가 그리 큰 문제가 되지 않았다. 그러나 채널수
가 100여개 이상으로 증가하게 되면서 작은 표본으로는 군소 PP의 시청률이
집계되지 않는다. 시청률 조사회사가 표본의 크기를 늘려야만 군소 PP에게 시
청률 자료를 판매할 수 있었다.

온라인매체가 등장하면서 오프라인매체가 제공한 콘텐츠의 이용이 조사 자
료에 반영되지 않는 경우가 발생하였다. 매체사는 이용자의 주목을 광고주에게
판매하려면 매체의 이용이 조사 자료에 드러나야 한다. 뉴스를 종이신문보다는

---

9) 이 소절의 내용은 강남준·김은미(2010.8)를 요약하였다.

온라인매체를 통해서 열독하고, TV를 텔레비전 수상기와 함께 모바일기기나 PC로 이용하게 되면 판매부수나 시청률 자료로는 파악되지 않는다. 인터넷매체가 확산되면서 매체사의 입장에서는 판매부수와 시청률 자료에 인터넷매체로 이용한 사례를 포함시킬 필요가 생겼다. 인터넷매체의 이용자를 포함해야 광고효과를 제대로 인정받아서 광고수입이 증가하게 된다.

미국과 한국 등 여러 나라에서 인터넷을 통한 시청자수를 전체 시청자수에 포함시키려는 움직임이 일어났다. 2008년 베이징 올림픽과 2010년 벤쿠버 동계 올림픽을 중계하면서 NBC가 TV수상기로 본 시청자뿐만 아니라 인터넷과 모바일 시청자들 전체 시청자수에 포함시키려고 시도하였다. ESPN은 2010년 남아공 월드컵을 중계하면서 모바일매체의 시청자를 전체 시청자에 합산하였다. 방송사들은 감소하고 있는 시청률을 보완하기 위해서 인터넷과 모바일 시청자를 전체 시청자에 포함시키려고 한다. 그러나 시청률을 연장한 통합시청률 자료는 광고판매를 위해서는 유용한 자료가 되지 못한다. 왜냐하면 TV 프로그램에 제공되는 광고와는 다른 광고를 인터넷에 붙일 수 있기 때문이다. 그리고 동일한 광고가 붙었다고 하더라도 시청 스크린 크기의 차이, 시청방법과 환경이 다르기 때문에 인터넷과 TV 시청 효과가 서로 다를 것이다.

3 │ 이용의 측면에서 본 미디어 간의 경쟁

새로운 미디어가 등장하게 되면 기존 미디어와 신규 미디어와 기존 미디어 간의 경쟁이 어떠한 결과를 초래할까? 새로운 미디어가 전혀 새로운 서비스를 제공하거나 사람들이 원하는 기능을 제공하면서 시간과 주목을 차지하게 된다. 동시에 새로운 미디어는 존속에 필요한 수익을 이용자나 광고주로부터 확보한다. 그 결과, 새로운 미디어는 기존 미디어와 경쟁관계에 놓이게 된다. 새로운 미디어가 추가되면서 미디어 이용시간이 증가하고 동시에 지출이 증가하는 경향이 있다. 그러나 새로운 미디어를 이용하면서 이용자들은 기존 미디어에 대한 이용시간과 지출을 감소시켜 왔다. 역사적으로 새로운 미디어는 기존 미디어를 부분적으로 대체하면서 기존 미디어와 함께 각자의 위상을 재정립해 왔다. 미디어 간의 경쟁관계를 분석하는 이론은 '상대적 불변성 가설'에 기반을 둔 대체가설과 생태학에서 가져온 적소이론이 대표적이다. 대체 가설에서는 새로운 미디어와 기존 미디어와의 경쟁 여부를 실증적으로 분석하는 데 초점을 두고 있으며, 적소이론은 미디어 간 경쟁관계의 정도와 지점을 세부적으로 제시하고 있다.

1) 미디어 대체 가설

미디어 대체 가설에서 두 미디어 간의 대체 현상을 기능적 대체 또는 시간적 대체로 설명하고 있다. 기능적 대체란 새로운 미디어와 기존 미디어 간에 기능적 유사성이 있고, 그러한 기능에 대해 새로운 미디어가 기존 미디어에 비해 상대적인 장점이 있는 것을 말하며, 시간적 대체란 새로운 미디어를 이용함으로 인해 기존 미디어를 이용할 시간이 줄어들게 되는 것을 말한다. 일반적으로 새로운 미디어가 기존 미디어를 기능적으로 대체할 경우 시간적으로도 대체하는 것으로 알려져 있다. 미디어 대체 가설의 연구에서는 수용자가 뉴미디어를 얼마나 이용하는지를 파악해 새로운 매체가 기존 매체를 대체하는지를 알아보는 것으로, 신구 미디어 간 이용시간의 상관관계를 중점적으로 비교한다(이승엽·이상우, 2013. 12). 미디어 대체는 기술발전에 의한 올드 미디어의 자연적인 퇴보 현상이자, 진보된 새로운 미디어로 대체하는 수용자의 미디어 소비 양상을 의미한다. 이때 선택된 뉴미디어는 기술적으로 우수하거나 사회적, 개인적 차원에서 수용자들이 인식할 만큼의 새로운 것이다.

(1) 기능적 대체와 시간적 대체

미디어 간 기능적 대체와 관련한 연구들은 대부분 '이용과 충족(uses and

gratifications)'이론에 기반을 두고 있다. 이용과 충족이론은 미디어 이용자들이 특정한 필요와 목적을 충족시키기 위해 미디어를 능동적으로 소비한다는 이론이다. 기능적 대체 관련 연구들은 기존의 미디어에 의해 충족되었던 필요와 목적을 새로운 미디어가 충족시켜줄 경우 새로운 미디어가 기존 미디어를 기능적으로 대체한 것으로 본다. 케이블TV와 VCR이 기존에 지상파 텔레비전에서 충족되었던 오락적 필요를 충족시켜줌으로써 이를 대체하고, 온라인 미디어가 텔레비전에서 충족되었던 정보적 필요를 충족해줌으로써 텔레비전과 대체관계를 형성하며, 웹(web)이 오락적 필요측면에서 텔레비전과 대체관계를 형성한다(이승엽·이상우, 2013. 12).

미디어의 시간적 대체는 개인이 하루 동안 사용할 수 있는 시간이 유한하기 때문에 미디어를 이용하는 시간도 유한하다는 데 근거를 두고 있다. 새로운 미디어를 이용하면 기존에 이용하던 다른 미디어의 이용시간이 줄어들 가능성이 크다. 새로운 미디어가 제공하는 새로운 기능(시간이동, 장소이동, 상호작용성)에 이용자들이 매력을 느낄 가능성이 크기 때문이다. 대중적인 매스미디어로서 TV가 라디오를 대체한 사례, 텔레비전 이용으로 인해 라디오와 독서시간이 감소한 사례, 미국에서 텔레비전 이용으로 인해 쇼핑, 여행, 파티와 같은 레저 활동시간이 줄어든 사례, 케이블TV 이용이 지역 텔레비전, 라디오, 극장 영화의 이용시간이 감소한 사례, 인터넷은 책이나 신문, 잡지 등과 같은 활자 미디어뿐 아니라 라디오, TV 등의 시청각 미디어, 그리고 전화 통화, 가족 간의 대화시간을 대체한 사례도 발표되었다. 온라인 동영상 서비스가 텔레비전 시청이나 유료방송 시청을 대체한 사례도 발표되었다.

신규 미디어와 기존 미디어 간에는 이와 같은 대체관계를 보여준 연구뿐만이 아니라 보완관계를 보여준 연구도 많다. 인터넷 이용 이후에 텔레비전 시청시간이 증가한 사례, 인터넷 이용시간의 증가로 라디오와 신문 이용시간이 증가한 사례, 컴퓨터를 많이 이용하는 사람들이 그렇지 않은 사람들에 비해 인쇄매체와 텔레비전을 많이 이용한 사례, 유료 온라인 동영상 서비스를 많이 시청한 사람이 가정에서 텔레비전도 더 많은 시간을 이용한다는 사례 등이 발표되었다.

(2) 시간 재할당 가설

이재현(2005)은 온라인 미디어와 전통적 미디어 사이에 관계(이용시간의 측면
에서) 대한 연구결과를 정리하였다(〈표 10-3〉). 이에 의하면, 온라인 미디어와
텔레비전, 온라인 미디어와 잡지·책에서 상반된 연구결과가 많이 제시되었다.
라디오와 신문의 경우 온라인 미디어와 보완관계나 '관계없다'는 결과가 많이
제시되었다. 온라인 미디어와 영화와는 보완관계를 보여주었고, 전화, 편지·우
편의 경우 온라인 미디어와 대체관계를 보여주었다.

표 10-3 온라인 미디어와 전통적 미디어 사이의 관계에 대한 연구결과의 수

전통적 미디어	텔레비전	라디오	신문	잡지·책	영화	전화	편지·우편
대체관계	18		1	2		3	2
보완관계	9	3	4	3	2		
관계 없음	11	4	8	3			

출처: 이재현(2005, 229쪽)의 정리.
주: 이재현(2005)에서는 개별 연구결과를 기록하였지만, 여기서는 해당 칸에 제시된 연구결과의 수만
기록함.

인터넷과 기존 미디어와의 관계는 인터넷의 보급과 이용량에 따라서 결과
가 다르게 나타나기도 한다. 우리나라에서 인터넷이 보급되기 시작한 2000년
초반까지의 연구에서는 방송과 인터넷은 대체관계를, 신문과 인터넷은 보완관
계를 보였다. 그러나 2007년의 연구에서는 방송과 인터넷은 보완관계를 신문과
인터넷은 대체관계를 보였다. 이러한 현상을 다음과 같이 두 가지로 설명할 수
있다; 첫째로, 새로운 매체가 등장하면서 새로운 매체가 담당하는 기능을 고려
하여 기존 매체의 기능에 변화가 일어난다. 즉, 기존 매체와 새로운 매체 간에
기능의 재분배와 재조직화가 일어난다. 둘째로, 인터넷의 보급률이 높아지면서
인터넷의 기능이 초기의 오락매체에서 검색과 커뮤니티 기능이 확장되어 정보

기능이 강화되었기 때문이다. 인터넷의 정보기능 강화로 신문 이용이 감소했다는 것이다(심미선, 2010, 48쪽 정리).

이재현(2005)은 신규 미디어의 출현으로 기존 미디어 이용의 변화를 미디어 간의 대체관계의 측면에서 보지 않고, 신규 미디어가 출현할 때 사람들이 일상의 활동시간 전체를 재분배한다는 측면에서 보아야 한다고 제안하였다. 이 제안을 '시간 재할당 가설'이라고 부르면서, 1999년의 '생활시간조사'를 이용하여 실증 분석하여 다음과 같은 결과를 도출하였다; 인터넷 이용과 전통적인 미디어 이용 사이의 관계를 분석한 결과, 20대 이상 성인은 미디어별로 전통적 미디어의 이용이 증가하거나 감소하였다(단 10대는 변화가 없었다). 인터넷 이용자의 수면과 같은 생활필수행동에 투입하는 시간은 모든 연령층에서 줄었다. 노동이나 학습과 같은 생산적 활동의 경우 연령별로 차이를 보여주었다. 10대 인터넷 이용자의 경우 학습시간이 줄어들었고 반면, 40대 이상의 경우는 일에 투입하는 시간이 오히려 더 많아졌다. 인터넷 이용이 전통적 미디어 이용과 미디어 이외의 여가활동 중에서 어디에 더 많은 영향을 미쳤는지 분석한 결과, 10대의 경우 전적으로 미디어 이외의 여가활동에, 20대와 30대의 경우에 미디어 이용에는 조금 영향을 주고 미디어 이외의 여가활동에 더 많은 영향을 주고, 40대 이상에서는 미디어 이용과 미디어 이외의 여가활동에 비슷하게 영향을 미치는 것으로 나타났다.

(3) 종이신문의 감소와 스마트폰의 영향

종이신문의 이용이 해마다 감소하고 있다. 우리나라의 경우 하루 평균 신문뉴스 이용시간은 1993년의 42.8분에서 2018년에는 5.7분으로 감소하였다. 반면에 모바일 인터넷과 소셜미디어를 통한 뉴스 이용은 지속적으로 증가하고 있다. 이준웅·최영재(2005)는 종이 신문의 이용이 감소한 이유로 ① 인터넷 등 새로운 미디어에 의한 기능적 대체 ② 신문뉴스의 낮은 가치 ③ 신문의 공정성 위기를 들고 있다.

박혜영(2019)이 2013년, 2015년 2017년의 "언론수용자 의식조사"자료를 이용하여 분석한 결과를 보자; 신문뉴스 신뢰도가 높아지면 신문뉴스 이용량은 증가하고, 모바일뉴스 신뢰도가 높아지면 신문뉴스 이용량은 감소할 것이다. 그러나 신뢰도의 변화로 인한 신문뉴스 이용량의 변화는 크지 않다. 모바일 이용량이 증가할수록 신문뉴스 이용량은 감소하고, 모바일뉴스 이용량은 증가하는데, 모바일 이용량의 변화로 인한 효과는 매우 크다. 모바일뉴스 이용량이 증가할수록 신문뉴스 이용량이 증가하는 것으로 나타났지만, 모바일뉴스 이용량의 영향력은 감소하고 있다. 이 결과를 통해서 신문뉴스 이용량의 감소는 신뢰도의 문제보다는 모바일 이용량의 증가로 인해 대체 효과가 더 크게 영향을 미쳤음을 알 수 있다.

스마트폰은 다양한 애플리케이션을 기반으로 인터넷이나 TV, 라디오, MP3, 주식거래, 게임 등이 가능한 다매체·다기능 휴대 단말기다. 무엇보다 언제 어디서나 이용할 수 있으며, 다양한 콘텐츠와 정보에 접근이 용이하고, 상호작용과 멀티태스킹이 가능한 모바일 미디어로 다매체 환경에서 수용자의 미디어 소비에 많은 변화를 가져 왔다.

김형지 외(2013)가 설문 조사를 통해서 분석한 결과를 보자. 첫째로, 스마트폰 이용이 증가할수록 인터넷, TV, 라디오, 신문, 게임의 이용이 감소하는 경향이 있었다. 둘째로, 스마트폰으로 인터넷, 신문, 라디오, 게임과 같은 미디어 기능을 이용할 경우에 각각 PC, 종이신문, 라디오, 다른 기기를 이용한 게임 이용이 감소하였다. 과거에 인터넷이 TV, 라디오, 신문 등을 대체했던 연구와 유사하다. 한편 스마트폰으로 TV를 이용하더라도 텔레비전 시청은 감소하지 않았다. 이는 스마트폰 화면에서 시청하는 TV 이용 경험이 기존의 TV 시청 경험을 완벽히 대체하지 못한 것으로 이해할 수 있다.

2) 적소이론과 분석

(1) 적소이론

적소이론(niche theory)은 생태계 내의 개체군들이 한정된 자원을 서로 차지하기 위해 경쟁하는 상황을 측정하고자 개발된 이론이다. 디믹과 로젠블러 (Dimmick & Rothenbuhler, 1984)는 미디어 산업 역시 생태계와 마찬가지로 생존에 필수적인 자원이 한정되어 있고, 이 한정된 자원을 서로 차지하기 위해 매체들이 경쟁하고 있다고 보았다. 그렇기 때문에 생태계의 경쟁상황을 설명하는 적소이론을 미디어 산업에 적용해서 미디어 산업의 각 개체가 자원을 어떻게 활용하는지, 개체들 간의 경쟁 양상은 어떠한지 등을 알아볼 수 있다고 보았다. 미디어 산업에서 한 매체가 다른 매체와 한정된 자원을 두고 경쟁을 벌이면서, 자원 획득에서 우월한 미디어가 열세한 미디어를 대체하기도 하고 특정 미디어가 전략적으로 기능분화를 할 경우에 두 미디어 간에 보완적인 관계가 형성된다.

미디어 간의 적소 분석에서 이용되는 자원으로는 미디어의 주요 재원인 광고비, 이용자의 매체 이용시간, 이용자의 지출, 미디어 간 이용자를 끌어들이기 위한 수단인 콘텐츠(영화, 방송 프로그램, 음악 등), 미디어 이용에 따른 충족, 미디어 이용 기회 등이 있다. 적소(niche)는 분석대상인 미디어가 이용가능한 자원 공간에서 하나의 미디어가 점유한 공간의 위치와 넓이를 의미한다. 적소이론은 한 매체가 자원들을 얼마나 폭넓게 차지하고 있는지를 나타내는 적소폭(niche breadth), 두 매체가 동일한 자원을 차지하기 위해 경쟁하는 정도를 나타내는 적소 중복(niche overlap), 한 매체가 다른 매체보다 자원 경쟁에서 얼마나 우월한 입지에 있는가를 나타내는 경쟁적 우위(competitive superiority)를 통해 매체 간의 경쟁관계를 파악한다(이승엽·이상우, 2014, 12쪽).

미디어 분석에서 적소이론을 적용한 연구에서 초기에는 주로 광고비를 자원으로 이용하였다. 그리고 프로그램 내용을 자원으로 이용한 연구도 진행되었지만, 많은 연구들이 자원으로 '이용에 따른 충족'을 이용하였다. 충족을 자원으로 이용한 연구가 많은 이유는 설문자료를 통해서 자료를 입수할 수 있는 용이성 때문이다. 또한 적소이론과 '이용과 충족 접근'에 의한 연구는 설명의 틀이 매우 유사하여 양자 간의 접목이 용이하다(송경희, 1998, 113쪽).

(2) 적소이론을 이용한 분석결과

미국에서 1990년대와 2000년대 초에 이루어진 적소 연구는 지상파방송과 케이블방송 간의 비교로 시작되었다. 지상파방송과 케이블방송 간에 경쟁우위를 비교한 결과, 케이블방송의 경쟁우위를 보여주고 있다. 이후 적소 연구는 뉴미디어로 등장한 VCR, 페이퍼뷰, 이메일이나 인터넷, 웹 등을 추가하여 비교·분석하였다. 한국에서 1990년대 후반에 이루어진 적소 분석에서 지상파방송과 케이블방송을 연구하였는데, 연구결과는 미국에서와 상이하다. 대부분의 연구에서 지상파방송과 케이블 간의 적소중복성이 높으며, 케이블은 지상파방송보다 적소폭과 경쟁 우월성지수가 낮다는 결론을 제시하였다(정재민 외, 2005, 535쪽).

이수영(2003)은 음성통화 서비스와 문자 서비스 간의 경쟁관계를 분석했다. 적소중복측면에서 이 두 서비스는 상당히 밀접하게 연결되어 있음이 밝혀졌다. 경쟁우위측면에서는, 음성통화 서비스는 이동성과 시간관리 차원에서, 문자서비스는 휴식, 친밀감, 사회성 차원에서 우위를 점한 것으로 나타났다. 결론적으로 이 두 서비스는 동일 미디어에서 제공된다는 점에서 경쟁관계라기보다는 시너지관계로 해석할 필요가 있음을 제시하였다. 권상희·김위근(2007)은 휴대전화와 인터넷의 대인 커뮤니케이션 서비스 간 경쟁관계를 분석하였다. 적소 분석을 통해 휴대전화 음성통화와 단문 메시지 서비스는 이메일과 비교해서 대체적으로 경쟁우위를 가진 것으로 나타났으며, 인스턴트 메시징 역시 이메일에 대해 경쟁우위를 가진 것으로 분석되었다.

정재민 외(2005)는 이용자 충족을 자원으로 이용하여 지상파방송, 케이블/위성방송, 인터넷 간 적소이론을 접근한 결과, 인터넷이 적소폭이 넓고, 지상파와 케이블 간에 적소중복이 높아 경쟁 정도가 치열하며, 인터넷은 지상파나 케이블과의 중복 정도가 적었다. 지상파는 정보습득차원과 충족기회 차원에서 케이블보다 경쟁 우위를 점하고 있고, 인터넷이 정보습득, 오락휴식, 충족기회 차원에서 지상파(또한 케이블)보다 우위에 있고 있다.

이준웅·최영재(2005)가 뉴스미디어에 대한 충족 차원의 적소 분석을 실시하였다. 이들은 한국 신문이 위기에 처한 원인 중 하나로 기능적 대체에 초점을 맞추면서 신문뉴스, 방송뉴스, 인터넷뉴스 간 경쟁관계를 충족 차원에서 분석했다. 분석결과, 적소폭에서는 신문과 방송이 인터넷뉴스에 비해 넓은 적소폭을 가진 것으로 나타났으며, 적소중복에서는 신문과 방송 간의 중복이 가장 높은 반면 방송과 인터넷 간의 중복이 가장 낮은 것으로 나타났다. 경쟁우위측면에서는 방송, 신문, 인터넷의 순으로 경쟁력을 가진 것으로 나타났다.

장병희(2010. 5)는 이용 충족을 자원으로 사용하여, 인터넷이 종이신문과 TV에 비해 상대적으로 넓은 적소폭을 가지고 있음을 보였다. 적소중복 분석을 통해 종이신문과 TV가 뉴스미디어로서 경쟁관계가 가장 강한 것으로 나타났다. 인터넷과의 경쟁에 있어서는 종이신문에 비해 TV가 상대적으로 강한 경쟁관계를 가지고 있다. 경쟁우위 분석결과, 대부분의 충족요인에서 인터넷, TV, 종이신문 순으로 경쟁력을 가진 것으로 나타났다. 위계적 회귀분석을 통해 이러한 충족요인들은 집합적으로 각 미디어의 이용량 증대에 유의미한 영향력을 미치는 것이 확인되었다. 이 결과는 이준웅·최영재(2005)의 분석결과와 상당한 차이가 있다.

허윤·이상우(2012)는 5가지의 매스미디어(지상파, 아날로그 케이블, 디지털 케이블, 위성TV, IPTV)와 7가지의 소셜미디어(블로그. 트위터, 미투데이, 페이스북, 싸이월드, 카페, 유튜브)의 종합적인 경쟁관계를 분석하였다. 이용자 충족을 자원으로 이용하여 분석하여, 각 미디어의 적소폭을 살펴보면, 대부분의 미디어들이 휴식/재미의 욕구를 잘 충족하고 있고, 현실 도피의 경우 지상파만이 충족해주고 있고, 지상파를 제외한 모든 미디어에서 낮은 적소폭 값을 보였다. 기존의 매스미디어들에 비해 소셜미디어들의 적소폭이 상대적으로 높게 나타났고, 충족요인은 사회적 관계, 정보추구, 정보공유, 자기표현, 새로운 인맥형성항목이다. 또한 소셜미디어 중에서는 페이스북과 카페가 현실도피항목을 제외한 차원에서 넓은 적소폭을 나타내 페이스북과 카페가 다양한 차원에서 미디어 이용 동기를 잘 충족시켜주고 있다.

미디어 간 기능의 유사성을 나타내는 적소중복을 살펴보면, 먼저 휴식/재미, 시간보내기, 정보추구의 항목에서는 기존의 매스미디어와 소셜미디어 사이의 적소중복이 전반적으로 높게 나타나 매스미디어와 소셜미디어가 서로 경쟁관계에 있음을 알 수 있다. 경쟁우위를 살펴보면, 먼저 기존의 매스미디어가 주로 담당했던 휴식/재미와 현실도피항목에서는 전반적으로 소셜미디어에 비해 매스미디어가 우위를 점하고 있다. 반면, 사회적 관계와 정보공유, 자기표현, 인맥형성의 항목에서는 매스미디어에 비해 소셜미디어가 압도적인 우위를 점하고 있다. 결론적으로 소셜미디어는 기존미디어가 제공하고 있던 일부 기능을 대체할 가능성이 높다.

이승엽·이상우(2014)는 온라인 동영상 서비스와 기존 매체 간의 경쟁관계를 알아보기 위해 이용시간과 이용시간별 장소를 자원으로 이용하여 적소 분석을 수행하였다. 분석에는 2010~2012년간 한국미디어패널조사를 이용하였다. 적소 분석결과, 온라인 동영상 서비스의 적소폭은 DMB, 라디오, SNS, 신문, 도서보다 낮았다, 이는 온라인 동영상 서비스가 이들 서비스보다 여러 장소에서 고르게 사용되는 것이 아니라 가정에서 주로 사용되기 때문이다. 한편 온라인 동영상 서비스는 주로 가정에서 이용되는 지상파TV, 케이블TV, IPTV, 위성방송, 게임과 강한 경쟁관계를 보였고, 그 강도가 2010년보다 2012년에 더 강했다. 온라인 동영상 서비스는 2010년에 경쟁적으로 우위에 있던 IPTV, SNS에 대해 2012년에는 경쟁적 열위를 보였다. 이 기간에 온라인 동영상보다 IPTV와 SNS가 빠르게 확산된 데에 기인한 것으로 해석할 수 있다.

백헌 외(2014)는 스마트폰, 태블릿PC, 노트북 간의 대체관계를 보기 위해서 이용 충족을 자원으로 이용하여 적소 분석을 하였다. 적소폭의 수치를 기준으로 세 기기가 이용자의 기대를 일정 정도 충족해 주고 있다. 적소중복을 보아 세 기기는 경쟁관계에 있다. 경쟁우위성은 스마트폰이 노트북이나 태블릿PC보다 앞섰다. 이용 충족의 속성별로 보면 정보추구측면에서는 스마트폰이 태블릿PC보다 높은 경쟁우위를, 노트북이 태블릿PC보다 경쟁 우월성을 지니고 있다. 정보공유측면에서 보면 스마트폰이 가장 우위에 있고, 다음으로 노트북, 태블릿PC의 순이었다.

참고문헌

강남준·김은미(2010.8), "다중 미디어 이용의 측정과 개념화: 오디언스를 향한 새로운 시선," 「언론정보연구」, 47&2, 5－36.

권상희·김위근(2007), "적소이론 관점에서 대인 뉴미디어의 경쟁: 휴대전화와 인터넷의 대인 커뮤니케이션 서비스 충족을 중심으로," 「한국방송학보」, 21권 1호, 47－97.

김은미(1998.11), "다채널 시대 텔레비전 시청자의 채널 이용: 시청자 집단의 크기와 충성도의 관계를 중심으로," 「한국방송학보」, 11, 43－75.

김은미·이혜미(2011), "컨버전스 환경에서의 방송콘텐츠 이용 행위에 관하여: 온라인 시청연계 행위는 존재하는가," 「한국방송학보」, 25권 4호, 39－81.

김형지·김정환·정세훈(2013.2), "스마트폰 이용이 기존 미디어 이용에 미치는 영향: 미디어 대체 가설을 중심으로," 「미디어 경제와 문화」, 11(1), 88－112.

문화부(각년도), 「국민여가활동조사」.

박혜영(2019.6), "신문이 사라지는 이유: 저널리즘 VS. 미디어 대체 가설," 「한국언론학보」, 63(3), 69－114.

방송통신위원회(각년도), 「방송시장경쟁상황평가」.

백헌·황운초·강재원·김진화(2014.9), "멀티디바이스환경에서의 경쟁과 대체 요인분석," 「대한경영학회지」, 27(9), 1383－1404.

송경희(1998), "케이블TV에 대한 틈새시장 분석연구: 수용자충족을 중심으로," 「한국언론학보」, 42권 3호, 100－136.

심미선(2007), "다매체시대 미디어 레퍼토리 유형에 관한 연구," 「한국방송학보」, 21권 2호, 351－390.

심미선(2010), "다중 미디어 이용 연구에 관한 비판적 고찰: 미디어 레퍼토리를 중심으로," 「언론정보연구」, 47(2), 40－73.

엠브레인(2019), 트렌드 모니터 'OTT 서비스' 설문조사

오정호(2001. 겨울), "텔레비전 시청시간량의 결정 메커니즘,"「한국언론학보」, 46-1,
　229-263.

이수영(2003), "이동전화이용에 관한 연구: 음성통화서비스와 문자 서비스 간의 관계를
　중심으로,"「한국언론학보」, 47권 5호, 87-114.

이승엽·이상우(2013.12), "온라인 동영상 서비스의 유료방송에 대한 대체현상 연구,"
　「정보통신정책연구」, 제20권 제4호, 73-103.

이재현(2005. 4), "인터넷, 전통적 미디어 그리고 생활시간 패턴: 시간 재할당 가설의 제
　안,"「한국언론학보」, 49(2), 224-254.

이재현·강민지·최순욱·이소은(2016.8), "미디어 이용의 탈구,"「언론정보연구」, 53(2),
　204-264,

이종희·조지형·조순(2018. 9), "IPTV에서 프로그램별 VOD 시청 건수 결정 요인에 관
　한 실증 분석,"「정보통신정책연구」, 제25권 제3호, 123-156.

이준웅, 심미선, 김은미(2007), 「매체융합시대의 이용자 복지개념의 확장을 위한 매체이
　용조사」, 방송위원회.

이준웅·최영재(2005), "한국 신문위기의 원인: 뉴스매체의 기능적 대체, 저가치 제공 그
　리고 공정성 위기,"「한국언론학보」, 49권 5호, 5-35.

이창훈·김정기(2013), "다중 미디어 이용자의 이용특성과 사회적, 개인적 효과에 관한
　연구,"「한국언론학보」, 57(3), 347-380.

임정수(2002), "인터넷 이용자의 웹사이트 이용패턴-이용자 집단의 크기와 충성도에
　관한 분석,"「한국방송학보」, 16-4호, 310-336.

장병희(2010.5), "신문, TV 뉴스, 인터넷 뉴스 간 이용자 충족 적소분석,"「미디어·경제
　와 문화」, 8(2), 99-132.

전범수·최영준(2005.12), "국내외 흥행 영화소비 집중도 결정 요인: 1973-2003,"「한국
　언론학보」, 49(6), 401-407.

정재민·이화진·김영주(2005.12), "미디어간 경쟁과 대체: 지상파방송, 케이블/위성방송,
　인터넷의 적소분석,"「한국방송학보」, 19(4), 523-564.

조성동·강남준(2008.8), "다채널 수용자의 채널이용 집중과 분극: 채널레퍼토리 구성차
　이에 따른 채널이용행태 분석을 중심으로,"「한국언론학보」, 52(2), 152-178.

한국광고진흥공사(각년도), 「소비자행태조사」.

한국언론진흥재단(각년도), 「언론인수용자의식조사」.

허윤·이상우(2012.8), "다매체 환경에서의 미디어 간 경쟁과 대체,"「한국언론학보」,

56(4), 29−54.

황주성·이재현(2011), "스마트폰과 일반폰 이용자의 미디어 이용패턴 비교,"「사이버커뮤니케이션학보」.

Barnes, B. E.(1990). *Electronic Audience Behavior in the Multichannel Environment: Patterns of Demographic Homogeneity and Time Spent Viewing*, Dissertation, Northwestern University.

Dimmick, J. & Rothenbuhler, E.(1984). "The theory of the niche: Quantifying com−petition among media industries," *Journal of Communication*, 34(1), 103−119.

Mcphee, W. N.(1963). *Formal Theories of Mass Behavior*, New York, New York: Free Press.

Webster, J. G.(1989). "Television audience behavior: Pattern of exposure in the new media environment," In Salvaggio, J. L. & J. Bryant (eds), *Media Use in the Information Age, Hillsdale*, NJ: Lawrence Earlbaum.

제11장 광고와 미디어 지출

1 광고 시장

1) 광고의 공급

(1) 광고의 성격

광고는 미디어를 운영하는 가장 중요한 재원이다. 방송 광고는 광고수입을 재원으로 하여 무료로 프로그램을 제공하는 상업방송사에게도 가장 중요한 재원이다. 광고수익을 원하는 미디어 사업자들은 수용자에게 콘텐츠를 제공하여 주목을 만들고, 만들어진 수용자의 주목을 광고주에게 판매한다. 미디어 사업자들은 주목을 생산하는 시장과 광고를 판매하는 양면 시장에서 활동한다. 한편 광고주는 다수의 잠재적인 소비자에게 자사 상품에 대한 정보를 단기간 내에 최대한 많은 잠재적 소비자에게 전달시켜야 한다. 광고주의 이러한 필요를 충족시켜주는 것이 광고이고, 미디어는 가장 효율적인 광고 수단이다. 미디어에서도 효율성이 높은 미디어는 신문에서 TV로 변하였고, 이후 TV에서 인터넷으로, 인터넷에서도 고정형에서 다시 모바일 인터넷으로 변하였다.

　　방송 광고는 방송 프로그램이 공공재이듯이 공공재라는 오해를 자주 받는다. '방송 광고시간'이라는 상품은 공공재의 주요한 특성인 비경합성과 비배제성을 가지고 있지 않기 때문에 방송 프로그램과는 달리 공공재가 아니다. 돈을 지급해야 그 시간을 구입할 수 있기 때문에 비배제성을 가지고 있지 않고 누군가가 그 시간을 소비하면 다른 이는 그 시간을 소비할 수 없기 때문에 비경합성도 가지고 있지 않다. 따라서 방송 광고시간은 방송 프로그램과는 달리 시장에서 거래되는 일반상품처럼 사적재화(private good)이다.

(2) 매체의 증가와 광고 공급[1]

　　새로운 서비스와 플랫폼이 등장하면서 수용자를 끌어들이기 위한 경쟁이 심해질 뿐만 아니라 광고비 자원을 획득하기 위한 경쟁도 심화된다. 광고 시장은 콘텐츠를 이용하는 이용자 집단의 크기를 기반으로 가격이 결정되기 때문에 수용자 시장과 광고 시장은 서로 긴밀하게 연결되어 있고 같은 방향으로 움직인다.

　　미디어 사업자들의 수익을 광고비에 의존하는 정도에 따라 광고 시장에서 경쟁의 강도가 달라진다. 지상파방송사는 수익에서 광고에 의존도가 높지만, 유료방송사나 온라인 미디어 기업은 광고와 개인의 지불을 재원으로 삼기 때문에 미디어 사업자 간에 광고를 둔 경쟁 강도가 다를 수 있다. 그리고 미디어 서비스가 다수 대중을 목표로 하느냐 특정 계층을 목표로 하느냐에 따라 광고비의 규모나 유형이 달라질 수 있다. 그래서 미디어 사업자들은 광고수입을 확보하기 위한 경쟁을 약화시키면서 공존하는 방법을 모색하기도 한다. 대표적인 예로 채널사용 사업자(PP)들은 지상파와의 경쟁을 피하기 위해서 광고단가를 낮추거나 지상파에서 방송하기 힘든 업종의 광고 등을 적극적으로 유치하여 상대적으로 열세에 있는 채널사용 사업자가 생존하고 성장할 수 있는 전략을 추진하였다. 그러나 2000년 이후 온라인 플랫폼의 성장과 2010년 이후 온라인 동

---

1) 이 소절은 정유진·유세경(2018, 155~156쪽, 162~164쪽)을 인용하면서 가필하였음.

영상 서비스의 활성화로 인해서 광고 시장의 판도에 또 다른 변화가 일어났다.

우리나라의 영상콘텐츠 광고를 살펴보면 수용자의 개입 가능성이 적은 지상파TV와 유료방송 등 텔레비전을 통해 방송되는 것과 온라인 동영상 서비스와 같이 수용자의 선택권이 다소 존재하는 것으로 크게 구분해볼 수 있다. 지상파TV 광고는 대부분 전국 광고이고(지역 광고도 있음), 가격이 비싸며 법에서 규정한 모든 유형의 광고가 제공되고 있다. 채널사용 사업자(PP)의 광고는 전국 광고이지만 지상파방송사의 광고에 비해서 상대적으로 가격이 저렴하고, 시청률이 낮은 채널에서는 인포머셜 광고로 채우는 경우가 많다. tvN이나 일부 종편 채널의 광고 단가는 지상파방송에 버금가거나 때로는 대등하기 때문에 지상파TV 광고와 유사하다. 그러나 대부분의 채널사용 사업자(PP)의 광고는 단가가 낮고 시간이 길기 때문에 중소기업 제품, 약관을 소개해야 하는 각종 보험 상품, 그리고 상품판매(인포머셜) 등으로 이루어진다. 유료방송 플랫폼사가 제공하는 광고는 케이블TV의 경우 지역 광고를, 위성방송이나 IPTV는 대부분 전국 광고를 제공하고 있다. 케이블TV의 지역 광고에는 분양광고나 웨딩홀, 음식점, 찜질방, 안경점 광고가 게재된다.

온라인 동영상 광고는 영상적인 특징과 인터넷의 특징을 함께 지닌다. 따라서 온라인 동영상 광고는 크게 바이럴 광고와 인스트림 광고로 구분된다. 먼저 바이럴 영상 광고(viral video advertising)는 사람들이 공유할 수 있는 명분을 만들어주는 영상을 제작·배포하는 광고 기법이다. 이 동영상에는 브랜드나 상품에 대한 직접적인 소개가 나오지 않고 전하고자 하는 메시지를 재미있고 감동적으로 표현하여, 인터넷 이용자들이 이 동영상을 자발적으로 확산하도록 유도한다. 바이럴 영상 광고의 장점은 기존 매체들에 비해 목표 시청자에게 도달하기가 수월한 편이고, 메시지의 양과 전달범위에 대한 제한이 없고 메시지의 지속성과 신뢰성이 높다는 점이다. 그리고 바이럴 마케팅할 때 이용하는 서비스로는 카페, 블로그, 페이스북, 인스타그램, 틱톡, 유튜브 등이 있다.

인스트림 광고(in-stream advertising)는 동영상 콘텐츠를 소비할 때, 동영상 플레이어에 광고가 노출되는 것이다. 이렇게 삽입된 광고의 장점은 콘텐츠를 소비하는 동시에 광고를 통해서 잠재 고객의 관심을 끌 수 있다. 또한 다양한 디바이스를 통해서 넓은 광고 노출이 가능하다. 이에 반해 단점은 다른 동영상 광고와 다르게 광고를 클릭하는 전환율이 굉장히 낮고, 동영상 콘텐츠 중심의 광고 노출만 가능하다. 필수로 시청해야 하는 형식과 이용자가 선택적으로 건너뛰기(skip) 버튼을 눌러 회피할 수 있는 형식으로 구분된다.

인스트림 광고에도 여러 형태가 있는데, 동영상에서 광고의 위치, 이용자의 광고 회피 가능여부에 따라 구분된다. 유튜브에는 5가지의 광고 종류가 있다; '마스트헤드 광고'는 유튜브 메인 페이지에 노출되는 동영상 광고이다. '트루뷰 인스트림'은 영상의 전, 후, 중간에 나오는 광고를 통틀어 부르는 말로 광고 시작 5초 후 오른쪽 하단에 광고 건너뛰기 버튼이 활성화 된다. '트루뷰 디스커버리'는 사용자가 영상을 검색했을 때 중간 중간에 추천영상 형태로 노출되는 광고이다. '인비디오 오버레이 디스플레이'는 영상 중간에 배너로 노출되는 광고로 배너 클릭 시 외부사이트와 연결된다. '범퍼애드'는 6초 이내의 짧은 영상 광고로 영상이 짧은 대신 광고 넘기기가 없다. 국내의 온라인 동영상 플랫폼인 네이버TV와 카카오TV는 영상 콘텐츠를 재생하기 전, 중간, 후에 15초 동안 건너뛸 수 없는 인스트림 광고를 주로 활용하고 있다.

스마트미디어렙(SMR)은 국내 최대 동영상 광고 플랫폼으로 국내 방송사의 클립 동영상을 네이버TV캐스트, 다음 TV팟, 유튜브[2] 등에 유통·광고하고 있다. 하이라이트 클립 영상을 제작하여, 영상 앞부분에 15초 광고를 붙여 수익을 창출한다. 스마트미디어렙(SMR)은 MBC와 SBS가 설립한 회사로 2014년부터 국내방송사의 클립 VOD의 유통·광고 독점권을 위탁받았다. 영상콘텐츠 유통 플랫폼의 후발주자인 온라인 동영상 서비스의 경우 기존의 매체들에 비해 광고규제의 강도가 느슨한 편이다. 내용적 측면에서는 자체 심의기구를 설치해 바람직한 광고를 내보내려는 노력을 기울이고 있고, 실질적으로 길이에 대한 제한은 적다.

---

2) SMR은 유튜브에 2014년~2019년간 영상 클립을 제공하지 않았다. 이유는 지상파방송사가 국내에서 유튜브의 성장을 견제하기 위함이었다.

(3) 광고규제

광고는 소비자의 소비행위에 직접적인 영향을 미칠 수 있는 공적인 정보이기 때문에 메시지 내용에 대한 공적인 규제를 받는다. 광고에 관한 일반적인 내용규제 사항으로 '부당한 표시·광고행위를 금지'하고 있다. 부당한 표시·광고행위로 ① 거짓·과장의 표시·광고, ② 기만적인 표시·광고, ③ 부당하게 비교하는 표시·광고, ④ 비방적인 표시·광고를 규정하고 있다(표시·광고의 공정화에 관한 법률 제3조). 우리나라에는 특정 품목의 광고 자체 및 특정 내용을 제한하거나 금지하는 다수의 개별 법령들이 존재한다(식품위생법, 건강기능식품에 관한 법률, 의료법, 약사법, 국민건강증진법 등). 이들 법에서 식품, 건강기능식품, 일정 도수 이상의 술, 약품, 담배 등의 광고를 금지, 제한, 심의 등을 규정하고 있다.

방송법(제73조 제2항)에서는 방송 광고의 종류를 방송 프로그램 광고, 중간광고, 토막 광고, 자막 광고, 시보 광고, 가상 광고, 간접 광고로 구분하고 있다. 방송 사업자는 법에 제시된 유형이 아닌 새로운 유형의 광고를 할 수 없다. 그리고 각 방송 광고의 종류별로 허용범위, 시간, 횟수, 방법 등을 규제하고 있다. 매체별로 방송 광고의 허용범위, 시간, 횟수, 방법에 차이를 두고 있는데, 매체별로 차이를 두는 근거는 매체 균형발전이다. 또한 일부 사업자는 광고를 직접 판매할 수 없도록 규제하고 있다. 지상파방송 사업자, 지상파방송 채널사용 사업자 또는 종합편성방송 채널사용 사업자는 광고판매대행자가 위탁하는 방송 광고 외에는 방송 광고를 할 수 없다(방송 광고판매대행 등에 관한 법률 제5조). 매체사와 광고주 간 거래 과정에 방송 광고판매대행사(또는 미디어렙)를 개입시킴으로써 방송의 독립성과 공정성을 보호할 수 있다는 취지이다.

광고판매대행제도는 1981년에 언론통폐합 과정에서 만들어졌다. 광고판매대행사인 한국방송광고공사(KOBACO, 현 한국방송광고진흥공사)가 방송 광고를 독점판매하였고, 그 논리는 광고주와 방송사 간의 직접적인 광고거래를 막아서 방송의 편성과 내용에 상업적인 영향력을 배제하고 또한 방송 광고 판매 시장에서 경쟁이 도입될 경우 시청률 경쟁으로 공익성이 훼손될 수 있기 때문이었다. 독점 광고판매에 대한 비판이 지속되었고 DJ 정권부터 민영미디어렙의 설립에 대한 논의가 본격화되었다. 2008년 11월에 한국방송광고공사의 방송 광고 독점판매에 대해 헌법재판소가 헌법불합치 결정을 내렸고, 3년여 간의 무법상태를 거친 다음 2012년 5월에 '방송광고판매대행등에관한법(미디어렙법)'에 제정되었다. 이 법에 따라 SBS의 미디어렙인 미디어크리에이트가 2012년에 8월에 허가를 받고 SBS와 불교방송, 원음방송, 경기방송의 광고판매를 대행하고 있다. 한국방송 광고진흥공사는 SBS로 광고판매 대행을 변경한 방송사를 제외한 KBS, MBC 등의 지상파방송사의 광고판매를 대행하고 있다. 2011년 12월에 설립된 종편 4사는 2년 여간 미디어렙법의 적용을 유예받은 후 2014년에 각각 미디어렙을 설립하고 정부의 허가를 받았다. 종편 4사의 1사 1미디어렙의 설립을 두고 광고주의 영향을 배제하기 위한 미디어렙법의 설립 취지에 어긋나는 것이라는 비판이 제기되기도 했다.

정부는 한국방송광고공사를 통해서 방송 광고요금을 통제하여 왔다. 방송 광고의 요금이 프로그램의 시청률이나 수요에 따라 변하지 않는 고정 요율제를 적용해오다가 2000년 4월에 수요를 반영하는 탄력 요율제를 도입하였다. 탄력 요율제는 수요에 따라 적절히 요금을 탄력적으로 적용하는 것이지만, 완전한 시장가격을 반영하는 것은 아니다. 2015년 10월에는 광고 총량제가 도입되었다. 광고 총량제는 광고의 종류별로 시간당 광고시간과 횟수를 제한하던 방식에서 광고종류의 구분을 없애고 전체시간 범위 내에서 광고시간을 제한하는 것을 말한다.[3] 그러나 광고 총량제를 1년간 도입한 결과, TV 광고액이 도입 전에 비해서 TV 광고매출이 0.84% 증가하여 광고 총량제의 효과가 미미하였다. 대부분 프로그램에서 광고 공급량이 수요량보다 더 많은 상황이라서, 광고 총량제로 인한 매출액 증가 효과가 소수의 인기 프로그램에서만 제한적으로 나타났다.

---

3) 지상파방송의 경우 프로그램 광고는 프로그램시간의 100분의 10(시간당 6분), 토막 광고는 시간당 2회에 회당 1분 30초, 자막 광고는 시간당 4회에 회당 10초, 시보 광고는 시간당 2회에 회당 10초 등으로 규제하고 있었다. 총량제에서는 프로그램·토막·자막·시보 등 4개 유형별 규제를 없애고 프로그램 편성시간당 평균 100분의 15(시간당 9분), 최대 100분의 18(10분48초) 이내에서 자율 편성할 수 있게 하였다. 유료방송의 경우에도 유사하게 변경하였다.

2) 광고의 수요

기업들은 자사 브랜드에 대한 소비자의 인지도와 선호도를 높이기 위한 목적으로 광고와 마케팅비용을 지출한다. 광고주의 입장에서 볼 때 매체는 노출효과와 매출 연계 효과를 극대화하는 수단이 될 수 있다. 1998년 외환위기 이전에 국내 광고매체 시장은 지상파방송과 신문 위주로 단순하였고, 광고비 집행에서 매체 계획자의 역할은 매우 제한적이었다. 그러나 외환위기를 거치면서 광고주들의 광고비 집행에서 효율성 제고가 업무 초점이 되고, 매체환경이 복잡해지면서 광고비 집행에 대한 매체 계획자의 역할은 비약적으로 증대되었다.

광고주가 광고예산을 책정할 때 사용하는 방법으로 매출액비율법, 목표과업법, 가용자원법, 경쟁사기준법 등 여러 가지가 있다(아래 〈표 11-1〉 참조). 1997~1999년간 이루어진 연구에 의하면 우리나라에서 광고주가 광고예산을 책정하는 방법은 매출액비율법을 주로 사용하고 있었고, 목표과업법도 사용하고 있었다. 가용자원법과 경쟁자기준법을 이용하는 사례도 있었다. 박원기·이시훈

표 11-1	광고예산 설정방법
방법	내용
매출액비율법	과거의 매출이나 미래의 매출 예측치를 근거로 하여 예산을 결정하는 방법(가장 일반적이고 전통적인 방법)
목표과업법	광고 목표를 설정하고 그것을 달성하기 위한 과업을 결정한 다음에, 그 과업에 필요한 광고비들의 합을 예산으로 책정하는 방법
지불능력기준법 (가용 자원법)	다른 필수 활동(생산, 유통, 판매 등)의 예산을 우선 책정한 후 여유자금 한도 내에서 광고 예산을 수립하는 방법
경쟁사기준법 (경쟁사 대비법)	경쟁기업의 광고 예산에 상응할 수 있게 광고 예산을 조정하는 것
고정예산법	전년도 광고 예산과 동일하게 예산을 책정하는 방법
매체 인상비 승수법	고정예산에 매출액과 매체비용의 증가분을 반영

출처: 수희 블로그, [광고학]광고예산설정방법.

(2013)의 조사에 의하면, 광고주는 매출액비율법이나 지불능력기준법을, 광고회사에서는 지불능력기준법, 경쟁사대비법, 적정도달률기준법(일종의 목표과업법)을 주로 사용하는 것으로 나타났다.

광고매체를 선정하기 위해서 다양한 정량적 지표와 정성적 평가지표를 이용한다. 정량적 지표로는 도달률, 빈도, GRPs, CPM 등(아래 〈표 11-2〉 참조)이 있고, 정성적인 지표로는 정보제공력, 광고주목도, 메시지 전달력, 타깃 선별성,

표 11-2	미디어가치평가지수
방법	내용
시청률	시청대상 중에서 실제로 특정 프로그램을 본 사람들의 백분율이다.
CPM(cost per mille, 노출당 비용)	광고를 1,000회 노출시키는 데 발생하는 비용이다(5만번의 노출이 발생되었고, 광고비는 10만 원이라면, CPM = 10만 원/5만번×1000 = 2천원).
GRPs(Gross Rating Poinrs)	광고를 집행한 프로그램 시청률에 노출빈도를 곱한 수치로, 일정 기간 얻는 시청률의 총합이다(A 프로그램에 시청률이 10% 노출이 4회, B 프로그램의 시청률이 5% 노출이 14회라면, GRPs = $10 \times 4 + 5 \times 14 = 100$).
노출수, GI(Gross Impressions)	GI는 GRPs를 노출 수로 바꾼 값이다. (50만 명의 표적 시장을 대상으로 광고하여 200GRPs를 얻었다면, GI = 200/100×50만 = 100만)
CPP(또는 CPRP, Cost Per Rating Point)	GRPs 1% 획득에 필요한 광고비 (CPRP = 광고비/GRPs)
도달률(reach)	일정 기간 내 특정 매체에 노출된 표적 수용자의 수나 비율
평균 노출빈도(빈도, average frequency)	일정 기간에 광고에 노출된 빈도수 (평균노출빈도 = GRPs/도달률)
노출 분포도(frequency exposure distribution)	노출 분포는 특정 매체에 0회수로부터 최대 광고 기회 수까지의 각각의 횟수에 얼마만큼의 표적 대상 청중이 노출되었는가를 보여주는 도표
유효 빈도(효과 도달률, effective frequency)	미리 설정된 유효빈도수만큼(예: 3번 이상) 노출된 표적 청중의 수나 그 비율

광고혼잡도, 신뢰도 등이 있다. 1999년의 조사에 의하면 우리나라의 광고주와 광고회사는 매체계획과 평가를 위해서 도달률과 빈도수를 가장 많이 이용하고 GRPs, CPRP 등도 사용하고 있었다. 박원기·이시훈(2013)의 조사에 의하면, 광고주와 광고회사 모두 GRPs, 도달률, 광고횟수, 유효 도달률, CPR 등의 활용도가 50% 이상을 넘어섰다. 광고회사의 경우 CPP, 평균빈도, CPM 등에 대해서도 50% 이상의 응답률을 보여, 1999년에 이루어진 조사들보다 정량평가지표의 활용도보다 높아졌다.

다양한 측면에서 각 광고매체의 장단점을 이해하고 효과적으로 조합하기 위해서 매체의 비교가 필요하다. 광고매체의 효율성이나 가치가 매체 시장 환경에 따라서 변화한다. 미국에서 1991년에 발표된 논문에서는 신문이 가장 유용한 광고매체라는 주장이 있었고, 2005년에 발표된 논문에서는 잡지가 표적집단에 도달률이 좋은 매체라고 주장하였다. 이혜갑(2002)은 텔레비전의 가치가 가장 높고 라디오, 잡지, 인터넷 등은 비교적 가치가 낮다고 분석하였다. 전범수(2005)가 광고매체의 매력도를 평가한 결과, 지상파TV가 가장 높았다. 전범수 외(2007)의 조사에 의하면 광고주는 신문을 다른 매체에 비해서 높은 성장가능성을 인정하고 있었으며, 광고주들은 광고매체의 도달률을, 광고회사 종사자들은 비용 효율성을 중요한 요인으로 삼고 있었다. 그리고 이들은 세분화된 시장을 대상으로 광고 전략을 추진하기에 적합한 매체로 케이블TV, 위성방송, 라디오, 인터넷을 들었다. 박정래(2007)는 기존 매체 이외에 인터넷, 모바일, 케이블TV 등의 신규 광고매체를 효율적으로 구성하는 것이 미래의 광고매체 기획에서 중요하다고 주장했다.

광고의 측면에서 2006년도에 파악한 매체별 특성을 다음과 같다. 대체로 공중파TV는 여러 광고평가지표에서 높은 점수를 얻고 있다. 광고도달률은 물론 인지도나 이미지를 증대시키는 데 단연 효과적인 매체이다. 그러나 광고 혼잡도가 매우 높은 편이고 타깃을 선별해서 광고를 노출시키기 어렵다. 라디오는 빈도와 효율성에서 좋은 매체이지만 다른 기능에서 약하다. 소리로만 메시지를 전달해야 하기 때문에 메시지 전달력은 매우 약한 편이다. 신문과 잡지 등의 인쇄매체는 제품에 대한 정보제공력이 다른 매체에 비해 탁월하지만 이미지를 증대시키는 데 동영상매체에 비해 효과적이지 못하다. 인터넷은 TV와 마찬가지로 다양한 기능에서 효과적인 매체이지만 광고 주목도가 매우 낮다. 느닷없이 뜨는 팝업광고를 회피하거나 광고 클릭률이 매우 낮은 것은 광고에 대한 관심도나 주목도가 낮다는 증거이기도 하다.

옥외 광고는 대개 지면매체이지만 제품 정보를 많이 담기 어렵다. 옥외매체의 종류에 따라 다르지만 옥외 광고판이나 버스의 경우를 생각해 보면 쉽다. 그러한 이유로 옥외 광고는 대부분 간단한 콘셉트와 브랜드 로고만을 노출시킨다. 옥외매체는 다른 매체를 통해 형성된 인지도를 반복적으로 회상시키는 데 효과적이다. 또한, 옥외매체는 인구타깃의 선별성은 매우 낮지만 지역타깃에 대한 선별성은 높은 편이다. 그래서 지역분양 광고처럼 지역 마케팅을 전개할 때 효과적으로 활용할 수 있는 매체이다. 극장 광고는 CPM이 매우 높은 매체이지만 광고 주목도가 가장 높다. 극장 광고는 비용 효율성이 낮지만 광고에 대한 회피가 점점 증가하고 있는 오늘날 매체환경에서 초대형화면과 서라운드 입체음향을 통해 매우 높은 광고 임팩트를 기대할 수 있다(양윤직, 2006, 101쪽).

모바일 광고는 2016년에 지상파TV 광고와 고정형 인터넷 광고보다 더 큰 규모로 성장하였다. 광고매체로서 스마트폰은 기존 전통매체와 다른 몇 가지 특성을 가진다. 첫째, 스마트폰은 24시간 사용자가 휴대하는 개인매체로 이동성을 기본적으로 가지고 있기 때문에, 스마트폰을 이용한 광고는 소비자 개인의 정보 수요 욕구를 기반으로 효과가 높은 정보형 광고로 진화되었다. 스마트폰을 이용한 광고는 기존 인터넷 광고의 성격을 대부분 포함하면서 개인 맞춤형 성격이 강하고 인구통계학적 특성에 따른 개별적인 전달이 가능한 특성을 가진다. 둘째, 스마트폰에 내장된 위치 기반 서비스는 사용자들의 위치 인식이 가능하기 때문에 실시간으로 주변 환경 인식이 가능하다. 따라서 위치 기반광고를 제공할 수 있다. 셋째, 실시간으로 메시지에 대한 소비자의 피드백을 받을 수 있는 양방향 및 상호 작용성이 가능하다. 광고매체로서 스마트폰은 소비자 상황 및 필요에 최적화된 개인화와 상황 관련성이 전통적 매체와 비교할 때 가장 차별적인 강점이다(김미경·이성미, 2017, 44−45쪽).

　'어떤 매체가 더 효과적인가'라고 하는 막연하고 근본적인 질문에 대한 답은 마케팅과 광고 커뮤니케이션의 목표가 무엇인지에 따라 달려있다. 인지도가 낮은 신상품은 도달률이 우선적으로 필요할 것이고, 특정 타깃의 반복 구매빈도가 높다면 브랜드의 회상도를 높이기 위해서 빈도가 높은 매체를 고려해야 할 것이다. 제품이나 서비스에 대해 상세한 정보를 제공하려면 인쇄 광고를 고려해야 하고, 이미지의 증대, 제품의 사용방법을 시연(simulation)하거나 식음료 제품의 신선함을 보여줄 필요가 있을 때는 TV와 같은 동영상매체를 우선 고려해야 한다. 타깃을 개별적으로 마케팅해야 하고 개인의 특성에 맞게 메시지를 전달해야 한다면 DM(direct mail advertising, 우편광고)이 가장 효과적일 것이다. 커뮤니케이션 목표를 효과적으로 달성하기 위해서는 매체의 다양한 정성적, 정량적 기능과 특성이 유기적으로 결합되어야 한다(양윤직, 2006, 101쪽). 모바일 광고가 발달한 현재의 시점에서 보면 타깃을 개별적으로 마케팅해야 하고 개인의 특성에 맞게 메시지를 전달해야 한다면 DM보다는 모바일 광고가 보다 효과적일 것이다.

　동일한 광고예산으로 한 매체에 집중하는 것보다 다수 매체에 광고하는 것이 효과적이다. 상품을 광고하기 위해 여러 매체를 조합해 광고 효과를 극대화시키는 것을 미디어 믹스(media mix)라고 한다. TV와 인터넷에 동시에 광고하면 상품판매가 더 많이 증가한다는 실증 분석이 많다. TV로 광고가 나가는 동안에 구글이나 야후에서 광고 검색이 급격히 증가한 사례는 매우 많다. 그리고 광고로 인한 인터넷 검색이 온라인판매로 연결된다는 증거도 많이 있다.

3) 우리나라 광고 시장의 변화

(1) 광고 시장의 규모와 GDP관계

　우리나라의 광고 시장규모(＝총광고비)는 1970년의 128억에서 2018년의 11조7,20억 원으로 48년간 연평균 14.2%씩 증가하였다. 국내 광고 시장규모는 대

그림 11-1   GDP대비 총광고비와 총광고비 증가율(%)

체로 지속적으로 증가하였지만, 외환위기가 온 1997년과 1998년에 크게 감소하
였고, 금융위기가 닥친 2008년과 2009년에도 작은 폭으로 감소하였다. 그 외에
도 인터넷 버블이 꺼지면서 2001년에도 감소한 바 있고, 경기가 위축된 2004년
에도 감소한 바 있다.

  광고비는 국내생산과 상관관계가 높은데, 1970~2018년간 총광고비와 GDP
의 상관관계는 0.983이었다. 같은 기간에 경상가격 국내총생산(GDP)의 연평균
증가율 13.6%으로, 총광고비가 약간 빨리 증가하였다. 그 결과, 국내총생산에서
총광고비의 비중은 1970년의 0.46%에서 2018년의 0.62%로 증가하였다. 국내총
생산에서 총광고비의 비중은 1970년의 0.46%에서 지속적으로 증가하여 1996년
에 1.14%로 정점을 찍었다. 이후 지속적으로 감소하여 2009년에 0.61%로 감소
하였고 이후 약간의 등락을 보이고 있다. 2011~2018년간 총광고비 증가율
(3.44%)은 경상 GDP 증가율(4.43%)에도 미치지 못하여 우리나라 광고 시장의 성
장이 부진했다.

(2) 매체별 광고비의 변화

1970년 이후 우리나라의 매체별 광고비의 변화를 간략히 살펴보자. 1970~2001년간에는 신문의 비중이 감소하고 지상파TV의 비중이 증가하였다. 2001년에 처음으로 지상파TV의 광고비가 신문보다 많아졌다. 2001년부터 지상파TV 광고의 비중이 감소하기 시작하는데, 지상파TV 광고는 한일 월드컵이 개최된 2002년에 정점을 찍고 절대액에서도 지속적으로 감소하고 있다. 지상파방송사의 시청률이 점차적으로 하락하였고, 상대적으로 비싸며, 불특정 다수를 대상으로 한 광고에 대한 광고주의 선호가 감소하였기 때문이다.

반면에 유료방송과 인터넷 광고가 점차 증가하기 시작하였다. 2009년 하반기에 도입된 스마트폰의 보급이 본격화되어 2011년부터 모바일 인터넷 광고가 급속하게 증가하여, 2016년에 고정형 인터넷 광고를 초과하였다. 인터넷 광고의 비중은 2012년에 지상파TV 광고 비중을 능가하였고, 2017년부터 전체 방송광고의 비중을 능가하여 최대의 광고매체가 되었다. 인터넷 광고 특히 모바일 광고가 증가한 이유는 이 매체의 이용시간의 증가와 함께 목표 시청자에게 접근할 수 있는 장점을 가지고 있기 때문이다.

라디오 광고의 비중은 1991년에 5.2%로 정점을 찍은 후 완만하게 지속적으로 감소하였다. 유료방송의 광고비중은 위성방송과 IPTV 등 매체의 증가로 지속적으로 증가하다가 최근에 광고 비중의 증가세는 멈추었다. 옥외 광고의 비중은 1993년에 18,8%로 정점을 찍고 감소하였는데, 2007년 이후 더 이상 광고 비중이 감소하지 않고 현상을 유지하고 있다. 광고 제작비의 비중은 지속적으로 증가하다가 2009년에 11.0%로 정점을 찍은 후 비중이 지속적으로 감소하고 있다.

표 11-3	연도별 매체별 총광고비

(금액: 억 원)

년도	지상파TV	유료방송	라디오	인쇄계	인터넷계	옥외	제작	합계
1988	4,448		515	5,282		2,270	270	12,785
1989	5,260		626	6,965		2,549	247	15,646
1990	5,982		953	9,695		3,072	299	20,001
1991	6,457		1,209	11,449		3,798	385	23,297
1992	8,359		1,296	12,623		4,745	1,136	28,159
1993	8,968		1,371	14,566		6,061	1,321	32,287
1994	10,409		1,486	19,335		7,442	1,612	40,284
1995	13,022	486	1,734	23,172	40	8,944	2,114	49,512
1996	15,866	1,129	2,117	25,263	139	9,337	2,304	56,156
1997	15,477	1,282	2,314	23,391	380	8,817	2,108	53,770
1998	10,261	1,166	1,372	14,462	537	5,695	1,353	34,846
1999	14,921	1,281	1,751	19,355	812	6,271	1,814	46,206
2000	20,687	1,736	2,504	22,848	1,360	7,227	2,173	58,534
2001	19,537	1,652	2,372	19,063	1,281	7,755	2,437	54,096
2002	24,394	2,345	2,780	25,665	1,850	8,720	2,688	68,442
2003	23,671	2,975	2,751	23,906	2,700	7,283	6,582	69,868
2004	22,350	4,030	2,653	21,692	3,927	7,027	6,722	68,401
2005	21,492	4,930	2,683	21,092	5,669	7,358	7,315	70,539
2006	21,839	6,860	2,799	21,604	7,790	7,737	7,711	76,340
2007	21,076	8,505	2,807	22,642	10,200	6,793	7,873	79,896
2008	18,997	8,862	2,769	21,385	11,900	6,395	7,663	77,971
2009	16,709	8,703	2,231	19,395	12,430	6,248	8,115	73,831
2010	19,307	10,868	2,565	21,618	15,475	7,494	8,881	86,208
2011	20,775	12,964	2,604	22,328	19,160	8,448	5,725	92,004
2012	19,307	14,406	2,358	21,619	21,640	9,105	5,418	93,853
2013	18,273	15,192	2,246	20,097	24,630	9,645	5,810	95,893
2014	19,744	16,912	2,743	19,321	27,065	9,362	5,850	100,997
2015	19,702	19,612	2,967	19,178	30,018	10,051	5,742	107,270
2016	17,312	20,148	3,040	18,718	33,825	10,091	6,425	109,559
2017	15,313	21,452	2,777	17,807	38,402	10,024	6,072	111,847
2018	14,425	22,708	2,503	17,376	43,935	10,342	5,731	117,020

출처: 제일기획 「광고연감」 각년도.

표 11-4	연도별 매체별 구성비

(단위: %)

년도	지상파TV	유료방송	라디오	인쇄계	인터넷계	옥외	제작	합계
1988	34.8		4.0	41.3		17.8	2.1	100.0
1989	33.6		4.0	44.5		16.3	1.6	100.0
1990	29.9		4.8	48.5		15.4	1.5	100.0
1991	27.7		5.2	49.1		16.3	1.7	100.0
1992	29.7		4.6	44.8		16.9	4.0	100.0
1993	27.8		4.2	45.1		18.8	4.1	100.0
1994	25.8		3.7	48.0		18.5	4.0	100.0
1995	26.3	1.0	3.5	46.8	0.1	18.1	4.3	100.0
1996	28.3	2.0	3.8	45.0	0.2	16.6	4.1	100.0
1997	28.8	2.4	4.3	43.5	0.7	16.4	3.9	100.0
1998	29.4	3.3	3.9	41.5	1.5	16.3	3.9	100.0
1999	32.3	2.8	3.8	41.9	1.8	13.6	3.9	100.0
2000	35.3	3.0	4.3	39.0	2.3	12.3	3.7	100.0
2001	36.1	3.1	4.4	35.2	2.4	14.3	4.5	100.0
2002	35.6	3.4	4.1	37.5	2.7	12.7	3.9	100.0
2003	33.9	4.3	3.9	34.2	3.9	10.4	9.4	100.0
2004	32.7	5.9	3.9	31.7	5.7	10.3	9.8	100.0
2005	30.5	7.0	3.8	29.9	8.0	10.4	10.4	100.0
2006	28.6	9.0	3.7	28.3	10.2	10.1	10.1	100.0
2007	26.4	10.6	3.5	28.3	12.8	8.5	9.9	100.0
2008	24.4	11.4	3.6	27.4	15.3	8.2	9.8	100.0
2009	22.6	11.8	3.0	26.3	16.8	8.5	11.0	100.0
2010	22.4	12.6	3.0	25.1	18.0	8.7	10.3	100.0
2011	22.6	14.1	2.8	24.3	20.8	9.2	6.2	100.0
2012	20.6	15.3	2.5	23.0	23.1	9.7	5.8	100.0
2013	19.1	15.8	2.3	21.0	25.7	10.1	6.1	100.0
2014	19.5	16.7	2.7	19.1	26.8	9.3	5.8	100.0
2015	18.4	18.3	2.8	17.9	28.0	9.4	5.4	100.0
2016	15.8	18.4	2.8	17.1	30.9	9.2	5.9	100.0
2017	13.7	19.2	2.5	15.9	34.3	9.0	5.4	100.0
2018	12.3	19.4	2.1	14.8	37.5	8.8	4.9	100.0

주: 앞의 〈표 11-3〉을 이용하여 계산.

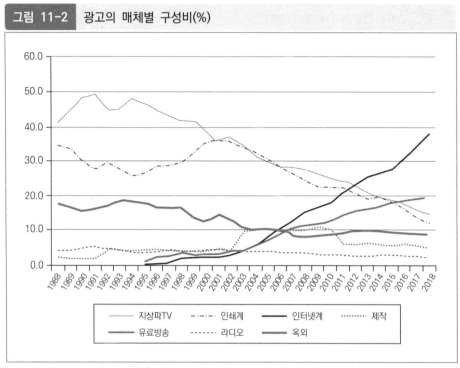

그림 11-2 광고의 매체별 구성비(%)

주: 앞의 〈표 11-4〉를 이용하여 그림.

(3) 1995년까지 지상파TV 광고 시장

우리나라에서는 지상파방송사는 방송시간의 1/10까지 광고할 수 있도록 규제받고 있었다. 그리고 지상파방송사로의 진입이 규제되고 있기 때문에 지상파방송사의 광고 공급시간은 일정하다. 그 결과, 지상파방송사의 광고가격은 수요의 변화에 의해서 결정되는 구조이다. 2000년 4월 이전까지 광고 시장 수요에 따라 요금이 변동하지 않는 고정요율제를 적용하였다.

대체로 보아 1995년도 이전에는 지상파방송사의 경우 프로그램성과와 방송사의 광고수입 간에 상관관계가 별로 없었다. 법규에 의해서 광고량과 광고가격이 일정하게 고정되어 있는 상황에서 주시청시간대 광고는 100% 판매되고 있었다. 이러한 상황에서는 프로그램의 시청률이 올라가거나 내려가도 방송사의 수입은 동일하였다. 그리고 1995년 이전에는 프로그램의 2차 유통수입도 거의 없었다. 이를 아래 [그림 11−3]으로 그렸다. 광고 공급곡선은 가격과 무관하게 일정하므로 수직선으로 그려져 있다. 광고 수요곡선은 가격이 내려가면 증가하므로 우하향한다. 이때 광고의 균형가격은 Pe에서 결정된다. 그런데 1995년 이전에 정부는 주시청시간대 광고의 가격은 균형가격보다 낮은 수준(P_1)으로 설정하여, 주시청시간에는 초과 수요상태에 있게 되고, 광고주들이 지상파방송의 주시청시간대에 광고하려면 대기해야만 했다. 그러나 오후시간대나 심야시간대에 광고가격은 균형가격보다 높은 수준(P_2)으로 설정하여, 초과 공급상태에 있었다. 따라서 주시청시간대 광고를 판매할 때에 심야시간대 광고를 끼워팔기도 하였다.

그림 11-3　지상파방송 광고의 수요와 공급

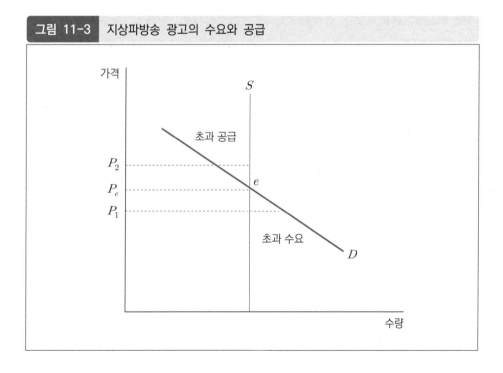

(4) 1995년 이후 지상파TV 광고요금의 변화

2000년을 전후하여 복수 미디어렙의 도입에 대한 논의가 진행되면서, 복수 미디어렙이 도입될 경우에 TV 광고요금이 인상되어 여론의 집중화가 초래될 것이라는 우려가 제기되었다. 그 당시 TV 광고요금이 시장가격보다 낮게 설정되어 있다는 데 공감하고 있었다. 한국에서 TV 광고요금이 시장가격과 괴리되어 있다는 분석은 주로 신문 광고가격과 비교하면서 이루어졌다. 김봉철(1998)은 CPM(수용자 천명당 도달비용)을 기준으로 신문 광고가격이 TV 광고가격보다 3.0~4.2배 높다는 결과를 제시하였고, 신태섭(2000, 2002)은 대등한 효과를 갖는 신문과 TV 광고를 비교하였는데, 미국과 일본에서 신문 광고의 CPM이 TV 광고의 2배 내외인데 반해, 우리나라는 4.2배 수준이라고 분석하였다. 박찬표(2002)는 2001년의 TV와 신문의 CPM를 비교한 결과, 신문이 방송보다 3.3배였다. 박원기 등(2003)은 신문의 CPM이 TV보다 2000년에는 3.04배, 2003년에는 2.84배 높다는 결과를 제시하였다. 1998~2003년간 신문의 CPM이 방송의 CPM보다 높지만 그 정도는 점차 약화되었음을 확인할 수 있다.

지상파TV 이용시간은 1998년부터 감소하였으나, TV 광고가격은 지속적으로 증가하였기 때문에 TV의 CPM은 지속적으로 증가하였다. 그 결과, 지상파TV 광고의 판매율은 지속적으로 감소하였다. 1995년 이전에 TV 광고의 판매율은 95%를 넘었으나, 1996년에는 91%를 기록하였고, 외환위기로 1997~1999년까지 TV 광고판매율은 80% 이하를 기록하였고, 2000년 이후 TV 광고판매율이 회복하였으나 2002년에 83%를 기록한 이후 지속적으로 감소하여 2006년에는 70%를 기록하였다. 2013년에는 지상파TV 광고의 SA급 프로그램 광고의 판매율이 45.9%였다. 2010년 이후 지상파TV 광고의 가격은 대체로 시장 균형가격보다 높게 설정하고 있다. 그 이유는 지상파TV의 광고 수요가 가격에 대해 비탄력적이라고 판단하고 있다. 수요가 비탄력적일 때 균형가격보다 높게 가격을 설정할 경우에 수입이 더 많아진다.

(5) 매체의 발전과 광고 시장 변화[4]

대표적 적소이론 학자들인 디믹과 로젠블러(1984)는 미국의 1935년부터 1980년간 광고비 자원을 TV, 신문, 라디오, 옥외 광고라는 네 매체가 어떻게 활용하고 있고 광고비의 흐름이 어떻게 변화했는지 알아보았다. 1935년부터 1949년 사이에는 라디오가 미디어 시장에 진입해 옥외 광고와 광고비 자원을 두고 경쟁을 했고, 1949년에 TV가 등장하자 라디오의 경쟁력이 약화되었다. 특히 라디오가 주로 의존했던 전국 광고의 경우 TV가 차지하게 되었고, 1960년 이후 라디오는 TV와 겹치지 않는 자원인 지역 광고에 집중했다. TV와 라디오는 각자에게 맞는 적소를 찾아 공존하였다. 디믹 외(Dimmick et al., 1992)는 지상파TV와 라디오, 케이블TV 간에 광고비를 자원으로 이용하여 적소 분석하였다. 연구 결과에 의하면 적소중복은 지상파TV와 케이블TV 사이에서 가장 높아 두 매체가 매우 유사한 기능을 하고 있음을 확인했다. 라디오는 텔레비전이 등장한 이후 지역 광고에 집중하였지만, 케이블TV가 등장하자 지역 광고에 대한 경쟁우위를 케이블TV에게 넘겨주었다.

국내 연구를 살펴보자. 권호영·정선영(2006)은 1970~2004년간 지상파TV, 라디오, 신문, 잡지의 광고비와 가격자료를 이용하여 계량적 분석을 하여 다음의 두 가지 결과를 도출하였다. 첫째로 4대 매체 간의 상호 의존관계를 보면 대부분 대체관계로 나타났고, 단 TV와 라디오 간에는 보완적인 관계를 가지고 있었다. 둘째로 4대 매체의 광고 수요는 가격에 대해서 비탄력적이다. 첫 번째 결과에 따르면 새로이 도입된 매체가 성장할 경우에 기존 매체의 광고수입은 감소하게 된다는 것이다. 두 번째 결과에 의하면 매체사들이 광고가격을 가능한 높게 책정하는 것이 수입 증대에 유리하다는 것이다.

박원기(2012)는 2001년부터 2009년까지 한국의 4대 매체 광고비를 분석하였다. 지상파TV에 광고하는 광고주의 수가 10년 사이에 40%가 감소하였다. 불특정 다수에게 전달되는 효과가 좋은 지상파TV에서 광고 메시지 전달의 효율이

---

4) 이 소절의 내용은 정유진·유세경(2018)을 정리하면서 부분적으로 가필하였다.

높은 케이블TV로 중소형 광고주들이 이동한 것으로 추정된다. 광고주는 효율이 높고 광고비의 단가 역시 높은 매체와 효율을 조금 떨어지지만 광고비가 저렴한 매체가 있다면 자신이 광고하려는 품목에 따라서 적절한 매체를 선택한다.

김용석과 이영주(2018)는 TV방송 광고를 집행하는 광고주들의 관계를 연결망으로 분석했다. 2012년에는 광고 집행 네트워크에서 지상파 채널들이 중앙성을 확보하였지만, 2014년에는 CJ E&M의 tvN이 1위에 올랐다. 종합편성 채널들이 순위권에 등장했지만 여전히 중심은 지상파 채널들이 차지하였다. 하지만 2016년에는 tvN과 JTBC가 나란히 1, 2위를 차지해 연결 중앙성이 변화하였다. 종합편성 채널들은 지상파TV가 주로 활용하는 '관공서 및 단체' 업종의 광고와 PP들의 활용도가 높은 '금융, 보험 및 증권'의 광고를 함께 자원으로 활용하고 있었다.

정유진·유세경(2018)은 광고주를 자원으로 이용하여 지상파TV, 케이블TV, 온라인 동영상 서비스 간의 적소 분석하였다. 분석에는 2015년 1월~2017년 9월까지 TNmS의 월간 광고비 자료를 이용하였고, 광고주의 업종 분류와 규모 분류의 두 가지 측면에서 각각 분석하였다. 규모별 광고비 자원을 이용한 분석에서 지상파TV, 케이블TV, 온라인 동영상 서비스 간에 적소중복이 심하고 경쟁우위가 나타나지 않았다. 업종별 광고비 자원을 이용한 분석에서 지상파TV와 케이블TV간에는 적소중복이 낮았지만 시간이 지날수록 적소중복이 높아지고 있으며, 두 매체 간 경쟁우위가 나타나지 않았다. 케이블TV와 온라인 동영상 서비스 간에는 적소중복이 높아서 경쟁이 치열한 것으로 나타났다. 업종별 광고비 자원을 이용한 분석에서 지상파TV와 케이블TV가 온라인 동영상 서비스에 비해서 경쟁우위인 것으로 분석되었다. 젊은 계층에서 온라인 동영상 서비스를 많이 이용하면서 향후에 이러한 분석결과가 바뀔 수도 있다.

2 **소비자의 미디어 지출: 상대적 불변성 가설[5]**

　미디어를 소비하려면 시간과 돈이 필요하다. 그런데 개인이나 가구 모두 소득의 범위 내에서 지출이 이루어진다. 유료미디어에 대한 지출도 소득의 범위 내에서 이루어진다. 소득이 증가하면 대부분의 상품에 대한 소비 지출이 늘어난다. 일시적인 경기 위축으로 인해서 소득이 감소할 경우 필수재보다는 비필수재(예: 여행, 외식, 오락)와 사치재의 지출을 우선적으로 줄인다. 실제로 금융위기로 인해 소득이 일시적으로 감소한 2008년 2/4분기에는 여행, 외식, 교양·오락비 등에 대한 지출이 큰 폭으로 감소하였다. 경기가 불황일 때 TV 시청시간이 늘어나는데, 이는 TV 시청시간의 증가에는 추가적인 비용지출이 발생하지 않기 때문이다.

1) 소득과 미디어 지출과의 관계: 상대적 불변 가설

　1929~1957년 간 미국인의 매스미디어 지출을 분석한 스크립스(Scripps, 1965)는 '뉴미디어가 등장하더라도 기존 매스미디어에 대한 경제적 지출은 상대적으로 일정한 경향이 있으며, 이러한 경향은 일반적 경제상황과 긴밀히 연관되어 있다'라고 결론 내렸다. 맥콤(McCombs, 1972)은 스크립스(Scripps, 1965)의 연구에 기반을 두어 1929~1968년간의 자료를 분석하여, 미국인들의 미디어 지출이 라디오와 텔레비전과 같은 새로운 미디어의 등장에도 불구하고 증가하지 않았음을 확인하였다. 그는 소비자들의 전체 지출에서 미디어 관련 지출의 비율은 일정 기간 동안 경제전반의 사정에 비추어 상대적으로 불변(relative constant)의 경향이 있다고 보았다. 이후 '미디어 지출이 소득에서 차지하는 비율이 일정하다'는 상대적 불변 가설(relative constant hypothesis)로 정립되었다.[6]

---

5) 이 절에서는 권호영·이종원(2000)과 김영주·정재민(2010)의 내용을 정리하였다.

6) 맥콤(McCombs, 1972)은 전체 지출에서 미디어 지출이 일정하다고 본 반면에, 이후의 학자들은 전체 소득에서 미디어 지출이 일정하다고 점에서 차이가 존재한다. 이후 이루어진 대부분의 연

이용 가능한 미디어의 종류와 수가 증가해도 미디어 이용에 지출하는 비용은 상대적으로 변하지 않고 전체 소득에서 차지하는 비율이 일정하게 유지된다는 것을 실증적으로 보여준 연구는 많다. 맥콤과 이얼(McCombs & Eyal, 1980)은 1968년부터 1977년까지 10년 동안 인쇄매체에 지불한 비용은 점차 감소하고 있는 반면, 인쇄매체에서 감소한 비용만큼 오디오와 비디오매체에 한 소비 지출이 증가하고 있는 것으로 나타났다. 맥콤과 놀란(McCombs & Nolan, 1992)은 미디어 상품에 대한 지출은 미디어 자체의 변화보다는 가처분소득, 경기상황과 같은 경제변수의 요인과 더 밀접한 관계가 있다고 보았다. 베르너(Werner, 1986)는 1958년부터 1982년까지 노르웨이 소비자들의 미디어 지출 경향을 분석했다. 그는 텔레비전과 같은 새로운 전자 기술이 나타남에도 불구하고 노르웨이에서 미디어에 대한 지출은 3.5~5.6%였음을 보여주었다. 듀페인(Dupagne, 1994)은 영국에서 1963~1989년 사이의 소비자의 매체 지출을 회귀분석으로 살펴본 결과, 가처분소득 변동과 시간 추세와는 무관하게 가처분소득에서 차지하는 매체 지출비용은 고정이라는 것을 보여주었다.

한편 상대적 불변성 가설이 실증적으로 입증되지 않는다는 것을 보여준 연구도 많다. 우드(Wood, 1986)는 1929~1981년의 자료를 회귀 분석한 결과, 장기적(long-term)으로는 상대적 불변가설을 지지하나 1930년대부터 10년 단위로 끊어 이들 각각에 대해 분석하게 되면 뒤섞인 결과들이 얻어진다는 것을 확인하였다. 이러한 뒤섞인 결과는 우드 & 오헤어(Wood & O'Hare, 1991)의 연구결과에서도 나타나는데 1979~1988년 기간에는 미디어에 대한 지출이 소득보다 빨리 증가하였음을 보여주면서, 이는 새로운 매체의 도입 또는 확산의 영향이라고 설명하였다.

구에서 소득에서 미디어 지출이 일정한지 여부를 검증하였다.

2) 상대적 불변 가설을 기각한 연구

상대 불변 가설을 기각한 연구들은 크게 두 가지 유형으로 구분된다. 첫째, 뉴미디어 도입에 따른 소비자의 추가지출로 인해 상대적 불변이 기각되는 경우이다. 상대적 불변성에서 이탈한 현상은 1950년 TV의 등장, 1970년 VCR과 케이블TV의 등장과 같은 새로운 대중매체가 도입되던 시점과 맞물려 있다. 맥콤(McCombs, 1972)과 플러톤(Fullerton, 1988)은 1949년과 1950년에 매스미디어에 대한 지출 증가가 개인소득의 증가를 상회한다고 지적하였으며, 그 원인은 이 시기에 TV이 확산되었기 때문이라고 설명하였다.

맥콤 & 손(McCombs & Son, 1986), 손(Son, 1990), 손 & 맥콤(Son & McCombs, 1993)은 1929~1987년간 미국의 소비자 지출 추세를 추적하여 1975년 이후 케이블TV와 VCR에 대한 지출이 소득증가율보다 훨씬 높았음을 보여주었다. 케이블TV와 VCR에 대한 지출은 소비자들의 혁신에 따라 새로이 시장에 유입된 자금이라고 주장하였다. 우드 & 오헤어(Wood & O'Hare, 1991)는 소비자들이 새로운 매체에 지출하기 위해 기존의 인쇄매체 및 전자매체에 대한 지출을 줄이지 않고 오히려 소득의 보다 많은 부분을 이들 매체에 지출하고 있음을 발견하였다. 듀페인(Dupagne, 1994)은 영국을 분석대상으로 1963~1989년의 기간에 대해 검증한 결과, 상대적 불변성 가설이 지지되는 것으로 나타났지만 1980~1989년의 기간에 대해서는 기각되는 것으로 나타났다. 그는 이 결과를 비디오 도입에 따른 것으로 보았다. 이러한 연구결과는 베르너(Werner, 1986)의 노르웨이를 대상으로 한 연구, 벨기에를 분석한 듀페인(Dupagne, 1996)의 연구에서도 동일한 결과가 도출되었다. 듀페인(Dupagne, 1997a)은 1970년부터 1991년간 컬러TV, 케이블TV, VCR이 벨기에 소비자의 매체 지출의 비중을 증가시키는 데 영향을 미치는 요인임을 밝혀냈다. 1961년부터 1993년까지 한국에서의 미디어 소비지출을 분석한 연구에서도 VCR의 출현으로 인해 상대적 불변이 유지되지 않은 것으로 나타났다(Kim, 2003).

상대적 불변 가설을 기각한 두 번째 연구들로는 미디어 지출에 영향을 미친 요인을 소득보다는 다른 요인들에 주목하였다. 미디어 서비스 지출, 미디어 기기 지출 등의 변화를 예측하기 위해서는 소득이외에도 경제 변수와 비경제적 변수가 추가되는 것이 바람직하다.[7] 매스미디어 지출을 설명한 모형에 적어도 가격과 소득이 포함되어야 한다는 주장도 대두되었다(Thomas, 1987). 듀페인 (Dupagne, 1997b)이 1953~1991년간 벨기에의 매스미디어 지출을 실증적으로 분석한 연구에 따르면 소득보다는 가격과 인구가 더 잘 설명한 것으로 나타났다. 더머스(Demers, 1994)는 소비자의 기호에 영향을 주는 구조적 다원화지수(인구수, 도시 고용자수, 도시화 정도)를 이용하여 미국의 광고 지출을 설명하였다. 레이시와 노(Lacy & Noh, 1997)는 미디어 지출에의 변화를 소득으로 설명할 수 있는 가능성이 낮다고 주장한다. 일반적으로 완전 경쟁 시장에서는 상품의 가격, 보완재와 대체재의 가격, 선호, 소득에 의해 수요가 결정된다. 신기술을 이용하는 미디어가 등장하여 미디어 생산물이 더욱 다양해지고, 생산물 시장이 차별화된다면 미디어 시장이 더욱 확대되어 다양해질 수 있다. 인터넷과 같은 전자적 커뮤니케이션이 발달하면서 사람들의 생활에서 차지하는 비중이 커지고, 비매체 활동까지 대체하게 되면서 미디어에 사용하는 총 비용이 증가하고 있으므로 상대적 불변 가설로 설명하기 어렵다.

위에서 본 바와 같이 상대적 불변 가설에 대한 경험적 연구결과들은 매우 상반되어 있다. 권호영과 이종원(2000)은 상대적 불변 가설에 대한 경험 연구의 결과들이 상반되게 나오는 원인을 각 연구마다 분석시점과 분석기간이 다르고, 상대적 불변을 검증하는 방법론이 달랐으며, 각 연구에서 정의한 미디어 지출 범위가 달라서 결과가 다를 수 있다고 정리하였다. 분석기간을 25년 이상으로 설정한 연구들은 상대적 불변성을 지지하는 것으로 나타났지만, 10년 단위로 분석한 경우 상대적 불변성으로부터 이탈한 것으로 나타났다. 미국의 경우

---

7) 미국에서 실증적 연구에 의하면, 소비자의 신문구독 수요는 가격 변화에 비탄력적으로, 신문지 가의 인상으로 판매 부수는 미미하게 감소하였다. 영화의 수요는 입장료가 오를 때 많이 감소하는 것으로 나타났다. 각각 다른 네트워크와 제휴하는 2개의 방송사가 경합하는 시장에서 지상파 네트워크사와 유료 케이블TV방송사 사이의 교차탄력성이 50%나 되어, 요금 인상은 높은 수용자 감소를 초래한다(김지운·정회경 엮음, 2005).

1970년대 후반을 기준으로 그 이전의 연구는 대체로 상대적 불변성이 성립하였고, 그 이후의 연구는 기각되었다. 영국, 벨기에, 노르웨이 등에서도 분석시점을 다르게 설정함으로써 가설의 검증결과가 달랐다.

상대적 불변을 검증할 때 연구자들은 편상관계수, 회귀모형, 두 변수 간 증가율의 차이 등 각기 다른 방법을 이용하였다. 또한 회귀 모형을 이용하더라도 시계열을 로그변환의 여부, 자기상관을 제거할 때 사용한 방법에 따라 상반된 결과들이 도출되었다. 한편, 각 연구에서 정의한 미디어 지출의 범위가 상당히 달랐다. 미디어 하드웨어 지출, 미디어 소프트웨어 지출, 광고 지출 중 하나만을 미디어 지출에 포함한 연구도 있고, 세 지출을 모두 포함시킨 연구, 광고 지출을 제외한 두 지출만 포함한 연구도 있었다.

3) 한국의 미디어 지출

김학회(1984), 김성수(1989), 김성태(1994), 김건희(1995) 등이 한국의 자료를 이용하여 상대적 불변성 가설을 검증하였지만 통계자료 구성의 미비와 해석의 오류를 범하였다. 여기서는 권호영·이종원(2000)과 김영주·정재민(2010)을 중심으로 한국에서 미디어 지출을 설명한다.

(1) 권호영·이종원(2000)의 연구

권호영·이종원(2000)은 1966~1997년간 매스미디어 지출과 소득간의 관계를 분석하였다. 매스미디어 지출을 〈표 11-5〉와 같이 분류하고, 각 지출 자료는 각 산업의 매출액 합계를 이용하였고,[8] 소득 자료는 「국민계정」의 가처분소득을 이용하였다. 분석방법으로는 회귀 분석을 이용하였다.

권호영·이종원(2000)이 분석한 결과를 정리하면 다음과 같다. 첫째로, 한국에서 1966년에서 1977년간 소득에 대한 미디어 지출의 비율이 소득이 변함에 따라 일정하지 않으므로, 상대적 불변 가설이 기각된다. 개별 미디어 지출의 경

---

8) 각 미디어 지출의 자료 추계방법은 권호영 외(1998)를 참조하기 바람.

표 11-5	매스미디어 지출의 분류
범주	내용
방송	TV방송, 라디오방송, 종합유선, 중계유선
인쇄물	신문, 정기간행물, 서적, 팸플릿
영화	영화
미디어 소프트	음반, 비디오, LD, 신종매체
미디어 하드웨어	컬러TV, 흑백TV, VTR, 라디오, 라디오 카세트, 녹음기, 전축

출처: 권호영·이종원(2000).

우 소프트웨어 지출만 상대적 불변성이 성립하고 방송 지출, 하드웨어 지출, 인쇄매체 지출 및 영화 지출은 상대적 불변성이 성립하지 않는다.

둘째로, 방송, 소프트웨어, 인쇄매체, 영화의 지출과 미디어 총지출을 소득으로 설명할 수 있었다. 그러나 하드웨어 지출을 소득만으로 설명할 수 없었다. 소득으로 가장 잘 설명되는 인쇄매체와 영화의 지출을 먼저 보면, 인쇄매체 지출액은 소득에 비해서 빨리 증가하였고(탄력성이 1.12), 영화 지출액은 소득보다 느리게 증가하였다(탄력성이 0.669). 이우승·권호영 외(1999, 10쪽)가 1998년도 도시가계연보를 이용하여 횡단면 분석한 바에 의하면, 신문도서, 미디어 기기, 미디어 소프트웨어, 미디어 서비스(공연장 입장료, KBS시청료, 비디오테이프 대여료) 및 유료방송시청료의 모든 개별 미디어 지출과 소득 간에는 양의 상관관계를 보였다.

셋째로, 1966~1997년간 상대적 불변성이 기각되는 것은 외국의 경향과 유사하다. 왜냐하면 본 연구의 분석기간에 상대적 불변성이 성립하지 않는 기간이 더 많이 포함되어 있기 때문이다. 기존 연구들에 의하면 상대적 불변성은 1970년대까지는 대체로 성립했지만, 1980년대 이후에는 상대적 불변성이 성립하지 않았다. 우리나라에서 국민가처분소득에서 미디어 총지출이 차지하는 비율은 1966년의 1.23%에서 1997년의 2.34%로 증가하였다. [그림 11-4]에서 1975년(2.12%)과 1983년(3.08%)에 정점을 이룬 봉우리가 있는데, 이 시기에 흑백

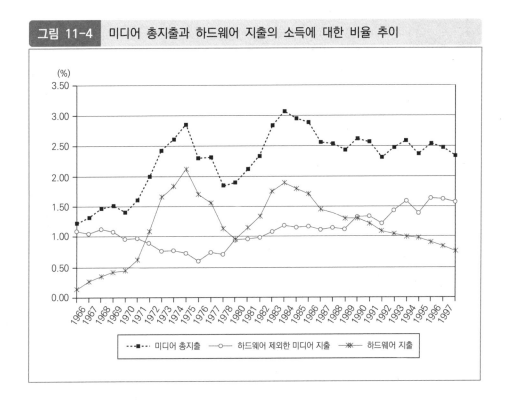

그림 11-4   미디어 총지출과 하드웨어 지출의 소득에 대한 비율 추이

TV 및 컬러TV 세트의 보급이 급격하게 증가하였기 때문이다. 하드웨어를 제외한 미디어 총지출이 국민가처분소득에서 차지하는 비율은 1966년의 1.10%에서 1997년의 1.57%로 증가하였지만, 증가폭도 작고 급격한 등락도 보이지는 않고 있다. 하드웨어를 제외한 미디어 총지출의 변화는 소득으로 잘 설명되지만, 소득과 동일한 비율로 증가하지는 않았다.

상대적 불변성이 성립하기 위해서는 새로운 미디어가 등장하였을 때 기존 미디어에 대한 지출 감소해야 한다. 한국의 경우 이러한 현상이 1966~1979년 간 어느 정도 일어났음을 알 수 있다. 한국의 소비자들이 흑백 텔레비전과 라디오카세트와 같은 하드웨어에 대한 지출을 증가시켰을 때(하드웨어의 총 소득에 대한 비율은 1966년의 0.14%에서 1979년의 0.96%로 증가), 영화에 대한 지출을 급격히 감소시켰다(영화의 총 소득에 대한 비율은 1966년의 0.49%에서 1979년의 0.16%로 감소,

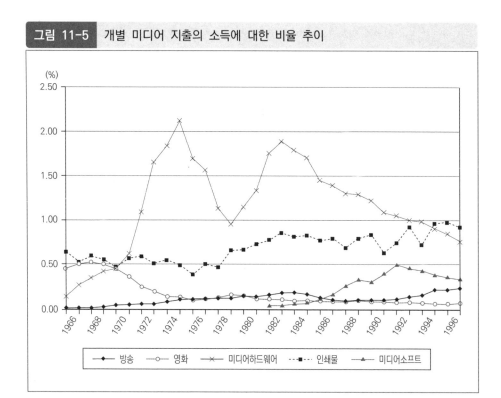

그림 11-5 개별 미디어 지출의 소득에 대한 비율 추이

[그림 11-5] 참조). 그러나 동기간에 가처분소득에 대한 미디어 총지출은 1.2%에서 1.9%로 증가하여 완전한 대체가 이루어지지는 않았다.

　그리고, 1980년대에 접어들면서 컬러텔레비전과 VCR의 보급으로 인한 하드웨어에 대한 지출이 급격히 증가했음에도 불구하고 지출이 현저히 감소하는 미디어는 없었다. 소득에 대한 영화의 지출비율이 1979년의 0.16%에서 1987년의 0.064%로 감소하기는 하였지만 하드웨어에 대한 지출의 증가에 비교할 수 없을 정도로 작은 규모였다. 그리고 외국에서와는 달리 한국에서는 인쇄매체 지출이 1980년대 이후에도 지속적으로 증가하였다(소득에서 인쇄매체 지출의 비중이 1980년의 0.66%에서 1997년의 0.93%로 증가). 따라서 1980년 이후 하드웨어에 대한 지출의 급격한 증가와 함께 신문, 방송 및 소프트웨어에 대한 지출도 증가했기 때문에 상대적 불변성은 성립할 수 없었다.

우리는 [그림 11-4]와 [그림 11-5]를 통해서 하드웨어와 전자매체에 대한 지출 변화를 소득만으로는 설명할 수 없음을 알았다. 새로운 미디어 기기가 도입될 경우 그것은 소득과 무관하게 확산될 수 있음을 확인하였다. 미국, 영국 및 벨기에에서도 텔레비전, 케이블TV 및 VCR이 도입되었을 때 매스미디어에 대한 지출이 급격히 증가한 사례가 있었다(Glascock, 1993; Son & McCombs, 1993; Wood & O'hare, 1991; Dupagne, 1994, 1996). 따라서 디지털 수상기 등 새로운 미디어 기기에 대한 지출의 추세는 소득으로 설명하는 것보다는 확산모형을 이용하는 것이 바람직해 보인다.

(2) 김영주·정재민(2010)의 연구

김영주, 정재민(2010)은 1989~2008년간 통계청의 「가계동향조사」를 이용하여 소득대비 교양오락비와 통신비의 지출 추이를 분석하였다. 교양오락비에는 미디어 기기와 미디어 서비스가 포함되어 있는데, 다음 〈표 11-6〉과 같이 분류하였다. 분석방법으로는 회귀 분석 등을 이용하였다.

표 11-6	미디어 관련 세부 지출항목		
구성항목	세부항목	구성항목	세부항목
1. 서적	서적	6. 미디어 콘텐츠	음반구매, 비디오대여
2. 일간신문	일간신문	7. TV 시청	수신료, 유료방송
3. 잡지	주간지, 월간지	8. 기기 및 콘텐츠	5+6+7
4. 인쇄매체	1+2+3+기타인쇄물	9. 공연입장료	영화, 연극
5. 미디어 기기	텔레비전, 라디오, 오디오, VCR	10. 미디어 소비 전체	4+8+9

출처: 김영주·정재민(2000, 11쪽).
　주: 통계처의 교양오락비 세부항목 중에서 미디어 관련 항목을 추출하여 재구성.

김영주·정재민(2010)이 분석한 결과는 다음과 같다. 첫째로, 소득에서 미디어 지출의 비율이 일정한지에 대해서 검정한 결과에 의하면, 신문, 잡지, 서적과 같은 인쇄매체, TV 시청과 공연 관람을 위한 비용 지출은 시간과 무관하게

소득에 따라 일정한 비율로 유지되었다. '미디어 기기'와 '기기 및 콘텐츠 소계'
는 시간에 따라 지출비용이 변화되어 상대적 불변이 지지되지 않았다. 둘째로,
소득과 미디어 지출이 동일한 비율로 검정한 결과에 의하면, 신문, 잡지, 서적
과 같은 인쇄매체 이용, 미디어 기기 구매, TV 시청과 공연 관람을 위한 소비
지출은 소득과 동일한 비율로 증가하지 않았다. 상대적 불변이 모든 미디어 지
출항목에서 지지되지 않았다. 결론적으로 하드웨어를 제외한 미디어 지출은 시
간과 관계없이 소득으로 설명되지만, 각각의 미디어 항목별 지출증가율과 소득
증가율과 동일한 비율로 변화하지는 않았다. 한편 1966년부터 1997년까지 한국
에서의 미디어 소비 변화를 분석한 권호영·이종원(2000), 1961년부터 1993년까
지 미디어 소비 지출을 분석한 김(Kim, 2003)에서도 한국에서 상대적 불변은 지
지되지 않았다.

참고문헌

권호영·이상훈·이수영·이만제(1998), "방송시장의 수요와 뉴미디어의 도입," 한국방송
　개발원, 현안연구, 98-6.

권호영·이종원(2000), "한국 수용자의 소득과 미디어 지출 추세에 관한 실증적 분석
　(1966-1997)," 「한국방송학보」, 14(1), 41-71.

권호영·정선영(2006), "광고 수요의 매체 간 대체성에 관한 분석," 「한국언론학보」,
　50(3), 37-64.

김건희(1995), "미디어 소비와 시장구조의 관계분석 연구 ― 상대적 불변가설을 중심으
　로 ―," 중앙대학교 신문방송학과 박사학위 논문.

김미경·이성미(2017), "누가 모바일 광고의 어떤 정보에 반응하는가," 「광고연구」, 114,
　42-67.

김봉철(1998), 「광고매체 가치 및 요금체계에 관한 연구: 4대 매체를 중심으로」, 한국광
　고업협회 연구보고서 Ⅷ.

김성수(1989), "뉴미디어 도입에 따른 매체산업동향의 경제적 분석연구," 고려대학교 신
　문방송학과 석사학위 논문.

김성태(1994), "영상산업의 시장변동에 관한 연구 ― 상대적 불변성 원리를 중심으
　로 ―," 고려대학교 신문방송학과 석사학위 논문.

김영주·정재민(2010), "미디어 소비 지출의 상대적 불변: 1989-2008," 「한국언론학보」,
　54(5), 108-130.

김용석·이영주(2018), "사회연결망 기법으로 분석한 TV방송 광고주의 광고 집행 추이,"
　「방송통신연구」, 통권 101호, 63-89.

김지운·정회경 엮음(2005), 「미디어 경제학: 이론과 실제」, 커뮤니케이션북스.

김학희(1984), "한국에서의 경제지표로 본 수용자의 매체소비경향과 매체산업 동향," 이
　화여자대학교 신문방송학과 석사학위논문.

박원기(2012), "우리나라 광고주의 매체 이용 실태에 관한 연구," 「한국광고홍보학보」, 14권 1호, 269−316.

박원기·김미애·유종숙(2003), 「광고요금에 관한 연구 ─ 매체의 정량적 가치와 광고업계의 인식구조를 중심으로 ─」, 한국방송광고공사.

박원기·이시훈(2013.9), "광고예산과 광고매체 의사결정과정에 관한 연구, 「광고연구」, 98, 85−114.

박정래(2007), "미디어 환경 변화에 따라 광고 시장도 재편," 「방송문화」, 3월호, 16−21.

박찬표(2002), 「방송 광고 시장과 방송 광고판매제도」, 한국방송광고공사 보고서.

수희 블로그, [광고학] 광고예산설정방법─매출비율법, 지불능력기준법, 경쟁상기준법, 고정예산법, 매체인상비승수법, 목표과업법(https://blog.naver.com/ssoo_hui/221558784375)

신태섭(2000), "신공공원리에 기초한 방송 광고경쟁체제 도입방안," 한국시청자연대회의 세미나.

신태섭(2002), "방송 광고 판매제도 개선방향에 대한 연구," 「광고연구」, 제54호, 55−75.

양윤직(2006.12), "미디어를 결정하기 위한 평가 기준들," 「광고정보」, 98−101.

이우승·권호영·이수영·이만제(1999), "21세기를 대비한 방송종합정책 연구," 한국방송진흥원, 연구보고, 99−09.

이혜갑(1999), "매체계획 실무 전문성에 관한 조사연구," 「광고학연구」, 10권 4호, 127−149.

전범수(2005), 「방송 광고 정책 개선 방안」, 방송위원회 정책보고서.

전범수·박주연·이정교(2007), "광고매체 속성 평가에 따른 성장가능성 연구: 광고주와 광고 행사 구성원 비교," 「한국방송학보」, 21권 4호, 287−326.

정유진·유세경(2018). "광고비 자원의 매체별 경쟁에 관한 연구," 「한국언론정보학보」, 90, 154−184.

Demers, D. P.(1994). "Relative Constancy hypothesis, Structural Pluralism, and National Advertising Expenditures," *Journal of Media Economics*, 7(4), 31−48.

Dimmick, J. W., Patterson, S. J., & Albarran, A. B.(1992). "Competition between the cable and broadcast industries: A niche analysis," *Journal of Media Economics*, 5(1), 13−30.

Dupagne, M.(1994). "Testing the relative constancy of mass media expenditures in the United Kingdom," *The Journal of Media Economics*, 7(3), 1−14.

Dupagne, M., & Green. R. J.(1996). "Revisiting the principle of relative constancy: Consumer mass media expenditure in Belgium," *Communication Research*, 23(5), 612−635.

Dupagne, M.(1997a). "Effect of three communication technologies on mass media spending in Belgium," *Journal of Communication*, 47(4), 54−68.

Dupagne, M.(1997b). "Beyond the Principle of Relative Constancy: Determinants of Consumer Mass Media Expenditures in Belgium," *The Journal of Media Economics*, 10(2), 3−19.

Dupagne, M.(1996). "Revisiting the Principle of Relative Constancy: Consumer Mass Media Expenditure in Belgium," *Communication Research*, 23(5), 612−635.

Dupagne, M.(1994). "Testing the Relative Constancy of Mass Media Expenditures in the United Kingdom," *The Journal of Media Economics*, 7(3), 1−14.

Glascok, J.(1993). "Effect of cable television on advertiser and consumer spending on mass media," *Journalism Quarterly*, 70(3), 509−517.

Fullerton, H. S.(1988). "Technology Collides with Relative Constancy: The Pattern of Adoption for a New Media," *Journal of Media Economics*, 1(2), 75−84.

Glascock, C. W. J.(1993). "Effect of cable television on advertiser and consumer spending on mass media, 1978−1900," *Journalism Quarterly*, 70, 509−517.

Kim, S.(2003). "The effect of the VCR on the mass media markets in Korea: 1961~1993," *Journal of Asian Pacific Communication*, 13(1), 59−74.

Lacy, S.(1987). "The effect of growth of radio on newspaper competitions," *Journalism Quarterly*, 346−351.

Lacy, Stephen and Ghee−Young Noh(1997). "Theory, Economics, Measurement, and the Principle of Relative Constancy," *The Journal of Media Economics*, 10(3), 3−16.

McComb, M. E.(1972). "Mass media in the marketplace," *Journalism Monograph*, 24.

McComb, M. E. and Chaim H. Eyal(1980). "Spending on Mass Media," *Journal of Communication*, Winter, 153−158.

McComb, M. E. and Nolan, J.(1992). "The Relative Constancy Approach to Consumer

Spending for Media," *Journal of Media Economics*, 5(2), 43−52.

McComb, M. E. and Son. J.(1986). "Patterns of economics support for mass media during a decade of electronic innovation," Paper presented at the meeting of *the Association for Education in Journalism and Mass Communication*, Norman, OK, August.

Noh, G. Y.(1997). "Media functionality and the principle of relative constancy: An examination of the VCR aberration," *Journal of Media Economics*, 10(3), 17−31.

Scripps, Charles E.(1965). *Economic Support of Mass Communication Media in the United States 1929−1963*, Cincinnati, Scrips−Howard Research.

Son, Jinok and McCombs, M. E.(1993). "A Look at the constancy Principle Under Changing Market Conditions," *Journal of Media Economics*, 6(2), 23−36.

Son, Jinok(1990). *The Impact of New Electronic Media on Audience Support for mass Media*," Ph.D. Dissertation, University of Texas at Austin.

Thomas, R. L.(1987). *Applied demand analysis*, New York, Longman.

Werner, A.(1986). "Mass media Expenditures in Norway: The principle of relative constancy revisited," In M. McLaughlin (Ed.), *Communication Yearbook 9*, pp. 251−260, Beverly Hills, CA:Sage.

Wood, W. C. and O'hare S. L.(1991). "Paying for the Video Revolution: Consumer Spending on the Mass Media," *Journal of Communication*, Winter, 41(1), 24−30.

Wood, W. C.(1986). "Consumer Spending on the Mass Media: The Principle of Relative constancy reconsidered," *Journal of communication*, Spring, 39−51.

6부

미디어 시장에서 거래와 경쟁

제12장 방송 시장별 경쟁상황: 구조, 행위, 성과

1 방송 시장의 구분과 방송 경쟁상황 평가

　방송 시장은 사업자가 제공한 방송 프로그램을 이용자가 돈을 지불하거나 광고를 보는 대가로 방송 프로그램을 이용하는 시장이다. 그러나 이용자가 방송 프로그램을 이용하기까지 다양한 거래가 이루어지고 있고, 그에 따라 다수의 시장이 형성된다. 외주 제작사와 제작 인력은 인력 시장에서 거래하고, 외주 제작사와 장비/설비 사업자는 장비/설비 시장에 거래한다. 제작사와 채널 사업자는 프로그램 시장에서 거래한다. 채널 사업자와 방송 사업자는 채널 시장에서 거래한다. 방송사와 광고주는 광고 시장에서 거래하고, 유료방송 사업자와 이용자는 유료방송 시장에서 거래한다. 이와 같이 만들어지는 개별 시장을 조망하기에는 「방송 시장의 경쟁상황평가」(방통위)를 살펴보는 것이 가장 좋다. 이 보고서에서는 위에서 언급한 시장 가운데 인력 시장과 장비/설비 시장을 제외한 모든 개별 시장을 분석하고 있다. 인력 시장과 장비/설비 시장에서의 거래에는 방송 사업자가 관여하지 않기 때문에 제외된 것으로 보인다.

    방송통신위원회는 방송법(제35조의5)에 의해서 경쟁상황을 매년 평가하고, 이를 기초로 각종 규제 및 정책을 개선, 집행해 나가고 있다. 2011년에 개정된 방송법에 의해 방통위가 매년 방송 시장의 경쟁상황을 평가하게 되었고, 2012년부터 방송 시장에 대한 경쟁상황 평가를 실시하고 그 결과를 국회에 보고하고 있다. 이때 작성되는 보고서가 바로 「방송 시장의 경쟁상황 평가」이다. 이 보고서를 발간하는 목적으로 다음의 두 가지를 들 수 있다. 첫째로, 방송 산업은 규제 산업으로 적절한 규제를 지속하기 위해서는 경쟁의 정도를 지속적으로 확인하고, 지속적으로 변하는 환경에 상응하여 규제제도를 변화시켜야 한다. 둘째로, 규제 정책을 통한 공익성 달성이라는 측면에서 현실적 경쟁제한성은 물론 잠재적인 경쟁제한성까지 고려하여 폭넓게 심사할 필요가 있다.

    방송 평가의 기본적인 절차는 '평가 대상 시장의 선정' → '세부단위 시장의 획정'1) → '평가지표의 개발' → '자료수입 및 측정' → '평가지표의 분석 및 종합'의 순서로 진행된다. 경쟁상황 평가의 주요 내용은 현재의 시장상황이 완전 경쟁 시장으로부터 얼마나 괴리되어 있는지를 분석한다. 분석방법으로 구조 – 행위 – 성과(Structure – Conduct – Performance, S – C – P)방법론을 이용한다.

    「방송 시장의 경쟁상황 평가」(방통위)에서 방송 평가대상을 방송 광고 시장, 유료방송 시장, 방송 채널 거래 시장, 방송 프로그램 거래 시장으로 구분한 다음에, 이 4개의 시장별로 상품 시장과 지역 시장을 획정한다. 2018년의 경우 평가 대상 시장을 [그림 12 – 1]과 같이 구분하고 있다. 아래에서는 2012년에서 2018년간 「방송 시장 경쟁상황 평가」를 종합하여 각 시장별로 요약한다.2)

---

1) 시장 획정에 대해서는 19장에서 자세히 설명한다.
2) 이 보고서에는 각 시장별로 종합평가를 하고 있는데, 필자가 각 연도의 종합평가를 정리하면서 그 내용이 필자와 견해가 다른 경우에 필자의 견해를 적었다.

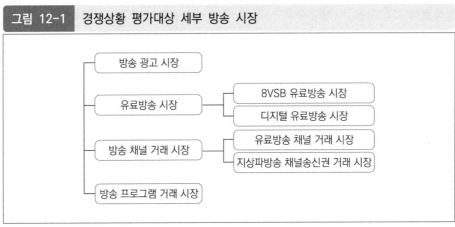

| 그림 12-1 | 경쟁상황 평가대상 세부 방송 시장 |

출처: 방송통신위원회(2019년도 방송 시장 경쟁상황 평가, 101쪽).

2 방송 광고 시장

1) 시장의 특징과 시장획정

방송 광고 시장은 지상파방송사, 유료방송 PP 및 유료방송 플랫폼 등의 방송 사업자가 시청자에게 방송 프로그램과 함께 광고를 제공하면서 이 방송 광고시간을 광고주에게 판매하여 광고수익을 획득하는 시장이다. 방송 광고 시장의 경쟁상황 평가는 방송사(또는 미디어렙)와 광고주(또는 광고대행사) 간의 관계에 초점을 두고, 방송사의 경쟁제한 가능성을 평가한다.

2012년~2015년간 '방송 광고 시장' 전체를 하나의 시장으로 통합 획정하되, 그 부분집합인 '지상파방송3사 광고 시장'은 별도의 시장으로 획정하였다. 그 이유는 지상파방송3사 광고와 그 외 일반 방송 광고 간에는 수요대체성이 높지 않고, 지상파방송3사 광고 시장으로의 진입에는 상당한 진입장벽이 존재하기 때문이다. 그러나 2016년부터 방송 광고 시장' 전체를 하나의 시장으로 통합 획정하였다. 그 이유는 지상파방송3사와 유료방송 채널 광고가 유사하고 수요대체성이 높아졌기 때문이다. 종합편성 및 CJ계열 PP의 주요 인기프로그램 광고가격은 지상파방송3사 최고시급 광고단가에 근접하고 있으며, CJ계열 채널인 tvN 중간광고의 경우는 지상파방송 채널의 광고단가를 상회하였다. 지상파방송 채널의 비중이 감소하고, 유료방송 채널의 비중 증가 추세가 가속화 되어, 2016년 이후 유료방송 채널의 시청시간의 비중이 지상파를 앞질렀으며 이러한 현상은 전 연령대층에 걸쳐 나타났다. 광고가격을 인상할 때의 반응과 지상파방송 채널 광고와 유료방송 채널 광고 간에 대체관계에 대한 광고주를 대상으로 한 인식 조사 등에서 두 그룹 간 대체성이 높은 것으로 판단되었다.

표 12-1   방송 광고 시장 획정의 변화

기간	상품 시장	지리적 시장
2012~2015	전체 단일 &, 지상파 광고 별도	전국
2016~2018	전체 단일	전국

2) 시장구조

방송 광고 시장의 규모는 2011년 3조4,030억 원에서 지속적으로 감소하여 2017년에는 2조8,765억 원이었다. 전체 광고 시장에서 TV방송 광고가 차지하는 비중은 2012년의 35.9%에서 지속적으로 감소하여 2017년에는 28.4%였다. 방송 광고 시장에서 지상파방송사의 비중은 감소하고 PP(특히 종편 채널)의 비중이 증가하고 있다. 광고 시장에서 지상파3사(계열 PP 포함)가 여전히 상위 3위를 차지하고 있고, 2017년에 CJ계열 PP는 11%대를 유지하고 있으며, 종합편성계열 PP는 꾸준히 상승하여 16% 가까이 점유하였다.

방송 광고매출 기준 허핀달−허쉬만지수(HHI)[3]는 2006년 2,133에서부터 지

---

3) 허핀달−허쉬만지수(HHI, Herfindahl-Hirschman Index)는 기업의 매출액이나 자산규모의 시장점유율을 각각의 %로 계산한 후 이들 점유율의 제곱을 모두 합산한 지수이다. 예를 들어, 어떤 시장에 3개 기업이 있고, 이들의 매출액점유율이 각각 50%, 30% 20%이면 $HHI = 50^2 + 30^2 + 20^2 = 3800$

속적으로 하락하고 있는데, 그 이유는 CJ와 종합편성계열의 PP를 중심으로 PP의 광고매출이 증가하였기 때문이다. 2015년까지는 HHI값이 1,500이 넘어서 지상파방송3사계열 중심으로 집중화된 시장이었으나, 2016년부터 HHI값이 '집중적이지 않은 시장(1,500 이하)'으로 바뀌었다. 시청률 기준 HHI의 하락은 매출액

표 12-2 방송 광고 시장

연도	방송 광고 매출액(억원)			HHI			영업이익율(%)	
	지상파3사 (관계사와 PP 포함)		전체	전체 시장		방송3사	지상파 3사계열	일반PP
	금액	비중 (%)		매출액 기준	시청률 기준	매출액 기준		
2007	23,390	75.7	30,906	2,045				
2008	21,616	73.9	29,264	1,952				
2009	19,103	74.2	25,742	1,950	1,586			
2010	22,248	72.4	30,717	1,887	1,538		4.30	3.53
2011	24,214	71.2	34,030	1,862	1,435	3,398	4.59	1.37
2012	22,138	66.4	33,332	1,645	1,264	3,337	1.64	−3.85
2013	21,072	65.4	32,220	1,587	1,165	3,341	1.30	−3.09
2014	19,636	63.9	30,722	1,530	1,127	3,345	−0.78	−1.94
2015	19,615	61.3	32,002	1,450	1,041		2.41	1.55
2016	16,557	56.8	29,133	1,327	1,005		0.38	1.01
2017	14,429	50.2	28,765	1,150	907		−0.42	2.93

출처: 방송통신위원회의 2012~2018년간 「경쟁상황분석」.
주 1: 전체 시장의 HHI지수는 2007년도와 2008년도에도 계산한 값이 있으나, 이후에 제시된 값과 일관성이 없어서 생략하였음.
주 2: 영업이익율[4] 자료도 2007~2009년도 값이 있으나, 이후에 제시된 값과 일관성이 없어서 생략하였음.

이다. HHI는 시장집중도 측정방법의 하나로, HHI의 값이 클수록 산업의 집중도가 높다. 미국과 한국 등에서 기업결합심사 과정에서 합병에 따른 경쟁 제한 여부를 판단하는 데 1차적으로 이 지표를 활용한다.
4) 영업이익율은 매출액에 대한 영업이익의 비율을 나타낸 것이다. 영업이익은 매출액에서 매출원가와 판매관리비를 공제한 것으로 기업영업활동 그 자체의 업적을 평가하는 수익성지표이

기준 HHI보다 먼저 시작되었다. 이는 시청률과 광고매출이 즉시 연동되지 않고, PP의 시청률이 오르면서 뒤따라서 광고매출이 증가되었음을 알 수 있다. 시청률 기준 HHI는 2011년부터 집중적이지 않은 시장이 되었다(〈표 12-2〉 참조).

3) 시장행위

시장행위 중에서 가격 설정만 살펴보자. 지상파방송3사 광고의 경우 2012년 민영 미디어렙이 진입하여 서로 다른 렙에서 지상파방송 광고판매를 대행하게 되었고, PP가 성장함에 따라 지상파방송3사 광고의 실질가격은 하락했을 가능성이 높다. 명목단가 수준에서는 별다른 변화가 나타나지 않고 있으나, 미디어렙이 명목요금 인하보다는 보너스 제공 등을 통해 실질가격을 조정하고 있는 것으로 판단된다. PP 광고가격은 지상파방송3사에 비해 낮은 수준이나, 종합편성 및 CJ계열 PP의 경우 지상파방송3사 프로그램 전후광고 최고시급 단가에 근접하거나 일부 상회하기도 한다.

4) 시장성과와 소결

지상파방송사와 일반PP 전체의 영업이익율(방송사 전체 영업 기준)은 2011~2017년간 −1.84%~2.35%에서 등락을 거듭하고 있다. 지상파방송3사의 영업이익율과 계열 PP를 포함한 영업이익율은 2011년 이후 대체로 낮아지고 있다. CJ계열 PP의 영업이익율은 양호할 경우 5%대를 나타내고 가장 낮은 2014년에는 −0.40%를 기록하였다. 종합편성 PP들은 2011년 이후 3년간 큰 폭의 적자를 나타내었으나 이후 낮은 마진이 개선되어 2017년에는 처음으로 2.01%의 흑자를 기록하였다. 전체 일반 PP의 영업이익율은 종합편성 채널의 엄청난 적자를 포함한 2011~2014년을 제외하고는 1.01%~2.93%의 적은 폭의 흑자를 보이고 있

다. 수익성을 평가하는 지표로는 경상이익률과 순이익률 등도 있지만 이들은 이자비용, 자산의 변동, 세금 등을 감안한 수치이기 때문에 순수한 영업활동에 대한 실적을 제대로 파악하기 힘들다.

| 표 12-3 | | 주요 사업자별 영업이익율 추이 | | | | | | |

(단위: %)

구분		2011	2012	2013	2014	2015	2016	2017
KBS 계열	지상파	−4.51	−2.50	−1.83	−3.04	−1.36	0.11	1.41
	PP	9.27	3.85	0.35	4.64	5.13	3.69	1.09
MBC 계열	지상파	8.01	2.34	0.35	−3.15	2.69	0.49	−7.33
	PP	11.31	5.63	10.41	13.31	5.57	1.26	2.41
SBS 계열	지상파	11.86	5.96	4.19	−0.13	5.43	−0.47	3.17
	PP	2.83	1.69	3.91	5.38	4.47	2.03	−2.40
지상파3사계열		4.59	1.64	1.30	−0.78	2.41	0.38	−0.42
CJ계열 PP		6.83	5.11	2.64	−0.40	5.25	2.93	5.40
매경계열 PP		−	−69.31	−41.72	−19.14	−7.47	4.03	9.16
조선계열 PP		−17.14	−53.12	−17.62	−6.93	3.95	5.81	−0.23
동아계열 PP		−389.12	−153.72	−54.30	−14.93	−0.75	−1.32	−5.62
중앙계열 PP		−64.04	−108.18	−96.27	−45.63	−18.58	−18.88	2.36
종합편성 PP		−345.38	−136.83	−80.81	−31.78	−11.10	−6.60	2.01
종합편성계열 PP		−67.33	−92.15	−58.64	−25.75	−9.10	−6.60	1.82
일반 PP		1.37	−3.85	−3.09	−1.94	1.55	1.01	2.93
주요계열 PP		0.93	1.10	−0.02	−0.49	1.27	1.51	2.71
지상파+일반 PP		2.35	−1.84	−1.64	−2.04	1.62	0.60	1.29

출처: 방통위의 「방송실태조사보고서」 각년도.

다. 이상에서 별도로 언급한 MPP(Multiple PP, 복수 PP)를 제외한 일반 PP의 영업
이익율은 −0.02%~2.71%로 매우 낮은 수준을 보이고 있다(〈표 12−3〉 참조). 지
상파방송 광고의 위축과 신규 사업자의 진입으로 전체 방송 광고 시장에서 '지
상파방송3사계열(지상파+지상파계열PP)'이 차지하는 시장점유율이 감소하면서 시
장 집중도가 완화되는 경향을 보여 주었다.

2012~2015년간 별도의 시장으로 분류된 지상파3사 광고 시장은 기본적으로

과점 시장이며, 광고매출 기준 HHI가 3,300 이상으로 유지되는 집중도가 높은 시장이며, 기술적·제도적 진입장벽으로 보호되고 있는 시장이다. KOBACO (공영 미디어렙)나 미디어크리에이트(SBS 민영 미디어렙)가 지상파방송 광고 판매를 복점 대행하는 체제에서 방송 사업자 간 광고요금 경쟁은 광고단가 인하보다는 주로 보너스판매(추가물량 제공을 통한 할인) 형태로 나타나고 있다. 과거 독점판매 시스템하에서 분산된 광고주들의 이용자 대응력은 높지 않았으나, 미디어크리에이트의 진입으로 공영 미디어렙과 경쟁이 시작되어 '광고주의 채널 선택권 신장'에 기여한 것으로 보인다. 하지만 두 개의 미디어렙은 실질적으로 규제를 받고 있기 때문에 집중도가 높기는 하지만 '경쟁제한 가능성이 낮은 시장'이다.

3   유료방송 시장의 경쟁상황 분석

1) 시장의 특징과 시장획정

유료방송 시장은 SO, 위성, IPTV 등의 유료방송 사업자가 다채널방송 서비스 등을 제공하고, 가입자를 확보하는 시장이다. 유료방송 사업자는 시청자, 콘텐츠제공 사업자, 광고주 등과 거래관계를 맺는데, 유료방송 시장의 경쟁상황 평가는 이 가운데 유료방송 사업자와 유료방송 시청자(가입자) 간 관계에 초점을 둔다.

유료방송 가입자수는 1995년의 724.9만에서 2017년의 3,166.9만으로 22년간 연평균 6.7%씩 증가하였다. 중계유선방송을 제외하면 유료방송 가입자수는 1995년의 55.6만에서 2017년의 3,160.8만으로 22년간 연평균 18.4%씩 빠르게 증가하였다. 2015~2017년의 2년간 유료방송 가입자수의 평균증가율은 5.7%를 증가세가 유지되고 있다. 매체별로 보면, 아날로그 케이블TV 가입자수는 2008년에 1,505.4만으로 정점에 도달한 이후 감소하여 2017년에 1,111.2만으로 감소하였

| 표 12-4 | 유료방송 가입자수 추이 |

(단위: 천 단자)

연도	유료방송 합계	종합유선				일반위성 방송	IPTV
		합계	아날로그	8VSB	QAM (디지털)		
1995	556.3	556.3	556.3				
1996	1,536.2	1,536.2	1,536.2				
1997	2,529.8	2,529.8	2,529.8				
1998	1,002.9	1,002.9	1,002.9				
1999	1,558.7	1,558.7	1,558.7				
2000	3,086.3	3,086.3	3,086.3				
2001	5,844.1	5,844.1	5,844.1				
2002.6	6,738.8	6,911.5	6,911.5				
2003	10,455.5	9,401.6	9,401.6			1,053.9	
2004	14,665.2	13,013.0	13,013.0			1,652.3	
2005	16,102.5	13,876.5	13,876.5			1,855.2	
2006	17,034.9	14,067.7	14,067.7			1,949.2	
2007	17,959.1	14,534.0	14,534.0			2,151.9	
2008	17,984.0	15,013.2	15,013.2			2,338.4	1,687.8
2009	21,254.2	15,053.9	15,053.9			2,457.4	2,373.9
2010	22,964.6	14,858.2	14,858.2			2,826.0	3,645.9
2011	22,859.0	14,778.0	10,592.3		4,185.7	3,261.7	4,893.8
2012	24,891.8	14,798.7	9,629.2		5,169.5	3,790.8	6,547.4
2013	27,826.5	14,937.9	8,787.7		6,150.2	4,181.0	8,738.4
2014	27,369.0	14,611.5	7,481.3		7,130.2	3,091.6	9,665.9
2015	28,182.3	13,732.1	4,678.1	1,557.8	7,496.2	3,092.0	11,358.2
2016	29,959.4	13,886.7	2,800.0	3,364.3	7,722.4	3,183.5	12,889.2
2017	31,607.8	14,036.7	1,111.5	5,176.5	7,748.7	3,245.6	14,325.5

출처: 방통위의 「방송실태조사보고서」 각년도.

주 1: 유료방송의 합계에서 중계유선방송과 Pre-IPTV 가입자를 제외함(중계유선 가입자수는 2017년에 6.2만에 불과하고, Pre-IPTV 가입자는 2013년에 3.1만에 불과함).

주 2: QAM은 디지털 신호를 전송하는 방식의 하나로, 우리나라의 케이블TV가 채택하고 있다.

다(연평균 −28.9%). 디지털 케이블TV 가입자수는 2011년의 418.6만에서 2017년의 774.9만으로 증가하였다(연평균 10.3%). 8VSB[5] 가입자는 2015년의 155.8만에서 빠르게 증가하여 2017년에 517.7만으로 증가하였다. 전체 케이블TV 가입자수는 2009년의 1505.4만으로 정점에 도달한 이후 감소하여 2017년에 1403.7만으로 감소하였다(연평균, −0.9%). 한편 IPTV 가입자는 2008년의 168.8만에서 2017년의 1432.6만으로 증가하였다(연평균 23.8%). 2017년에 처음으로 IPTV 가입자수가 케이블TV 가입자수를 능가하였다(〈표 12−4〉 참조).

상품 시장의 경우 2015년까지는 유료방송 전체를 하나의 시장으로 획정하였으며, 디지털 유료방송 시장을 따로 별도의 시장으로 획정하여 관찰하였다. 2016년에는 디지털 유료방송 시장을 유지하면서, 아날로그 시장을 별도로 획정하였다. 2017년에는 유료방송 시장을 아날로그, 8VSB, 디지털로 각각 별도로 획정하였다. 2018년에는 디지털 시장과 8VSB 시장으로 획정하였고, 주요 MSO에서 종료가 예정된 아날로그 상품을 획정에서 제외하였다. 지리적 시장의 경우 SO방송구역별로 하나의 시장으로 획정하였다(〈표 12−5〉 참조).

표 12-5	유료방송 시장 획정의 변화	
연도	상품 시장	지리적 시장
2012~2015	전체 단일, 디지털 유료방송 별도	SO방송구역별
2016	디지털 유료방송, 아날로그방송	SO방송구역별
2017	아날로그방송, 8VSB 케이블TV, 디지털 유료방송	SO방송구역별
2018	8VSB 케이블TV, 디지털 유료방송	SO방송구역별(단 지역단위 시장 분석과 전국단위 시장 분석을 병행)

출처: 방통위의 「방송실태조사보고서」 각년도.

---

5) 8VSB는 디지털텔레비전을 보유한 아날로그 케이블TV 가입자가 고화질 지상파방송을 볼 수 있게 해주는 전송방식이다.

2) 시장구조

전체 유료방송 시장(아날로그+8VSB+디지털)으로 획정되었다고 가정할 경우, 가입자수 기준 전국 시장 HHI는 2010년의 1,176에서 지속적으로 증가하여 2017년간 1,612를 기록하였다. SO 간의 합병이 지속되고, IPTV3사의 비중이 증가하면서 유료방송 시장의 집중화가 지속되고 있다. HHI값이 2015년부터 1,500 (집중적이지 않은 시장의 한계)을 넘어서서 유료방송 시장이 집중적인 시장이 되었다. 위성방송사를 보유한 KT가 2009년부터 IPTV 서비스를 시작하면서 KT는 유료방송 시장에서 가장 많은 가입자를 보유하게 되었다. 전체 유료방송 시장에서 KT의 가입자점유율은 2010년의 17.9%에서 2015년의 28.4%로 지속적으로 증가하였다. 반면에 SO 전체의 가입자점유율은 2010년의 78.3%에서 2015년의

표 12-5   유료방송 시장의 집중도(가입자 기준)

| 연도 | 유료방송전체 | | | 아날로그방송 | | 디지털방송 | | |
	시장점유율(%)	HHI 전국	HHI SO구역 평균	HHI 아날로그	HHI 8VSB	시장 점유율(%)	HHI 전국	HHI SO구역 평균
2010	KT 17.9, SO 78.3	1,176	5,406	—		KT 50.3, SO 39.0	2,661	4,577
2011	KT 20.7, SO 72.8	1,286	4,943	—		KT 47.3, SO 37.8	2,586	4,352
2012	KT 23.4, SO 61.8	1,313	4,590	—		KT 46.0, SO 38.1	2,405	4,001
2013	KT 25.8, SO 63.5	1,431	4,191	5,246		KT 44.0, SO 37.8	2,239	3,648
2014	KT 27.2, SO 58.0	1,487	3,816	5,337		KT 41.1, SKB 12.4, SO 36.6	2,142	3,413
2015	KT 28.4, SO 53.4	1,537	—	5,913	7,966	KT 39.1, SKB 14.2, SO 35.9	2,100	3,244
2016	KT, SKB, CJ헬로 순	15,79	—	6,819	7,802	KT 38.2, SKB 16.9,	2,132	3,180
2017	KT, SKT, LGU+, CJ헬로 순	1,612	—	—	5,795	KT 38.3, SK 17.2, LGU+ 13.9	2,168	3,130

출처: 방송통신위원회의 「경쟁상황평가 보고서」 각년도.
주: 시장점유율은 전년도 말 기준 자료임.

53.4%로 감소하였다.

　결합판매로 인해서 IPTV3사의 가입자수가 빠르게 증가하여 2017년부터 IPTV3사가 유료방송 시장에서 3대 사업자로 등장하였다. 그리고 2015년 이후 가입자 감소에 직면한 MSO는 매각하고 있고, 통신3사가 MSO를 인수하고 있다. IPTV3사의 시장지배력 남용행위를 주시할 필요가 있다. 한편 SO방송구역별 HHI는 2010년의 5,406에서 2014년의 3,816으로 감소하였지만, 여전히 집중적인 시장임을 보여주고 있다.

　디지털 유료방송 시장에서 가입자수 기준 전국 HHI는 2010년의 2,661에서 2017년의 2,168로 감소하였다. SO들이 디지털 서비스의 제공 지역을 확대하면서 디지털 케이블TV의 가입자가 증가하고 디지털 시장의 집중도가 완만하게 감소하고 있다. 디지털 유료방송 시장에서 KT의 점유율은 2010년의 50.3%에서 2017년의 38.3%로 감소하였다. 이는 IPTV 가입자수의 증가 속도보다 SO의 디지털 가입자수의 증가 속도가 더 빨랐기 때문이다. 한편, 디지털 시장에서 SO 방송구역별 HHI의 평균은 2010년의 4,577에서 2017년의 3,130으로 감소하였지만 여전히 높은 집중도를 보이고 있다.

　2016년에만 별도의 시장으로 획정된 아날로그 유료방송 시장의 경우 8개 경쟁구역의 HHI만 고려하면 2015년 5,913에서 2016년에는 6,819로 증가하였고, 2016년의 경우 1위 사업자인 CJ헬로비전의 점유율이 41.6%였다. 그러나 아날로그 가입자수가 감소하면서 2017년부터 시장획정에서 제외되었다. 2017년에 8VSB 유료방송 시장이 별도의 시장으로 획정되었는데, 8VSB로의 전환이 가속화되면서 13개 경쟁구역의 HHI 평균은 2015년 7,966에서 2017년 5,795로 낮아졌다. 8VSB 시장에서 2016년에 CMB의 점유율이 41.1%였고, 2017년에는 78개 SO 방송구역 중에서 13구역에 2개 사업자가 8VSB를 제공하고 나머지 지역에서는 1개 사업자가 제공하였다.

3) 시장행위

유료방송 시장에서 공급자와 소비자의 행위에 대해서는 사업자의 가격 설정과 이용자의 대응력에 대해서만 간략하게 정리한다. 유료방송 시장에서는 결합판매 및 약정을 맺어 할인해 주는 형태로 요금경쟁이 이루어진다.[6] 단품과 결합상품 모두 3년 약정이 일반적이다. 결합 상품은 이동통신 서비스결합 여부, 상품 또는 요금제 수준 등에 따라 결합 할인율에 차이가 난다. 약정기간이 길수록 할인 폭이 크다. SO는 사업자별로, 사업구역별로 다소 차이는 있지만 대체로 약정 기간에 따른 할인은 디지털 케이블TV(QAM) 상품에만 적용되며, 무약정가격과 3년 약정(또는 초고속인터넷과 결합 약정)가격과는 상당한 차이가 존재한다. 위성방송의 경우 최대 약정 기간이 5년으로 상대적으로 긴 편이며, 3년 이상 약정 시 대부분 50% 이상의 할인율을 제공한다. IPTV3사의 경우 케이블TV와 위성방송에 비해서는 대체로 가격 수준이 높은 편이다.

한편 설문조사에 의하면 유료방송 이용자가 유료방송 서비스에 가입할 때 가격을 비교한 경우는 과반에 미치지 못하고, 가격을 비교한 경우에도 과반수가 가격비교가 어렵다고 응답하였다. 거의 절반의 이용자는 서비스요금보다는 보조금과 경품 등이 선택에 더 큰 영향을 미쳤다고 응답하였다.

4) 시장성과와 소결

유료방송 시장에서 사업자의 성과가 수익으로 대변되는데, 여기서는 영업이익율과 월간 ARPU만 살펴본다. 유료방송사의 방송 부문 영업이익율을 보면 케이블TV, 위성방송, IPTV의 각 매체별로 추세가 매우 상이함을 알 수 있다. 케이블TV방송사의 영업이익율은 평균적으로 10%대를 넘어 매우 양호하지만, 2013년 이후 영업이익율이 점차적으로 낮아지고 있음을 알 수 있다. MSO 중에서는 CJ헬로비전이 낮은 영업이익율을 보이고 있다. 스카이라이프는 2013년에

---

6) 결합판매에 대해서는 15장에 별도로 자세히 다룬다.

16.5%의 최고 영업이익율을 기록한 다음에 점차 낮아지고 있다. 2009년부터 서비스를 제공한 IPTV는 여전히 적자상태를 유지하고 있지만, 영업이익율이 빠르게 개선되고 있음을 확인할 수 있다. IPTV 3사 전체의 영업이익율은 2011년에 −116.3%였는데, 2017년에는 −6.2%를 기록하였다(〈표 12−6〉 참조).

유료방송사의 월간 ARPU의 변화를 보자. 방송수신료에 설치비와 기기임대 매출을 더하면 가입자매출이 되고, 가입자매출에서 홈쇼핑송출수수료와 광고를 더한 값이 방송사업매출이다. SO의 방송수신료는 2012년의 6,804원에서 2017년의 4,942원으로 빠르게 감소하였다. SO는 IPTV에 비해 결합 서비스에서 뒤지

표 12-6   방송 사업 영업이익율(비방송 부문 제외)

(단위: %)

구분	2011	2012	2013	2014	2015	2016	2017
티브로드	24.6	25.9	16.7	19.7	18.6	15.2	16.8
CJ헬로	22.4	16.8	9.7	8.5	3.6	−3.8	1.5
딜라이브(C&M)	19.0	21.5	22.0	15.9	18.2	29.1	20.1
HCN	20.0	22.0	17.6	19.8	26.8	35.0	18.8
CMB	20.3	27.1	21.9	12.0	−1.0	20.2	14.6
MSO 합계	21.9	21.5	15.2	13.9	13.1	14.3	12.3
독립 SO	9.0	10.2	8.1	7.7	9.2		
KT스카이라이프	8.8	12.2	16.5	12.5	12.4	14.7	7.6
KT	−176.4	−129.0	−62.7	−50.8	−18.1	−6.2	−5.3
SK계열	−70.5	−51.6	−78.1	−62.2	−26.0	−10.5	−6.8
LGU+	−60.2	−37.0	−41.0	−21.6	−2.1	3.5	−6.8
IPTV 전체	−116.3	−87.3	−62.1	−46.7	−16.5	−5.2	−6.2
전체					0.3	4.7	1.8

주 1: 2015~2017년간 전체 영업이익율에는 독립 SO값이 포함되지 않음.
주 2: 통신3사의 IPTV 영업이익율에서 2014년 이전 값과 2015년 이후 값에서 일관성이 없다. 2015년 이후 자료는 사업자가 보내준 공식적인 자료이고, 2014년 이전에는 재산상황을 공표할 의무가 없어 보고서의 작성자가 입수한 자료임.

는 상황에서 가입자를 유지하거나 모집하기 위해서 방송수신료를 인하한 것으로 보인다. SO는 가입자를 유지해야 홈쇼핑송출수수료나 광고수입을 확보할 수 있기 때문이다. SO의 가입자매출이 2012년 이후 감소하였으나 방송수신료에 비해서는 느리게 감소하였는데, 이는 설치비와 기기임대료를 조금씩 인상하였기 때문이다. SO의 방송사업매출은 2013년 이후 느리게 감소하지만, 감소 속도는 가입자매출에 비해서 느리다. 이는 홈쇼핑송출수수료가 이 기간에 증가했음을 의미한다(〈표 12-7〉 참조).

　IPTV의 방송수신료는 2012년의 11,204원에서 2017년의 12,197원으로 천천히 증가하였다. 그리고 IPTV의 가입자매출과 방송사업매출도 증가하였는데, 방송사업매출의 증가 속도가 가장 빠르다. IPTV도 홈쇼핑송출수수료의 증가가 있었음을 의미한다. 요약하면 케이블TV 사업자의 수익이 악화되고 있고, IPTV의 수익이 증가되고 있음을 보여준다. 케이블TV와 IPTV 간의 경쟁에서 IPTV가 이기고 있음을 보여준다(〈표 12-7〉 참조).

표 12-7 유료방송사의 월간 ARPU

(단위: 원)

연도	방송사업매출			가입자매출			방송수신료		
	평균	SO	IPTV	평균	SO	IPTV	평균	SO	IPTV
2012	13,580	13,052	14,598	9,476	8,351	11,619	8,306	6,804	11,204
2013	13,854	13,425	14,515	9,666	8,421	11,584	8,393	6,581	11,181
2014	13,886	13,323	14,591	9,710	8,115	11,707	8,356	6,046	11,250
2015	14,154	13,284	15,132	9,862	7,871	12,612	8,366	5,350	11,905
2016	14,799	13,090	16,687	10,117	7,598	13,218	8,304	5,071	11,829
2017	15,244	12,718	17,914	10,336	7,337	13,793	8,465	4,942	12,197

출처: 방송통신위원회의 「경쟁상황평가 보고서」 각년도.
　주: IPTV의 경우 2012~2014년간의 자료는 IPTV와 위성방송의 평균값이고, 2015년 이후는 IPTV의 평균값임.

지역별 유료방송 시장의 경우, HHI가 경쟁적이지 않은 수준이고 특히 2017년에 12개 구역에서는 1위 사업자의 점유율이 50%를 상회하여 지속적인 관찰이 필요하다. 전국으로 보면 IPTV의 점유율이 증가하고, SO점유율이 하락하면서 HHI가 경쟁적이지 않은 수준으로 높아졌다. 결합 상품에서 우위가 있는 IPTV 가입자수가 증가하면서 유료방송 시장이 경쟁적이지 않게 된 것이다. MSO들이 시장을 떠나면서 IPTV 3사 위주로 유료방송 시장이 재편되는 것이 바람직하지 않을 수 있다.

5) 유료방송 서비스에 OTT와 VOD의 영향

OTT 동영상 서비스 시장이 빠르게 성장하고 있으나, 유료방송 서비스에 대한 대체관계는 아직 높지 않은 것으로 추정된다. 유료방송 서비스의 낮은 가격, 상품특성 차이 등으로 미국과 같은 코드커팅 현상은 나타나지 않는 모습이나, OTT 서비스 이용이 빠르게 증가하고 있어 대체성이 높아질 가능성이 존재한다. 유료방송 사업자와의 제휴, 한국 콘텐츠 확보 등을 통해 넷플릭스(Netflix)의 가입자규모가 빠르게 증가하고 있다. OTT 서비스와 유료방송 서비스 간 유사성 인식 증가, 젊은 층의 동영상 시청 패턴, 1인가구의 증가, OTT 서비스 간 경쟁 증가로 인한 서비스 품질 개선 등을 고려할 때, OTT 서비스가 유료방송 시장 경쟁에 미치는 영향은 증가할 것으로 판단된다.

유료방송 사업자의 VOD매출이 지속적으로 증가하고 있다. 그러나 VOD의 성장률은 둔화하고 있으며, ARPU 또한 감소하였다. OTT 서비스 이용률이 증가하고 있으며, 기술의 발달과 사업자 간의 제휴 등을 통해 TV를 통한 OTT 서비스 이용 편의성이 증가하고 있어 유료방송 서비스 VOD와 OTT VOD 간 경쟁이 증가할 것으로 보인다. VOD 시청시간과 실시간 방송 시청시간 간 관계는 여전히 복합적인 것으로 보인다. VOD를 통해 못 본 방송을 따라잡거나 새로운 프로그램을 발견하고, 이후 실시간 채널을 통해 시청하는 등 VOD와 실시간방송 간 대체관계 뿐만 아니라 보완관계 또한 나타나고 있는 것으로 보인다. 유

료방송 서비스를 선택할 때 VOD 콘텐츠의 품질과 요금이 중요한 고려요소 중
하나로 작용할 수 있어 VOD가 유료방송 플랫폼 간 경쟁에 중요한 영향을 미칠
가능성이 있다.

4 방송 채널 거래 시장 경쟁상황 분석

1) 시장의 특징과 시장획정

방송 채널 거래 시장은 유료방송 플랫폼 사업자(수요자)와 방송 채널(공급자)
사이에 방송 채널의 송신권(상품)이 거래되거나 그 대가가 결정되는 도매 시장
이다. 유료방송 플랫폼이 자신의 서비스 이용자(유료방송 서비스 가입자)에 대한
접근권을 방송 채널에 제공해주는 측면도 동시에 존재한다.

유료방송 채널 거래 시장에서 채널 송신권의 수요자인 유료방송 플랫폼 입
장에서 볼 때 유료방송 채널을 지상파 채널 등의 여타 채널로 대체하는 것은
현실적으로 가능하지 않아 보이는 반면, 유료방송 채널 사이의 수요대체성은
여전히 높아 보여 전체 유료방송 채널 시장을 하나의 상품 시장으로 획정하였
다. 공급자(유료방송 채널)와 수요자(유료방송 플랫폼 사업자)의 지리적 위치가 상품
(유료방송 채널 송신권)의 거래를 제약하거나 일부 사업자에게 유리하게 작용하지
않아 지리적 시장은 전국 시장으로 획정하였다.

지상파방송 채널 재송신권 거래 시장에서 지상파방송3사(KBS2, MBC, SBS)
채널 사이의 수요대체성이 낮아, 이들 채널 각각이 개별적인 지상파방송 채널
재송신권 거래 시장을 형성하고 있다고 획정하였다. 지상파방송 채널의 역외
재송신이 금지되어 있어, 원칙적으로 지상파방송 재송신권협상은 지역 지상파
방송 사업자와 해당 지역에 유료방송 서비스를 공급하는 플랫폼 사이로 제한됨
에 따라 지리적 시장은 지역 시장으로 획정하였다.

표 12-8	방송 채널 거래 시장 획정의 변화			
연도	지상파 채널 재전송권 거래		유료방송 채널 거래	
	상품 시장	지리적 시장	상품 시장	지리적 시장
2012-2018	KBS2, MBC, SBS 각각의 시장	지역	전체 단일	전국

출처: 방통위의 「방송실태조사보고서」 각년도.

2) 유료방송 채널 거래 시장

(1) 시장구조

　　유료방송 채널 거래 시장에서의 공급측면의 시장구조는 CR1,[7] CR3, HHI측
면에서 보아 경쟁적이었고, 또한 2010년 이후 점차적으로 보다 경쟁적인 구조
로 변하였다. 이 시장에서 1위 사업자는 CJ계열 MPP이고, 2위와 3위 사업자는
MBC계열과 SBS계열이다. 다만 2011년과 2012년만 시청률측면에서 2위 사업자
로 t-broad계열이 점유한 바가 있다. 유료방송 채널의 공급 집중도는 과도하
지 않지만, 높지 않은 시장점유율을 갖고도 시장지배력을 행사할 수 있는 가능
성을 완전히 배제할 수는 없다(〈표 12-9〉 참조). MSP(SO와 PP를 동시에 보유한 사업
자)계열 PP와 비MSP PP에 대한 유료방송 플랫폼의 차별적인 편성이 일어날 수
있다. 유료방송 플랫폼과 PP 간 수직적 결합으로 불공정행위가 일어날 수 있
다.[8] 시청률 상위 30개 유료방송 채널 중 유료방송 플랫폼과 수직적으로 결합
되어 있는 채널의 수는 2012년에는 13개였고, 이후 약간 감소하여 2017년에는
10개였다. 시청률 기준 상위 30개 내에 있는 채널을 가장 많이 보유하고 있는
CJ계열 채널은 2012~2017년간 6~7개로 가장 큰 비중을 차지하였다. 그리고 지
상파방송사와 계열 PP 사이의 프로그램 거래에서 공정하지 않은 거래가 일어

---

7) 독점규제 및 공정거래에 관한 법률(공정거래법)에서는 상위업체 1개의 시장점유율(CR1)이
   50%를 넘거나 상위 3개사의 시장점유율 합계(CR3)가 70%를 넘으면 시장지배적 사업자로 규
   정하고 있다. CR1·CR3 기준을 폐지하고 HHI 기준을 도입하려는 움직임이 있다.
8) 이 이슈를 18장에서 자세히 다룬다.

표 12-9		일반 PP의 시장구조					
연도	일반 PP수	방송 프로그램 제공 매출액 기준			시청률 기준		
		CR1(%)	CR3(%)	HHI	CR1(%)	CR3(%)	HHI
2010	179	31.1	52.6	1,228			1,031
2011	178	29.9	44.9	1,150	21.7	42.3	945
2012	180	37.2	50.5	1,589	18.7	35.5	737
2013	188	34.8	47.3	1,411	16.0	32.3	682
2014	193	32.9	45.3	1,291	15.2	32.1	716
2015	191	30.2	42.9	1,134	13.9	31.6	656
2016	164	29.3	41.5	1,081	14.0	32.0	655
2017	169	29.4	41.5	1,078	14.8	35.1	693

출처: 방통위의 「방송실태조사보고서」 각년도.

날 가능성이 있다.

(2) 시장행위

유료방송 채널의 주요 수입원은 방송 광고매출액과 유료방송 플랫폼으로부터 채널전송 대가로 받는 수신료매출액으로 구성된다. 일반 PP의 방송사업매출액에서 광고매출액이 가장 큰 비중을 차지하고 있고, 채널 전송 대가로 받는 수신료매출액이 그 다음을 차지하고 있고 있다. 방송 사업매출에서 광고매출의 비중은 2010년의 72.2%에서 지속적으로 감소하여 2017년에 48.9%로 감소하였다. 방송 사업매출에서 방송수신료의 비중은 2011년의 21%에서 조금 증가하여 2018년에는 23.4%를 차지하였다(〈표 12-10〉 참조). 방송 사업매출에서 광고와 수신료매출이외에 협찬, 프로그램 판매, 행사 등이 있다. 2017년의 경우 방송 사업매출에서 협찬의 비중이 12.7%, 프로그램 판매가 6.9%, 행사가 2.3%, 기타 방송이 5.6% 차지하였다.

표 12-10	일반 PP의 방송 사업수익				

연도	방송수신료		방송 광고		합계 (억원)
	금액(억원)	구성비(%)	금액(억원)	구성비(%)	
2010	3,734	27.8	9,680	72.2	13,414
2011	3,895	21.0	11,468	61.8	18,553
2012	5,011	22.4	12,484	55.8	22,366
2013	5,671	24.2	12,360	52.7	23,432
2014	6,106	24.5	12,102	48.5	24,950
2015	6,542	23.3	13,475	48.0	28,082
2016	6,670	23.4	13,404	47.0	28,496
2017	6,994	23.4	14,654	48.9	29,937

출처: 방통위의 「방송실태조사보고서」 각년도.

　　유료방송 채널 도매 거래 시장에서는 수요자인 유료방송 플랫폼을 상대로 한 공급자(유료방송 채널)는 가격(채널 제공 대가) 경쟁보다는 품질 경쟁을 주로 한다. 일반적으로 방송 채널의 품질은 제작비를 많이 투입할수록 높아진다. 유료방송 채널 중에서 제작비를 가장 많이 지출하는 사업자는 CJ계열 PP이다. CJ계열 PP의 제작비를 보면 2012년에 5,894억 원으로 최고를 기록한 이후 빠르게 감소하다가 2015년 이후에 대체로 비슷한 수준을 유지하고 있다. 지상파3사계열의 각 MPP는 연간 제작비로 575억~1,211억 원씩 투입하는데, 2011년 이후 제작비를 축소하거나 전년과 비슷한 수준을 유지하였다. 종합편성 채널사들은 방송을 시작한 2012년 이후 매년 419억~1,745억 원씩 매년 투입하였는데, 제작비 투입액은 매년 약간씩 바뀌고 있다. 종합편성 채널사 중에서 중앙계열 MPP가 가장 많은 제작비를 투입하고 있다. 티브로드계열의 MPP는 매년 531억~590억 원의 제작비를 투입하고 있고, 딜라이브계열의 MPP는 매년 238억~340억 원의 제작비를 투입하고 있다(〈표 12-11〉 참조).

| 표 12-11 | 주요 MPP의 방송 프로그램 제작비 추이 |

(단위: 십억 원)

구분	2011년	2012년	2013년	2014년	2015년	2016년	2017년
CJ계열	414	589	407	420	334	348	350
티브로드	57	53	59	57	56	52	61
KBS계열	68	112	74	74	80	83	90
MBC계열	42	72	67	57	73	73	63
SBS계열	108	121	117	116	102	74	80
중앙계열	19	116	175	112	110	148	135
조선계열	6	91	73	45	48	59	81
동아계열	10	64	49	49	60	72	87
매경계열	11	77	50	42	52	64	64
딜라이브계열		34	24	26	27	27	33
일반PP 합계	1,021	1,598	1,383	1,262	1,212	1,276	1,288

출처: 「2018방송 시장 경쟁상황 분석」의 366쪽.

수요자인 유료방송 플랫폼이 자사의 가입자에 대한 접근권과 대응구매력을 바탕으로 공급자인 유료방송 채널에 대해 상당한 수준의 협상력을 보유하고 있을 가능성이 높다. 유료방송 채널의 전체 매출액 중 방송 광고 및 협찬매출액이 차지하는 비중이 여전히 상당하다(2017년 기준 61.6%). 유료방송 플랫폼의 채널 편성 여부 및 티어 위치가 광고매출에 매우 중요하게 작용한다. 반면에 유료방송 플랫폼 사업자 간 가입자 확보 경쟁이 치열해지면서 경쟁 우위 확보를 위한 주요 콘텐츠 확보의 중요성이 높아짐에 따라 인기 유료방송 채널의 협상력이 강화될 가능성도 존재한다. 소비자를 대상으로 이용 중인 플랫폼에서 특정 사업자의 채널군이 편성에서 완전히 제외될 경우 해당 채널군이 제공되는 플랫폼으로의 전환 의향을 조사한 설문결과에 따르면 CJ계열 채널 전체를 제외할 경우에 응답자의 50.6%(2018년)가 해당 채널 제공 플랫폼으로 전환 의사를 밝혔다. 지상파계열 유료방송 채널 제외 시 전환의사는 2018년에 KBS계열 29.0%, MBC계열 29.4%, SBS계열 29.0%였다.

(3) 시장성과와 소결

일반 PP의 전체 사업 영업이익율이 전체적으로 매우 낮은 수준이다. 일반 PP의 영업이익율이 2012~2014년간 적자를 보였는데, 이는 종합편성채널이 방송을 시작하면서 사업초기에 큰 폭은 영업적자를 기록하였기 때문이다. 방송 프로그램제공매출액 기준 상위 사업자인 CJ계열, MBC계열, SBS계열 PP의 영업이익율을 보면, MBC계열의 영업이익율이 높은 편이고, SBS계열의 영업이익율이 낮은 편이다. 2010년 이후 추세를 보면, MBC계열과 CJ계열의 영업이익율은 대체로 감소추세에 있고, SBS계열은 등락을 반복하고 있다(〈표 12−12〉참조). 따라서 일반 PP들은 영업이익율 수준만 고려하면 이들이 시장지배력을 행사하여 초과이윤을 획득하고 있다고 보기는 어렵다. 하지만, 이 영업이익율 자료에는 비방송 사업 부문이 포함되어 있으므로 해석에 주의가 필요하다.

표 12-12 일반 PP의 영업이익율

(단위: %)

연도	2010	2011	2012	2013	2014	2015	2016	2017
전체 일반 PP	3.5	1.3	−3.9	−3.1	−1.9	1.5	1.0	2.9
종편제외 일반 PP		3.4	2.4	1.5	0.5	2.8	1.9	3.1
CJ계열	7.1	6.8	5.1	2.6	−0.4	5.2	2.9	5.4
MBC계열	8.4	11.3	5.6	10.4	13.3	8.6	1.3	2.4
SBS계열	3.6	2.8	1.7	3.9	5.4	4.5	2.0	−2.4

출처: 방통위의 「방송실태조사보고서」 각년도.

전반적으로 공급측(유료방송 채널)의 경쟁제한 가능성은 높아 보이지 않는다. 가입자 접근권과 대규모 구매력을 바탕으로 수요자인 유료방송 플랫폼이 공급자인 PP에게 상당한 수준의 협상력을 갖고 이를 행사하고 있을 가능성이 있다. 한편, 유료방송 플랫폼 간 핵심 콘텐츠 확보 경쟁 증가와 유료방송 가입자가 인식하는 유료방송 채널의 중요성 증가 등으로 공급자인 유료방송 채널의 협상력이 높아졌을 가능성이 있다.

3) 지상파 채널 재전송권 거래

위성 및 IPTV 사업자 시장 진입 이후 지상파방송 채널 재전송권 거래 시장이 본격적으로 형성되었다. 공급자인 지상파방송 채널과 수요자인 유료방송 플랫폼 사이에 지상파 채널 재전송권 대가의 지급여부와 수준에 대한 분쟁이 지속적으로 발생하고 있다. 지상파방송 광고 시장 축소에 따른 매출액 감소분이 방송 프로그램판매 증가 등을 통해서 일정부분 보전되고 있는 상황이다.

(1) 시장구조

지상파방송3사 채널의 필수재적 성격으로 채널 각각이 재송신권 시장을 형성함에 따라 시장집중도는 매우 높은 100%이다. 100%는 시장획정결과에 따른 것이다. 수요자인 유료방송 플랫폼 입장에서 개별 지상파3사 채널 각각을 여타 채널과 대체하는 것이 현실적으로 가능하지 않아, 각각의 채널을 별도의 시장으로 획정하였다. 지상파방송 사업을 하기 위해서는 물리적으로는 전파자원의 희소성이라는 진입장벽이 존재하며 제도적으로는 지상파방송 사업 허가제라는 진입장벽이 존재한다. 공급과 수요측면 모두의 집중도가 높아 양측에서 모두 경쟁제한적 행위 발생 가능성이 높으며, 이로 인해 시청자의 피해가 발생할 가능성이 있다.

(2) 시장행위

방송 채널 간 경쟁은 요금 경쟁보다는 품질 경쟁 위주로 이루어지고 있다. 방송 광고 시장에서 경쟁력을 획득하기 위해 방송 프로그램의 수직·수평적 차별화 등의 방법으로 방송 채널 사이의 품질 경쟁이 이루어지고 있다. 지상파방송3사 채널 간 방송 프로그램 차별화 등으로 시청률 경쟁이 치열하며, 아직까지는 유료방송 상위 채널 시청률과 상당한 격차가 존재한다. 유료방송 플랫폼 간 경쟁 활성화로 핵심 콘텐츠 확보가 더욱 중요해짐에 따라서, 플랫폼측에 대한 지상파측의 협상력이 높아질 가능성이 있다.

반면에 일부 대형 유료방송 플랫폼(수요자)은 지상파측 광고매출에 대한 기여와 대량구매 등을 통해서 지상파방송3사(공급자)에 대해 협상력을 보유하고 행사할 가능성이 있다. 2018년에 55개 방송 광고주를 대상으로 설문조사한 결과에 따르면, 특정 지상파방송 채널의 재송신이 전체 SO에서 중단될 경우, 광고주는 해당 지상파방송 채널에 집행하고 있는 방송 광고 지출액 전체 규모의 35.5%를 삭감하겠다고 응답하였다. 또한, 지상파 채널에 대한 최종 수요자(유료방송이용자)의 선호가 감소하고 있는 것은 사실이나, 지상파방송3사 채널의 재송신을 중단할 때, 가입자 이탈에 따른 플랫폼측의 매출 손실규모가 여전히 상당할 수도 있어 플랫폼측의 협상력이 제한될 가능성이 있다.

(3) 시장성과와 소결

재송신권 거래의 대가로 인해 발생한 재송신권 제공 매출액규모의 파악할 수 있다. 유료방송 플랫폼 사업자가 지상파TV방송 채널 재송신의 대가로 지상파방송3사와 지역 지상파방송사에게 지급하는 재송신 대가규모는 2011년의 345억 원에서 2017년의 2,539억 원으로 증가하여 6년간 연평균 33.3%씩 증가하였다. 지상파방송사의 방송매출에서 재송신매출이 차지하는 비율은 2011년의 0.9%에서 2017년에는 6.9%가 되었다(〈표 12-13〉 참조). 디지털 가입자 증가와 1인당 재송신 대가(CPS[9]) 인상 등으로 지상파방송 채널 재송신 매출액규모는 성장세를 유지하고 있다. 디지털 가입자당 재송신료가 부과되는 CPS방식이 일반적인 계약방식임을 고려할 때 SO의 디지털 가입자와 IPTV 가입자가 증가하게 되면 재송신매출규모가 증가할 가능성이 높다. 방송 채널 간 경쟁 증가로

---

[9] CPS(Cost Per Subscriber)는 지상파의 가입자당 재송신료.

인한 방송 광고매출액 감소 등으로 지상파방송 사업자의 전체 사업 기준 영업
이익율은 전반적으로 양호하지 못한 상황이어서 수익성 개선을 위한 지상파방
송 사업자의 재송신 대가 인상 유인이 상당하다.

표 12-13	지상파방송 사업자별 재송신매출과 비중

(단위: 억원, %)

연도		2011	2012	2013	2014	2015	2016	2017	CAGR
재송신 매출	KBS	210	208	428	501	532	823	877	23.8
	MBC	40	146	411	400	384	586	671	47.0
	SBS	70	123	265	264	284	532	605	35.9
	지역 MBC	11	37	107	262	163	175	197	48.1
	지역 민방	15	80	43	125	156	182	189	42.2
	합계	345	594	1,255	1,551	1,520	2,298	2,539	33.3
재송신매출/방송매출(%)		0.9	1.5	3.2	3.9	3.7	5.7	6.9	33.9

출처: 방통위의 「방송실태조사보고서」 각년도.

공급자인 지상파방송3사의 시장집중도가 높은 동시에, 수요자인 유료방송
플랫폼의 협상력 역시 상당해, 이들 양측이 모두 경쟁제한적인 행위를 함으로
써 방송 이용자가 피해를 입을 가능성이 있다. 공급자(지상파방송3사)는 방송 광
고매출액 감소 등으로 인한 수익성 악화를 해소하기 위해서 재송신 대가 수준
인상을 요구할 높은 유인을 갖는다. 반면, 가입자 확보 경쟁 심화, 유료방송 채
널에 대한 프로그램사용료 지급규모 확대 등으로 수요자(유료방송 플랫폼)의 재
송신료 수준 인상 여력은 제한적일 가능성이 있다.

5 **방송 프로그램 거래 시장(외주 제작프로그램 거래 시장)**

1) 시장의 특징과 시장획정

　　방송 프로그램 거래 시장은 방송 사업자가 자신의 방송 채널에 편성하거나 방송 플랫폼을 통해서 가입자들에게 제공할 방송 프로그램을 자체 제작, 외주 제작 또는 방영권 구매를 통해 획득하는 도매 시장이다. 자체 제작이나 방영권 구매 방식은 구조적으로 외주 제작과 다른 특성을 갖고 있고 이들을 외주 제작과 동일 시장으로 획정하는 것은 분석상의 실익이 없으므로, 방송 프로그램 거래 시장은 외주 제작방식을 중심으로 분석한다.

　　지상파방송사나 방송 채널사용 사업자는 외주 제작사에 방송 프로그램의 전부 또는 일부의 제작을 위탁함으로써 자신의 채널에 편성할 방송 프로그램을 획득한다. 외주 제작사를 통한 방송 프로그램 수급이 자체제작보다 효율적이기 때문에 전체 편성시간에서 외주 제작물 방영시간이 차지하는 비중이 높다. 지상파방송3사가 TV 프로그램 편성시간 대비 TV 외주 제작 프로그램 편성시간 비중은 대체로 40%가 조금 넘는데, 2011년 이후 연도별 변화 폭은 크지 않고,

표 12-14　지상파방송3사 TV 프로그램 편성시간 대비 TV 외주 제작 프로그램 편성시간 비중

(단위: %)

구분	2011	2012	2013	2014	2015	2016	2017
KBS 1TV	23.8	24.8	25.5	35.9	33.0	25.1	29.2
KBS 2TV	53.2	48.0	51.5	63.8	62.6	54.5	56.4
KBS 평균	38.4	36.1	37.4	48.9	46.7	39.1	42.2
MBC본사	47.7	51.10	54.1	54.4	48.6	45.9	42.8
SBS	50.5	51.5	54.1	54.4	48.6	45.9	42.8
평균	43.7	43.6	45.0	49.1	47.9	43.1	45.3

출처: 방통위의 「방송실태조사보고서」 각년도.

채널별로는 KBS 1TV가 가장 낮고, KBS 2TV가 가장 높다. 방송사별로는 별 차이를 보이지 않는다(〈표 12-14〉참조).

드라마·비드라마 장르 구분 없이 지상파방송용과 유료방송용 외주 제작 프로그램 시장 전체를 동일 상품 시장으로 획정한다. 지상파방송용 외주 제작과 유료방송용 외주 제작의 제작공정, 제공되는 프로그램 장르 등에서 큰 차이가 없으며 품질 차이도 줄어들고 있다. 그리고 드라마 외주 제작과 비드라마 외주 제작은 투입자금규모를 제외한다면 제작공정이나 투입요소 등에서 크게 다르지 않다. 수요자와 공급자의 지리적 위치가 방송 프로그램의 거래에 제약이나 이득으로 작용하지 않으므로 지리적 시장의 범위는 전국으로 획정한다.

2) 시장구조

케이블TV가 도입되기 이전에는 외주 제작 시장은 공급자(외주 제작사)는 많고, 반면에 수요의 대부분은 지상파방송3사가 차지하고 있었다. 케이블TV가 도입된 이후 PP들이 외주 제작의 수요자로 등장하였지만, PP의 매출액이 저조하여 프로그램을 제작하는 경우는 많지 않았다. CJ계열 PP들이 2006년 이후 프로그램의 외주 제작량을 늘렸고, 종합편성 채널이 2012년부터 본격적으로 방송함에 따라서 외주 제작의 수요가 증가하였다. 2015년 이후 외주 제작비 지출 상위 10대 사업자는 지상파방송3사와 계열 PP, CJ계열 PP, 종합편성4사 PP, EBS와 계열 PP, KT계열 PP로 구성되어 있고, 이들이 전체 지출액의 95.8% 이상을 차지하고 있다.

상위 3대 외주 제작프로그램 수요자는 여전히 지상파방송3사(계열 PP 포함)가 차지하고 있지만, 이들의 수요점유율은 2010년의 81.9%에서 2017년의 57.2%로 점차 감소하고 있다. 이는 지상파 지상파방송3사와 계열 PP들이 외주 제작비를 줄이고 있고, 동시에 CJ계열 PP와 종편계열 PP들이 외주 제작비를 늘렸기 때문이다. 외주 제작프로그램 시장에서의 수요점유율 기준 HHI는 2010년의 2,463에서 2017년의 1,441로 매년 감소하고 있다. 비지상파방송계열 MPP의

| 표 12-15 | 외주 제작 프로그램 시장에서 수요점유율(CR1, CR3)과 수요집중도(HHI) |

(단위: %)

구분	2010	2011	2012	2013	2014	2015	2016	2017
CR1	38.1	31.9	25.9	25.1	22.1	23.9	23.0	22.4
CR3	81.9	76.3	62.8	62.7	63.1	65.8	61.4	57.2
HHI	2,463	2,081	1,579	1,612	1,616	1,643	1,536	1,441

출처: 방통위의 「방송실태조사보고서」 각년도.

외주 제작비가 증가하고, 지상파계열의 외주 제작비가 감소하였기 때문인데, 특히 종합편성 PP가 진입하고 주요 MPP가 성장한 2011~2012년에 시장집중도가 급격히 하락하였다. 2017년에는 경쟁적 시장의 기준이 되는 1,500 미만으로 하락하였다(〈표 12-15〉 참조).

납품 실적이 있는 외주 제작사 중 1개 방송 프로그램을 납품한 비율이 50%에 가깝고, 연간 5개 이하의 방송 프로그램을 납품한 비율은 약 85%를 차지한

| 표 12-16 | 외주 제작 프로그램 납품수별 외주 제작사 수와 구성비 |

(단위: 개, %)

구분		2011	2012	2013	2014	2015	2016	2017
제작사 수	1개	243	277	288	259	301	383	379
	2-5개	170	210	214	195	240	304	258
	6-9개	38	41	62	48	58	40	54
	10-13개	17	16	25	25	11	15	18
	14-17개	4	5	11	9	7	4	12
	18개 이상	3	6	11	13	10	9	7
	합계	475	555	611	549	627	755	728
구성비 (%)	1개	51.2	49.9	47.1	47.2	48.0	50.7	52.1
	5개 이하	86.9	87.7	82.2	82.7	86.3	91.0	87.5
	10개 이상	5.1	4.9	7.7	8.6	4.5	3.7	5.1

출처: 방통위의 「방송실태조사보고서」 각년도, 합계와 구성비를 추가함.

다. 10개 이상의 방송 프로그램을 납품한 실적이 있는 외주 제작사는 5% 내외에 불과하다(〈표 12-16〉 참조). 따라서 외주 제작 시장에서 공급측면의 시장집중도는 높지 않을 것으로 추정된다. 외주 제작사가 제작하는 방송 프로그램 개수가 줄어들수록 각각의 방송 프로그램에 대한 계약 여부가 더욱 중요해질 수 있기 때문에, 수요자(방송사)의 협상력은 더욱 커지고 공급자(외주 제작사)의 협상력은 더 낮아질 수 있다.

3) 시장행위

높은 수요 집중도를 이용해서 공급자에 비해 수요자(특히 지상파방송3사)가 제작비 및 저작권 배분협상 등과 관련하여 우월적인 지위에 있고 이와 같은 지위를 남용할 가능성 대한 우려가 지속적으로 제기되었다. 외주 제작사 설문결과, 수요자(지상파방송사·PP)나 장르(드라마·비드라마) 구분 없이 방송사의 영향력이 더 큰 것으로 나타나고 있다. 반면 방송사측은 ① 외주 제작비 지급도 직간접 제작비용과 적정이윤을 고려해서 적정하게 이루어지고 있으며, ② 방송사측에서 방송 프로그램 제작비 대부분과 제작 및 방영과 관련된 다양한 리스크를 부담하는 상황 등을 고려할 때 저작권이 방송사에 귀속되는 것이 합리적이라는 입장이다.

4) 시장성과와 소결

외주 제작사는 상장사나 외감법인[10]이 적고, 방송 사업자가 아니기 때문에 회계자료를 공식적으로 입수하기 어렵다. 방송사의 성과를 파악하기 위해서 설문조사를 할 수밖에 없는 상황이다. 외주 제작사 중에서 방송부문의 영업이익이 흑자라고 응답한 비율은 2010년의 25.3%에서 2017년의 48%로 증가하였다

---

10) 주식회사 중 자산총액이 120억 원이 넘는 회사는 회계법인으로부터 의무적으로 회계감사를 받아야 하는데 이런 회사를 외감법인이라 한다.

표 12-17   외주 제작사의 방송 부문 영업이익 여부(설문조사결과)

(단위: %)

구분	2010	2011	2012	2013	2014	2015	2016	2017
흑자	25.3	26.8	43	37	29.7	37	33.7	48.0
적자	33.0	22.8	17	30	43.6	23	27.6	29.0
수지 균형	41.8	46.5	40	22	26.7	40	38.8	23.0

출처: 방통위의 「방송실태조사보고서」 각년도.
주: 각 년도 설문조사에서 외주 제작사들은 전년도의 영업이익에 대해서 응답함.

(〈표 12-17〉 참조). 이 결과는 외주 제작사의 경영 수지가 열악한 상황을 보여주고 있고, 그나마 경영 수지가 느린 속도로 개선되고 있음을 보여준다.

수요집중도가 완화되었지만, 외주 제작사들은 방송사의 협상력 우위가 강한 것으로 평가하고 있다. 실제로 외주 제작사의 영업이익 수지는 걱정될 수준이고, 현재의 상황은 개선되어야 한다. 불공정 경쟁 여부를 관찰할 필요가 있고, 수요집중도 완화가 계속되어야 하며, 공급측면에서도 외주 제작사 대형화나 공동협상 창구의 확보 같은 구조적인 변화도 필요하다.

참고문헌

방송통신위원회(2012.12), 「2012년도 방송시장 경쟁상황 평가」.

방송통신위원회(각년도), 「각 년도 방송시장 경쟁상황 평가」.

※ 각 년도는 2013년~2018년.

제13장 콘텐츠 거래 시장

1 방송 프로그램 거래 시장

시청자의 편익은 프로그램을 시청하는 데서 나온다. 이 프로그램을 제작하는 사업자나 프로그램을 채널로 만들어 제공하는 사업자는 대부분 영세하고 재정상태가 열악하다. 반면에 허가권과 하드웨어를 가지고 시청자 접근권을 보유한 플랫폼 사업자들은 대부분 규모가 크고 재정상태로 양호하다. 시청자들이 이용하는 것은 프로그램이라는 콘텐츠이지만, 콘텐츠 제작자보다는 콘텐츠 유통 사업자가 돈을 벌고 있다. 두 사업자 간에 프로그램의 거래가 공정하지 않을 것으로 추정된다. 경제학의 핵심인 수급상황으로 이러한 현상이 잘 설명된다. 유통 사업에는 진입장벽이 있으며, 유통 사업자는 시청자 접근권이라는 희소한 자원을 보유하고 있다. 반면에 프로그램을 제작하는 데에는 진입장벽이 없으며 프로그램 제작자의 수가 매우 많기 때문이다. 제공하는 프로그램이 타 사업자의 그것과 확연히 차이가 날 경우에는 돈을 벌 수 있다. 차별화된 프로그램에는 지대가 발생하기 때문이다. 이 장에서는 프로그램과 채널이 거래되는 시장을 분석한다.

1) 방송 프로그램 거래 시장의 특징

(1) 공급측면에서 독점적 경쟁 시장

문화 콘텐츠를 공급하는 산업은 진입제한이 없어 경쟁적이고, 문화 콘텐츠 별로 품질이 달라서 차별화된다. 방송 프로그램, 영화, 음악과 같은 문화 콘텐츠의 경우 개별 제품별로 차이가 난다. 경제학에서는 진입장벽이 없고, 공급자별로 제품이 차별화되는 시장을 독점적 경쟁 시장(monopolistic competition)이라고 한다. 독점적 경쟁 시장에서 공급자는 일정 수준의 독점적 영향력을 갖는다. 공급자는 마켓파워를 갖기 때문에 가격 수용자(price taker)가 아닌 가격 설정자(price setter)가 될 수 있다.

독점적 경쟁 시장인 프로그램 제작 시장에서 제작사가 안정적인 경영성과를 내기 위해서는 대형화가 필요하다. 시청자의 선호를 예측하기 어려운 위험으로 인해서 연간 한 두 개의 프로그램을 제작하는 소형 제작사의 성과는 해마다 상당히 달라진다. 그러나 연간 수십개의 프로그램을 제작하는 대형 제작사의 경우 위험이 내부에서 분산되기 때문에 비교적 안정적인 경영성과를 낼 수 있다. 그리고 프로그램 제작사들은 비용과 위험부담을 줄이기 위해서 제작에 필요한 모든 요소를 내부에서 보유하지 않는다. 프로그램 제작자들은 일부 투입요소만 내부적으로 보유하고, 그 보다 더 많은 투입요소를 외부에서 조달한다. 제작사들은 배우, 감독, 작가, 스태프, 설비와 장비, 특수효과 기술 등을 내부에서 보유하는 데 따르는 비용과 위험을 감당할 수 없다.

(2) 프로그램 시장에서 수요 과점

지상파방송사만 존재하던 시절에는 지상파방송3사가 방송 프로그램을 구매하므로 수요가 과점상태에 놓여 있었다. 유료방송이 발달한 현재 200개가 넘는 채널이 프로그램을 필요로 하므로 프로그램의 수요는 경쟁적이라고 할 수 있다. 그러나 고비용이 투입되는 고품질의 오락이나 드라마 프로그램을 구매하는 사업자는 지상파방송3사에 tvN과 종편 채널 4사만이 추가되어서 이전보다 수요자가 증가하였지만 여전히 수요자가 소수인 과점이라고 볼 수 있다. 방송 프로그램은 방송 채널의 입장에서는 생산요소이므로, 이 경우를 설명하려면 생산요소 시장에서 수요 과점이론을 적용하면 된다. 과점은 완전 경쟁과 독점의 중간상태인데, 과점 시장에서 균형 수량과 가격은 독점과 유사하게 결정된다.

수요독점자는 방송 프로그램을 얼마나 구매할 것인가를 결정하는 데 다음과 같은 과정을 거치게 된다. 우선 방송사가 프로그램을 추가로 한 개 구매할 때 드는 비용이 얼마이며 또한 추가로 한 개의 프로그램을 구매할 때 벌어들이는 수입이 얼마인가를 계산하여, 추가적인 수입이 추가적인 비용보다 더 큰 한 프로그램 구매를 계속 증가시킬 것이다. 결국 양자가 같아져 추가적인 생산요소의 고용이 순이익 증가에 아무런 기여를 할 수 없는 선에서 프로그램 구매량을 결정하게 된다.

그림 13-1   수요 과점 시장

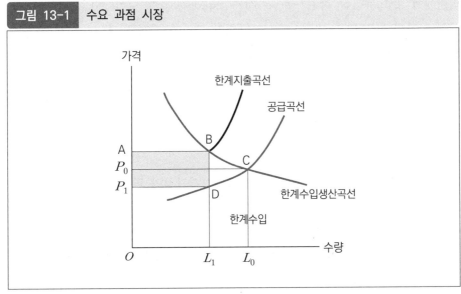

출처: 이준구(1995, 484쪽).

위 [그림 13-1]을 이용하여 수요독점자의 행동을 설명한다. 수요독점자의 경우 시장공급곡선이 바로 그 자신이 직면하고 있는 공급곡선이 되며, 따라서 일반적으로 우상향(右上向)하는 모양을 갖는다. 프로그램의 공급곡선은 수요자의 입장에서는 평균지출곡선인데, 이 공급곡선이 우상향할 경우 한계지출곡선은 그것보다 위쪽에 자리하게 된다. 공급자가 프로그램 구매량을 늘릴 때 생기는 추가적인 수입은 한계수입생산곡선인데, 이는 통상 우하향한다. 프로그램의 이용량은 한계지출곡선과 한계수입곡선이 교차하는 수준에서 결정된다.[1]

이 그림에서 수요독점적인 프로그램 시장에서 균형 프로그램량은 L_1이고 프로그램의 가격은 P_1에서 결정된다. 만약 이 시장이 완전경쟁적이었으면 균형은 수요곡선과 공급곡선이 교차하는 C점에서 생겼을 것이고 이때의 이용량과 가격은 각각 L_0, P_0이었을 것이다. 수요독점의 존재로 프로그램의 구매량과 가격이 완전 경쟁 시장의 경우보다 모두 작아졌다. 이 상황에서 수요독점자가 지불하는 프로그램가격 P_1은 프로그램에 대해서 가지는 한계가치보다 작다는 의미에서 '수요독점적 착취'(monopsonistic expeditation)가 일어났다고 말하며, 빗금친 사각형 $ABDP_1$의 면적으로 그 착취의 크기를 재게 된다. 수요 독점이 아닌 과점인 경우에는 독점인 경우보다 착취의 크기가 작을 것이다.

2) 프로그램의 가격결정[2]

(1) 프로그램가격결정의 원리

프로그램의 가격은 경제학에서 말하는 가격결정의 원리(수요와 공급이 균형을 이루는 수준에서 가격이 결정된다)가 적어도 단기적으로는 적용되지 않는다. 프로그램의 수요자가 소수이고, 프로그램은 동질적인 재화가 아니라 차별화된 재화이고, 보다 결정적인 요인은 완성품을 매매하기보다는 주문 제작의 형태에 가까

---

1) 수요독점이론은 이준구(1995, 483~489쪽)를 인용하면서 정리하였다.
2) 이 부분은 박소라(2011)의 80~82쪽의 내용을 인용하면서 부분적으로 가필함.

운 외주 제작인 경우가 많기 때문이다.[3] 지상파방송사와 PP들이 국내에서 프로
그램을 조달할 경우 완성품을 구매하기보다는 프로그램의 기획 단계부터 구매
자인 방송사가 참여하는 외주 제작의 형태로 프로그램을 구매하는 것이 일반적
이다. 드라마의 경우에는 외주 제작의 형태를 띠는 것이 일반적이고, 가끔 방송
사와 사전에 협의하지 않고 완성품을 사전 제작하여 판매하는 경우가 있다. 예
능 프로그램과 다큐멘터리의 경우 대부분 지상파방송사나 PP가 기획한 프로그
램의 하청 제작을 독립 제작사들이 하고 있다.

프로그램의 가격은 프로그램의 제작사의 유보가격과 지상파 네트워크의 기
대수익이 만나는 지점에서 결정되는데, 프로그램의 품질이나 가치는 표준화되
기 어렵기 때문에 협상력에 따라 가격이 달라진다(Besen et al., 1984). 프로그램
제작사는 제작에 든 비용(이것이 프로그램의 유보가격)을 충당할 수 있어야 제작을
하게 된다. 한편 방송사가 지불할 수 있는 최대가격은 그 프로그램이 벌어다
줄 수 있는 총 기대수익이다.

가격에 영향을 줄 수 있는 다른 요소들로는 저작권과 위험의 부담 등이 있
다. 후속 시장에서의 판권이나 프로그램 내의 캐릭터에 대한 사용권 등 많은
권한을 살수록 가격은 높아진다. 위험 또한 가격에 영향을 미친다. 미래에 수익
을 기대한다면 현재의 위험을 감수하고라도 가격을 더 지불하여 판권을 더 구
입하자고 할 것이고 위험을 회피하고자 한다면 지금 필요한 방송권만 구입할
수도 있다(Besen et al., 1984, 96). 즉, 프로그램 구매결정을 기회비용(opportunity
cost)으로 설명할 수 있다. 여기서 기회비용이란 프로그램을 구매하지 않을 경

---

3) 프로그램의 제작과 배급을 함께 설명하면서 다음과 같이 설명하는 경우가 있다;
   경제학에서 한계비용과 한계수입이 같아지는 지점에서 균형가격과 수량이 결정되는데, 방송
   프로그램의 비경합성으로 인해 한계비용이 거의 0에 가깝다. 따라서 방송 프로그램의 가격은
   무료로 제공되어야 경제학에서의 균형에 도달한다. 방송 프로그램을 유료로 제공하는 것은 시
   장 원리는 어기는 것이며, 광고수입을 재원으로 하는 것이 바람직하다.
   그러나 위 내용은 방송 프로그램을 시청자에게 배급할 경우에 적용되는 내용이다. 프로그램의
   제작자와 공급자 간의 거래에서는 위의 내용이 적용되지 않는데, 이 거래에서는 방송 프로그
   램의 비경합성이 영향을 받지 않기 때문이다. 다만 방송 프로그램의 저작권을 보유한 사업자
   가 이윤의 극대화를 꾀하기 위해서는 이러한 비경합성을 잘 활용해야 한다. 방송 프로그램의
   비경합성으로 인해서 시간별 가격차별화 전략인 창구화 전략을 사용할 수 있고, 지역별 차별
   화 전략인 글로벌 유통을 하게 된다.

우 예측되는 기대수익 감소와 프로그램을 샀을 경우에 기대되는 수익간의 차액을 말한다.

프로그램 가격결정의 범위가 매우 넓고, 가격결정을 지상파방송사가 주도하는 경우가 많다. 미국에서도 방송 프로그램을 구매할 때에 지상파방송사들이 독점력을 행사하여 부당한 가격을 지불한다는 주장(Londoner, 1985; Litman, 1979)과 위험에 대한 보상분배로 설명하는 입장(Woodbury, Besen & Fournier, 1983; Fisher, 1991; Owen & Wildman, 1992)으로 대비되어 왔다.

불균형한 거래당사자 간의 계약관계에 대한 모델을 클라인(Klein, 1980)이 비교적 잘 제시하고 있다. 클라인에 의하면 겉으로 보기에는 부당하고 일방적인 계약관계들도 사실은 계약 위반 사태를 최소화하려는 기제(mechanism)라는 것이다. 그리고 계약할 때 계약서에 명시되어있지 않더라도 장기적인 관계일 경우에는 실제 성과에 대한 보상을 할 수밖에 없는데, 그 이유는 시장에 있는 다른 행위자들과도 미래에 거래를 해야 하기 때문이다. 즉, 한번 신뢰도가 떨어지면 차후 계약에 비용이 더 들게 되는 것이다. 시장 원리가 작동하고 있는 미국의 방송 산업에 클리인의 모델을 적용한 우드베리, 베쓴, 포니어(Woodbury, Besen & Fournier, 1983)와 박소라(Park, 1996)의 연구들에 의하면 프로그램의 성과에 따라 방송사가 지불하는 가격이 계약조건과는 관계없이 조정된다는 것을 검증했다. 프로그램을 방송할 수 있는 지상파방송 출구는 한정되어 있지만 프로그램 시장 자체는 매우 경쟁적이며 진입이 쉽다. 그러나 인기 있는 프로그램의 경우 대체재가 없을 가능성이 높기 때문에 지상파 네트워크가 일방적으로 독점력을 행사할 수는 없다. 왜냐하면 채널 간 경쟁이 일어나기 때문에 가장 좋은 프로그램을 유치하기 위한 경쟁이 벌어진다.

따라서 겉보기에 불균형한 이런 관계는 독점력 행사보다는 위험부담을 누가 떠안느냐에 따라 보상체계가 달라지는 것으로 설명할 수 있다. 오웬과 와일드만(Owen & Wildman, 1992)에 의하면 위험을 누가 부담하느냐에 따라 사후 보상이 달라지는데, 방송사는 여러 프로그램에 걸쳐 위험을 분산할 수 있기 때문에 위험을 부담하는 대신 보상을 더 받으려는 경향이 있다. 위험을 견디는 능력은 기업마다 다르며, 위험에 비교적 대처를 잘하는 기업의 경우 위험을 부담하는 대신 이에 상응하는 보상을 기대한다. 베쓴 등(Besen et al., 1984)이 분석한 프로그램가격과 다양한 방송권 구입 간의 관계를 보면, 방송사가 판권을 어느 정도 구입하느냐에 따라 가격이 달라짐을 알 수 있다. 위험부담을 많이 안고 값을 더 지불하면, 성공했을 경우 추후 보상을 더 받게 되는 것이다. 공급자도 규모가 큰 경우에는 위험부담을 스스로 떠안고 방송권을 일부만 판매하고, 추후에 지역방송 신디케이션 시장에서 보상을 받는 경우도 있다(Park, 1996).

(2) 가격결정방식: 비용가산방식과 적자재정방식[4]

한국의 지상파방송사들은 외주 제작 초기에는 직접 제작비에 간접 제작비(통상 직접 제작비의 50%)를 더해 제작비를 주고 1차 저작권과 기타 저작권에 대한 권리를 전부 가졌다. 이를 비용가산(cost plus)방식이라고 하며 영국과 일본에서 주로 이용하는 방식이다. 비용가산 시스템에서는 방송사가 대개 제작비 전체를 해당하는 비용과 약간의 추가적인 비용이나 '이윤'을 지불하는 대신에, 제작사는 프로그램에 관한 일차적, 이차적, 기타 파생되는 모든 권한을 포기하는 것을 의미한다. 프로그램으로 발생하는 위험을 모두 방송사가 부담하고 대신 보상 역시 방송사의 몫이다. 방송사들은 구매한 프로그램으로부터 광고수익이 매우 적더라도 제작비를 지불해야 하고, 아무리 예상했던 수익에 비해 더 많이 벌어들여도 대가를 더 지불하지 않는다.

미국의 지상파방송사는 제작사에게 제작비의 80% 내외를 지불하면서 1차 방영권을 구매하고 이후의 판권은 제작사가 모두 소유하는 적자재정방식을 이용한다. 미국에서 방송사들이 제작비를 밑도는 가격으로 프로그램을 구매하는 '적자재정'으로 구매하게 됨으로써, 새로운 프로그램 개발을 위한 재정적 위험을 제작사가 대부분 부담하게 된다. 동시에 미국의 제작사들은 자신이 제작한 프로그램에 관련된 모든 저작권을 보유하게 된다. 미국의 경우 제작사가 직접 펀드를 조성해 제작비를 모으고, 대신 1차 방영권만을 방송사에 넘겨 이 TV 시

---

4) 권호영(2015, 29~31쪽)을 인용하면서 일부 보완.

리즈가 성공했을 때 발생하는 수익을 제작사가 독점할 수 있다. 2차 방영이나 해외 배급을 통한 수익이 크기 때문에 TV 시리즈물 제작에 과감한 투자가 이루어지고, 할리우드 메이저 영화 스튜디오의 자본과 인력이 TV 시리즈물로 이동했다. 미국에서도 방송사가 판권을 많이 가져가는 경우가 있고, 이 경우 프로그램가격이 비싸지고, 이 프로그램이 성공할 때 얻어지는 보상을 제작사와 공유하게 된다. 이 경우 프로그램으로 발생하는 위험을 제작사와 방송사가 분담하게 된다.

한편, 한국에서는 2000년 전후로 외주 제작사들이 협찬 광고와 간접 광고를 통해서 수익을 챙기고 2차 저작권의 일부를 가지게 되었다. 지상파방송사는 제작사에 제작비의 일부만 지불하게 되었지만, 그럼에도 저작권은 이전처럼 대부분 가져가고 있다. 현재 한국의 프로그램 거래방식은 일본방식도 아니고 미국방식도 아닌 지상파방송사에 일방적으로 유리한 방식이다. 프로그램으로 발생하는 위험을 제작사와 방송사가 분담하는 방식이라는 면에서 미국식이지만, 저작권을 대부분 방송사가 가져간다는 측면에서는 일본식이기도 하다. 일본식과 미국식 중에서 방송사에게 유리한 방식을 취하고 있는 것이다.

한국의 방송사와 독립 제작사 간 거래에서는 수요 독점력을 가지고 있는 방송사에 유리한 계약이 체결되고 있다. 드라마가격은 제작비의 50~80% 수준에서 책정되면서 대부분의 판권을 방송사가 소유한다. 한국의 드라마 제작사들은 프로그램의 판권 대부분을 방송사에 넘겨주면서 제작비를 100% 받지 못하기 때문에, 프로그램 제작에 필요한 자금을 모으기 위해 해외 선판매와 투자자 모집 등의 활동을 한다. 이러한 자금 모집은 미국방식과 유사하다. 다큐멘터리나 예능 프로그램의 경우 방송사가 기획하고 제작사는 하청 제작을 맡고 있는데, 프로그램가격은 원가에 약간의 이윤을 더한 수준으로 결정된다. 이러한 가격과 판권의 거래 조건에서 드라마 제작사는 이윤을 남기기보다 손실을 입는 경우가 더 많았다. 이에 따라 2000년대 중후반에 많은 드라마 제작사들이 자본금을 잠식당해 매각되거나 폐업하였다.

진입장벽이 있는 수요 과점 기업과 진입이 자유로운 다수의 공급자 간에 가격을 포함한 불공정한 계약이 지속적으로 진행되고 있다. 규제기관을 이러한 행위가 일어나지 않도록 규제를 도입하거나 불공정한 행위자에게 벌칙을 부과할 필요가 있다. 그러나 한국의 규제기관은 이러한 법률적 조치보다는 강제성 없는 표준계약서를 도입하고 외주 제작 가이드라인을 만들었다.[5]

3) 방송 프로그램의 공급계약 유형[6]

한국에서 방송사와 외주 제작사 간의 프로그램 거래에서 프로그램의 저작권 귀속과 지급 대가의 적정성을 두고 오랫동안 갈등과 논의의 대상이 되었다. 이 문제가 해결되지 않는 원인으로 두 측면에서 설명할 수 있다. 하나는 수요자는 적고 공급자가 많은 시장구조적인 문제이다. 또 다른 하나는 방송사와 제작사간에 프로그램의 거래형태가 복잡하기 때문이다. 양자 간에 가장 많이 이루어지는 프로그램 제작형태는 공동제작의 형식을 띠고 있고, 이 경우에 저작권, 제작비 그리고 수익을 분배하는 비율을 결정하기 어렵게 된다. 만약 제작사가 프로그램의 방영권만을 판매할 경우에 저작권을 제작사가 가지게 되고, 방송사가 제작비 전액과 적정한 이윤을 덧붙여 지불하는 경우에 저작권을 방송사가 가지게 될 것이다. 그러나 이 경우에도 수요 과점적인 시장구조로 방영권이나 이윤이 방송사에 유리하게 결정될 가능성은 남는다.[7]

방송사와 제작사 간 거래가 공정하느냐의 여부는 창작의 기여도에 따라 저작권이 배분되는 지가 아니라, 제작에 따르는 위험을 부담하는 정도에 따라서 수익이 배분되는지에 따라 결정된다. 왜냐하면 저작권을 제작사가 가지더라도 적정한 제작비를 받지 못하는 경우에 제작사가 더 큰 손실을 입을 수 있기 때문이다. 그리고 법적으로도 방송 프로그램 공급계약의 도급계약과 유사하지만

---

5) 추가적인 내용은 5장의 마지막 부분을 보시오.

6) 이 절의 내용은 이용석·김정현(2017)을 요약하면서 부분적으로 보완하였다.

7) 이치형(2013)은 방송사와 제작사 간의 드라마 제작의 비용과 수익 분담을 사례를 분석한 다음과 같이 정리하였다. 현행 저작권계약 하에서 방송사는 상대적으로 낮은 위험에도 보상이 크고, 제작사는 높은 위험에도 불구하고 보상이 적다. 불공정으로 보이는 계약은 수요가 적으나 공급이 많은 시장에서 발생하는 일반적인 현상이다.

제작물공급계약의 성격을 가지고 있기 때문이다.[8] 이용석·김정현(2017)은 2010
년대에 이루어진 SBS 드라마의 계약서류를 열람하고, 드라마 외주계약에서 기
획의 주체, 제작 집행의 주체, 저작권 배분과 지급 제작비의 규모에 따라 계약
의 형태를 7가지로 분류하였다. 〈표 13-1〉에 제시된 7개 개별 계약방식을 각
각 간략히 살펴보자.

① 방영권계약하에서는 외주 제작사가 드라마를 기획·제작하고 방송사에
방영권만 판매한다. 드라마 제작에 따른 모든 위험을 제작사가 부담하고 저작
권도 보유하게 된다. 방영권은 제작비의 50% 이하(통상 30%)에서 거래된다. 제
작사는 외국 제작사와 공동 제작하거나 투자를 받는 경우 또는 성공할 가능성
이 높은 드라마의 경우에 이 방식을 사용한다. 그러나 방송사는 드라마가 흥행
에 성공할 경우에 수익을 공유할 수 없으므로 기피하는 방식이다. 방영권을 계
약한 드라마로는 2006년에 MBC와 tvN에서 방송된 〈내 인생의 스페셜〉, 2008
년에 SBS로 방송된 〈비천무〉,[9] 2009년에 KBS로 방송된 〈꽃보다 남자〉,[10] 2016
년에 KBS로 방송된 〈함부로 애틋하게〉 등이 있다.

② 일반 외주계약은 대부분의 외주 제작드라마가 계약하는 방식으로, 현장
에서는 '표준계약'이라고 부른다. 외주 제작사가 기획안 가지고 편성해줄 방송
사를 찾는다. 방송사의 편성을 받은 후 제작사가 제작을 시작한다. 방송사는 제
작비용의 50~80%를 지불하고 저작권을 가져가지만, 저작권수입의 일부를 제작
사에 지불한다. 방송사는 제작비용보다 적은 금액으로 저작권을 확보할 수 있

---

8) 방송 프로그램 공급계약이 도급계약일 경우에 제작사가 프로그램만 제공하고 저작권을 이전하
   지 않아도 된다. 그러나 제작물공급계약일 경우에 프로그램과 저작권을 인도하여야 한다(김서
   기, 2009, 137쪽).

9) 〈비천무〉는 에이트픽스의 송병준 대표가 중국과 합작하여 사전 제작한 드라마이다. 회당 1억3
   천만 원(총 80억 원)제작비를 들인 70분 24부물로 제작되었다. 그러나 방송사의 방영권계약에
   대한 거부감 등으로 편성할 방송사를 오랫동안 찾지 못하였다. 드라마 제작 후 3년여 만에 60
   분 14부작으로 편집되어 방송되었다. 편집에 따른 무리한 전개, 중국 배우의 등장 등으로 10%
   이하의 시청률로 기대 이하의 성과를 거두었다.

10) 〈꽃보다 남자〉도 송병준 대표가 제작한 24부작 드라마로, 제작에는 총 70억 원(편당 2.9억 원)
    이 들었다. KBS는 방영권계약을 하면서 10억 원(편당 4천만 원, 제작비의 14%)을 지불하였다.
    시청률이 30%에 이르는 등 흥행에 성공하여 KBS의 광고판매수입은 57억 원(추정액)이었지만,
    방송사 내부에서는 저작권을 확보하지 않은 데 대해서 논란이 있었다.

표 13-1	드라마 외주 제작 유형과 계약방식					
	계약방식	기획 주체	제작 주체	저작권	지급 제작비	사례
외주	방영권계약 (완전외주형)	외주사	외주사	외주사	예산의 50% 이내	SBS 〈사임당〉(2017) SBS 〈푸른 바다의 전설〉(2016)
	일반 외주계약 (공동제작형)	외주사	공동	방송사 수익배분	50~80%	SBS 〈낭만닥터 김사부〉(2016)
	실비 정산계약	외주사	공동/ 방송사	방송사 수익배분	비용의 100%	SBS 〈산부인과〉(2010) MBC 〈뉴하트〉(2007)
	수익률 보장계약	외주사	외주사	방송사	예산의 100%	tvN 드라마 대부분
	문화산업전문회사	방송사 외주사	제작 대행사	문전사 방송사	비용의 100%	SBS 〈보스를 지켜라〉(2011) KBS 〈태양의 후예〉(2016)
방송사 자체성 외주	무늬외주계약	방송사	방송사	방송사	비용의 100%	SBS 〈마을 아치아라의 비밀〉(2015)
	수익 정액보전계약 (외주의 자체화)	외주사	방송사	방송사	비용의 100%	SBS 〈미세스캅〉(2015) SBS 〈신의 선물〉(2014)

출처: 이용석·김정현(2017, 102쪽).

고, 제작사는 제작 경비의 상당한 부분을 조달할 수 있다. 일반 외주계약에서는 제작사와 방송사가 위험을 분담하고 있는 형태이다. 방송사보다 제작사의 위험 부담이 더 많은 계약이었지만, 2010년대 이후로는 방송사의 광고판매가 어려워지면서 방송사가 부담하는 위험도 커지고 있다. 이 계약에서 제작비를 관리하는 주체인 제작사는 부족한 제작비와 관리비용을 협찬, 간접광고, 저작권수입의 일부(주로 해외판매액의 일부), OST와 관련 상품판매수입 등으로 이를 벌충해야 한다. 한편 방송사는 제작사에게 지불한 제작비용과 관리비용을 광고판매와 저작권수입으로 충당해야 한다.

　③ 실비 정산계약은 일반 외주계약과 거의 같지만, 방송사가 제작비용의 100%를 외주사에게 지급한다는 점에서 차이가 있다. 방송사가 제작에서 발생하는 위험을 전부 부담하게 되고, 저작권수입을 제작사와 공유하지 않는다. 제

작사는 제작비용 외에 협찬수입의 일부만 가져가게 된다. 제작비규모에 대한 외주사와 방송사 간에 견해 차이가 클 때 사용하는 방식으로, 방송사가 외주사의 제작예산보다 제작비가 적게 소요될 것으로 판단할 때 사용하게 된다. 이 방식은 주로 사극이나 메디컬드라마 등 전문 직업드라마의 제작에서 사용되었다.

④ 수익률 보장계약도 일반 외주계약과 거의 같지만, 방송사가 제작비용의 100%+α를 외주사에 지급한다. 여기서 제작비보다 α만큼 지불한 금액을 외주사의 수익이나 간접비용을 인정한 것이다.[11] CJE&M의 채널인 tvN과 넷플릭스가 이 방식을 적용하고 있다. 이 경우에 저작권을 모두 방송사나 플랫폼이 가져간다. 외주사는 가장 많은 확정된 수입을 받을 수 있지만, 드라마가 성공했을 경우에 추가수익을 기대할 수 없다. 외주사의 경우 드라마의 흥행이 성공할 것으로 예상되면 지상파방송사와 일반외주계약을 하는 게 유리할 수 있다.

⑤ 문화산업전문회사는 문화 산업의 특정 사업을 수행하기 위하여 설립하는 회사(문화산업진흥기본법 제44조)로, 일종의 특수목적회사(Special Purpose Company, SPC)이자 페이퍼컴퍼니이다. 이 방식은 다수의 투자자가 제작비를 조달하여 영화나 드라마를 제작·유통할 경우에, 비용과 수익을 투명하게 관리하고 분배하기 위해 이용한다. 문화산업전문회사를 이용하게 되면 경영이 투명하여 투자의 안정성이 보장되고, 외주사로서도 한 프로젝트의 실패로 회사가 도산하는 위험을 회피할 수 있다.

드라마의 경우에 2007년에 MBC에서 방송된 〈태왕사신기〉가 첫 사례이며, KBS에서 가장 적극적으로 활용하고 있다. MBC는 2009년 〈선덕여왕〉을 포함한 4작품을, SBS는 2010년 〈시크릿 가든〉과 2011년 〈보스를 지켜라〉를 문화산업전문회사를 설립하여 제작하였다. 문화산업전문회사가 제작비의 전액을 부담하고 저작권을 가지게 된다. 문화산업전문회사는 방송사와 방영권계약을 하고, 제작사와 제작 대행을 계약한다. 따라서 방송사와 제작사는 저작권에 대한 권

---

11) 2019년 현재 CJE&M의 경우 α가 제작비의 5~7%수준이고, 넷플릭스의 경우 α가 제작비의 10~15% 수준으로 알려져 있다.

리를 가지지 않게 된다. 문화산업전문회사의 단점으로는 손실이 날 경우 이미 지출한 비용을 책임질 실체가 없고, 청산 절차가 복잡하고 시간이 오래 소요된다는 점이다.

⑥ 무늬외주계약은 드라마 기획의 주도권이 방송사에 있고, 제작을 외주 제작사에 맡기는 경우이다. 방송사는 제작비도 전액부담하고 저작권을 보유하며 저작권수익을 제작사에 배분하지 않는다. 무늬외주계약을 하는 동기는 두 가지로, 하나는 방송사가 협찬수익을 확보하기 위해서, 또 다른 하나는 외주사의 매출액 실적을 만들어 주기 위해서이다. 그러나 방송사가 협찬수익을 확보하기 위한 유인은 2011년에 협찬고지 관련 규정이 개정되면서 없어졌다.[12] 두 번째 동기인 외주 제작사의 매출액 만들기는 외주사의 주가 관리를 하거나, 외주사의 상장을 앞두고 매출액을 늘리기 위해서이다. 협찬수익을 확보하기 위해 무늬외주계약의 사례로는 SBS 〈요조숙녀(2003년)〉가 있고, 두 번째 외주사의 실적 관리를 위해 무늬외주계약의 사례로는 SBS 〈마을 아치아라의 비밀(2015년 10월)〉이 있는데, 이 드라마의 제작사는 2015년 5월에 설립되었다.

⑦ 수익 정액보전계약하에서는 외주 제작사가 기획하고 방송사가 제작하며 위험도 모두 부담한다. 방송사는 외주 제작사에게 기획비용을 지불한다. 외주 제작사의 제작 경험이나 제작 역량이 부족할 경우 또는 외주 제작사의 자금 유동성이 좋지 않은 경우에 사용한다. 외주 제작사는 제작에 따른 책임이나 위험을 부담하지 않아도 되고 제작 경험과 수익을 확보할 수 있다. SBS가 대형사극과 미니시리즈, 〈육룡이 나르샤(2015년)〉, 〈원티드(2016년)〉, 〈미세스 캅 1(2015년)〉, 〈미세스 캅 2(2016년)〉 등이 이런 방식으로 제작되었으며, SBS에서는 저작권을 확보하고 제작의 불협화음이 적은 이 형태의 제작을 적극적으로 추진하고 있다. 수익 정액보전계약 서류는 일반 외주계약의 형태를 띠고 있으나 부속합의서에 외주 제작사의 기획비용과 이윤을 책정하는 내용이 기재되어 있다.

방송사와 외주 제작사 간의 드라마 거래는 2000년대 중반까지 대부분 일반

---

12) 협찬 고지는 1995년에 제도권에 도입되면서 외주 제작사만이 할 수 있었지만, 2006년에 방송사도 대형 프로그램의 제작에 협찬고지를 할 수 있게 되었으며, 2011년에는 방송사에게 협찬고지가 전면적으로 허용되었다.

외주계약으로 이루어졌고 간혹 방영권 거래가 이루어졌다. 드라마의 외주계약 형태는 2007~2008년을 기점으로 다양해지면서 실비 정산계약, 문화산업전문회 사, 수익률 보장계약 등이 등장하였다. SBS에서 2010~2011년 사이에 방송한 드라마와 2015~2016년 사이에 방송한 드라마를 전수 조사한 계약형태는 아래 〈표 13-2〉와 같다.

표 13-2	SBS 드라마의 계약 형태 변화(2010~2011년과 2015~2016년의 비교)						
기간 (드라마수)	자체제작	무늬외 주계약	수익 정액 보전계약	일반 외주계약	실비 정산계약	방영권계약	문화산업 전문회사
2010－2011 (46개)	1 (2.2%)	9 (19.6%)	0 (0%)	25 (54.3%)	3 (6.5%)	3 6.5(%)	5 (10.9%)
2015－2016 (44개)	8 (18.2%)	5 (11.4%)	7 (15.9%)	20 (45.5%)	0 (0%)	4 (9.1%)	0 (0%)

출처: 이용석·김정현(2017, 111쪽).

〈표 13-2〉를 근거로 SBS의 드라마계약 형태를 다음과 같이 정리할 수 있다. 첫째로, 일반 외주계약 형태를 여전히 가장 많이 이용하지만, 이용비율은 감소하였다. 일반 외주계약에서는 외부 제작사와 방송사가 제작의 위험을 분담할 수 있다. 외주 제작사가 대부분의 작가를 보유하고 있는 현실에서 방송사로 서는 좋은 기획안을 공유할 수 있고, 제작사로서는 저작권수익의 일부를 확보할 수 있다는 점이 이 계약의 장점이다. 둘째로, 2015년 이후 자체 제작과 수익 정액 보전계약이 증가하였다. 유통 창구가 확대됨에 따라 저작권이 중요해졌고, 연예인 노조나 스태프가 조직화됨에 따라서 분쟁의 여지가 없는 방식이 선호된 다. 한편 수익 정액 보전방식을 KBS와 MBC는 이용하지 않는데, 그 이유는 KBS는 예산 집행의 경직성, MBC는 행정 인력의 부족이라고 한다. 셋째로, SBS 는 2015년 이후 실비 정산계약과 문화산업전문회사 형식을 이용하지 않았다. SBS가 문화산업전문회사를 이용하지 않는 가장 큰 이유는 드라마의 제작비 조 달이 과거에 비해서 쉬워졌기 때문이다. 그리고 문전회사를 이용할 경우에 제

작비를 통제하기 어렵다. 넷째로, SBS는 다른 지상파방송사와 같이 수익률 보장계약을 하지 않는다. 이는 지상파방송사가 외주 제작사에게 제작비 100%를 주지 않고도 저작권을 확보하며 저작권수입도 배분하지 않는 관행에 익숙해졌기 때문일 것이다.

2 지상파방송 채널의 거래

1) 지상파 채널의 중앙국과 지역국 간 거래: 전파료와 방송 광고 결합판매

(1) 전파료의 현황

전파료(傳播料)는 지역방송사들이 중앙국의 프로그램을 수중계할 때 배분받게 되는 금액이다. 지역방송사들이 중앙국의 프로그램을 수중계하는 거래는 지역방송사와 키스테이션인 중앙국은 모두 편익을 얻게 된다. 지역방송사들은 중앙국의 프로그램을 시청자들에게 송출할 수 있다. 반면에 중앙국은 지역방송사의 방송구역에 송출함으로서 더 많은 시청자에게 도달할 수 있음으로써 광고단가가 높아지게 된다. 이 거래에서 중앙국이 요구할 수 있는 프로그램사용료와 지역방송사가 요구할 수 있는 방송 광고의 지역 시청자 도달에 따른 반대급부 중에서 어느 것이 클까? 통상적으로 중앙국과 지역방송사가 후자가 더 많다는 데 합의하여 전파료를 지역방송사가 받았다. 그러나 매체의 증가에 따라 시청자에게 도달하는 가치는 상대적으로 감소하고 반면에 프로그램의 가치가 증가함에 따라 전파료가 미국, 우리나라 등 대부분의 국가에서 감소하고 있다.

전파료는 프로그램 송출에 들어가는 비용인 시설비, 전력사용비, 인건비 및 기타 관리비에 방송사의 적정 이윤을 더한 비용이다. 전파료 금액은 지역별, 시급별 초당 정액으로 미리 정해 놓는데, 지역국과 시급에 따라 1등급에서 8등급으로 구분하고 있다. MBC 사례를 살펴보면 광고비 총액을 '제작비 70 : 전파료

30'으로 나누어 제작비를 중앙사가 차지하고, 전파료에 해당하는 30%의 광고비를 다시 수도권 전송료 명목으로 본사에서 20%를 차지하고, 나머지 광고비 총액의 24%를 지역 19개사가 나누어 갖는다. 지역 19개사로 배분될 때 정액으로 설정된 전파료 배분 단가가 적용된다.

우리나라 지역방송사의 매출에서 광고매출이 약 80%를 차지하고, 광고매출의 절반 이상을 전파료가 차지하고 있다. 전파료가 지역방송사들의 가장 중요한 수입원이다. 전파료는 지역 MBC방송사들이 방송을 시작하면서 일본에서 운영되어 오던 중앙국과 지역방송사 간의 광고배분 시스템을 기반으로 만든 제도이다. MBC는 1985년 10월 전파료 체제를 처음 도입한 이래, 내부 기준에 따라 전파료를 배분해 왔다. 전파료 배분의 기준이 되는 지역별 초당 단가를 1994년 이후 2~5년마다 조정했다. 1995년에 1차 지역민방에 개국한 이후 SBS와 지역민방 간에도 거의 매년 전파료가 변경되었다. 지상파방송사의 광고수입이 감소하면서 전파료는 중앙국과 지역방송사 간에 이해관계가 충돌하고 있다. 지역방송사들은 전파료 배분구조가 중앙국에 유리하게 되어 있어 불합리하다고 주장하고 있지만, 중앙국은 이에 동의하지 않고 있다.

(2) 전파료 산정방식

전파료의 산정방식은 광고 효과와 같은 가치에 따라 결정되기보다는 프로그램 제작비용과 지역방송사의 비용에 기반을 두어 산정되었다. 전파료 단가가 미리 정액으로 정해져 있어서, 방송 광고매출에 영향을 주는 시청률요인이 반영될 수 없다. 프로그램 제작비도 실제 제작비를 반영하지 않고 광고수입의 70%로 사전에 결정하는 것도 합리적이지 않다. 지역방송사별 전파료 단가에 지역방송사들이 확보한 권역, 인구, 소득, 소비지출규모가 적정하게 반영되어 있지 않다. 지역민방은 지역MBC에 적용되던 비효율적이고 근거 없는 요금구조를 지역민방에 그대로 적용하고 있다는 불만을 제기하고 있다. 전파료 산정의 합리화가 필요하다는 주장이 제기되었고, 그 방법을 크게 세 가지로 구분할 수 있다.

첫째로는 광고 효과에 근거하여 전파료가 산정되어야 한다. 변상규·이수범

(2010)은 실증 분석을 통하여 현재의 전파료 산정방식이 바뀌어야 함을 보여주었다. 이들은 지역별 지상파 광고 효과를 설명하는 관측 가능한 대체변수로 구매력을 선택하였고, 구매력을 나타내는 지수로 '지역별 연간가구 지출액'을 선정하였다. 구매력을 설명하는 변수로는 '지역별 1인당 실질생산량', '지역별 1인당 예금은행 예금 잔고', '지역별 도시거주인구'를 선택하였다. 1998~2007년까지 통계자료를 이용하여 패널 분석한 결과, 수도권과 지역의 광고 효과는 52대 48로 나타났다. 그리고 2007년의 횡단면을 분석한 결과, 수도권과 지역의 광고 효과는 53대 47로 나타났다. 그런데, 전파료를 배분하는 MBC 본사와 계열사, SBS 본사 및 지역민방의 경우 중앙사와 지역사 간 광고매출 비중은 68% 대 32%였다. 이들은 방송 광고 효과를 고려하여 전파료를 배분해야 한다고 주장하였다. 이 경우에 지역방송사에 대한 전파료 배분비율이 현재보다 높아진다.

둘째로는, 미디어 관련 지표와 인구사회학적 지표 등의 변수에 근거하여 산정되어야 한다(한국방송학회, 2009; 이승선·문숙경, 2010). 이승선·문숙경(2010, 13쪽)은 현행 전파료 체계는 인구, 경제력, 구매력 등 광고요금 결정요인이 전혀 반영되지 않은 기형적인 형태로 운영된다고 비판하였다. 이들이 통계청 자료에 근거하여 분석한 결과에 의하면, 인구, 경제력, 구매력이 서울·경기·인천지역을 포함한 수도권과 그 외 지역이 대략 50대 50으로 거의 같은 비율을 보이고 있지만, 서울MBC와 전체 지역MBC 간의 광고비 배분은 76% 대 24%의 비율로 구성되어 있어 심각한 불균형상태를 보이는 것으로 나타났다. 이들은 전파료 배분은 지역별 총생산과 1인당 민간소비지출에 따라 이루어지는 것이 가장 합리적이라고 제안하였다.

전파료의 중앙과 지역 간 배분에 대해서 연구자들은 대체로 지역방송사에 현재보다 높은 비율을 배분해야 한다고 주장하고 있다. 이수범(2009, 15쪽)에 의하면 지역MBC는 제작비와 전파료 구분 없이 광고비 총액을 본사 60 : 지역사 40으로 나누고 이를 정액제가 아닌 시청률과 연동하는 정률제로 개선해야 한다고 주장하였다. 한국방송 광고진흥공사가 2012년에 방송통신위원회에 제출한 '네트워크지원방안'에서는 MBC 전체 광고매출의 36.8%가 지역MBC에 배분되는 것이 적정하다고 제안하였다. 최진봉(2014)은 이러한 기존 자료를 바탕으로 중앙국과 지역방송사 간의 광고수익 배분비율은 63 대 37 정도의 비율로 배분하는 것이 바람직하다고 판단하였다.

최진봉(2014)은 이외에도 여러 가지 제안을 하였다. 첫째로, 정액제로 되어 있는 현행 전파료 배분체계를 정률제로 전환해야 한다. 정액제에서는 주요 스포츠 이벤트 등의 특판 광고수입이 배분되지 않는 문제를 지니고 있다고 지적하였다. 둘째로, 지역방송사에는 전혀 배분되지 않고 있는 CM 지정료를 지역방송사에도 배분하여야 한다. CM 지정료는 하나의 프로그램에 붙은 여러 개의 광고 중 집중도가 높은 광고순서에 할증을 붙여 광고주로부터 받는 일종의 광고 할증수입으로, 현재는 중앙국이 모두 가져가고 있다. 넷째로, 중앙국은 지역방송사가 지역의 유료방송 사업자들에게 프로그램을 공급하고 받는 재송신료의 소유권을 인정해야 한다.

미디어렙의 방송 광고판매방식이 정교화되고 간접 광고와 가상 광고 등 새로운 유형의 광고제도가 시행되면서 방송 사업자 간 갈등이 유발되고 있다. 이승선(2015)은 이러한 갈등을 해소하기 위하여 '방송 광고판매대행 등에 관한 법률(미디어렙법)'에 다음 두 가지를 보완할 것을 제안하였다. 첫째로, '방송 광고매출배분'과 관련된 법적인 용어를 미디어렙법에 명확하게 정의하여야 한다. 그러면 매출 배분의 범위와 기준에 대한 방송 사업자 간의 시각 차이를 해소할 수 있다. 둘째로, 미디어렙법에 방송 광고매출배분 분쟁조정의 신청을 처리하는 절차를 미디어렙법에 규정해야 한다. 미디어렙법에서는 방송 광고균형발전위원회의 직무 중의 하나로 '방송 광고매출액 배분 분쟁조정'을 지정하고 있다. 그러나 분쟁조정의 신청과 처리 등에 관한 내용을 방통위 고시로 위임하고 있다. 이에 따라 방송 광고매출배분 분쟁조정의 신청을 제대로 처리하지 못하고 있는데, 분쟁 조정절차를 법률에 규정할 필요가 있는 것이다.

(3) 방송 광고 결합판매

'방송 광고 결합판매'는 광고주가 KBS, MBC, SBS 등 지상파방송사에 광고를 하기 위해서는 지역·중소 지상파방송사의 광고도 함께 해야 하는 제도다. 방송 광고 결합판매는 2012년 2월에 미디어렙법에 따라 제도화되었고, 제도화 되기 이전에는 연계판매라는 이름으로 중소방송사에 대한 지원이 이루어졌다. 지역방송에 있어서 결합판매는 프로그램의 지역성을 구현하기 위한 재원조달 구조로 사회보장제도와 유사한 성격을 지닌다.

방송통신위원회는 2012년 결합판매지원비율을 한국방송 광고진흥공사와 미 디어 크리에이트에 각각 지상파 광고매출액 대비 약 12.1%, 7.3%로 산정하였 다. MBC의 경우 광고 결합판매액의 배분비율을 보면 서울 본사의 점유율이 점 차 높아지는 것을 확인할 수 있다(〈표 13-3〉 참조). 2007~2011년간 서울 본사의 점유율이 63.8%였으나 2013년 이후 65% 이상을 유지하였고, 2018년 상반기에 는 67.7%였다. 이에 따라 지역MBC의 점유율은 감소해왔다. 광고 결합판매액의 절대액이 감소하고 동시에 지역MBC의 점유율이 감소함에 따라서 지역MBC의 광고 결합판매액은 2007~2011년 평균 3,126억 원에서 2017년에는 1,553억 원 으로 1/2 수준으로 감소하였다.

표 13-3 MBC결합판매액과 배분비율

(단위: 억원, %)

연도	전체판매액	점유율(%)	
		서울	지역
07-11년 평균	8,644	63.8	36.2
2012	7,632	64.6	35.4
2013	7,192	66.6	33.4
2014	6,648	67.1	32.9
2015	7,064	65.8	34.2
2016	5,961	65.9	34.1
2017	4,478	65.3	34.7
2018상반기	2,108	67.7	31.3

출처: 이상민 의원실(2018.10).

한편, 지상파방송사는 방송 광고 시장의 위축에 따라 개선이 필요하다고 주장한다. 방송 광고의 결합판매로 광고주의 선택이 제한되고 지상파방송3사의 광고수입이 축소되는데, 취약 매체를 공적기금지원이나 규제 완화 등의 방법으로 지원하는 방안을 모색해야 한다는 주장이다. 김원식(2014)이 경제학적 모델을 이용하여 분석한 결과에 의하면, 광고판매수수료의 극대화를 추구하는 미디어렙은 결합판매방식보다 개별판매방식을 선호하는 것으로 나타났고, 개별판매방식하에서 보다 결합판매방식하에서 방송사 프로그램의 질이 낮아지는 것으로 나타났다.

2) 지상파 채널의 유료방송재송신

(1) 지상파 채널의 재송신과 분쟁

재송신(retransmission)은 특정 방송사가 자신의 시설을 이용해 다른 국내 방송사(또는 외국방송사)의 프로그램을 수신하여 그대로 송출하는 것이다. 동시(同時)재송신과 이시(異時)재송신이 있는데, 동시재송신은 방송을 수신하여 방송편성을 변경하지 않고 동시에 재송신하는 것을 말한다. 이 절에서 재송신은 동시재송신만을 논의한다. 재송신을 재전송이라고도 부르는데, 방송법에서는 '재송신'을 주로 사용하고 있고 '재전송'은 단 한번 사용하고 있다.

1995년 케이블TV 서비스가 도입된 이후 2000년대 초까지는 지상파방송사와 케이블TV 간에는 지상파재송신으로 케이블TV는 보다 많은 가입자를 유치할수 있었고, 지상파방송사는 케이블TV를 통해 지상파의 직접수신이 불가능한 음영지역을 해소함으로써 시청률을 높여 보다 많은 광고수익을 확보할 수 있다는 상호이익관계가 유지되었기 때문에 지상파 재송신은 갈등 없이 무료로 이루어졌다.

하지만 유료방송이 성장하면서 이전보다 위상이 약화된 지상파방송사들은 매출액 증가가 둔화되고 광고수익 감소에 직면하게 되었다. 또한 케이블TV만 존재하던 유료방송 시장에 위성방송과 IPTV가 등장하게 되자 지상파방송사들은 신규 진입하는 유료방송 사업자에 대해서 재송신 대가를 요구하기 시작했다. 이 과정에서 지상파방송 디지털 전환을 계기로 지상파방송사는 케이블TV 사업자에게도 디지털 지상파방송의 재송신에 대해서 대가를 요구하기 시작하였다. 그러나 케이블TV 사업자는 이를 거부하였고, 케이블TV 사업자와 지상파방송사 간에 이해의 상충이 발생하기 시작하였다. 이와 같은 경쟁상황 등의 변화로 인하여 미디어 업계에서는 지상파방송사와 유료방송 사업자 간에 콘텐츠 사용의 정당한 대가 수준에 관한 분쟁이 끊이지 않고 있다.

2000년에 개정된 방송법(제78조)에서 지상파 재송신 규정은 다음과 같이 간단하였다;

> 케이블TV, 위성방송, 중계방송사는 KBS와 EBS채널을 의무재송신해야 한다. 유료방송사가 의무재송신을 할 경우에는 저작권법상의 동시중계방송권의 적용을 받지 않는다. 케이블TV나 중계유선이 역외 지상파방송을 동시재송신하거나 외국방송 사업자의 방송을 재송신할 때에는 정부의 승인을 받아야 한다.

2000년 방송법에서는 의무재송신 대상이 아닌 채널(MBC와 SBS)에 대한 재송신에 대한 규정은 전혀 없었다. 2000년 말에 위성방송 사업자가 선정되어 2002년 3월에 본방송을 시작하기 전인 2001년에 지역MBC가 재전송에 대해서 이의를 제기하였다. '위성방송사가 중앙MBC를 재송신할 경우 방송의 지역성이 위축되고 지역방송의 재원이 감소될 것'이라고 주장하면서 지역MBC들이 집단행동을 하였다. 정부는 지역MBC의 주장을 받아들였고, 2002년 4월에 개정된 방송법에서 위성방송사가 의무재송신대상이 아닌 채널(KBS2, MBC, SBS)을 재송신할 경우에 정부의 승인을 받도록 하였고, (위성방송을 견제하기 위한 케이블TV의 요구로) KBS2 채널을 의무재송신에서 제외시켰다.

위성방송의 재전송을 승인하는 이유는 권역별 송출이 불가능한 위성방송의 속성에 기인한다. 케이블TV와 IPTV가 의무재송신대상이 아닌 채널(KBS2, MBC, SBS)을 역내 재송신하는 것은 여전히 승인 대상이 아니다. 위성방송 사업자는

2004년에 KBS2에 대한 재송신 승인을 받았으며 2005년에 MBC계열사와 지역
민방송에 대한 권역별 재송신이 승인되었다. 스카이라이프는 MBC 본사와 19개
지역방송을 합쳐 20개의 채널을 송출하였다. 스카이라이프가 송출하는 지상파
채널은 KBS1 1개, KBS2 1개, SBS와 지역민방 10개에 비해서 MBC의 20개 채널
송출은 상대적으로 많다. 스카이라이프가 이후 MBC의 송출 채널을 줄이려는
시도로 인해서 MBC와 여러 차례 분쟁이 발생하였다.

　　지상파방송사와 스카이라이프 간에 최초로 자율협상을 통하여 지상파재송
신료를 가입자당(CPS) 280원/월로 결정하였고, 2008년 12월에 IPTV가 출범하면
서도 280원/월의 CPS가 적용되었다. 2008년부터 지상파방송사는 케이블SO에게
지상파 재송신에 대해 대가를 요구하였고, 케이블SO는 케이블TV를 통한 지상
파방송 무료재송신이 지상파방송사와 공공의 이익에 궁극적으로 도움이 될 것
이라면서 재송신료 지급을 거절하였다. 지상파방송사는 2009년 11월에 디지털
지상파방송 프로그램의 동시재송신을 정지해달라는 민사소송을 제기하였고, 법
원은 2010년 9월에 원고의 손을 들어주었다. 2012년 1월에 CJ헬로비전이 재송
신계약을 체결하고 이후 주요 MSO가 계약을 체결하였다. 케이블TV방송사는
위성방송, IPTV 사업자와 동일한 기준으로 재송신계약을 하였다.

　　유료방송 사업자들은 방송법상 의무 전송 대상인 KBS1과 EBS을 제외한 3개
지상파 채널(KBS2, MBC, SBS)을 재송신(재전송)하는 대가를 지불하고 있다. 채널
별로 가입자당 재송신료(CPS)는 280원/월에서 시작하여 2018년에 CPS는 400원
으로 인상되었다. 디지털 유료방송 가입자의 증가와 맞물려 2012~2016년 사이
에 CPS수익은 매년 67%씩 성장하였다. 2016년에 재송신료 총액이 2,298억 원
으로 유료방송 사업매출의 4.5%, 지상파 사업자의 방송 사업매출의 5.7%를 차
지하였다.

　　재송신료를 둔 지상파방송사와 유료방송사 간에 협상이 지연되고 관련 분
쟁이 지속되고 있다. 위성방송의 본방송을 앞둔 2001년 이후 지상파재송신료를
둔 사업자 간의 분쟁이 지속되었고, 정부는 재송신료협상은 시장에서 해결되어
야 한다고 주장하면서 개입하지 않았다. 재송신료 분쟁에 대한 정부의 개입을

요구하는 목소리가 높아지자, 2016년 10월에 미래창조과학부와 방송통신위원회가 공동으로 "지상파방송 재송신협상 가이드라인"을 발표였다. 그러나 이 가이드라인에는 적정한 재송신료를 산정하는 기준을 제시하지 않고 있어서 재송신료를 둔 분쟁을 해결하는 데 별로 도움이 되지 않는다. 그리고 가이드라인은 법률적 구속력이 전혀 없다.

(2) 지상파 채널의 재송신협상에서 협상력

현재 규제 아래에서 유료방송 사업자가 의무재전송으로 규정되지 않은 지상파 채널을 재송신하려면 자율계약을 통해 협상해야 한다. 협상에서 핵심인 재송신료의 수준은 양자 간의 협상력에 의해서 결정된다. 재송신협상에서 유료방송사보다 지상파방송사가 우월적 지위에 있다.

지상파 채널의 재송신협상에서의 일시적인 방송중단(blackout)이나 방송중단에 대한 공지나 공지 위협을 할 때 유료방송 사업자가 입는 피해가 지상파방송사가 입는 피해보다 더 클 가능성이 높다. 그 이유로 다음을 들 수 있다; 첫째로 유료방송 가입자와 사업자는 지상파 채널을 꼭 있어야 하는 (필수) 채널로 인식하고 있다. 둘째로, 세 개의 유료방송 서비스가 경쟁을 하고 있어서 지상파 채널의 공급을 중단할 때 감소할 것으로 예상되는 가입자수가 크다.

그러나 이러한 재송신협상에서 지상파방송사의 우월적 지위는 지상파방송 프로그램의 인기 감소로 약화되고 있다. 또한 유료방송사들이 수평적 결합이 지속될수록 지상파방송사의 우월적 입지는 더욱 약화될 가능성이 높다. 2019년에 지상파방송사가 CPS를 600~800원으로 인상해야 한다고 주장하자 유료방송사에서는 지상파 채널을 빼고 티어를 구성하여 판매하자는 대안이 나오기도 한다.

(3) 지상파 채널 재송신료의 산정 방안

재송신료 분쟁을 줄이고 양자가 협상을 원만히 진행하고 합의에 도달할 수 있기 위해서는 재송신료를 산정하는 합리적인 방안을 만들 필요가 있다. 지상파 콘텐츠의 재전송료를 산정하는 방안으로 원가보상율에 따른 가입자당 원가 산정, 가격상한제, 가입자 유치 기여도를 반영한 수익배분방식, 미국의 저작권료 산정방식을 적용한 벤치마킹방식 등을 고려할 수 있다. '원가보상율 산정방식'보다는 수익에 기여하는 정도를 반영하는 '수익배분방식'을 적용하는 것이 현실적이다. 왜냐하면 지상파 콘텐츠를 재전송하는 데 추가적인 비용이 거의 들지 않기 때문이다. 수익배분방식은 미국에서 케이블TV의 지상파 재전송료에 대한 법정허락에서 사용료를 정산할 때 사용된다.[13]

지상파 채널의 재송신으로 유료방송사와 지상파방송사가 얻는 이익은 다음과 같다; 유료방송사의 입장에서는 지상파 채널을 재송신함으로써 수신료수입, 홈쇼핑송출수수료수입, 광고수입이 증가하며, 지상파방송사의 입장에서는 자사 채널을 유료방송사가 재송신함으로써 광고수입이 증가한다. 한국에서 진행된 지상파 채널의 적정 재송신료를 계산하는 연구는 대부분 재송신으로 인한 양자의 수익을 배분하는 방식을 채택하고 있다. 경제학자들은 협상 모형(게임 이론)에 기반을 두어 양 사업자 간 협상 타결 시 증가하는 총 손익을 양 사업자에게 균등하게 배분하는 방식을 제안하였다(이상규, 2008; 염수현·박민성, 2010; 박동욱·남윤미·유진아, 2011). 이들이 제안한 방식이 바람직하다고 인정하더라도 총 손익을 계산하는 방식에 대한 합의가 필요하다.

지상파방송은 이미 재송신되고 있고 재전송이 일시적으로 중단된 사례가 있을 뿐이기 때문에, 재송신 중단으로 인한 유료방송 가입자 해지율, 광고수입과 홈쇼핑송출수수료의 감소 등을 추정할 수 있는 근거가 없다. 많은 연구에서는 재송신을 하고 있는 상태에서 가입자수신료, 송출수수료, 시청률이나 광고수입의 변화, 난시청률 자료 등을 이용하여 간접적으로 재송신의 증분수입을 추정하고 있다. 재송신의 비용을 고려하는 경우에 증분비용이 0이라고 가정하거나 간접 자료를 이용하여 추정하고 있다. 일부 연구에서는 설문조사에 기반을 둔 컨조인트 분석을 이용하여 재송신의 편익을 추정하거나, 재송신 중단시 해지율을 추정하고 있다. 아래에서는 구체적인 자료를 이용하여 양측의 수익과

---

13) 노기영(2009, 26쪽)을 요약.

비용을 추정한 연구를 중심으로 살펴보았다.

안종철 외(2011)는 지상파방송사가 재송신으로 얻는 수익은 케이블TV를 통한 광고 노출 증가로 얻는 광고수익이며, SO의 수익은 지상파방송 편성을 통해 증가된 가입자로부터 오는 수신료 증가분으로 정의했다. 2005년부터 2015년까지 11년간 재전송으로 인해 지상파방송 사업자가 얻는 수익이 SO의 수익보다 연평균 약 910억 원에서 3,297억 원이 더 큰 것으로 추정했다.

홍종윤·정영주(2012)는 재전송으로 인한 수익요소로 지상파방송사의 광고수익, 유료방송사의 수신료, 홈쇼핑수수료를 고려했고, 비용요소로 위성방송사의 위성 중계기 임차료와 전송망사용료를 고려했다. 2008년~2010년간 자료를 이용하여 재송신으로 지상파 사업자가 얻는 광고수익이 가입자당 연간 64,692원이고, SO의 수신료와 홈쇼핑송출수수료의 합계가 가입자당 연간 48,072원으로 추정되었다. 이때 지상파 난시청률을 72.2%로 보았는데 난시청율의 수치는 논란의 소지가 있다.

김성환·이상우(2014)는 지상파 재송신으로 인한 지상파방송사와 SO의 2013년도 증분가치를 양자 간에 이해의 충돌이 없었던 2006년도 수익비율대로 배분하는 방식에 따라 재송신료를 산정하는 방안을 제시하였다. SO의 증분이익이 지상파방송사의 증분이익보다 크게 나타났다. 분쟁이 없었던 2006년 시점의 비율 수준으로 회복할 수 있도록 재송신 대가를 산정하는 것이 타당한지에 대해서는 의문이 있다. 왜냐하면 유료방송 시장의 경쟁상황이 변하였고, 지상파 콘텐츠의 인기도 변하였기 때문이다.

박민수·양준석(2015)은 재송신 중단 시 지상파방송사와 SO의 수익 변화를 추정하였다. 증분수익에는 지상파방송사의 광고, SO의 수신료, 광고, 홈쇼핑 송출수수료를 포함하였다. 추정에는 컨조인트 분석, 시뮬레이션방법, 회귀 분석 등을 이용하였다. 이 연구에서는 여러 가지 상황을 고려하였는데, 단체계약과 개별계약을 구분하였고, 아날로그 케이블에 재송신될 때와 되지 않을 때를 구분하였으며, 재송출 중단 시 유료방송 가입자가 지상파 채널을 직접 수신하지 않을 때, 30%가 직접 수신할 때의 총 8가지 사례로 구분하였다. 지상파재송신

에 따라 전반적으로 지상파방송사의 증분이익이 SO보다 크게 나타났다. 재송
신료는 단체협상의 경우 1개 지상파방송사가 SO에게 가입자당 409~730원/월
을 지불해야 하며, 개별 계약의 경우 1개 지상파방송사가 SO에게 가입자당 39~
44원/월을 지불해야 한다. 한편 유료방송 가입자 중 30%가 지상파 채널을 직접
수신한다면, 단체계약의 경우 지상파방송사들이 SO에게 가입자당 214~ 355원/
월을 지불, 개별계약의 경우에는 SO가 지상파에게 월 가입자당 104~144원/월
을 지불해야하는 것으로 나타났다.

표 13-4   기존 연구에서 재송신 대가 산정

(단위: 억원 또는 원)

연구		지상파수익(A)	SO수익(B)	차이(A-B)	비고
안종철 외(2011)		1조186억~ 1조2,573억	9,276억	910억~3,297억	연 총액
홍종윤· 정영주(2012)		64,692원	48,072원	16,620원	연 가입자당
김성환· 이상우(2014)		5,596원	46,416원	-37,820원	연 가입자당
박민수· 양준석(2015)		재송신 중단 시 직접수신하지 않을 경우		27~1,633원	월 가입자당
		재송신 중단 시 30% 직접수신		-104~1,109원	월 가입자당
이상규· 송원호 (2017)	컨조 인트	279억, 976.5억	6,176.5억	-5,200억, -2,897.5억	연간 총액
	직접 설문	848.4억, 243억	10,310.5억	-9,462.1억, 10,067.5억	연간 총액

이상규·송원호(2017)는 재송신시 증분가치를 지상파의 광고, SO의 수신료,
광고, 홈쇼핑송출수수료로 보고, 두 가지 방법으로 재송신료를 추정하였다. 컨
조인트 분석방법에 따르면 지상파의 직접수신 가능비율에 따라 유료방송 사업
자가 지상파방송사에게 가입자 1인당 월 490.8원/월에서 556.6원/월을 지불해
야 하는 것으로 계산되었다. 유료방송 서비스 가입전환 의향을 직접 설문한 자

료에 따르면 유료방송 사업자가 지상파방송사에게 가입자 1인당 월 893.0원/월에서 950.1원/월을 지불해야 하는 것으로 계산되었다.

한편, 변상규(2009, 2019)는 상대적으로 추정하기 어려운 재송신으로 인한 유료방송 가입자들의 후생을 추정하였다. 변상규(2009)가 컨조인트방법을 이용한 추정한 결과에 의하면, 지상파 재송신에 따른 유료방송 가입 가구당 월 효용 증가는 12,803원/월로 나타났으며, 유료방송 가입자들의 월 한계지불의사 금액은 KBS1과 EBS 두 채널이 1,964원, KBS2, MBC, SBS 세 개 채널의 경우 10,839원/월로 추정되었다. 하지만 변상규(2009)는 유료방송 월 이용요금을 1만 원, 2만 원, 3만 원으로 설정하여 소비자의 지상파방송 채널에 대한 지불 의사가 과대 측정되었을 가능성이 있다. 변상규(2019)는 환경이나 자원의 사회적 가치를 평가하는 데 많이 사용되는 조건부가치평가법(Contingent Valuation Method, CVM)을 이용하여 설문조사를 통해 분석한 결과, 지상파3 채널(KBS2, MBC, SBS)은 가구당 월 2,214원의 편익을 창출하는 것으로 나타났다. 변상규(2009, 2019)에서는 지상파재송신으로 인한 이익 중 유료방송 가입자들의 편익만을 추정하였다. 이상에서 정리한 연구결과를 보면, 지상파방송사와 유료방송사가 공히 만족하는 재송신료 산정 방안을 마련하기가 쉽지 않음을 알 수 있다.

3. 유료방송사와 PP 간의 채널 거래

1) 유료방송사와 PP 간 채널 거래와 규제

유료방송사와 PP 간의 채널 거래에서도 통상의 상거래와 동일한 이해 상충이 발생한다. 유료방송사는 가입자가 선호하는 채널을 저렴하게 확보하기를 원한다. 반면에 PP는 가입자가 많은 유료방송사의 좋은 번호대역에 채널을 편성하여 많은 광고수입과 수신료수입을 얻기를 원한다. 유료방송 산업구조의 비대칭성과 양면 시장의 특성으로 유료방송사와 PP 간의 거래를 시장에 맡겨 두기보다는 규제가 필요한 측면이 있다. SO는 지역 독점(일부지역에서 복점)이고 진입규제를 받고 있으며, PP로의 진입은 (2001년부터) 자유로우므로 비대칭적 시장구조이다. 그리고 SO는 가입자를 확보하기 위해서 낮은 요금을 설정할 가능성이 크고, 이로 인한 낮은 수익을 PP에게 전가할 가능성이 크다.

1995년 케이블TV 출범 당시 케이블TV의 요금은 15,000원/월이었고, 이 중 32.5%인 4,875원을 PP에게, 15%인 2,250원은 NO(전송망 사업자)에게 배분되었다. 당시 PP는 허가제였고, SO는 허가된 모든 채널을 모두 의무적으로 전송해야 했다. PP들은 단체로 SO와 채널 공급계약을 맺었고, PP들이 배분받은 4,875원을 규칙에 의해서 PP 간에 분할하였다. 따라서 SO와 PP 간에 수신료 배분을 두고 다툼을 벌일 여지가 없었다.

그러나 2001년에 PP등록제가 실시되면서 44개이던 PP의 수가 100여개 이상으로 증가하면서, 2002년부터 SO와 PP 간에 채널 공급계약은 개별계약으로 바뀌었다. 아날로그 케이블TV의 경우 기술적으로 70여개의 채널을 제공할 수 있었는데, 지상파 채널과 뉴스 채널을 포함한 의무전송 채널, 공공 채널과 공익 채널, 홈쇼핑 채널과 유료 채널 등 SO가 선택의 여지가 없는 채널이 거의 30개에 가까웠다. 따라서 SO가 선택권을 행사할 수 있는 채널수는 40여개에 불과하지만, 일반 PP는 70개 이상이었다. 더구나 광고수입 중심의 PP수익구조로 인해서 PP들은 상대적으로 시청률이 잘 나오는 낮은 채널 번호대역(통상 50번 이하 채널)을 강력하게 원했다. 그 결과 PP와의 채널협상에서 SO가 우월적 지위를 확보하게 되었다.

SO의 수신료수입에서 PP에게 지불하는 비율이 점점 낮아지게 되었고 2003년에는 13%까지 떨어졌다. 그리고 1999년부터 저가 티어 위주로 가입자를 모집하여 케이블TV요금이 낮아졌다. 2000년대 초에 SO의 평균가입비는 6,000원에 불과하였다. 낮은 가입료와 낮은 배분비율로 인해서 PP의 수신료수입액은 적을 수밖에 없다. 그리고 SO가 PP에게 지불하는 수신료수입에는 VOD수입 배분과 유료 채널에 대한 수신료 배분이 포함되어 있어 일반 PP에게 배분되는 비율은 13%보다 더 낮은 수준이었다. 한편 PP는 SO에게 마케팅 비용이나 행사지원금을 지불하는 경우도 많았다. 마케팅지원금 등을 제외하면 실제로 PP가 SO로부터 받는 수신료는 더욱 줄어들게 된다.[14]

　SO와 PP 간의 채널공급계약에서 불리한 지위에 있는 PP의 입지를 개선하기 위한 다양한 정책이 제안되었고, 방송위원회는 2004년 이후 수신료 배분비율을 향상하는 권고안과 공정한 거래를 촉구하는 정책 등을 발표하였다. 방송통신위원회는 2008년 11월에 PP에게 수신료를 배분하는 비율이 25% 이상 되어야 한다는 규정을 케이블SO 재허가 조건에 포함시켰으며, 2009년 전체 99개 케이블SO가 PP에게 지불한 수신료비율은 평균 25.2%를 기록하였다.

　케이블SO와 PP는 합리적인 수신료 배분 기준을 도출하기 위해서 2009년 12월 ‘케이블TV 채널 편성을 위한 PP평가 및 채널사용료 배분에 대한 가이드라인’에 합의한다. 이에 따르면, SO의 PP 채널 편성은 시청률 조사결과, 자체제작비용, HD 프로그램에 대한 투자, 본방송비율, 콘텐츠 다양성, 지역 적합도 등을 평가한 결과에 따라 결정된다. 또한 채널사용료는 우수한 프로그램을 제공하는 PP에게 정당한 보상을 하기 위한 프로그램 투자비, 채널 선호도, 시청점유율, 케이블TV에 특화된 콘텐츠 제공 여부, HD 프로그램 편성비율 등을 기준으로 평가해 배분하기로 하였다.

　한편 정부는 위성방송사와 IPTV 사업자에게 수신료 배분비율을 규제하지 않고 있다. 2000년대 후반에 위성방송사는 SO에 비해서 상대적으로 많은 수신료를 PP에게 지불하고 있었다. IPTV는 서비스를 시작하는 시점에 엄청난 적자를 시현하고 있었고, IPTV가 대선 공약 사업으로 육성대상이어서 규제하지 않은 것으로 보인다. 한편 IPTV3사가 PP에게 지급하는 수신료비율은 2008년의 25%에서 2017년에는 13.3%로 감소하였고, 이에 PP들은 25%까지 늘려줄 것을 요구하고 있다.[15] 케이블TV와 같이 수신료수입의 25% 이상을 PP에게 지급하

---

14) 김희경(2009, 98쪽) 참조.
15) 위성방송과 IPTV가 안정적인 경영을 하고 있는 2019년의 시점에 정부가 수신료 배분비율을 규제하지 않는 이유로 통신3사의 로비력과 담당 관청(과기정통부)이 통신회사에 상대적으로 우호적인 점이 작용한 것으로 짐작된다.

도록 IPTV 재허가 조건에 적용해야 한다는 주장도 제기되고 있다.

2) 유료방송사와 PP 간 채널사용료

PP가 채널을 제공하면서 유료방송사로부터 받는 채널사용료의 크기는 상대적으로 협상력이 큰 유료방송사의 지불의사에 따라 결정될 개연성이 크다. 채널에 대한 지불 의사는 채널 선호도, 채널의 대체 불가능성, 채널 선호 계층의 특성과 경제력 등으로 평가될 수 있으며, 특정 플랫폼에의 독점 공급 여부 등도 채널사용료에 영향을 미칠 수 있다. 또한 채널이 어떠한 티어에 포함되는지도 해당 채널의 채널사용료를 결정하는 데 영향을 주는 요소이다(염수현·박민성, 2010, 16쪽).

우리나라 일반 PP(일반 PP, 종합편성 PP, 보도 PP의 합)의 방송 사업매출액에서 방송 프로그램제공매출액(수신료수입)의 비중은 25%이고 광고매출액(협찬포함)의 비중은 60%이다(2018년의 경우). 따라서 PP는 채널협상에서 수신료를 높게 받는 것보다는 광고를 많이 팔수 있는 낮은 번호대역에 채널을 편성하는 것이 보다 중요하다. 콘텐츠 조달에 상대적으로 적은 지출을 하는 중소 PP의 경우에는 수신료를 받지 않고(때로는 마케팅비나 행사비를 지불하는 등 음의 수신료를 받고도) 채널을 송출하기도 한다.

낮은 번호대역에 채널이 편성될 경우 상대적으로 높은 시청률이 나오는 이유는 일반 PP에 비해서 시청률이 높은 지상파TV 채널이 3번~13번의 낮은 번호에 배치되어 있고, 지상파 채널과 인접할수록 노출이 많이 되어 시청률이 높다. 과거 아날로그 케이블TV의 경우 티어를 채널번호순으로 구성하는 경우가 많았고, 가입자수가 많은 저가 티어는 낮은 번호의 채널로 구성되었다. 지금도 시청률이 높은 채널이(예: 0~30번 이내의) 낮은 번호대에 편성되어 있다. 이러한 채널번호 경쟁은 TV홈쇼핑 채널에서 극심하고, 지상파 채널 사이의 번호대역에는 높은 금액을 지불하는 TV홈쇼핑 채널이 모두 차지하고 있다.

PP와 SO 간에 수신료 배분비율로 정부가 권고하는 25%가 이론적인 근거를 가지고 있는 것은 아니다. SO와 PP 간 수신료 적정 배분비율을 어떻게 정할 것인가에 대한 논의는 많지 않다. 염수현·박민성(2010, 126쪽)은 내쉬(Nash)의 양자 간 협상이론을 적용하여 PP에게 배분되어야 할 수신료를 다음 식으로 계산할 것을 제안하였다;

$$프로그램사용료 = (수신료수입 + 플랫폼\ 광고수입 - 플랫폼비용 -$$
$$PP\ 광고수입 + PP비용) \times 0.5$$

이 식은 유료방송사와 PP의 총 수입에서 총 비용을 뺀 금액을 각각 반씩 분배하는 것으로 되어 있다.

유료방송사보다 열위에 있는 PP가 협상력을 강화하기 위해서 수평적 결합이나 수직적 결합을 사용한다. 한때 국내 최대 MPP(복수 PP)였던 온미디어는 SO를 인수하였고, 국내 최대 MPP 사업자인 CJ ENM을 보유한 CJ그룹은 많은 SO를 인수하여 대형 MSP가 되었다. 수평적 결합을 한 MPP 사업자로는 대표적으로 중앙홀딩스와 매일경제신문사를 들 수 있다. 한편 MSO는 자사의 협상력을 수익화하기 위하여 PP로 진출하였다. 대형 MSO인 티브로드, 딜라이브, 현대 HCN, CMB가 PP를 인수하여 MSP가 되었다. 위성방송 사업자인 스카이라이프도 다수의 PP를 설립하여 운영하고 있다. 국내 MSP들은 PP를 다른 MSP에 송출하는 대신에, 다른 MSP의 PP를 편성해주는 소위 채널 교환(barter)을 하기도 하였다. 지상파방송 사업자가 MPP로 진출한 것은 협상력을 강화하기 위해서라기보다 자사의 콘텐츠 파워를 최대한 활용하기 위함이다.

2010년대 들어서 CJ ENM계열 채널과 종편 채널의 시청률이 상승하면서 PP의 입지가 강화되었고, 채널 공급협상에서 PP의 입지가 강화되고 있다. 그럼에도 불구하고 PP의 입장에서는 채널 공급 후 채널 공급계약을 체결하는 관행의 개선, IPTV의 수신료 배분비율 인상, 결합 상품수익에 PP의 기여분 인정 등 해결해야 할 과제가 남아 있다.

참고문헌

권호영(2015), 「드라마 제작과 유통」, 커뮤니케이션북스.

김서기(2009), "TV 프로그램 제작공급계약의 법적 성질과 관련문제," 「법학연구」, 인하 대학교 법학연구소, 12(3), 133−156.

김성환·이상우(2014), "증분가치 비교에 따른 지상파 채널 재송신 대가의 합리적 산정 방안," 「산업조직연구」, 22권 4호, 171−196.

김원식(2014), "방송 광고 결합판매 지원고시 효과의 경제학적 분석," 「방송통신연구」, 75−100.

김희경(2009), "유료방송 시장의 프로그램 접근 정책에 관한 연구," 「한국방송학보」, 23−1, 88−130.

노기영(2009), "지상파 콘텐츠 재전송시장과 대가 산정," 「방송통신연구」, 68호, 135− 162.

DTV Korea(2009), 「2008년도 디지털방송 수신환경 실태조사 보고서」.

DTV 전환감시 시청자 연대·DTV Korea (2012), 「지상파 디지털방송 수신환경 실태조사 결과 및 내용분석」.

박동욱·남윤미·유진아(2011). "지상파방송 재전송 대가 산정 모델 연구," 정보통신정책 연구원, 「정책연구」, 11−11.

박민수·양준석(2015), "지상파방송 재전송 대가 추정: 지상파 방송사와 종합유선방송사 업자 간 협상을 중심으로," 「산업조직연구」, 23권 3호, 99−138.

박소라(2001.11), "지상파 방송사의 외주 제작 프로그램 거래 과정 특성에 관한 연구," 「방송과 커뮤니케이션」, 75−112.

백선하(2019.2.18), "법원 재송신대가 CPS 280원 인정 또다시 지상파 승," 「방송기술 저널」.

변상규(2009), "유료방송매체를 통한 지상파 채널 재전송의 후생효과 연구," 「한국언론정보학보」, 48호, 63-89.

변상규(2019), "조건부 가치 평가법을 이용한 유료 방송의 가치에 대한 지상파 채널의 기여도 실증 연구,"「방송통신연구」, 37-62.

변상규·이수범(2010), "지역방송의 광고효과에 근거한 합리적인 전파료 배분모형 및 타당성 검증 연구,"「방송통신연구」, 9-40.

송인성(2016), 「지상파 방송 재전송료 산정에 관한 연구」, 서울학교 산학협력단.

안종철·이기태·최성진(2011), "지상파방송 재송신을 감안한 지상파방송사와 케이블방송사의 수익 전망 예측,"「방송통신연구」, 75호, 89-115.

염수현·박민성(2010). 「방송 채널의 거래와 가격에 관한 연구」. 정보통신정책연구원.

이명헌 경영스쿨, "[경제학] 시장구조 04. 독점적경쟁시장," http://www.emh.co.kr/content.pl?monopolistic_competition.

이상규(2008), "지상파 채널 재전송의 적정가격 산정 방안,"「사이버커뮤니케이션학보」, 25권 4호, 199-222.

이상규·송원호(2017), "지상파 재송신료의 합리적 산정방안 및 결과,"「정보통신정책연구」, 제24권 제1호, 1-40.

이수범(2009.4), "바람직한 미디어렙 재편방안: 지역방송을 중심으로," 한국방송학회 「미디어렙 제도와 지역방송」세미나(2009.4.22.) 발표문.

이승선(2015), "방송 광고 매출배분 분쟁조정의 실효성을 위한 법령의 개선방향,"「방송통신연구」, 44-74.

이승선·문숙경(2010), "지역간 광고 전파료 배분의 특성과 대안 모델의 구축,"「한국광고홍보학보」, 12(3), 399-434.

이용석·김정현(2017.7), "텔레비전 드라마의 외주계약 형태 분석,"「한국방송학보」, 31(4), 85-129.

이준구(1995), 「미시경제학」, 법문사.

이치형(2013), "방송사와 외주 제작사간 저작권계약에 나타난 위험과 보상구조 연구,"「디지털융복합연구」, 11권 10호, 71-77.

최진봉(2014), "지상파 중앙국과 지역방송국간의 바람직한 광고 및 수익 배분 방안 연구,"「지역과 커뮤니케이션」, 18(3), 89-114.

홍종윤·정영주(2012), "지상파방송 재송신 대가 산정을 위한 손익 요인 도출 및 이익형량에 관한 연구,"「언론정보연구」, 49권 1호, 259-294.

Besen, S. M., Krattenmaker, T, G., Metzger, A. R., Jr. and Woodbury, J. R.(1984). *Misregulation television: Network dominance and the FCC*, Chicago: The University of Chicago Press.

Klein, B.(1980). "Transaction cost determinants of 'unfair' contractual arrangement," *American Economic Review*, 70(2), 356−362.

Fisher, F. M.(1991). "The financial interest and syndication rules in network television: Regulatory fantasy and reality," In Monz, J.(ed), *Industrial organization, econom−ics and the law*, Cambridge, MA: MIT Press.

Litman, B. R.(1979). "The television networks, competition and program diversity," *Journal of Broadcasting*, 23, 393−409.

Londoner, D. J.(1985). "The changing economics of entertainment," In Balino, T.(ed), *The American film industry*, Madison, WI: The University of Wisconsin Press.

Owen, Bruce M., & Steven S. Wildman(1992). Video Economics. Cambridge, MA:Harvarrd University Press.

Park, S. K.(1996). "Determinant of renewal and adjustment of license fees of network prime time programs," *Journal of Media Economics*, 23−36.

Woodbury, J., Besen, S. & Fournier, G.(1983, Autumn), "The determinants of network television program prices: Implicit contracts, regulation and bargaining power," *The Bell Journal of Economics*, 351−365.

제14장 동영상 시장에서의 경쟁

　　대부분의 기업은 자사 제품과 경쟁하는 상품의 범위가 명확한 경우가 대부분이다. 그러나 미디어 기업의 경우 자사 제품과 경쟁하는 상품의 범위가 애매한 측면이 있다. 이용자의 여가시간을 두고 경쟁한다는 측면에서는 모든 미디어, SNS, 게임, 스포츠, 여행 등이 경쟁하고 있다. 광고를 두고 경쟁한다는 측면에서 보면 방송매체, 신문 등 활자매체, 인터넷매체 등이 경쟁하고 있다. 그리고 미디어 상품 간의 경쟁이나 대체의 정도는 미디어의 발전과 이용행태에 따라 달라진다. 여기에서는 범위를 좁혀서 동영상 시장에서 경쟁만을 살펴본다. 동영상 시장에서의 경쟁을 방송 채널 간 경쟁, 방송매체 간 경쟁, 방송매체와 온라인매체 간 경쟁으로 구분하여 분석한다.

1 방송 채널 간 경쟁

1) PP 채널의 성장[1]

지상파방송 채널과 유료방송 채널 사이의 시청시간 역전은 유료방송 채널이 공급하는 콘텐츠의 상대적 품질 수준 향상과 유료방송 채널 사업자가 제공하는 채널 수량과 콘텐츠 공급량의 증가에 기인한다. 1995년 종합유선방송 서비스 출범 시 24개에 불과했던 유료방송 채널은 20여년 사이에 그 개수가 6배 이상 증가하여, 2019년 현재 유료방송 서비스 이용자는 183개의 유료방송 채널을 선택하여 시청할 수 있게 되었다. 유료방송 채널의 수량뿐만 아니라 이들이 제공하는 방송 콘텐츠의 다양성과 품질 수준 역시 크게 향상되었다. 2000년대 초반까지만 해도 유료방송 채널이 제공하는 프로그램의 상당수는 지상파 채널에서 이미 방송된 프로그램, 해외 프로그램(주로 드라마와 영화)으로 구성되어 있었으며, PP가 자체 제작한 프로그램의 수량은 많지 않았고, 프로그램의 품질 수준은 낮았다.

종합유선방송이 개시된 1995년 당시 유료방송 채널에게 부과된 10% 의무 제작 규정이 존재했으나, 1997년 외환위기로 인한 경기침체와 유료방송 가입자 규모의 제한적인 확대 등으로 대부분의 유료방송 채널은 자체 제작을 중단하고 지상파 콘텐츠나 해외 콘텐츠를 주로 편성하게 되었다. 이 같은 상황에서 보도 전문 유료방송 채널과 지상파계열 유료방송 채널 등을 제외한 대부분의 유료방송 채널이 유료방송 가입자에게 제공하는 효용은 제한적일 수밖에 없었고, 이에 따라서 지상파 채널이 콘텐츠 품질측면에서 유료방송 채널에 대해서 상대적 우위를 유지할 수 있었다.

하지만 2000년대 중반 이후 유료방송 채널 사업자의 프로그램 제작비 절대 규모와 자체 제작비규모가 상당한 수준으로 늘어났다. 이즈음에 SO 가입자규

---

1) 이 절은 권호영(2008)과 강준석(2016)을 인용하며 정리하였음.

모 확대와 이에 따른 수신료규모 증가로 유료방송 채널의 광고수입과 채널 제
공 대가규모가 증가될 수 있는 토대가 마련되었다. PP 등록제 도입 이후 다수
의 신규 PP가 시장에 진입함으로써 유료방송 채널 사이의 경쟁이 심화되었다.

표 14-1 TV 제작비

(단위: 십억 원)

연도			2009	2010	2011	2013	2015	2017
지상파 방송3사계열	KBS	지상파방송	245	286	308	304	295	261
		PP	28	41	68	74	83	84
		소계	273	327	376	378	378	345
	MBC	지상파방송	193	212	265	300	329	306
		PP	46	54	41	67	73	63
		소계	239	266	306	367	402	369
	SBS	지상파방송	222	386	336	303	311	289
		PP	40	150	108	117	102	80
		소계	262	536	444	420	413	369
	지상파3사 합계		774	1,129	1,126	1,165	1,193	1,083
주요 PP	CJ계열 PP		156	197	414	407	348	350
	종합편성채널 소계					427	264	355
		MBN PP				89	50	62
		TV조선 PP				69	48	81
		채널APP				69	60	87
		JTBC PP				200	106	125
	주요 PP 합계		156	197	414	834	612	705
HDTV	지상파 합계		493	797	941	1,215	1,242	981
	PP 합계		82	207	460	1,184	1,124	1,236

출처: HDTV 자료는 「방송 산업실태조사」, 그 외 자료는 「방송 시장 경쟁상황 평가」.
주 1: 본 표의 제작비는 자체 제작, 공동 제작, 순수외주, 특수외주, 구매비의 합계.
주 2: HDTV 제작비에서 지상파계열 PP의 제작비는 PP가 아니라 지상파 합계에 포함되었음(원자료 수정).

일부 대형 PP들이 프로그램 제작과 구매를 위해서 투입하는 프로그램 제작비를 늘리게 된다.

2006년 3,328억 원 수준이었던 PP의 전체 프로그램 제작비규모는 2014년에는 1조 4,607억 원으로 3.4배 증가했으며, 이들이 자체 제작 프로그램에 투입하는 제작비규모 역시 2006년 2,293억 원에서 2014년 5,970억 원으로 1.6배 늘어났다. 이러한 PP의 제작비 증가는 CJ ENM과 종합편성 채널이 주도하였다. 유료방송 채널의 전체 제작비규모와 자체 제작비규모가 급격한 증가세를 보인 반면에, 지상파방송 사업자의 방송 프로그램 제작비용규모는 2006년의 9,130억 원에서 2014년의 1조 284억 원으로 1.13배 증가하는 데 그쳤다. 8년간 물가가 인상되고, 출연진과 작가의 가격이 물가보다 빠르게 상승한 점을 감안하면 지상파방송사의 방송 프로그램 제작비는 정체되거나 감소되었다고 보는 것이 적절하다. 유료방송 채널의 제작비규모가 지상파방송 채널의 제작비보다 더 빠르게 증가해서 2011년부터는 유료방송 채널의 프로그램 제작비규모가 지상파 제작비규모를 추월하기에 이른다.

2) 지상파방송 채널과 유료방송 채널의 품질

전파 자원의 희소성과 이에 따른 높은 제도적 시장진입장벽의 존재 등으로 인해서 지상파방송 사업자는 오랜 기간 동안 연관 시장에서 우월적인 지위를 유지해 왔다. 유료방송 사업자가 시장에 진입하기 이전에 방송 광고 시장과 방송 프로그램 거래 시장에서는 구조적으로 지상파방송 사업자 이외의 유력한 공급자와 수요자가 존재하지 않았기 때문에 각각의 시장이 지상파방송3사를 중심으로 한 과점적 시장구조를 형성할 수밖에 없었다. 1995년 이루어진 종합유선방송 개시로 등장한 유료방송 채널은 방송 시장에서의 지상파 과점구조 해체의 단초를 제공하였다(강준석, 2016, 9쪽).

2000년대 중반 이후 유료방송 채널의 시청률과 시청시간이 성장하면서 동시에 광고판매액이 지속적으로 증가하는 반면에 지상파방송 채널의 그것들이 지속적으로 감소하고 있다. 지상파 TV 시청률과 시청시간은 지속적으로 감소해 2015년에는 유료방송 채널의 시청시간이 지상파 TV 시청시간을 추월했다. TV 채널로 제공되는 방송 프로그램의 품질에 영향을 미치는 주된 요소는 프로그램의 제작에 참여한 인력의 질과 제작비의 크기이다.

먼저 제작 인력의 이동을 보자. 1991년에 외주 제작제도가 도입된 이후 지상파PD가 독립 제작사로 이동하였으나 그 수는 많지 않았다. 지상파방송사에서 경험을 쌓은 작가와 배우들은 전속제가 폐지된 1998년 이후에 독립 제작사, 연예기획사로 이동하거나 프리랜스로 활동하였다. 2000년대 중반부터 드라마의 외주 제작이 본격화 되면서 지상파방송사의 드라마PD가 대거 제작사로 이동하였고, CJ E&M이 프로그램을 본격적으로 제작하면서 많은 지상파PD를 스카웃하였다. 종합편성 채널의 출범을 앞둔 2010년에 들어서 지상파PD와 작가들이 CJ ENM과 종편 채널로 이동하였다.

종편출범 이전에는 인기 있는 배우와 예능인(가수, 코미디언, 사회자 등)은 PP의 예능프로그램과 드라마에 출연하기를 꺼려했다. 그러나 종편이 출범하면서 일부 스타급 배우와 예능인이 종편과 tvN 채널에 출연하기 시작하였고, 이들 채널의 시청률이 상승하면서 2010년대 후반에는 지상파 채널과 PP 채널 프로그램의 출연진의 차이는 거의 없어졌다.

TV 방송 프로그램 제작비의 변화를 보자. 1995년 케이블TV가 출범한 이후에도 지상파방송사의 제작비가 유료방송 채널보다 압도적으로 많았다. 그러나 지상파방송사의 제작비는 정체되거나 매우 느리게 증가하였다. 유료방송 채널들이 점차 제작비를 늘리면서, 프로그램의 품질이 상승하였다. 지상파 채널의 콘텐츠 품질과 PP의 콘텐츠 품질 간의 격차가 점차 줄어들고 있다. 그럼에도 불구하고 〈표 14-1〉을 보면 채널당 제작비에서 PP 채널에 비해서 지상파방송 채널이 여전히 많은 제작비를 들이고 있음을 알 수 있다.

지상파방송 프로그램의 절대적 품질 수준에는 변화가 없다고 해도 유료방송 채널의 프로그램 제작비 증가에 따른 품질 향상으로 지상파 채널의 상대적 품질 수준이 저하될 가능성이 높아지게 된다. 이와 같은 시나리오가 현실화될 경우, 지상파 채널 사업자는 '콘텐츠 품질의 상대적 저하에 따른 시청률 하락 → 방송 광고매출 감소 → 방송 프로그램 제작 재원 축소'라는 구조적 악순환 국면에 진입할 가능성도 완전하게 배제하기 어렵다(강준석, 2016, 23쪽).

그리고 지상파방송사의 경우 자체 제작 비중이 줄어들고 외주 제작 비중이 증가하였다. 지상파방송사가 자신의 채널에 편성할 방송 프로그램을 자체 제작하는 생산과 유통의 수직적 통합으로부터 발생하는 효율성보다 외주 제작사에게 제작비와 거래비용[2]부담을 전가함으로써 발생하는 경제적 효율성이 더 크다면(박은희, 2010) 방송사 입장에서는 고비용의 자체 제작 감소와 외주 제작비율 확대가 합리적인 선택일 수 있다. 외주 제작 비중 증가로 인해서 방송사측의 자체 프로그램 제작 능력 약화 가능성에 대한 우려도 존재한다. 지상파방송사는 외주 제작 프로그램 증가에 따라서 방송사 내부 연출자가 제작하는 프로그램 수량이 줄어들면서 인력 양성의 기회가 축소됨으로써 발생하는 방송사의 기획과 제작 능력 약화 가능성을 우려하고 있다(박은희, 2010).

3) 지상파방송 채널과 유료방송 채널의 이용시간

2000년대 들어서 텔레비전으로 지상파 채널을 이용한 시간은 빠르게 감소하였고, PP 채널을 이용한 시간은 빠르게 증가하였다. 일일 평균 개인의 지상파 채널 이용시간은 2000년의 171분에서 2017년의 86분으로 1/2로 감소(연평균 −4.0%)한 데 반해, 일일 평균 개인의 PP 채널 이용시간은 2000년의 46분에서 2017년의 109분으로 2.4배 증가(연평균 5.1%)하였다([그림 14-2] 참조). 일일 평균 가구의 지상파 채널과 PP 채널의 변화 방향도 동일하지만, 변화 속도는 개인에 비해서 느리다. 15년간 지상파 채널은 연평균 3.9%씩 감소하였고, PP 채널은 연평균 3.9%씩 증가하였다([그림 14-1] 참조). 2015년 이후부터 PP 채널의 시청시간이 지상파 채널의 시청시간을 능가하기 시작하였다.

---

2) 여기서 거래비용은 방송사와 제작사 간의 프로그램 거래비용이 아니라, 제작사와 제작요소(출연자, 작가, 장비나 설비 제공자) 간의 거래비용을 의미한다.

| 그림 14-1 | 가구 일일 평균 TV 시청시간 추이(분) |

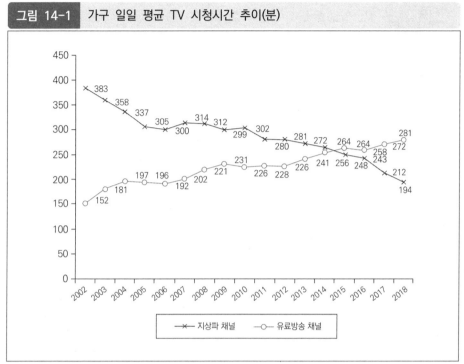

출처: 닐슨컴퍼니코리아(방송 시장 경쟁상황 평가에서 재인용).

　　지상파 채널의 시청시간 감소를 인터넷 등 다른 매체의 증가의 탓으로 돌리기 어렵다. 왜냐하면 PP 채널의 시청시간이 증가하였기 때문이다. 지상파방송 채널에서 유능한 제작 인력이 유출되고 제작비규모가 정체된 결과로 보아야 할 것이다. PP 채널의 시청률 증가는 유능한 제작 인력의 스카웃, 제작비규모의 증가, 그리고 PP 제작인력의 노하우 습득 등으로 설명할 수 있다. 이 가운데 어느 요인이 가장 큰 영향을 미쳤는지에 대한 연구는 아직 없는 것으로 보인다.

　　지상파방송의 제작비규모는 2011년 이후 PP보다 적었는데, 지상파 시청시간은 2015년 이후 PP보다 적어졌다. 이러한 시간적 지체가 발생하는 이유를 공급측면과 수요측면으로 설명할 수 있지만, 어느 것이 보다 정확한 설명인지는 확인되지 않는다. 공급측면에서 보면 제작비를 투입하더라도 프로그램의 품질

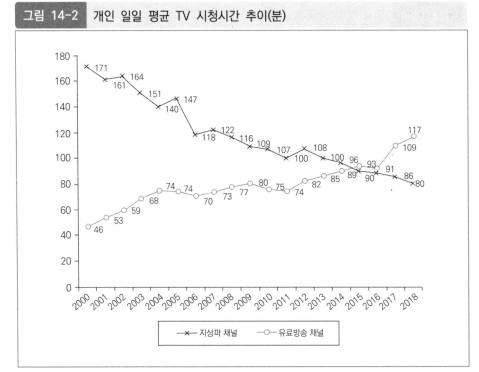

그림 14-2   **개인 일일 평균 TV 시청시간 추이(분)**

출처: 닐슨컴퍼니코리아(방송 시장 경쟁상황 평가에서 재인용).

이 증가하기까지 지체 현상이 발생할 수 있고, 그 이유는 제작 노하우의 습득에 시간이 필요하기 때문이다. 수요측면에서 보면, 시청자들이 관행적으로 지상파방송 채널을 보다가, PP 채널이 재미있다는 입소문이 나면서 점차적으로 PP 채널을 시청하기 시작하였고, 이후 채널 레퍼토리에 일부 PP 채널을 포함시켰을 것으로 추측할 수 있다.

  케이블TV가 시작되면서 일찍이 지상파방송 채널에서 PP로 주도권이 넘어간 장르가 있다. PP가 시청 주도권을 확보한 장르로 스포츠, 골프, 영화, 애니메이션, 음악, 바둑, 낚시, 게임, 여행, 자연 다큐멘터리 등을 들 수 있다. 이들 장르는 취미나 기호, 또는 마니아층이 두텁게 형성되어 있는 장르이다. 종합편성을 하는 지상파방송 채널은 특정 장르에 특화하여 편성하는 PP 채널과 경쟁하기 어렵다. 그런데, 2015년 이후에는 지상파방송사의 주력 장르인 예능과 드라마에서 일부 PP가 경쟁자로 부상하였다.

전체로 본 유료방송 채널의 시청률이 지상파방송 채널의 시청률보다 높아졌지만, 개별 지상파방송 채널의 경쟁력은 개별 PP 채널보다 월등히 높다. PP에 비해서 비교할 수 없을 정도로 지상파방송사가 인력, 설비, 장비 등을 많이 보유하고 있다. 그런데 지상파방송사가 보유한 거대한 자원이 오히려 약점으로 작용할 수 있다. 거대한 자원을 유지하기 위해서 비용이 많이 소요되기 때문이다.

2 유료방송매체 간 경쟁

지상파방송사가 난시청을 해소하려는 투자를 소홀히 하면서 우리나라 시청자들은 대부분 유료방송을 통해서 지상파 채널을 시청하고 있다. 지상파 채널을 직수신하는 가구는 2015년 기준으로 전체 가구의 5.3%에 불과하다.[3] 지상파방송사는 방송신호를 전달하는 매체로서의 의미는 거의 가지지 못하고 있다. 따라서 방송매체 간의 경쟁이라고 할 때 우리는 유료방송매체 간의 경쟁에만 집중하면 된다. 2010년 이후 활기를 띠는 OTT 플랫폼은 이 절에서 논의하지 않고 다음 절에서 별도로 다룬다.

1) 유료방송매체의 경쟁력

유료방송매체의 경쟁력을 좌우하는 요소는 서비스의 가격과 품질이다. 유료방송 서비스의 가격은 원칙적으로 생산 원가와 유보가격 사이에서 결정될 것

---

3) 방송매체 이용행태 조사결과에 따르면 2005년 23.2%였던 지상파 직접 수신 가구 비중은 2015년 5.3%로 줄어들어 10년 사이에 17.9%p 감소했다.

이다. 소비자에게 유료방송 서비스가 단독으로 제공될 경우에는 유료방송 서비스의 생산 원가에서 우위가 경쟁력으로 작용할 것이다. 현실적으로는 매체 간의 생산 원가의 차이는 그다지 경쟁요소로 작용하지 않는다. 유료방송사들이 결합 서비스를 제공하면서 유료방송 서비스의 가격 자체보다는 통신 서비스와 결합된 결합 서비스의 가격이 보다 더 중요해졌다. 한편 유료방송 서비스의 품질에는 다양한 요소가 있는데, 가장 중요한 요소가 콘텐츠의 품질이고, 다음으로 화질, UI(user interface, 화면구성과 리모컨의 편의성 등), 검색, A/S 등을 들 수 있다. 유료방송사들이 제공하는 VOD 서비스의 품질과 가격, 인터넷 서비스의 접근성도 유료방송사의 경쟁력에 영향을 미칠 것이다.

유료방송사 간의 가입자 유치 경쟁에서는 서비스의 가격과 품질보다는 마케팅이 보다 중요할 수도 있다. 왜냐하면 유료방송매체 간의 가격과 서비스가 별로 차별화되지 않을 가능성이 있기 때문이다. 유료방송 사업자들은 고객의 이전이 쉽게 일어날 수 있도록 전환비용(가입비용, 셋탑박스비용 등)을 보상해주는 물량 공세에 따라서 승부가 좌우될 수 있다. 그리고 공고한 판매망을 구축한 사업자가 가입자 유치와 전환 방지에 유리할 것이다. 실제로 위성방송과 IPTV의 도입 초기에 과도한 경품(단말기 무료 지급, 가입 축하 경품 등) 또는 과도한 결합 서비스 할인 등을 통해서 고객을 유인하여 문제가 되기도 하였다.

유료방송 서비스 간 가격 경쟁을 보면, 초기에는 디지털 케이블TV, 위성방송, IPTV 서비스의 가격이 비슷하였다. 하지만 결합 서비스가 본격화하면서 가격 경쟁력에 큰 차이가 일어났다. 케이블TV가 인터넷과 결합된 서비스를 먼저 출시하였다. 하지만 IPTV를 제공하는 통신회사는 인터넷을 포함한 통신 서비스와의 결합 서비스를 제공하는 데 있어서 우월적 지위를 가지고 있다. 통신3사는 IPTV와 통신 서비스(인터넷, 유선전화, 이동전화)와 결합하여 큰 폭으로 가격을 할인하여 가입자를 유인하였다. 케이블TV는 가입자 유치 경쟁에서 밀리면서 방송 서비스의 가격을 내려 가입자를 유지하려고 노력하였다.[4]

유료방송 서비스간의 품질 경쟁에서 가장 중요한 채널 경쟁을 보자. 유료

---

4) 결합 서비스와 가격 할인문제는 중요하면서 복잡하여 다음 장에서 별도로 다룬다.

매체 간 채널 경쟁에서 선발자인 케이블TV가 우월에 있었지만, 이러한 우위는 오래가지 않았고 2010년 이후에 거의 사라졌다. 위성방송과 IPTV는 서비스 초기에 지상파 채널의 재송신과 SO의 견제로 인한 일부 인기 PP 채널을 송출하지 못하는 상황에 직면하기도 했었다. 지상파 채널의 재송신 이슈는 앞 장에서 다루었고, 콘텐츠 차별 이슈는 다음 절에서 다룬다. 한편 위성방송이 출범하면서 케이블TV에 비해서 우수한 화질을 강점으로 마케팅하였다. 디지털화가 완료된 이후에 세 매체 간에 화질에서의 차이는 거의 없다.

VOD 서비스의 경우 IPTV가 케이블TV보다 콘텐츠와 UI측면에서 경쟁 우위에 있다. VOD 서비스는 IPTV가 케이블TV보다 조금 먼저 시작하였다.[5] IPTV사업자들은 VOD용 콘텐츠의 수급에 상대적으로 많은 비용을 들여서 케이블TV보다 양질의 콘텐츠를 더 많이 제공하였다.[6] VOD 서비스 초기에 케이블TV VOD로는 미국의 메이저 콘텐츠가 제공되지 않았고, 지상파방송사의 콘텐츠도 모두 제공되지 않았으며 홀드백 기간이 길었다. IPTV 3사는 VOD를 쉽게 이용할 수 있는 UI를 제공하고 있는 반면에, 대부분의 SO들은 UI에 별로 투자하지 않으면서 케이블TV의 VOD 서비스는 이용하기가 불편하다. 심지어 일부 SO에서는 디지털 케이블TV에서 VOD 서비스를 제공하지 않는 경우도 있다. 지역별로 분할된 SO들이 공동으로 UI를 개발하여 제공할 필요가 있지만, 그렇게 하지 못하고 있다. 그 결과, VOD 서비스의 매출액의 약 80%를 IPTV가 차지하고 있는데, 이는 유료방송 가입자점유율을 훨씬 초과하는 비율이다. 김홍규·윤용필(2009)에 의하면 VOD 콘텐츠의 차별성이 IPTV가 경쟁매체에 비해서 비교우위를 가질 수 있는 요인이 된다.

---

5) 인터넷망을 통한 VOD 서비스는 하나로텔레콤이 '하나TV'로 2006년 7월에 가장 먼저 시작하였고, 2007년 7월에는 KT가 '메가TV'가 서비스를 시작하였다. 하나TV가 SK브로드밴드의 IPTV VOD 서비스로 전환되었고, '메가TV'는 KT의 IPTV VOD 서비스로 전환되었다. 디지털 케이블TV는 2007년 중반부터 VOD 서비스를 시작하였다.

6) 티브로드 등 MSO가 중심이 되어 '홈쵸이스'라는 회사를 설립하여 케이블TV VOD 서비스를 제공하고 있는데, 독자적으로 VOD 서비스를 제공하는 IPTV에 비해서 체계적이지 못하고 적절한 투자를 하기가 쉽지 않은 구조이다.

2) 한국에서 콘텐츠 차별과 콘텐츠 동등 접근

PP와 유료방송사 간에 채널 공급계약은 사적 계약으로 시장 원리에 의해서 결정되는 것이 순리이다. 그러나 유료방송사와 수직적으로 결합된 PP가 특정 유료방송사에 채널 공급을 거부할 경우에는 규제의 대상이 될 수 있다. 시장을 선점한 케이블TV가 위성방송사나 IPTV를 견제하기 위해서 PP에게 채널 공급을 하지 않도록 강요할 경우에는 공정거래법을 위반한 것으로 제재할 수 있다. 아래에서 PP가 채널 제공을 거부한 사례와 이를 해결하는 방안에 대해서 논의한다.

2001년 11월에 온미디어가 큐릭스계열 일부 SO에 채널을 공급하지 않다가, 2002년 10월에 거래내용을 제약하는 조건을 달아서 채널을 제공하여, 공정위의 시정명령을 받은바 있다. 그리고 위성방송이 등장하면서 콘텐츠 차별이 자주 일어났다. 위성방송의 가입자가 적었던 초기인 2003~2005년간에 당시 인기 채널을 많이 보유하고 있던 온미디어와 CJ미디어 등이 위성방송에 채널 송출을 중단한 바 있다. 스카이라이프는 초기에 가입자 확보에 필요한 주요 방송 콘텐츠의 조달에 어려움을 겪었다(〈표 14-2〉 참조).

위성방송이 초기에 방송 콘텐츠를 확보하기 어렵도록 PP들이 케이블TV에만 채널을 공급한 원인이 SO와 PP의 수직적 결합으로 인한 이윤극대화 전략으로 보기 어렵다. CJ미디어와 온미디어가 보유하고 있는 SO의 가입자수가 많지 않고, 전체 케이블TV가구에 비하면 매우 작은 비중을 차지하기 때문이다. CJ미디어는 19개 SO(271만 가구, 전체 케이블TV가구의 19.3%)의 지분을, 온미디어는 4개 SO(41만 가구, 전체 케이블TV가구의 2.9%)의 지분을 보유하고 있어 플랫폼 시장에서 시장지배력을 행사할 수 있는 위치에 있지 않았다. PP들이 케이블 온리 정책을 취한 원인을 다음의 세 가지로 설명할 수 있다.

첫째로, PP들은 위성방송에 채널을 제공하지 않고 SO에만 채널을 공급함으로써 보급형 채널에 포함될 가능성을 높이고 채널번호, 수신료 배분, 부대계약조건(비인기 채널 끼워팔기 등) 등에서 유리한 대우를 받기를 원했다. 유료방송

| 표 14-2 | MPP의 위성방송에 대한 송출거부·일지 |

연월	내용
2003.1	온미디어는 투니버스, 슈퍼액션, MTV 채널을 스카이라이프에 송출 중단
2003.1	CJ미디어는 홈CGV 채널을 스카이라이프에 송출 중단
2003.3	스카이라이프가 불공정거래행위로 제소하였으나 증거 불충분으로 무혐의 처분 온미디어가 퀴니와 온게임넷을 위성방송에 제공하지 않음
2005.1	CJ미디어가 m.net과 XTM 채널을 스카이라이프에 송출 중단 발표
2005.1	스카이라이프는 CJ미디어의 송출 중단 결정에 대해 불공정거래행위로 공정거래위에 신고
2005.1	씨넥서스가 ABO 채널을 스카이라이프에 송출 중단 발표
2005.1	스카이라이프는 CJ미디어에 대해 '채널공급 중단금지 가처분'신청서를 서울 중앙지법원에 제출. 방송위원회는 XTM에 대한 채널계약기간 준수, m.net에 대한 협상기관 준수를 촉구
2005.2	CJ미디어는 m.net과 XTM에 대한 송출중단 결정을 철회
2005.2	스카이라이프가 PP들의 위성방송에 대한 송출중단 배경에 태광MSO의 압력이 작용했다는 이유로 공정위에 불공정거래행위로 신고
2005.2	CJ미디어가 XTM과 m.net을 스카이라이프에 송출 중단, 스카이라이프는 CJ미디어 상대로 '채널공급중단금지가처분신청' 제기
2005.3	법원은 CJ미디어의 XTM을 계약종료일인 2006년 3월 1일까지 공급하도록 판결
2005.4	CJ미디어는 CJ미디어와 태광MSO에 대한 소취하 조건으로 KMTV와 내셔널지오그래픽 송출 재계약
2005.4	CJ미디어는 Food 채널 재계약 거부, Xports 위성방송 미런칭
2006.11	CJ미디어는 tvN 채널(KMTV의 장르를 전환)의 스카이라이프 송출 중단 선언
2007.4	CJ미디어는 tvN 채널의 스카이라이프 송출 중단
2007.6	방송위원회의 중재로 CJ미디어가 tvN의 송출을 재개
2008.1	스카이라이프에 tvN 송출 중단
2008.	온미디어와 CJ미디어가 스카이라이프와 IPTV에 전체 채널 제공

출처: 황근(2007), 권호영 외(2015) 종합.

시장에서 종합유선방송이 높은 시장점유율을 차지하고 있어 SO들의 협상력이 매우 강하다. 2004년 12월에 종합유선방송 가입자는 1,083만이고 위성방송가입자는 165만이었다. 특히 PP들은 2001년부터 등록제로 전환되면서 채널수가 100여개로 증가하여 채널 편성 경쟁이 치열해졌고, 채널 편성 권한을 지닌 SO들의 협상력이 월등히 높아졌다. 더욱이 케이블TV 가입자들은 대부분 저가 패키지인 보급형 채널에 가입하고 있었다. 2004년 12월에 가장 고급형 패키지인 기본형 가입자수는 전체 가입자수의 11%에 불과하였다. 따라서 PP들은 자신의 채널이 가입자 기반이 큰 보급형 채널에 포함되기를 원했다.

둘째로, 위성방송이 SO의 경쟁상대로 성장하기 전에 시장에서 위성방송을 퇴출시키기 위해서, SO들은 주요 인기 PP에게 위성방송에 채널을 공급하지 않기를 요구하였다. 실제로 위성방송의 본방송을 수개월 앞둔 점에 SO협의회 회장이 PP들에게 위성방송에 채널을 공급하지 말라고 요구한 적이 있다. 첫 번째 원인에서 본 바와 같이 PP가 케이블온리를 자발적으로 선택할 유인도 있었지만, 우월적 위치에 있는 SO의 요구에 의한 불가피한 선택이었다는 것이다.

셋째로, 유료방송의 가격이 저가이고, 이로 인해서 PP가 플랫폼 사업자로부터 받는 채널사용료의 금액이 적어, PP수입의 30% 이상을 차지하는 경우는 거의 없다. 따라서 PP의 주 수입원은 광고이고, 광고수입은 시청자의 크기에 비례하므로 PP들은 케이블TV에 채널을 제공하기를 원한다. 위성방송가 상대적으로 높은 채널사용료를 지급하지만, PP들은 위성방송의 채널사용료보다는 케이블TV로 송출함으로서 발생하는 광고수입에 집중하였다.

한편, MSO와 MPP가 결합된 MSP 사업자들은 여러 가지 불공정한 행위를 할 가능성이 많아진다. MSP들은 자신들이 소유한 PP들의 경쟁력을 높이기 위해 자사의 채널을 우선적으로 편성하고 경쟁 PP들을 배제할 가능성이 있다. 그러나 실제로는 이러한 유인보다는 실질적 경쟁관계에 있는 위성방송을 배제하고 SO에게만 독점적으로 콘텐츠를 제공하여 가입자 유치에 유리한 위치를 확보하려는 유인이 더 컸다.

3) 프로그램 접근 규칙

(1) 미국의 프로그램 접근 규칙[7]

미국의 케이블 시장에서 콘텐츠 차별이 가장 큰 문제로 인식되었고, 미국은 콘텐츠 차별을 금지하는 법인 PAR(Program Access Rule, 프로그램 접근 규칙)을 제정하여 1992년부터 2012년까지 20년간 행하였다. PAR은 1992년 처음 만들어졌을 때부터 콘텐츠 유통 시장의 공정 경쟁과 소비자이익 실현에 더 이상 필요하지 않는다고 FCC가 판단하면 종료될 수 있도록 일몰규정으로 도입되었으며, FCC는 2002년과 2007년 두 차례에 걸쳐 연장결정을 내린 바 있다. 그러나 FCC는 2012년 10월에 제3차 연장결정을 하지 않기로 결론을 내림으로써 PAR은 자동적으로 소멸되었다.

1992년 이전 미국의 거의 모든 케이블 사업자들은 유료방송 시장에서 지역독점을 누리고 있었다. 이에 따라 케이블 사업자와 콘텐츠 사업자 간 수직결합이 활성화되어 있었으며, 당시 미국 의회는 콘텐츠 사업자를 소유한 케이블 사업자가 콘텐츠를 다른 경쟁 유료방송 사업자에게 공급하지 않은 것에 대해 크게 우려하고 있었다.

이에 따라 미국 의회는 신규로 진입하는 유료방송 사업자들도 케이블계열 콘텐츠 사업자가 제공하는 콘텐츠를 콘텐츠 소비자에게 전송할 수 있어야 한다고 판단하였다. 이에 미국 의회는 1992년에 '케이블TV 소비자 보호 및 경쟁법'을 통과시켰으며, PAR은 이 법의 subpart O(Competitive Access to Cable Programming)의 주요 내용을 통칭한 것이다. PAR의 구체적인 내용은 케이블 사업자와 수직결합된 프로그램 공급자의 프로그램 공급을 의무화하고 있으며, 수직통합의 기준으로는 5% 지분 보유라는 엄격한 기준을 적용하고 있다. PAR은 유료방송 콘텐츠판매 시장을 성장시키고 공정 경쟁을 활성화하기 위해 시장봉쇄행위를 법적으로 사전에 제한해야 한다는 논리를 담고 있었다.

FCC는 5년마다 PAR의 존속여부를 검토하는 분석 기준으로 동기와 영향력

7) 박민성(2013)을 인용하면서 일부 가필함.

을 사용하였다. 즉, 만약 PAR이 소멸했을 경우 케이블 사업자와 케이블계열 콘텐츠 사업자들이 배타적 계약을 통해 유료방송 시장에서의 경쟁과 다양성에 악영향을 끼칠 동기(incentive)와 영향력(ability)이 있는지를 분석 기준으로 사용한 것이다.

　　FCC는 케이블 사업자와 케이블계열 콘텐츠 사업자가 유료방송 시장에서의 경쟁과 다양성에 부정적인 영향을 미칠 수 있는 영향력을 조사하였다. PAR연장 여부를 판단하기 위한 조사는 2002년, 2007년, 2012년에 이루어졌다. 아래에서 2002년의 조사 내용은 생략하고, 2007년과 2012년 조사 내용만 보자. 2007년의 조사에서 FCC는 케이블계열 콘텐츠 사업자(PP)들이 케이블 사업자(SO)와 배타적 계약을 맺을 충분한 동기가 존재한다고 보았다. 케이블 사업자와 배타적 계약을 맺어 오직 그 케이블 사업자를 통해서만 특정 콘텐츠를 전송할 경우, 광고비나 채널사용료(licensing fee)와 관련해서는 손해를 볼 수 있지만, 유료방송 시장에서 가입자를 증가시킴으로서 이를 상쇄할 수 있다고 판단했기 때문이다. FCC는 '케이블계열 유료방송 콘텐츠의 대체재가 존재하지 않으며, PAR이 폐지되면 유료방송 사업자 간 공정 경쟁이 유리되기 어렵다'고 결론을 내려 PAR에 대해 2차로 연장하였다.

　　2012년에 FCC는 케이블 사업자의 전국적 점유율이 과거에 비해 낮아졌음을 확인하였다. 전체 유료방송 시장에서 케이블 가입자의 비중은 2012년에 57.4%로, 이는 PAR이 처음 만들어졌을 당시의 95%는 물론이고, 5년 전 PAR에 대한 2차 연장 결정을 내렸을 때보다도 훨씬 감소한 수치이다. 따라서 FCC는 전국적인 유료방송 시장에서 케이블 사업자와 유료방송 콘텐츠 사업자 간 배타적 계약을 맺을 동기가 2007년에 비해 훨씬 감소하였다고 결론내렸다. 그리고 FCC는 수치상으로 케이블계열 콘텐츠 사업자의 영향력이 줄어들었다고 판단하였다. 가입자수 기준 상위 유료방송 20개 채널 중 케이블 제휴 콘텐츠 사업자의 숫자는 2007년 6개에서 2012년 3개(PAR 일몰 여부와 관련 없는 Comcast계열 제외[8])로 줄어들었으며, 주시청시간대의 시청률 기준으로 상위 20개 채널의 개수

---

8) Comcast계열 PP를 제외한 이유는 FCC가 2011년 1월에 Comcast의 NBCU 인수를 승인하면서,

역시 6개에서 2개로 줄어들었다. 이러한 자료를 통해 FCC는 케이블계열 콘텐츠 사업자의 영향력이 지속적으로 감소하였으며, 이에 따라 포괄적이고 사전적인 규제인 PAR보다는 케이블계열 배타적 계약에 대해 사안별로 규제하는 것이 필요하다고 분석하였다. 이 두 가지 분석에 근거하여 2012년에 FCC는 PAR을 연장하지 않기로 결정하였다.

(2) 한국의 프로그램 접근 규칙

일부 인기 PP가 위성방송에 채널을 공급하지 않으면서 분쟁이 일어나자 한국에서도 프로그램 접근 규칙을 도입하자는 주장이 제기되었다(권호영, 2005; 이수영, 2005; 이영주, 2005). 유료방송 시장에서 위성방송 사업자를 보호하고, 케이블TV를 시청할 수 없는 농어촌 지역민의 인기 채널에 대한 접근권을 보장하고, 위성방송 시청자의 시청권을 보장하기 위해서 프로그램 접근 규칙이 필요하다는 것이다. 프로그램 접근 규칙을 우리나라에 적용할 때는 미국과 같이 MSP만을 규제의 대상으로 할지, 독점적 경쟁력을 보유한 모든 PP를 대상으로 확대할지에 대해서는 검토가 필요하다는 입장을 보였다.

이상우(2006)는 온미디어와 CJ의 배타적 프로그램 거래행위의 행태를 제시하면서, 이들의 행위는 결합이윤을 극대화하기 위한 유인이라기보다는 케이블TV 사업자들이 위성방송의 성장을 저해하려는 담합행위에 가깝다고 주장하였다. 이상우·박민수(2007)는 실증분석을 통해서 MSP들이 위성 사업자에게는 자신들의 채널전송을 거부하고 있으나, SO(경쟁관계에 있는 SO 포함)에게는 비배타적으로 자신들의 채널을 전송해주고 있고, SO의 프로그램의 전송여부를 결정하는데 미치는 것은 PP의 시청률과 독립 PP여부와 같은 PP의 경쟁력에 국한될 뿐, SO-PP 간 수직결합여부나 SO의 경쟁여부, 또는 SO 소유 PP와 동일한 장르인지의 여부와 같은 요인들이 전송확률을 결정하지 않는다는 결과를 도출하였다.

승인조건 중 하나로 2018년 1월까지 Comcast와 NBCU의 콘텐츠를 Comcast 경쟁 유료방송 사업자에게도 제공할 것을 명하였다.

위성방송 사업자인 스카이라이프와 TU미디어가 주요 PP의 채널을 공급받지 못하면서 매체 간의 공정 경쟁이 저해되고 신규매체의 안착이 어려워졌다는 인식을 방송가에서 공유하게 되었다. IPTV의 도입을 앞두고 프로그램 접근 규칙이 도입되어야 한다는 스카이라이프와 IPTV 사업자로 진입을 앞둔 통신 사업자의 요구가 비등하였다. 이에 2008년 1월에 제정된 "인터넷 멀티미디어 방송사업법(IPTV법)" 제20조에 콘텐츠동동접근 조항이 도입되었다. 그러나 이 조항의 내용을 보면 IPTV법에 따라 등록(신고 또는 승인)한 PP가 모든 IPTV 사업자에게 차별없이 제공하도록 강제하고 있다. 이 콘텐츠 접근 조항은 IPTV법에 신고·등록한 PP에게만 적용되도록 규정하여서, 해당 PP 사업자가 신고·등록하지 않은 경우에 이 조항은 적용되지 않는다. 결국 이 조항은 IPTV 콘텐츠 사업자가 IPTV 사업자별로 콘텐츠 공급을 차별하지 말라는 조항이고, 매체 간에 공정한 경쟁을 촉진하는 기능을 할 수 없게 되었다.

③ 방송매체와 온라인매체 간 경쟁

'인터넷 동영상 서비스(OTT)'가 미디어 시장의 경쟁 구도를 바꾸고 있다. 대표적인 OTT 서비스인 유튜브(YouTube)와 넷플릭스가 미국의 비롯한 전세계 유료방송 시장과 동영상 광고 시장을 빠르게 잠식해가고 있다. 동영상공유 플랫폼이란 새로운 시장을 개척한 유튜브는 대부분 국가에서 동영상 광고 시장에서 상당한 비중을 차지하고 있다. 2018년 기준 유럽 동영상 광고 시장에서 유튜브가 차지하는 시장점유율은 32%로 전체 방송사의 시장점유율 20%보다 12%p나 더 높았다. 국내에서 유튜브가 동영상 광고 시장에서 차지하는 비중은 2018년 상반기에 40.7%였다.

1) 가입형 OTT 서비스와의 경쟁

(1) 가입형 OTT와 유료방송 간의 경쟁

가입형 OTT 사업자는 주로 방송 프로그램이나 영화를 제공하면서 방송 사업자와 시청자를 두고 직접적으로 경쟁하고 있다. 넷플릭스는 유료방송 서비스의 강력한 경쟁자로 등장하여 미국에서 코드커팅이나 코스세이빙 현상을 낳고 있다.[9] 미국에서는 디즈니(Disney), NBC유니버설, 워너미디어(WarnerMedia) 등이 2019년부터 넷플릭스에 더 이상 콘텐츠를 제공하지 않고, 자체적으로 OTT 서비스를 출범시키거나 출범할 계획이다. 국내에서도 OTT 서비스를 강화하여 2019년에 웨이브(Wavve)와 시즌(Seezn)을 출범시키기도 하였다.

많은 미디어 사업자가 OTT 서비스에 진출하고 강화하는 이유는 미디어 이용행태의 변화에 대응하기 위함이다. 동영상의 이용행태가 젊은 층을 중심으로 가족형 단말기인 TV보다는 개인용 단말기(주로 스마트폰)를 이용한 '나만의 TV' 시청으로 변화하고 있다. 동시에 방송사의 편성에 구애된 실시간 시청에서 원하는 시간에 시청하는 행태가 증가하고 있다.[10] 이러한 동영상 이용행태에 가장 적합한 미디어 이용방식이 바로 개인용 단말기를 이용한 OTT 서비스이다.

KDI경제정보센터(2019. 10. 1)가 OTT이용자 500명을 대상으로 조사한 결과에 의하면, OTT를 '혼자 본다'는 응답자가 78.6%이고 개인용 단말기(스마트폰과 스마트패드)로 80.6%가 이용한다. 그리고 OTT를 이용하는 주된 이유로 '시간과 장소에 구애 받지 않아서'를 들었고(응답자의 63.6%), 이는 두 번째로 많이 든 이유인 '콘텐츠가 다양해서'(응답자의 24.4%)보다 압도적이다. 또한 OTT 서비스 후 TV시청시간이 '감소하였다'고 응답한 비율이 57.2%로 '증가하였다'고 응답한 비율(13.6%)보다 4.2배 많았다.

메조미디어(2019. 3)에 의하면, OTT 서비스 이용 시 모바일기기를 이용하는

---

9) 코드커팅(cord cutting)은 유료방송의 가입을 해지하는 것을 의미하고, 코드 쉐이빙(cord shaving)은 OTT를 이용하면서 유료방송을 더 싼 요금제로 이동하는 것을 말하며, 코드 네버(cord never)는 OTT만 이용하고 유료방송을 가입한 적이 없는 경우를 말한다.

10) 개인형 단말기로 옥외시청도 가능하지만 시청 장소는 여전히 집에서 많이 시청하고 있다.

비율이 94%였다. 그러나 가입형 OTT 이용 시 모바일기기의 이용비율이 낮고, PC나 TV를 이용하는 비율이 상대적으로 높았고, 특히 넷플릭스 이용 시 TV를 이용하는 비율이 높았다. 엠브레인(2019. 3)에 의하면, 본방사수의 필요성의 못 느낀다고 응답하는 비율이 크게 증가하고 있다(2015년 52.9% → 2019년 66.4%). 20~30대 젊은 시청자가 본방사수의 필요성을 많이 느끼지 못하는 태도(20대 72%, 30대 71.6%, 40대 63.2%, 50대 58.8%)가 뚜렷했다. 이러한 조사결과를 보면, OTT 서비스가 TV시청을 서서히 대체하고 있다고 판단할 수 있다.

한국의 방송 사업자는 미디어 이용행태의 변화에 대응하여 별도의 OTT 서비스를 제공하여 대응하고 있다. 하지만, 유료방송 사업자들은 자신들이 확보하고 있는 유료방송 가입자들에게 넷플릭스와 같은 독립형 OTT와의 경쟁에 대응할 수 있도록 유료방송 서비스를 확장하거나 개선하지 않고 있다. 유료방송 사업자들은 가입자들에게 TV뿐만 아니라 개인용 단말기로 서비스를 이용할 수 있도록 확장하지 않고 있다. 유료방송 가입자가 개인용 단말기로 유료방송 서비스를 이용하려면 별도로 OTT 서비스에 가입해야 한다. 다만 IPTV 가입자들은 할인된 가격으로 가입한 IPTV사가 제공하는 OTT 서비스를 이용할 수 있다. N-스크린 서비스를 쉽게 구현할 수 있는 IPTV 사업자는 N-스크린 서비스를 추가적인 수익 기회를 파악하고 있다. 케이블TV 사업자는 별도의 OTT 서비스를 제공하지도 않고 있다.

그리고 유료방송 사업자들은 VOD 서비스의 경쟁력을 강화하여 가입형 OTT에 대응하려는 노력도 하지 않고 있다. 유료방송사의 가입형 VOD 서비스로 우리나라의 모든 채널의 콘텐츠를 시청하려면 월 10만 원 이상을 지출해야 한다. 건별 VOD 서비스를 이용하려고 해도 가격이 비싸고, 추천이나 검색 기능이 불편하다. 유료방송사들은 VOD 서비스를 가입형 OTT와의 경쟁 상품으로 인식하지 않고, 별개의 부가적인 수익원으로 인식하고 있는 것으로 보인다.

(2) 가입형 OTT와 유료방송사 간 대체성

유료방송 서비스와 OTT 간 대체관계에 대해 기존 연구들은 엇갈린 연구결과를 제시하고 있다. 이승엽·이상우(2013)가 설문조사를 통해 분석한 결과에 의하면, 인터넷동영상 서비스가 TV시청을 대체하고 있는 것으로 나타났다. 온라인 동영상 서비스 이용시간이 길수록 유료방송 이용시간이 더 많이 감소되었다. 또한 온라인 동영상 유료 서비스 이용이 무료 서비스 이용보다 유료방송 이용시간을 더 감소시켰다. 그리고 온라인 동영상 서비스의 콘텐츠 장르 중에는 온라인 동영상 유료 서비스로 제공되는 코미디, 뉴스, 드라마가 유료방송 이용시간을 감소시켰다.

이종원 외(2013)는 푹(pooq)의 이용 의사에 따른 지상파방송과 유료방송 시청 변화량에 대해 컨조인트 분석하였다. 그 결과, 지상파 직접수신자들 중 pooq 이용 의사가 있는 경우 지상파방송 시청시간이 감소하는 것으로 나타났지만, 디지털케이블방송 서비스와 pooq 간에 대체 또는 보완관계 여부는 통계적으로 추정되지 않았다. 곽동균 외(2014b)의 2014년 설문조사 분석결과에 따르면 시청자들은 OTT와 유료방송 서비스를 유사하다고 느끼고 있으나 아직까지는 전체 TV 시청시간에는 변화가 없는 것으로 나타났다.

김정환(J. Kim, 2014)은 적소 분석 연구를 통해 유료방송 플랫폼이 국내 OTT에 비해 아직 경쟁우위에 있음에 따라 경쟁관계까지는 이르지 못했다는 결론을 제시하였다. 스마트미디어가 기존 방송미디어와 대체관계를 형성하고 있는지를 고찰한 곽동균 외(2014a)의 연구에서도 스마트미디어의 한 종류인 OTT가 아직은 대체관계까지는 이르지 못한 것으로 분석하고 있다.

곽동균 외(2014a)는 결론적으로 다음과 같이 예측하고 있다; OTT를 MVPD[11]로 분류하기 시작한 미국 사례에서 보듯이 장기적으로 기존 방송매체와 상당한 대체관계를 형성할 가능성이 높은 것으로 예측된다. 종합적으로 TV수신기를 보유하지 않는 가구가 증가할 것으로 전망되고, 유료방송에 가입하지 않은 소비자의 동영상 콘텐츠 이용이 증가하며, 또한 VOD를 시청하는 시간이 증가하고, 국내에서 이용할 수 있는 OTT 서비스가 많아지는 등의 현상은 유료방송

---

11) MVPD는 다채널방송 사업자(Multichannel Video Programming Distributor)로 케이블방송사, 위성방송사, IPTV를 통칭하는 용어이다.

사업자에게 악재로 작용할 가능성이 커져가고 있다. 다만, 동영상 콘텐츠를 제 공하고 있는 국내 OTT는 경쟁력이 낮아서 아직은 유료방송과 대체관계를 형성 하는 수준까지는 이르지 못하고 있다.

2010년대 중반에 비해 OTT 서비스 이용이 급격히 늘어난 2018년에 이루어 진 연구에 의하면 OTT가 광고 시장에서 방송매체와 경쟁적인 관계로 부상하였 음을 보여주는 연구가 발표되었다. 정유진·유세경(2018)은 지상파TV, 케이블 TV, 온라인 동영상 서비스가 광고비를 둔 경쟁상황을 파악하기 위해서 적소 분 석하였다. 분석결과에 의하면, 집행규모별 광고비 자원을 두고 지상파TV, 케이 블TV, 온라인 동영상 서비스 간에 적소중복이 심하고 경쟁 우위가 없다. 업종 별 광고비 자원을 두고 온라인 동영상 서비스는 지상파TV보다 케이블TV와의 경쟁이 치열하고, 지상파와 케이블TV가 온라인 동영상 서비스에 비해 경쟁력 우위인 것으로 나타났다. 젊은 층을 중심으로 온라인 동영상 서비스의 이용이 확산되고 있고, 젊은 층을 공략하려는 광고주들이 온라인 동영상 서비스를 광 고매체로 활용할 가능성이 높기 때문에, 온라인 동영상 서비스의 경쟁 열위가 조만간 사라질 가능성이 있다.

(3) 가입형 OTT 간 경쟁

국내에서 제공되는 주요 가입형 OTT의 경쟁력을 비교해 보자. 가격은 왓 챠와 티빙이 저렴하고, 웨이브가 가장 비싸다. 넷플릭스는 웨이브나 티빙에 비 해서 과금 체계가 간결하다.

콘텐츠의 경우 웨이브가 국내 콘텐츠가 가장 많고, 넷플릭스는 해외 콘텐 츠가 가장 많으며, 왓챠는 콘텐츠가 가장 적다. 넷플릭스는 한국에서 오리지널 콘텐츠를 꾸준히 제작하고 있고, 또한 한국드라마의 전송권을 구매하여 제공하 고 있다. 넷플릭스가 상대적으로 저렴한 비용으로 한국에서 오리지널 콘텐츠를 제작하여 글로벌 시장에 공급하고 있는 측면도 있다. 넷플릭스가 한국에서 오 리지널 콘텐츠를 제작하면서 상대적으로 많은 편당 제작비를 지출함에 따라서 전체적으로 방송 프로그램의 제작비가 상승하였다. 이에 따라 국내 방송사는

표 14-3	가입형 OTT의 가격 비교
서비스명	가격
웨이브	23,700~50,700원(3회선, 실시간+VOD 기준) 고화질 또는 초과화질 여부, 영화나 최신작 무료 이용권 여부에 따라
티빙	5,900 or 9,900원(최신 영화, 1080p 화질, TV 시청, CJ ONE 회원의 경우) 무료의 경우 700p 화질
넷플릭스	9,500, 1,2000, 14,500원 화질(SD, HD, UHD)과 동시 이용자수(1,3,4)에 따라 차이
왓챠	4,900, 7,900원(TV 시청시)

넷플릭스가 한국에 진출하기 이전보다 콘텐츠를 확보하는 데 많은 비용을 지출하게 되었다.

표 14-4	가입형 OTT의 콘텐츠 비교	
	장점	단점
웨이브 (WAVVE)	• 지상파 콘텐츠 • 대부분 미국 영상물	• CJ ENM, Jtbc 콘텐츠 없음 • 실시간 채널이 유료방송사보다 적음
티빙 (TVING)	• CJ, Jtbc 콘텐츠 • 대부분 미국 영상물	• 지상파 콘텐츠 없음
넷플릭스 (Netflix)	• 방대한 자체 제작 콘텐츠 • 국내 미방영 국산 콘텐츠(옥자, 킹덤, 범인은 바로 너)	• HBO, 디즈니, 타임워너, CBS 등 주요 미디어 기업 콘텐츠 없음 • 국내 콘텐츠는 일부만 있음
왓챠	• 대부분 국내외 영화 • 특히 HBO드라마	• 최신 영화 없음 • 방송 프로그램 없음

서비스의 특징을 보면, 웨이브, 티빙, 왓챠는 콘텐츠에 대한 정보를 많이 제공하고, 넷플릭스는 콘텐츠 정보를 전혀 제공하지 않는다. 반면에 넷플릭스는 추천 기능이 뛰어나고 콘텐츠를 다운로드 받을 수 있는 장점이 있다. 국내 서비스의 경우 상대적으로 추천 기능이 약하지만, 왓챠의 경우 추천 기능이 뛰어나다.

표 14-5	가입형 OTT의 서비스 특징 비교
서비스명	서비스 특징
웨이브	• 초기 화면에 풍부한 정보 제공, 라디오 서비스 제공, 복잡한 메뉴
티빙	• 초기 화면에 풍부한 정보 제공
Netflix	• 뛰어난 추천 기능, 개인 맞춤형 서비스, 모든 기기에서 편리하게 시청, 오프라인 콘텐츠 저장 기능, 시리즈물의 경우 전회 동시 제공, 작품 정보가 없음
왓챠	• 뛰어난 추천 기능, 오프라인 콘텐츠 저장 기능(3회로 제한) • 풍부한 작품 정보의 제공

엠브레인(2019. 3)에 의하면, 이용의향이 가장 높은 OTT 서비스는 넷플릭스(68.7%, 중복응답)였으며, 유튜브 레드(50.1%), 옥수수(33.5%), 티빙(19.9%)을 이용해 보고 싶다는 응답이 뒤를 이었다. 넷플릭스의 강점은 양질의 콘텐츠, 편리한 UI, 우수한 추천 기능, 간결한 과금체계 등을 들 수 있다. 넷플릭스에 비하면 한국의 OTT 서비스는 풍부한 국내 콘텐츠에도 불구하고, UI가 불편하고, 과금체계가 복잡하며, 추천 기능이 약하다.

넷플릭스는 오리지널 콘텐츠, 우수한 추천 기능, 간결한 과금체계 등으로 이용자의 좋은 평가를 받으며 빠르게 가입자를 늘리고 있다. 넷플릭스의 이용자가 증가하고 이들이 TV방송을 이전보다 적게 시청함에 따라서 TV 채널의 시청률이 하락하여 광고수입이 감소하게 된다. 그리고 지상파방송사와 유료방송사의 후방창구인 VOD를 판매액에도 부정적인 영향을 받는다.

현재까지는 국내방송 시장에서 OTT 서비스와 유료방송 서비스 간에 유사성이 낮고 가격은 비슷하기 때문에 코드커팅이 발생하지 않았다. 미국의 경우 유료방송 서비스에 비해 OTT 서비스의 가격이 저렴하여 코드커팅이 발생하였다. 넷플릭스 역시 실시간이 아닌 VOD 스트리밍 서비스를 제공하기 때문에 유료방송 서비스와 어느 정도 보완의 관계를 형성할 수 있었다. 하지만 다수가 선호하는 실시간 채널을 확보하고 있는 웨이브가 해외 VOD를 더 많이 확보할 경우, 이용자들은 VOD에 대한 편당 가격이 매우 높은 유료방송 서비스를 해지하고 일괄 출시와 몰아보기가 가능한 OTT 서비스로 이주할 수 있다(최세경, 2019, 82쪽). 그러나 넷플릭스를 포함한 OTT 서비스의 가입자가 증가하면서 국내방송 사업자의 위기감이 증가하고 있다. 국내 유료방송 사업자는 각사가 제공하는 VOD 서비스의 가격, 콘텐츠, 추천 기능 등의 측면에서 경쟁력을 강화할 가능 해야 할 것이다.

2) 광고형 OTT 서비스와의 경쟁

(1) 광고형 OTT 서비스의 경쟁 대상

광고형 OTT는 대부분 인터넷 개인방송과 UCC를 제공하여 가입자를 유인 한다.[12] 유튜브로 대표되는 광고형 OTT는 넷플릭스와 같은 가입형 OTT와 그 이용 동기에서 뚜렷한 차이를 보이고 있다. 사람들은 유튜브를 통해 TV 프로그 램을 시청하기도 하지만, 대체로 이용자가 제작한 짧은 동영상 또는 유튜브의 개인방송을 주로 시청한다.

메조미디어(2019. 3)가 조사한 OTT 서비스를 통해 시청한 방송 프로그램 이외 의 동영상을 보자. 인기 콘텐츠로는 생활/정보(42%), 음악(30%), 웹예능(23%), 푸 드(22%)의 순이었다. 10대는 음악, 푸드, 토크, 게임 관련 콘텐츠에 관심이 높았 고, 40대 이상은 생활/정보 콘텐츠를 많이 시청하였다. 주요 광고 OTT 서비스 의 주 시청 콘텐츠를 아래 〈표 14-6〉에서 보면 유튜브, 네이버TV, 카카오TV 간에 차이를 보인다. 유튜브에서는 음악과 1인방송을 주로 시청하고, 네이버TV 와 카카오TV에서는 TV콘텐츠 클립, 스포츠, 뉴스 및 시사 등을 주로 시청한다.

광고형 OTT의 경우 방송매체와 일정한 경쟁관계에 있음을 알 수 있다. 방 송 사업자는 광고형 OTT가 위협적이라고 판단될 경우에 OTT에 콘텐츠를 공급 하지 않을 수도 있다. 실제로 지상파방송 사업자는 유튜브에 자사의 콘텐츠의 제공을 전면 중단한 적이 있다. 한편 최세경(2019, 69쪽)은 미국에서 조사결과

---

12) 광고형 OTT로 전문 채널을 제공하는 OTT로 에브리온TV가 있었는데, 2019년 9월에 서비스를 종료하였다. 에브리온TV는 현대HCN모바일TV로 이관되었다.

(유튜브를 이용하는 주요 동기는 뉴스와 정보의 습득, 그리고 학습)에 근거하여, 광고형 OTT는 유료방송 서비스와 경쟁한다기보다 뉴스매체 또는 광고매체로서 신문, 지상파방송, 인터넷 포털 등과 경쟁한다고 설명하였다. 그러나 이러한 설명은 한국에서는 부분적으로만 적용된다. 왜냐하면 한국에서 유튜브를 통해 음악과 오락 동영상을 많이 시청하고 '뉴스 및 시사'는 세 번째로 많이 시청하기 때문이다.

표 14-6   동영상매체별 주 시청 콘텐츠(%)

유튜브		네이버TV		카카오TV	
음악	21.4	TV 콘텐츠 클립	27.0	TV 콘텐츠 클립	21.9
1인방송 (BJ, 유튜브)	19.2	스포츠	17.1	뉴스 및 시사	17.3
뉴스 및 시사	10.2	뉴스 및 시사	15.1	TV 콘텐츠 Full VOD	13.5
TV 콘텐츠 클립	8.6	음악	10.7	음악	10.0
교육학습	8.2	TV 콘텐츠 Full VOD	8.3	스포츠	9.6

출처: 메조미디어(2019).

(2) 광고형 OTT 간 경쟁

판도라TV는 2004년에 UCC 동영상 공유 포털 사업을 세계 최초로 시작하였고 2005년에 업계 최초로 동영상 광고 모델을 도입하였다. 하지만 한국의 광고형 OTT 시장에서 유튜브가 독주하고 있다. 네이버TV, 카카오TV, 아프리카TV, 판도라TV 등이 광고형 OTT 시장에 참여하고 있지만 유튜브와 상대가 되지 않고 있다. 유튜브 이용자들이 시청하는 콘텐츠의 96.8%가 국내 콘텐츠이다. 국내 크리에이터(제작자)가 유튜브에 동영상을 올리고, 시청자들이 유튜브에서 국내 동영상을 구축하는 생태계가 구축되었다.

유튜브의 성공요인을 무엇일까? 첫째로, 국내 OTT에 비해서 이용자들의 가입이 편리하다. 유튜브는 이메일 주소만 기입하면 가입이 가능하다. 반면에 국내 OTT는 주민번호, 핸드폰 번호 등을 기입하는 등 가입 절차가 복잡하다.

둘째로, 누구나 동영상을 쉽게 올릴 수 있도록 허용하였다. 그리고 동영상을 올릴 때 별도의 앱 없이 유튜브 앱에서 쉽게 올릴 수 있다. 그리고 2012년부터 크리에이터가 양질의 콘텐츠를 제작할 수 있도록 제작시설을 제공하거나 워크숍 등을 통해서 도와주고 있다. 이에 비해서 네이버TV에서는 주로 방송사나 제작사 같은 전문적인 제작자들에게만 채널 개설권을 주었다. 네이버는 2019년에 네이버TV를 모든 사람에게 개방하고 수익을 나눌 수 있도록 변경하였다.

셋째로, 유튜브에 동영상을 올리게 되면 구독자수나 시청시간이 일정 수준을 초과하면 광고가 붙게 되고 광고수익을 배분받을 수 있다. 이에 비해서 국내 OTT의 경우 크리에이터가 받을 수 있는 수익 기준이 명확하지 않았다. 인터넷 개인방송을 선도하던 아프리카TV의 경우 BJ(Broadcasting Jockey, 크리에이터)의 주 수익 모델이 후원(사이버 머니인 '별풍선' 제공)이었고, 광고에 대한 애매한 정책에 발목이 잡혔다. 아프리카TV에서 BJ가 광고를 해도 되는지 여부가 투명하지 않았고, 광고를 할 경우 수익 배분에 대한 원칙이 없었다. 2016년 10월에 베스트 BJ인 '대도서관'이 광고를 했다는 이유로 방송정지를 당하자, 게임 BJ들이 대거 아프리카TV와 결별하고 유튜브와 트위치로 전향하였다. 유튜브로 시청이 집중된 현시점에서는 크리에이터가 기대할 수 있는 수익이 유튜브가 압도적으로 많아서, 국내 OTT에 영상을 올리는 등의 활동을 할 유인이 적다.

넷째로, 유튜브가 세계 최대의 무료 동영상 공유 플랫폼으로 성장한 배경에는 엄청난 투자가 있었다. 구글은 직원 67명, 출범한지 1년 반 밖에 되지 않은 스타트업인 유튜브를 2006년에 거액을 주고 인수한 이후 스토리지(storage)와 네트워크 운용 등 동영상 스트리밍 환경을 최적화하고 타깃 광고 등 광고기술 개발 등에 엄청난 투자를 하였다. 이로 인해서 경영 적자를 지속하다가 2014년이 되어서나 흑자로 전환되었다.

참고문헌

강준석(2016), "방송시장 환경 변화와 지상파 방송 부문의 위상 변동," 「방송문화연구」, 28(2), 7-46.

곽동균·강준석·황유선·박희영·이미라(2014a), 「스마트미디어 경쟁상황 평가체계 연구」, 방통융합정책연구, 2014-19. 정보통신정책연구원.

곽동균·박민성·이미라·강준석(2014b), 「스마트미디어 시장상황분석: 방송과의 관계」, 정책연구, 2014-18. 정보통신정책연구원.

권호영(2005), "유료방송시장의 현황과 개선방안," 국회의원 우상호 토론회 〈유료방송 시장의 공정경쟁 이슈와 제도개선 방안〉 자료집.

권호영(2008), 「PP의 경영전략 Ⅲ: 자체제작을 중심으로」, 한국방송영상산업진흥원.

권호영·송민정·한광접(2015), 「디지털 미디어 경영론」, 커뮤니케이션북스.

김흥규·윤용필(2009), "IPTV 채택 요인에 관한 수용자 연구: 실시간 채널 및 VOD 이용을 중심으로," 「주관성 연구」, 통권 제18호, 5-23.

메조미디어(2019), "미디어 이용 행태 및 광고 소비자 태도".

메조미디어(2019.3), "2019 OTT 서비스 트렌드 리포트".

박민성(2013), "美, Program Access Rule의 종료와 FCC의 콘텐츠 유통 규제 방안," 「정보통신 정책 동향」, 25(2), 547, 정보통신정책연구원.

박은희(2010), 「외주정책 성과평가 및 외주 제작사의 비즈니스모델에 관한 연구」, 방송통신위원회 지정 2010-18. 방송통신위원회.

엠브레인(2019.3), "OTT 서비스(넷플릭스 등) U&A조사," 트렌드모니터.

이상우(2006), "다채널 방송 시장에서 배타적 프로그램 거래 행위에 관한 연구: 미국과 한국 사례의 비교 분석," 「한국방송학보」, 20권 1호, 322-357.

이상우·박민수(2007), "다채널 유료방송시장에서 배타적 프로그램 거래행위에 대한 실증적 분석," 「한국언론학보」, 51(6), 243-266.

이수영(2005), "다매체 TV간 공정경쟁 방안에 관한 연구: 프로그램 접근을 중심으로," 「디지털 컨버전스 시대의 위성방송 – 대응전략과 정책과제」, 한국방송학회 학술세미나 발표문.

이승엽·이상우(2013.12), "온라인 동영상 서비스의 유료방송에 대한 대체현상 연구," 「정보통신정책연구」, 제20권 제4호, 73 – 103.

이영주(2005), "유료TV 방송시장의 공정쟁쟁을 위한 프로그램 접근 규정 도입 방안 연구," 정보법학회 월례 세미나 발표문.

이종원 외(2013), 「N스크린 시대 방송시장 경쟁과 경쟁정책」, 기본연구 13 – 14, 정보통신정책연구원.

정유진·유세경(2018), "광고비 자원의 매체별 경쟁에 관한 연구," 「한국언론정보학보」, 90, 154 – 184.

최세경(2019), "OTT 서비스의 확산과 방송사의 대응전략," 「미디어와 교육」, 9, 55 – 87.

황근(2007), "유료방송시장 콘텐츠 현황 및 평가," 「한국언론학회 학술대회 발표논문집」, 1 – 17.

KDI 경제정보센터(2019.10.1.), "OTT 이용자 실태조사," 「이슈&분석」, 여론분석.

Junghwan Kim(2014). 「Competitive dynamics in the video platform market: Traditional pay TV platforms vs. OTT platforms」, Ph. D. Dissertation, Korea University.

제15장　미디어 상품의 결합

1 결합판매에 대한 접근방법

1) 결합판매의 유형과 동기

결합 상품판매(결합판매, bundling) 전략은 각기 독립된 상품의 하나의 패키지로 묶어 판매하는 전략이다. 결합판매 전략을 최초로 제안한 스티글러(Stigler, 1963)에 의하면, 기업이 결합판매를 했을 때 결합 상품의 구성요소들을 개별적으로 판매했을 때 발생할 수 있는 때보다 더 많은 소비자 잉여를 차지할(전유, 專有, Appropriation) 수 있다. 그 이후 아담스 & 엘렌(Adams & Yellen, 1976)은 스티글러(1963)의 작업을 구체화시켜 다양한 상황에서 구매자들에게 여러 결합 상품을 선택할 수 있게 함으로써 판매자의 이익은 더 증가한다는 것을 보여주었다.

결합판매의 유형은 순수결합판매(pure bundling), 혼합결합판매(mixed bun-dling)로 구분된다. 순수결합판매는 두 개 이상의 제품이나 서비스를 특정 가격에 결합하여 판매하는 것으로, 결합의 구성요소를 개별 판매하지 않아 소비자들은 반드시 결합된 형태의 소비를 강요받게 된다. 항공권을 구매하면 기내식이 포함되는 경우나 유료방송의 프리미엄 채널을 시청하려면 기본 채널이 반드시 포함되는 패키지를 구매해야 하는 경우가 이에 해당된다. 반면 혼합결합판매는 결합판매와 더불어 결합의 구성요소를 개별로도 판매하는 경우를 말한다. 혼합결합의 경우 개별 제품의 가격 합계보다 결합 상품이 가격이 더 저렴한 것이 일반적이다. 혼합결합의 예로는 음식점의 세트 메뉴나 컴퓨터의 하드웨어와 소프트웨어 묶음 상품을 들 수 있다.

기업이 결합판매를 하는 동기는 효율성의 제고, 가격차별화를 통한 소비자잉여의 전이, 가격규제의 회피, 독점 시장의 지배력 전이, 후발 사업자에 대한 대응 등이 있다. 〈표 15-1〉에서 정리된 것과 같이 기업이 결합판매를 통해 다양한 측면에서 효율성을 제고하고 그것이 가격하락 및 품질향상으로 이어지면 소비자에게도 긍정적인 결과를 가져올 수 있다. 그러나 독점적 기업이 결합판매를 이용해 가격차별을 함으로써 소비자의 잉여를 흡수(또는 전유)하고, 가격규제

표 15-1 결합판매의 동기 비교

동기		내용
효율성 제고	생산비용 절감	범위의 경제에 따른 비용 절감
	거래비용 절감	탐색비용, 교통비용, 조립비용 등 절감
	기술혁신에 의한 제품통합	통합 설계 가능
	정보비대칭하 품질 관리	시스템 재화의 경우 자사제품 보완재를 이용하게 함으로써 제품성능 유지
가격 차별화		개별 상품에 대한 소비자 선호의 이질성 동질화
가격규제 회피		특정 개별 상품가격규제 시 결합 상품으로 할인의 효과를 발생
지배력 전이 또는 유지		독과점 상품과 경쟁 상품의 끼워팔기로 경쟁 상품이 구입을 강제
후발 사업자에 대한 대응		후발 사업자의 결합판매에 대한 대응

출처: 변정욱(2006).

를 회피하거나 다른 인접 시장으로 지배력을 전이시키면 기존의 독점력은 더욱 강화되어 결과적으로 소비자 후생이 감소할 수 있다(김원식·박민수, 2010. 122쪽).[1]

2) 결합판매의 경제학적 접근

결합판매에 대한 연구는 경제학적 접근에서 시작되었으며, 마케팅적 접근으로 분화되었다.[2] 경제학적 접근이 주로 다루는 주제는 소비자 잉여, 기업 이윤, 사회복지 등이다. 내용적 측면에서 사회후생에 대한 규범적 측면(독점규제 및 소비자 잉여)에서 접근한 연구와 가격설정형태별 이익결정요인을 찾는 연구로 대별된다. 먼저 사회후생에 대한 규범적 측면의 연구는 결합판매가 소비자 잉여나 공정거래를 해치는지를 판단하고자 하는 것에 집중되고 있다. 반면 가격설정형태별 이익결정요인을 찾는 연구는 크게 유보가격분포, 비용, 제품 간 대체성과 보완성을 분석하여 최적가격설정방식을 도출하고 있다.

(1) 결합판매가 사회후생에 미치는 영향

결합판매와 관련된 이론적 쟁점은 시장지배력을 가진 기업이 자신의 독점력을 이용하여 경쟁업체를 시장으로부터 축출하기 위한 반경쟁적 수단으로 이용될 수 있다는 것이다. 전통적으로 결합판매가 보완재 시장의 경쟁을 침해한다는 주장의 뿌리는 '지렛대이론(leverage theory)'이다. 즉, 주상품 시장에서 독점력을 가진 기업이 결합판매를 통해 보완재 시장으로 자신의 독점력을 연장시킬 것이라는 것이 이 이론의 본질이다. 반면 결합판매가 보완재 시장의 경쟁을 침해하지 않는다는 입장의 뿌리는 시카고학파에 두고 있다. 이들은 주상품 시장에서 독점력을 가진 기업이 결합판매를 통해 완전 경쟁적인 보완재 시장을 독점화할 수는 있으나, 이윤을 증대시킬 수는 없다는 것을 보여 주었다. 따라서 결합판매는 반경쟁적인 것이 아니라, 가격차별이나 경쟁에의 효과적 대처가 그

---

1) 학자별로 주장한 내용에 대해서는 권호영·오정호·이종원(2001)을 참조 바람.
2) 마케팅 차원에서 결합판매가격설정에 대한 연구는 크게 가격설정형태별 이익결정요인 연구와 최적가격책정방법연구로 구분되는데, 추가적인 내용은 유필화·곽영식(2001)을 참조하기 바람.

목적이라고 주장하였다.

그러나 게임이론의 대두로 지렛대이론이 재정립 되면서, 결합판매가 반경쟁적인 것이 아니라는 주장이 타당하려면, 보완재 시장이 완전 경쟁적이어야 한다는 것이다. 예컨대 보완재 시장에 규모의 경제가 존재하여 과점적이 되면, 주상품 시장의 독점기업이 결합판매를 통해 보완재 시장의 경쟁기업을 퇴출시키고 독점화에 성공하여 더 큰 이윤을 얻을 수 있기 때문이라는 점이다.

결합판매와 관련된 문제는 보완재 시장의 구조에 따라서 달라진다. 먼저, 보완재 시장이 완전경쟁적인 경우에, 주 상품 시장에서 독점력을 지닌 기업이 보완재를 결합하여 판매하는 주 목적은 상품의 질을 높이거나 판매비용이나 소비자의 탐색비용을 줄이는 효율성의 제고, 결합판매를 통해 소비자들을 두 상품에 대한 지불의사에 따라 분류하여 더 큰 이윤을 얻고자 하는 가격차별화라 볼 수 있다. 이러한 상황에서 소비자도 이익을 볼 수도 있는 친경쟁적 또는 경쟁적 중립이라고 할 수 있다(이상승, 1999).

다음으로, 보완재 시장에 규모의 경제가 존재해 과점적인 시장구조를 띌 경우, 결합판매의 효과가 효율성의 제고나 가격차별뿐만 아니라, 결합판매를 통해 더 공격적인 가격 정책을 책정하여 경쟁기업을 보완재 시장으로부터 축출하여 보완재 시장을 독점화하거나, 주 상품 시장에의 진입을 방지(entry deterrence)한다는 것이다. 특히 이런 독점화로 더 효율적인 기업이 퇴출되거나 진입하지 못하는 경우에는 그 결과가 매우 반경쟁적이라 할 수 있다(이상승, 2000). 독점 사업자가 독점적 상품과 비독점적 상품을 결합한 상품을 제공하면서 이에 대한 결합가격을 설정함으로써 독점적 상품에 대한 가격규제를 회피할 수 있다는 지적도 존재한다(변정욱 외 2006).

(2) 가격설정형태별 이익결정요인

이익결정요인을 찾는 최초의 연구로 아담스 & 엘렌(Adams and Yellen, 1976)이 있다. 이 연구에 의하면 결합가격 설정의 수익성은 소비자가 갖고 있는 유보가격을 이용하여 소비자 집단을 분류할 수 있는 능력에 따라 다를 수 있으며,

이러한 능력을 이용하여 소비자 잉여를 사업자가 취할 수 있게 된다고 주장한다. 만약 소비자들이 개별제품에 대한 지불의사가 음(negative)의 상관관계를 이루면 각 제품을 개별로 판매하기보다는 결합판매를 통해 소비자들을 세분화하여 소비자 잉여 추출이 용이해진다. 따라서 사업자가 결합판매 전략을 통해 생산자의 이윤을 증대시키려면 상품에 대한 소비자들의 유보가격 분포 즉, 취향의 이질성을 파악하여, 이질성을 최소화할 수 있는 방향으로 상품을 묶음으로써 생산자의 이윤을 증대시킬 수 있게 된다. 이들의 이러한 주장은 유보가격의 분포가 최적가격설정형태의 결정요인이 될 수 있다는 단초를 제공함으로써 후속연구에 큰 영향을 주었다.

쉬말렌시(Schmalensee, 1984)는 2개 제품을 생산하는 독점기업에 의한 결합가격 설정의 수익성을 분석하였다. 이 연구에 의하면 결합 상품을 구성하는 개별 상품의 유보가격 간에 상관관계가 양이고, 평균 유보가격 대비 비용의 비중이 비교적 낮을수록 순수결합판매가 개별판매보다 이익이 많다. 반면에 유보가격 간의 상관관계가 양이고 평균유보가격에 대비한 비용의 비중이 비교적 높을수

접근법	순수결합	개별판매	혼합결합	해당학자
제품 간 보완성과 대체성	제품 간 보완성이 있을 때	제품 간 대체성이 있을 때		Giltinan(1987), Venkatesh외 (1998)
유보가격의 분포특성	① 유보가격 간의 상관관계가 음			Long(1984), Schmalensee(1984)
	② 유보가격 간 상관관계가 양이고 평균유보가격 대비 비용 비중이 비교적 낮음 ③ 유보가격분포가 동질적	① 유보가격 간 상관관계가 양이고 평균유보가격 대비 비용 비중이 비교적 높음 ② 유보가격분포가 이질적일 때	① 유보가격분포가 이질적인 것과 동질적인 것이 혼재되어 있을 때	Long(1984), Schmalensee(1984), Salinger(1995), Dolan and Simon(1996)

표 15-2 결합판매가격설정 형태별 이익결정요인

출처: 유필화·곽영식(2001, 187쪽).

록 개별판매이익이 순수결합판매보다 더 이익이 많다.

결합판매 전략은 상품의 성격이 보완재인가 대체제인가 또는 독립재인가에 따라 영향을 받는다. 예를 들어, 두 상품의 성격이 보완재관계일 경우 소비자가 두 재화를 개별적으로 소비할 때보다 동시에 소비할 수 있을 때 효용은 증대한다. 따라서 보완재관계에 있을 때는 순수결합판매를 통해 공급하는 것이 우월하다. 결국 문제가 되는 것은 두 제품이 독립적인가 아니면 대체적인가에 있다.

소비자들 간 각기 다른 상품에 대한 지불의사가 음의 관계일 경우 결합판매로 소비자의 잉여를 사업자의 이익으로 바꿀 수 있음을 아래 예를 통해서 보자(〈표 15-3〉 참조). 소비자 A와 B, 재화 X와 Y가 존재하는 시장에서 소비자 A는 상품 X에 대한 지불의사가 7이고 Y에 대한 지불의사가 3인 반면 소비자 B는 상품 X에 대한 지불의사가 A보다 높은 8이지만 Y에 대한 지불의사는 A보다 낮은 2라고 가정하자. 사업자가 X와 Y를 각기 독립적으로 판매한다면 X의 가격은 7, Y의 가격은 2로 설정해야만 높은 이익(18)을 얻을 수 있다. 하지만 사업자가 X와 Y상품을 하나의 패키지로 구성하여 가격 10에 판매한다면 A와 B 모두 하나로 결합된 X+Y상품을 10의 가격으로 똑같이 구매할 것이다. 소비자 A와 B는 각기 다른 상품에 대해 다른 선호를 갖고 있지만 사업자가 이들 상품들을 결합함으로써 소비자의 선호를 균질화(homogenization) 시킬 수 있기 때문이다. 결과적으로 사업자는 A와 B 모두에게 X와 Y 상품을 모두 판매할 수 있

표 15-3 독립판매 전략과 결합판매 전략 효과 비교(소비자 선호 음(-)의 관계 설정)

지불의사			판매전략	
	상품 X	상품 Y		독립판매 $P_X=7,\ P_Y=2$	결합판매 $P_{XY}=10$
			소비자 A 판매이익	9	10
소비자 A	7	3	소비자 B 판매이익	9	10
소비자 B	8	2	이익 총합	18	20

출처: 이선미(2016, 107쪽).

게 되므로 이익을 극대화(이익 20)시킬 수 있다. 이러한 효과를 '선별 효과(sorting effect)'라고 부른다(이선미, 2016, 106쪽).

사업자가 결합판매를 통해서 이익을 증가시키는 것은 독점 시장일 경우에 가능하다. 하지만 시장이 경쟁적일 경우 사업자가 상품결합을 통해 소비자의 선호를 하나로 균질화하는 것은 결합상품 간 경쟁을 불러일으킬 수 있어 사업자의 성과에 부정적 영향을 미칠 가능성이 높다. 경쟁 사업자가 존재할 경우 사업자는 상품들을 독립적으로 판매하기보다는 상품들을 결합하여 반드시 할인된 가격으로 판매할 수밖에 없는 '죄수의 딜레마(prisoner's dilemma)' 상황에 처하게 된다.[3] 이 경우 결합 상품은 '시장탈취 효과(business-stealing effect)'가 있어 사업자의 이익을 감소시킨다.

2 유료TV 산업에서의 채널 티어링

1) 채널 티어링으로 인한 사업자와 소비자 편익의 변화

유료방송 사업자가 전체 채널 서비스를 단일가격에 제공하지 않고 묶음판매를 하는 까닭은 이윤극대화에 있다.[4] 유료방송 산업에서 채널의 결합판매의 기본적인 논리는 결합판매의 기본적 착상을 이용할 경우 쉽게 설명된다. 유료방송 채널 결합판매의 논리를 보자.[5] 유료방송 사업자가 채널 결합판매 유형을 결정하는 의사결정 과정을 보자. 먼저 사업자는 각각의 결합판매 묶음별 가격대를 결정하고 다음에 각 결합판매 묶음별 비용과 그로부터 기대할 수 있는 수익을 계산하게 된다. 마지막으로 각각의 결합판매 묶음이 산출하는 순수익의

---

3) 예시는 이선미(2010, 107~108쪽)를 참고하기 바람.
4) 다수의 채널을 묶는 것을 번들링 또는 티어링(tiering)이라고도 하고, 채널 묶음을 번들(bundle), 티어(tier)라는 용어도 사용한다.
5) 다채널 환경에서 결합판매 전략의 기본적 논리에 대해서는 Wildman, S., & Owen, B. M.(1985, 255~257쪽) 참고.

총합을 극대화시키는 결합판매 유형을 결정하게 될 것이다. 이때 사업자 입장
에서 중요한 것은 각 묶음별 개개의 수익이 아니라 사업자의 전체 순수익이다.

이 논리를 구체적인 예를 들어 설명한다. 세 개의 채널과 네 개의 집단이
상이한 유보가격을 가진 〈표 15-4〉의 경우를 가정한다.[6] 유료방송 사업자가
결합판매를 하지 않고 채널 A, B, C에 독립적인 가격을 책정할 경우 극대화수
익은 $18, $18, $14가 되며 사업자가 기대할 수 있는 총수익은 $50가 된다. 만
일 특정 소비자 집단 하나가 1개 채널을 소비했을 때 1단위의 효용이 발생한다
고 가정하면 총 소비자 효용은 7단위가 될 것이다. 한편 실제 채널가격과 지불
의사 간의 차이로부터 소비자 잉여가 발생한다고 가정한다면, 채널별로 개별가
격이 부여되었을 때 소비자 잉여는 A 채널 소비에서 소비자 집단 I 이 향유할
수 있는 소비자 잉여는 4단위, B 채널에서 소비자 집단Ⅲ이 향유할 수 있는 소
비자 잉여는 1단위, C 채널에서 소비자 집단Ⅳ가 향유하는 소비자 잉여는 2단
위 등 총 7단위의 소비자 잉여가 발생한다.

표 15-4	결합판매 전략에 따른 전체수익의 변화				
	시청자	I	II	III	IV
채널	A	$10	$6	$6	$4
	B	$3	$9	$10	$2
	C	$7	$3	$2	$9

출처: Wildman, S., & Owen, B. M.(1985, 258쪽).

두 번째로 만약 사업자가 채널별로 가격을 설정하지 않고 세 개의 채널을
모두 번들로 공급하면, $15에 가격이 책정될 수 있고 총수익은 $60가 된다. 그
리고 모든 채널이 결합판매되어 단일가격으로 판매될 때 소비자 총효용은 12단
위가 된다. 또한 이 경우 소비자 잉여는 집단 I 이 5단위, 집단 Ⅱ가 3단위, 집
단 Ⅲ이 3단위 등 총 11단위의 소비자 잉여가 발생한다. 결론적으로 단일 번들

---

6) Wildman, S., & Owen, B. M.(1985, 258쪽) 참고.

로 채널을 판매하는 것은 개별적인 채널에 가격이 부여되는 경우보다 사업자의
수익, 소비자 효용 등의 모든 면에서 우월한 사회적 후생을 가져온다(50달러: 7단
위, 60달러: 11단위).

마지막으로 고려해 볼 수 있는 경우는 케이블 사업자들이 채널 티어를 구
성하여 각 묶음별로 차별화된 가격으로 판매하는 경우이다.[7] 다양한 방식이 존
재할 수 있지만 논의의 단순화를 위하여 티어가 두 개 존재하는 것으로 가정하
자. 소비자의 지불의사가 가장 낮은 채널 C를 가장 낮은 티어로 설정하여 $9
의 가격을 설정하고, 채널 A, B, C를 한데 묶은 고급티어에는 $18의 가격이 설
정되는 경우를 생각해 보자. 이러했을 때 시청자 Ⅰ, Ⅱ, Ⅲ은 고급티어를 구매
할 것이고, 시청자 Ⅳ는 채널 C만을 구매할 것이다. 이때 총수입은 $63가 될
것이며, 소비자 총효용은 10단위, 소비자 잉여는 2단위가 된다. 즉, 단일결합판
매가 아닌 다단계 티어별 채널판매가 이루어질 경우 사업자의 수익은 증가하는
반면 총효용 및 소비자 잉여는 줄어들게 된다. 그러나 이상의 결과만을 가지고
채널 티어링이 그렇지 않은 경우보다 소비자 잉여를 감소시켜 궁극적으로 소비
자에게 바람직하지 않은 결과를 초래한다고 단정 지어 말할 수는 없다.

또한 '단계별 티어 전략이 개별판매보다 효율적인가?' 그리고 '순수결합판매
가 개별판매보다 더 효율적인가?'라는 질문에는 어떤 경우에도 분명한 해답은
존재하지 않는다. 예를 들어, 고급티어와 저급티어로 공급하는 가격 전략은 순
수결합판매와 비교해서 $6의 소비자 잉여가 손실된다. 그 이유는 시청자 Ⅳ가
채널 A, B를 구매할 수 없기 때문이다. 반대로 만약 각 채널을 생산하는 데 $20
이상의 비용이 소요된다면, 개별 혹은 단일결합판매에 의한 채널판매로부터 기
대할 수 있는 수익은 존재하지 않기 때문에 어느 누구도 생산하지 않을 것이다.
따라서 채널 A, B, C는 시장에 존재하지 않게 된다. 이는 유료방송 사업자가 초
과 이윤을 전유하지 않는다고 가정할 경우, 채널 티어링은 상대적으로 질이 높
은 프로그램을 소비자에게 제공하게 된다. 또한 채널 티어링이 이루어짐으로써
상대적으로 지불의사가 낮게 표시된 채널 C가 제공될 수 있다는 점도 간과할

7) 이 경우에 채널 A, B, C는 개별 채널이 아닌 특정 장르의 채널 묶음으로 간주된다.

표 15-5	채널판매방식별 공급자 기대수익 및 소비자 잉여, 채널구성비용			
	사업자의 총수익	소비자 총효용	소비자 잉여	채널당 프로그램비용
개별	50	7	7	20
순수결합판매	60	12	11	20
단계별 티어링	63	10	2	21

출처: Wildman & Owen(1985, 258쪽).

수 없다. 이상의 논의결과를 정리하면 다음과 같다.

위의 〈표 15-5〉에서 볼 수 있는 것처럼 순수결합판매에 의한 공급과 단계별 티어에 의한 채널 공급 중에서 어느 쪽이 보다 우월한 후생을 제공하는가를 판단하는 것은 쉽지 않다. 순수결합판매에 의한 채널 공급은 소비자 총효용과 소비자 잉여에서 단계별 티어보다 월등한 후생을 소비자에게 제공하지만 상대적으로 질이 낮은 프로그램을 제공할 가능성이 높다. 그리고 광고수익을 감안하고 가입자수 증가에 따른 네트워크 외부성의 작동 여부, 관련 매체와의 경쟁, 규제집단의 개입 등과 같은 변수들을 고려한다면 판단의 문제는 더욱 복잡해진다.[8] 결론적으로 유료방송 사업자가 채널을 결합판매하여 얻는 사회적 후생의 정도는 첫째로 소비자 집단의 지불의사의 크기 및 분포, 둘째로 가입자수의 크기, 셋째로 프로그램 제작에 투입된 비용 등에 따라 매우 다르게 나타날 수밖에 없다.

---

[8] 다시 말해 유료방송 사업자의 경쟁자가 존재할 경우 상위 티어의 가격은 18달러에서 훨씬 내려갈 것이며, 각 사업자는 줄어든 수익을 보전하기 위하여 보다 복합적인 채널 티어링을 개발할 것이다. 이는 하위티어에 대한 대체제가 존재할 때도 그렇다. 예를 들어, 케이블TV, 위성방송, IPTV가 경쟁하고 있는 한국의 경우 시장 논리로 하위 티어의 가격이 극단적인 수준까지 하락하는 것이 오히려 정상일 수 있다.

2) 유료방송 사업자가 채널 티어링을 하는 이유

유료방송 산업에서 채널 티어링의 경제적 이유로 소비자측면에서는 선택권의 확대나 양질의 콘텐츠 이용일 수 있고, 공급자측면에서는 비용 절감, 수요확대, 수익 확대 등의 측면이 있을 수 있다. 와일드만 & 오웬(Wildman & Owen, 1992, 218~222쪽)은 케이블TV 사업자의 경우 채널을 결합판매하는 것이 경제적이라고 보았다. 이들은 그 이유로 아래의 다섯 가지를 들었다. 첫째로 통신 서비스와 방송 서비스가 개별적으로 판매되거나, 개별 채널 단위로 판매된다면, 비용이 증가하게 된다. 케이블TV 사업자들이 채널을 한 개씩 판매하려면 가입자에게 셋탑박스를 제공해야 하므로 적지 않은 자본을 투자해야 한다.[9] 또한 소비자들에게 요금을 징수하는 부수적 비용이 추가되고, 이때 거래비용이 소비자로부터 받는 수입보다 더 클 수 있다.[10]

둘째로, 통신 서비스나 채널을 개별판매할 경우 마케팅비용이 발생한다. 따라서 개별 채널과 통신 서비스를 결합판매함으로써 비용절감을 이룰 수도 있다는 것이다. 셋째로, 결합판매로 수요가 확산되는 효과를 기대할 수 있다. 채널을 결합판매하게 되면 보완적인 채널로 인해서 수요자의 편익이 증대할 수 있고, 이로 인해서 수요가 증가할 수 있다. 넷째로 케이블TV 사업자는 개별판매때보다 결합판매를 통해 더 큰 수익을 얻게 된다. 예컨대 결합판매를 통해서 소비자들에게 가격이 차별화된 패키지를 제공할 수 있다.

마지막으로, 케이블TV 사업자들이 결합판매를 하게 되면 수요자의 선호도가 높은 채널은 중복하여 제공하지 않는다. 만약 가입자의 50%가 뉴스 채널을 시청하길 원하고 10%가 건강 채널을 시청하길 원한다면 케이블TV 사업자는 두 채널을 모두 제공하여 소비자를 유인하게 된다. 한편 채널 시장에서 뉴스 채널이 다섯 개 이상 중복적으로 만들어지게 된다. 그러나 공급할 수 있는 채널이

---

9) 아날로그 시스템의 경우, 미국과 한국에서 케이블TV 사업자들은 가입자들에게 셋탑박스를 제공하지 않고 모든 채널을 제공하거나, 주파수 필터를 이용하여 티어를 구분하는 경우가 많았다.
10) 그러나 프리미엄 채널이나 프리미엄 티어에 대해서 추가로 요금을 받기 때문에 개별판매도 가능하다.

제한되어 있는 케이블TV 사업자는 동일 장르의 채널을 다섯 개나 제공하지 않고 통제하게 된다.

3) 유료방송사의 채널 티어링방법

유료방송사의 채널 티어링(또는 번들링)은 앞에서 살펴본 혼합결합판매 전략의 하나로 이해될 수 있다. 즉, 케이블TV 사업자가 유료방송 전 채널을 묶은 기본 채널과 일부 채널을 묶은 하위티어를 제공할 경우, 이는 복수의 상품을 한꺼번에 묶어서 판매하는 순수결합판매와 번들을 구성하는 개별적인 상품을 분리해서 판매하는 형태가 혼합된 혼합결합판매가 된다. 아래의 [그림 15-1]은 혼합결합판매 전략으로서 유료방송 티어링 구성의 기본 논리를 그림으로 나타낸 것이다(이수영 외, 1998, 112-114쪽). 본 절에서는 티어링 구성의 기본 논리

그림 15-1   티어링의 구성 원리

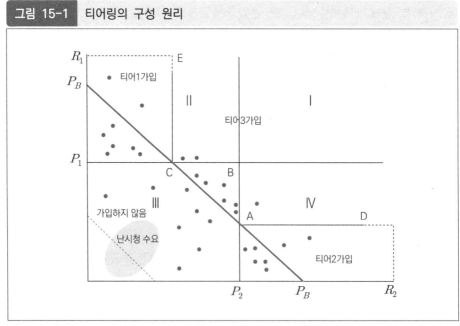

출처: 이수영 외(1998, 113쪽).

와 티어 상품을 제공했을 때 어떤 경우 사업자들에게 이익이 되며, 소비자들에 유익한가를 보여줄 것이다.

위의 그림에서 R_1과 R_2는 티어1과 티어2에 대한 가입자의 지불의사이며, P_1과 P_2는 티어1과 티어2의 가격이다. 예컨대 P_1과 P_2가 5천 원일 경우에 II 사분면에 위치한 사람은 티어1에 가입할 것이며, IV사분면에 위치한 사람은 티어2에 가입할 것이다. 그리고 지불의사가 P_1, P_2보다 높은 I 사분면의 사람들은 티어1과 티어2에 동시에 가입할 것이다. 그리고 III사분면에 있는 사람들은 비가입자가 된다. 그림 위의 점은 잠재적인 소비자들의 분포를 나타낸다.

이와 같을 때, P_B로 표현되는 티어1과 티어2를 합친 8,000원짜리 티어3이 제공됐다고 가정하자. 그렇게 되면 지금까지 어느 곳도 가입하지 않았던 III사분면의 잠재적 소비자 중 삼각형 ABC에 속했던 사람들은 티어3에 가입할 것이다. 그렇다면 문제는 티어3과 함께 티어1과 티어2를 같이 팔 것인가 아니면 말 것인가를 결정하는 것이다. 이는 결국 지금 제공되고 있는 전채널 묶음(티어3)과 함께 교양 채널 묶음 티어1, 오락형 채널 묶음 티어2를 제공할 것인가 말 것인가의 문제가 된다.

만일 3개의 티어가 모두 제공될 경우 $R_2 P_B$AD에 있는 가입자들은 티어2에 가입한다. 왜냐하면 그들이 갖는 티어2에 대한 지불의사는 티어2의 가격 5,000원보다 크지만 티어1에 대한 지불의사는 3,000원이 안되기 때문이다. 이 가입자들은 만일 티어2가 제공되지 않았을 경우에는 8,000원짜리 티어3에 가입했을 가입자이지만 이제는 5,000원짜리 티어2에 가입하는 가입자로 전환된다. 사업자 입장에서는 손실을 발생시키는 티어 전환이다. 그렇지만 그와 동시에 티어2는 티어3만이 제공되었을 때 비가입자로 남아있던 삼각형 $P_B P_2$A의 집단을 5,000원짜리 티어2로 끌어들일 수 있다. 이러한 논리는 티어1에도 동일하게 적용된다.

그렇다면 문제는 $R_2 P_B$AD와 $P_B P_2$A의 집단의 크기이다. 이렇게 본다면 $R_2 P_B$AD와 $R_1 P_B$CE가 크면 클수록 티어3만을 제공하는 것이 유리하다. 반대로 $P_B P_2$A와 $P_B P_1$C가 크면 클수록 티어1과 티어2를 동시에 제공하는 것이 효과적 전략이 된다. 그렇지만 그림에서 $R_2 P_B$AD와 $R_1 P_B$CE의 양 집단은 자신들이 선호하는 티어에 대한 선호도가 높은 반면 그렇지 않은 티어에 대한 선호도는 매우 낮다. 반대로 $P_B P_2$A와 $P_B P_1$C의 집단은 티어1과 티어2에 대한 선호도의 차이가 상대적으로 낮은 집단이라 생각할 수 있다. 이와 같을 때 $R_2 P_B$AD와 $R_1 P_B$CE 집단이 티어3에서 티어2 혹은 티어1로 전환되는 것을 막으려면, 선호도의 차이가 극명하게 드러나지 않는 형태로 티어를 구성하는 것이 합리적이다. 예를 들어, 만일 교양물을 좋아하는 사람은 그렇지 않은 사람에 비해 상대적으로 오락물을 덜 좋아한다는 것이 사실이라면, 티어1과 티어2를 선호도가 극명하게 드러나는 장르별로 묶는 것은 손실을 발생시킬 수 있는 개연성이 크다. 즉, 티어1이 교양 채널로 구성되고, 티어2가 오락 채널로 구성되어 있을 경우 선호도가 극명하게 다르기 때문에 티어3과 동시에 공급되었을 때, 티어3에 가입했던 가입자들이 티어1이나 티어2로 전환할 가능성이 매우 높다. 따라서 유료방송 사업자들이 티어링을 구성할 때 고려해야 될 것은 사업지역 내 유료방송사의 경쟁력뿐만 아니라 지역 내 집단의 채널선호 및 채널을 선호하는 집단의 규모(size)가 정확하게 파악되어야 할 것이다.

4) 채널 티어링의 규제

결합판매가 경제적 복지에 어떤 영향을 주는가에 대해서는 파악하기 위해서는 다음 사항을 검토해야 한다. 첫째로 결합판매 전략이 반경쟁적 행동이 되는지 여부는 프로그램 간 또는 채널 간에 어느 정도까지 대체성이 있는가에 달려 있다. 바꾸어 말하면 결합판매에 의해 어느 정도로 시청자의 선택이 제약받는지의 문제가 된다. 둘째로, 제공하는 채널수가 증가할 경우에 상승한 결합 상품 가격이 장기 한계비용을 하회한다면 독점금지법상 경쟁을 배제하는 약탈적 가격 형성으로서 경쟁 제한적인 행동이 된다. 셋째로, 최소 구입 의무 상품(최소 패키지를 구입하는 의무)에서 얻어진 수익을 프리미엄 프로그램가격을 억제하기 위해 사용한다면 이러한 내부 보조는 경쟁 제한적인 행동이라고 생각된다. 이와 같이 결합판매 전략에 대해서는 ① 시청자의 선택권 제한 여부, ② 경쟁 상대의 참여에 미치는 영향 여부, ③ 독점적인 가격 형성 여부를 분석할 필요가 있다.[11]

(1) 미국의 채널 티어링규제

미국의 방송규제기관은 케이블TV의 티어링을 직접적으로 규제하지 않는다. 다만 요금을 규제하거나 소비자 서비스 기준을 마련하여 소비자들을 보호하고 있다. FCC는 1993년 '소비자 서비스 기준(Federal Customer Service Standard)'을 제정하여 모든 케이블TV 사업자들로 하여금 이러한 기준을 준수하도록 하고 있다. 기준 속에는 근무시간, 설치, 해지, 요금징수 및 반환 등 사업자들의 대시청자 서비스 기준을 강화하는 내용을 담고 있다(이상식, 2001, 8쪽).

미국에서 티어링은 요금규제 정책을 회피하는 수단으로 발전하였다. 따라서 미국에서 티어링의 변화 과정을 이해하기 위해서는 요금규제 정책의 변화를 살펴 볼 필요가 있다.[12] 미국의 케이블TV 산업은 1980년대 이후 규제 완화(1984년 법), 재규제(1992년 법), 다시 부분적 규제 완화(1996년 법) 과정을 밟아 왔다. 1984년 의회는 지상파방송이 케이블TV에 대해 경쟁력을 갖고 있다고 판단하면서 케이블TV 서비스에 대한 여러 규제, 특히 요금규제를 완화하였다. 그렇지만 케이블TV 산업은 진입이 제한되어 있었으며, 규제 완화로 인해 요금이 인하되기보다는 요금이 인상되는 현상을 보였다. 그 때문에 케이블TV 사업자가 독점적 지위를 이용해 요금 인상과 같은 방식으로 시장지배력을 행사하고 있다는 논란이 제기되었다. 이러한 배경하에 케이블TV 시장에서 소비자를 보호하기 위한 목적으로 채택된 법이 1992년 케이블 법이다.

1992년 케이블 법의 취지는 기본 서비스와 확장형 서비스에 대한 요금을 규제하고 제한하려는 데 있었다. 그러나 이를 규제하는 권한은 지역 허가당국과 FCC에게 주어졌고, FCC는 지역 허가당국의 승인하에 규제활동을 수행할 수

---

11) 스가야 미노루·나카무라 기요 편저(2003, 46쪽).

12) 이 내용은 Owen & Wildman(1992), Crandall and Furchgott-Roth(1996), Hazlett(1997), 박경우(2001) 등을 정리한 것이다.

있었다는 특징이 있다. 그러나 FCC의 규제 활동에도 불구하고 1992년 법과 후
속규칙들은 케이블 사업자로 하여금 규제를 회피할 수 있는 다양한 기회를 제
공하게 되었다. 그 근거는 첫째, 규제가 선택사항이라는 데 있다. 왜냐하면 기
본 서비스에 대한 FCC의 규제는 지역 허가당국의 결정이 있어야 가능했기 때
문이다. 둘째, 규제는 선택형(a la carte) 티어를 포함한 모든 주문형에 대해서는
면제가 되었기 때문에, 확장형 서비스를 제공하던 SO들은 이 서비스를 변형
하여 주문형 서비스를 만들려는 유인이 존재했기 때문이다. 마지막으로 제공
된 채널수와 네트워크의 수에 따라 기준 요금을 올릴 수 있도록 허가했기 때문
이다.

　　1992년 케이블 법은 요금규제 외에도 의무 재전송제도를 도입하였다. 이 규
칙은 원거리 지상파 신호를 수신할 경우 지상파방송사가 사업자에게 채널 전송
에 대한 보상을 요구하거나(재전송), 케이블 사업 지역 내의 모든 지상파를 전송
하게 하는 것(의무전송) 중 하나를 선택할 수 있도록 하였다. 케이블 사업자들은
이와 같은 두 가지 방식들 중 지상파방송사에게 금전적 보상을 지불하는 것이
아니라 지상파방송사와 지분관계에 있는 케이블 네트워크(PP)를 전송해 주는
방식을 취했다. 이러한 방식의 예를 들면, 케이블TV 사업자가 ABC의 ESPN2,
FOX의 F/X, NBC의 CNBC와 같은 케이블 네트워크를 공급해 주는 것이다. 한
편 의무전송은 네트워크 비가맹국이나 소규모 독립방송사가 케이블 채널에 접
근할 수 있는 기회를 제공해 주었다. 케이블TV의 기술 제약을 고려해 볼 때,
의무전송과 재전송은 사업자 입장에서는 가용 채널 용량이 제한되어 있다는 점
에서 그만큼 편성권에 제약을 받게 됨을 의미하며, 이러한 규칙에 해당하는 지
상파 채널이 많을수록 사업자는 케이블 네트워크의 공급을 줄일 수밖에 없는
제약에 직면한다.

　　1996년의 통신법은 1992년 법의 요금규제나 편성규제에 관한 사항을 상당
부분 철회하기에 이른다. 철회의 배경은 케이블 사업자들이 인기 있는 채널들
을 규제 대상 티어에서 비규제 대상 티어로 옮김으로써 요금규제의 실효성에
대한 의문이 지속적으로 제기되었고, 엄격한 요금상한제(price caps)가 실질적인

서비스의 질을 향상시키기지 못한다는 비판이 거세게 일었기 때문이다. 이에 따라 1996년 법은 1999년 3월을 시점으로 지상파가 포함된 기본형 서비스 이외의 서비스에 대한 요금규제를 철회할 것을 명문화하게 되었다. 결과적으로 케이블TV 채널 티어링 관련해서 미국 케이블TV규제 정책은 1992년 법의 요금규제를 통해 하위 티어이외의 다양한 상위 티어가 발생할 수 있는 제도적 동인이 되었다. 이는 규제를 회피하기 위해 지상파 채널이 포함되지 않은 다양한 서비스를 구성하고 새로운 서비스 티어에 가능한 인기 있는 채널을 구성하여 자연스럽게 가입자들을 유도하려 했기 때문이다.

(2) 영국의 티어링규제 사례

영국은 지배적 사업자의 결합판매에 대해 사후적으로 경쟁제한성이 존재하는 경우에 한해서 이를 금지했는데, 결합판매가 경쟁제한적 효과를 나타내는 경우를 크게 두 가지로 구분하였다. 첫째, 끼워팔기 형태의 결합판매에서 나타나는 경쟁적 제품의 강매 및 경쟁 사업자의 봉쇄효과(foreclosure effect)[13]이다. 둘째, 결합 상품 내 독점적 제품(필수요소)의 가격을 높이고 경쟁적 제품의 내재가격을 비용 이하 수준으로 책정함으로써 가격압착(price squeeze)을 통한 약탈이 이에 해당된다.[14]

영국의 위성방송 시장은 외국 위성방송 사업자인 BskyB에 의해 독점되어 있다. BskyB의 전략은 프리미엄 프로그램의 제작·유통 시장에서 셋톱박스의 관리에 이르기까지 수직적으로 통합하여 시장을 완전히 지배하는 것이다. 특히 할리우드 영화의 페이퍼 뷰(PPV)권, 잉글랜드 프리미엄 리그 축구의 방송권, 럭비나 크리켓 시합의 중계권 등 가장 인기가 높은 콘텐츠 공급을 독점화하고 있다. 이러한 시장 지배력을 배경으로 해서 BskyB는 디즈니 채널을 끼워 파는 결

---

13) 즉, 지배적 사업자가 독점적 서비스에 경쟁 서비스를 끼워팔기(순수결합)하는 경우, 소비자가 독점적 서비스를 구매하기 위해서는 경쟁 서비스도 같이 구매해야 하기 때문에 경쟁 서비스를 제공하는 경쟁 사업자의 경쟁 서비스제공이 봉쇄된다. 이때 독점 서비스가 필수적 성격이 강할수록 봉쇄 효과는 더욱 커진다.
14) 방송통신위원회·한국전파진흥원(2008, 114쪽).

합판매 전략을 도입했다. 소비자는 끼워 파는 디즈니 채널을 단독으로 계약할 수 없기 때문에 만일 디즈니 채널을 보고 싶다면 요금이 높은 패키지(£26.99 또는 £23.99)에 가입해야 했다. 그 후 이 결합판매 전략은 반경쟁적 행동이라는 공정위의 권고에 의해 철회되었다.[15]

(3) 국내 티어링제도의 도입과 정책

국내 케이블TV 티어링은 1995년 케이블TV를 도입하면서 모든 채널을 의무적으로 송신하도록 규정함으로써 티어링은 원천적으로 불가능하였다. 일부 SO에서는 규정을 위반하면서 저가 티어링을 도입하였다. 1998년 8월 말 문화관광부는 SO허가장의 '모든 채널 의무송신' 조항을 삭제하면서 티어링이 합법화되었다. 티어링이 합법화되자 1999년 1월부터 SO들이 티어링을 본격적으로 도입하였다. SO의 티어 상품의 채널 구성을 보면 중계유선과 경쟁하기 위해 구성된 국민형 티어의 경우 별도의 특징 없이 수신료를 배분하지 않는 채널들로 구성되어 있으며, 보급형 티어의 경우는 여성·오락형 채널과 교육·교양형 채널들, 선택형 티어는 뚜렷한 기호를 충족시키거나 높은 시청률을 나타내는 채널들로 구성되어 있다.

2001년 9월에 방송위원회는 종합유선방송(SO)의 이용약관을 대폭 개정하였다. 이 약관에 의하면 SO는 최소한 3개 이상의 티어를 구성하여야 하며, 의무형 티어에 KBS, EBS, 공공 채널, 지역 채널을 반드시 포함하도록 하였다. 그리고 이 약관에서 채널 상품의 연간 이용요금 인상률을 물가상승률 이하로 제한하였고, 당시의 유료 채널 가입조건을 완화해서 가장 고가인 기본형 티어가 아닌 저가 묶음 채널에 가입하여도 유료 채널에 가입할 수 있도록 하였다.

---

15) 스가야 미노루·나카무라 기요 편저(2003, 47쪽).

3 방송과 통신 상품의 결합

1) 방송·통신결합판매 상품의 제공과 규제

사업자들이 방송과 통신 상품을 결합하여 판매하는 이유는 기본적으로 이윤 확대일 것이다. 통신 사업자는 IPTV를 출시하면서 통신 서비스(또는 케이블TV 사업자는 인터넷 접속 서비스의 판매를 확대하기 위하여 케이블TV)로 확보해 놓은 가입자 기반을 활용함으로써 가입자의 불확실성을 감소시켜 판매를 증진하기 위함이다. 특히 방송과 통신 서비스를 결합하여 판매하게 되면 네트워크 효과가 강화될 수 있고 거기에 약정을 더할 경우 가입자의 전환비용을 상승시켜 경쟁 사업자로의 이동을 막는 고착 효과가 발생하여 이익이 증가될 수 있다. 경쟁 시장에서는 사업자들 간 결합 상품 경쟁이 독립판매보다 벌어들일 수 있는 이익이 매우 낮지만, 결합 상품 할인이 소비자의 충성도를 높여 가격 할인보다 더 많은 이익을 창출시키고 경쟁을 방어하기 위한 효과적인 수단일 수 있다.[16]

결합판매가 반경쟁적일 수 있으므로 우리나라의 경우 인가대상 역무(서비스)의 결합판매가 금지되거나 이용약관 인가대상으로 할인율의 규제를 받는 등 오랫동안 방송통신 서비스의 결합판매행위가 규제받아 왔다. 끼워팔기 또는 순수결합이 아닌 혼합결합 형태의 결합판매는 수요자측과 공급자측의 효율성을 증대시켜 전체적인 사회후생에 긍정적인 영향을 미칠 수 있다. 공급자는 거래비용을 줄이거나 범위의 경제를 누릴 수 있다. 소비자가 결합 상품을 이용할 경우에 여러 개의 고지서를 받지 않는 편리함과 요금할인을 받을 수 있다.

특히 방송통신 서비스의 경우 네트워크 융합으로 결합 상품의 효율성이 증대될 수 있는 여지가 커졌다. 일본, 호주, 그리고 북미와 유럽의 국가들에서는 통신 서비스 결합판매가 사전규제 대신 사후규제 대상인 것이 일반적이고, 기술 발전에 따라 규제를 완화하여, 순수결합은 금지하고 경쟁 사업자의 동등한

---

16) 이선미(2016, 108쪽)를 정리함.

결합판매를 보장하는 방향으로 제도를 변화시켜왔다(박민수, 2010, 238쪽). 이러한 추세를 따라 우리나라에서도 2007년 7월부터 시장지배적 사업자의 결합 상품 판매를 허용하고, 방송통신 결합 상품의 요금 할인율이 일정 수준을 넘을 경우 요금적정성 심사를 받아야 한다고 규정했다.[17] 요금적정성 심사를 받아야 하는 요금 할인율 기준이 2007년 7월에는 10% 이하이었다가 2008년 5월에는 20% 이하로, 2009년 5월에는 30% 이하로 확대되었다.

요금적정성 심사간소화 대상의 기준인 10%, 20%, 30%를 시장지배력 사업자들은 결합 상품할인율의 상한으로 인식하고 결합 상품을 출시하였다. 이와 같은 규제 완화로 인해 지배적 사업자의 결합 상품에 요금할인율이 지속적으로 높아져서 결합판매에 대한 시장지배적 우위가 고착화되고 있는 실정이다. 2007년 7월에 지배적 사업자에 대한 요금 할인을 허용한 이후, 지배적 사업자의 결합 상품계약건수가 2007년 2/4분기의 1,300건에서 2010년 2/3분기의 8,820건으로 6.8배 증가하였고, 가입세대의 결합 상품 가입률은 2007년 2/4분기의 약 7%에서 2010년 2/3분기의 약 45.5%에 달했다. 이처럼 지배적 사업자의 결합 상품에 대한 규제 완화 이후 결합 상품의 활성화를 바탕으로 시장에서의 경쟁이 단품 위주에서 결합 상품 위주로 전환되는 양상을 보이고 있다(김희경·김덕모, 2012, 277쪽).

다양한 요금제의 출현과 결합에 따라 사업자 간 경쟁이 심화되고 있으며 이용자에 대한 부당한 차별 및 과도한 경품 제공 등 공정거래 질서가 훼손되고 있다. 경쟁심화의 부작용으로 인해 약탈적 경쟁이 발생하고 있으며, 사업자들은 결합 상품판매를 위한 마케팅 및 경품 제공에 주력하고 있는데, 이는 궁극적으로 소비자 피해로 이어지게 된다. 우리나라의 결합 상품 경쟁은 1차적으로 할인율 경쟁을 통한 명목가격 경쟁, 2차적으로는 경품 제공을 통한 실질가격 경쟁의 형태로 전개되고 있음에 따라 약탈적 경쟁 양상으로 나타나고 있다. 결

---

17) 전기통신사업법상 결합판매는 제50조 제1항에 의한 금지행위로 규제되고, 결합판매의 구성 상품이 인가역무에 해당할 경우 제28조 제2항에 의한 인가를 통해 규제된다. 2007년 5월에 구 정통부가 '인가역무 결합판매 이용약관에 대한 인가심사기준 및 절차', '결합판매 금지행위 세부 유형과 심사기준에 관한 고시'를 제정하고, 2007년 7월에 시장지배적 사업자가 이용약관에 인가역무를 포함하는 결합상품을 제공할 수 있게 되었다. 요금 인가 대상인 서비스로는 KT의 시내전화와 초고속인터넷 서비스, SK텔레콤의 이동전화 서비스가 있다.

과적으로 자본력이 큰 사업자에게 유리할 수밖에 없는 구조가 되며, 이용자 차별문제가 발생하게 된다(이봉의, 2012, 277쪽).

유료방송 시장에서 케이블TV와 IPTV 간의 경쟁에서 IPTV가 우위를 차지하게 된 결정적인 원인이 바로 방송·통신결합 상품이다. 케이블TV 사업자들은 인터넷, 유선전화, 무선전화 등과 결합한 상품을 출시하기에 구조적으로 불리하다. 특히 정부가 시장지배적 사업자의 결합 상품 할인율을 30%로 용인함에 따라서 유료방송 시장에서 IPTV에 비해 케이블TV는 가격 경쟁력을 거의 상실하였다. 정부가 IPTV 사업을 도입하면서 빠른 시간에 IPTV를 시장에 정착하기 위한 조치로 여겨지는 30% 할인율을 재검토할 필요가 있다. 그리고 홍대식(2011)이 주장한 바와 같이 방송·통신결합 상품 시장을 별도의 시장으로 획정하고, 이를 근거로 시장지배력 측정, 유효 경쟁상황을 평가할 필요가 있다. 또한 기존의 법제로는 방송·통신결합 상품을 규제하는 데 한계가 있으므로, 방송·통신 통합법을 만들어 방송·통신 시장에서 공정 경쟁을 촉진하고 이용자를 보호할 필요가 있다.

2) 국내 방송·통신결합판매에 대한 실증적 연구

우리나라의 경우 IPTV 서비스가 도입되고, 통신 사업자들이 IPTV와 통신 서비스를 결합한 상품들이 출시되면서 방송·통신결합판매에 대한 연구가 본격화되었다. 방송·통신 서비스의 결합판매에 대한 연구는 경제학적인 접근을 이용하여 결합판매의 효과를 분석하거나 법적인 접근을 이용하여 결합판매의 규제 방안을 모색하였다. 여기서는 경제학적인 연구만을 정리한다. 박민수(2010)는 국내 방송통신결합 상품이 대부분 신규 서비스의 시장 선점을 위해 기존의 보완적인 서비스와 결합하여 제공되고 있으며, 가입자측면에서 볼 때 사업자 전환 성향이 낮은 가입자일수록 결합 상품을 많이 이용한다고 밝히면서 사업자 고착 효과에 대한 우려를 표명하였다. 김원식·박민수(2010)는 경제학 모형을 이용하여 방송·통신결합 상품 시장에서 케이블TV 사업자보다 통신 사업자의 가입자점유율이 더 높을 것으로 추정하고, 케이블TV 사업자들은 지속적으로 가입자 이탈을 경험할 것으로 예측하였다.

김원식·박민수(2012)는 방송 서비스를 결합한 상품인 KT Olleh TV－Skylife (OTS) 상품을 경제학 모형을 이용하여 분석하여, IPTV(KT Olleh TV)와 위성방송 서비스(Skylife) 간의 상호 보완성 때문에 상품의 경쟁력이 강화되었고, 이로 인해 OTS판매가 지속될 경우 종합유선방송 사업자의 유료 가입자가 절반으로 감소할 것이라고 예측했다. 종합유선방송 사업자는 이를 방어하기 위해 프로그램 차별화, HD 콘텐츠 확보, 수직적 MSP 추진 등의 전략을 세워야 한다고 제언했다. 곽동균·김재철(2015)이 유료방송 시장에서 사업자별 전체 매출액, VOD매출액, 가입자수의 점유율과 집중도를 분석한 후 다음과 같이 결론을 내렸다; 첫째, VOD매출 증대가 방송 플랫폼 사업자들의 수신료를 인하할 수 있는 여력을 발생시키고, 방송통신결합 상품이 통신 가입자 기반 유지를 위한 도구로 활용되면서 수신료를 인하할 유인이 더해짐에 따라 이러한 시너지 효과들이 종합유선방송 사업자의 성과에 부정적인 영향을 미칠 수 있다. 둘째로 방송통신결합 상품 가입자 비중 증대가 유료방송 시장의 시장집중도에 미치는 영향은 제한적이지만 이동전화결합이 증가할 경우 시장집중도 완화에 긍정적 영향을 미치지 않을 수 있다.

김성환(2015)은 방송통신 시장의 추이를 분석하여 방송통신결합 상품으로 인해 2014년 3월까지 종합유선방송 사업자의 절대적인 가입규모가 증가했고 영업이익 역시 사업을 유지하는 데 문제가 없다고 결론 내렸다. 또한 유료방송 시장은 가입규모와 홈쇼핑 간의 양면 시장구조인데, 홈쇼핑 시장은 빠르게 성장하고 있으므로 종합유선방송 사업자의 수익원에 문제가 없다고 지적했다. 하지만 결합 상품의 경우 종합유선방송 사업자의 방송＋인터넷결합 상품의 점유율이 하락하고 방송＋인터넷＋이동통신결합 상품의 시장 진입이 어려워 장기적으로 통신 3사 중심의 과점 체제가 지속될 수 있다고 우려를 제기했다. 이선미(2016)는 경제학 모델을 이용하여 방송통신결합 상품이 케이블TV 사업자의 성과에 미치는 영향을 분석하였다. 연구결과에 의하면, IPTV의 이동전화결합 비중이 증가할수록 케이블TV의 수신료 기반 매출과 영업이익이 감소하고, 시장 경쟁이 심화될수록 케이블TV 사업자의 매출과 영업이익이 감소한다. 케이블TV의 결합 상품이 확산되면서 수신료 기반 매출은 감소한 반면 방송 사업매출은 증가하였고, 영업이익에는 유의한 영향이 없었다. 이를 근거로 그녀는 '케이블TV 사업자가 저가결합 상품을 이용하여 가입자규모를 확대하고 이를 기반으로 홈쇼핑매출에 의존하고 있다'로 결론지었다.

3) 방송과 통신결합 상품의 현황

(1) 방송과 통신의 결합 상품 가입자 변화[18)

방송통신결합 상품은 SO가 2002년경부터 방송＋초고속인터넷 서비스를 결합하여 제공하면서 시작되었고,[19) IPTV가 도입되면서 본격적으로 확산되었다 (〈표 15-6〉 참조). 전체결합 상품 가입자수(계약건수 기준)는 지속적으로 상승하여 2012~2017년간 연평균 4.6%씩 증가하였다. 전체결합 상품 가입자수의 점유율은 KT가 가장 높지만, 점유율의 수준은 2012년부터 조금씩 감소하였다. SO의 전체결합 상품 가입자수의 점유율이 최고 18.3%로 낮고, 점유율의 수준이 2012년부터 비교적 빠르게 감소하였고, 2015년부터 결합 상품 가입자수의 절대 수준이 감소하고 있다. 2012년 이후에 LGU＋와 SK계열의 전체결합 상품 가입자수의 점유율이 상대적으로 빠르게 증가하였다.

---

18) 이 절의 내용은 방송통신위원회의 각년도 「방송 시장 경쟁상황 평가」 중 결합상품을 분석한 부분을 정리하면서 일부 필자가 가필하였다.

19) SO의 초고속인터넷 가입자수는 2003년 1월말에 35만(정통부), 2004년 말에 200만(방송위원회), 2006년 말에 226만(한국인터넷백서)이었다.

| 표 15-6 | 전체결합 상품 사업자별 가입자규모 및 점유율(계약건수 기준) |

(단위: 천건, %)

구분		2012	2013	2104	2105	2106	2017	2012~17 증감률(%)
KT	건수(천건)	5,901	6,017	6,205	6,478	6,730	6,942	3.2
	점유율(%)	42.5	41.4	40.3	40.1	40.2	39.9	−1.3
SK계열	건수(천건)	3,247	3,460	3,880	4,274	4,473	4,621	7.1
	점유율(%)	23.4	23.8	25.2	26.4	26.7	26.5	2.5
LGU+	건수(천건)	2,250	2,397	2,535	2,795	2,970	3,243	7.3
	점유율(%)	16.2	16.5	16.5	17.3	17.7	18.6	2.8
IPTV 3사합계	건수(천건)	11,398	11,874	12,620	13,547	14,173	14,806	5.2
	점유율(%)	82.2	81.7	81.9	83.8	84.6	85.0	0.7
SO	건수(천건)	2,474	2,651	2,789	2,615	2,580	2,614	1.1
	점유율(%)	17.8	18.3	18.1	16.2	15.4	15.0	−3.5
전체	건수(천건)	13,872	14,525	15,409	16,162	16,753	17,420	4.6

출처: 방송통신위원회의 「경쟁상황평가 보고서」 각년도.

방송과 초고속인터넷을 결합한 상품(이동통신 제외)의 가입자수 변화를 보자
(〈표 15-7〉 참조). 방송과 인터넷 서비스의 결합 상품을 먼저 판매한 케이블TV
의 경우 2011년에 방송 가입자의 13%만이 이 결합 상품을 가입하였고 이후 증
가하는 추세를 보였다. IPTV 가입자가 인터넷 결합 상품을 가입한 비율이 2011
년에는 93.0%였고, 2013년에는 99.7%였다. 2012년 설문조사결과, IPTV 가입자
의 91.6%가 디지털 케이블TV 대신 IPTV를 선택하는 데 있어서 결합 상품요금
할인이 영향을 미쳤다고 응답하였다.[20] 2013년 설문조사 결과, 현재의 결합상
품을 선택할 때 가장 중요하게 생각한 서비스는 초고속인터넷이라고 응답한 비
율이 54.3%~69.0%였다. IPTV 초기인 2010~2013년에는 KT의 IPTV 가입자가
가장 많고 빠르게 증가하였는데, KT IPTV 가입자만을 대상으로 한정하면 초고

20) 「2012년도 방송 시장 경쟁상황 평가 보고서」의 결합 시장 부분에서 인용함.

표 15-7	방송과 인터넷 결합 상품(이동통신제외) 가입자와 비중

(단위: 천, %)

미디어	결합상품 가입자 비중	2011	2012	2013	2014	2015	2016	2017
IPTV	방송 가입자수	4,894	6,547	8,738	9,666	11,358	12,889	14,325
	방송＋인터넷 가입자수	4,553	6,505	8,708	4,156	4,019	3,977	4,069
	비율(%)	93.0	99.4	99.7	43.0	35.4	30.9	28.4
케이블TV	방송 가입자수	14,780	14,799	14,738	14,611	13,732	13,887	14,037
	방송＋인터넷 가입자수	1,924	2,146	2,229	2,426	2,269	2,261	2,318
	비율(%)	13.0	14.5	15.1	16.6	16.5	16.3	16.5
합계	방송 가입자수	19,674	21,346	23,476	24,277	25,090	26,776	28,362
	방송＋인터넷 가입자수	6,477	8,651	10,937	6,582	6,288	6,238	6,387
	비율(%)	32.9	40.5	46.6	27.1	25.1	23.3	22.5

출처: 가입자수는 각년도 「방송실태조사보고서」, 결합 상품 가입자수는 각년도 「방송 시장 경쟁상황 평가」.
 주: 방송과 인터넷결합 상품(이동통신제외)의 가입자수는 2013년 이전과 2014년 이후에 일관성이 없다
  (특히 IPTV의 경우). 2013년 이전 자료는 「2014년 방송 시장 경쟁상황 평가」에서 취하고, 2014
  년 이후 자료는 「2018 방송 시장 경쟁상황 평가」에서 취하였는데, 두 자료에서 일관성이 없다.
  「2018년 방송 시장 경쟁상황 평가」자료에서 '방송＋인터넷 가입자수'의 기준이 이전과 달라진 것
  으로 이해된다.

속인터넷과 이동전화를 주 서비스로 선택한 비율은 77.3%였다.[21][22] 2012년에
전체 결합 상품에서 KT의 점유율이 2012년에 42.5%나 되었다.

국내에서 초고속인터넷과 유료방송은 순수결합과 혼합결합의 형태로 제공
되었다. 예를 들어, 통신 사업자는 인터넷과 pre－IPTV(실시간 없이 VOD만 제공)
를 혼합결합형태로 판매하였지만, 실시간 채널을 제공하는 IPTV와 인터넷을 순
수결합형태로만 제공하였는데, 이는 IPTV의 기술적 특성으로 불가피하다. 반
면 케이블TV 사업자는 주로 이미 유료방송 가입자에게 추가로 인터넷 접속

---

21) 「2013년도 방송 시장 경쟁상황 평가 보고서」의 281~292쪽에서 인용.
22) 2006~2011년에 초고속인터넷 시장에서 통신3사 전체의 시장점유율은 약 80%였고, 케이블방송
  사업자의 점유율은 20% 내외였다. 초고속인터넷 시장에서 KT의 시장점유율이 50%를 약간 상
  회하였다.

| 표 15-8 | 방송과 이동통신의 결합 상품 가입자와 비중 |

(단위: 천, %)

미디어	결합 상품 가입자 비중	2012	2013	2014	2015	2016	2017	12-17증감률(%)
IPTV	방송 가입자수	6,547	8,738	9,666	11,358	12,889	14,325	15.7
	방송+이동통신 가입자수	4,568	5,249	6,539	7,889	8,680	9,325	14.3
	비율(%)	69.8	60.1	67.6	69.5	67.3	65.1	−1.4
케이블TV	방송 가입자수	14,799	14,738	14,611	13,732	13,887	14,037	−1.1
	방송+이동통신 가입자수	2	19	19	14	9	12	35.8
	비율(%)	0.01	0.13	0.13	0.10	0.06	0.09	36.9
합계	방송 가입자수	21,346	23,476	24,277	25,090	26,776	28,362	5.7
	방송+이동통신 가입자수	4,570	5,268	6,558	7,903	8,689	9,337	14.3
	비율(%)	21.4	22.4	27.0	31.5	32.5	32.9	8.6

출처: 가입자수는 각년도 「방송실태조사보고서」, 결합 상품 가입자수는 각년도 「방송 시장 경쟁상황 평가」.

서비스를 판매하면서 혼합결합 전략을 취하였다. 이런 점에서 인터넷과 유료 방송의 결합판매는 지배력의 전이 또는 유지, 후발 사업자에 대한 대응이라는 동기가 다른 동기에 비해 강하게 작용하고 있다고 볼 수 있다(김원수·박민수, 2010, 125쪽).

이동통신포함 결합 상품의 가입자수는 2012~2017년간 빠르게 증가하여 연평균 14.3%씩 증가하였다(〈표 15-8〉 참조). 이동통신포함 결합 상품의 가입자수의 99.6% 이상이 IPTV 가입자이고, 케이블TV의 비중은 0.4%이 하였다. SO들은 이동통신포함 결합 상품의 가입자수가 2만 건을 넘은 적이 없고, 그마저도 2014년 이후 감소하였다.[23] IPTV 사업자는 자사의 이동전화 서비스를 손쉽게 결합하여 제공할수 있는 반면 케이블TV 사업자는 이동전화 서비스를 제공하기 어렵다.

---

23) SO의 결합 상품 가입자들은 대부분 인터넷포함 결합 상품 가입자였다(2017년에 90.6%).

| 표 15-9 | 사업자별 유료방송가입 대비 방송포함 결합 상품 비중 추이 | | | | |

(단위: %)

구분	2013	2014	2015	2016	2017
LGU+	91.0	88.5	87.3	83.9	82.0
SK군	85.9	82.3	80.1	78.0	76.2
KT	90.6	82.8	80.0	75.9	73.8
SO	17.6	18.7	18.7	18.3	18.4
전체	37.0	39.6	42.1	42.2	42.8

출처: 「2018년 방송 시장 경쟁상황 평가」, 314쪽.

전체 유료방송 가입자 대비 방송포함 결합 상품 가입자는 2013년의 37%에서 2017년의 42.8%로 증가하였다(〈표 15-9〉 참조). 유료방송 가입자 대비 방송포함 결합 상품의 비중을 보면 통신3사의 경우 2013년에는 90%에 가까운 수준에서 이후로 점차 감소하고 있다. 통신3사들이 IPTV사업 초기에는 결합 상품을 통해서 대부분의 IPTV 가입자를 확보하였다는 것을 알 수 있다. 통신3사의 경우 2017년에 가까워지면서 이 비중이 감소한 이유는 방송 상품만을 가입한 대형 사업자(호텔, 병원 등)를 유치하였기 때문이다.

참고문헌

곽동균·김재철(2015), "VOD 및 결합상품 확산이 유료방송 시장 경쟁에 미치는 영향," 「방송통신연구」, 35−62.

권호영·오정호·이종원(2001), 「바람직한 채널 번들링 방안에 대한 연구」, 한국방송진흥원, 연구보고 01−05.

김성환(2015), "방송통신 서비스 결합상품 규제의 최근 이슈 검토," 「경제규제와 법」, 8(2), 122−136.

김원식·박민수(2010), "초고속인터넷과 유료TV방송의 결합판매 경쟁 분석," 「방송통신연구」, 2010년 겨울호, 119−146.

김원식·박민수(2012), "유료방송 결합상품의 시장영향에 대한 경제학적 분석: KT OllehTV−Skylife 상품 등장의 영향." 「방송통신연구」, 46−77.

박경우(2001), 「다채널텔레비전 사업자의 번들링 전략에 관한 연구」, 연세대 신문방송과 박사학위 논문.

박민수(2010), "방송통신 결합상품 수용 현황과 결정요인 분석," 「산업경제연구」, 23(5), 2387−2404.

방송통신위원회(2011~2018), 「방송시장경쟁상황평가」.

방송통신위원회(2011~2018), 「방송실태조사보고서」.

방송통신위원회·한국전파진흥원(2008), 「결합서비스가 유료방송 시장에 미치는 영향 연구」, 방송통신위원회 자유 2008−09.

변정욱(2006), 「통신 서비스 결합판매에 관한 이론적 연구」, 정보통신정책연구원.

스가야 미노루·나카무라 기요 편저(2003), 송진명 옮김, 「방송 미디어 경제학」, 커뮤니케이션북스.

이봉의(2012), "방송통신 결합판매의 규제: 쟁점과 개선방안," 「경쟁규제와 법」, 5(1), 189−201.

이상식(2001), 「종합유선방송 이용약관 표준화방안 공청회」, 방송위원회.

이상승(2009), "상품 번들링의 가격차별 효과에 관한 연구," 「서강경제논집」, 제28권 제2호, 서강대학교.

이상승(2000), "상품 번들링의 독점력 연장 효과에 관한 고찰," 「서강경제논집」, 제29권 제1호, 서강대학교, 1-29.

이수영 외(1988), 「케이블TV 산업구조 개선방안 연구」, 한국방송진흥원, 연구보고 98-06.

유필화·곽영식(2001), "가격매김 형태별 이익 결정요인 검증에 관한 연구," 「경영학 연구」, 제30권 제1호.

홍대식(2011), "KT의 OTS 상품판매에 관한 경제법적 검토," 「KCTA 2011: Digital Cable TV Show 발제문」, KCTA.

Adams, W. J. and Yellen, J. L.(1976). "Commodity Bundling and the burden of monopoly," *Quarterly Journal of Economics*, 90(Aug), 475-498.

Crandall and Furchgott-Roth(1996). (1996), *Cable TV-Regulation or Competition?*. Hazlett Thomas W., and Matthew L. Spitzer(1997). *Public Policy toward Cable Television, Cambridge*, M.I.T Press.

Owen, B. M & Wildman, S.(1992). Video Economica, Harvard Univ.

Schmalensee, R. A.(1984). "Gaussian demand and commodity bundling," *Journal of business*, 57(Jan), 211-230.

Stigler, G. J.(1963). "United States v. Lows's Inc.: A note on block booking," *The Supreme Court Review*, 1, 152-157.

Wildman, S., & Owen, B. M.(1985). "Program Competition, Diversity, and Multichannel Bundling in the New Video Industry," In *Video Media Competition: Regulation, Economics and Technology*, edited by Eli M. Noam, New York: Columbia Univ.

7부

미디어 시장구조와 성과

제16장 프로그램 선택과 다양성

1 시장구조와 재원이 미디어 서비스에 미치는 영향[1]

여기서는 미디어 시장의 구조(경쟁, 독점 등)와 미디어 기업의 재원(광고, 유료 수신료 등)이 미디어 서비스의 가격, 수용자규모, 다양성, 품질 등에 미치는 영향을 살펴본다. 정부 정책에 의해서 미디어 상품을 제작하고 배급하는 시장의 구조가 영향을 받는다. 정부는 다양성을 제고하거나 공공에 유용한 프로그램을 제공하기 위해서 규제와 정책을 통해서 시장에 개입할 수 있다.

1) 미디어성과의 평가 기준

미디어의 성과를 판단하는 기본적인 척도는 가격, 수량, 품질 그리고 다양성이다. 이 네 변수는 '경제적 만족'으로 정의하는 사회 후생과 연관되어 있다. 가격과 수량은 비미디어 상품의 사회 후생을 측정하는 도구이기도 하다. 미디

---

[1] Waterman(2006, 387~390쪽) 정리.

어 경제에서 수량은 미디어 상품의 구매자수, 시청자수, 독자수이다. 미디어의 경우 가격은 광고로 인해서 조금 복잡하다. 광고주가 미디어에 노출되는 대가를 지불하기 때문에 미디어 상품의 가격이 0이거나 매우 저렴하다. 0 또는 저렴한 가격으로 미디어를 이용하는 이용자는 매우 많다. 미디어 후생의 측면에서 보면 저렴한 가격과 많은 소비자는 바람직하다. 광고는 사회적으로 유해한 측면도 있다.

품질은 경제학에서 기본적인 관심사이다. 그러나 미디어 경제학에서는 일반 경제학에서와 다르게 조금 까다로운 의미를 가지고 있다. 미디어 품질은 심미적이고 주관적이기 때문에 경제학이 개입되기 어렵다. 그러나 일반적으로 영상물의 제작에 많은 자원이 투입될수록 소비자의 주목을 더 많이 받는다. 미디어 품질이 가끔 화질을 의미할 때도 있지만, 대부분의 경우에 콘텐츠의 내용을 의미한다. 미디어 품질은 초판 제작비용에 영향을 받는다.

제품 다양성을 보자. 일반 경제학에서 자동차 모델의 수, 식당의 종류 등이 다루어지는데, 다양성이라는 용어를 많이 사용하지 않는다. 그러나 제품 다양성은 미디어 경제학과 언론학에서는 핵심적인 주제이다. 시청자들이 동일함과 대비되는 다양함을 원하기 때문에 미디어 제품의 다양성은 시청자의 만족에 영향을 준다. 다양성은 또한 표현의 자유와 함께 정치적인 의미와도 관련되어 있다.

미디어 시장의 결과물을 나타내는 네 변수(가격, 수량, 품질, 다양성)는 우리의 궁극적인 관심사인 사회적 후생과 관련된다. 경제적 후생은 이용자가 (예: TV 프로그램에 대해) 지불할 의사가 있는 가격에서 이 프로그램을 생산하고 유통하는 데 소요된 자원의 기회비용을 뺀 것으로 정의할 수 있다. 한 소비자가 (여기서 설명의 편의를 위한 한 명의 소비자가 있는 경우) 유료TV 프로그램을 보기 위해서 800원을 지불할 의사가 있는데, 실제로는 600원을 지불하였으며, 이 프로그램을 생산하고 유통하는 데 500원의 비용이 들었다고 하자. 이때 총 잉여 300원 (소비자 잉여 200원＋생산자 잉여 100원)이 경제적 후생이다. 현실에서는 이용자의 지불의사를 알 수 없으며, 실제비용이 기회비용을 제대로 반영하지 못하는 시장의 불완전성, 광고의 편익과 비용을 포함해야 하는 등 훨씬 복잡하다. 그리고 미디어 상품과 같이 차별화된 재화인 경우 후생을 측정하기는 훨씬 더 어렵다.

2) 비경합성으로 인한 다양성문제

미디어 상품의 성과를 판단하는 네 가지 척도 중에서 일부 척도 간에 상쇄 (trade off)관계가 있어서 자유 시장에서 사회적으로 최적인 결과가 나오기 어렵다. 미디어 상품의 비경합성으로 이용자가 증가할수록 평균비용이 지속적으로 감소한다. 미디어 상품의 비경합성으로 가격과 다양성 간에 상쇄관계가 성립한다. 상품의 수가 많아질수록 이용자수가 작아진다. 그 결과, 상품 생산비를 충당하기 위해서 각 상품의 (소비자나 광고주가 지불하는) 가격이 올라간다. 따라서 다양성을 달성하려면 많은 대가를 지불해야 한다. 또한 비경합성으로 인해 다양성과 초판비용 간에 상쇄관계가 있다. 초판 생산에 많이 투자할수록 다양성을 성취하려면 더욱 더 많은 대가가 필요하다.

초판 제작비용, 가격, 제품 다양성 간의 경제적으로 상쇄된다는 점이 미디어 시장구조에 중요한 함의를 가진다. 이용자가 많아질수록 가입자당 평균비용이 감소하게 될수록 독점이 될 가능성이 커진다. 그러나 독점화에 반대로 작용하는 힘이 있는데 바로 다양성에 대한 수요이다. 소비자들이 각자 강한 선호를 가지고 선호하는 상품에 지불할 의향이 크다면, 규모의 경제에도 불구하고 차별화된 상품을 제공하는 다수의 사업자들이 존재할 수 있다.

미디어 산업에서는 '하나로 모두를 만족시키는 상품'을 생산하려는 강한 경제적 압력이 존재한다. 개인이나 소수 집단의 기호를 완벽하게 충족시키는 미디어 상품을 생산하려면 거의 불가능할 정도로 비싸다. 미디어 비평가나 학자가 미디어 상품에 대해서 표현하는 보편적인 불만의 원인이 바로 규모의 경제로 인해 나타나는 '하나로 모두를 만족시키는 상품'에서부터 출발한 것일 수 있다.

생산비, 가격, 다양성 간의 상쇄로 인해서 거의 해결할 수 없는 사회적 후생의 상충이 나타난다. 예를 들면, 10,000원에 두 개의 프로그램을 보는 것과

7,500원에 하나의 '중간 취향' 프로그램 중에서 어느 것이 더 좋을까? 이 문제에 대해서 우리는 시장에서 나타나는 현상을 관찰하거나 우리의 판단을 적용하지 않고 대답할 수 없다.

2 프로그램 선택 모형[2]

1) 방송사의 프로그램 선택

지상파TV로 소수의 채널만 제공되던 시절에 대중 소구 프로그램들은 너무나 많고, 반면에 소수 취향을 가진 사람들을 위한 프로그램은 그 수가 너무 적다고 줄곧 비판을 받았다. 케이블TV가 등장하면서 아날로그 시절에는 70여개의 채널이 제공되었고, 이후 디지털 케이블TV, 위성방송, IPTV가 등장하면서 200여개의 채널이 제공되고 있다. 풍부해진 유료방송 채널수를 기반으로 다양성이 꽃필 수 있는 여건이 만들어졌다. 실제로 지상파방송사만 있던 시절보다 다양한 콘텐츠가 제공되고 있다. 그러나 200개가 넘는 PP 채널들은 인기 장르에 중복적으로 참여하는 경우가 많고, 제공하는 콘텐츠도 지상파방송사나 해외에서 구매한 대중적인 영화나 프로그램을 제공하는 경우가 많다. 다채널 다매체로 인해서 시청자의 입장에서 다양한 프로그램이 충분히 제공되고 있는지 그리고 원하는 수준의 품질의 프로그램이 제공되고 있는지 의문이 제기될 수 있는 상황이다.

지상파방송사는 대부분 대중 소구 프로그램을 제공하고 있고, 내용규제를 준수하기 위해서 소수 취향 프로그램도 일부 제공하고 있다. 많은 PP는 대중 소구 프로그램과 소수 취향 프로그램 간에 선택해야 하고, 그중에서도 어떤 장르를 선택하고 또 어떤 프로그램을 제공해야 할지 선택해야 한다. 이를 선택할

---

2) 이절에서는 Waterman(2006, 391~402쪽)을 정리하면서 부분적으로 영상경제학(오웬 & 와일드 만, 최양수 역, 2004, 103~215쪽)의 내용을 추가하였다.

때 시청자의 선호, 채널수와 특정 장르에서 경쟁의 정도, 재원의 규모와 성격 (광고, 유료, 커머스), 프로그램의 가격 등에 따라서 달라질 것이다.

경제학자들은 프로그램 선택 모형(program choice model)을 만들었다. 미디어 시장에서 수요 조건과 시장구조에 따라 가격, 수량, 품질, 다양성의 측면에서 어떠한 산출물이 생산되는지를 연구하는 조류를 '프로그램 선택이론(the theory of program choice)'이라고 부른다. 이 이론의 관심사는 다음과 같다; 프로그램의 수의 다과(多寡), 비슷한 프로그램과 상이한 프로그램, 저가의 프로그램과 고가의 프로그램이 제공되는 조건은? 독점 또는 경쟁, 광고주지원 또는 유료지원 체제하에서 제공되는 프로그램의 유형은? 정부 정책이 이러한 결과에 미치는 영향이나 의미는?

지상파방송사만 존재하던 시절에 만들어진 스타이너(Steiner, 1952)류의 프로그램 선택 모델은 1970년대 중반까지 프로그램 선택 분석의 주류를 이루었다. 스펜서-오웬(Spense-Owen, 1975, 1977)이 보다 세련된 분석 모델을 만들었고, 세이크드와 셔튼(Shaked and Sutton, 1983)은 내생적으로 품질이 변할 수 있는 모델을 만들었다.

2) 이산 수요 모형

1950년대부터 여러 개의 프로그램 선택이론들이 광고 대(對) 직접지불 체제, 또는 경쟁 대 독점 체제에서 시장성과와 소비자 후생을 비교하였다. 이들 연구는 미국에서 적은 수의 채널과 광고지원 방송 시스템에 대한 불만으로 인해 야기된 정치적 논의에 맥락에서 진행되었다. 기술적인 제약이 있었지만, 정부의 주파수 배분 정책을 포함한 여러 정책이 방송 산업에서 경쟁의 정도와 방송사의 재원에 영향을 주었다.

일찍이 학계 등에서는 미국의 광고지원 방송시스템이 유료텔레비전으로 대체되거나 보완되어야 한다는 주장이 있었다. 이 당시에 유료텔레비전은 케이블텔레비전을 의미했고, 케이블 시스템을 구축하는 데 많은 고정비용으로 케이블

TV는 지역 독점의 형태를 자연스럽게 띠고 있었다. 대안으로 공공지원텔레비전에 대한 논의도 활발하게 진행되었다. 유럽, 아시아 등에서 방송 시장의 구조와 재원에 대해서 (적어도 초기에) 서로 다른 정치적 선택을 하였다. 유럽, 아시아 등의 국가에서 지난 50년간 광고지원 또는 유료지원의 선택, 공공 채널의 민영화, 채널 용량의 확대에는 기본적으로 정부의 결정에 의해서 이루어지므로, 정치적 논의가 활발히 진행되었다.

초기의 프로그램 선택모형은 이산적인 형태를 띠었다. 이산적인 형태라 함은 소비자들이 제한된 수의 집단에 포함되고, 각 집단 내에서 소비자들은 동일한 선호를 가진다는 의미이다. 대부분의 선택 모형에서 제작비와 가격 등이 다른 프로그램 유형(장르)을 설정하였다. 이산적 수요 모형에서의 결과(특히 경제적 후생)는 조건에 따라서 쉽게 변하며 개선되기 어려웠다. 그래도 이산적 프로그램 선택 모형은 프로그램 선택에 관한 기본적인 이론적 결과와 통찰력을 제시한다.

재원과 미디어 시장의 구조를 체계적으로 다룬 최초의 연구는 스타이너(Steiner, 1952)이고, 스타이너의 모델은 호텔링(Hotelling, 1929)의 상품 경쟁에 관한 고전적 논의를 연장한 것이다. 호텔링은 특정한 수요 가정 하에 경쟁하는 두 개의 기업이 '아주 유사한' 상품을 생산할 것이라고 주장했다. 호텔링이 주는 직관은 기업은 가격 경쟁을 완화하기 위해서 상품을 차별화해야 한다는 것이다. 스타이너(Steiner, 1952)에서 광고재원 방송사 간의 경쟁에서 프로그램 유형의 중복이 나타날 수 있음을 보여주었다. 일반 경제학이론이 제시하는 예상과는 정반대로 미디어 독점이 경쟁보다 소비자의 후생이 더 클 수 있다는 것이다. 1950년대 초에 4개의 전국 네트워크가 주도하던 라디오 방송에서 편성되던 프로그램 포맷이 유사하였고, 스타이너 모형은 주목받았다.

스타이너의 기본적인 통찰력은 단순한 사례로 설명된다. 2개의 동질적인 시청자 집단이 있고, 집단의 크기는 〈표 16-1〉과 같다. 집단 1은 대중 선호 프로그램 A를 선호하고, 규모가 작은 집단 2는 소수 선호 프로그램 B를 선호한다. 〈표 16-1〉에서 점선(-)은 집단 1과 집단 2 모두 제1선택 프로그램만 시청

표 16-1	프로그램 선택 모형 1: 기본 스타이너 형	
	시청자 집단 1(600)	시청자 집단 2(160)
프로그램 유형 A	제1선택	-
프로그램 유형 B	-	제1선택

출처: Waterman(2006, 392쪽).

한다는 것을 의미한다. 방송사는 광고를 재원하고 있고, 시청자당 광고가격이 동일하며, 프로그램비용이 고정되어 있다고 보자.

채널이 한 개일 경우에 대중 선호 프로그램 A가 제공될 것이다. 두 번째 채널이 진입하고, 두 개 채널이 동일한 프로그램을 제공할 경우에 시청자를 분할할 수 있다고 가정하면, 두 채널이 모두 프로그램 A를 제공하고, 각각 300명의 시청자를 확보할 것이다. 4개의 채널이 시장에서 제공되면 소수 취향 프로그램 B가 제공될 것이다. 이때 3개 채널은 프로그램 A를 제공하여 200 시청자를 확보할 것이고 1개 채널이 프로그램 B를 제공하여 160 시청자를 확보할 것이다. 만약 독점자가 2개 채널을 제공하게 될 경우에 프로그램 A와 B가 모두 제공될 것이고, 전체 760 시청자가 제1선호 프로그램을 볼 수 있게 된다. 경쟁인 경우의 600명에 비해 독점 하에서 더 많은 시청자가 제1선호 프로그램을 볼 수 있다.

비브(Beebe, 1972, 1977)는 이산 프로그램 선택 모형을 일반화하였다. 시장구조, 재원, 시청자 선호, 프로그램비용, 채널수가 각각 다른 상황 하에서 다양성과 소비자 후생이 어떻게 변하는지를 컴퓨터 시뮬레이션하였다. 비브(Beebe, 1977)에서 소비자의 차선을 허용하였고(소비자가 선호하는 장르가 없을 경우 다른 장르를 시청한다), 그 결과, 독점 채널이 소비자가 최고로 선호하는 장르를 제공하지 않을 수도 있다는 사실을 확인하였다. 기업결합이 장르 중복을 줄인다는 스타이너의 예상이 비브의 경우에는 맞지 않을 수도 있다.

스타이너(1952)와 비브(1972, 1977) 이후에 이루어진 여러 연구에서 제작비와 다양성 간에 상쇄, 시청자 선호의 편포와 소수 집단 제공 서비스 간에 상쇄 등 여러 경제적 상쇄관계가 증명되었다. 비브의 새로운 모형에서는 일부 시청자들의 선호도가 떨어지지만 TV수상기를 끄지는 않는 '저급한 공통분모' 프로그램을 도입한 것이 특징이다. 모형 1을 약간 변형한 모형 2를 보자.

모형 2에는 세 번째 프로그램 유형 C로 TV수상기를 끄지 않고 모든 시청자들이 시청하는 저급한 공통분모 대안을 도입하였다. 시청자 집단의 크기를 〈표 16-2〉와 같이 변경하였다. 이 경우에 채널이 한 개일 경우에 공통분모 프로그램인 C유형이 제공되어, 모든 시청자들이 선호도는 떨어지지만 시청은 하게 된다. 채널이 두 개일 경우에는 유형 A와 유형 B가 제공되어, 두 집단 모두 제1선택 프로그램을 시청하게 된다. 채널이 더 많아지면 공통분모 프로그램 C는 시장에서 사라진다.

표 16-2	프로그램 선택 모형 2: 공통분모 프로그램 선택형	
	시청자 집단1(300)	시청자 집단2(200)
프로그램 유형 A	제1선택	–
프로그램 유형 B	–	제1선택
프로그램 유형 C	제2선택	제2선택

출처: Waterman(2006, 392쪽).

유료TV의 경우에 광고지원에서 보다 시청자 선호에 보다 잘 반응하는 것을 이 모형을 이용하여 보여줄 수 있다. 예를 들면, 모형 1에서 160명인 소수 집단의 시청자들이 600명인 다수 집단 시청자보다 제1선호 프로그램의 시청하는 데 세 배를 지불한다면, 첫 번째 채널은 유형 A를 제공하지만, 두 번째 채널은 유형 A를 중복 제공하지 않고 유형 B를 제공하게 된다.

이러한 학술적 연구의 정치적 배경이 된 것은 FCC 의장(Newton Minow)의 1961년 연설이다. 이 연설에서 미국의 3대 방송 텔레비전 네트워크의 프로그램을 공공적인 요소와 사회적으로 유익한 것이 전혀 없는 중복적이고 단조로운 대중 소구 오락 프로그램을 제공하는 "거대한 쓰레기장"이라고 말했다. 그리고 이 시기에 미국에서 유료TV 시스템과 다채널 케이블TV에 대한 규제 완화의 움직임이 싹트고 있었다. 1967년에 미국에 공공텔레비전 시스템이 도입되었다.

이들 모형의 결과에 의해서 텔레비전이란 거대한 쓰레기장을 시청자의 다양한 기호와 사회적 필요를 충족시키는 채널로 전환하기 위한 정치적 움직임이 정당화되었다. 그러나 학술적인 측면에서 이들 모형의 결과는 시장구조나 선호에 대한 임의의 가정에 민감하게 변한다는 것을 보여주었다. 위에서 보여준 사례에서와 같이 프로그램 선택 모형으로 어떠한 결과도 제시할 수 있다.

그럼에도 불구하고, 이 모형에서 두 개의 일반화된 함의를 얻을 수 있다. 첫째로, 경쟁적인 광고지원을 경쟁적인 유료지원으로 전환하면 선호하는 프로그램을 시청할 수 있고, 저급한 공통분모 유형을 줄일 수 있다. 소비자들이 시장에서 자신의 수요 강도를 표현할 수 있게 됨으로써, 생산자가 시청자를 극대화하기 위해서 거부감이 가장 적거나 균질화된 프로그램을 생산하려는 유인이 감소하게 된다.

둘째로, 채널수가 증가하면 다양성이 증가하고, 소수 취향 프로그램이 많아지게 되면 저급한 공통분모 프로그램이 사라지는 경향이 있다. 프로그램비용 제약에 직면하지 않는 한, 텔레비전 시청자를 가능한 세분화할 수 있는 기회가 만들어지면 소비자의 선택지가 많아지게 된다. 채널수가 많아지면 생산자는 보다 작은 집단의 기호에 맞는 콘텐츠로 개선하게 되고, 그 결과, 저급한 공통분모 프로그램으로부터 수요를 유인할 수 있다. 경쟁 시장에서는 유료지원뿐만 아니라 광고지원하에서도 이 기제가 작동한다. 왜냐하면 소비자들은 보다 소구력 있는 프로그램으로 유인되기 때문이다.

스타이너(1952)의 기본적인 통찰력(독점에 비해 경쟁 체제에서 채널이 비슷하거나 중복되는 프로그램을 공급하는 경향이 있다)은 비비(1972, 1977)와 다른 연구에서도 확인되었다. 그러나 독점 공급자가 동일한 프로그램 유형을 반복하지 않으려는 유인이 있지만, 공동 분모 프로그램이 허용되면 이윤을 극대화하려는 독점자는 생산비용을 절약하기 위해서 다양성을 줄이려는 유인을 가지게 된다. 케이블TV에서 지역 시장이 독점으로 흐르는 경향을 고려하면, 다채널과 유료TV 시스템이 편익을 가져다줄지 애매해진다.

미국에서 1970년대에 채널수가 제한되어 있고, 광고지원방송사가 TV 시장을 지배할 때, 세금으로 운영되는 공영방송사는 프로그램 선택 모형으로 정당화된다. 그 이유로 세 가지를 들 수 있다. 첫째로, 광고지원 시스템에서 프로그램의 중복 경향과 소수자를 위한 프로그램이 제공되지 않는다. 둘째로, 시청자들은 소수 취향 프로그램에 대한 수요가 강할 수 있는데, 유료TV가 없는 경우에 시장에 강한 수요를 나타낼 수 없다. 셋째로, 사회문제와 같은 소수 취향 프로그램은 사회적으로 이로운 효과가 있다. 이 프로그램에 대한 지불 의사가 낮더라도 공영 미디어로 제공되는 것이 정당화 된다.

호텔링 법칙

이는 20세기 초 통계학과 미시경제학에서 학술적 성과를 이룩한 헤럴드 호텔링(Harold Hotelling)이 주창한 이론이다. 호텔링 법칙은 공급 경쟁이 치열해지면 공급자의 시장 위치나 시장가격 등 상품 구성요소가 비슷해지는 '경향'을 뜻한다. 서로 다른 정치정당이 유사성을 띄게 되는 과정을 설명할 때도 '호텔링 법칙'이 인용되곤 한다. 미국의 정치학자 앤서니 다운즈(Anthony Downs, 1957)와 던컨 블랙(Duncan Black, 1948)은 이를 '중위투표자 정리'로 정리했다. 두 정당이 과반수 투표를 위해 극단적인 사업보다는 주민의 중간 수준 선호 사업에 집중하게 된다는 것이다. 미국에서 공화당과 민주당이 정강 정책에서 큰 차이는 없다는 점 등이 대표적 사례로 꼽힌다. 호텔링의 공간개념은 제품 다양성의 경제를 다루는 많은 쟁점들을 분석하는데 사용되고 있다.

'호텔링 법칙'은 아래 '그림'이 보여주는 것처럼 해변에 위치한 두 개의 (이동식) 아이스크림 가게가 경쟁관계를 형성하면서 어떻게 가게 위치를 변경하는지를 설명한다. 해변에 놀러 온 사람을 (잠재)고객으로 하는 두 개의 아이스크림 가게는 각각 서쪽에서부터 25m, 동쪽에서 25m 떨어져 있다. 또한 두 가게는 동일한 가격에 똑같은 아이스크림을 판매한다. 이때 두 아이스크림 가게는 총 100m 길이의 해변에서 각각 50m 해변을 판매 지역으로 가지게 된다. 이로써 두 개의 아이스크림 가게는 잠재고객을 공평하게 분할한다(1번 상황). 동일한 상품을 판매하는 두 개의 공급자가 존재하고, 소비자 입장에서 볼 때 지리적 거리(=가게까지 이동비용)에 의해 시장이 두 개로 분할되는 상황이다.

서쪽 해변 끝에서 쉬고 있는 소비자가 동일한 가격의 아이스크림을 사먹기 위해 동쪽 가게로 이동하는 추가적인 비용을 지불하지는 않을 것이다. 이러한 소비자에게 발생하는 '소비비

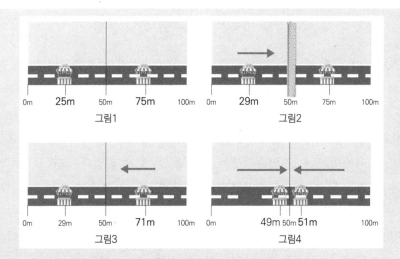

용'으로 인해 단일 상품과 관련된 복수의 세부 시장이 가능하다는 이야기다.

그러나 이러한 상황은 호텔링에 따르면 경쟁 시장에서는 오래 지속될 수 없거나 또는 애초부터 불가능하다. 두 가게 주인이 담합 등을 통해 위치를 바꾸지 않겠다는 약속을 하지 않을 경우, 각 가게 주인은 보다 많은 고객을 유치하기 위해 가게 위치를 바꾸게 된다. 서쪽에 위치한 가게 주인은 "내 가게를 동쪽 가게 주인이 눈치 챌 수 없을 정도로만 동쪽으로 이동시키면, 그만큼 잠재 고객이 증가하게 되지 않을까?"라는 생각에서 다음 날 아침 자신의 아이스크림 가게 위치를 동쪽으로 4m 이동시킨다(2번 상황).

동쪽 가게 주인은 분할된 시장규모가 축소되었기에 고객이 줄어들었다는 것을 뜨거운 오후가 되어서야 알게 된다. 다음 날 아침 동쪽 가게 주인도 서쪽으로 4m 이동한다(3번 상황). 두 가게 사이에서 이러한 과정이 반복될 경우 두 아이스크림 가게의 위치는 49m와 51m로 가까워져 지리적 시장분할은 사라지게 된다. 100m에 이르는 해변에 '소비자 입장에서' 볼 때 단일 시장이 형성되는 순간이다(4번 상황).

이렇게 될 경우 해변 양쪽 극단에 위치한 고객 중 일부는 열기를 품은 모래사장을 가로질러 멀어진 가게에서 판매하는 아이스크림을 사먹는 것을 포기할 수도 있다. 때문에 두 가게 모두의 매출이 줄어들게 된다. 이것이 '호텔링 법칙'이다. 경쟁이 지리적 시장분할을 파괴하고 경쟁자가 동일한 경쟁위치를 차지하도록 만든다는 것과 이로 인해 전체 시장규모가 축소될 수 있다고 호텔링은 주장한다.

출처: 강정수(2013.2.19.).

3) 연속적 수요 모형을 이용한 프로그램 선택 모형

스타이너 유형의 프로그램 선택 모형에서 소비자 선호를 다루는 방법론이 미숙하였다. 제1선택, 제2선택, 제3선택을 제공받는 시청자수를 도표화한 것으로는 시청자의 선호강도를 설명하지 못한다. 스펜서－오웬(Spence & Owen, 1977)은 선호 강도를 측정방법으로 지불의사액(willing－to－pay)을 이용하였다. 그럼으로써 소비자의 선호를 연속적으로 나타낼 수 있게 되었다. 그리고 이 모형에서는 유료방송을 분석에 포함시켰으며, 유료방송을 고려하여 통상 채널수를 무한대라고 가정하였다.

유료방송 하에서는 소수 취향 프로그램이 보다 많이 제공될 수 있다. 왜냐하면 광고주지원하에서는 방송사는 시청자수를 극대화하는 전략을 사용하므로, 소수의 시청자수들이 높은 가치를 부여하는 프로그램이 제공되기 어렵다. 실제로 시청자들이 높은 가치를 부여하는 최신 영화는 주로 유료로 제공되고 있다. 아래에서 연속 수요 모형을 이용한 6개의 연구결과를 정리한다.

스펜서－오웬(Spence－Owen, 1977)의 분석결과를 요약하면 다음과 같다. 후생이익을 기준으로 할 경우 경쟁적 유료텔레비전 산업, 경쟁적 광고주지원 산업, 광고주지원 독점 산업이 모두 선호되는 산업구조가 될 수 있다. 어느 것이 가장 좋은가 하는 것은 시청자가 차별화된 프로그램들을 어느 정도 좋은 대체재로서 인식하느냐에 달려 있다. 경쟁적 유료 산업은 독점적 유료텔레비전보다 항상 나은 선호도를 가진다. 만약 프로그램들이 서로 완전한 대체재라면 광고주지원 독점 산업이 최상의 성과를 거둘 것이다. 프로그램 간의 대체성이 낮아질수록 후생을 기준으로 선호되는 산업구조는 광고주지원하의 독점에서 광고주지원하의 경쟁으로 이동하고, 그 다음에는 경쟁적 유료 채널구조로 이동한다.

와일드만－오웬(Wildman－Owen, 1985)에서는 시청자들이 광고를 싫어한다는 점을 분석에 포함하였다. 광고를 제품구입의 중요한 정보원으로 활용하기도 하지만, 텔레비전 시청자들은 일반적으로 광고 없는 프로그램을 더욱 선호한다는 것을 입증할 만한 풍부한 증거들이 존재한다. 시청자의 수는 광고시간이 증대함에 따라 감소하게 된다. 그 이유는 프로그램 내에 끼어든 광고에 대한 인내의 정도가 시청자에 따라 다르기 때문이다.

와일드만－오웬 모형에서는 보여주는 핵심적인 내용을 다음과 같다. 광고가 시청자에게 불편을 준다는 가정 하에서, 케이블TV의 기본 채널의 경우처럼 광고시간을 팔면서 동시에 시청자에게 요금을 부과한다면, 프로그램이 시청자 지불에만 의존할 경우 부과되는 가격보다 가입요금은 낮게 책정될 것이며, 채널이 전적으로 광고수입에 의존하는 경우보다 더 짧은 광고시간이 팔린다. 그러나 이 결론이 광고지원 채널의 운이 다했다는 것을 의미하는 것은 아니다. 시청자들은 지불의사가 서로 다르므로 이윤극대화가격은 필수적으로 유료 채널 서비스에서 일부 시청자를 배제시키게 된다. 유료 서비스에 가입하지 않거나, 가입하더라도 저가 상품을 선택하는 경우가 많다.

스펜서－오웬 모형에서는 광고가 후생에 미치는 영향을 고려하지 않았는데, 와일드만－오웬 모형에서와 같이 광고의 후생 효과를 포함시키면 어떻게 될까? 광고주지원 텔레비전 산업이 시청자 지불에 의존하는 산업으로 전환된다면 경제적 효율성이 향상된다는 스펜서－오웬의 결론이 더욱 강화된다. 와일드만－오웬 모형에서의 가정과 달리 시청자가 광고를 불편해 하지 않는 시청자들이 존재할 수 있다. 시청자마다 편성 서비스에 대한 지불의사와 광고에 대한 인내력이 다를 경우에는, 시청료에만 의존하는 유료 서비스, 광고에만 의존하는 무료 서비스, 광고와 시청료 양자에 의존하는 서비스가 모두 공존할 경우에 총 후생이 극대화될 것이다.

노암(Noam, 1987)은 프로그램 선택모형을 이용하여 민영 독점, 민영 경쟁, 공영방송 시스템, 공민영방송 시스템을 분석하였다. 이중에서 공민영혼합 시스템을 분석한 결과만을 보면 다음과 같다. 첫째, 상업방송사 프로그램에서 나타나는 편향으로 인해 상업방송사가 제공하지 못하는 소수 수용자를 대상으로 하면서 공적으로 재정이 지원되는 프로그램들을 편성하라는 정치적 요구가 나타난다. 둘째, 민영방송사들은 소수 수용자를 대상으로 하는 공영방송에 대한 대응으로 다수의 취향에 더욱 호소하게 된다. 셋째, 민영방송사의 증가는 공영방송에 대한 정치적 지원을 약화시킨다. 노암의 세 번째 예측에서와 같이 실제로 미국에서는 물론이고 포함한 대부분 국가의 공영방송이 곤경에 처해 있다. 1980년대에는 케이블 네트워크들이 급증했으며, 많은 케이블 네트워크들이 한때는 공영방송의 배타적 영역이라 생각되었던 주제를 다루는 프로그램도 공급하기 시작하였다.

도일(Doyle, 1988)은 프로그램 공급자가 광고지원, 유료지원, 그리고 이 둘을 함께 이용할 수 있는 모형을 이용하여, 광고지원 시스템은 다수 시청 프로그램을 제공하는 경향이 있고, 유료지원에서 다양성이 실현되는 경향이 있음을 보였다. 광고지원과 유료지원을 동시에 이용하는 경우에 프로그램 다양성이 실현될 가능성이 더 높아진다. 광고지원 시스템에서 다양성을 높이는 수단으로 제작된 프로그램의 유형에 따라 이윤에 과세하는 것을 제안하였다. 호텔링의 프레임워크를 도입한 앤더슨 외(Anderson et al., 2015)는 소비자가 다양한 채널을 선택할 수 있는 경우에 기업결합으로 제공하는 장르가 바뀌지 않고 따라서 다양성이 변화하지 않음을 보여주었다.

4) 내생적 품질 모형

미디어 상품의 품질을 선택할 수 있는 프로그램 선택 모형이 개발되었다. 이 모형에서 초판 제작비용에 따라서 미디어 상품의 품질이 변하게 된다. 내생적 품질 모형은 세이크드와 셔튼(Shaked and Sutton, 1983)이 처음 만들었다. 이들에 의하면 품질이 한계비용이 아니라 초기비용에 체화되는 산업에서, 한계비용이 충분히 낮을 경우에 시장규모(수요량)가 커짐에 따라서 산업 집중이 반드시 감소하는 것이 아니다. 이 결과는 규모의 경제로 인한 것이다. 수요가 증가하면서 독점 생산자는 품질을 증가시켜서 진입하려는 사업자를 지속적으로 좌절시킬 수 있다. 그 결과, 차별화된 상품으로 진입하려는 사업자가 있을 때보다 많은 소비자들이 더 많은 편익을 얻을 수 있다.

와일드만 & 리(Wildman & Lee, 1989)는 미디어 품질과 다양성 간에 상쇄관계가 있음을 보여주었다. 채널의 수가 증가하여서 TV 네트워크가 고가의 프로그램을 방송하여도 시청자수를 늘리기 어려울 경우에, TV 네트워크는 저렴한 프로그램을 많이 편성하고 재방송을 많이 하는 전략을 선택할 수 있다. 채널수의 증가로 시청자의 후생이 감소할 수 있음을 보여주었다.

채널의 증가가 프로그램 질에 미치는 영향에 대한 설명은 리얼리티 TV와 같이 저렴한 장르의 프로그램이 많이 제작되는 현상을 잘 설명한다. 시청자수와 광고료가 일정할 경우에 광고지원 채널이 증가할 경우에 채널당 수입이 감소하게 되므로, 채널들이 게임쇼, 버라이어티 또는 리얼리티와 같은 저렴한 프로그램을 많이 편성하게 된다. 채널수가 증가하더라도 유료 채널이 가능할 경우에 품질 감소 효과는 줄어들 수 있다.

워터만(Waterman, 1990)은 소비자의 선호가 원을 따라 배치되고 프로그램 제작비용이 내생적인 모형을 사용하여, 경쟁적인 시장에서 광고지원 채널이 유료지원 채널로 전환하더라도 반드시 제품 다양성이 증가하지 않음을 보였다. 실제로 이 모형에서 품질과 다양성 간의 상쇄 여부는 두 개의 탄력성의 크기에 따라 달라진다. 하나는 제품 품질에 대한 소비자 수요의 탄력성이고 다른 하나는 제품 다양성에 대한 소비자 수요의 탄력성이다. 만약 전자가 더 크다면, 수요가 증가할 경우에 다양성보다 비용이 증가할 가능성이 크다.

연관된 논문에서 워터만(Waterman, 1992)은 다채널 케이블이 특정 집단에 소구하는 프로그램으로 시청자를 세분화할 뿐만 아니라, 할리우드 메이저 영화와 같은 고가의 대중 소구 프로그램도 제공하고 있는 현실을 설명하는 모형을 만들었다. 이 프로그램 선택 모형에서 유료지원 채널이나 채널수가 증가할 경우에 다양성이 증가하기보다 고가의 프로그램이 제공된다. 이는 채널수가 증가할 경우에 저가의 공통분모 콘텐츠가 제공되는 이전의 모델과는 다른 결과이다.

내생적 품질 모형의 핵심인 품질과 다양성 간의 상쇄관계를 〈표 16-3〉을 이용하여 설명할 수 있다. 생산비용이 5와 10인 경우에 최초에 시장규모는 각각 6과 9이다. 생산비용이 5에서 10으로 두 배가 되었지만, 투자의 수확체감에

표 16-3	프로그램 선택 모형 3: 품질과 시장규모	
프로그램비용	최초 시장규모	최초 시장규모×2
저비용(5)	6	12
고비용(10)	9	18

출처: Waterman(2006, 392쪽).

의해서 수요는 두 배로 증가하지 않았다. 이 조건에서 독점 생산자는 고비용 프로그램을 제공하지 않고(이윤=9−10=−1), 저비용 프로그램(이윤=6−5=1)을 제공한다.

이때 시장규모가 두 배로 증가하게 되면, 독점 생산자는 저비용 프로그램(이윤=12−5=7)이 아니라 고비용 프로그램(이윤=18−10=8)을 생산할 것이다. 생산자가 고비용 프로그램으로 변경한 이유는 미디어 상품의 분배에서 극단적인 규모의 경제로 인한 것이다. 시장규모가 증가하여도 제작비용은 여전히 동일하다.

라이트(Wright, 1994)는 내생적 품질 모형을 이용하여 광고시간을 규제받게 되면 경쟁적 시장에서 프로그램 제작에 많은 비용을 투입할 수 없기 때문에 프로그램의 질이 하락함을 보여주었다. TV 광고를 싫어하는 경우에 소비자는 광고 시간규제로 편익이 증가하는 측면이 있지만, 낮은 품질의 프로그램으로 편익이 감소하는 효과가 동시에 나타나므로 최종적인 편익은 경중을 비교해 보아야 한다.

제품 차별화에 대한 경제학 문헌에서 통상적인 결론에 의하면 기업은 가격 경쟁을 완화하기 위해서 제품 차별화를 한다. 이와 동일한 결과를 유도한 모형을 보자. 광고지원과 유료지원에서 품질과 다양성 간 상쇄관계에 미치는 효과를 연구한 프로그램 선택 모델(보로우, Boureau, 2003)에 의하면 광고지원보다 유료지원 하에서 프로그램 차별화가 더 많이 일어나는데, 그 이유는 차별화로 가격 경쟁을 완화하려고 하기 때문이다. 광고지원에서는 두 방송사가 가격을 경쟁 완화 수단으로 이용할 수 없기 때문에 서로 상대방의 콘텐츠를 모방하는 경향이 있다. 광고지원방송사는 프로그램 품질 경쟁에 집중하게 된다. 광고지원 하에서 프로그램 품질과 차별화 정도는 광고요금에 따라서 달라진다. 유료지원에 비해서 광고지원하에서 광고요금이 낮다면 품질과 차별화가 모두 낮을 것이고, 반면에 광고요금이 충분히 높다면 높은 품질의 프로그램이 제공될 것이다.

만가니(Mangáni, 2003)는 복점 하에서 광고의 효과를 분석하여 위 연구와 다른 결론을 도출하였다. 그에 의하면, 시청자가 광고를 싫어한다는 가정을 추가하여, 광고지원 하에서 시청자 극대화 전략을 추구하기 때문에 다양성이 촉진된다. 만가니의 모형에서 광고량이 가격과 같은 역할을 한다. 제품 공간에서 프로그램 간의 거리가 멀리 떨어질수록 시청자가 만족하는 콘텐츠를 가질 가능성이 더 커진다. 만족도가 높은 콘텐츠의 경우 시청자들이 더 많은 광고시간을 허용할 것이다. 광고수입이 증가하게 되면 고품질의 프로그램이 생산되고, 이에 따라 더 많은 시청자를 유입할 수 있다. 보로우(Boureau, 2003)와 달리 만가니는 광고로 인해 프로그램 다양성이 위축되지 않고 확장되는 기제를 제시하였다. 이상에서 보았듯이 내생적 품질 모형에서 재원에 따른 경제적 후생의 크기는 알 수 없다.

5) 프로그램 선택 모형이 주는 함의

이론적인 프로그램 선택 모형은 시장의 성과와 소비자의 후생에 대해서 명확한 결과를 제시해주지 못한다. 왜냐하면 이 모형은 확인할 수 없는 소비자 선호에 의존하기 때문이다. 그러나 이 모형을 통하여 가격, 이용자규모, 다양성, 품질, 광고량 간에 경제적 상쇄관계를 알았고, 이들 상쇄관계는 채널수, 재원의 종류, 시장구조에 따라서 달라진다는 사실을 알게 되었다. 이 모형을 통하여 채널수의 증가, 유료방송의 도입, (조건부로) 프로그램 편성의 중앙 통제와 같은 공공 정책이 유익한 결과를 가져올 수 있음을 알 수 있다. 또한 프로그램 선택 모형에 의하면 공공지원 미디어가 이론적으로 정당화된다.

3   미디어 다양성

1) 미디어 다양성의 의미[3]

미디어 다양성은 민주 국가의 미디어 정책, 특히 방송 정책에서 가장 중시되는 목표이다. 방송 미디어를 포함한 미디어 전반에서 다양성은 미디어와 미디어 관련 산업의 성과를 평가하고, 이를 바탕으로 미디어 정책을 수립·집행하는 핵심인 원칙이자 개념이다. 하지만 다양성이 미디어의 평가와 규제 정책 수립에서 차지하는 중요성에도 불구하고, 그동안 다양성에 대한 개념 정의나 다양성을 구성하는 하위개념요소들에 대한 합의는 쉽게 도출되지 못하였다. 다양성이라는 개념 자체가 매우 다원적이고 복합적이어서 단순하게 정의 내리기가 결코 쉽지 않기 때문이다. 이런 이유로 그간 많은 학자들이 다양성에 대해 제각기 다른 해석을 제시하였다.[4]

여기서는 미디어 정책을 논의하면서 가장 많이 이용하는 나폴리(Napoli, 2001)의 다양성 개념만을 소개한다. 나폴리(1997, 1999, 2001)는 다양성 논의의 초기 입장인 공급원의 시장 경제학적 차원과 내용의 사회가치적 차원을 소비의 차원인 수용자의 미디어 이용과 결합하여 미디어 전 과정 속에서 다양성의 개념과 연구방법을 정리하였다. 나폴리(2001)에서는 다양성에 대한 논의를 방송 부문에 특화하면서, 세 가지 차원(공급의 다양성, 내용의 다양성, 노출의 다양성)의 다양성 구분방식을 제시하였다.

나폴리가 구분한 다양성 개념을 좀 더 세부적으로 살펴보면, 공급원 다양성은 방송 프로그램의 제작 및 배급 주체의 다양성을 뜻하는 개념으로, 소유권(ownership)의 다양성과 내부인력구조(workforce)의 다양성으로 구분된다. 소유권의 다양성은 한 미디어 시장에서 미디어 채널이나 아이템들이 얼마나 다양한

---

3) 이 소절은 정영호(2013, 291~221쪽)를 정리하면서 일부 보완하였음.
4) 다수 학자들이 정의한 미디어 다양성의 개념에 대해 추가로 알고 싶으면 정영호(2013, 291－294쪽)와 유의선(2009, 24~26쪽)을 참고하기 바람.

소유주에 의해 생산되는지를 말한다. 내부인력구조의 다양성이 필요한 이유는 미디어 콘텐츠를 생산하는 인력의 성비, 인종비, 종교비 등이 다양할 때, 다양한 의견과 시각이 더 잘 반영될 수 있기 때문이다.

내용 다양성은 프로그램 유형의 다양성, 프로그램 내 등장인물의 인구통계학적 다양성, 그리고 프로그램 내용의 아이디어나 관점의 다양성으로 구성된다. 프로그램 유형은 주제, 전달방식, 대상, 기능과 같이 다양하게 분류되지만, 내용의 다양성을 분석한 연구에서 통상 장르(뉴스, 드라마, 다큐멘터리, 버라이어티쇼 등으로 분류되는)의 다양성을 분석하였다. 등장인물의 인구학적 다양성은 미디어 기업의 인력구성의 다양성과 마찬가지로, 등장인물의 성, 직업, 인종, 국적 등의 편중이 사회에 대한 이미지와 사회를 보는 시각 등 사회 문화적 영향을 끼친다는 데에 초점을 맞추고 있다.

노출 다양성은 모든 이용 가능한 프로그램에 있어서 시청자들의 분포를 나타내는 수평적 다양성과 개인 시청자의 프로그램 소비의 다양성을 의미하는 수직적 다양성으로 이뤄진다. 수평적 노출 다양성은 수용자 파편화(audience frag-mentation)와 유사한 개념으로 특정 시간에 선택 가능한 모든 콘텐츠에 배열된 수용자의 분포를 의미한다면, 수직적 노출 다양성은 개별 수용자의 콘텐츠 소비의 다양성을 의미한다. 특히 수직적 노출 다양성은 미디어 산업측면에서가 아니라 수용자의 미디어 이용 혹은 소비라는 이용자측면의 다양성에 초점을 맞춘 것이다. 노출 다양성을 구분한 이유는 '보내진 콘텐츠(이용 가능성)'와 '수용된 콘텐츠(이용)'가 다를 수 있기 때문이다. 다양한 내용의 콘텐츠가 제공되더라도 수용자들이 다양한 콘텐츠를 이용하지 않는다면, 콘텐츠의 다양성을 추구하는 정책들의 정당성은 상당히 약화된다.

2) 소유규제와 미디어 다양성

미디어 다양성은 시장의 규모, 소득 수준, 공급자의 다양성과 경쟁정도, 미디어 소유규제, 미디어 기업의 목표 등 여러 가지 변인의 영향을 받는다. 미디어 소유규제는 미디어 기업의 집중이 다양성을 해칠 것이라는 가정에서 취해진다. 다양성에 대한 연구는 주로 장르 다양성에 대해서 이루어졌다. 그러나 미디어 산업에서 소유 집중에 대해서 엄격한 규제의 목적은 의견의 다양성을 제고하기 위함이다.

(1) 사업자수와 장르 다양성

미디어 집중에 대한 규제가 완화될 경우에 미디어결합이 활성화되면 사업자수가 감소할 것이다. 사업자수의 변화가 다양성에 미친 연구는 풍부하게 이루어졌다. 이들 연구에서 다양성은 대부분 장르의 다양성이었다. 위에서 본 프로그램 선택이론 등에 의하면 사업자수의 변화(기업결합 여부)로 기업이 다양성을 증가시킬지 감소시킬지 명확하지 않았다. 다양성과 경쟁의 관계에서 경쟁 증가가 다양성 증가와 긍정적인 관계에 있다는 연구결과에서는 새로운 매체의 등장으로 채널수가 증가하고 시장 경쟁이 가속화됨에 따라 프로그램 다양성이 높아진다는 것이다.[5]

하지만 이러한 결과와 대조적으로 경쟁의 확대가 오히려 다양성을 감소시킬 수 있다는 연구결과들이 국내외에서 제시되고 있는데 특히 내용 다양성의 감소를 언급하고 있다. 상업 미디어 환경에서 매체 간의 치열한 경쟁상황은 프로그램 다양성의 감소로 이어질 수 있는데 이것은 방송사들이 더 많은 이윤 획득을 위하여 더욱 시청률이 높은 대중적인 포맷 모방에 집중함에 따라 새로운 포맷 개발이 활성화되지 않고 있다는 주장이다.[6]

한편 본장의 4절에 제시한 미국의 실증 분석의 결과를 보면, 사업자수의 증가(또는 미디어결합)가 다양성을 증가시켰다는 결과와 감소시켰다는 결과가 혼재되어 있다. 한국에서도 다양성의 변화에 대한 실증 연구가 많이 진행되었는데, 대부분의 연구에서 새로운 채널이나 뉴미디어의 등장으로 인한 경쟁 증가로 장

---

5) Dominick & Pearce(1976), Litman(1979), Atwater(1984), Wakshlag & Adams(1985), De Jong & Bates(1991), Powers, Kristjansdottir & Sutton(1994), Grant(1994), Chan-Olmsted(1996) 등.

6) Levin(1971), Noll, Peck & Mcgrowan(1973), Wakshlag & Adams(1985), Wober(1989), Lin(1995), Li & Chiang(2001), Tsourvakas(2004) 등.

르 다양성이 감소하였음을 밝혔다.[7] 한국에서 이루어진 많은 연구는 변화 전후
에 지상파 채널의 다양성을 비교·분석하였다. 만약 케이블 네트워크를 분석 대
상에 포함시킬 경우에 그 결과가 달라졌을 수도 있다.

(2) 소유규제와 다양성[8][9]

시장에 존재하는 독립된 공급자의 수는 다양성을 결정하는 중요한 요인이
다. 미디어 소유 및 교차 소유의 정도가 심화될수록 미디어 공급에 관여하는
자치적이며 독립적 조직(사기업 또는 공공기관)의 범위는 급격히 감소한다. 개별적
인 공급자의 지배력이 높아질수록 다양성이 감소할 위험은 높아진다. 독과점과
다양성의 정도는 부정적인 상관관계를 가질 것으로 짐작된다. 즉, 소유 집중도
가 매우 높게 되면 다양하고 독립된 공급자의 수가 감소하게 되고, 이에 따라
다양한 의견이 표출되기 어렵을 것으로 짐작된다.

그러나 미디어 소유의 집중과 다양성의 관계가 이와 같이 단순 명료한 것
은 아니다. 대규모 조직이 소규모 조직보다 제작물과 관련된 혁신을 도입하고
미디어 제작물의 범위를 넓히는 데 유리한 면이 있다. 규모의 경제와 범위의
경제를 활용하기 위해서는 기업의 규모가 커야 한다. 그리고 기업의 투명성과
윤리성을 강화하기 위해서도 어느 정도 규모가 있어야 한다. 구멍가게규모의
기업에게 경영의 투명성과 윤리성을 요구하기 어렵다. 이를 근거로 미디어 소
유가 집중될수록 실질적인 다양성이 증가한다는 주장이 제기될 수 있다.

미디어 소유권과 내용에 대한 통제권은 구분이 된다. 소유권과 편집권을
분리하기 위해 정책적 도구가 도입된 경우도 일부 존재한다. 일부 국가에서는

---

7) 이준호(1998), 이은미(2001), 박소라(2003), 유세경·김미라(2005), 홍종배·이상식(2009) 등.
8) 도일(Doyle, G., 2003, 18~41쪽)을 인용하면서, 부분적으로 내용을 추가하였다. 여기서의 다양
   성은 의견 다양성과 장르 다양성을 모두 포괄하지만, 도일은 의견 다양성을 더 많이 의식하고
   있는 것으로 판단된다.
9) 영국인인 도일(Doyle, G., 2003)이 사용한 '다원성(multiplicity)'을 이 책에서는 '다양성(diversity)'
   으로 고쳤다. 유럽에서는 흔히 미디어 다양성(diversity) 대신 미디어 다원성(multiplicity)이라는
   용어를 사용한다. 미디어 다원성은 사업자수를 지칭할 때 사용하고, 다양성은 프로그램이나 서
   비스수를 지칭할 사용하는 것으로 구분하기도 하지만, 국내에서 다양성은 사업자, 프로그램,
   서비스를 지칭할 때 모두 사용한다.

소유 집중에 따른 위험을 감소시키기 위해 편집권의 독립을 보장할 수 있는 특별 방안을 마련하기도 하였다. 어떤 규제 정책이 채택되던 간에 미디어 소유자들은 그들이 소유한 제작물에 대해 간접적인 영향력을 발휘할 수 있는 여지가 충분하기 때문에, 아무리 완벽한 불간섭 조항을 마련하더라도 이를 무력화시킬 수 있다. 소유자는 인사권의 행사나, 자원 투입을 확대하거나 축소, 특정 부서의 확대나 축소, 콘텐츠의 유통 등을 통해서 영향력을 행사할 수 있다.

미디어 소유의 다양성이 중요한 이유는 미디어 소유권이 미디어 권력으로 연결될 수 있기 때문이다. 학술적 연구에서 지배적 미디어에 의한 정치적 영향력의 남용 사례, 특히 보다 포괄적인 기업 확장을 위해 국내 시장의 규제를 완화하려는 정치력 남용 사례를 밝혀내고 있다. 미디어 소유 집중이 정치적 다원성과 민주주의를 보다 포괄적으로 훼손할 수 있음을 보여주는 최악의 사례는 이탈리아의 실비오 베를루스코니의 사례다. 그는 1994년 3월 선거기간에 이탈리아 시청자의 40%를 점유하고 있는 자기 소유의 3개 텔레비전이 자신의 정당을 지속적으로 후원하도록 만들었다.

미디어 소유자의 의사를 감독하기 어렵고, 편집권과 관련된 행위를 완벽하게 규제하기도 어렵기 때문에, 미디어 내용의 건전한 다양성을 확보하는 유일하고도 가장 효과적인 방법은 미디어의 소유가 독점이나 과점화되는 것을 방지하는 것이다. 다양성을 확보하기 위해 다양한 소유가 필요하다는 논리에 대한 반론이 있을 수 있다. 집중된 소유를 허용하고, 이를 통하여 비용 효율성을 확보하여야 보다 다양한 내용을 제작할 수 있다는 반론은 전혀 근거가 없지 않다. 하지만 제작물의 다양성을 확보하기 위해서 소유의 다양성이 희생되어야 한다는 논리는 수용되기 어렵다.

미디어 소유자가 라디오, 텔레비전, 신문, 잡지 등을 교차 소유하고 있으면, 하나의 콘텐츠를 재활용하여 비용을 절감할 수 있다. 동일한 소유권 하에 있는 각기 다른 미디어 서비스가 동일한 콘텐츠나 동일한 편집 기능을 이용할수록 미디어 교차 소유는 다양성에 부정적인 영향을 미치게 될 것이다. 그러나 미디어 상품을 제작하는 소유주들이 편집 기능이나 콘텐츠를 통합하지 않고 독립적인 소유를 도모하는 한 교차 미디어 소유는 제작물의 다양성에 기여할 수 있다. 미디어 교차 소유나 소유 집중이 실질적으로 제작물의 다양성에 긍정적인 영향을 줄 가능성도 존재한다. 예를 들면, 대기업이 이용할 수 있는 자원의 폭은 상당히 방대하기 때문에 적자 상품에 대한 보조나 교차 보조가 가능하다.

소유의 다양성과 제작물의 다양성이 지닌 관계가 다소 모호하기 때문에 미디어 소유규제는 제작물의 다양성을 확보하기 위한 충분조건이 될 수 없다. 따라서 미디어 제작이나 편성물의 범위와 다양성을 확대하기 위해서 내용규제를 행하거나 공영방송을 운영한다. 공영방송의 기본적인 요건은 내용의 다양성과 정치적 공평성이다.

(3) 소유권규제와 미디어 편향[10]

소유권 집중을 제한하는 규제는 주로 의견의 다양성을 보장하기 위함으로, 의견의 다양성과 장르의 다양성을 구분해야 한다. 여기에서 미디어 편향은 의견의 편향을 의미한다. 미디어 소유의 제한을 지지하는 가장 중요한 경제적 근거는 공급측면에서 미디어 편향이다. 반면에 수요측면에서 편향을 보면, 경쟁이 심해질수록 미디어 편향이 커진다. 미국 신문 시장에서 다양성을 실증적으로 분석한 논문(Gentzkow et al., 2014)에 의하면, 경쟁의 정도는 멀티 호밍 소비자의 수에 따라 달라지고, 기업결합으로 인해서 신규 진입이 감소하며, 기업의 수가 일정하면 소유구조와 콘텐츠 차별화 정도와 관련이 없음을 발견하였다.

앤더슨과 맥라렌(Anderson and McLaren, 2012)은 미디어 편향이 미디어결합에 주는 영향을 분석하였다. 미디어 소유자는 정치적 동기를 가진다는 측면에서, 미디어 소유자가 정보를 통제하여 의견에 영향을 줄 수 있다. 이와 같은 영향력은 경쟁이 증가할수록 감소한다. 결과적으로 경쟁을 감소시키는 미디어결합은 미디어 편향을 증가시킨다. 미디어결합을 방지하는 것이 후생을 증가시킬 수 있다.

---

10) Foros, et al.(2016, 242쪽).

4 시장규모/채널수와 시장성과

이 절에서는 시장규모와 미디어성과와의 관계, 그리고 채널수와 미디어성과와의 관계를 주로 실증적으로 분석한 결과를 정리하였다. 많은 연구들이 방송성과 중에서 주로 장르의 다양성을 분석하였다.

1) 시장의 규모와 방송성과

(1) 시장규모와 사업자의 수

시장이 커질수록 진입자수가 많아진다는 사실이 미디어 시장에도 적용된다. 미국에서 2000년 이후에 연구에 의하면, 시장이 클수록 라디오방송국수가 많고, 일간신문, 주간신문, 지역TV방송국이 더 많다. 시장 크기와 진입자수의 관계는 미디어에 따라 차이가 난다. 매체별로 고정비용이 다르고, 고정비용과 시장규모의 상대적 비율에 따라서 진입자수가 달라진다. 미국에서 2001년에 상위 283개 시장에서 평균 일간신문은 3.23개였고, 1997년에 대도시 지역의 246개 시장에서 라디오방송사는 평균 24.5개였다(Anderson & Waldfogel, 2016, 29쪽).

(2) 시장규모와 다양성[11]

시장이 크면 많은 상품이 제공될 수 있다. 여기서 시장이 크다는 것은 인구가 많거나 1인당 소득이 높다는 것을 의미한다. 이 경우에 소비자의 지불 능력이 크고, 기업의 광고 지출액이 크게 된다. 시장규모가 커지면 진입자가 많아져서 가격이 하락하고 소구력 있는 다양한 상품이 제공된다. 이 현상이 미디어 시장에서도 일어날 수 있고, 상품의 가격은 시장의 여건에 따라 달라지므로, 여기서는 다양성에 초점을 둔다. 시장규모가 크면 다양한 채널이 제공되어 만족

---

11) Anderson & Waldfogel(2016, 29~30쪽).

도가 높아진다.

시장 크기와 다양성 간의 관계는 소비자들이 차선의 선택을 받아들일지 여부와도 관련이 있다. 소비자들이 차선을 받아들이는 경우에 다양성이 약간만 증가하여도 많은 소비자들이 유인될 수 있다. 시장이 작아 상품이 적은 경우에 공통분모 상품의 비중이 크다. 시장이 커져 다양한 상품이 나오게 되면 이전에 공통분모 상품을 선택하였던 소비자의 일부가 보다 선호하는 상품으로 전환할 것이다. 즉, 시장이 커져서 전문 프로그램이 나타나게 되면 공통분모 프로그램이 지지받지 못하게 될 수 있다. 시장의 규모가 증가하게 되면 다양한 프로그램이 등장하고 공통분모 프로그램을 이용하는 비중이 감소하게 된다.

실제로 시장이 클수록 방송국 수가 많을 뿐만 아니라 포맷도 많다. 라디오 시장에서 공통분모 프로그램인 컨트리 음악이 규모가 큰 시장에서는 청취자가 많지 않다. 버라이어티나 고전물과 같은 공통분모 프로그램의 경우에도 마찬가지다. 반대로 재즈나 고전 음악은 규모가 큰 시장에서만 제공된다.

(3) 시장규모와 품질[12]

시장규모와 진입자수의 관계는 선형이 아니다. 예를 들면, 미국 대도시의 경우 인구가 10% 많을 경우 일간 신문사 수는 5% 많았고(Berry and Waldfogel, 2010), 1997년 미국의 260개 시장에서 인구가 10% 많을 경우 일간 신문사 수는 3% 많았다. 반면에 식당 산업에서는 인구와 식당의 수 간에는 선형관계(동일한 비율)가 나타났다.

미디어 산업에서 비선형성은 광고 시장에서 가격 경쟁과 고정비용 등의 이유로 일어날 수 있다. 라디오 광고는 신문 광고, TV 광고, 옥외 광고의 대체재이므로, 시장규모가 증가할 경우 광고가격의 조정이 일어나서 특정한 매체 수가 동일한 비율로 증가할 수 없게 된다. 그리고 시장규모가 증가하면 매체규모의 증가로 고정비용이 증가하여 진입자수가 동일한 비율로 증가할 수 없게 된다. 베리와 월드포겔(Berry & Waldfogel, 2010)에 의하면 시장규모가 커짐에 따라

---

12) Anderson & Waldfogel(2016, 30~31쪽).

일간신문의 면수와 직원수가 증가하였다; 인구 수가 10% 많은 경우에 면수는 2% 많고, 직원수는 5% 많았다.

　　라디오방송국 운영비용과 시장 크기와의 관계에 대한 체계적인 자료가 없지만, 시장규모가 크면 운영비용이 증가한다는 두 개의 증거가 있다. 첫째로, 던컨(Duncan,1994)은 1993년 100대 미국 라디오 시장에서 출연진의 최고 소득과 소득 범위 정보를 제시하였다. 인구가 10% 많으면 최고급여가 8.7% 많았고, 소득의 중간값은 2.6% 많았다. 이는 시장이 클수록 비용이 많이 소요됨을 나타낸다. 소매물가지수를 산출하는 미국의 16개 대도시에서 인구가 10% 많은 경우 생활비는 3% 더 많이 들었다. 이로써 고품질의 출연진이 대도시에 몰려있고 시장규모가 큰 지역의 방송사가 높은 품질의 상품을 제공함을 알 수 있다. 둘째로, 시장규모가 클수록 방송국당 시청자수가 많은데, 이는 시장이 클수록 비용이 많이 소요됨을 시사한다. 1997년 자료를 이용하여 미국 대도시 지역에서는 라디오 방송국당 평균 시청자수가 다른 지역보다 80% 더 많다. 시장규모가 클수록 시청자당 광고수입이 작지 않으면, 시장규모가 큰 라디오 시장에서 평균 수입이 많다. 진입이 자유롭다면 수입은 비용의 적절한 근사치이다. 따라서 시장규모가 클수록 수입도 많고, 비용도 많다.

　　시장규모의 증가로 비용이 증가하게 되면, 미디어 소비자가 얻는 긍정적인 효과가 감소할 수 있다. 예를 들면, 시장규모가 증가할 경우에 투입가격의 증가로 비용이 증가할 경우에, 시장규모의 증가율보다 진입자수의 증가율이 낮게 되고, 소비자의 후생증가율도 낮아지게 된다. 반면에 시장규모가 증가할 경우에 투입량이 증가하게 되면 고품질의 상품이 생산되어 소비자의 후생도 시장규모와 같은 비율로 증가할 것이다. 시장규모가 클 경우에 비용이 많이 드는 이유가 품질 제고를 위한 투자로 인한 것일 수 있다. 신문의 경우 투입비용의 척도(페이지수와 직원수)는 직접적으로 품질 수준을 반영한다. 더구나 시장규모가 클수록 품질지수(신문사당 퓰리처 상을 받은 수)도 높다(Berry & Waldfogel, 2010). 시장규모가 크면 다양성에 더하여 품질이 높아지기 때문에 소비자는 보다 많은 후생을 취할 수 있다.

(4) 시장 크기와 소비[13]

시장규모가 큰 지역에 많은 비용이 투입되어 높은 품질이 제공된다. 품질이 좋은 상품이 매력적이어서 더 많이 소비될 것이다. 라디오방송국을 분석한 여러 논문에서 인구가 많은 지역에서 라디오가 더 많이 소비되고 있음을 보여주었다. 예를 들면, 월드포겔(Waldfogel, 1999)에 의하면, 1997년에 미국 246개 대도시에서 라디오 시청률은 14.8%였는데, 인구 100만 명 이상인 대도시에서 라디오 시청률이 0.3%p 더 높았다. 회귀 분석에 의하면, 방송사가 하나 추가되면 라디오 시청률은 0.07%p, 포맷이 하나 추가되면 0.12%p 더 높았다. 이는 방송국이 추가되면 상품의 다양성이 증가하여 시청자수가 증가함을 의미한다. 조지와 월드포겔(George & Waldfogel, 2000)은 지역 일간신문 시장에서 이 기제가 작동함을 밝혔다. 이들에 의하면 인구 100만 명이 추가될 때마다 지역 일간신문 사수가 2% 증가하였다.

2) 사업자수와 다양성[14]

실증적 분석에서도 이론과 마찬가지로 사업자수의 증가로 다양성이 증가하였다는 결과와 감소하였다는 결과가 혼재되어 있다. 아래에서 주로 미국을 중심으로 분석한 결과를 정리하였다. 미국의 경우 주마다 방송사수가 다르기 때문에 방송사수에 따른 다양성을 분석할 수 있다. 레빈(Levin, 1971)은 프로그램을 20개의 유형(장르)로 구분하여, 미국에서 상업방송사가 증가할수록 1주일간 제공되는 장르수가 증가하였음을 확인하였다. 그리고 공영방송사(PBS)가 상업방송사보다 더 다양한 프로그램을 제공하였다. 레빈(Levin, 1980)은 방송사수가 많을수록 그리고 프로그램의 장르수가 많을수록 시청량이 증가함을 확인하였다. 미국 라디오 시장의 경우, 1997년 자료를 이용하여 계산한 결과, 인구가 10%

---

13) Anderson & Waldfogel(2016, 32쪽).
14) Waterman(2006, 403~407쪽)을 정리하면서 Foros, et al.(2016, 242~243쪽)을 추가함.

증가하면 라디오방송국 수는 3.1개 증가하고, 다양성은 2.7% 증가한다. 이는 미디어 시장의 규모가 커지면 상품수가 증가하고, 중복된 상품보다는 다양한 상품이 제공됨을 의미한다.

로저스와 우드베리(Rogers and Woodbury, 1996)는 미국을 대상으로 115개 지역방송 시장의 1987~1988년간 횡단면 자료를 이용하여 라디오방송국수와 포맷 수 간의 관계를 분석하였다. 이들에 의하면 방송사가 10% 증가하면 포맷은 2% 가량 증가하였으나, 총 청취량은 0.5% 증가하였다. 포맷이 10% 증가하면 청취량은 2% 증가하지만, 포맷이 동일하고 방송사만 증가하면 청취량은 변하지 않았다. 이 결과는 채널수가 증가하면 다양성이 커진다는 프로그램 선택 모형의 예측과 일치한다. 챔버(Chamber, 2003)는 미국의 2001~2001년간 횡단면 자료를 이용하여 상위 50개 라디오 시장에서 라디오 프로그램의 다양성과 시장구조 간의 관계를 분석하였다. 이들에 의하면 지역 시장에서 경쟁의 정도(HHI로 측정)가 높을수록 포맷의 다양성과 곡 제목의 다양성이 높았다.

한편 사업자수가 감소하여도 다양성이 변하지 않거나 오히려 증가하였다는 실증 분석결과도 제시되었다. 1996년 미국 통신법에서 결합규제가 완화되어 라디오와 신문 시장에서 많은 기업결합이 이루어졌다. 베리와 월드포겔(Berry and Waldfogel, 2001)과 스위팅(Sweeting, 2010)은 기업결합으로 광고지원 라디오 시장에서 다양성이 증가하였음을 발견하였다. 조오지(George, 2007)에 의하면 신문 시장에서 집중도가 증가하였는데, 장르의 중복이 감소(기사 주제가 증가)하였다. 제지오르스키(Jeziorski, 2014)에 의하면, 1996년 통신법 개정으로 미국에서 많은 결합이 이루어지던 1996년에서 2006년간 라디오 시장에서 결합으로 다양성이 증가하여 소비자 후생이 증가하였다. 결합으로 인해 상품 다양성이 증가하였고, 그 결과, 결합으로 잠재적 음의 후생 효과(광고주의 후생은 결합으로 감소한다)가 상쇄된다. 팬(Fan, 2013)은 미국 신문 시장의 결합 효과를 분석할 때 품질의 변화를 고려하고 소비자가 두 개 신문을 이용하는 것을 허용한 경우에, 결합한 기업이 결합 전과 비교해서 품질을 낮추는 것을 확인하였다.

베리와 월드포겔(Berry and Waldfogel, 2001)은 1993~1997년간 243개 라디오

시장에 대해 규제 완화 전후를 비교 분석하였다. 1993~1997년간 지역과 전국 라디오 시장의 소유권 집중이 상당히 증가하였다. 이들에 분석에 의하면, 소유권 집중으로 라디오방송사수가 감소하였지만, 라디오 포맷의 다양성(즉, 방송사당 포맷)은 증가하였고, 전체 포맷수가 약간 증가하는 경향이 있다. 방송사 수가 감소했지만 다양성이 증가하는 역설적인 결과를 이들은 다음과 같이 설명하였다; 한 지역에서 2개 이상의 방송국을 소유한 경우에 경쟁사의 진입을 막기 위해서 다르지만 큰 차이가 나지 않는 포맷을 선택하였다.

FCC에서 발간한 윌리엄스와 로버트(Williams and Robert, 2002)에 의하면 1996년법 이후 라디오 포맷의 다양성은 변하지 않았다. 또 다른 FCC 보고서인 윌리엄스, 브라운, 알랙산더(Williams, Brown and Alexander, 2002)에 의하면 1996~2001년간 이루어진 방송사의 소유권 집중이 록&롤 음악방송 목록의 다양성에 미친 효과를 분석하였다. 이들은 결론을 내리지는 않았지만, 이들이 제시한 자료에 의하면 5년간 음악방송 목록의 다양성은 소유권 집중에도 불구하고 변하지 않았음을 알 수 있다.

윌버(Wilbur, 2008)의 실증 연구에 의하면 미국TV 시장에서 광고주가 선호하는 장르는 리얼리티와 코미디인데, 그 이유는 이 장르의 광고 효과가 크기 때문이다. 그러나 시청자들은 액션과 뉴스를 좋아한다. 그에 의하면 시청자가 좋아하는 장르는 전체 편성의 16%이고, 광고주가 좋아하는 장르는 전체 편성의 47%를 차지하였다. 방송사는 시청자가 아니라 광고주가 좋아하는 장르를 더 많이 제공함을 보여준다. 포로스 등(Foros et al., 2012)에 의하면 결합 등을 통해서 미디어 기업의 수가 줄어서 경쟁이 약할 경우 이 문제가 증가함을 보여주었다.

3) 새로운 매체의 도입 등으로 인한 다양성[15]

케이블TV나 위성방송의 등장으로 채널이 증가하면서 다양성이 증가할 것으로 예상된다. 케이블 네트워크의 등장으로 인한 효과를 실증 분석한 연구를

---

15) Waterman(2006, 403~407쪽)을 재구성.

먼저 보자. 그랜트(Grant, 1994)는 미국의 1986년 자료를 이용하여 다채널 텔레비전 미디어의 성과를 평가하였다. 분석에서 장르를 25개로 분류하여 개별 프로그램 장르 집중도의 합이 작을수록 다양하다고 판단하였다.[16] 그의 연구에 의해서 다채널 케이블이 시청자를 파편화하고, 케이블 서비스가 지상파 서비스보다 다양한 프로그램을 제공함이 확인되었다.

드 종과 베이츠(De Jong and Bates, 1991)는 1976, 1981, 1986년의 미국 지상파와 케이블 네트워크의 다양성을 분석하였다. 그의 연구에 의하면, 절대적 다양성과 상대적 다양성(절대적 다양성을 채널수로 나눈 값)이 모두 증가하였다. 상대적 다양성은 채널수와 같은 속도로 증가하지는 않았다. 즉, 절대적 다양성은 증가하였지만, 채널수보다 느린 속도로 증가하였다.

리와 챵(Li and Chiang, 2001)에 의하면 대만에서 1986~1999년간 케이블과 위성 채널의 진입으로 경쟁에 직면한 지상파방송사들이 편성에서 다양성을 줄이면서 대응하였다. 워프와 쿠일렌베르그(Wurff and Cuilenburg, 2001)는 네덜란드에서 케이블과 위성 채널이 등장하는 시기인 1988~1999년간 9개 공영 상업 지상파방송사의 다양성을 측정하였다. 이들에 의하면, 이들 방송사의 다양성은 1995년까지 증가하였으나, 이후 경쟁이 강화되면서 다양성은 감소하였다. 기존 방송사들은 전문 채널과의 경쟁에서 인기 장르의 프로그램을 더 많이 편성하는 방식으로 대응하였다. 광고지원 채널 간의 경쟁은 유사성을 증진시킨다는 것을 (일부 프로그램 선택 모형이 제시하는 것처럼) 이 연구는 보여주고 있다. 위의 두 연구에서 케이블과 위성 채널이 등장하는 시기에 기존의 지상파방송 채널의 다양성이 감소하는 것을 보였지만, 이 시기에 소비자는 케이블과 위성 채널에 접할 수 있기 때문에 소비자가 접하는 다양성은 확대되었을 수도 있다.

지상파방송사의 다양성을 시간의 변화에 따라 실증 분석한 연구를 보자. 디미닉과 피어스(Dimminick and Pearce, 1976)는 장르를 14개로 분류하여 미국의 주요 지상파방송사가 편성한 주시청시간 프로그램의 다양성이 1953~1974년간

---

16) 다양성지수 $Di = 1 - \sum_{i=1}^{b} S_i^2$ 여기서 S_i^2는 i 장르의 집중도.

지속적으로 감소했음을 보였다. 이 기간에 방송사들은 뉴스, 시사, 인터뷰와 토크 프로그램을 오락 프로그램으로 바꾸었다. 리트만(Litman, 1979)은 1973~1978년간 미국 주요 방송사의 다양성이 약간 증가했음을 보였다. 린(Lin, 1985)은 1980~1989년간 미국 주요 방송사의 주시청시간 다양성에서 변화 추세를 발견하지 못하였다. 이들 연구에서 장르 분류와 다양성 척도가 다르기 때문에 이들이 제시한 상이한 연구결과를 설명하기 어렵다. 그리고 1980년 이후 등장한 지역방송사와 뉴스 채널이 이들 연구에서 포함되지 않았다. 주로 지상파방송사만으로 시계열적으로 다양성을 측정해서는 커다란 의미가 없다.

인터넷 미디어가 콘텐츠의 다양성에 영향을 준다. 인터넷에서 다양한 주제와 전문적인 내용의 콘텐츠에 쉽게 접근할 수 있다. 하지만 정보 과잉에 직면하게 되고, 사용자들은 가장 많이 읽은 웹사이트에 기반을 두어 미리 선택된 웹사이트를 검색하게 된다. 따라서 인터넷이 다양성을 확장할지 위축시킬지 의문이다. 이는 앞으로 연구되어야 할 주제이다(Peitz, M. & Reisinger M., 2016, 525쪽).

이시까와 등(Ishikawa et al.,1996)은 1992년에 5개국을 대상으로 지상파TV 프로그램의 다양성을 비교하였다. 그에 의하면 영국에서 다양성이 가장 높았고, 다음이 스웨덴, 일본, 캐나다의 순이었고, 미국의 다양성이 가장 낮았다. 5개 국가에서 공영방송사의 다양성이 상대적으로 높았는데, 특히 미국 PBS의 다양성이 높았다. 이 결과는 상업방송이 발달한 국가의 광고지원 채널의 다양성이 낮고, 공영방송의 다양성과 공영방송이 발달한 국가에서 광고지원 채널의 다양성이 높음을 시사한다.

5   미디어 다양성 정책[17)

1) 다양성 정책의 수단과 효과

(1) 다양성 정책의 수단

미디어 다양성 보호를 위해서 각 미디어별로 서로 다른 법적·제도적 장치가 마련되어 있다. 방송에서의 다양성 보호 정책은 방송법에서 찾아볼 수 있는

표 16-4		다양성 확보 정책수단	
	유형	정책수단	측정수단
공급의 다양성	소유(공급)구조의 다원화	진입규제, 교차소유제한, 점유율(매출액) 규제	CR(집중율), HHI지수
		외주 제작고시비율, 망중립성규제, FinSyn rule	
		방송법 제69조2 – 시청점유율 제한규정	샤논&위버지수
	제작인력의 다양성	제작인력의 다양성 확대(equal opportunity rule)	뉴스룸(편집진) 다양성 측정
내용 다양성	장르 다양성	편성규제(국내외 제작비율, 보도/교양/오락비율)	내적/외적다양성 (프로그램 편포) 지수
	인구 통계학적 특성	편성규제(PTAR규제, 방송법 제5조, 제6조, 제69조)	
	관점/견해의 다양성	Fairness Doctrine, Personal Attack Rule, 반론권, 선거법에 기초한 여야 후보 방송토론회 규칙	
소비의 다양성	수평적 노출의 다양성	프로그램/채널/매체 액세스 보장, 가격 정책, 신규플랫폼 사업자 허가, PP승인	
	수직적 노출의 다양성		특정시간(전체)/ 시간대별(개인) 시청(점유)측정

출처: 유의선(2009, 46쪽)을 일부 수정.

---

17) 이 절에서 유의선(2009)과 정영호(2013)를 정리하면서, Waterman(2006, 403~407쪽)의 사례를 추가하면서 가필함.

데 크게 소유권 제한, 내용 제한, 기타 콘텐츠에 대한 제한으로 구분된다. 미디어가 제작·배급되는 공급원의 다양성을 보장하기 위한 정책을 추진해 왔고, 특히 소유의 다양성을 위한 정책이 큰 비중을 차지하였다. 내용의 다양성을 보장하기 위한 정책 당국의 개입은 미디어 산업 초기에는 많은 국가들에서 나타났지만, 최근 들어 언론의 자유와 충돌된다는 이유로 당국의 개입이 사라지고 있는 추세이다. 소비 단계에서의 수평적 다양성을 위한 정책은 일부 있지만, 수직적 다양성 보장을 위한 정책은 존재할 수 없다. 유의선(2009, 46쪽)은 다양성 확보를 위한 정책 수단을 분류하였는데, 〈표 16-4〉는 이를 일부 수정한 것이다.

(2) 다양성 정책의 효과

미디어의 공급자가 많을수록 그리고 콘텐츠의 제작주체가 다원화될수록 콘텐츠의 다양성이 확대될 것이라는 전제하에서 공급 다양성 정책이 시행되었다. 미디어법에서 소유규제 요건이 일반 경쟁법보다 엄격하게 규정되어 있고, 의무외주제도나 주시청시간대접근규칙(Prime Time Access Rule, PTAR) 등이 도입된 이유는 다양성을 구현하기 위함이다. 이러한 공급원과 제작주체의 다원화 정책이 다양성에 미치는 효과를 실증 분석한 바에 의하면 정책 목적이 달성되는 못하거나 오히려 다양성이 위축되는 결과도 나타나고 있다. 공급원 다양화 정책의 효과에 대해서는 앞 절[18]에서 논의하였으므로 여기에서는 제작 주체의 다원화 정책의 효과만 설명한다.

제작 주체의 다원화 정책도 소기의 목적을 달성하지 못한 사례가 있다. 미국에서 주시청시간접근규칙(PTAR)은 방송의 지역성과 다양성을 증진하려고 도입하였지만, 정작 나타난 결과는 PTAR로 보호된 방송시간에 미국 어디를 가나 천편일률인 게임쇼나 오프라윈프리쇼와 같은 토크쇼를 보는 상황에 이르렀다. 웍쉬랙과 아담스(Wakshlag and Adams, 1985)는 1950~1982년간 미국 지상파방송사를 대상으로 주시청시간대 프로그램의 다양성을 연구했다. 이들은 37개 장르로 구분하여 엔트로피지수를 이용하여 다양성을 측정하였다. 이들에 의하면 33

---

18) 이 장의 3.2절 소유규제와 미디어 다양성 그리고 4.2절 사업자수와 다양성.

년간 다양성에서 별다른 변화가 없었어나, 1971년에 PTAR을 도입한 이후 다양
성이 큰 폭으로 지속적으로 감소하였다. PTAR을 도입한 주된 목적이 다양성의
증가이다. 아인쉬타인(Einstein, 2002)은 FCC의 후원을 받아 PTAR의 효과를 분석
하였다. 그녀에 의하면 PTAR이 도입된 1971년 이후 다양성이 크게 감소하였고,
PTAR이 종료된 1995년 이후 다양성이 크게 증가하였다. PTAR의 목적이 달성
되지 못하였고, 오히려 다양성 목적에 반하는 결과를 가져왔다고 그녀는 결론
지었다.

다양성을 도모하기 위해서 미국, 영국, 한국 등에서 지배적인 텔레비전방송
사가 독립된 제작사의 프로그램을 일정 비율 이상 편성할 것을 강제하는 규정
을 두고 있거나 있었다. 예로, 영국의 ITV와 BBC에게 독립 제작사의 프로그램
을 25% 편성하도록 규제하고 있다. 한국에서 의무 외주 정책으로 인해 독립 제
작사가 수적으로 증가하였고 지상파에 납품할 기회도 늘어났지만, 지상파 프로
그램의 다양성을 증진시키는 데는 그리 성공적이지 못하였다(박소라·양현모,
2006). 또한 내용 다양성을 확보하기 위해 2005년 공익 채널선정제도가 도입되
었으나 도입 직후를 제외하고 계속해서 채널의 다양성이 감소하였으며, 공익채
널의무전송 역시 공익채널에서 시청률의 감소를 가져왔다(도준호·오하영, 2010).

이러한 결과는 미디어 정책입안자들 사이에 오랫동안 인식되어 왔던 공급
원 다양성이 내용 다양성으로 연결된다는 논리가 항상 작동하는 것이 아니라는
사실을 실증적으로 보여준다. 특히 공급원 다양성이 내용 다양성으로 이어지지
않는다는 연구들의 공통된 주장은 경쟁에서 이기기 위해 공급원들이 수용자의
선호를 반영한 반영적 다양성 전략을 취하기 때문이라는 것이다. 결국, 수용자
가 내용 다양성을 선호해야만 다양한 내용이 제공될 수 있다.

(3) 노출의 다양성

소비자측면에서 다양성은 노출 다양성으로 대표되지만, 노출 다양성 연구
는 내용 다양성 연구에 비해 훨씬 적게 다루어졌다. 하지만 연구결과는 경쟁이
증가함에 따라 노출 다양성이 줄어들고 있다는 일치된 결론을 내리고 있다. 노

출 다양성 연구에서 얻어진 매우 중요한 시사점은 다채널상황에서 시청자들이
예상했던 것보다 피동적 성향을 가지고 있다는 점과 프로그램을 통한 내용 다
양성 증가가 오히려 노출 다양성을 감소시킨다는 사실이다.[19] 따라서 공급자측
면에서 양적 증가나 새로운 대체 미디어 출현으로 실질적인 차원에서의 다양성
이라 할 수 있는 수용자의 노출 다양성에 기여하는 것이 아니라 오히려 감소시
킬 수 있다는 점에 주목할 필요가 있다.

채널 레퍼토리 관련 연구들은 시청자들이 모든 프로그램을 고루 시청하지
않고 자신이 선호하는 특정 프로그램만을 편식함에 따라 채널이나 프로그램의
내용 다양성이 증가하여도 노출 다양성은 일정 수준을 넘지 못한다고 결론을
내리고 있다. 수용자들은 채널수가 늘어나면서 프로그램 선택의 폭이 커지지만,
자신이 선호하는 프로그램 장르만을 선택해서 시청할 가능성도 함께 증가하게
된다(Youn, 1994). 실제로 채널수에 따라 채널 레퍼토리의 수가 달라지기는 하지
만, 채널증가의 속도에 미치지 못하고 더 이상 증가하지 않는다는 것도 확인할
수 있다(조성동·강남준, 2008). 이처럼 시청자들의 노출 다양성이 담보되지 있는
상황에서 프로그램 다양성을 높이고 이를 통해 공급원 다양성을 높인다는 것은
어쩌면 어불성설일지도 모른다.

2) 한국에서 미디어 다양성 논의와 다양성 측정

(1) 한국에서 다양성 논의

우리나라에서 미디어 시장의 다양성 확보와 유지를 위해서 해외자본 진입
뿐만 아니라 미디어 기업의 소유에 대해 다양하고 엄격한 규제가 적용되어 왔
다. 이렇듯 대기업 지분 제한이나 1인 지분을 제한하는 것은 대기업이나 특정
개인의 사적 이익이 공적 영향력으로 전환될 수 있다는 우려 때문이었다. 또한
미디어 수평적 소유 집중을 제한하는 근거 역시 다원성 또는 다양성의 확보에
있었다. 즉, 미디어 공급자의 다양성을 통해서 미디어 콘텐츠의 다양성을 확보

19) Grant(1994), 황상재·정영주(2005), 김선미·김성태(2007).

하고 하는 것이 소유 집중을 제한하는 근거라고 할 수 있다.

국내에서 미디어 다양성에 대한 논의는 1980년대 후반에 외주정책과 케이블TV의 도입을 앞두고 이루어진 바 있다. 미디어 다양성 확보에 대한 정책적 관심이 고조된 계기는 정치적 갈등을 동반한 2009년 '방송법 및 기타 미디어법'의 개정이라 할 수 있다. 당시 방송법 개정안의 주된 취지는 신문 사업자가 종합편성 채널을 겸영(兼營)할 수 있도록 하는 것이고, 법 개정 과정에서 신문─방송 겸영 허용문제를 둘러싼 정치·사회적 대립이 첨예하였다.

방송법 개정 찬성론자들은 대기업과 신문사에 대한 소유규제 완화가 세계적인 규제 완화 추세에 부합하고 방송 부문의 경쟁력 강화와 국가경제 활성화에 유익할 것이라고 주장하였다. 반대론자들은 소유규제 완화의 경제 효과는 근거가 미약하며 신─방 겸영 허용에 따른 '여론 독과점' 발생 등 부작용이 더욱 클 것으로 우려하였다. 당시 방송법 개정 찬성론과 반대론 간에는 한국 사회의 '지배적 미디어'가 무엇인지의 인식에서 차이를 보였다. 찬성론자들은 신문에 비해 우월한 TV방송의 영향력과 지상파 3사 중심 방송 산업구조를 고려할 때 방송 시장에 대한 진입 문턱을 과감히 낮출 필요가 있다고 보았다. 반대론자들은 신문 시장을 지배하는 조선, 중앙, 동아 등 보수 신문사에게 방송 보도가 허용될 경우 방송 부문의 보수 편향이 심화되어 미디어 다양성이 훼손될 것이라 반박하였다(김남두, 2017, 43쪽).

미디어 다양성에 영향을 주는 핵심요인들 중 하나는 미디어의 경쟁이다. '사상의 시장' 원칙에 입각한 시장 경쟁론자와 공익성을 우선으로 하는 공익론자들 간의 미디어 다양성에 대한 논쟁의 중심에는 경쟁에 대한 시각 차이가 자리잡고 있다. 시장 경쟁론자들은 소유, 장르 등에 대한 규제 정책의 실효성에 의문을 제기하며, 방송의 다채널화, 인터넷의 대중화 시대에 규제를 통해서 소수를 위한 채널을 공급하거나 대기업의 소유 집중을 규제하지 않아도 필연적으로 다양화될 수밖에 없다고 강조한다. 반면에 공익론자들은 다채널 시대에도 비주류적인 소규모 언론 미디어는 대중의 주목을 받지 못하고, 주류 언론 미디어는 대기업 자본에 의해 움직이고 있으므로, 규제 정책이 없다면 아이디어의 다양성을 실제로 실현하기 어렵다고 반박한다. 이러한 대립적 관계는 경쟁이 가지고 올 미래 효과가 불투명하기 때문에 발생하는 자연적인 현상이다. 따라서 다양성이라는 공익적 가치 실현을 위해서는 시장과 정부규제가 최적의 경쟁 상황을 확립하는 것이 가장 중요한 과제라고 할 수 있다(정영호, 2012, 83쪽).

　미국, 독일, 한국의 신문과 방송 겸영 논쟁에서 정치관과 미디어규제 패러다임은 그 맥락이 일치한다. 보수 정권과 정당은 신문방송 겸영, 뉴미디어방송 도입 등을 주장하면서 경쟁/산업적 관점을 지지했다. 진보 정권과 정당은 신문과 방송 겸영과 뉴미디어 도입을 반대하면서 다양성/공익적 관점을 대변했다. 신문매체는 신문방송 겸영을 지지하면서 경쟁/산업적 관점을 지지했고, 반대로 지상파방송 및 공영방송은 신문방송 겸영을 반대하면서 다양성/공익적 관점을 지지했다. 미국, 독일, 한국 공히 경쟁/산업적 관점과 다양성/공익적 관점 모두 자신의 관점들이 여론 다양성을 형성하는 데 도움이 될 것이라고 주장했다. 미디어규제 패러다임으로서 경쟁/산업적 관점과 다양성/공익적 관점은 공존할 수밖에 없을 것이다(정윤식, 2012, 109쪽).

(2) 한국에서 미디어 다양성 측정[20]

　정치적 파행을 겪으며 2009년 7월에 개정된 방송법에는 대기업과 신문사에 대한 소유규제 완화와 함께 일련의 '미디어 다양성 보호 조치'가 추가되었다. 신문-방송 영향력 합산이 포함된 시청점유율 30% 상한제, 시청점유율 산정 등을 직무로 하는 '미디어다양성위원회'의 설치·운용, 매체 간 합산 영향력지수 개발 등의 규정이 포함되었다. 아울러 방송법과 동반하여 개정된 신문법에는 여러 미디어 부문들을 대상으로 한 여론집중도 조사 규정이 포함되었다. 이후 방통위 산하에 설치된 미디어다양성위원회는 신-방 합산 시청점유율을 합산하는 방법 등을 정하여 2011년부터 법정 시청점유율(전년도 기준)을 매년 산정해 오고 있다. 아울러 개정 신문법 시행령에 따라 설치된 '여론집중도조사위원회'는 지금까지 세 차례 조사보고서를 발간하였다.

---

20) 김남두(2017, 43~45쪽)를 인용하고 정리함.

법정 시청점유율을 미디어 다양성지수의 일종으로 간주할 수 있다. 방송법 (제69조의2 제2항 후단)에서 신-방 겸영 사업자에 대해서는 신문 구독률을 시청 점유율로 환산하여 TV 방송의 시청점유율과 합산하도록 규정하고 있어, 제한 된 범위에서나마 '미디어 합산 영향력'을 산정하는 지수의 성격을 가지고 있기 때문이다. 신-방 합산 시청점유율 산정이나 여론집중도 조사가 '소유규제의 합 리화'라는 정책 목적에 기여할 수 있는 실증적 자료를 정례적으로 제공하고 있 다. 미디어 소비가 인터넷 포털, 소셜미디어, OTT 동영상 서비스로 이루어지는 상황에서 위의 두 조사의 유효성은 제한적일 수 있다. 특히 노출의 다양성측면 에서 보면 위의 두 조사의 함의는 더욱 작아진다.

참고문헌

강정수(2013.2.19.), "뉴스의 미래 1: 문제는 공급과잉이다," 「슬로우뉴스」.

김남두(2017), "변화하는 미디어 생태계와 미디어 다양성의 새로운 쟁점 미디어 다양성 조사 제도화의 의의, 한계 및 향후 과제," 「방송문화연구」, 2017.6, 41-72.

김선미·김성태(2007), "방송정책에 따른 케이블 TV 장르의 집중도 변화에 관한 연구," 「한국방송학보」, 21권 3호, 88-125.

도일·질리언(2003), 정윤경 역, 「미디어 소유와 집중」, 한국방송영상산업진흥원 총서, 커뮤니케이션북스.

박소라(2003), "경쟁도입이 텔레비전 프로그램 장르 다양성에 미치는 영향에 대한 연구: 1989년 이후 지상파 방송 편성표 분석을 통하여," 「한국언론학보」, 47권 5호, 222-250.

오웬 & 와일드만, 최양수 역(2004), 「영상경제학」, 나남출판.

유세경·김미라(2005), "지상파 방송3사의 HDTV 프로그램 편성에 관한 연구," 「한국언론정보학보」, 29권 1호, 111-148.

유의선(2009), "미디어 다양성: 정책함의와 접근방법," 「방송통신연구」, 2009.12, 42-68.

이은미(2001), "1990년대 텔레비전방송의 다양성 분석," 「한국언론학보」, 46권 1호, 388-412.

이준호(1998), "정부정책과 방송사 경쟁구도의 변화에 따른 편성 다양성의 변화에 관한 연구: 1962~1995," 「한국방송학보」, 10권 2호, 257-288.

정영호(2012), 「다매체·다채널 시대의 미디어 다양성에 대한 시스템 다이내믹스 모형의 적용 및 검증」, 서울대학교 대학원 언론정보학과 박사학위논문.

정영호(2013), "미디어 다양성의 동태적 모델을 이용한 다양성 정책의 효과 검증 및 예측," 「한국언론학보」, 57(1), 216-244.

조성동·강남준(2008.8), "다채널 수용자의 채널이용 집중과 분극: 채널레퍼토리 구성차이에 따른 채널이용행태 분석을 중심으로," 「한국언론학보」, 52(2), 152−178.

홍종배·권상희(2010), "한국 방송의 다양성 지수 연구−나폴리의 소스·내용·노출 다양성 측정을 중심으로," 「방송과 커뮤니케이션」, 11권 1호, 187−227.

홍종배·이상식(2009), "케이블TV 시장경쟁이 다양성에 미치는 영향에 대한 연구," 「언론정보연구」, 46(2), 101−126.

황상재·정영주(2005), "방송 채널사용사업자 등록제 이후 케이블 방송의 다양성 변화에 관한 연구," 「한국방송학보」, 19권 2호, 200−239.

Anderson, S. P., McLaren, J.(2012). "Media merger and media bias 쟈고 rational con−sumer," *Journal of European Economic Association*, 10(4), 831−859.

Anderson, S. P. & Waldfogel, J.(2015). "Preference externalities in media markets," in *Handbooks of Media and Economics*, 3−40, (eds) Simon P. Anderson, David Stromberg, Joel Waldfogel, Amsterdam: North Holland.

Beebe, J. H.(1972). "Institutional Structure and Program Choice in Television and Cable Markets," *Research Memorandum #131*, Stanford University: Research Center in Economics Growth.

Beebe, J. H.(1977). "Industrial structure and program choices in television markets," *Quarterly Journal of Economics*, XCI(1), 15−37.

Berry, S. T. and Waldfogel, J.(2001). "Do merger increase product diversity? Eidence from radio broadcasting," *The Quarterly Journal of Economics*, 116(3), 1009−1025.

Berry, S. T. and Waldfogel, J.(2010). "Product quality and market size," *Journal of Industrial Economics*, 58, 1−31.

Bourreau, M.(2003). "Mimicking vs. counter−programming strategies for television programs," *Information Economics & Policy*, 15(1), 35−54.

De Jong, A. S. and Bates, B. J.(1991). "Channel diversity in cable televison," *Journal of Broadcasting & Electronic Media*, 35(2), 159−167.

Dimminick, J. R. & Pearce, M. C.(1976). "Trends in network prime−time program−ming, 1953−74," *Journal of Communication*, 26(1), 70−80.

Doyle, G.(1988). "Programming in a competitive broadcasting market: Entry, welfare and regulation," *Information Economics and Policy*, 10, 23－39.

Doyle, Gillian(2002). *Media Ownership: The Economics and Politics of Convergence and Concentration in the UK and European Media*, SAGE Publications.

Duncan, L.(1994). *Duncan's Radio Market Guide*.

Einstein, M.(2002). *program diversity and the program selection process on broad－cast network television*, https://www.fcc.gov/reports－research/working－papers/.

Foros, O., Kind, H. J., Schjelderup, G.(2012). "Ad Pricing by multi－channel plat－forms: how to make viewers and advertisers prefer the same channel," *Journal of Media Economics*, 25, 133－146.

Foros, O., Kind, H. J., Sogard, L.(2016). "Merger Policy and Regulation in Media Industries," *in Handbooks of Media and Economics*, 225－264, (eds) Simon P. Anderson, David Stromberg, Joel Waldfogel, Amsterdam: North Holland.

Gentzkow, M., Shapiro, J. M., Sinkinson, M.(2014). "Competition and ideological di－versity: Historical endowment from US newspaper," *American Economic Review*, 104(10), 3073－3114.

Fan, Y.(2013). "Ownership consolidation and product characteristics: a study of the US daily newspaper market," *American Economic Review*, 103(5), 1598－1628.

George, L. M.(2007). "What's fit print: the effect of ownership concentration on product variety in daily newspaper market," *Information economic Policy*, 19(3－4).

George, L. M. & Waldfogel, J.(2000). *Who Benefit Whom in Daily Newspaper mar－ket?*, NBER Working Paper 7944.

Grant, A. E.(1994). "The promise fulfilled? Am empirical analysis of program diversity on television," *Journal of Media Economics*, 7(1), 51－64.

Hotelling, H.(1929). "Stabilityin Competition," *Economic Journal*, v. 32.

Ishikawa s., Leggartt, T., Litman, B., Raboy, M., Rosengren, K. E., & Kambara, N. (1996). Diversity in television programming: Comparative analysis of five countries, In S. Ishikawa (Ed.), *Quality assessment of television* (pp. 253－263). Luton, UK: John Libbey Media.

Jeziorski, P.(2014). "Effects of merger in two－sided market: the U.S. radio industry," *American Economic Journal Microeconomics*, 6(4), 35－73.

Levin, H. J.(1971). "Program duplication, diversity, and effect viewer choices: Some empirical findings," *American Economic Review*, 81−88.

Levin, H. J.(1980). *Fact and fancy in television regulation: An economic study of policy alternative*, New York: Russell Sage Foundations.

Li, S. C. and Chiang, C. C.(2001). "Market competition and programming diversity: A study of the TV marker in Taiwan," Journal of Media Economics, 14(2), 105−119.

Lin, C. A.(1985). "Diversity of network prime−time program formats during the 1980s," *Journal of Media Economics*, 8(4), 17−28.

Litman, B. R.(1979). "The television Networks, competition and program diversity," *Journal of Broadcasting*, 23(4), 393−409.

Mangáni, A.(2003). "Profit and audience maximization in broadcasting markets," *Information Economics and Policy*, 15(3), 306−315.

Napoli, P.(1997). "Rethinking program diversity assessment: An audience−centered approach," *Journal of Media Economics*, 10, 59−74.

Napoli, P.(1999). "Deconstructing the diversity principle," *Journal of Communication*, 49(4), 7−34.

Napoli, P.(2001). *Foundations of communication policy: Principles and process in the regulation of electronic media*. Cresskill, NJ: Hampton

Noam, E. M.(1987). "A public and private−choice model of broadcasting," *Public Choice*, 55, 163−187.

Noll, R. G., Peck, M. J. & Mcgrowan, J. J.(1973). *Economic Aspect of Television Regulation*, Washiton. D.C.: Broolings Institution.

Rogers, B. P. and Woodbury, J. R.(1996). "market structure, program diversity and radio audience size," *Contemporary Economic Policy*, 14(1), 81−91.

Shaked, A & Sutton, J.(1983). "Natural Oligopolies," *Econometrica*, 51, 1469−1484.

Spence, Ml, Owen B.(1977). "Television Programming, Monopolistic Competition, and Welfare," *The Quarterly Journal of Economics*, Volume 91, Issue 1, 103−126.

Steiner, P. O.(1952). "Program Pattern and Preferences, and the Workability of Competition in Radio Broadcasting," *Quarterly Journal of Economics*, v. 66.

Sweeting, A.(2010). "The Effect of mergers on product positioning: evidence from music radio industry," *RAND journal of Economics*, 41(2), 372−397.

Peitz, M. & Reisinger M.(2016). "The Economics of Internet Media," in *Handbooks: Media and Economics*, 445−530, (eds) Simon P. Anderson, David Stromberg, Joel Waldfogel, Amsterdam: North Holland.

Tsourvakas, G.(2004). "Public television programming strategy before and after com− petition: The greek case," *Journal of Media Economics*, 17(3), 193−205.

Wakshlag, J. & Adams, W. J.(1985). "Trends in program diversity and the prime time access rule," *Journal of Broadcasting and Electronic Media*, 29(1), 23−34.

Waterman, D.(1990). "Diversity and Quality of Information products in a monopolis− tically competitive industry," *Information Economics and Policy*, 4(4), 291−303.

Waterman, D.(1990). ""Narrowcasting" and "Broadcasting" on nonbroadcast media: A program choice model," *Communication Research*, 19(1), 3−28.

Waterman, D.(2006). "The Economics of Media Programming," A. B. Albarran, S. M, Chan−Olmsted, & M. O. Wirth. (Eds.), *Handbook of Media Management and Economics*(pp.387−416). Mahwah, NJ: LEA.

Wilbur, K.(2008). "A two−sided, empirical model of television advertising and viewer market," *Market Science*, 27, 356−378.

Wildman, S. S. and Lee, N. Y.(1989). "Program choice in a broadband environment," presented at the Integrated Broadband Networks Conference, Columbia University.

Wildman, S. S. and Owen, B. M.(1985). "Program competition, diversity, and multi− channel bundling in the new video industry," in *Video media competition: regu− lation, economics, and technology*, ed. E. M. Noam, New York: Columbia Univ. Press.

Williams, G., Brown K. and Alexander, P.(2002). *Radio market structure and music diversity*, https://www.fcc.gov/reports−research/working−papers/

Williams, G and Robert, S.(2002). *Radio industry review 2002: Trends in ownership, format and finance*, https://www.fcc.gov/reports−research/working−papers/

Wober, J. M.(1989). "The U. K.: The consistency of audience behavior," In L. B. Becker, & K. Schoenbach(Eds.), *Audience response to media diversification: Coping with plenty* (pp. 91−108), Hillsdale, NJ: Lawrence Erlbaum Associates, Inc..

Wright, D. J.(1994). "Television advertising regulation and program quality," *The Economic Record*, 70(211), 361−367.

Wurff, R v.d. and Cuilenburg, J. v.(2001). "Impacct of moderate and ruinous com-
petition on diversity: The Ducth television market," *Journal of Media Economics*,
14(4), 213-229.

Youn, S.(1994). "Program type preference and program choice in a multichannel sit-
uation," *Journal of Broadcasting and Electronic Media*, 38, 465-476.

제17장 미디어 정책과 결합규제

1 미디어 정책: 공익론과 시장론

　　미디어 기업은 문화적 속성과 산업적 속성의 큰 틀로 구분할 수 있다. 미디어 기업은 기본적으로 이익을 추구하는 존재다. 준조세인 국민수신료로 운영되는 공영방송조차 수익 자체를 게을리 할 수는 없다. 공영방송의 재원이 100% 수신료일지라도 프로그램판매 등의 수익을 늘려서 국민의 수신료부담을 줄여주어야 할 의무가 있기 때문이다. 신문은 설립의 자유가 보장되는 대표적인 산업이지만, 신문사는 기업의 운영에 필요한 수익을 확보해야함 유지될 수 있다. 하지만 미디어 기업은 일반 기업이 가지지 않는 특징을 가지고 있다. 바로 '공익'이란 이름으로 부여되는 문화적 책무다. 건강하고 질 높은 정보를 제공해야 한다는 사회적 압력도 존재한다. 미디어가 그런 의무를 소홀히 한다면 결과적으로 시장에서 외면 받고, 때로는 법적규제를 받을 수도 있다. 따라서 미디어의 문화적 속성과 산업적 속성은 근본적으로 분리된 것은 아니다. 어찌 보면 사적 기업에 공적 책무를 부여하는 게 이상하게 보일 수도 있다. 미디어가 갖고 있는 딜레마적 요소이기도 하다. 그러나 그것이 미디어가 다른 산업과 구별되는 특징이다. 따라서 두 요소가 하나의 유기체 안에서 제대로 작동돼야 건전한 미디어라고 부를 수 있다(이상복, 2010, 18쪽).

1) 방송 산업 정책의 철학[1]

방송 산업의 정책결과 과정은 크게 봐서 시장 경쟁 논리와 공익성 논리의 조우와 갈등이라고 볼 수 있다. 두 논리는 근본적으로 다른 이상을 추구하기 때문에 접점을 발견하기 어려워 보이지만 방송 산업의 현실과 정책에서 정교하게 혼재되어 있기도 하다. 경쟁시장론적 입장은 방송을 하나의 기업 활동으로 보고 시장에서의 효율성, 기업성장, 공정경쟁, 시청자 선호 등에 초점을 두고, 사회공익론적 입장은 정치적 공정성, 사회문화적 가치, 다양성, 유익함 등에 일차적인 관심을 둔다. 신문과 방송의 교차소유, 재벌의 미디어 소유 제한/참여 그리고 지상파방송사의 다른 미디어의 지분소유 제한, 방송 광고제도, 방송사에 대한 외주 정책 등 미디어 산업의 정책에서 논란이 일어나는 주제의 핵심에는 시장 경쟁 논리와 공익성 논리의 갈등이 있었다.

시장 경쟁 논리와 공익성 논리를 공익성, 다양성, 효율성, 수용자 복지 등의 네 가지 차원에서 간략히 설명한다. 먼저 공익 자체에 대한 논의가 있다. 미디어 기업의 소유, 특히 전파 미디어의 소유규제는 전파의 희소성에 기초하고 있으므로 다채널화되는 디지털 미디어 시대에는 소유의 규제가 공익성을 보장하지 못한다는 입장이 있다. 이에 대해 공익론자들은 최근의 미디어 소유의 집중이 얼마나 심각한지를 제시하며 거대 자본가의 손에 미디어를 맡긴다는 것은 건전한 민주주의 발전을 저해한다고 주장하다. 이 논쟁은 디지털 시대에도 공익성을 우선시하는 정책이 필요한가 하는 문제와 소유규제가 공익성을 유도해 내느냐의 문제를 유발한다.

둘째로, 다양성에 대한 견해의 차이가 있다. 시장경쟁론자들은 규제 정책을

---

[1] 임정수(2006, 164~167쪽)를 인용하면서 일부 가필함.

통해서 다양성을 이끌어낸다는 보장은 없으며 방송의 다채널화, 인터넷의 대중화 시대에 규제를 통해서 소수를 위한 채널을 제공하거나 대기업의 소유 집중을 규제하지 않아도 필연적으로 다양화될 수밖에 없음을 강조한다. 즉, 다양성이 보장된 시청 환경하에서 다양성을 위한 인위적인 규제가 가해진다면 시장이 비효율성을 낳을 뿐이라는 주장이다.

이에 반해, 공익론자들은 다채널 대에도 비주류적인 소규모 언론 미디어는 대중의 주목을 받지 못하고 있으며 주류 언론 미디어는 대기업 자본에 의해 움직이고 있으므로 규제 정책이 없다면, 아이디어의 다양성을 실제로 실현하기 어렵다고 주장한다. 시장경쟁론자들은 선택할 수 있는 아이템의 종류가 다양함을 의미하는 형식적 다양성을, 공익론자들은 다양한 아이디어들이 수용자에게 실제로 노출될 가능성을 고려한 실질적 다양성을 논하는 경향이 있다.

셋째, 경제적 효율성의 문제가 있다. 시장론자들은 집중은 규모의 경제 효과를 높여 경제적 효율성을 높인다고 보고 있으며, 공익론자들은 규모의 경제를 통한 이윤은 수용자를 위한 것이 아니라 기업가와 자본가에게로 돌아간다는 주장을 한다.

넷째, 수용자 복지에 대한 견해에도 차이가 있다. 시장론자들은 집중은 규모의 경제를 낳고, 그 결과로, 재투자를 통해 상품의 질을 높이게 됨으로써 수용자의 복지를 증진한다고 주장한다. 또한 수용자들이 선호하는 미디어 상품을 많이 공급하고 선호가 낮은 상품은 적게 공급하는 것이 수용자 복지에 긍정적이라고 본다. 이에 대해, 공익론자들은 미디어 집중으로 소수의 목소리가 미디어에서 외면되고 자본가의 이익과 배치되는 내용은 주류 미디어에서 제외된다고 주장하면서, 이것이 곧 수용자 복지의 감소라고 본다.

이 두 시각적 차이는 가치관의 차이에 기인하므로 상호간에 쉽사리 설득되어지지 않고 평행선을 긋는 부분들이 많다. 미디어가 제한적일 때 공익성이 강조되는데, 과거에 지상파방송사만 존재했을 때에는 공익론만이 존재하였다. 하지만 새로운 매체가 도입되면서 채널수가 많아지면서 시장론이 등장하였다. 방송은 인터넷 포털이나 모바일매체로 볼 수 있게 되면서 '공익'은 신화(神話)와 같이 정신적 뿌리의 역할을 하고 있다. 시장론과 공익론의 두 논리는 방송의 역할과 방송기업의 성격을 규정하고 실제 정책을 수립하고 적용하는 과정에서 방송 정책의 철학적 기초를 제공한다. 방송 산업 정책에서 두 논리의 갈등은 좀처럼 조화를 이루지 못하고 대게는 규제 정책과 탈규제 정책의 갈등으로 나타나곤 한다.

2) 주요 외국의 방송 정책 원칙[2]

미국, 영국, 독일의 미디어 정책이나 방송 정책의 원칙을 정리한 다음에 우리나라의 방송 정책 원칙을 정리한다. 미국은 언론의 자유(freedom of speech and the press) 원칙을 확인한 수정헌법 제1조를 기초로 공익성(public interest), 지역주의(localism), 사상의 공개 시장(marketplace of ideas), 보편적 서비스(universal serv-ice), 다양성(diversity) 및 경쟁(competition)을 커뮤니케이션 정책의 기본 원칙으로 설정하고 있다. 매체의 소유 및 겸영과 관련한 미국의 관련법 및 정책은 위에 열거된 원칙들을 기준으로 시행되어 왔다. 예를 들어, 소유규제 원칙을 수정할 경우 이것이 기본원칙에서 제시된 경쟁과 다양성을 유지하고 강화시킨다는 정책 목표와 어떤 관계를 맺고 있는지 분명히 제시해야 한다는 것이다. 소유 및 겸영에 관한 규제에 있어서 어떤 시장이 충분히 다양한 참여자를 확보하고 있는지, 그리고 그 시장이 충분히 경쟁적인지가 중요한 근거가 되기 때문이다.

영국은 전통적으로 전파의 희소성에 근거해 시장에 대한 정부의 개입을 통해서 미디어 시장의 경쟁을 규제하고 유도해왔다. 1990년 방송법은 이러한 영국의 기본적인 정책 이념을 반영해, 방송에 대한 시청자의 선택 다양성을 확대하는 것을 중요한 정책적 목표로 제시했다. 디지털기술의 발전 및 매체 간, 사업자 간의 융합, 그리고 경쟁 속에서 영국의 기존 규제 원칙 및 가치들 역시 변화하지 않을 수 없었다. 이러한 변화의 흐름 속에서 영국에서는 1996년 방송법에서 소유규제 완화와 소유규제방식을 전환하였고, 2003년 커뮤니케이션법에서

---

2) 미국, 영국, 독일의 사례는 전범수 외(2008, 31~51쪽)를 정리하였다.

미디어 산업을 활성화시키고 자국 미디어 기업들의 국제경쟁력을 높이려는 조치를 취했다.

독일에서는 오랫동안 공영방송의 독점체제를 유지해 오다가, 1984년에 민영방송이 도입되었다. 이후 인수·합병을 통한 거대 미디어 기업이 탄생하는 등 1990년대 후반부터 방송 자본의 집중화되었다. 특정 미디어 기업이 방송 시장을 독점하지 못하게 하는 동시에 다양한 여론의 형성을 보장하기 위해 방송자본의 집중을 통제할 필요가 있다는데 사회적 합의가 이루어졌다. 또한 방송 분야에서의 기술의 발전과 융합현상으로 인해 독일에서도 소유규제 완화 요구가 거세지게 되었다. 이같이 미디어 융합 환경에 부응하는 한편 의견의 다양성을 확보할 수 있는 가장 합리적인 방식으로 독일은 방송에 대한 소유규제 기준을 시청자에 미치는 영향력이라는 단 하나의 판단 기준에 집중하게 되었다. 따라서 1997년부터 미디어 소유규제 상한으로 시청자점유율 30%를 지정하고 있을 뿐 수평적, 수직적, 혼합적 집중을 규제하는 별도의 규정들을 두고 있지 않다.

3) 우리나라의 방송 정책 원칙

우리나라에서 2000년 「방송법」이 제정된 이후 방송 정책의 최고 이념 및 가치는 공익성으로 규정되어 왔다(정인숙, 2018, 10쪽). 한국방송에서 가장 중요한 가치를 지니는 공익성 이념이 제도의 정착 과정에서 영국식 가부장적 공익성 이념을 채택하였으나, 권위적 요소가 강했다. 방송법의 공익성 이념에서 1980년대에는 사회책임론적 가부장주의가 강조되다가 김대중 정부에 들어서 시청자 주권을 강조하는 방향으로 바뀌었고, 이명박 정부의 방송통신발전 기본법에서는 시장위주의 공익성이념으로 재구성되었다(정용준, 2010, 564쪽). 정인숙(2004)은 2000년 「방송법」에 나타난 기본이념을 총칙에 규정되어 있는 시청자의 권익 보호, 방송 편성의 자유와 독립, 공적 책임, 공정성과 공익성 등 네 가지로 보고 있다. 또한 그녀는 2000년 「방송법」에는 경쟁이나 다양성 같은 정책 이념은 총칙에서 기본 이념으로 제시되지 않았으며, 공정성과 공익성의 개념 분화 또한 제대로 이루어져 있지 않았다고 보았다.

백미숙·홍종윤·윤석민(2007)은 한국의 방송 정책 이념이 성숙한 정책 이념 이라기보다는 정치적 구호의 수준을 벗어나고 있지 못하다고 평가하였다. 윤석민·박아현(2008)은 공익성을 구성하는 기본가치들에 대한 구체적인 규정이 전무함을 지적하면서 방송 이념에 대한 정교화의 필요성을 주장하였다. 임정수(2008)도 방송에서 공익은 그 자체에 대한 문제 제기를 허용치 않는 절대적 도덕 법칙의 형식을 띠면서 유지되어 왔으며, 의무로서의 도덕을 강조하지만 지나친 형식주의와 포괄적 성격으로 인해 실천적 윤리를 제시하는 데에는 미흡하였음을 지적한다. 그는 일단 방송 공익이라는 도덕법칙의 형식을 갖추기만 하면 모두 포괄하는 극단적 상대주의로의 길을 열어 놓았다고 주장하였다.

정인숙(2018)은 2000년 방송법 제정 이후 18년간 21회에 걸쳐 방송법이 개정된 내용을 분석한 결과를 다음과 같이 정리하였다; 21회의 일부 개정이 진행되는 동안 총칙의 법률 자구상으로 정책 이념의 변화는 한 번도 없었다. 정책 이념은 전혀 달리지지 않았지만 정책 수단은 일정한 경향성이 파악되었다. 방송법 개정 역사에서 규제 완화보다는 규제 강화를 위한 법률 개정이 압도적으로 많았으며, 규제 유형별로는 내용규제에 관한 법률 개정이 가장 많았고, 규제 완화는 소유규제에서 가장 높게 나타났다. 방송법 주요 개정 조항들은 대부분 정부의 강력한 개입에 의한 강요성 정책 수단과 관련된 것이었으며, 정책 수단으로 규제 완화보다는 규제 강화, 자율보다는 강요를 많이 채택하였다.

2 | 미디어 경쟁 정책

1) 경쟁과 경쟁 정책

경쟁이란 같은 목적에 대해 이기려고 서로 겨루는 것을 의미한다. 대개 경쟁은 승리 혹은 우승을 위한 목표를 달성하기 위해서 여러 사람들이 치열하게 싸우는 것으로 이해되며, 근대 경제학에서는 희소한 자원을 여러 사람에게 분배하는 가장 효율적인 수단으로 인식한다. 아담 스미스(Adam Smith)는 시장의 힘이 독점에 의해 좌절될 때, '전체 사회의 이익과 가장 합치되는' 방식으로 자원을 분배하고자 하는 경향 역시 좌절된다고 설명하였다(Doyle, 2003, 45쪽). 반면에 경쟁은 시장 주체로 하여금 효율성을 추구하게 하고 이를 통해 최종소비자에게 더 저렴한 가격에 더 좋은 제품과 서비스를 제공하고자 노력하게 만들어 궁극적으로 전체 사회의 이익에 합치되는 결과를 낳는다. 이런 이유로 시장에서의 유효한 경쟁의 유지는 경제 정책의 매우 중요한 목표로 인식되어 왔다. 그러나 예외적으로 자연 독점이 인정되기도 한다.

경쟁 정책은 경쟁을 좀 더 적극적으로 촉진하거나 반대로 경쟁을 제한하는 행위를 규제하여 시장구조를 좀 더 자유롭고 공정하고 개방적인 방향으로 개선하기 위한 일련의 정책을 의미한다. 경쟁 정책은 경쟁법의 집행뿐만 아니라 시장 경쟁을 촉진하기 위한 각종 법령의 개정과 제도의 개선을 추진하는 정책을 포괄한다. 협의의 경쟁 정책은 기업들의 담합행위, 재판매가격유지행위 등 반경쟁적 행태를 시정하거나, 경쟁을 감소시키는 기업결합을 제한하는 등의 경쟁법 집행행위로 한정된다. 광의의 경쟁 정책은 경쟁제한적인 규제의 개혁, 민영화 등 공기업 구조조정, 무역과 투자의 자유화 등 경쟁을 촉진하는 일체의 활동을 포괄한다. 우리나라의 경우 '경쟁정책'과 '공정거래제도'란 용어가 혼재되어 사용되고 있으나 공정거래제도는 협의의 경쟁 정책이외에 공정한 거래질서의 확립도 포함하고 있는 개념으로 경쟁정책과 구별된다. 미국의 경우 역사적으로 경쟁 정책은 기업결합(trust)방식에 의한 독과점 형성과 경제력집중을 억제하는 데서 출발했기 때문에 주로 반독점 정책(anti-trust policy)으로 불렸다.

경쟁은 다양한 기능을 수행하는데, 경쟁의 기능을 네 가지로 정리할 수 있다. 우선, 시장경제체제에서 경쟁이 가격의 신축적인 움직임을 통해서 수요와 공급 간의 균형이 성립한다. 둘째로, 기업은 이윤이 많이 나는 곳에 투자하기 때문에, 이윤에 대한 경쟁은 자원을 효율적으로 배분한다. 셋째로, 경쟁은 기업의 생산 기술 개선, 새로운 제품의 개발 등 기술혁신 노력을 강요한다. 넷째로, 자유를 보장하게 되면 경쟁이 보장되지만, 경쟁이 보장되면 개인이 행동을 선택할 자유를 누리게 된다. 예로 경쟁상태에서 여러 상품이 공급되어 선택할 자유를 가지게 된다.

2) 주요 국가에서 미디어 소유규제 정책의 변화

미디어 정책 중에서 중요한 정책의 하나인 소유규제 정책을 살펴보자. 미디어에서 소유문제가 중요한 이유는 두 가지 때문이다. 하나는 다양성 때문이다. 미디어 소유자가 정치권력을 남용하고, 중요한 견해를 사장(死藏)시키는 등 미디어 소유 집중이 잠재적 해악을 가져올 수 있다. 역사적으로 미디어의 소유를 규제하는 가장 중요한 근거가 바로 다양성의 확보이다. 수용자들이 다양한 목소리에 노출될 수 있어야 함을 당위적 과제로 삼는다면, 미디어 산업에서의 집중은 수용자들의 선택권을 줄여버리는 폐해를 가져온다고 볼 수도 있다. 소유문제가 중요한 또 다른 하나는 소유규제가 기업의 효율성을 억제시켜 자원의 낭비를 가져올 수 있기 때문이다. 소유를 제한함으로써 규모의 경제와 범위를 경제로부터 얻을 수 있는 이익이 규제된다(Doyle, G., 2003, 8쪽). 독일의 경우 방송 시장에서 소유 집중을 규제하는 목적은 여론지배력을 방지하여 언론의 다양성을 보호하고 언론기업 간의 자유로운 경쟁을 보장하기 위함이다(전범수 외, 2008. 6쪽).

미디어는 정치적 지위를 창출하거나 파괴하는 권력을 지니고 있다. 과도한 미디어 권력에 대한 규제의 실패가 어떠한 종착점에 이르게 되는 가를 잘 보여주는 예는 2001년 5월 이탈리아의 총리에 두 번 당선된 이탈리아의 미디어 제왕 '실비오 베를루스코니'라 할 수 있다. 선거 예비기간 동안, 베를루스코니는 자신의 정치 캠페인을 노골적으로 홍보하기 위해 그의 방대한 미디어를 동원하였고, 그의 텔레비전 채널인 레테 콰트로(Rete Quattro)는 저녁 뉴스를 '베를루스코니의 선거 집회 보도로 도배'하였으며, 정치적 공정함을 위배하였다는 이유로 커뮤니케이션위원회의 검열을 받기도 하였다. 미디어 기업과 정치권력의 결탁이 이같이 노골적으로 뚜렷하게 드러나는 경우는 흔치 않지만, 이런 결탁은 미디어 소유가 집중되는 곳에서는 때를 가리지 않고 창궐하는 습성을 지닌다(도일, 2003). 아래에서 주요 선진국의 미디어 소유규제 정책의 변화를 살펴본다.

(1) 미국[3]

FCC는 1944년부터 여러 차례에 걸쳐 소유 및 교차소유규제 완화 조치를 취했다. 특히 1996년 텔레커뮤니케이션 법 제정을 계기로 특정 지상파 네트워크 사업자가 소유할 수 있는 방송국수를 제한하던 겸영 제한(당시 12개)을 폐지하고 전국 시청자 도달률 상한 기준도 대폭 완화하였다(1985년의 25%에서 1996년 35%로 완화하고 다시 2004년에 39%로 완화하였다). 교차소유규제의 완화를 통해 융합 시장의 시장 경쟁을 강화시키며, 소비자에게 있어서는 선택의 다양성을 증가시키고자 한 것이다. 그러나 이에 대한 반론 역시 만만치 않았다. 교차소유에 대한 규제가 완화되면서 시장 경쟁을 강화시키기보다 오히려 거대 미디어 기업에 의한 시장의 집중화가 더욱 심각해질 것이며, 나아가 소비자들이 누려야 할 선택의 다양성이라는 측면 역시 보장되기 어렵다는 것이었다.

2004년 6월 연방항소법원은 FCC의 미디어 간 교차소유 허용에 대한 규정 즉, 한 미디어 기업이 단일 시장에서 3개의 TV방송사와 8개의 라디오방송사, 그리고 독점적인 신문사를 소유할 수 있도록 한 것을 기각 결정했으며, 지역사회에 있어 각기 다른 미디어의 영향력을 조사하는 데 사용된 '다양성지수(diversity index)'에 방법론상의 문제가 있다고 지적했다. 법원은 기존의 교차소유 제한법이 철회되어야 한다는 FCC의 주장이 나름대로 논리적 근거를 갖고 있음에도 불구하고, FCC가 제시하고 있는 다양성지수가 자의적이며 일관성이 없다는 판단이다. 아울러 FCC로 하여금 소유규제 완화에 대한 충분히 타당한 근거 자료를 제시하도록 했다.

FCC는 2007년 12월 또 다시 교차소유규제 완화를 추진하면서, 뉴욕, 로스

---

3) 전범수 외(2018, 2~3쪽)를 요약하면서 정보통신정책연구원(2016)을 이용하며 보완함.

앤젤레스 등 상위 20개 동일 시장구역에 1개 신문과 1개 방송의 교차소유를 허용하기로 했다. 단, 4대 네트워크 방송은 그 대상에서 제외하고, 교차소유가 이뤄진 이후 해당 지역에 8개 이상의 다른 매체가 존재해야 한다는 전제 조건을 달았다. 그러나 FCC가 2007년에 교차소유규제를 완화하려는 시도는 의회의 반대로 무산되었다.

(2) 영국[4]

영국은 전통적으로 전파의 희소성에 근거해 시장에 대한 정부의 개입을 통해서 미디어 시장의 경쟁을 규제하고 유도해왔다. 1990년 방송법은 방송에 대한 시청자의 선택 다양성을 확대하는 것을 중요한 정책적 목표로 제시했고, 신문과 지상파방송 교차소유를 20%까지로 제한하였다. 1996년 개정된 방송법은 디지털 지상파방송의 경쟁구조를 창출하고, 미디어 산업의 통합을 허용하였으며, BBC의 송출 네트워크를 민영화하는 등의 조치를 취했다. 1996년 방송법에서 교차소유를 통해 시너지 효과가 존재한다는 근거로 교차소유규제를 완화시켰다. 1996년 방송법에서는 규제의 기준이 기존의 지분중심에서 시장점유율 중심으로 달라졌다. 전체 시청자점유율 15% 제한과 함께 지분규제규정은 2개가 남았다. 동일한 지역에서 두 개의 ITV를 한 운영자가 보유할 수 없고, 한 운영자가 ITV와 C5 면허를 모두 소유할 수 없다. 2003년 커뮤니케이션법에서 외국 기업에 대한 소유규제가 완화되었다.

(3) 독일[5]

독일의 방송소유규제는 소유규제라는 의미가 없을 정도로 수용자측면의 다양성 확보에만 의미를 두고 여타의 부분은 시장에 맡겨 두고 있다. 독일의 시청자점유율 30%를 기준으로 한 소유규제는 수평적, 수직적, 혼합적 결합 모두를 포괄하기 때문에 세분화된 소유규제 원칙이 필요 없다. 이는 미디어 간의

---

4) 전범수 외(2018, 3~5쪽) 요약함.
5) 전범수 외(2018, 5~7쪽) 요약하면서, 정보통신정책연구원(2016)을 이용하며 보완함.

경계가 모호해지고 있는 융합 환경에서의 소유규제방식으로 설득력이 있어 보인다.

방송자본의 집중은 민영방송사에 한해 적용되며, 방송기업은 경쟁제한방지법에 의해 기업의 인수·합병에 대해 규제를 받으며, 동시에 방송국가협정의 규제를 받고 있다. 미디어집중법과 경쟁제한방지법은 부분적으로 보완관계에 있기는 하지만, 전자는 의견의 다양성, 후자는 경제적 경쟁이라는 상이한 규제 목표를 추구한다.

이상에서 본 3개국뿐만이 아니라 유럽의 많은 국가들에서 1990년대 이후 각국의 미디어규제기관은 미디어 소유규제를 완화하였거나 완화하려고 시도하였다. 이는 방송의 공익성(지역성, 다양성, 경쟁) 중에서 경쟁을 우선하는 경제적 접근이 영향력을 발휘했기 때문이다. 미디어기술이 디지털화되면서 신규매체가 등장하고 채널이 많아지며 제작기술도 빠르게 발전하였다. 또한 방송과 통신이 융합되고, 인터넷매체 등 새로운 미디어매체가 등장하기 시작하였다. 미디어 기업이 발전된 기술을 이용하고 새로운 환경에서 성장할 수 있도록 정부가 도와주려고 하였다. 그리고 이러한 정부의 지원으로 미디어 기업들은 합병을 통하여 거대화되었고 글로벌화를 추진하였다.

3) 한국의 미디어 경쟁 정책

한국의 경우 1990년대 이전에 미디어 산업에 경쟁 정책이 개입될 여지가 거의 없었다. 신문과 잡지와 같이 활자매체의 경우 진입과 퇴출이 자유롭고 다수의 사업자가 활동하고 있었다. 한국의 방송 시장과 통신 시장의 경우 정부 독점의 형태를 띠다가, 방송의 경우 1960년대 복점이 허용되었으며, 통신의 경우 1980년에 복점이 허용되었다. 이후 방송 채널이 늘어났지만, 주파수의 제한으로 진입이 제한된 과점체제가 형성되었다. 방송과 통신 산업에서 다수의 민영 사업자가 등장하기 시작한 것은 1990년 이후에 본격화되었다.

1990년 이후에 한국에서 방송 산업과 통신 산업에서 경쟁이 도입되고 민영화가 진행되는 등의 변화는 1970년대에 서구에서 시작된 공공 부문 민영화와 경쟁도입과 궤를 같이한다. 과거에는 자연 독점성이 강하다고 여겨온 전기, 가스, 운송, 전화 부문을 배타적으로 공공이 소유하고 운영하였다. 그러나 이들 산업에서 공공 독점의 폐해가 커지자 경쟁을 도입하여 산업의 효율성을 높이고 소비자의 편익을 제고하려는 정책적 전환이 선진국을 중심으로 1970년대 이후에 이루어졌다. 이들 산업에서 규모의 경제로 인한 효율성 상실이 존재하는지 여부와 관계없이 모든 독점 산업에 경쟁을 도입하는 정책이 도입되었다. 다수의 공급자를 확보하는 것이 우선적인 정책 목표였다. 경쟁의 도입이 미디어 산업에서 중요시하는 소유의 다양성 확보를 염두에 두고 진행된 것은 아니다.

1991년 민영 지상파방송 SBS가 도입되기 전까지 한국의 방송 체제는 KBS와 MBC가 안락한 복점 체제를 유지해 왔다. SBS 도입 이후 한국의 방송 시장에 1995년 케이블방송 출범, 2001년에 PP 등록제의 도입, 2002년 위성방송 개국, 2005년 DMB 도입, 2008년 IPTV 등장, 2011년 종합편성 채널 승인 등을 거치며 경쟁적 방송 시장구조로 변화했다. 신규매체의 도입이 가능한 배경에는 기술의 발전과 세계적으로 신자유주의의 확산이 있었다.

그러나 각 매체와 채널이 도입된 직접적인 계기를 살펴보면, 미디어 시장에서 경쟁을 활성화시키려는 의도로 도입된 것이 아니다. 케이블TV와 IPTV는 대선 공약에 포함되면서 도입되었고, 종합편성 채널도 MB정권인수위원회에서 도입이 검토된 것으로 알려져 있다. 위성방송의 경우 한국통신(현 KT)이 먼저 방송용 위성을 발사한 후 거의 10년간 논란을 거쳐서 도입되었다. 위성DMB는 특정 기업(SKT)의 노력으로 도입되었고, 지상파DMB는 지상파 디지털화방식에 대한 논란을 종식시키는 과정에서 도입되었다. 따라서 미디어 시장의 경쟁 구도에 대한 전체적인 설계가 없는 상황에서 개별 매체의 도입이 결정되었고, 이후 특정 매체의 도입에 필요한 법률 개정이 이루어졌다.

지상파방송사가 절대적인 우위에 있는 상황에서 신규매체가 시장에 안착하기 어려운 상황이 벌어졌다. 그리고 콘텐츠 사업자와 채널 사업자 간 거래, 플랫폼 사업자와 채널 사업자 간 거래, 지상파 채널의 재전송, 플랫폼 사업자 간 경쟁과 견제 등이 이루어졌다. 거래하는 기업의 위상에서 차이가 나고, 우월적 지위에 있는 사업자에 의해서 불공정거래가 일어나기 시작하였다. 과거 지상파 방송사만 존재하던 때에는 미디어 정책 당국은 공익을 보호하는 역할(특히 방송 프로그램의 내용규제)만 하면 되었다. 그러나 미디어 환경의 변화로 미디어 정책 당국은 경쟁 정책이나 공정거래 정책에 관심을 두지 않을 수 없게 되었다.

미디어 정책 당국은 자신의 의지와 관계없이 도입된 미디어나 채널의 안정적인 정착을 지원하거나 기존 미디어의 반발을 무마하는 역할을 수행하였다. 이때 등장한 정책 목표가 바로 '매체균형발전'이었다. 매체균형발전의 개념이 방송 정책을 논의하는 공식문서에서 등장한 것은 1990년대 초반이다. 국내 방송제도에 케이블TV를 도입하면서 당시 방송 시장을 독점하던 지상파방송과 균형을 이루도록 지원해야 한다는 당위론적 정책 목표로 매체균형발전이 등장했다.

공보처가 방송 정책을 담당하던 1999년까지 매체균형발전 개념은 주로 '매체 간 위상정립'을 지칭했다. '매체 간 위상정립'에는 매체별로 고유한 목적에 맞는 역할을 수행할 수 있게 하며, 신규매체가 고사되지 않도록 한다는 의미가 포함되어 있다. 2000년 이후 방송위원회가 방송 정책을 담당하면서 매체균형발전 개념에는 '매체 간 위성정립'에 더하여 '방송매체 간 공정경쟁 확립'이 추가되었다. '매체균형발전'은 원리는 경쟁 정책을 집행하고 판단하는 준거라기보다는 상황적이고 자의적인 해석과 활용으로 비일관성과 형평성의 문제를 야기하곤 했다는 평가를 받았다.

최세경(2015)은 매체균형발전이 정책가치로서 명확한 정책목표를 제시하지 못했다고 평가하면서 매체균형발전을 대체하고 방송통신을 규율할 수 있는 정책가치를 마련해야 한다고 주장하였다. 그런데 새로운 정책가치를 마련하더라도, 미디어 정책 당국이 정파성을 띠지 않고 일관성 있는 정책을 수립하고 집행하기는 어려울 것이다. 왜냐하면, 미디어 정책 당국보다 강한 정치력을 보유한 미디어 사업자들이 미디어 시장에서 활동하고 있고, 과거와 같이 대선 공약으로 신규매체의 도입이나 소비자 보호를 위한 방안이 등장할 수 있기 때문이다.

법률적 관점에서 현행 방송통신 관련 법 체계에 경쟁 정책의 이념이나 가치의 반영 역시 모호한 상황이다. 2008년 제정된 「방송통신위원회의 설치 및 운영에 관한 법률」6)과 2010년 제정된 「방송통신발전기본법」7)에 선언적으로 규정되어 있을 뿐이다. 「방송법」에는 2011년부터 공정 경쟁과 시청자 권익 보호를 근거로 금지행위와 방송 시장 경쟁상황평가위원회 설치 및 평가 관련 조항이 명문화된 상태이지만, 경쟁 정책이 목표로 하는 가치가 명문화되어 있지 않고 구체적인 실행 조항이 없을 뿐만 아니라 시청자 권익 보호와 경쟁 정책이 상호 연관성을 갖지 못하고 있다(홍종윤 외, 2017, 180쪽).

홍종윤 외(2017)는 2000년대 이후 등장한 위성방송, DMB, IPTV, 종합편성 채널 등 신규매체 및 채널 도입 과정을 경쟁 정책적 관점에서 통시적으로 분석·평가하였다. 이들은 신규매체 도입 과정의 경쟁 정책 차원의 특성을 다음과 같이 정리하였다; 첫째, 공정 경쟁 관점에서의 거시적이고 장기적 정책 수립이 부재한 대신 단기적이고 정치적인 규제 대응이 주를 이뤘다. 둘째, 핵심적 정책 사안에 대한 경쟁 관점의 판단 및 규제 체계 정립에 실패했다. 셋째, 경쟁 정책 수립 실패가 규제기관의 후견주의적 정책 결정이나 관할권 다툼, 조정 능력 부재 등과 맞물리면서 특정 사업자에 과도하게 편향되는 정책 결정을 낳았다. 변화하는 미디어 환경에서 더욱 부각되고 있는 공정 경쟁 정책 수립을 위해서는 구체적인 시장구조 변화에 대한 분석, 신규 진입 사업자의 시장 안착이나 기존 사업자의 보호를 넘어서는 경쟁 원칙 수립, 장기적이고 거시적인 정책평가 등을 수행하고 이에 기반하여 경쟁 정책의 틀을 새롭게 정립해야 할 필요성이 제기된다.

---

6) 「방송통신위원회 설치 및 운영에 관한 법」 제2조(운영 원칙) ② 방송통신위원회는 방송·통신 사업의 공정한 경쟁 환경의 조성을 위하여 노력하여야 한다.

7) 「방송통신발전기본법」 제3조(방송통신의 공익성·공공성 등) 국가와 지방자치단체는 방송통신의 공익성·공공성에 기반을 둔 공적 책임을 완수하기 위하여 다음 각 호의 사항을 달성하도록 노력하여야 한다. 3. 방송통신기술과 서비스의 발전 장려 및 공정한 경쟁 환경의 조성.

3 미디어 기업의 결합 목적과 유형

1) 기업결합의 동기

기업결합은 개별기업의 독립성이 소멸되고 사업 활동에 관한 의사결정이 통합되는 기업 간 자본적·인적·조직적 결합을 의미한다. 기업결합을 일반적으로 M&A라고도 하는데 이는 합병(Merger)과 인수(Acquisition)가 합성된 용어로서 대표적인 기업결합의 유형을 나타내는 말이 일반용어화 된 것이다. 기업이 생존하고 성장하는 방법에는 내부적 성장과 외부적 성장이 있다. 인수·합병은 기업의 외부적 투자 활동이다.

일반적으로 기업 간 결합은 불확실한 시장상황에 효과적으로 대처하고, 거래 시 협상력을 강화하며, 규모의 증대로 생산의 효율성을 증대시키며, 생산요소의 구매 시 거래비용을 감소하기 위함이다. 이는 기업결합의 동기 중에서 가치 극대화 동기를 설명한 것이다. 기업결합의 동기를 크게 가치극대화 동기와 성장극대화 동기로 구분할 수 있다. 가치극대화 동기는 시너지 효과의 관점에서 자원 효율성 증대나 이윤 추구를 기업의 합병동기로 보고 있으며, 성장극대화 동기는 주로 주주와 경영자 간의 이해관계 상충에서 합병의 동기를 찾고 있

표 17-1 M&A의 동기

	관점	목적	이론사례
가치극대화 동기	경영 전략	기업성장과 지속성 유지, 외부자원의 이용 등	효율성이론, 기업저평가이론, 대리인문제이론, 시장지배력이론 등
	영업행위	규모의 경제, 시장지배력 증대 등	
	재무행위	위험분산, 파산위험감소, 세금절감 등	
성장극대화 동기	경쟁자 행동	직업과 직위 안정, 지배욕, 성취욕 등	경영자주의이론, 휴브리스이론 등

출처: 김성진(2007, 52쪽).

다. 이러한 합병 동기를 설명하는 이론으로는 효율성이론, 기업저평가이론, 대리인문제이론, 시장지배력이론, 경영자주의이론, 휴브리스이론 등이 있으며 경영자주의이론과 휴브리스이론은 성장극대화 동기를 설명하는 이론이며 나머지는 가치극대화 동기를 설명하는 이론이다(김성진, 2007, 52쪽).

　　M&A의 동기를 설명한 〈표 17-1〉에서 직관적으로 와 닿지 않는 부문만 설명한다. 대리인문제이론은 소유와 경영의 분리에 따라 발생하는 대리인비용이 너무 큰 경우에, 합병이라는 외부 통제수단으로 기업의 낭비요인을 제거하고 효율성을 개선시킨다는 것이다. 성장극대화 동기는 가치극대화 동기와 대별되는 동기이론으로 기업의 합병이 주주의 부를 위한 것이 아니라 오히려 경영자 개인의 입장에서 단지 매출이나 기업규모를 증가시키기 위해서 추진된다는 것이다. 즉, 현대 기업의 소유와 경영의 분리가 경영자로 하여금 주주 부의 극대화를 추구하기보다는 경영자 자신의 효용을 극대화하기 위하여 합병이 추진된다는 것이다. 따라서 합병으로 인한 정(+)의 기대이익은 존재하지 않을 수 있으며 오히려 손실이 발생할 수도 있다는 견해이다. 경영자주의이론은 경영자는 자신에 대한 보상이 기업규모와 정(+)의 상관관계가 있다고 생각하기 때문에 투자수익률이 낮을지라도 기업규모를 증가시키려는 유인을 갖게 된다는 것이다. 휴브리스[8]이론은 합병의 동기가 경영자들의 지나친 자존심(즉 휴브리스) 때문에 발생한다는 것이다.

　　기업결합 주체의 성격에 따라서는 크게 전략적 투자자에 의한 M&A와 재무적 투자자에 의한 M&A로 구분할 수 있다. 전략적 투자자는 시장지배력 증대, 규모의 경제 추구 등 M&A를 통한 영업적 시너지효과의 창출을 기대하는 반면, 재무적 투자자는 매수기업의 구조조정 및 재매각을 통해 자본이득의 실현을 추구한다. 따라서 전략적 투자자는 대부분이 상품을 생산하는 기업인 반면, 재무적 투자는 기업 외에도 은행, 보험회사, 사모펀드 등 자본력을 갖춘 집단이 주도하고 있다(김성진, 2007, 47쪽). 기업들이 결합하는 유형을 네 가지로 나눌 수

---

8) 휴브리스(Hubris)는 영국의 역사학자이자 문명비평가인 토인비가, 과거에 성공한 사람이 자신의 능력과 방법을 우상화함으로써 오류에 빠지게 된다는 뜻으로 사용한 역사 해석학 용어(출처: 네이버 지식백과).

있다; 수평적, 수직적, 교차형, 다각적 결합이다. 아래에서 각 결합의 특징과 이론적 근거를 살펴보자.

2) 수평적 결합

수평적 결합(horizontal integration)이란 공급사슬 중 동일한 단계에 위치하거나 또는 동일한 행위에 종사하는 기업들이 결합하는 경우를 말한다. 수평적 결합의 이점을 두 측면에서 볼 수 있다. 한 측면은 수평적 결합으로 관련 시장에서 집중을 높임으로써 관련 시장의 참여자들 간에 명시적 또는 묵시적 담합을 쉽게 할 수 있게 하고, 단독으로 시장지배력을 행사할 수 있게 된다. 시장점유율이 높은 기업일수록 이윤극대화 전략으로 가격을 높이기 위해서 공급량을 줄일 것이다. 또 다른 측면은 자원을 합리적으로 사용하게 해주며, 규모의 경제를 획득할 수 있게 해준다. 미디어 산업에서 규모의 경제 효과가 보편적이기 때문에 수평적 확장은 매력적인 전략이 된다.

한국의 케이블TV 산업에서 1990년대 말부터 진행된 SO들의 결합은 규모의 경제 효과, 협상력의 강화, 자본 이득 등을 기대하였기 때문이다. 도일(Doyle, G., 2003)은 영국의 방송사들이 수평적 인수합병을 통해 규모를 키워 시장점유율을 높이고 이윤을 창출했음을 실증적으로 규명했다. 기업들의 수평적 결합은 정부규제의 영향을 받는다. 미국 정부는 1996년에 통신법을 개정하여 소유 집중에 대한 규제를 완화하였고, 통신법 개정을 전후하여 미디어 기업의 결합형태가 변하였다. 전범수 외(Chon, et., 2003)에 따르면 미국에서 1996년 개정통신법 이전에는 콘텐츠 기업 간의 인수합병이 증가했던 반면에, 이후에는 플랫폼 사업자인 방송국, 통신사, 인터넷 등 네트워크 기반 사업자 간의 인수합병이 증가한 것으로 나타났다. 한국에서 SO들의 결합이 1990년대 말 이후에 이루어진 것도 SO의 겸영 금지규제를 완화하였기 때문에 가능했다.

3) 수직적 결합

수직적 결합(vertical integration)이란 기업이 공급사슬 중 연속적으로 이어지는 '후방' 산업이나 전 단계인 '전방' 산업에 있는 기업과 결합하는 것을 의미한다. 즉, 하나의 기업이 다른 기업의 상품이나 서비스를 투입요소로 활용하거나, 하나의 기업의 산출을 다른 기업의 상품이나 서비스의 생산에 활용한다면 이는 수직적 결합의 형태이다. 수직적으로 통합된 미디어 기업은 미디어 제작물의 창작과 유통 또는 다양한 형태로 포장된 제작물의 판매에 이르기까지 광범위한 영역에서 활동한다.

일반적으로 수직적 결합을 통해 범위의 경제를 실현할 수 있고, 거래비용을 내부화하여 X비효율을 최소화함으로써 경제적 효율성을 향상시킬 수 있다. 수직적 결합을 통해서 결합한 기업이 판매와 구매에 있어 협상력을 높일 수 있으며, 중요한 '선행' 시장이나 '후속' 시장을 상실하는 것을 방지해준다. 수직결합 시 상품의 공급에서 경쟁자를 배제하거나 가격을 인상하고 공급량을 감소시키는 경우 등의 문제가 일어날 수 있다.

미국에서는 2000년대 이후 플랫폼 기업이 콘텐츠 기업을 인수하는 사례가 증가하고 있다. 미국 지상파방송사 가운데 유일하게 자체 제작 시스템을 갖추지 못했던 NBC는 간판 프로그램인 'ER'을 편당 1,300만 달러를 제작사인 워너브러더스에 지불하는 불리한 상황에서, 결국 비방디로부터 영화사(유니버설)와 프로그램 제작사들을 사들여 2003년부터 수직적 통합을 이루었다. 이후 컴캐스트가 NBC유니버설을 인수하고, AT&T가 타임워너를 인수하는 등 플랫폼 기업이 콘텐츠 기업을 인수하였다. 국내 유료방송 산업에서 MSO와 소수의 PP를 보유하던 CJ그룹은 2009년에 국내 최대 MPP인 온미디어를 인수하면서 수직적으로 통합하는 구조를 갖추었다. 한편, CJ그룹은 2016년에 프로그램 제작사 스튜디오드래곤을 설립하여 콘텐츠 제작 부문을 수직계열화하였고, 대신에 IPTV와의 경쟁에서 밀리는 케이블TV방송사를 2019년에 매각하였다.

4) 교차형 결합

　교차형 결합(cross integration)은 한 기업이 자신의 사업과 연관이 있는 산업의 기업과 결합하는 것을 말한다. 교차형 결합을 통해서 범위의 경제를 누릴 수 있다. 신문, 라디오, 지상파TV, 유료방송사, PP 등을 겸영하는 것을 교차 미디어 소유(cross media ownership)라고 부르고, 이를 따라 여기서는 교차형 결합이라고 불렀다. 교차형 결합을 두고 학자마다 다른 용어를 사용하고 있다. 휠렌&리트만(Whalen & Litman, 1997)과 챈옴스테드(Chan-Olmsted, 1988)에서 수직적이거나 수평적이지는 않지만 두 기업의 사업 내용이 제품생산이나 배급, 기술, 마케팅에서 자원을 공유하며 서로 관련되어 있을 때 이를 동심형 결합(concentric merger)으로 불렀다.

　한편 도일(Doyle, G., 2003)은 통신회사와 TV방송사의 합병, 신문사가 TV방송으로 확장, 라디오방송사가 잡지사나 출판사로 확장하는 것을 대각적 확장(diagonal expansion)이라 불렀다. 통신사와 TV방송사는 동일한 통신 하부구조를 이용할 수 있고, 신문사와 TV방송사는 취재인력을 공동으로 활용할 수 있으며, 라디오방송사는 잡지사와 생활 정보 등을 공동으로 활용할 수 있다. 자사의 노하우, 생산요소, 생산물 등을 공동으로 활용할 수 있는 결합함으로써 기존 사업을 보완할 수 있다는 측면에서 정재민(2005, 422쪽)은 보완적 결합이라고 불렀다.

　1922년 잡지 「타임(Time)」을 창간함으로써 시작된 타임사는 새로운 사업으로 진출할 때마다 인수합병을 이용하였다. 1968년에 보스턴 출판사를 인수한 다음에 영화, 음악, 케이블TV와 지상파방송으로 진출할 때 인수합병을 이용하였다. 융합과 글로벌화로 인해서 미국을 중심으로 교차 미디어 확장이 진행되고 있다. 경쟁측면에서 동일 시장의 기업이나 상류(또는 하류) 기업도 아니지만, 서로 연관된 미디어 기업을 통합한 기업은 미디어와 커뮤니케이션 산업을 휩쓸고 있는 기술과 기타 시장 변화를 적절히 잘 활용할 수 있을 것이다.

　국내에서 2010년에 종합편성 채널의 사업자로 선정된 기업은 모두 신문사였는데, 이들 신문사가 종합편성 채널에 진입하는 것은 기업결합 형태는 아니지만 교차형 확장이라고 할 수 있다. 2010년대에 들어서 국내에서 성공한 웹툰의 소재와 줄거리를 활용하여 드라마나 영화를 제작하는 사례를 쉽게 볼 수 있는데, 만약 드라마나 영화 제작사가 웹툰 기업을 인수할 경우에 이를 교차형 결합이라고 할 수 있다.

5) 다각적 결합

다각적 결합(circular integration)은 동일한 지역 시장에서 이종의 사업 분야를 영위하는 기업 간 결합이다. 이를 통해서 배급 시스템이나 연구 설비를 함께 이용할 수 있고, 사업 분야의 다양화를 통한 재무적 위험 감소나 신규 시장진출 등의 기대효과를 가질 수 있다. 한국에서 1998~2005년간 합병한 상장기업을 대상으로 분석한 결과에 의하면, 전후방 관련 기업과의 수직적 결합이나 동종 기업과의 수평적 결합보다는 이종기업 간의 다각적 결합에서 보다 높은 초과수익률이 발생하였다(김성진, 2007, 43쪽). 미디어 기업 중에서 포털과 같은 플랫폼을 보유한 경우 기업의 경우 자신이 보유한 소비자 접점을 활용하여 상품 판매나 SNS 서비스 등으로 확장할 수 있다. 그리고 불확실성이 높고 시류에 민감한 미디어 기업의 경우 이를 보완하기 위해서 수요가 안정적이고, 경기에 민감하지 않은 업종에 투자할 경우에 현금 유동성을 확보할 수 있다.

4 미디어 기업의 결합규제

1) 규모 확장과 결합규제[9]

미디어 중에는 자연독점이나 자연과점적인 특성을 지닌 것들이 있다. 이런 경우 규모의 경제와 범위의 경제가 많이 나타나기 때문에 일련의 제작물이나 서비스를 하나의 회사에서 제작하거나 제공하는 것이 다수의 개별 기업이 하는 것보다 더 저렴할 수 있다. 도일(Doyle, G., 2003)은 영국의 미디어 시장에서 동종미디어 기업의 규모와 수익 사이에 강력하고도 긍정적인 상관관계가 존재하는 사례를 제시하였다; 영국 텔레비전 방송사 5개의 시장점유율과 영업이익율 간에는 정적인 상관관계를 지니고 있다. 1996년 영국의 6개 TV 프로그램 제작 기업의 영업이익율과 시장점유율을 비교하면 정적인 상관관계를 지니고 있다. 라디오 방송의 경우에도 시장점유율과 영업이익율 간에 정적관계가 존재한다. 그러나 신문의 경우 시장점유율과 수익 간에 정적인 관계가 나타나지 않았다.

효율성의 문제는 차치하더라도, 미디어의 모든 부문에서 높은 시장 지배력을 지니고 있거나 다수 미디어의 제작물을 소유하고 있게 되면 여러 가지 이점을 확보할 수 있다. 기업의 시장점유율이 높을 경우에 공급자나 구매자와의 거래에서 상대적으로 높은 협상력을 지닐 수 있다. 이는 해당 기업의 입장에서 볼 때는 모두 바람직한 결과일 수 있으나, 이 경우에 소비자이익이 훼손될 여지가 있으며, 미디어 시장이 효율적으로 작동하기 않을 위험이 있을 수 있다.

규모가 커짐에 따라 시장지배력이 증가한 기업은 가격을 인상하는 등의 불공정한 행위를 할 수 있는 기회를 가지게 된다. 기업의 확장으로 초기에서 해당 산업의 효율성이 향상되더라도, 이후에는 시장지배력을 가지게 되어 공익에 반하는 행위를 할 가능성이 높다. 기업이 일단 지배적 위치를 확보한 이후에는 가격을 너무 높게 책정하고 비용에 무관심해지면서 비효율성(X-inefficence)이

---

9) 이 절의 내용은 도일(Doyle, G., 2003, 42~91쪽)의 내용을 요약하면서 보완하였음.

발생한다. 시장지배력을 가진 기업은 제품의 질을 개선하거나 개혁할 필요성을 느끼지 않으므로 소비자들이 손해를 입는다. 그리고 시장지배력을 가진 기업은 경쟁으로부터 오는 부담을 제거하기 위해서 지배력 유지에 과도한 자원을 지출하는 등 상당한 비효율이 야기될 수 있다.

따라서 가능한 모든 비용 효율성을 획득하고, 경제적 효과가 극대화될 때까지 미디어 기업이 확장될 수 있도록 하자는 강력한 경제 논리가 제시될 수 있는 반면, 시장지배력 남용을 충분히 방지할 수 있을 만큼의 경쟁이 유지되어야 한다는 반대되는 주장도 제기될 수 있는 것이다. 이러한 상황이 정책입안자에게는 딜레마가 될 수 있다. 즉, 일반적 경제 정책에서는 경쟁이 효율성 증대를 위한 필수적인 동력으로 간주되는 반면, 자연독점적 성격의 미디어 산업에서는 경쟁이 미디어 기업으로 하여금 가능한 규모의 경제와 범위의 경제 실현을 중지하게 함으로써 경제 복지의 손실로 귀결될 수 있기 때문이다.

소유 집중의 측면에서 경쟁 정책의 목표는 경쟁을 유지하고[10] 효율성을 극대화하는 것이다. 이 두 가지 목표는 서로 얽혀 있는데, 효율성 확보를 위해서는 공정성과 치열한 경쟁이 필요하다. 때로는 이 두 가지 목표가 서로 반대 방향을 지향할 수 있다. 특정 미디어 시장에서 가장 효율적이라고 판단되는 기업 규모가 경쟁사를 배제할 정도로 크다면, 경쟁을 도모할 것인지 아니면 최적의 효율성을 도모할 것인지를 선택해야 하는 상황에 놓이게 된다.

특히 미디어 시장은 낮은 한계비용이나 네트워크 효과로 인해서 과점적 구조를 띠게 될 경향이 높다. 과점구조하에서는 자원이 효율적으로 분배되지 못한다. 미디어 시장에서는 사회적, 문화적 다양성을 보호하고자 진입과 소유를 제한하는 경향을 지닌다. 다양성의 확대라는 정책 목표와 경쟁의 활성화라는 목표는 전혀 별개의 것이다. 다양성을 확보하기 위한 소유 제한은 그와 동시에 지배적인 미디어 기업에 의한 시장지배력 상승이나 그에 따른 시장지배력 남용을 방지해 주기도 한다. 미디어 소유를 다루는 정책이 존재하는 이유는 무엇보

---

10) 기업결합을 규제하는 목적은 사업자에 의한 시장지배적 지위의 남용행위와 과도한 경제력 집중에 의한 독점과 과점적 가격설정 및 담합을 조장하는 행위를 억제함으로써 시장에서의 공정하고 자유로운 경쟁을 촉진하기 위한 것이다(권오승, 2005).

다도 경제가 아닌 다양성에 있다. 미디어 소유규제는 일반 경쟁법에서의 규제보다 훨씬 엄격한데, 그 이유가 바로 다양성을 확보하기 위함이다. 그렇지만 경제적 문제는 최근의 미디어 소유 정책 논의에서 지속적으로 실질적으로 중요성이 더해지고 있다.

2) 기술 발전과 규제

디지털기술이 미디어 산업에 도입되면서 미디어 서비스의 제공과 관련된 기술이 빠르게 발전하고 있다. 특히 인터넷과 무선 전송기술이 빠르게 발전하고 있고, 고선명과 입체 영상 관련 기술도 빠르게 발전하고 있다. 이러한 기술을 이용하여 시장을 선점한 기업이 시장지배력을 가지는 경우가 대부분이다. 시장을 선점한 기업이 플랫폼 기업일 경우에, 이 기업은 자신의 서비스만을 제공하고 경쟁사의 서비스를 배제할 수 있는 게이트 키퍼(gate keeper)[11]로서의 힘, 기존 사업에서의 지배력을 이용하여 연관 사업으로 진출하는 레버리징(leveraging)하는 힘을 가지게 된다. 그리고 이 기업이 인터넷 플랫폼일 경우에는 이용자 정보를 활용하여 수익을 증가시키는 정보독점력을 가지게 된다.

예를 들면, 글로벌 기술 기업인 아마존, 알파벳(구글과 유튜브의 모회사), 페이스북은 각각 해당 시장에서 시장지배력을 가지고 있으며, 미디어 시장에도 참여하고 있다. 인터넷 기반으로 성장한 이들 기업은 인터넷의 개방성과 네트워크 효과를 충분히 이용하였다. 그리고 이들 인터넷 기반 기업에 대해서 어떠한 규제도 존재하지 않았다. 기업 합병에 대해서도 규제받지 않았고, 시장점유율 규제도 받지 않았으며, 해외 투자에 대해서도 규제받지 않았다. 또한 이들 인터넷 기업은 국경 없는 디지털매출의 특성을 이용하여 세금이 낮은 국가로 매출

---

11) 게이트 키퍼(gate keeper)는 처음에는 커뮤니케이션의 관문을 지키는 사람이라는 뜻으로, 뉴스나 정보의 유출을 통제하는 사람을 가리켰다. 이후 게이트 키퍼의 뜻이 확장되어 미디어 공급자들이 시청자에게 도달하기 위하여(또는 요금을 징수하기 위해서) 거쳐야만 하는 중요한 하부구조나 행위를 배타적으로 통제하는 자를 의미한다. 게이트 키퍼는 시장의 참여자를 결정할 수 있다. 문제는 수직적으로 통합된 게이트 키퍼가 자신의 서비스만을 제공하고 경쟁사의 서비스를 배제할 수 있는 수단과 동기를 모두 지니고 있다는 점이다.

을 돌려 세금을 절감하였다. 2017년경부터 이들 글로벌 기술 기업에 대해서 규제하는 방안을 유럽을 중심으로 논의되고 있다.

글로벌 기술 기업의 독점을 엄격히 규제해야 하는가 아니면 이들이 저렴하거나 무료 서비스를 제공하여 소비자의 편익을 향상시켜 주므로 규제하지 않아야 하는가? 경제학자들은 이와 유사한 이슈를 오래전부터 논의해 왔다. 일부 경제학자들은 독점기업이 신제품 혁신을 억제한다고 생각한다. 반면에, 다른 학자들은 '기업이 혁신에 따르는 위험과 비용을 만회하기 전까지는 경쟁으로부터 보호될 필요가 있다'는 시각을 가지고 있다. 슘페터는 기업의 혁신을 장려하기 위해서 적어도 단기간 동안은 독점적 이윤을 확보할 수 있는 보상이 매우 중요하며, 결과적으로 전체 경제 성장과 기술의 발전을 촉진할 수 있다고 주장하였다.

미디어의 발전을 도모하기 위해서는 반경쟁적 행위로 규제되어야 할 독점 기업을 분할하지 않거나, 이 기업의 행위를 금지하지 않으며 적어도 단기간에 묵인되어야 할지도 모른다. 아마 기술이 역동적으로 변화되는 시기에는 독점적 힘이 남용되지 않도록 하는 행위규제가 최상의 대응책일 것이다. 진입로를 독점하는 게이트 키퍼 기업에게는 제3자에게 공정하고 비차별적인 접근을 보장하도록 규제할 필요가 있다.[12] 공개적인 접근 보장을 위하여 기술적 표준을 규제하는 것과 지배적인 기업의 행위를 밀착하여 감독하는 것은 병목이나 진입로의 독점으로 인한 문제를 차단할 수 있는 중요한 수단이다.

지배력을 이용하여 연관 사업으로 레버리지하는 기업에 대해서는 구조 분리나 예방적 금지 등의 방안이 있을 수 있다. 구조적 금지를 한 사례는 철도회사, 통신회사, 지상파방송사, 은행 등이 있다. 정보를 독점하여 수익을 거두는 기업에게 취할 수 있는 방안은 마땅하지 않다. 플랫폼이 수집하는 정보를 제한하거나 수집한 정보의 이용을 제한하는 방안이 있을 수 있다. EU는 2016년에

---

12) 네트워크 독점 기업에게 공정접속을 강제한 역사는 오래되었다. 미국에서 철도회사가 게이트 키퍼로서 힘을 남용하자 1800년대 후반에 반독점 운동이 일어났고 1887년에 법으로 철도의 공정접근을 보장하였고, 1890년에 셔먼반독점법이 통과하게 되었다. 비차별적인 접속을 강제한 공정 접속은 여관, 항구, 가축집합소, 곡물, 엘리베이터 등에 적용되었다. 최근에는 공정 접속은 통신 부문에서 미국 오바마행정부가 망중립성을 보장하는 형태로 나타났다.

'일반개인정보보호법(General Data Protectation Regulation, GPDR)'을 제정하여(2018년 5월에 시행) 기업의 개인정보의 남용을 방지하고 있다.

3) 양면 시장을 고려한 결합 승인[13]

경쟁 당국이 미디어 시장의 결합 승인 여부를 심사할 때 양면 시장을 고려해야 한다. 일면 시장과 양면 시장에서의 결과가 가격 효과나 다양성 효과측면에서 다를 수 있음을 앤더슨과 코오트(Anderson and Coate, 2005) 이후 여러 연구 결과가 보여주고 있다. 많은 경우에 경쟁 당국은 전통적인 일면 시장의 논리를 미디어 시장에 적용하였는데, 이 논리는 허점을 가지고 있다. 2008년 이후 경쟁 당국이 양면 시장을 고려하는 경우가 나타나고 있다. 그러나 경쟁당국이 결합의 비가격 효과(예: 들면 다양성)를 고려하는 경우는 별로 없다. 아래에서는 미디어 산업에서 기업결합이 가격에 미친 효과와 반경쟁 정책을 분석한 문헌을 정리한다. 기업결합이 장르나 의견의 다양성에 미치는 영향에 대해서는 앞에서 이미 보았으므로 여기서는 다루지 않는다.

(1) 미디어 기업결합의 가격 효과

일면 시장에서 결합은 시장지배력을 증가시켜 소비자 가격을 높인다. 일면 시장에서 플랫폼결합의 가격 효과는 명확하다. 가입료만으로 운영되는 두 개 신문이 있다고 하자. 소비자의 입장에서 두 신문이 대체재일 경우 두 신문이 경쟁하면 이윤이 감소할 것이다. 각 신문은 경쟁자로부터 고객을 유치하기 위해 구독료를 낮게 설정할 것이다. 이 두 신문이 결합하면 가입자 유치 효과를 내부화하게 되고, 가격은 명백히 증가할 것이다.

반면에 양면 시장에서 플랫폼의 결합으로 광고가격이 하락하는 경우도 있다. 미디어 플랫폼이 하나인 경우에 결합으로 광고량이 많아지고 시청자당 광고가격은 내려간다. 광고량의 증가로 (소비자가 광고를 싫어하는 경우에) 시청자의

---

13) Forcus & Sogard(2016)를 요약함.

후생은 감소한다. 복수의 플랫폼이 있을 경우에 결합으로 광고량을 변하지 않고, 광고가격이 증가할 수 있고, 소비자 잉여는 감소한다. 미국에서 신문사들이 광고와 배급 기능에서 협력하는 협약을 맺고 있다. 이와 같이 플랫폼이 광고 시장에서 협력하고, 독점 시장에서는 경쟁하는 경우에 모든 시장 참여자(소비자, 광고주, 미디어 플랫폼)에게 이익이 될 수 있다.

(2) 미디어 기업결합의 심사

미디어 시장의 결합 심사에서 경쟁 당국은 전통적으로 일면 시장 접근만을 이용하였다. 전통적인 접근법에서는 미디어 시장의 양면성을 고려하지 않는데, 이는 미디어 시장의 특성을 반영하지 못하고 있다. 예를 들면, 영국의 경쟁 당국은 광고 시장만을 고려하였다. 2004년에 지역신문사 간의 결합을 심사하였다. 시장을 정의하기 위해서 광고주를 대상으로 조사하였다. 2002년에 칼톤 커뮤니케이션과 그라나다 간의 결합에서도 영국 경쟁당국은 광고 시장에서 반 경쟁 효과만을 고려하였다.

악셀 스프링거가 프로지벤을 인수할 때, BSkyB가 키르히유료TV의 지분 24%를 인수할 때, 뉴스코퍼레이션이 프레미어의 지분 25%를 인수할 때를 보자. 이 세 경우 모두 가입자수입이 대부분인 기업과 광고수입이 대부분인 기업 간에 결합하였다. 무료방송인 경우 가입자 시장을 고려할 필요가 없고, 유료TV인 경우 광고 시장을 고려할 필요가 없다는 주장이 많았다. 그러나 이러한 주장이 잘못임을 알 수 있다. 예를 들면, 결합 이전에 주로 가입료로 운영되던 채널에서 결합 후에는 광고를 늘리려는 유인을 가질 수 있기 때문이다. 역인 경우도 마찬가지다. 시청자에게 무료방송과 유료TV를 긴밀한 대체재이다.

2008년에는 기업결합 여부를 다루면서 양면 시장을 고려한 사례가 등장하였다. 에반스와 노엘(Evans and Noel, 2008)은 시장 획정을 할 때 양면 시장으로 확장하고, 구글이 더블 클릭(두 기업은 온라인 광고를 판매)을 인수한 사례에 적용하였다. 이들은 일면 시장만을 고려하면 시장을 너무 협소하게 정의하게 되고, 경쟁당국이 시장 획정과 시장점유율에 초점을 두게 되면 후생을 증가시키는 결합을 금지하게 될 수 있음을 이 논문에서 주장하였다. 구글의 더블 클릭 인수를 EU와 미국 연방거래위원회가 둘 다 결합을 승인하였다. 이 두 회사가 출판사와 광고주에게 서비스하는 양면 시장 플랫폼을 구성하는 것을 두 기관 모두 인정하였다.

2008년에 네덜란드 경쟁당국은 네덜란드 전화번호부 시장에서의 인수를 조사하였다. 전화번호부를 발간하는 두 회사는 양면 시장(두 회사가 사용자를 광고주에게 제공하고 사용자에게는 정보를 제공하는)에서 활동하고 있음을 주장하였다. 실제로 교차가격 효과와 사용자와 광고주 간의 대체성이 확인되었다. 이 사례는 경쟁 당국이 양면성의 역할을 인정한 첫 번째 결합 사례이다. 양면성은 경쟁당국이 이 결합을 승인하는 데 결정적이었다.

필리스투치(Filistrucchi et al., 2014)는 TV 산업에서 결합 사례를 조사하였다. 이들에 의하면, 경쟁 당국은 TV 채널이 콘텐츠 시장과 광고 시장에서 다른 역할을 하는 점을 인지하는 못하는 경우가 많다. 하나의 예로 BSkyB가 ITV의 지분을 매입하는 경우를 들었다. 영국 경쟁당국은 양면 시장을 정의하였고, 시청자가 양사의 콘텐츠를 긴밀한 대체재로 간주하였다. 그러나 두 기업의 광고 시장이 다르다는 점을 경쟁당국이 고려하지 않았다. 이들의 논문에 의하면 소비자들이 광고를 싫어할 경우 결합 후에 광고량이 더 많아진다. 많은 광고로 시청자의 후생을 감소하게 된다.

아펠트 외(Affeldt et al., 2013)와 필리스트투치 외(Filistrucchi et al., 2012)가 네덜란드에서 신문사 간의 합병으로 인한 효과를 분석한 결과를 보자. 일면 시장 접근에서는 독자 시장만 고려하고 광고 시장을 고려하지 않게 된다. 따라서 일면 시장에서는 광고가격의 변화에 따르는 결합 기업 간에 일어나는 독자의 이동을 고려하지 못하기 때문에 광고가격의 증가폭을 낮게 추정한다. 양면 시장에서는 광고가격 변화로 인한 독자의 이동을 고려하기 때문에 광고가격의 증가폭을 정확하게 추정할 수 있다. 한편, 인터넷의 발전으로 멀티 호밍을 예전보다 많이 이용함에 따라서 광고를 둔 경쟁의 작동방식을 이해하고 이를 결합을 평가할 때에도 적용하여야 한다.

참고문헌

김남두(2017), "변화하는 미디어 생태계와 미디어 다양성의 새로운 쟁점 미디어 다양성 조사 제도화의 의의, 한계 및 향후 과제," 「방송문화연구」, 2017.6, 41-72.

김성진(2007), "국내 M&A의 효과와 기업의 인식", 「산은 조사월보」.

도일·질리언(2003), 정윤경 역, 「미디어 소유와 집중」, 한국방송영상산업진흥원 총서, 커뮤니케이션북스.

백미숙·홍종윤·윤석민(2007), "국회 문화관광위원회 논의에 나타난 '방송정책이념': 종합유선방송법, 통합방송법 제·개정안(1991~2004)을 중심으로," 「한국방송학보」, 21(2), 305-350.

스가야 미노루·나카무라 기요 편저(2003), 송진명 옮김, 「방송 미디어 경제학」, 커뮤니케이션북스.

유의선(2009), "미디어 다양성: 정책함의와 접근방법," 「방송통신연구」, 2009.12, 42-68.

윤석민·박아현(2008), "방송통신 융합시대 방송의 공익성과 내용규제정책," 「방송통신연구」, 66호, 209-232.

이상복(2010), 「한국의 미디어 정책」, 커뮤니케이션북스.

임정수(2008), "방송공익의 개념적 파생에 대한 칸트 윤리학적 논의," 「한국언론학보」, 52권 6호, 282-299.

전범수 외(2008), 「이종매체 간 소유 및 겸영규제 제도 연구」, 방송통신위원회, 한국전파진흥원.

정보통신정책연구원(2016), 「방송통신 융합 환경에 따른 방송사업자의 소유겸영 규제개선 정책방안 연구」.

정영호(2013), "미디어 다양성의 동태적 모델을 이용한 다양성 정책의 효과 검증 및 예측," 「한국언론학보」, 57(1), 2013.02, 216-244.

정윤식(2012), "신문 방송 겸영 논쟁에서 적용된 경쟁/산업적 관점과 다양성/공익적 관점 미국, 독일, 한국 사례의 비교분석을 중심으로," 「방송과 커뮤니케이션」, 13(3), 2012.9, 109-14.

정인숙(2004), "방송시장에서 공정경쟁 기본원칙과 불공정거래행위 분석," 「방송통신연구」, 53호, 205-237.

정인숙(2018), "방송법 개정 역사를 통해 살펴본 방송 정책 수단의 변화와 함의 분석," 「방송통신연구」, 2018.7, 9-37.

정용준(2010), "한국과 영국의 방송 공익성 이념 비교 연구," 「언론과학연구」, 10권 2호, 544-571.

정재민(2005), "글로벌 미디어 기업의 인수합병 전략 연구," 「한국언론학보」, 49(6), 418-444.

홍종윤·정영주·오형일(2017), "2000년대 이후 한국 방송 산업의 신규 매체 및 채널 도입 정책에 관한 통시적 접근 경쟁 정책 관점의 부재에 관하여," 「언론정보연구」, 54(3), 2017.8, 173-219.

Affeldt, P., Filistrucchi, L., Klein, T. H.(2013). "Upward pricing pressure in a two-sided market," *Economic Journal*, 123, F505-F523.

Anderson, S. P., Coate, S.(2005). "Market provision of broadcasting: a welfare analysis," *Review of Economic Study*, 72, 947-972.

Chan-Olmsted, S. M., & Albarran, A. B.(1998). "A framework for the study of global media economics: In A. B. Albarran & S. M. chan-Olmsted (Eds.), *Global Media Economics* (pp. 3-16), Ames, Iowa: Iowa State University.

Doyle, G.(2002). *Media Ownership*. London: Sage.

Evans, D. S., Noel, M. D.(2008). "The analysis of merges that involve multisided platform business," *Journal of Competition Law Economics*, 4(3), 663-695.

Filistrucchi, L., Klein, T. H., Michielsen, T. O.(2012). "Assessing unilateral merge effects in a two sided market: an application to the Dutch Daily newspaper market," *Journal of Competition Law Economics*, 8(2), 297-329.

Filistrucchi, L., Geradin, D., van Damme, E., Affeld, P.(2014). "Market definition in a two-sided market," *Journal of Competition Law Economics*, 10(2), 293-339.

Forcus, O. Kind, H. J., Sogard, L.(2016). "Merger Policy and Regulation in Media

Industries," in *Handbooks: Media and Economics*, 225−264, (eds) Simon P. Anderson, David Stromberg, Joel Waldfogel, Amsterdam: North Holland.

Moschandreas, M.(1994). *Business economics*. London: Routledge.

Whalen, P., & Litman, B. R.(1997). "Short−circuited mergers in the mass media: Credible and incredible evidence," In C. Warner (Eds.), *Media Management Review* (pp. 190−270), Mahwah, NJ: Lawrence Erbaum associates.

제18장 수평적 결합과 수직적 결합

1 미디어 기업의 수평결합

1) 수평결합 규제

수평결합은 반독점적 및 공정 경쟁 규제에서 항상 중요하게 다루어져 왔다. 수평결합이 그 자체로 해악은 아니며 결합기업이 갖고 있는 시장지배력을 남용하는 공정 경쟁 제한행위가 문제인 만큼, 수평결합 규제는 주로 결합기업의 시장지배력이 관련 시장에서 경쟁을 축소시키지 않도록 방지하는 목적을 갖는다. 즉, 시장지배적 지위의 남용행위, 그리고 과도한 경제력 집중에 의한 독점과 과점적 가격설정 및 담합을 조장하는 행위를 억제함으로써 시장에서 공정하고 자유로운 경쟁을 촉진하려는 것이다. 주로 수평결합에 따른 시장집중도를 측정하고 시장상황과 진입장벽, 상품의 차별성, 기업결합의 항변 등의 요소를 종합적으로 고려하여 심사한 후 경쟁 제한성이 밝혀지면 규제를 적용한다(곽규태·최세경, 2013, 11－12쪽).

2) 케이블TV의 수평적 기업결합

(1) 수평적 결합과 규제

SO의 수평적 기업결합은 경제적 효율성을 증대시켜 외부적으로는 국내 케이블TV의 시장 환경을 개선하고 부가 서비스 등에 대한 투자 여력을 발생시켜 전송망 업그레이드 등을 통해 다양한 융합 서비스를 제공할 수 있는 기반이 만들어진다. 또한 소비자측면에서도 지불비용이 감소하고 프로그램의 질이 향상되며 네트워크의 품질이 고급화되는 등 사회적 편익이 증대되어 결국 기업결합의 긍정적 선순환을 가능하게 할 수 있다(전혜선, 2007a, 332쪽).

다채널 유료방송 시장에서 SO의 수평결합은 PP와 계약을 맺고 수용자에게 송출하는 하방 시장(downstream market)을 통해 미디어 다양성에 영향을 미칠 수 있다. PP가 프로그램의 생산과 1차 유통을 담당하는 상방 시장(upstream market)은 다양한 사업자가 존재하고 비교적 경쟁적 시장이다. 이에 반해, 프로그램을 수용자에게 전송하는 최종 유통 시장인 하방 시장은 독점적 시장구조이다. SO의 수평결합이 수용자에 대한 프로그램의 접근을 통제할 수 있다. 즉, 하방 시장에서 시장지배력을 갖는 MSO가 특정 PP의 전송을 배제하거나 차별적으로 대우함으로써 수용자가 다양한 PP를 통해 다양한 정치적 의견이나 문화적 표현에 접근할 수 있는 기회를 축소시킬 수 있다(곽규태·최세경, 2003, 13쪽).

실제로 워터만과 바이스(Waterman & Weiss, 1997)는 MSO의 PP에 대한 차별적 시장행위가 기본형 서비스(basic service)에서는 발견할 수 없었지만, 고가형 서비스(premium service)에서 발생한다는 것을 밝혀냈다. MSO와 독립 SO 간의 PP 공급계약가격조건을 비교한 결과, MSO가 상대적으로 유리한 조건으로 유료 채널을 구매하는 것으로 나타났다. 워터만(Waterman, 1995)의 연구에서도 MSO가 독립 SO보다 낮은 가격으로 PP 프로그램을 공급받는 것으로 확인됐다. 특히 그는 PP의 공급가격은 PP와 SO의 수직결합 여부와 정도보다 MSO 자체가 갖는 하방 시장(down stream market)에서의 시장규모와 협상력에 더 영향력을 받는다는 것을 발견했다.

이러한 기존 연구들의 결과는 MSO가 시장지배력을 통해 PP의 프로그램이 수용자에 전송되는 것을 통제함으로써 미디어 다양성을 저해시킬 수 있음을 시사한다. 우선 MSO는 프로그램 공급에 대한 한계비용을 낮춤으로써 독립 SO, 위성방송, 그리고 IPTV 등과 같은 경쟁사가 감내하기 어려운 수신료가격을 설정하여 시장지배력을 더 확대할 수 있다. 이는 다채널 유료방송 시장에서 다양한 PP를 공급할 수 있는 기회를 더 축소하는 결과로 나타날 것이다.

다른 한편으로는 특정 PP의 전송을 차별하거나 아예 배제하는 시장봉쇄를 통해 PP의 생존을 좌우할 수 있다. 특히 PP까지 수직으로 결합한 MSO가 경쟁하는 독립 PP를 전송하지 않을 경우에 생존 자체가 어렵기 때문에 다양한 PP의 공급은 제약될 수밖에 없다. 따라서 독립 PP가 수용자에게 접근할 수 있는 기회는 SO의 소유 집중이 높은 경우보다 분산된 경우에 더 증가할 수 있으며, 다채널 유료방송 시장에서 다양한 PP의 공급을 보장하기 위해서는 MSO 수평결합의 허용 기준을 적절한 수준에서 조절하는 것이 불가피하다(곽규태·최세경, 2003, 13쪽). 케이블TV의 수평적 결합에 대한 이러한 논의는 유료방송사의 수평적 결합규제에 적용에 적용될 논거를 제시하는 것으로, IPTV 등 다른 유료방송사에게도 적용된다.

(2) 미국에서 유료방송사의 수평적 결합규제 무효화[1]

미국에서는 1992년부터 FCC가 케이블TV의 소유규제를 규제할 수 있었고, 1993년에 특정 MSO가 가구도달률(home path rate, 가입 가능한 가구)측면에서 케이블TV 가입자의 30% 이상을 소유할 수 없도록 규제하였다. 1999년에 FCC는 케이블TV 가입자 기준을 가구도달률에서 전체 다채널 비디오 사업자(multichannel video programming distributer, MVPD)로 변경하였는데, 그 결과, 1999년 기준으로 전체 케이블TV 가입자의 약 36.7%까지 한 업체가 서비스를 제공할 수 있게 되었다.

1999년에 FCC는 소유규제를 30%로 정한 근거를 설명하기 위해 '공개된 시

---

1) 곽동균(2008)을 정리하면서 곽규태·최세경(2013)을 참조하였다.

장(open field)' 개념을 도입하였다. '공개된 시장' 개념은 거대 MSO가 A라는 PP 의 전송을 거부할 경우 A PP가 시장에서 생존하기가 어려워질 소지가 크고, 이 를 방지하기 위해서 점유율 제한 규정이 필요하다는 것이다. 1999년에 FCC가 소유상한을 30%로 판단한 근거를 보자;

> 시장에서 특정 PP가 생존하기 위해서는 최소한 1,500만~2,000만 명 정도의 초기 가입자를 확보해야 한다. 1,500만~2,000만 명은 전체 MVPD 시장 가입자의 20% 정 도인데, 가입자에게 자사의 프로그램을 전송할 수 있기 위해서는 20%의 배인 약 40% 정도의 가입자는 독과점업체의 지배를 받지 않는 공개된 시장이 필요하다. 왜 냐하면 소비자들은 SO가 전송하는 모든 채널을 다 신청하지 않으므로, 20% 정도의 실전송 가입자 확보율을 기록하기 위해서 그의 배인 40%의 공개 시장이 존재해야 한다. 그러면 소유 상한값은 60%이다. 그런데, 30%에 근접한 점유율을 가진 1, 2위 사업자가 모두 특정 PP의 시장 진입을 거부하더라도, 3위 이하의 사업자들이 전송 해줄 경우에는 도달이 가능한 가입자비율이 40%이다. 그래서 소유 상한값을 30%로 규정하였다.

케이블TV업체는 1999년 FCC의 수평적 소유권 제한 규정을 두고 소송을 제 기하였다. 2001년에 미국 법원은 타임워너사와 미국 정부사이의 소송에 대한 판결에서 30% 규제 조항 자체를 무효화하지 않으나, 이 조항이 실증적 증거 가 부족하다면서 이의 개정을 명령했다. 법원은 30%에 근접한 점유율을 가진 1, 2위 업체들이 특정 PP에 대한 시장 봉쇄행위를 할 것이라는 구체적인 증거 를 FCC가 제출하지 못하자 30%점유율규제의 시정을 명하였다.

법원의 시정 명령 이후 FCC는 꽤 오랫동안 이 문제의 해결책을 마련하기 위해 노력하였다. FCC는 여러 대안을 검토한 결과, 처음 제시한 '40%의 공개 시장 불가피론'이 가장 적합하다고 결론을 내린다. 그리고 FCC는 2008년에 '공 개된 시장' 접근법을 개선하였다. 하지만 2009년에 MVPD 간 수평적 소유규제 를 법원이 무효화하는 판결을 내렸다. 법원은 규제 기준을 30%로 잡은 근거가 부족하고 규제의 객관성과 타당성이 떨어진다는 이유를 들었다.

3) 한국의 미디어 수평결합 규제

국내의 방송법령에 따라, 방송 부문에서는 방송 사업 유형에 따라 상이한 수준의 소유·겸영규제가 존재한다. 특히 허가제가 적용되는 플랫폼 사업자와 승인제가 적용되는 종합편성 PP 사업 및 보도전문편성 PP 사업에 대해서는 다른 유형의 방송 사업과 비교하여 더욱 엄격한 사전규제 성격의 소유·겸영 제한이 존재한다.

(1) 매체별 수평결합 규제

방송법에 규정된 동일 매체 내 소유규제를 보자. 지상파방송사는 타 지상파방송사의 주식 또는 지분의 7% 이하(일방), 주식 또는 지분의 5% 이하(상호) 그리고 전체 지상파 사업자수의 10% 이하를 소유할 수 있다. 위성방송사는 타 위성방송사의 주식 또는 지분의 33% 이하를 소유할 수 있고, 타 위성방송사의 위성 사업을 경영(주식 또는 지분의 5% 이상 소유)할 수 없다. PP는 전체 PP매출액의 33% 이하를 겸영할 수 있다. 방송법에서 매체 간 소유를 다음과 같이 규제하고 있다. 지상파방송사, 케이블TV, 위성방송사는 상호간에 주식 또는 지분의 33% 이하만 소유할 수 있다. 그리고 지상파방송사, 케이블TV, 위성방송사는 전체 방송매출액의 33%를 초과할 수 없도록 제한하고 있고, 케이블TV와 위성방송사는 전체 유료방송 가입자의 1/3을 초과할 수 없도록 제한하고 있다.

2009년에 방송법을 개정하여 신문사가 방송사를 겸영할 수 있게 허용하면서, 엄격한 규제를 도입하였다. 일간신문의 구독률이 20% 이상인 경우 지상파방송사를 소유할 수 없고, 그렇지 않은 경우에도 지상파방송사의 지분을 10% 이상 소유할 수 없게 하였다. 일간 신문사는 케이블TV, 위성방송, IPTV의 지분은 49% 이하를 소유할 수 있도록 규제하였다. 그리고 2009년부터 방송 사업자의 시청점유율을 30% 이하로 제한하였다. 일간신문의 구독률을 시청점유율로 환산하여 이 사업자의 시청점유율에 합산한다.

IPTV는 케이블TV와 위성방송과 같은 시장에서 경쟁함에도 불구하고, 타

매체의 소유를 제한받지 않고 있고, 매출액이나 가입자측면에서 점유율 제한도
받지 않고 있다. 이러한 규제의 비대칭성은 IPTV를 도입하면서 방송법으로 규
제하지 않고 별도의 법으로 규제함으로써 빚어졌고, 케이블TV 사업자들이 이

표 17-2	매체별 수평결합 규제					
		소유 주체				
	소유 대상	지상파방송사	케이블TV	위성방송사	IPTV	일간신문사	PP
겸영 규제	지상파 방송사	주식 또는 지분의 7% 이하(일방), 주식 또는 지분의 5% 이하(상호), 지상파 사업자수의 10% 이하	주식/지분 33% 이하	주식 또는 지분의 33% 이하		주식/지분 10% 이하(일간신문 구독률이 20% 이상인 경우 소유 불가)	
	케이블TV	주식/지분 33% 이하		주식 또는 지분의 33% 이하		주식/지분 49% 이하	
	위성 방송사	주식/지분 33% 이하	주식/지분 33% 이하	타 위성방송사 주식/지분 33% 이하, 2개 위성 사업 경영 금지		주식/지분 49% 이하	
	IPTV					주식/지분 49% 이하	
	PP						전체 PP매출액의 33%이하
점유율 규제		전체 방송매출액의 33% 이하	전체 방송매출액의 33% 이하, 유료방송 가입자의 1/3 이하	전체 방송매출액의 33% 이하, 유료방송 가입자의 1/3 이하			
		방송 사업자의 시청점유율은 30% 이하(정부나 지자체가 출자한 경우 제외), 일간신문의 구독률을 시청점유율로 환산하여 합산					

출처: 방송법 제8조와 방송법 행령 제4조, 제69조의2, 인터넷멀티미디어방송법 제8조.
주 1: '경영'이라 함은 겸영하거나 주식 또는 지분 총수의 100분의 5 이상을 소유하는 경우.
주 2: 이 표에서 지상파DMB와 공동체라디오의 경우 생략함.

부분에 대해서 지속적으로 민원을 제기하였다. 2014년 6월부터 3년간 한시적으로 IPTV도 점유율규제(유료방송 가입자의 1/3 이하)를 받았다.

(2) 유료방송사 간의 수평적 결합규제

대부분의 국가에서와 같이 한국에서도 케이블TV의 지역독점권을 인정하고 동시에 케이블TV의 수평적 결합을 규제하고 있다. 1992년에 시행된 종합유선방송법에서 SO의 겸영을 금지하였다. 1999년 1월에 종합유선방송법을 개정하여 한 SO가 최대 7개까지 SO를 소유할 수 있도록 허용했다. 2000년 방송법에서는 겸영규제를 완화하여 한 사업자가 전체 케이블TV매출액의 33%를, 전체 방송구역(당시 77개)의 1/5을 초과할 수 없도록 규제하였다.[2] 방송구역 기준으로 한 사업자가 소유할 수 있는 SO의 수가 최대 7개에서 15개로 완화되었다.

한편, 케이블TV 간의 수평적 결합에 대해서 방송위원회와 공정거래위원회 간에 상이한 기준을 적용하였다. 전혜선(2007, a)이 이 내용을 다음과 같이 정리하였다; 방송위원회는 방송 시장의 구조적인 측면에 관한 제한규정(전체 매출액의 33%, 방송구역 1/5이내 등)을 위반하지 않는 경우에 한해 허용한다는 원칙을 동일하게 적용하였다. 방송위원회는 다채널 유료방송 시장에서 유선방송과 위성방송 뿐만 아니라 조만간 도입될 예정인 DMB, IPTV 등 신규매체와의 경쟁을 고려하여 SO의 기업결합을 판단하였다. 반면, 공정위는 '경쟁제한성'을 기준으로 당해 기업결합의 위법성 여부를 판단하는데, 방송구역이 서로 다른 경우 또는 동일계열 SO 간의 결합에 대해서는 경쟁제한적 기업결합으로 보지 않았으나, 동일한 방송구역 내에서 서로 다른 SO가 결합하는 경우는 경쟁제한적 기업결합으로 판단하여 이에 상응하는 시정명령을 내렸다. 공정위는 심사 시점에서 경제적 효율성 증대와 이용요금 상승 등으로 인한 소비자 폐해의 크기를 산정하여 SO의 기업결합을 판단하였다.

위성방송의 도입에 즈음하여 MSO의 수평결합 제한 기준으로 사용된 매출

---

2) 전혜선(2007b)은 시뮬레이션을 통하여 채널의 다양성을 확보하기 위한 플랫폼 사업자의 결합 범위를 30~35%로 제한하는 것이 적절하다고 판단한 바 있다.

액과 방송구역수가 가진 문제점이 지적되면서 가입자 기준으로 변경되어야 의견이 제안되었다. 매출액규제가 없고 전국 사업자인 IPTV가 도입되면서, 규제의 형평성을 맞추기 위해서, 2008년 12월부터 매출액규제가 가입자규제로 변경되어 한 SO가 케이블TV 전체 가입자수의 1/3을 초과할 수 없도록 변경되었다. 그리고 케이블TV의 방송구역규제는 2008년 말에 1/3로 완화되었다가 2014년 2월에 폐지되었다. 방송구역규제는 가입자수규제와 중복되고 SO마다 가입자수의 편차가 커서 규제 실익이 미약하다는 지적을 받았다.

2014년 2월부터는 규제 기준이 케이블TV 전체가입자수에서 위성방송과 IPTV를 포함한 전체 유료방송 가입자수로 변경되어 한 SO가 전체 유료방송 가입자수의 1/3을 초과하여 보유할 수 없도록 규제하였다('유료방송 합산규제'라고 부른다).[3] 이상의 규제 변경은 방송법 시행령 개정을 통해 이루어졌다. 2015년 6월에는 방송법을 개정하여 SO뿐만 아니라 위성방송 사업자와 IPTV 사업자도 전체 유료방송 가입자수의 1/3을 초과할 수 없도록 규제하였다. 이중에서 IPTV 사업자에 대한 규정은 3년 한시조항으로 도입하여 2018년 6월에 종료되었다.

유료방송 합산규제의 일몰을 앞둔 2017년부터 일몰의 연장 여부를 두고 사업자 간의 이해가 첨예하게 대립되었다. 유료방송 시장 가입자수의 31%를 점유하고 있는 KT는 합산규제의 일몰을 찬성하였고, 일몰 찬성의 근거로 다음 세 가지를 들었다; ① OTS 상품과 DCS[4]로 인한 시장 쏠림은 없었고, 타 IPTV 사업자가 성장하고 있으며 SO의 시장 경쟁력은 유지되고 있다 ② 사전규제인 합산규제는 경쟁을 감소시키고 혁신을 약화시켜서, 소비자의 후생이 감소한다 ③ 여론지배력은 지상파, 종편 등 콘텐츠에서 발생하고, 유료방송 플랫폼은 여론지배력과 무관하며, 플랫폼의 PP에 대한 지배력 남용은 금지행위로 규제할 수

---

3) 곽규태·최세경(2013)은 미국의 오픈필드 접근을 이용하여 국내 MSO의 수평결합제한기준을 23%로 도출하면서 현재의 MSO 수평제한기준이 적절하고, 전체 유료방송 가입자의 1/3로 완화하면 PP의 생존과 다양성에 부정적 영향을 미칠 수 있다고 주장한 바 있다.

4) OTS(올레TV스카이라이프)는 스카이라이프가 2011년에 출시한 상품으로, IPTV의 VOD 서비스와 초고속 인터넷, 위성방송을 결합한 형태의 서비스를 말한다.
DCS(Dish Convergence Solution)는 인공위성으로부터 전송한 위성방송 신호를 기간통신 사업자의 통신국에 위치한 대형 안테나를 통해 수신한 뒤, 이를 IP신호로 변환해 댁내 전송하는 기술이다. DCS를 '접시없는 위성방송'이라고 불린다.

있다.

합산규제의 연장에 찬성하는 SKB, LGU+, 케이블TV, PP, 지상파방송사는 연장의 근거로 다음을 들었다; ① 합산규제 도입 당시와 시장구조는 변하지 않았다 ② 합산규제 폐지 시 통신 사업자의 결합 상품 경쟁이 심화될 가능성이 높으며, 이를 통해 방송 상품의 저가화가 심화되어 PP수익배분이 감소하여 PP의 수익성이 악화될 것이다 ③ SO의 위축으로 인한 지역성 구현 등 공익성이 후퇴할 수 있다 ④ 자사 채널을 우대하는 등 채널 편성권 남용으로 여론 형성에 영향력을 행사할 수 있다.

한편 공정위는 일몰을 찬성하였는데, 그 근거로 ① 합산규제는 사업자의 영업활동에 대한 자유 및 자유로운 경쟁을 과도하게 제한한다 ② 합산규제가 기업의 경쟁 유인을 박탈하고 기업이 주어진 시장에 안주하게끔 하여 시장의 혁신 동력과 경쟁을 상실시키고 시청자 선택권 침해 등 소비자 후생 저해 결과를 초래할 우려가 있다(이재영, 2017, 58쪽).

2 미디어 기업의 수직결합

1) 미디어 기업의 수직결합[5]

수직통합으로 효율성이 증가하고 비용이 감소되어 가격이 낮아지거나 품질이 개선되어 생산자와 소비자의 편익이 높아질 수 있다. 그러나 수직결합을 통해서 경쟁자를 배제할 수 있게 된다. 인기 콘텐츠나 플랫폼이 필수설비에 해당하거나 유사한 기능을 수행하게 되면 경쟁자는 배제될 수 있다. 예를 들어, 미디어 플랫폼이 독점적 지위를 지닌 할리우드의 영화사나 유명 축구팀과의 장기 계약을 하거나 매입하여 수직결합할 경우에 프리미엄 프로그램의 독점 방송권

---

5) 스가야 미노루·나카무라 기요 편저(2003, 43쪽)와 이재영·유선실(2006, 요약문 8~9쪽)을 인용하면서 정리함.

을 확보하면 경쟁 상대는 이를 이용할 수 없게 된다. 수직통합은 선점투자 (preemption)가 되어 신규자의 참여 의욕을 꺾는 공격적인 전략이 될 수 있다. 수직통합은 수평적 시장력을 강화하고 이 힘을 연속된 생산 단계로 전파하거나 확산하는 도구이다. 상당한 수평적 힘이 이미 존재할 때 이 힘이 새로이 통합된 생산단계에 전략적인 우위나 수단을 제공한다.[6]

이러한 경쟁 제한적인 수직통합은 미디어 시장에 중요한 문제를 일으킬 가능성이 있다. 첫째로는 미디어 사업자의 감소에 의해 콘텐츠의 다양성이 감소된다는 우려다. 둘째로는 수직통합에 의한 독점력을 배경으로 해서 프로그램의 도매 및 소매 단계에서 가격차별이나 결합판매문제를 낳을 수도 있다. 그러나 수직적 통합으로 인한 사회적 편익의 증감을 사전적으로 판단하기 어렵다.

미디어 상품은 경험재로 수요의 불확실성이 크고, 밴드왜건 효과(bandwagon effect)로 인한 쏠림현상이 발생하며, 비경합성으로 유통에서 규모의 경제가 발생하는 등 일반재와 다른 특성을 가지고 있다. 미디어 상품의 특성들을 고려할 때, 이 산업에서 일어나는 수직결합의 효과는 타 산업에 비해서 상대적으로 클 수 있다.

하지만 한국의 공정위뿐만 아니라 미디어 정책을 담당하는 주무 관청은 수직 결합의 승인 여부를 평가할 때에 주로 경제적인 측면만을 주로 고려하고, 미디어 산업의 특성을 그다지 감안하지 않는 것으로 보인다. 수직결합으로 인한 반경쟁성을 주로 평가하고, 수직결합을 하려는 미디어 기업의 전략적인 측면이나 다양성의 축소 등을 별로 반영하지 않고 있다. 미국뿐만 아니라 한국의 미디어 산업에서 수직결합 자체를 반경쟁적인 것으로 보고 금지하는 경우는 최근에 많지 않다. 대신에 각 관련 시장에서의 시장지배력을 통제하는 데에 초점을 맞추는 경향이 있다. 문제가 되는 것은 수평적 결합에서 오는 각 생산 단계에서의 시장지배력이지 수직결합 자체는 아니라고 보는 것이다.

한국의 방송법에서는 방송매체가 소유할 수 있는 PP의 수를 규제하고 있

---

6) Adams & Dirlam(1964), Litman(1979, 9쪽)에서 재인용, 케이블TV 산업을 분석한 Waterman & Weiss(1997)도 이 견해에 동의하고 있다.

다. 케이블TV, 위성방송, IPTV는 전체 PP의 1/5 이상을 초과해서 소유할 수 없다. 지상파방송사는 전체 PP의 1/3 이하(적어도 6개까지 가능) 소유할 수 있고, 일간신문사는 종편편성과 보도 채널의 지분을 30% 이하 소유할 수 있다.

| 표 17-3 | 매체와 PP의 수직결합 규제 |

소유대상		소유주체			
소유대상		지상파방송사	케이블TV/위성방송	IPTV	일간신문사
PP	일반 PP	PP 사업자 수의 1/3 이하(적어도 6개까지 가능)	전체 PP 사업자 수의 1/5 이하	전체 PP 사업자수의 1/5 이하	주식/지분의 30% 이하(일간신문 구독률이 20% 이상인 경우 소유 불가)
PP	종합편성, 보도 채널	PP 사업자 수의 1/3 이하(적어도 6개까지 가능)	전체 PP 사업자 수의 1/5 이하	전체 PP 사업자수의 1/5 이하	주식/지분의 30% 이하(일간신문 구독률이 20% 이상인 경우 소유 불가)

출처: 방송법 제8조와 방송법 시행령 제4조, 인터넷멀티미디어방송법 8조.

수직결합 경제적 효과

(1) 수직결합의 긍정적 효과와 부정적 효과

한 산업의 상품이 최종적으로 소비자에게 제공되기까지 여러 단계를 거치게 된다. 제조업의 경우 제조, 도매, 소매의 세 단계로 구분되고, 제조 부분은 다시 여러 단계의 투입물 제조 과정과 최종 생산물 제조 과정으로 나누어질 수 있다. 수직적 결합은 동종 산업에서 원재료의 생산에서 제품의 생산과 판매에 이르는 수직적 흐름에서 인접 단계에 있는 기업들의 결합을 말한다. 예를 들어, 방송의 경우 채널 사업자가 프로그램 제작업과 결합하거나, 플랫폼 사업자가 채널 사업자를 결합하는 것을 수직적 결합이라고 한다.

경제학 특히 산업조직론 분야에서 수직결합의 긍정적 측면(사회적 편익)과 부정적 측면(사회적 비용)은 잘 알려진 주제이다. 수직결합은 각 생산단계의 기술적 상호 의존성을 활용할 수 있게 하며, 이중 마진의 해소에 따른 가격 인하, 탐색비용, 협상비용 등과 같은 거래비용을 절감해준다는 이점을 갖고 있다. 하지만 수직결합은 수직결합 기업이 가격조작을 통해 독립기업의 이윤을 축소하는 이윤 압착(profit squeeze)을 초래할 수 있고, 독과점 시장의 시장지배력이 경쟁 시장으로 전이될 수 있으며, 신규기업의 진입이 어려워지고 담합이 용이해지며, 조직의 비대화로 인한 비효율성이 증가하는 단점을 가지고 있다. 수직결합의 경쟁제한 효과는 대체로 수평적 시장지배력 또는 필수설비문제 때문에 발생한다.

(2) 수직결합 규제에 대한 경제학계 논쟁

경제학계에서 수직결합이론의 발전결과, 포스트-시카고학파의 합리의 원칙(rule of reason)으로 귀결된다. 하버드학파는 수직결합을 당연위법, 시카고학파는 당연합법이라는 입장을 취했지만, 그 어느 쪽도 승리하지 못하였다. 합리의 원칙은 수직결합의 사안에 따라 시장 경쟁상황과 효율성 증진 효과를 종합적으로 검토하여 수직결합의 반경쟁성을 평가하는 것이다.

1950년대부터 1970년대 초까지 산업조직론 분야를 주도한 하버드학파는 수직결합이나 수직제한에 대해서 직관적인 거부감을 나타내었는데, 그 바탕에는 세 가지 기조가 자리 잡고 있었다. 첫째, 하버드학파는 수직결합에 관한 레버리지(leverage)이론을 기꺼이 받아들이고 있었다. 여기서의 레버리지란 한 생산 단계의 시장지배적 기업이 수직결합을 통하여 상류 또는 하류 시장의 경쟁을 위축키는 것을 의미한다. 이러한 상황은 기업이 원래의 시장지배력을 다른 시장에 이전시키기 때문에 '시장지배력 전가'라고 부르기도 한다. 둘째, 하버드학파는 수직결합의 시장봉쇄(foreclosure) 효과를 믿고 있었다. 두 시장에 걸쳐 발생하는 시장봉쇄는 기업이 한 시장에서 시장지배력을 이용하여 다른 시장의 산출물을 제한하는 행위를 말한다. 그리고 대개의 경우 필수적인 재화를 생산하는 기업이 자신의 시장지배력을 인접 시장으로 확대시킬 목적으로 자신의 재화에 대한 경쟁기업의 적절한 접근을 막는 것을 의미한다. 셋째, 하버드학파는 수직결합이 거의 효율성 증진 효과가 없으며, 그보다는 종종 진입장벽을 설치하려는 의도에 의해 유발된다고 믿었다. 하버드학파의 당연위법(per se illegality) 주장은 미국 대법원과 법무성이 받아들였기 때문에, 많은 기업의 수직적 결합이 저지되었다.

1970년대 말부터 시카고학파는 시장이 자원을 합리적으로 배분하여 효율성이 달성된다고 생각하여 정부 개입은 가능한 배제되어야 한다고 주장하였다. 이 학파를 대표하는 학자로는 스티글러, 포스너, 보크(George J. Stigler, Richard A. Posner, Robert H. Bork) 등이 있다. 시카고학파는 하버드학파의 주장을 비판하면서 수직결합은 당연합법(per se legality)이라고 주장하였다. 이들이 하버드학파의 주장을 비판한 내용은 다음의 세 가지로 요약된다;

첫째로, 독점력을 가진 기업이라고 해도 수직결합으로 추가적인 시장지배력을 획득할 수 없다. 왜냐하면 특정 기업이 수직결합을 시도하려는 시장(부시장, secondary market)에 진입장벽이 존재하지 않으면 부시장에서 조금만 가격을 인상시키려고 시도하면 새로운 경쟁자들이 모여들게 될 것이기 때문이다. 또한 독점력을 가진 기업이 상류나 하류 시장으로 레버리징할 능력이 있다고 해도, 대체로 그렇게 할 유인이 존재하지 않는다. 둘째로, 경쟁자들을 시장을 봉쇄하기 위하여 수직결합을 이용할 수 없다. 왜냐하면 진입장벽이 존재하지 않는다면 수직결합으로 신규 진입을 방해할 수 없기 때문이다.

셋째로, 수직결합으로 이중 마진(double marginalization)의 제거와 거래비용(transaction cost)의 절감으로 효율성이 증진한다. 두 독점기업이 각각 독점가격을 설정할 경우 최종재 가격이 두 기업이 수직결합하여 독점가격을 설정할 때보다 최종재 가격이 높다. 이를 이중 마진이라고 하는데 수직결합으로 이중마진이 제거된다. 수직결합을 하게 되면 기회주의적 행동(opportunistic behavior) 때문에 발생하는 거래비용을 회피할 수 있다. 수직결합으로 피할 수 있는 기회주의적 행동으로는 다음의 세 가지가 있다; ① 수직결합으로 특정 기업에게만 맞도록 설정된 투자를 하는 경우에 발생하는 기회주의적 행동을 막을 수 있다 ② 양의 외부성이 존재할 때 일어나는 무임승차의 문제를 수직결합으로 해결할 수 있다 ③ 수직결합으로 역선택(adverse selection)의 문제를 해결할 수 있다. 역선택은 정보력을 많이 가진 집단이 정보력을 갖지 못한 집단에 대해 정보의 왜곡이나 오류를 통해 이익을 취하는 선택의 여지를 많이 갖도록 하는 행위를 말하는데, 역선택이 일어날 수 있는 대표적인 상품이 중고차와 보험이다.

시카고학파의 주장은 많은 주류 경제학자들에 의해 상당부분 받아들여지고, 미국 대법원도 이 주장으로 받아들였으며, 미국 법무성은 1984년에 공표된 수직결합 가이드라인에서 시카고학파의 주장을 반영하였다. 1980년대 말에 등장한 포스트 시카고학파는 수직결합이 사회후생을 감소시킬 수 있음을 증명함으로써 경우에 따라서는 시카고학파의 주장이 성립되지 않음을 보였다. 또한 포스트 시카고학파는 수직결합으로 후생이 증가할 수 있다는 사실을 받아들였다. 포스트 시카고학파는 수직결합의 잠재적 효율성을 인정하기 때문에 수직결합이 합법이나 위법이냐를 사전적으로 판단할 수 없다는 결론을 내렸다. 수직결합을 둔 논쟁의 결과, 당연위법 또는 당연합법 논리는 그 어느 쪽도 승리하지 못하였고, 문제 사안이 발생하였을 경우 시장 경쟁상황과 효율성 증진 효과를 종합적으로 검토하여 수직결합의 반경쟁성을 평가하는 사후규제가 정당성을 확보하게 되었다.

만약 수직결합과 같은 사건이 발생하였을 때, 합리의 원칙에 따라서 해당 수직결합이 원래 반경쟁적 의도가 있었는지 또는 단지 그 시장의 비효율성을 해결하기 위한 순수한 의도였는지 밝히기는 쉽지 않다. 그렇지만 해당 수직결합행위가 그 시장에 반경쟁적 결과를 줄 것인지에 대해 몇 가지 전제조건들을 평가해봄으로써 판단할 수 있다. 수직결합이론이 제시한 수직결합 반경쟁성의 전제조건 즉, 주시장과 부시장의 집중도를 각기 살펴보는 것이 반경쟁성 평가의 시작이다. 미국의 FCC는 PAR의 존속 여부를 평가하기 위해서 유료방송 시장에서의 경쟁과 다양성에 악영향을 끼칠 동기(incentive)와 영향력(ability)을 분석한 바 있다.

출처: 이재영·유선실(2006, 18-36쪽)을 인용하면서 정리.

2) 방송사와 제작사의 수직적 결합[7]

경제학에서의 수직통합에 대한 접근을 신고전파적 접근법과 거래비용이론의 두 가지 흐름으로 구분할 수 있다. 수직통합의 동기에 대한 신고전파적 접근방법은 중간재 시장에서 시장지배력의 존재에 입각하고 있다. 거래비용이론(transaction cost theory)은 수직관계상 전속성이 있는 자산에 투자할 필요가 있게 되는 경우 기회주의적인 행동으로 인한 위험 때문에 이에 대처하는 수단으로 수직통합이 이용된다는 것이다. 효율성의 측면에서 수직적 통합구조의 우위는 다음의 두 가지 조건이 충족되어야 나타난다. 첫째로 통합이전에 비해서 통합 이후에 생산비용과 유통비용의 합이 감소되어야 한다. 둘째로 통합이 되어 기업의 규모가 커지는 경우에 관리비용(monitoring) 또는 조직비용(organization cost)이 증가되는 효과가 거래비용(transaction cost)이 감소되는 효과보다 작아야 한다.

(1) 제작 부문의 수직결합에 대한 신고전파 접근방법

방송사가 제작 부문을 수직 통합할 경우에 프로그램 시장이나 생산요소 시장에 시장지배력을 가지는지 여부가 중요하다. 지상파방송사와 같이 신작 프로그램을 많이 사용하는 방송사는 수직결합하게 되면 중간재 시장에서 시장지배력을 가질 수 있을 것이다. 그러나 신작 프로그램을 적게 이용하는 PP는 제작 부문을 수직통합하더라도 중간재 시장에서 시장지배력을 가지지 못한다. 방송사의 수직통합으로 나타나는 영향을 생산비용의 절감, 프로그램 시장에서 수요독점력 행사, 사상 시장의 왜곡의 측면에서 알아보자.

첫째로 수직통합으로 인한 생산비용의 절감은 시장지배력을 이용하여 생산요소를 저렴하게 구매할 수 있는 경우와 제작과 유통 부문 간에 범위의 경제가 일어날 경우에 발생한다. 방송사가 제작 부문을 수직통합하게 되어 생산요소에 대한 수요 독점력을 가지게 될 경우에 생산비용을 절감할 수 있다. 방송사는 우월적 지위를 이용하여 생산요소(특히 출연자)를 상대적으로 저렴하게 구매할

---

7) 이 부분의 논의는 권호영(1998)을 주로 인용하면서 다른 연구를 참조하였다.

수 있다. 한편 방송 산업에서 제작과 유통의 결합으로 범위의 경제가 발생하지 않는다. 왜냐하면 제작과 유통 부문 간에 기술상의 상호의존성이 없고, 공동으로 활용하는 생산요소가 없기 때문이다.

둘째로 수직결합된 방송사는 프로그램의 구매에서 수요 독점력을 가지게 된다. 방송사가 프로그램의 구매에서 큰 손이 아닐 경우에 수요 독점력을 가질 수 없다. 외부의 제작사가 활성화된 미국에서도 수직적 통합을 이용한 수요 독점력을 행사한 사례를 발견할 수 있다. 방송사는 제작비를 합리적인 수준으로 책정하여 적정 이윤을 보장해 줌으로서, 독립 제작사가 양질의 프로그램을 안정적으로 공급해줄 수 있도록 대우하는 것이 바람직하다. 방송사의 경쟁력은 대부분 양질의 프로그램을 편성하느냐에 달려있기 때문이다.

그러나 우리나라 방송사는 단기적인 이윤을 추구하여, 제작사의 표준 제작비도 합리적으로 책정해주지 않고, 간접 제작비를 적정수준으로 보장해 주지 않는다. 1995년 전후에 지상파방송사는 간접 제작비로 직접 제작비의 50%를 인정했지만, 2000년경에는 10%만 인정하였다.[8] 이후 한류가 본격화된 2000년대 중반에 오면 지상파방송사는 직접 제작비의 70%를 지불하고 간접 제작비는 인정하지 않고, 초방 방영권만이 아니라 저작권의 대부분을 가져갔다. 지상파방송사들은 외주 제작사에게 적절한 수준의 제작비를 지급하지 않을 뿐 아니라, 독점적 지위를 이용하여 불공정거래를 하고 있다.[9] 채널사용 사업자들이 외주 제작을 하는 경우에도 제작비를 합리적인 수준보다 낮게 지급하고 불공정거래 관행을 이용하고 있다. 결국 방송사와 제작사 간에 일어나는 불공정거래의 원인은 방송사가 제작 부문을 결합하여 일어난 것이 아니라 수요 독점력을 보유하고 있기 때문이다.

셋째로, 방송 부문에서 수직통합은 사상 시장(idea market)의 활력을 제한할 수 있다. 다른 재화의 경우에 상류 생산자의 제품은 표준화되고, 따라서 자체

---

8) 1995년도에 KBS와 MBC의 경우 간접 제작비가 직접 제작비의 200%를 상회하고 있고, SBS는 이보다 낮은 170%정도를 사용하였다(권호영 외, 1996, 38쪽). 1990년대 초에 일본이나 미국에서는 간접 제작비를 직접 제작비의 150%를 인정해주었다.

9) 불공정행위에 대해서는 5장 2절을 참조.

제작은 별 문제가 되지 않지만, 방송에서는 자체 제작은 특별히 중요하다. 방송사가 거의 전 프로그램을 자체 제작할 경우에 사상 시장에서 다양한 아이디어와 생각이 배제되고, 사상 시장에서 경쟁이 위축될 수 있다. 유료방송이 도입되기 이전에 공중이 보는 대부분의 프로그램이 세 개 지상파방송사로 집중되어 있었다. 집중된 체제하에서는 사상 시장의 측면에서 수직통합은 문제가 되었다. 그러나 최근에 매체와 채널이 많아지면서 수직통합이 사상 시장에 미치는 영향은 제한적이지만 지상파 채널의 위상을 감안하면 무시하기는 어렵다.

(2) 제작 부문의 수직결합에 대한 거래비용 접근방법

방송에 필요한 프로그램을 조달하기 위해서 시장에서 구매하는 방법과 자체 제작하는 방법이 있다. 시장을 통한 거래에서는 거래비용이 들고, 제작을 내부화 할 경우에는 관리비용이 든다. 결국 거래비용과 관리비용 중 어느 것이 큰가에 따라 프로그램을 장에서 구매할 것인가 아니면 내부화할 것인지가 결정된다.[10) 방송사의 수직적 통합으로 거래비용의 절감에 비해서 관리비용의 증가가 상대적 크기를 직접적으로 비교하기는 어렵다. 권호영(1988)은 방송사의 수직결합으로 인한 거래비용의 감소가 작아서 상대적으로 관리비용의 증가가 클 수 있다고 주장하였다. 이에 반해 박소라(2011)는 거래비용의 크기가 매우 크기 때문에 방송사가 수직결합이 유리하다는 주장을 하였다. 아래에서 권호영(1988)의 내용을 정리한다.

① 거래비용의 분석

거래비용이론에 의하면 경제주체들이 제한된 합리성과 기회주의적 속성을 동시에 가지고 있다. 그리고 거래를 할 때에는 미래에 발생할 수 있는 모든 가능성들을 미리 반영할 수 없기 때문에 어차피 불완전한 계약을 하게 되고, 이런 계약을 실행에 옮기는 데는 반드시 비용이 수반된다. 이 이론에서는 거래형태를 선택할 때 반드시 고려해야 할 특성으로서 전속성(專屬性 또는 자산 특유성,

---

10) 장용호(1989, 19쪽), 2000년 방송정책연구위원회(1994, 182쪽) 및 유의선(1998, 10쪽)에서 내부거래로 인한 거래비용의 절감만을 지적하고 있다. 이로 인한 관리비용의 증가도 동시에 고려하여야 한다.

asset specificity), 불확실성 그리고 거래빈도(반복회수)를 핵심적인 것으로 파악하고 있다. 아래에서 개별 특성별로 거래비용의 크기를 검토해보자.

전속성이란 자산을 현재의 용도에서 다른 용도로 바꾸어 사용하는 경우에 상실되는 생산적 가치의 정도를 의미한다. 다른 용도로 전환할 때 생산가치가 크게 상실될수록 전속성이 높다고 한다. 권호영(1998)은 방송 프로그램의 제작에 사용되는 장비나 인력은 특정한 프로그램의 제작에만 사용되지 않고 대부분의 프로그램 제작에 사용되므로 전속성이 크지 않고, 입지의 전속성도 크지 않다고 주장하였다. 반면에 김동규(1997)는 프로그램 제작 설비나 생산요소가 다른 용도로 쓰일 경우 그 가치가 매우 낮아지고, 제작 과정에서 획득되는 경험과 지식은 타인에게 이전하기 곤란하기 때문에 전속성이 크다고 주장하였다.

거래비용이 발생되는 불확실성에 대한 논의는 제작비용의 예측 여부와 수요량이나 기술적 불확실성에 대한 것이다. 애로우(Arrow, 1975)는 하류기업은 상류기업을 취득하여 투입가격을 보다 정확하게 예측하기 위하여 후방 통합할 유인을 갖는다고 했다. 따라서 방송사의 경우도 프로그램의 구입가격을 정확히 알기 위해서 일부를 내부에서 제작할 필요성이 있다. 제작의 수직 분리로 방송사는 프로그램 제작원가에 대한 정보를 상실할 수 있다. 그러나 이 문제는 방송사가 약간의 자체 제작으로 해결될 수 있다.

방송 프로그램의 거래에서 불확실성은 방송 프로그램은 표준화할 수 있는 상품이 아니고 품질을 평가하기가 용이하지 않기 때문에 발생한다. 하지만 현실적으로 방송사가 제작사보다 우위의 입장에서 자기들에게 유리한 방식의 계약을 체결하기 때문에 계약에서 분쟁이 발생한 사례는 찾아보기 어렵고, 계약이행을 강제할 수단과 불이행의 체재할 도구를 충분히 보유하고 있다.

거래의 빈도가 잦으면 거래비용이 커진다. 방송사와 외부 제작사와의 거래는 기본적으로 6개월 단위로 이루어진다고 볼 수 있다. 1년에 2번씩 일어나는 편성 개편이 거래의 주기라고 볼 수 있다. 간헐적으로 특집극의 제작 또는 낮은 시청률 등으로 인한 편성의 변경으로 추가적인 거래가 일어날 수 있다. 따라서 거래의 빈도는 적은 편이다.

② 관리비용과 X-비효율성

거래비용을 절약하기 위해 기업결합을 하면(조직 자체 내에서 필요한 재화를 생산하면) 조직을 활용하는 데 드는 비용인 조정과 감시비용(coordinating and monitoring cost)이 든다. 지상파방송사의 조직은 규모가 크기 때문에 관리비용이 많이 든다. 예를 들면, 한 프로그램의 기획 및 제작비 결제 과정에서 많게는 20여 개의 도장을 받고 20여 일씩 소요된다고 한다.

수직적 통합의 또 다른 비용에는 시장거래가 기업내부거래로 전환됨으로써 사적유인이 감소하여 발생하는 이른바 'X-비효율성(X-inefficiency)' 또는 '관리비용'이 있다(Willamson, 1985). 기업이 최대생산량보다 실제생산량이 적은 정도를 X-비효율적이라 한다. X-비효율성은 일반적으로 기업의 규모가 커질수록, 소유와 경영의 분리 정도가 커질수록, 경쟁 압력이 약할수록 X-비효율성이 커진다. 따라서 공영 지상파방송사의 경우 X-비효율성이 매우 클 것으로 생각된다. 왜냐하면, 과점적 시장구조, 방송사의 규모의 거대, 소유와 경영이 분리, 효율적인 경영보다는 공익적인 경영을 요구하는 사회적인 요구 때문이다. 강명헌(1990)의 추계에 의하면 한국의 제조업에서는 약 17%의 X-비효율이 존재한다. 두 방송사에서 X-비효율성의 크기는 제조업의 17%보다도 클 가능성이 있다.

방송사가 제작 부문을 내부화 함으로써 발생하는 관리비용의 증가, 사적유인의 감소와 프로그램 제작에서 경쟁의 약화로 인한 X-비효율성도 증대할 것이다. 프로그램 제작 부문의 내부화로 인한 거래비용이 감소하는 크기와 관리비용과 X-효율성이 증가하는 크기를 추계하기는 어렵다. 2000년대 중반 이후에 지상파방송사가 정부가 규정한 의무외주비율 이상으로 외주 제작을 하고 있는 데, 이는 제작 부문의 분리로 비용이 절감될 수 있음을 간접적으로 보여준다. 방송사가 제작시설과 제작 인력을 모두 내부에 보유하고 있을 경우에 외주 제작으로 비용이 추가되지만, 이러한 제작시설과 제작 인력을 변동시킬 수 있는 장기적인 관점에서는 외주 제작의 비용이 더 저렴할 수 있다.

(3) 방송사와 제작사의 수직적 결합과 규모의 경제는 무관

여기에서는 규모의 경제가 제작 부문의 수직통합과는 관련성이 없는 개념임을 밝힌 다음에, 프로그램 제작에서 규모의 경제가 존재하는 가에 대해서 검토한다. 윌리암슨(Williamson, 1985, 131쪽)은 소규모 기업들이 할 수 있는 모든 일들을 하나의 대기업이 할 수 없는 이유에 대해서 설명하면서, 규모의 경제가 수직적 통합의 이유가 될 수 없음을 밝히고 있다.

'기업들이 통합을 회피하는 두 가지 이유를 들 수 있다. 하나는 어떤 기업이 시장에서 구매할 수 있는 것을 자체적으로 생산한다면 규모의 경제와 범위의 경제가 희생될 것이다. 또 다른 하나는 자산의 전속성(specificity)이 작을 경우에 내부조직의 관리비용이 시장조직의 관리비용보다 클 것이다. 그러나 이중에서 첫 번째의 설명은 적절한 설명이 아니다. 규모의 경제가 외부 공급자에 의해 실현되었다면 통합 이후에도 이전의 공급자에게 통합 이전과 같이 당해 시장에서 공급하도록 유지한다면 규모의 경제가 실현될 수 있다. 따라서 기업의 크기에 대한 기본적인 한계는 자산의 전속성이 작을 경우에 내부조직의 관리비용의 증가 때문이다.'

이러한 논리는 프로그램의 제작에도 적용된다. 방송사 내부의 제작 부문이 규모의 경제를 누릴 수 있다면, 외부 제작사도 규모의 경제를 누릴 수 있다. 따라서 방송사의 제작 부문을 수직적으로 분리하더라도 규모의 경제라는 이점이 유지될 수 있다. 규모의 경제를 최대한으로 실현할 수 있는 프로그램 생산량의 규모(즉, 최저의 비용으로 생산할 수 있는 규모)가 한 방송사에 필요한 프로그램 수요량을 능가할 경우에도 동일한 논리가 적용된다. 제작 부문이 방송사의 내부에 있을 경우에는 자체 수요를 충당하고 남는 양을 외부에 판매할 것이고, 외부 제작사의 경우에는 여러 방송국에 프로그램을 공급할 것이다.

장용호(1989, 20-21쪽)는 제작진의 수직적 통합과 고정요소자본의 수직적 통합이 규모의 경제를 발생시킨다고 주장하였다. 첫째로, 장용호(1989)는 제작진의 수직적 통합으로 규모의 경제가 발생하는 이유는 임금의 관리적 조정에서 찾았다. 규모의 경제의 의미를 분석한 실베스톤(Silberston, 1972, 375쪽, 387-388쪽)을 보자.

> '규모의 경제는 기술적인 특성으로, 규모의 경제가 발생하는 근원은 고정비의 분산, 노동의 분화, 공정의 통합, 특화된 기계의 사용 등이다. 이러한 기술적인 특성이 외에도 기업의 규모가 커지면 대규모로 인한 금융조달이 용이해지고, 위험이 분산되며, 시장지배력의 증대로 인해 생산요소나 중간재의 구매비용이 절감되지만, 이러한 요인을 규모의 경제로 분류해서는 안 된다. 대규모 생산으로 자원이 절약되는지 여부를 규모의 경제의 판단 기준으로 잡아야 한다. 특히 구매비용의 절감과 같이 경제 주체 간에 이윤의 이전(移轉)에서 발생한 것은 경제 전체에 전혀 편익을 주지 않는다.'

따라서 임금의 관리적 조정으로부터 발생하는 생산비용의 절감은 기술적인 특성에 기인한 것도 아니며 단지 경제 주체 간에 이윤이 이전된 것에 불과하므로 규모의 경제라고 할 수는 없다.

둘째로, 장용호(1989)는 고정자본의 수직적 통합으로 규모의 경제가 발생하는 근거를 대량 생산으로 인한 고정비용의 감소에서 찾고 있다. 기업의 생산규모와 무관한 고정비용이 존재하고, 이는 생산량의 증가함에 따라서 단위당 비용이 감소한다. 고정비의 비중이 큰 기업에서 규모의 경제가 나타날 가능성이 크지만, 그렇다고 모든 기업이 규모의 경제를 누릴 수 있은 것은 아니다. 그리고 타 산업에 비해서 프로그램 제작업의 고정자본이 크다고 보기도 힘들다.[11]

한편, 장용호(1989, 28쪽)는 정보 상품의 공공재적 특성으로 인한 규모의 경제가 네트워크의 수직적 통합에 의해 더욱 증대된다고 주장하였다. 텔레비전 프로그램의 공공재적 특성은 제작이 아닌 유통 부문에서 발생하므로 여기에서

---

11) 엄밀하지는 않지만, 고정요소 자본의 크기는 고정자본소모의 크기로 파악할 수 있다. 권호영·조진영(1997, 66쪽)을 보면, 1993년에 총투입액에 대한 고정자본소모의 비중을 보면, 방송업은 0.06으로 전산업 평균값 0.05와 비슷하고 통신업의 0.26보다는 매우 작다. 보몰(Baumol)은 프로그램 제작업을 포함한 문화 산업의 제품생산 과정은 노동집약적이라고 주장했다(콜린스, 1988, 16쪽)에서 재인용).

의 수직적 통합은 유통 부문의 수직적 통합 즉, 네트워크가 지방방송국을 소유하는 것을 지칭하는 것으로 보아야 한다. 그리고 프로그램의 유통에서 기인하는 규모의 경제는 수직적 통합을 통해서도 나타날 수 있지만 가맹사 협약에 의해서도 실현될 수 있다.

3) 유료방송사와 채널사용 사업자의 수직적 결합

(1) 유료방송 시장에서의 수직결합의 효과와 경쟁제한

유료방송 시장에서 플랫폼 사업자와 채널사용 사업자(PP)의 수직결합도 긍정적 측면과 부정적 측면을 함께 갖고 있다. 플랫폼과 PP의 수직결합은 아래의 두 가지 방식으로 경쟁을 제한하거나 내용의 다양성을 위축시킬 수 있다. 첫째로, 플랫폼과 PP가 수직결합된 사업자는 [그림 18-1]과 같이 잠재적인 경쟁 PP가 자신의 플랫폼에 접근하는 것을 거절함으로써 네트워크 차별을 발생시켜 경쟁 PP의 시장 진입을 봉쇄하거나 상당한 경쟁열위에 놓이게 할 유인을 보유할 수 있다. 이를 네트워크 차별이라고 한다. 네트워크 차별은 타 PP의 진입을

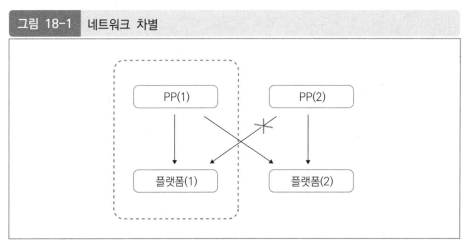

그림 18-1 네트워크 차별

출처: 이수일(2011).

그림 18-2   콘텐츠 차별

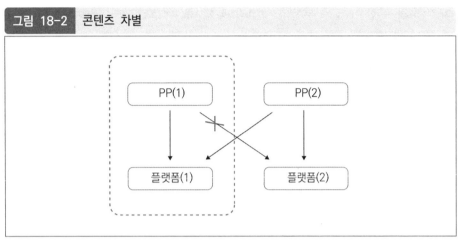

출처: 이수일(2011).

봉쇄하는 방식이 아니라, 플랫폼과 PP가 수직결합 사업자는 경쟁관계에 있는 PP보다 자신과 수직적으로 결합된 PP를 차별적으로 우대하는 형태로 나타날 수 있다. 이러한 우대도 인해 경쟁 PP는 상당한 경쟁열위에 놓이게 된다.

둘째로, 플랫폼과 PP를 수직결합한 사업자가 시청점유율이 높은 채널을 보유할 경우에 위 [그림 18-2]와 같이 잠재적인 경쟁 플랫폼 사업자에게 당해 채널의 공급을 거절함으로써 콘텐츠 차별을 발생시켜 경쟁 플랫폼 사업자의 시장 진입을 봉쇄하거나 상당한 경쟁열위에 놓이게 할 유인을 보유할 수 있다. 이러한 경우를 콘텐츠 차별이라고 부른다.

(2) 유료방송 시장에서 수직적 결합 논의[12]

① 미국에서의 연구

미국에서 SO와 PP의 수직결합이 경쟁에 미친 효과를 분석한 연구를 보면 수직적 결합이 긍정적 효과가 있다는 결과와 부정적 효과가 있다는 결과가 혼재되어 있음을 알 수 있다. 먼저, 포드와 잭슨(Ford & Jackson, 1997)은 MSO들이

---

12) 곽은경·성낙일(2014)과 송진·이영주(2014)를 인용하면서 정리하였다.

수직결합관계에 있는 PP들에 대해 낮은 프로그램수신료를 제공할 수 있게 됨에 따라 소비자들에게 낮은 수신료를 책정할 수 있었다는 실증 분석결과를 제시했다. 수직결합으로 인해 소비자들이 양질의 서비스를 저렴한 가격으로 제공받을 수 있게 되었다는 것이다. 시블레이와 와이즈먼(Sibley & Weisman, 1998)은 수직적으로 통합된 케이블 네트워크들은 상대적으로 낮은 가격에 프로그램을 제공할 수 있기 때문에 경쟁 케이블 네트워크들의 가격도 낮추는 효과가 있을 수 있고, 소비자 복지의 증진에 이바지할 수 있다고 주장했다.

워터만(Waterman, 2000)은 황금시간대의 프로그램 편성 내용을 통해 시장봉쇄 효과를 부정하는 분석결과를 제시했다. 그에 따르면, 방송사들은 황금시간대에 자신과 수직계열관계에 있는 방송 프로그램을 편성하기보다 경쟁사의 프로그램을 편성하려는 경향이 강했다. FOX 네트워크의 경우 19개의 프로그램 중 9개의 프로그램을 자사계열 방송 프로그램으로, ABC 네트워크의 경우 22개 프로그램 중 4개의 프로그램만 계열사가 직접 또는 공동으로 제작한 방송으로 편성했다. 이와 같은 증거를 통해 워터만(Waterman, 2000)은 불확실성을 내재할 수밖에 없는 방송 프로그램의 특성상 수직결합 기업이 경쟁사의 방송 프로그램을 시장에서 봉쇄할 경제적 유인이 크지 않다는 결론을 도출했다. 오웬과 와일드만(Owen & Wildman, 2004)은 종합유선방송 시장에서의 수직결합은 기업이 생산비용을 낮추기 위한 경영 전략의 하나일 뿐이며, 경쟁기업의 시장진입을 차단하는 것은 많은 비용을 초래하기 때문에 실제 시장에서 시장봉쇄 현상은 일어나기 어렵다고 주장한 바 있다.

수직결합의 사회적 편익을 강조한 위 연구들과는 달리, 일부 연구들은 수직결합의 경쟁제한 효과를 강조하고 있다. 이 연구들은 종합유선방송 시장에서의 수직결합이 수직계열관계에 있는 PP를 채널편성, 가격, 마케팅 등 측면에서 우대하고 독립 PP에게 불이익을 줌으로써 방송 프로그램 시장에서의 경쟁을 제한하는 결과를 초래할 수 있다고 주장한다. 예를 들어, 칩티(Chipty, 1994)는 수직결합된 SO가 경쟁 PP의 프로그램을 3%~54%까지 적게 전송(하방적 봉쇄)한다는 사실을 밝혔다. 그리고 워터만과 바이스(Waterman & Weiss, 1996)는 미국의

25개 대규모 MSO들에 소속된 SO들이 HBO, Cinemax, Showtime, TMC의 4개 유료 케이블 네트워크(pay cable networks) 중 자신과 수직계열관계에 있는 PP들을 우대했는지를 분석했다. 그 결과, 이들은 SO들이 채널송출과 마케팅행위 관점에서 자신과 수직결합관계에 있는 유료 PP를 우대했다는 결론을 도출한 바 있다.

칩티(Chipty, 2001)는 미국 다채널 유료방송 시장에서의 SO와 PP 간의 수직결합 여부가 프로그램 제공가격, 가입에 미친 영향을 살펴보면서, 홈쇼핑 채널을 가지고 있는 SO는 경쟁 프리미엄 채널과 홈쇼핑 채널을 전송하지 않으며, 특히 영화 프리미엄 채널을 소유하고 있는 SO는 경쟁 영화 채널을 베이직 패키지에 전송하지 않는 경향이 높음을 보였다. 이와 같은 메커니즘은 소비자의 채널 선택권을 감소시키는 원인이 된다. 또한 챈과 워터만(Chen & Waterman, 2007)이 미국의 대표적인 케이블TV 사업자인 컴캐스트와 타임워너의 프로그램 편성을 분석한 결과에 따르면, SO와 수직적으로 결합된 PP를 송출하는 비율이 독립 PP를 송출하는 비율보다 높았다. 이들은 SO들이 수직계열 PP를 당시 소비자 접근성이 좋았던 아날로그 채널에 집중적으로 편성하고 독립 PP를 소비자 접근성이 떨어졌던 디지털 채널에 주로 편성하는 경향을 보인 점도 확인했다.

안과 리트만(Ahn & Litman, 1997)은 수직결합을 소비자 후생 관점에서 분석하여 부정적 효과와 긍정적 효과가 모두 나타날 수 있음을 입증함으로써 다소 중립적인 견해를 도출했다. 수직결합은 유선방송 서비스의 가격이나 프로그램의 다양성 측면에서 효율적이라는 긍정적인 효과를 갖는 반면에, 수직결합에 따른 시장지배력 때문에 비효율성이 증가하고 프로그램의 다양성이 감소하는 문제점을 발생시킬 수도 있다는 것이다. 이들의 분석결과에 따르면, 수직결합의 정도가 증가할수록 가격이 인하되고 방송 프로그램의 다양성이 향상되지만 MSO의 규모가 일정수준을 넘어서면 오히려 가격이 상승하고 다양성은 감소했다. 즉, MSO의 규모에 따라 소비자 후생의 규모가 달라졌다는 것이다.

② 한국에서의 연구

국내에서 이루어진 SO와 PP의 수직결합의 효과를 분석한 연구에서도 미국과 같이 수직적 결합의 긍정적 효과와 부정적 효과가 도출되었다. 다른 산업과 마찬가지로, 종합유선방송 시장에서의 수직결합을 초래하는 경쟁제한 효과는 수평적 시장지배력에서 비롯된다는 점에 대해 국내 연구들도 대체로 일치된 견해를 제시하고 있다. 예를 들어, 손창용·여현철(2003)은 종합유선방송 시장의 수직결합에 대한 부정적인 견해는 MSO와 MPP의 결합 즉, 수평결합과 수직결합 동시에 발생할 경우에 적용될 수 있다고 주장했다. 이들에 따르면, 수평결합은 기업 내부적으로 비용감소와 수입확대를, 기업 외부적으로는 경쟁력의 강화를 통해 경제적 효율성을 증대시킬 수 있다. 이 경우 소비자는 가격하락과 채널 다양성 증가 등과 같은 사회적 편익을 향유할 수 있다. 수직결합은 PP로부터 받는 수신료를 절감해줌으로써 소비자에게 양질의 서비스를 저렴한 가격에 제공할 수 있도록 해준다. 즉, 수평결합이나 수직결합 중 하나만 발생할 경우에는 사회후생의 증가를 기대할 수 있다. 그러나 수평결합과 수직결합이 동에 발생할 경우에는 해당 기업의 시장지배력이 대폭 강화되어 시장봉쇄 현상이 나타나거나 서비스의 질이 떨어질 우려가 있다는 것이다.

이상우·이인찬(2005)도 수직결합이 초래할 수 있는 부정적인 효과는 SO나 PP의 수평적 집중정도, 특히 MSO의 시장지배력에 기인하며 수직결합 자체가 부정적 효과를 초래하지는 않는다고 주장했다. 수평결합을 통해 시장점유율을 증대한 MSO가 다른 PP를 수직적으로 결합하는 경우에 경쟁업체의 PP를 전송하지 않는 시장봉쇄 현상이나 방송 프로그램을 차별적으로 거래할 가능성이 발생한다는 것이다. 즉, 이 두 연구는 종합유선방송 시장에서 시장지배력을 가진 수직결합 기업이 시장지배력을 기반으로 경쟁관계에 있는 독립 PP의 송출을 제한하거나 차별적으로 취급할 때 수직결합은 경쟁을 제한하는 효과를 가질 수 있다는 점을 강조한다.

권호영(2008)은 PP를 보유한 MSO들이 비계열 PP에 대해서 배타적 행위를 하는지를 실증 분석하였다. 분석결과에 의하면 PP를 보유한 MSO들은 비계열 PP에 비해서 자사계열 PP를 우선적으로 편성하고 있다. 이러한 결과는 수직적으로 SO와 통합된 PP는 그렇지 않은 PP에 비해서 도달 가구를 상대적으로 용이하게 확대할 수 있음을 보여준다. 그리고 MSP 간에는 경쟁 채널을 적게 송출하는 배타적인 행위를 하는 경우와 그렇지 않은 경우가 공존하고 있었다. 이러한 결과는 MSP들이 자사계열 채널을 반드시 편성하고 동시에 타 MSP계열 채널도 우선적으로 편성하고 있으며, MSP 간에 동일 장르 간에 경쟁하는 경우에도 타 MSP계열 채널을 배제하지 않는 사례가 많았다. MSP상호간에는 상당히 우호적인 관계를 형성하고 있고, MSP 간에 채널 교환이 이루어지고 있음이 확인되었다.

곽은경·성낙일(2014)은 우리나라 종합유선방송 시장에서 SO와 PP 간의 결합 여부를 구분하여 SO의 아날로그 채널 송출 및 채널번호 배정에 미친 영향을 분석하였다. 이 연구의 결과에 의하면 SO들은 자신과 수직계열관계에 있는 PP를 그렇지 않은 PP에 비해 송출할 확률이 높았으며, 수직계열관계에 있으면서 송출된 PP에 대해 평균적으로 낮은 채널 번호를 부여하고 있었다. 이는 우리나라 종합유선방송에서 SO와 PP의 수직결합으로 인해 수직계열관계에 있지 않는 경쟁 또는 독립 PP들이 불공정한 차별을 받았을 가능성을 시사한다. 전혜선(2007)은 플랫폼 사업자의 결합에 따른 시장 봉쇄가 콘텐츠 사업자들의 수익에 미치는 영향을 시뮬레이션하여, 유효한 시장 경쟁을 가능하게 하는 플랫폼 사업자의 결합범위는 다채널 유료방송 시장 전체를 동일한 시장으로 획정할 경우 전체 시장의 30~35% 수준이 가장 적정하다고 주장했다.

이상우·박민수(2007)는 2005년 6월 기준 108개 PP들에 대한 119개 SO의 송출 현황 자료를 사용해 SO와 PP의 수직결합 여부가 송출 여부에 미친 영향을 분석했다. 프로빗모형에 기초한 이들의 분석결과에 따르면, SO와 PP의 수직결합은 송출확률에 통계적으로 유의한 영향을 미치지 않았다. 또한 PP 시청률이나 독립 PP 여부와 같이 PP 경쟁력을 측정한 변수들은 송출확률에 영향을 미쳤지만, 복점권역 여부, MSO 여부, 동일 장르 여부, 채널용량 등은 송출확률에 영향을 미치지 않았던 것으로 나타났다. 이와 같은 관찰을 토대로, 이상우·박민수(2007)는 SO의 PP 채널 송출 여부는 PP의 경쟁력에 의해 결정되었으며 SO가 자신과의 경쟁관계와 관계없이 PP들을 비차별적으로 송출하고 있었다고 주장했다.

조은기(2010)도 2006년 말 기준 106개 SO의 '보급형 티어'와 '확장형 티어'의 채널편성표와 2006년 한국닐슨의 107개 PP 월별 시청률 자료를 사용해 종합유선방송 시장에서의 수직결합이 SO의 채널송출에 미친 효과를 분석했다. 그는 PP를 지상파계열 PP, MSP계열 PP, 독립 PP 세 가지 유형으로 구분하고 이 PP 유형별 송출 개수 평균값이 MSP계열 SO와 비MSP계열 SO 간에 차이가 있는지, 또한 이 PP 유형별로 해당 PP를 송출하는 MSP계열 SO 숫자가 달라지는지에 대한 분석을 수행했다. 조은기(2010)의 분석결과에 따르면, MSP들이 자사 채널을 상대적으로 많이 송출하려는 경향이 관찰되나 통계적으로는 타사 채널의 편성과 유의한 차이가 없었다. 즉, MSP들은 자신들이 소유한 채널을 그렇지 않은 채널보다 특별히 차별해 유리하게 편성하고 있지 않았다는 것이다.

이상식(2002)은 MSP가 소수 취향의 방송 프로그램을 제공하는 PP의 등장을 촉진시킬 수 있다고 주장했다. 황준석 외(2010)는 SO들을 수평결합 SO, 수직결합 SO, 독립 SO의 세 개 그룹으로 구분하고 각 그룹의 기술효율성을 비교했다. 이들의 분석결과에 따르면, 수직결합상태인 MSP의 기술효율성 증대 효과가 가장 높았고 독립 SO의 기술효율성이 가장 낮았다. 황준석 외(2010)는 독립 SO의 기술효율성이 가장 떨어진 이유로 기업결합에 기초한 시장점유율 선점 효과나 방송 서비스의 제조·유통에 대한 시너지 효과가 부족한 점을 지적했다.

(3) 한국의 유료방송 시장에서 수직결합의 경과

유료TV 시장에서 플랫폼 사업자는 우수한 콘텐츠를 독점하여 경쟁우위를 가지려고 하고, PP는 가능한 많은 플랫폼에 자신의 채널을 유통시켜 보다 많은 광고수입과 프로그램사용료를 받기를 원한다. 플랫폼이 송출할 수 있는 채널수가 제한되어 있고, 전체 PP의 수는 플랫폼이 송출할 수 있는 채널수보다 많다. 그리고 지상파TV 채널과 가까운 낮은 번호 대역에서 시청률이 상대적으로 높게 나온다. 따라서 PP들은 플랫폼으로 채널을 송출하기 위해서 그리고 낮은 번호 대역으로 채널을 공급하기 위해서 다른 PP와 경쟁하게 된다. PP가 이러한 경쟁을 피하는 가장 쉬운 방안이 플랫폼 사업을 수직적으로 결합하는 것이다. 한국의 경우 채널 사업자인 CJ미디어와 온미디어는 2000년대 초에 SO를 매입하여 수직결합을 먼저 하였고, 2000년대 중반 이후에 MSO인 티브로드와 C&M, 그리고 위성 사업자인 스카이라이프가 양질의 콘텐츠를 수급하려는 목적보다는 자신의 채널 편성권을 활용하는 차원에서 PP 사업으로 진출하였다.

1999년에 종합유선방송법(이어 2000년 방송법)에서 복수의 SO와 PP를 허용하고, SO와 PP의 수직적 결합도 허용한 다음에, 우리나라 종합유선방송 시장은 5개의 MSP와 지상파계열 PP로 집중되었다. SO와 PP를 겸영하는 MSP 기업집단은 CJ, 태광산업, 국민유선방송투자(C&M, 딜라이브로 개명), 현대백화점, CMB홀딩스가 있다. 이중에서 가장 강력하게 수직결합을 이룬 그룹은 CJ로써, 415만의 유료방송 가입자수를 확보하였고 20개의 채널을 운영하고 있었다.[13] CJ계열사

표 18-1   유료방송과 PP의 겸영 현황(2014년 말 기준)

(단위: 가입자수는 만 단자, 매출액은 억 원)

기업집단	유료방송사				채널사용 사업자(PP)		
	방송사명	SO수	가입자수	매출액	PP회사명	PP수	매출액
CJ	CJ헬로비전	23	415	6,938	CJ E&M 등	20	6,587
KT	KT스카이라이프, KT		10,120		스카이라이프 TV	12	523
태광산업	티브로드	23	330	5,958	티캐스트	10	1,014
국민유선방송투자	씨앤앰	17	238	4,393	IHQ	6	764
현대백화점	현대HCN	9	136	2,227	현대미디어	5	156
CMB홀딩스	CMB	10	150	1,408	CMB홀딩스	6	100

출처: 2015년 방송실태조사보고서.
주 1: 가입자수는 단자수.
주 2: PP의 경우 음악, 쇼핑, 데이터 채널을 제외한 일반 영상 채널.
주 3: KT의 가입자수는 위성방송과 IPTV의 가입자수를 합한 값.

---

13) 2019년 말에 CJ그룹은 CJ헬로비전을 LG그룹에 매각을 완성하였다. CJ그룹은 MSP가 아니라 MPP를 보유하게 되었다.

가 운영하는 채널은 tvN을 포함하여 인기 있는 채널을 많이 보유하고 있고, 채널사업의 매출액도 8,645억 원(2018년)으로 타 MPP보다 월등하게 많다.[14] KT는 위성방송을 운영하면서 PP 사업을 시작하였고, 이후 IPTV 사업을 시작하였다. KT는 가장 많은 유료방송 가입자수를 확보하고 있으면서 12개의 채널을 운영하고 있지만, 제작비에 많은 투자를 하지 않아서 채널의 시청률은 낮은 편이다.

지상파방송사는 2000년부터 PP를 소유하기 시작하여 현재는 각각 6~7개 채널을 보유하고 있다. 지상파방송사계열 PP는 지상파방송사에서 방송된 양질의 프로그램을 우선적으로 편성하여 높은 시청률을 올리고 있고, 전체 PP수익의 70% 이상을 차지하고 있다. 정부는 지상파방송사의 영향력이 PP 시장으로 전이되어 다양성이 위축될 것을 우려하여 지상파방송사가 운영할 수 있는 채널수를 제한하는 조항을 방송법에 추가하였다.

표 18-2	지상파방송사계열 PP의 채널수와 매출액(2004년 기준)		
지상파방송사	계열 PP 사업자	PP 채널수	PP매출액(억 원)
한국방송공사	KBS N	6	1,276
문화방송	MBC + 미디어	6	2,033
SBS	SBS미디어넷	7	1,968

출처: 2015년 방송실태조사보고서.
주: 문화방송의 경우 MBC넷을 제외함.

(4) 나오며

디지털기술 혁신은 미디어 시장에서의 경쟁 압력을 높이고 있다. 시장이 경쟁적으로 되면 될수록, 미디어 사업자는 프로그램 제작에서 시청자 관리에 이르는 과정을 수직적으로 통합해서 경쟁 상대가 시장에 들어오지 못하게 할 것이다. 또한 미디어 사업자는 시장의 경쟁 압력을 줄이기 위해서 수평적 결합을 통해서 경쟁자의 수를 줄이려고 할 것이다.

---

14) 두 번째로 매출액이 많은 중앙계열 MPP의 매출액은 4,315억원(2018년)으로, CJ계열의 1/2에 불과하다.

실제로 방송과 통신이 융합되면서 기존의 미디어 사업자보다 자금력이 풍부하고 가입자 접점을 많이 확보한 통신 사업자가 미디어 시장으로 진입하여 일방적인 사업 확대로 귀결되었다. 이들 통신 사업자들은 유선전화, 이동전화, 인터넷접속 서비스 그리고 동영상 서비스를 결합하여 저렴하게 제공함으로써 미디어 사업자를 기존의 압도하고 있다. 미국의 통신 사업자들이 자금력을 활용하여 미디어 사업자를 수평적 또는 수직적인 형태로 인수합병하여 미디어 시장에서 지배적인 사업자가 되어 가고 있다. 2015년 이후에 한국에서도 움직임이 일어나고 있다. 한국의 통신 사업자들이 IPTV를 통해서 유료방송 플랫폼을 주도하고 있고, MSO를 인수하고 있다.

참고문헌

강명헌(1990), "X−비효율성에 대한 소고,"「경제학 연구」, 제38집 제1호, 1−25.

곽규태·최세경(2013), "PP의 다양성 보장을 위한 MSO의 수평결합 제한기준 연구: 국내 다채널 유료방송 시장에 대한 오픈필드 접근을 중심으로,"「미디어 경제와 문화」, 11(1), 2013.02, 7−46.

곽동균(2008), "FCC의 케이블TV 소유 규제 확정안의 내용과 시사점,"「Digital Media Trend」, 08−03호, 통권 23호, 미디어미래연구소.

곽은경·성낙일(2014), "종합유선방송시장에서의 수직 결합과 방송 채널: 실증분석,"「정보통신정책연구」, 21(1), 27−58.

권호영(1998. 겨울호), "방송사 제작부문의 수직적 분리를 위한 논의,"「방송연구」, 3−32.

권호영(2008), "케이블TV시장에서 수직적 결합 SO의 배타적 채널 편성에 관한 분석," 미출간 원고.

권호영·조진영(1997), "국내 미디어산업의 산업연관분석, 1980~1993,"「한국언론학보」, 42−1호.

김동규(1997. 가을호), "국내 방송 프로그램 제작 메커니즘에 대한 경제적 분석−수직적 통합과 하도급 거래를 중심으로,"「한국방송학보」, 통권 제9호.

도일·질리언(2003), 정윤경 역,「미디어 소유와 집중」, 한국방송영상산업진흥원 총서, 커뮤니케이션북스.

박소라(2001.11), "지상파 방송사의 외주 제작 프로그램 거래 과정 특성에 관한 연구,"「방송과 커뮤니케이션」, 75−112.

방송통신위원회(2015),「2015년도 방송시장 경쟁상황 평가」.

방송통신위원회 각 년도,「방송 산업실태조사보고서」.

손창용·여현철(2003),「한국 케이블TV 산업론」, 개정판, 커뮤니케이션북스.

이상식(2002), "한국 케이블TV산업 조직에 관한 연구,"「방송연구」, 2002년 겨울호, 285-310.

이상우·박민수(2007), "다채널 종합유선방송시장에서 배타적 프로그램 거래행위에 대한 실증적 분석,"「한국언론학보」, 51(5), 243-266.

이상우·이인찬(2005),「다채널유료방송 시장의 경쟁에 관한 연구」(KISDI 이슈리포트), 정보통신정책연구원, 05-10.

이수일(2009),「방송 산업의 시장획정과 제도분석」(한국개발연구원 정책연구리즈), 한국개발연구원, 2009-06.

이재영·유선실(2006),「미디어산업 수직 결합과 기업전략-다채널방송을 중심으로」, 정보통신정책연구원 연구보고 06-12.

이재영 외(2017),「유료방송 시장 집중현상 개선방안 연구」, 2017.12, 정보통신정책연구원,

이종원(2003), "케이블TV 결합이 시장집중과 효율성에 미친 영향," 서강대학교 대학원 박사학위 논문.

2000년 방송정책연구위원회,「200년 방송환경의 변화와 한국방송정책」, 2000년 방송정책 연구보고서, 1994.2.

임정수(2018), "거대 미디어 기업 간 M&A: 미디어 공룡들도 두려운 미디어 환경,"「신문과 방송」, 2018년 2월호(통권 566호).

장용호(1989),「한국 TV 산업의 시장구조, 행위 및 성과에 관한 연구」, 서강대 언론문화연구소, 언론학논선 6, 나남.

전혜선(2007a), "케이블TV SO의 수평적 결합 사례분석: 경쟁제한성 판단(효율성 증대 vs 경쟁제한성으로 인한 폐해)을 중심으로,"「한국방송학보」, 21(4), 327-361.

전혜선(2007b), "다채널 유료방송시장의 기업결합과 시장봉쇄,"「한국언론학보」, 51(3), 2007.6, 119-141.

조은기(2010), "케이블TV 시장에서의 수직적 결합과 경쟁 채널 송출 제약 효과,"「언론과학연구」, 10(3), 539-574.

황준석·홍아름·이대호(2010), "케이블TV 산업의 소유규제 변화와 기업결합 형태별 생산효율성 차이의 실증 연구,"「한국방송학보」, 24(2), 276-313.

Ahn, H., & Litman, B. R.(1997). "Vertical integration and consumer welfare in the cable industry," *Journal of Broadcasting & Electronic Media*, 41(4), 453-478.

Arrow, Kenneth J.(1975). "Vertical Integration and Communication," *Bell Journal of Economics and Management Science*, Vol. 6, 173−183.

Chen, D., & Waterman, D.(2007). "Vertical Ownership, program network carriage, and tier positioning in cable television: An empirical study," *Review of Industrial Organization*, 30(3), 227−251.

Chipty, T.(2001). "Vertical integration, market foreclosure, and consumer welfare in the cable television industry," *American Economic Review*, 91(3), 428−453.

Doyle, Gillian(2002). *Media Ownership: The Economics and Politics of Convergence and Concentration in the UK and European Media*, SAGE Publications.

FCC(2012.10.5), "Report and Order," FCC 12−123.

Ford, G, S., & Jackson, J. D.(1997). "Horizontal concentration and vertical integration in the cable television industry," *Review of Industrial Organization*, 12(4), 501−518.

Sibley, D. S. & Weisman, D.(1988), "Raising rivals' cost: the entry of an upstream monopolist into downstream market," *Information Economics and Policy*, 10, 451−470.

Silberston, A.(1972). "Economies of Scale in Theory and Practice," *Economic Journal*, 82, 369−391.

Waterman, D, & Weiss, A. A.(1996). "The effects of vertical integration between cable television systems and pay cable networks," *Journal of Econometrics*, 72(1-2), 357−395.

Waterman, D.(2000). "CBS−Viacom and the effects of media mergers: An economic perspective," *Federal Communications Law Journal*, 52(3), 531−550.

Williamson, O. E.(1985). The Economic Institutions of Capitalism: Firms, Markets, Relational Contracting (New York, Free Press).

제19장 미디어 기업 결합 심사와 사례

1 미디어 기업의 결합 심사

1) 기업결합 인가 시 심사 절차와 기준

미디어 산업의 결합이 시장 경쟁에 미치는 영향과 공익성에 미치는 영향을 정부가 주시하면서 관리하고 있다. 이 관리는 보통 미디어 기업의 결합에 대한 전문규제기관의 승인권 행사로 나타난다. 한편 기업결합에 대한 경쟁제한성을 심사하는 것은 일반 경쟁 당국의 고유권한이기도 하다. 여기서 동일한 기업결합 건에 대한 전문규제기관과 일방 경쟁당국 간의 권한 중복이나 갈등의 소지가 있을 수 있다. 한국을 포함한 많은 국가의 경우에 미디어 기업의 결합에 다수의 법령이 적용되고 다수의 규제기관이 관할하여 중복되는 현상이 나타나고 있다. 한국의 미디어 기업의 결합을 규제하는 데 있어 몇 가지 특성이 있다. 첫째로, 공정거래위원회, 과학기술정보통신부, 방송통신위위원회의 세 규제기관이 관여한다. 둘째로, 공정거래법(독점규제 및 공정거래에 관한 법률), 방송법, 전기

통신사업법 등 다수 법령상 기준과 절차가 적용된다. 따라서 미디어 기업의 결합을 규제하는 경우에 규제기관에 협력하여 행정을 수행하고 다수 법령 간 모순이 없는 조화로운 법률 해석이 중요하다(이성엽, 2017, 286-287쪽).

　　공정거래법에 따르면 일정규모 이상의 주식취득, 합병 등에 대한 기업결합 신고의무가 있고 그 심사 기준은 경쟁제한성이다. 방송법에서는 방송 사업자의 합병과 분할, 양도, 방송 분야나 방송구역의 변경, 중요 시설의 변경 시 과기정통부나 방통위의 허가, 승인 또는 등록을 하여야 한다. 위성방송 사업자나 종합유선방송 사업자의 경우 과기정통부의 변경허가에 대해 방통위의 사전 동의가 필요하다. 최다출자자 변경 승인의 경우 과기정통부와 방통위가 방송 사업자별로 구분하여 승인권을 가지고 있다. 심사 기준은 방송의 공적 책임, 공정성, 공익성의 실현 가능성을 포함하여 여러 가지의 기준이 적용된다. IPTV법에서는 IPTV 사업자의 합병과 분할, 양도, 변경허가 등의 경우 과기정통부의 허가를 받아야 하고, 심사 기준은 방송법과 유사하다. 다음에 공정거래법에서 기업결합의 심사 기준인 경쟁제한성을 평가하는 방법을 알아보자.

　　수평적 경쟁제한성을 평가하는 작업은 대체로 6단계로 구분해 볼 수 있다: ① 시장획정, ② 시장점유율 및 집중도 산정, ③ 경쟁제한성 평가, ④ 진입조건 분석, ⑤ 효율성 항변, ⑥ 파탄기업 항변.[1] 제일 먼저 당해 기업결합과 관련한 상품 및 지리적 시장의 범위가 획정되어야 한다. 관련 시장의 범위가 좁게(넓게) 획정되면 결합기업의 시장점유율이 높아(낮아)지므로, 시장획정은 경쟁제한성을 올바로 평가하는 데 있어서 매우 중요한 출발점으로서 의미를 지닌다. 각국의 경쟁 정책 집행기관은 시장점유율 및 집중도를 경쟁제한성을 판단하는 일차적 기준으로 채택하고 있다. 즉, 임계 기준을 설정하여 일정 영역에 속하면 경쟁제한성의 우려가 있는 것으로 혹은 우려가 없는 것으로 간주한다. 물론 이는 최종적인 판단이 아니며, 다른 시장 여건을 종합하여 당해 기업결합으로 인하여 결합기업이 경쟁기업들과 협조하여 또는 단독으로 가격이상 등의 경쟁제한적 행동을 감행할 수 있도록 하는 시장지배력이 강화되는 여부를 평가한다.

---

1) 경쟁제한성 평가에 대한 내용은 전성훈(2005, 195~196쪽)을 인용함.

그러나 진입이 용이하다면, 결합기업이 집단적으로 혹은 단독으로 가격을 지속적으로 인상해서 이윤을 제공하기는 어려울 것이다. 따라서 신규기업의 진입이 적시에, 높은 개연성으로, 상당한 규모로 가능하다면, 기업결합의 경쟁제한성은 완화될 수 있다. 또한 기업결합이 규모의 경제나 범위의 경제를 실현하여 효율성을 제고할 수 있다면 경쟁제한의 부정적 효과를 상쇄할 수 있을 것이다. 효율성 항변이란 당해 기업결합을 통해서 달성될 수 있는 결합 특유적이고, 입증 가능한 효율성 개선으로 인한 기업결합의 이득이 경쟁제한성의 부정적 효과를 상쇄한다면 기업결합을 인가해 주어야 한다는 것이다. 마지막으로 파탄기업 항변이란 당해 기업결합이 아니면 파탄기업이 당해 시장에서 퇴출될 수밖에 없고, 당해 기업결합보다 경쟁제한성이 적은 방법으로 기업결합이 이루어지기 어려운 경우에도 인정사유가 된다는 것이다.

2) 시장획정

(1) 일반론

시장획정(market definition)이란 시장 내 상품들의 가격에 대해 서로 의미 있는 수준의 경쟁제한성을 부과할 수 있는 관련 시장(relevant market)을 정의하는 작업이다. 공정거래법이 추구하는 경쟁의 촉진 내지 경쟁제한의 방지는 기본적으로 관련 시장이라는 개념을 기초로 하고 있고, 공정위나 법원도 공정거래법 위반 여부가 문제된 사건에서 관련 시장을 획정한 후 그 범위 내에서 어느 정도의 경쟁제한 효과가 발생하는지를 판단하는 방식을 취하고 있다.

공정거래법상 '일정한 거래 분야'로 표현되고 있는 관련 시장은 "거래의 객체별, 단계별 또는 지역별로 경쟁관계에 있거나 경쟁관계가 성립될 수 있는 분야"를 말한다(제2조 제8호). 기업결합심사기준(2017. 12)에서는 관련 시장을 거래대상과 거래지역으로 구분하여 설명하고 있다; 거래대상(상품 시장)으로 본 관련 시장은 거래되는 특정 상품의 가격이 상당기간 어느 정도 의미 있는 수준으로 인상될 경우 동 상품의 구매자 상당수가 이에 대응하여 구매를 전환할 수 있는

상품의 집합을 말한다. 거래지역(지역시장)으로 본 관련 시장은 다른 모든 지역
에서의 당해 상품의 가격은 일정하나 특정 지역에서만 상당기간 어느 정도 의
미있는 가격인상이 이루어질 경우 당해 지역의 구매자 상당수가 이에 대응하여
구매를 전환할 수 있는 지역전체를 말한다.

공정위 이러한 기준은 미국과 EU를 비롯한 여러 나라의 경쟁정책당국에서
채택하고 있는 'SSNIP(small but significant and nontransitory increase in price)' 검정
(test) 원칙을 그대로 준용한 것이다.[2] '작지만 의미 있고 일시적이지 않은 가격
인상(SSNIP)'이 한국의 기업결합심사기준에서 '상당기간 어느 정도 의미 있는 수
준으로 가격 인상'으로 표현되었다. 그런데 SSNIP방법론은 구체적인 지침이라
기보다는 원칙에 가깝기 때문에 이를 실제 사례에 적용하기 위해서는 좀 더 조
작적인 방법론이 필요하다. 이에 대한 해결방안으로 임계매출손실(critical sales
loss) 검정법[3]이 고안되어 SSNIP의 실용성을 크게 높였다(권남훈, 2006, 64쪽). 임
계매출손실 검정법도 문제점을 가지고 있고 대안으로 총전환비율(aggregate
diversion ratio) 검정법[4]이 사용되고 있다.

(2) 방송 시장획정[5]

방송 시장은 다른 시장보다 훨씬 복잡하고 다면인 구조를 가지고 있어서
시장획정이 쉽지가 않다. 프로그램의 제작, 편성, 송출, 시청으로 이어지는 가

---

2) 미국은 1982년 결합 지침에서 SSNIP 접근을 도입하였다. SSNIP 접근에서 가상적인 독점 기업
   이 가격을 5~10% 인상할 때 이윤이 증가할 것인지 여부에 따라 관련 시장을 정의한다. 이 질
   문에 대한 대답이 '예'이면 이 상품을 관련 시장을 정의할 때 긴밀한 대체재에 포함시키지 않
   고, 대답이 '아니요'이면 이 상품을 관련 시장에 포함시킨다. 이 절차를 관련 시장이 정의될 때
   지 진행하고, 관련 시장이 확정되면 결합 기업의 시장점유율을 계산한다. SSNIP 접근에서는 두
   가지 측면에서 문제가 있다. 하나는 미디어 시장에 존재하는 양면성을 고려하지 않았다. 또 다
   른 하나는 제품 차별화를 다루지 않았다. 결합 이후에 제품을 변경할 경우를 다루지 않았다
   (Forcus, O. Kind, H. J., Sogard, L, 2016, 247쪽).
3) 임계매출손실법은 실제매출손실이 임계매출손실보다 작을 경우 검정에 포함된 상품군으로 관
   련 시장을 획정하는 방식이다.
4) 총전환비율법은 검정대상에 속한 특정 상품군의 가격인상으로 인해 자체적으로 줄어드는 매출
   액 대비 검정대상에 속한 다른 상품들로 흡수되는 매출액의 비율로 측정하는 것으로 총전환비
   율이 임계매출손실률보다 더 크면 검정에 포함된 상품군으로 시장을 획정하는 방식을 말한다.
5) 조영신·이선미(2010, 223~225쪽)를 정리하면서 일부 보완함.

치사슬구조에 다양한 종류의 사업자들이 관여하기 때문이다. 사업 모델이 유료와 무료 서비스의 혼재, 전송수단이 지상파, 케이블, 위성방송, IPTV, 범용인터넷 등으로 다양하며, 방송구역이 전국과 지역으로 구분되며, 방송과 통신 서비스를 결합해서 판매하기도 하고 개별적으로도 판매한다. 특히 무료방송과 같이 방송 사업자와 시청자 간 금전적인 거래관계가 발견되지 않는 영역에서는 거래관계의 본질을 파악하기 어렵다는 문제가 있을 뿐만 아니라 정량 분석을 위한 가격 및 판매량 등의 자료를 확보하기가 용이치 않다. 그리고 방송 시장의 기술 진화 속도가 빠르다. 방송과 통신 사업자들은 단순히 서로의 시장에 진입하는 데 머물지 않고 유선전화, 무선전화, 동영상, 인터넷접속 서비스를 결합하여 제공하고 있다. 그리고 경제적 의미의 시장획정과는 달리 방송 영역에 있어서는 공익 심사가 중요한 위치를 차지하고 있다.

공정위가 방송 시장을 획정한 사례를 하나 살펴보자. 유료방송 시장을 PP 사업자가 프로그램을 제공하는 단계인 '프로그램 공급 시장'과 플랫폼 사업자가 공급받는 프로그램을 송출하는 단계인 '프로그램 송출 시장'의 2가지 유형으로 구분된다고 전제한 후, 티브로드 강서방송 사건[6]의 경우 관련 상품 시장은 후자인 프로그램 송출 시장이 된다고 보았다. 그리고 프로그램 송출 시장을 다시 SO의 방송권역으로 시장을 획정했다. 이러한 시장 획정에 따라 방송권역인 강서구에서 티브로드 강서방송이 가입가구 수 기준으로 3개 이하의 사업자의 시장점유율 합계가 75% 이상인 사업자이므로 시장 지배 사업자 추정 요건에 해당한다고 판단하였다(공정위, 2006). 그러나 법원에서는 홈쇼핑 채널이 전국 사업자이기 때문에 SO의 경우에도 전국 방송으로 시장을 획정해야 하며, 이럴 경우 시장 지배 사업자 추정 요건에 해당하지 않는다고 판결했다(법원 2007두25183). 이처럼 방송 시장을 획정하는 것은 다른 일반 시장을 획정하는 것에 비해서 상대적으로 고려해야 할 변수들이 많다.

---

6) (주)티브로드가 강서방송과 지에스방송을 합병하는 과정에서 당초 8번(S등급)으로 배정했던 우리 홈쇼핑의 채널을 15번(B등급)으로 변경했고, 이에 대해서 우리 홈쇼핑이 불공정 침해 소송을 했었다. 자세한 내용은 '서울고등법원 2007누10541'과 '대법원 2007두25183' 판결을 참고할 것.

3) 집중도와 경쟁제한성 평가[7]

(1) 일반론

시장집중도 분석은 기업결합이 경쟁에 미치는 영향을 분석하는 출발점으로서의 의미를 가진다. 공정거래법(제4조)에서는 1위 사업자의 시장점유율이 50% 이상이거나, 상위 3개 사업자의 시장점유율의 합계가 75% 이상인 경우 시장지배적 사업자로 추정한다. 기업결합을 심사할 경우에도 '상위3개 사업자의 시장점유율(CR3)'이 75% 이상인 경우 경쟁제한이 가능하다고 판단하였다. 그러나 1997년 12월에 기업결합심사기준을 CR_3 75% 조항을 삭제하고 대신 기업 간 결합 후 HHI 수준과 HHI의 증가분을 시장집중도를 판단한다. HHI는 일정한 거래 분야에서 각 경쟁 사업자의 시장점유율(%)의 제곱의 합이다.

기업결합 후 HHI 수준과 증가분이 정해진 기준에 포함되면 경쟁이 실질적으로 제한하지 않는 것으로 추정하고, 이 기준에서 벗어나면 경쟁이 실질적으로 제한될 가능성이 있다. 2017년 12월에 개정한 공정위의 '기업결합심사기준'에서 정해진 기준은 다음과 같다;

> (1) 수평형 기업결합의 경우 ① HHI가 1,200에 미달하거나, ② HHI가 1,200~2,500이면서 HHI 증가분이 250 미만 ③ HHI가 2,500 이상이고 HHI 증가분이 150 미만
>
> (2) 수직형 또는 혼합형 기업결합의 경우 ① HHI가 2,500 미만이고 시장점유율이 25% 미만 ② 결합 회사가 4위 이하.

기업결합 후 HHI의 수준과 증가분이 경쟁을 제한할 가능성이 있는 수준인 경우에 경쟁제한성을 평가하는 기준을 보자. 수평형 기업결합이 경쟁을 실질적으로 제한하는지 여부에 대해서는 기업결합 전후의 시장집중상황, 단독 효과, 협조 효과, 해외 경쟁의 도입수준 및 국제적 경쟁상황, 신규진입의 가능성, 유사품 및 인접 시장의 존재여부 등을 종합적으로 고려하여 심사한다. 수직형 기

---

7) 이 소절의 내용은 공정거래위원회고시(2017.12.20)를 정리.

업결합이 경쟁을 실질적으로 제한하는지 여부에 대해서는 시장의 봉쇄효과, 협조효과 등을 종합적으로 고려하여 심사한다. 혼합형 기업결합이 경쟁을 실질적으로 제한하는지 여부는 잠재적 경쟁의 저해 효과, 경쟁 사업자 배제 효과, 진입장벽 증대 효과 등을 종합적으로 고려하여 심사한다. 이외에도 해외 경쟁의 도입수준 및 국제적 경쟁상황, 신규진입의 가능성, 유사품 및 인접 시장의 존재, 강력한 구매자의 존재 등을 고려한다.

(2) 방송 시장의 집중도, 다양성, 지역성평가

일반 기업의 경우 시장점유율을 계산할 때 매출액점유율을 사용한다. 그러나 방송법에서 소유규제를 할 때 매출액뿐만 아니라 시청점유율과 가입자수를 추가로 사용하고 있다. 이는 사상 시장에서 시장지배력을 판단하는 경우에 매출액보다는 시청점유율이 보다 적절한 측면이 있기 때문이다. 유료방송 시장의 지배력을 판단하는 경우에는 매출액보다 가입자수가 보다 적절한 지표이다.

일반 기업의 결합을 심사할 경우에는 경쟁제한성만을 평가하지만, 미디어 기업의 경우에는 경쟁제한성 평가뿐만 아니라 다양성과 지역성이 감소하는지 여부를 평가할 필요가 있다. 채널을 운영하고 있는 기업이 포함된 기업결합의 경우 다양성의 감소 여부를 평가해야 한다. 채널을 운영하는 기업 간의 수평적 결합의 경우 유사 채널을 통합하거나 시장지배력의 증가로 인한 가격 상승으로 다양성이 감소할 가능성이 있다. 채널 기업과 플랫폼 기업 간의 수직적 결합 시 네트워크 차별이나 콘텐츠 차별이 발생할 수 있고 시장지배력의 증가로 인한 가격 상승으로 다양성이 감소할 가능성이 있다.

케이블TV가 포함된 기업결합의 경우 지역성의 감소 여부를 평가해야 한다. 케이블TV는 전국을 79개 권역으로 세분화하여 원칙적으로 지역별로 하나의 사업자만 허가하고 있다. SO는 지역 채널을 운영하며 해당 권역을 생활정보 프로그램을 제공하고 있다. MSO들은 지역 채널을 운영하기 위해 공동으로 프로그램을 제작하기도 하고, SO 개별 단위로 제작하기도 하며, 개별 SO가 제작한 프로그램을 서로 교환하여 방송하기도 한다. SO와 다른 미디어 기업이 결합할 경

우에 지역 채널의 운영과 지역 프로그램의 제작이 축소될지 여부를 판단해야
한다.

2 | 미디어 기업의 결합 동향과 사례

1) 미국 거대 미디어 기업의 인수·합병 동향

미국의 거대 미디어 기업의 인수·합병을 간략히 정리한다. 미국의 통신 시
장에서 인수·합병이 2000년대 중반까지 활발히 진행되면서 버라이즌(Varizon)과
AT&T의 양강 체제가 완성되었다. 이들 통신 사업자들은 2000년대 중반부터
IPTV를 제공하면서 방송 시장에 진입하게 되었다. AT&T는 본격적으로 방송 시
장에 진출하고 있다. AT&T는 위성방송사인 DirecTV를 2005년에 인수하였고,
2018년에는 미국 3위의 미디어 기업인 타임워너를 인수하여, 통신회사와 미디
어 기업이 수직적으로 결합하게 되었다. 미디어 기업을 인수한 이유는 단순히
남의 콘텐츠만 전송하는 덤 파이프(Dumb Pipe, 가치가 낮은 전송수단)에서 벗어나
고자 함이다. 타임워너는 영화 제작·배급사인 워너브러더스와 24시간 보도 채
널 CNN, 유료 인기 채널 HBO, TNT, TBS와 프로농구(NBA)와 프로야구(MLB) 중
계권 등을 보유하고 있다. AT&T는 콘텐츠 기업으로서의 역량에 IPTV, 위성방
송, 인터넷, 모바일 미디어 네트워크 등의 네트워크 역량을 결합하고자 한 것이
다. AT&T는 타임워너를 인수한 직후 비디오스트리밍 서비스(와치TV, WatchTV)
를 출범시켰다. AT&T는 타임워너의 콘텐츠를 활용하여 휴대전화, 인터넷접속
서비스, 유료방송 등이 가입자를 유지하거나 늘리려고 한다.

미국 최대 MSO인 컴캐스트(Comcast)는 2011년에 지상파방송사이자 영화사
인 NBC유니버설을 인수했고, 2014년에 타임워너 케이블의 인수를 시도했으나,
정부가 1위와 2위 케이블TV회사의 인수를 반대함에 따라 2015년에 합병 계획

을 철회했다. 컴캐스트는 21세기폭스의 인수 경쟁에서 디즈니에 밀렸다. 컴캐스트는 21세기폭스의 인수를 협상하는 과정에서 폭스가 보유한 영국 위성방송사 스카이티브이(Sky TV)를 인수하였다. 미국 최대 MSO가 영화사와 지상파TV를 합쳐서 수직계열화를 이루어, 유료방송 가입자의 감소에 대처하고 광고 기반 OTT 서비스를 제공하여 수익원을 발굴하려고 한다.

표 19-1	미국 거대 미디어 기업의 인수·합병					
인수주체 ╲ 피인수	플랫폼			콘텐츠		
	유료TV 플랫폼	동영상 관련업체	지상파 TV	MPP	영화사
플랫폼 · AT&T (통신/IPTV)	DIRECTV (위성, 2015)	플랫폼(2016), 광고&콘텐츠(2018)		타임워너 (2018)	타임워너 (2018)
컴캐스트 (케이블TV)	Wilco(MSO, 2018), 스카이(유럽 위성, 2018)	광고기술회사 (2015, 2018)	NBC 유니버설 (2011)	NBC 유니버설 (2011)	NBC 유니버설 (2011)
차터 (케이블TV)	타임워너케이블 (2016)				
콘텐츠 · 디즈니 (영화제작사)		BAMTECH(동영상 스트리밍, 2017), 메이커스튜디오 (MCN, 2014), Hulu 대주주(2019)	ABC (1996)	ESPN(1996), 21세기폭스 (2019)	Pixar(2006), 마블(2009), 루카스필름(2012), 21세기폭스(2019)
바이컴 (영화, MPP)		후세이(마케팅 플랫폼, 2018) 어썸니스TV(MCN, 2018) Pluto TV(무료OTT, 2019)	CBS (1999)	아르헨티나PP (2016)	파라마운트픽처스 (1999)

만화영화 제작사로 출발한 디즈니(Disney)는 영화, TV, 홈비디오 제작·유통, 테마파크, 출판, 음악 등 거의 모든 콘텐츠 분야에서 사업을 전개하고 있다. 디즈니는 주로 콘텐츠 기업을 인수하였다. 2000년대 중반 이후만 보더라도 2006년에 픽사, 2009년에 마블, 2012년에 루카스필름 등 영화사를 인수하였다. 2014

년에는 유튜브의 성장으로 성장 가능성이 커진 MCN인 메이커스튜디오를 인수하기도 했다. 2010년대 중반 이후 넷플릭스가 성장하면서 디즈니의 영업 실적이 나빠졌다. 디즈니는 직접 스트리밍 서비스를 제공하려고 넷플릭스에 제공하던 콘텐츠를 2019년 이후 제공하지 않고, (2017년에 OTT회사를 인수하여 준비한 다음) 2019년 11월부터 OTT 서비스(디즈니플러스, Disney Plus)를 직접 제공하고 있다.

그리고 디즈니는 2017년 말부터 21세기폭스를 인수하는 작업을 시작하여 2019년 3월에 최종적으로 인수계약을 맺었다. 디즈니는 21세기폭스의 영화와 TV 스튜디오, FX네트워크, 내셔널지오그래픽 등을 인수하였고, 폭스방송, 폭스TV방송사, 폭스뉴스, 폭스스포츠를 인수대상에서 제외하였다. 그 이유는 디즈니는 지상파방송사 ABC, 뉴스채널 ABC-ESPN을 보유하고 있고 반독점법을 회피하기 위함이다. 디즈니는 폭스가 마블 등으로부터 구입한 캐릭터들을 다시 확보하게 되었고, 폭스가 가진 온라인 플랫폼 훌루(Hulu)의 지분을 추가로 확보해 훌루 지분의 60%를 갖게 된다. 컴캐스트, 버라이즌, 소니 등도 폭스의 인수를 타진하였지만 결국 디즈니가 인수하게 되었다.

바이어컴(Viocom)은 MTV, 니켈리디언 등 수십개의 케이블 네트워크를 보유하고 있고, 영화사 파라마운트픽처스도 보유한 미디어 콘텐츠기업이다. 바이어컴은 1999년에 CBS를 인수하였다. 바이어컴은 2018년에 인플루언서 마케팅 플랫폼 후세이, MCN인 어썸니스를 인수하며 디지털 사업 부문을 강화해왔다. 바이어컴은 2019년 초에 무료 OTT 서비스를 제공하는 플루토TV(Pluto TV)를 인수하여 직접 소비자에게 자사의 콘텐츠를 제공할 수 있게 되었다. 바이어컴은 전형적인 콘텐츠 기업으로써 저작권을 엄격하게 관리해온 기업으로 유명하다. 그러나 유료방송 가입자의 감소에 바이어컴이 보유한 케이블 네트워크의 수익이 감소하고 있다. 바이어컴은 플루토TV를 통해서 광고수익을 확보하려고 한다.

미국 1위 무선통신회사인 버라이즌은 2015년에 아메리카온라인(AOL), 2017년에 야후를 인수하였고, 2017년에 21세기폭스의 인수 추진한 바 있다. 버라이즌은 AOL과 야후를 합쳐 디지털 미디어회사인 오쓰(Oath)를 설립했다. 오쓰를 구글이나 페이스북 같은 기업을 만들려고 하지만, 오쓰의 실적이 예상보다 저조하다. 한편, 케이블TV회사인 차터커뮤니케이션은 컴캐스트가 놓친 타임워너케이블의 인수를 2015년에 발표하고 다음 해에 정부의 승인을 받으면서 미국 2위의 케이블TV회사가 되었다. 차터커뮤니케이션은 지속적으로 전형적인 수평적 확장을 시도해왔다.

2) 합병 승인 심사 사례

(1) 컴캐스트의 NBC 유니버셜 인수[8]

미국 1위 케이블TV 사업자인 컴캐스트는 2009년12월에 GE가 소유한 NBC유니버셜을 인수하는 계약을 했고, 2011년 1월에 FCC가 승인했다. 거래 형태는 GE가 소유한 NBC유니버셜 소유의 방송 및 위성, 라디오 면허 지분 51%를 컴캐스트에 양도하는 내용의 합병거래이다. 컴캐스트는 300억 달러를 투자하여 NBC유니버셜의 소유·운영권을 확보하게 되었다. 컴캐스트는 2013년에 GE가 보유한 NBC유니버셜의 지분 49%를 마저 인수하였다.

컴캐스트는 2004년에 최대 콘텐츠기업인 디즈니의 인수를 제안했으나 거절당했다. 넷플릭스 등의 OTT가 미디어 시장에 진입하여 가입자가 증가하였다. 케이블TV 사업자는 가입자의 감소로 수익이 감소하고, 콘텐츠 확보 경쟁의 심화로 콘텐츠 수급비용이 증가하였다. 이에 따라 컴캐스트는 콘텐츠를 안정적으로 확보하고 가입자수신료 외에 콘텐츠판매수익이나 맞춤형 광고수익 등 수익원을 다양화하기 위해서 NBC유니버셜을 인수하였다. GE의 입장에서도 NBC유니버셜과 컴캐스트가 합병하게 되면 콘텐츠 제작과 배급이 수직결합하게 된다. 그 결과, 콘텐츠를 안정적으로 유통할 수 있고 자본력이 큰 케이블TV 사업자가 콘텐츠에 대한 투자를 늘릴 것으로 기대했다.

컴캐스트와 NBC유니버셜의 합병은 규제측면에서 다양한 문제점을 야기했다. 새로운 합병 기업이 너무 많은 권력을 가지게 되고, 미국방송 정책의 중요

8) 이 절의 내용은 전범수(2013, 13~34쪽)와 송진·이영주(2014, 24~36쪽)를 인용하면서 정리함.

한 목표인 다양성, 지역성, 공익성이 해를 가져올 수 있다는 우려가 제기되었다. NBC유니버셜은 합병당시 2개의 지상파 채널(NBC, 텔레문도), 26개의 텔레비전방송국, 다수의 PP(CNBC, MCNBC, USA Network), 영화스튜디오를 소유하고 있었고, 이들 자산 중 FCC의 면허를 받은 것이 포함되어 있어서 FCC 합병 승인 심사가 필요했다.

컴캐스트와 NBC의 합병을 심사하는 과정에서 세 가지 규제 쟁점들이 집중적으로 논의되었다. 첫째는 경쟁 기업들이 컴캐스트－NBC유니버셜이 소유하고 있는 방송 프로그램에 대해 합리적으로 접근하는 것이 가능하겠는가에 대한 것이다. 둘째로 케이블 MSO이나 통신 서비스를 제공하는 컴캐스트와 다양한 콘텐츠를 소유하고 있는 NBC유니버셜이 수직적으로 결합하게 되면서 온라인 시장에서 경쟁이 약화될 가능성이다. 셋째는 미국 1위 MVPD 사업자인 컴캐스트가 소유하고 있는 플랫폼에 다른 콘텐츠 기업들의 접근이 보장될 수 있는지에 대한 것이다. 이는 컴캐스트가 플랫폼 시장 지배력을 바탕으로 NBC유니버셜이 소유하고 있는 콘텐츠만을 선호할 수 있는 가능성 때문이다. FCC는 이번 합병이 수직적, 수평적 시장결합에 따른 공익 저해 가능성을 야기할 가능성이 있었던 것으로 판단했다. 그러나 공익 저해 가능성을 줄이려는 조건을 부과함으로써 컴캐스트와 NBC유니버셜의 합병은 승인되었다. 〈표 19－2〉에서 컴캐스트와 NBC유니버셜 합병에 따른 주요 쟁점별 FCC의 평가와 승인 조건을 요약하였다.

FCC 내에서 정치적 입장에 따라 미디어 인수합병에 대한 시각은 매우 다른 편이다. 이는 미디어 인수합병의 기준이 공익의 충족 여부에 있지만 실제로 이를 해석하거나 총괄적인 판단은 정치적으로 결정될 가능성이 있다는 것을 의미한다. 특히, 시장점유율의 수평적 확대 또는 수직결합에 따른 시장 봉쇄와 같이 시장의 경쟁구조가 변화되더라도 이를 조건부로 허용하는 방식은 비교적 정치적 판단에 의존하는 것으로 보인다. 컴캐스트와 NBC유니버셜의 합병 후 2년이 지난 2013년 1분기에 이 기업의 영업 실적은 이전에 비해 개선되었다. 그러나 이 합병의 장기적 효과를 판단하기는 이르다.

표 19-2	컴캐스트 NBC유니버설 합병 주요 쟁점과 승인 조건	
쟁점	FCC의 평가와 승인 조건	
수직결합에 따른 프로그램 접근, 온라인 영상 콘텐츠 프로그램 전송 등	평가	수직결합된 기업이 시장 봉쇄 및 가격의 일괄 인상 전략 등을 통해 경쟁을 저해할 가능성
	승인 조건	컴캐스트와 NBC가 합병 이전에 확보하고 있는 정도의 협상력을 유지할 수 있도록 하는 조건을 적용
수평결합에 따른 프로그램 유통 시장 등 영향	평가	케이블 및 TV방송국을 소유하고 있는 지역 시장에서의 경쟁을 포함해 MVPD들에 대한 영상 프로그램판매 시장에서의 경쟁, 콘텐츠 제작 시장에서의 경쟁 등 프로그램 분야에서 나타날 수 있는 경쟁 저해요인
	승인 조건	별도로 합병 승인 규정이 필요 없는 것으로 판단
지역방송 전송	평가	컴캐스트가 NBC소유 프로그램들을 지역 지상파방송사보다는 케이블을 통해 공급할 가능성이 높을 것으로 판단
	승인 조건	FCC는 중요한 스포츠 경기들은 지상파가 아닌 케이블에서 우선적으로 방송하는 것을 금지하는 내용을 컴캐스트와 NBC 합병 승인 조건으로 부과
	평가	컴캐스트와 NBC의 합병이 다른 지역 제휴사와의 관계 및 재전송 동의에 영향을 미칠수 있을 것으로 판단
	승인 조건	① 컴캐스트의 제휴사 협약에 비차별 조건 등을 포함하도록 하는 조건 부과 ② ABC, CBS, Fox 등 다른 지상파방송사와의 업무 협약에서는 원안보다 협약 기간을 확대하도록 규정
지역성	평가	지역성 확보는 별로 규제 없이 컴캐스트가 자발적으로 제안했던 조건들을 FCC가 수용함
	승인 조건	① NBC 제휴 지역방송사들은 1,000시간 분량의 뉴스 및 정보 프로그램을 신규 제작 ② NBC 및 텔레문도 방송사들은 지역 뉴스 및 시사, 정보 프로그램 들을 지역 공동체에 공급
저널리즘 독립	평가	대기업 자본에 따른 뉴스 저널리즘 영향요인을 최소화할 수 있는 방안 마련의 필요성 인정
	승인 조건	FCC는 컴캐스트가 뉴스 분야에 있어서 저널리즘의 독립을 유지하도록 하는 이행 조건 부과
다양성	평가	합병 이후에 다양성 감소 추세 가능성 인정

	승인 조건	① 합병 이후 8년 동안 컴캐스트가 제공하는 디지털 티어에 최소 10개 이상의 새로운 독립 채널들을 운영 ② 합병거래 완료 시점으로부터 12개월 이내 NBC 소유의 텔레문도 채널의 멀티캐스트 채널을 만들어 제휴 방송사들이 이용할 수 있게 함 ③ 텔레문도 소유·운영 방송사들은 독립 제작사들과 같이 주간 비즈니스 뉴스 프로그램 채널을 만들어 플랫폼 사업자들에게 공급 ④ 텔레문도 소유 VOD 개수를 35개에서 100개까지 늘리며 3년 이내로 최대 300개까지로 늘리도록 함
PEG 채널	평가	PEG 채널들의 디지털 티어 편성 보장 등을 규정함
	승인 조건	컴캐스트가 PEG 채널들을 디지털 전환이 완료되기까지는 디지털 티어로 변경 금지. PEG 채널들을 디지털 티어 중에서도 기본 티어에 편성하거나 또는 컴캐스트 가입자의 85% 이상이 도달할 수 있는 티어에 편성하도록 함
노동문제	평가	컴캐스트의 노사문제 해결 방안의 자발적 해결 방안 선택
	승인 조건	컴캐스트가 노조 활동을 방해하지 않을 것이며, 기존 노사관계를 유지할 것이라는 자발적 조건을 수용함

출처: 전범수(2013, 32~33쪽).
주: PEG(Public, Educational and Governmental) 채널은 시청자가 참여하는 수용자 접근 채널, 소외 계층의 교육을 담당하는 교육 접근 채널, 정부와 지방자치단체, 국회가 운영하는 정부 접근 채널을 말한다. 한국의 경우 이와 유사한 공공 채널이 있고, 한국정책방송(KTV), 국회방송, 방송대학 TV가 공공 채널로 지정되어 SO가 의무적으로 전송되어야 한다. 공공 채널과 유사한 공익 채널도 있다.

(2) AT&T의 타임워너 인수[9]

AT&T는 이동통신 서비스와 유선전화 서비스 그리고 인터넷접속 서비스를 제공하는 통신 사업자였다. AT&T는 2006년에 IPTV 서비스인 유버스(U-Verse)를 서비스한 이후 상용 서비스를 확대해 왔고 2008년부터 IPTV에 본격적으로 투자하였다. 2015년에는 위성방송사인 DirecTV를 인수하였다. 타임워너는 터너(Turner는 TBS, TCM, TNT, CNN 등 케이블 네트워크 보유), HBO(유료 채널), 워너브라더스(Warner Bros. 영화/TV 프로그램 제작·배급사), DC Entertainment(만화책과 캐릭터

---

9) 이재영(2018)을 요약함.

회사) 등을 보유한 미디어 기업이다. 통신과 방송 플랫폼 회사였던 AT&T가 타임워너를 인수하면서 콘텐츠를 확보하게 되었다.

2016년 10월에 AT&T가 타임워너를 인수하기로 합의하였다. FCC는 2017년 1월에 통신이나 방송 면허의 거래가 아니기 때문에 이 거래를 심사할 계획이 없다고 밝혔다. 미국 법무부는 이 거래가 반독점법을 위반하였다고 법원에 이 거래를 금지해 달라는 민사 소송을 제기하였다. 2018년 6월에 법원이 법무부의 인수 금지 요청을 거부하였고, 이에 따라 A&T는 타임워너의 인수를 완료하였다.

미국 법무부(DOJ)는 수직결합에 대해서 규제기관이 합병 조건을 부가하더라도 대체로 허용해왔지만, AT&T의 타임워너 인수에 반대한 것은 이례적이라는 평가를 받았다. 2011년 성사된 컴캐스트와 NBC유니버셜이 수직 합병할 때 법무부는 경쟁 사업자에 대한 봉쇄를 방지하기 위한 의무사항을 부과하는 수준에서 허용한 바 있다. 하지만 법무부는 AT&T와 타임워너 합병으로 상당한 협상력 상승이 이루어져 경쟁을 두 가지 측면에서 제한할 것이라는 우려를 표명하며, 반독점법 위반을 근거로 한 허가하지 말라는 소송을 제기하였다; ① 합병 후 타임워너가 콘텐츠 대가를 인상하여 경쟁 상대인 다채널 유료방송 사업자(MVPD)나 인터넷을 통해 다채널을 제공하는 사업자(virtual MVPD)의 비용을 증가시키고 이는 이용자요금으로 전가됨으로써 경쟁이 제한될 것이다. ② 경쟁 사업자들이 프리미엄 채널인 HBO를 이용한 프로모션을 하지 못하도록 금지함으로써 경쟁이 제한된다.

법원은 DOJ의 경쟁제한 우려들은 단지 이론에 그쳤고 자료를 통해서나 전문가 증언을 통해서도 실증적으로 보여주지 못했다고 판단하고 이번 인수를 허용하였다. 법원은 이 거래에 대한 다음과 같이 판단하였다; ① 합병 전 플랫폼의 입장과는 달리, 합병 후에는 워너미디어 콘텐츠를 가능한 한 많은 플랫폼을 통해 제공하는 것이 합병한 기업에 유리하므로 경쟁 플랫폼을 차별할 유인은 크지 않다. ② 특히 OTT는 모바일에서의 이용이 확산되고 있으므로, 이동통신 서비스를 제공하는 AT&T 입장에서는 OTT를 방해할 것이 아니라 콘텐츠 이용을 활성화하는 것이 자사 데이터수입에 유리하다. ③ 광고가 없어 수신료 배분이 절대적 수입원인 HBO 입장에서 유료방송 사업자(MVPD)들이 진행하는 프로모션은 대단히 중요할 수 있으므로, 합병한 기업이 HBO 프로모션을 금지할 유인이 크지 않다. 전통적으로 수직결합은 반경쟁성을 판단하기 어려운 사안이었으므로, 법무부의 부정적 판단에 대한 법원의 이견은 특별할 것은 없는 상황이었다.

플랫폼 사업자인 AT&T가 콘텐츠 사업자인 타임워너를 인수하여 콘텐츠 경쟁력을 확보할수 있게 되었다. 타임워너는 할리우드 최대 영화사인 워너브라더스, 다수의 케이블TV 채널(유료영화 채널 HBO, 뉴스 채널 CNN, 만화 채널 Cartoon Network, 종합오락 채널이자 유료 채널 TBS, TNT 등), 그리고 인기 스포츠의 중계권을 보유하고 있다. 타임워너는 AT&T로부터 콘텐츠의 안정적 전송경로 겸 유통경로(위성방송/IPTV, 초고속 인터넷, 이동통신, 향후에는 5G 네트워크)를 보장받게 되었다.

AT&T의 타임워너 인수는 OTT 경쟁압력에 대한 대응 전략이기도 하다. 넷플릭스로 대표되는 OTT의 성장은 미디어 시장 인수합병을 촉발하고 있다. 넷플릭스, 아마존 등 인터넷 기반 미디어 서비스가 인기를 끌면서 유료방송 가입자수가 감소하고 있다. 타임워너가 보유한 인기 콘텐츠를 AT&T 가입자들에게 독점 제공하는 전략 등을 통해 기존 가입자를 묶어두는 한편, 신규 가입자를 끌어들일 것으로 보인다. AT&T는 타임워너를 인수한후 회사명을 워너미디어(Warner Media)로 고쳤다.

(3) 디즈니의 21세기폭스 합병

월트디즈니컴퍼니는 21세기폭스의 영화와 TV 사업 부문 인수를 2019년 3월에 완료하였다. 인수 절차를 마무리하는 데 1년 이상이 소요되었다. 월트디즈니는 21세기폭스의 영화와 TV 사업 부문 인수에 앞서 반독점법에 따라 전 세계 15개국으로부터 승인을 받아야 했다. 미국 정부는 2018년 6월 디즈니의 21세기폭스의 영화와 TV 사업 부문 인수·합병안을 승인했다. 유럽연합(EU) 집행위원회는 2018년 11월에 월트디즈니와 21세기폭스의 합병 법인이 유럽경제지역(EEA) 내에서 역사 채널 등 특정 인물의 일대기 관련 콘텐츠 채널을 운영하지 않는다는 조건으로 인수합병을 허가했다. 미국과 중국 간 무역 전쟁으로 인해 디즈니와 21세기폭스 인수합병 절차에서 최대 걸림돌로 평가받던 중국 정부는 2018년 11월 20일 양사 합병을 승인했다.

합병 이후 디즈니는 영화사 20세기폭스가 가진 영화 자산을 확보하게 되었고, 동시에 과거 흩어졌던 마블 슈퍼 히어로 자산을 한데 모으게 되었다. 또, 21세기폭스가 소유한, FX, 내셔널지오그래픽과 같은 케이블 채널, 폭스스튜디오, 유럽 위성방송 스카이(Sky Plc)의 지분과 인도 미디어 그룹 스타인디아(인도에서 60여개의 케이블TV 네트워크를 보유) 등을 21세기폭스로부터 건네받게 된다. 3위 인터넷 동영상 서비스 '훌루(Hulu)' 지분 30%도 갖게 된다.

3 한국 미디어 기업의 결합 사례

1) SK텔레콤의 CJ헬로비전 인수[10]

SK텔레콤의 CJ헬로비전 인수·합병거래의 배경을 살펴보자. CJ그룹이 CJ헬로비전을 매각하려는 목적은 CJ헬로비전을 포함해 케이블TV MSO들이 유료방송 시장에서 통신 사업자가 운영하는 IPTV와의 경쟁에서 밀리면서 케이블TV 시장에서 퇴출하려는 것이다. MSO들이 IPTV와의 경쟁에서 결합 서비스에서 결정적으로 열등하다. SK그룹이 CJ헬로비전을 인수하려는 목적은 유료방송의 가입자수를 늘려 유료방송 시장에서의 입지를 강화하고 규모의 경제를 누리려는 것이다. 2015년 12월에 기업결합을 공정거래위원회에 신고하였고, 공정위는 2016년 7월에 이 기업결합을 금지하는 조치를 내렸다.

공정위의 심사 내용 중에서 유료방송 시장과 관련된 내용을 먼저 보자. 관련 시장의 획정에서 쟁점은 유료방송 시장의 지리적 시장 획정이었다. 공정위

---

10) 이 소절에서는 공정거래위원회(2016.7.18.)를 재구성하면서 필자의 의견을 담았음.

는 유료방송 시장을 SO의 방송권역별로 획정하여 유료방송 시장을 전국 시장이 아닌 지역 시장으로 획정하였다. 유료방송 시장에서 수평결합으로 경쟁 제한성이 있는 것으로 분석되었다. CJ헬로비전의 23개 방송구역 중 1위인 21개 방송구역에서 경쟁제한 효과를 발생시킬 우려가 판단되었다. 기업결합 이후 21개 방송구역에서 결합 당사회사의 시장점유율은 47%~76%에 이르고, 2위 사업자와의 격차도 최대 58.8%p에 이르는 등 결합 당사회사의 시장지배력이 더욱 강화된다. 기업결합 시 케이블TV의 요금 인상을 억제하던 경쟁 압력이 크게 약화되고, 실제 CJ헬로비전의 시장점유율이 높은 지역에서 상대적으로 높은 요금이 부과된 점을 감안하면 단독으로 케이블TV요금을 인상할 가능성이 크다. 방송요금을 인상할 가능성을 분석한 결과, 기업결합 후 가격 인상 압력이 존재하였다.

다음으로 공정위의 심사 내용 중 이동통신 소매 시장과 관련된 내용을 보자. 공정위는 이동통신 1위 사업자인 SK텔레콤이 알뜰폰 1위 사업자로서 강력한 경쟁 압력으로 작용하던 CJ헬로비전을 인수함으로써 이동통신 소매 시장의 경쟁 압력이 크게 감소될 우려가 있다고 판단하였다. CJ헬로비전이 이동통신 소매 시장에서의 시장점유율이 1.5%에 불과한 가운데, 이 기업결합으로 경쟁 압력이 감소할 것이라고 공정위가 판단하게 된 배경에는 CJ헬로비전을 이동통신 사업자들을 실질적으로 견제하는 독행기업(maverick)이라고 본 것이 작용하였다. 독행기업(maverick)이란 공격적인 경쟁 전략을 통하여 기존 시장질서의 파괴자 역할을 하는 기업으로서 가격인하와 혁신을 주도하는 기업을 말한다.

공정위는 유료방송 시장과 이동통신 시장을 위의 분석을 근거로, 이 기업결합으로 2개 시장에서의 독과점구조가 회복되기 어려운 수준으로 약화될 것으로 예상하면서 이 기업결합을 금지한 것이다. 공정위는 이 기업결합 조치로 경쟁 제한 폐해와 독과점구조 고착화를 근원적으로 방지하여 소비자 피해를 예방하였다는 데 의미를 부여하였다.

2) LG유플러스의 CJ헬로 인수와 SK그룹의 티브로드의 인수[11]

LG유플러스가 CJ헬로를, SK그룹이 티브로드를 인수하는 계약을 각각 체결하고 2019년 3월과 5월에 공정위에 기업결합을 신고하였다. 이 거래의 배경도 2015년 12월에 계약한 'SK텔레콤의 CJ헬로비전 인수'와 동일하다. 공정위는 2016년 7월에 SK텔레콤의 CJ헬로비전 인수를 금지한 것과는 달리, 2019년 11월에 LG유플러스와 CJ헬로, SK그룹과 티브로드의 기업결합을 조건부로 승인하였다. 공정위가 거의 비슷한 거래에 대해서 3년 만에 상이한 결론을 내린 것이다. 공정위는 2019년 11월에 2건의 기업결합을 조건부 승인하고 그 의미를 다음과 같이 설명하였다; 방송·통신 사업자들이 급변하는 기술 환경변화에 적시에 대응할 수 있도록 하고, 소비자 피해를 방지한다.

공정위의 심사 내용 중 경쟁 제한성 판단을 4개의 건으로 구분하여 분석하였다. 첫째로, SK그룹의 티브로드 인수건 중 디지털 유료방송 시장에서의 경쟁 제한성 판단을 보자. 티브로드 23개 방송구역 중 11개 방송구역에서 경쟁제한성이 추정되며, 나머지 12개 지역에서도 안전지대에 해당하지 않는다. 결합 당사회사들이 1위인 5개 지역에서 2위와의 시장점유율 격차가 확대되고, 12개 지역에서 새롭게 1위 사업자가 되어, 총 17개 방송구역에서 결합당사회사들의 시장지배력이 강화된다. 이 기업결합으로 가격인상이나 채널수의 축소 등 경쟁제한행위 가능성이 있다. 결합당사회사들이 기존의 이동통신, 초고속인터넷 및 IPTV 서비스에 더해 디지털 케이블TV 서비스까지 제공할 수 있는 능력을 더할 경우에 다양한 결합 상품 구성을 통하여 결합당사회사들의 생산능력이 크게 향상되어, 경쟁 사업자와는 상당한 생산능력의 격차가 존재한다. 방송요금 인상 가능성에 대해 분석한 결과, 단기적으로 디지털 케이블TV에 대한 가격인상 유인이 존재한다.

둘째로, SK그룹의 티브로드 인수건 중 8VSB 유료방송 시장에서의 경쟁 제한성 판단을 보자. 23개 방송구역 8VSB 유료방송 시장 모두가 HHI로 보면 안

---

11) 이 소절에서는 공정거래위원회(2019.11.8.)를 재구성하면서 필자의 의견을 담았음.

전지대에 해당하지 않는다. 티브로드방송이 23개 8VSB 케이블TV 시장에서 독점 사업자임에도 독점행위를 하지 못한 이유가 IPTV로의 이탈을 우려한 것이다. 이 기업결합으로 8VSB 유료방송 시장의 경쟁이 제한될 가능성이 크다. 이 기업결합으로 결합 상품을 제공할 능력이 생기게 되어 신규 진입이 곤란해지고, 경쟁압력의 감소로 가격 인상을 할 수 있는 유인이 있고, 소비자의 선택권을 침해할 가능성이 크다.

셋째로, LG유플러스의 CJ헬로 인수건 중 8VSB 유료방송 시장에서의 경쟁제한성 판단을 보자. 23개 8VSB 유료방송 시장과 23개 방송구역 중 22개 디지털 유료방송 시장의 HHI가 커서 결합의 안전지대에 해당하지 않는다. CJ헬로와 LG유플러스는 서로 잠재적 경쟁자의 하나로 인식하여 가격인상, 채널 축소 등의 시장지배력 행사를 억제해 왔다. 이 기업결합으로 8VSB 유료방송 시장의 경쟁이 제한될 가능성이 크다. 이 기업결합으로 인해서 신규 사업자가 시장진입을 위해 필요한 최소자금규모가 현저히 증가하여 신규 진입이 곤란해진다. 이 기업결합으로 잠재적 경쟁압력이 약화되어 8VSB 케이블TV요금이 인상될 가능성이 높다. 가격 인상 가능성을 분석한 결과, 8VSB 유료방송의 가격인상 유인이 존재한다. 실제로 CJ헬로는 시장점유율이 상대적으로 높거나 경쟁SO지역보다 독점 SO지역에서 상대적으로 더 적은 채널을 편성하고 더 높은 채널당 단가를 책정하고 있다. 또한 8VSB 케이블TV 상품을 고가의 요금제 상품으로 전환 가입을 유도하여 소비자의 선택권을 제한할 가능성이 크다.

넷째로, LG유플러스의 CJ헬로 인수건 중 이동통신 소매 시장에서의 경쟁제한성 판단을 보자. 결합 당사회사들의 결합 후 시장점유율 합계는 21.9%이고 3위 사업자에 해당하여 경쟁제한성이 추정되지 않으며, HHI와 HHI 증가분을 보면 안전지대에 해당한다. 이 결합으로 증가되는 시장점유율이 1.2%p에 불과하여 경쟁제한 우려는 크지 않다. CJ헬로의 가입자수와 매출액이 감소하고, MVNO[12] 시장 자체의 경쟁력 약화로 CJ헬로의 독행기업성이 크게 약화되었다. LG유플러

---

12) MVNO는 주파수를 보유하고 있는 이동통신망 사업자(MNO)로부터 설비를 임대하여 독자적인 이동통신 서비스를 제공하는 가상이동통신망 사업자(Mobile Virtual Network Operator)를 말한다. MVNO 사업자가 제공하는 이동전화 서비스를 '알뜰폰'이라 부르기도 한다.

스는 이 시장에서 3위 사업자이고 1위와 2위 사업자와의 격차가 크므로 이 기업결합으로 인한 경쟁제한 우려는 크지 않다.

이러한 경쟁 제한성 판단을 근거로, 공정위는 유료방송 시장과 8VSB 유료방송 시장에서 경쟁제한 우려를 해소하고 소비자 선택권을 보호하기 위해서 다음의 시정조치를 부과하였다; 케이블TV의 수신료를 물가상승률을 초과하여 인상하지 못하고, 전체 채널수와 소비자 선호 채널의 임의 감축을 금지한다. 8VSB 케이블TV 가입자를 보호하고, 방송 상품의 저가 또는 고가로 전환을 강요하는 것을 금지한다. 모든 방송 상품에 대한 정보를 제공하거나 디지털 전환을 강요하는 것을 금지한다. 이 시정조치는 2022년 말까지 유효하고, 시정조치의 대상은 SK브로드밴드의 경우 8VSB와 디지털 케이블TV, LG유플러스의 경우 8VSB 케이블TV이다.

3) POOQ과 옥수수의 결합

지상파방송3사(KBS, MBC, SBS)와 SK브로드밴드는 각자 제공하는 OTT 서비스인 '푹(POOQ)'과 '옥수수(Oksusu)'를 합친다는 양해각서를 2019년 1월에 체결하였고 4월에 공정위에 기업결합을 신고했다. 공정위는 동년 8월에 이 결합에 대해 조건부로 승인하였다. 양 OTT 서비스의 합병은 SK텔레콤이 콘텐츠연합 플랫폼(푹 운영사)의 주식 30%을 취득하고, 콘텐츠연합 플랫폼은 SK브로드밴드의 OTT 사업 부문(옥수수)을 양수하는 형식으로 진행되었다. 푹의 입장에서는 SK텔레콤의 가입자 확보 능력과 대규모 투자 능력이 필요했고, 옥수수 입장에서는 양질의 지상파 콘텐츠가 필요하였기 때문에 합병한 것으로 보인다. 이 합병은 OTT 간 수평적 결합이면서, 동시에 수직적 결합의 성격도 가지고 있다. 왜냐하면 푹의 모회사(또는 합작회사)인 지상파방송사가 양질의 콘텐츠를 보유하고 있기 때문이다.

푹과 옥수수의 결합에서 공정위는 '유료구독형 OTT'와 '방송콘텐츠 공급업'의 2개의 시장을 검토했다. 여기서 공정위는 유료구독형 OTT와 무료광고형

OTT 간에 대체성이 없는 별개의 시장으로 보았다. 그러나 한국에서 유튜브가 OTT 이용시간의 80% 이상을 점유하고 있고, 유튜브를 포함한 많은 OTT 서비스가 유료 서비스와 무료 서비스를 동시에 제공하고 있다는 점에서 대체성을 검증할 필요가 있었다.

공정위는 푹, 옥수수, 올레tv 모바일, U+모바일tv, 티빙, 왓챠플레이, 넷플릭스가 제공되는 유료구독형 OTT 시장에서는 두 회사가 결합한다고 해서 다른 사업자의 경쟁을 제한할 가능성은 없는 것으로 판단했다. 2018년에 유료구독형 OTT 시장에서 월간 실사용자수(MAU)를 보면 옥수수가 329만 명으로 점유율 35.5%로 1위, 푹은 MAU가 85만명(9.2%)으로 4위였다. 유료구독형 OTT 시장에서 1위와 4위 사업자 간의 결합으로 경쟁 제한성이 없다고 공정위가 판단한 이유는 다음과 같다; 단독의 경쟁제한 가능성은 경쟁 유료구독형 OTT로의 구매 전환 가능성, 글로벌 유료구독형 OTT의 국내 시장 진입, 경쟁 사업자의 대응가능성 등을 고려할 때, 단독으로 가격을 인상하는 것은 어렵다고 판단된다. 또, 시장특성상 경쟁 사업자 간 협조가 용이하지 않은 점, 이행감시가 어려운 점 등을 고려할 때, 협조효과 발생가능성은 낮다.

그러나 공정위는 방송 콘텐츠 공급업 시장에서 푹과 옥수수 간의 결합 후에 핵심 콘텐츠인 지상파 콘텐츠에 대한 경쟁 유료구독형 OTT의 콘텐츠 구매선이 봉쇄되어 시장의 경쟁이 실질적으로 제한될 우려가 있다고 판단하였다. 이에 공정위는 다음의 조건을 부과하였다. 공정위는 지상파 3사에 다른 OTT 사업자와의 기존 지상파방송 VOD 공급계약을 정당한 이유 없이 해지하거나 변경하는 것을 금지했다. 현 OTT 사업자는 물론 향후 유료구독형 OTT 시장에 진입할 수 있는 잠재적 사업자도 포함된다. 공정위는 또 방송사들에게 다른 OTT 사업자가 지상파방송 VOD 공급을 요청하면 합리적이고 비차별적인 조건으로 성실하게 협상하도록 했다. 지상파3사는 홈페이지나 모바일 애플리케이션에서 현재 무료로 제공하는 지상파 실시간 방송을 중단하거나 유료로 전환할 수도 없다. SK텔레콤의 이동통신 서비스나 SK브로드밴드의 IPTV를 이용하지 않는 소비자에 대해 합병 OTT 가입을 제한하는 것도 금지된다. 공정위는 이 시정조치의 이행기간을 3년으로 설정하였다. 공정위는 OTT 시장이 급변하고 있고 지상파방송사의 영향력이 갈수록 줄어드는 점 등을 고려해 합병 완료 후 3년으로 기간을 설정했다.

참고문헌

공정거래위원회(2016.7.18.), "공정위, SK텔레콤－CJ헬로비전 인수·합병 금지 — 유료
　　방송 시장과 이동통신 시장의 경쟁 제한 가능성 원천 차단 — ," 보도자료.
공정거래위원회(2019.11.8.), "공정위, 방송·통신시장에서의 기업결합 조건부 승인 — 가
　　격 인상 제한, 채널 격차 해소 등을 통한 유료방송시장의 경쟁 촉진 — ," 보도자료.
공정거래위원회(2017.12.20.), "기업결합 심사기준," 공정거래위원회고시 제2017－22호.
권남훈(2006), "경쟁정책 적용을 위한 시장획정 방법론 및 시장집중 지표,"「산업조직연
　　구」, 14(2), 63－94.
송진·이영주(2014), "수평적 규제 하에서의 지상파 방송사업자와 유료 방송사업자간 겸
　　영 허용 판단 기준에 관한 고찰,"「미디어 경제와 문화」, 12(1), 2014.02, 7－73쪽.
이성엽(2017), "미디어 산업에서 M&A 인가의 쟁점과 개선방향,"「경제규제와 법」, 제10
　　권 제2호(통권 제20호), 2017.11, 285－300.
이재영(2018), 「AT&T의 Time Waner 인수: 콘텐츠 강화 및 OTT 대응 전략」, 정보통신
　　정책연구원, Premium Report, 18－03.
전범수(2013), 「미국과 유럽의 미디어 기업 인수합병」, 커뮤니케이션북스.
전성훈(2005), "수평적 기업결합의 경쟁제한성 평가상의 유의점,"「서강경제논집」, 34권
　　2호, 195－219.
전혜선(2007), "케이블TV SO의 수평적 결합 사례분석: 경쟁제한성 판단(효율성 증대 vs
　　경쟁제한성으로 인한 폐해)을 중심으로,"「한국방송학보」, 21(4), 327－361.
조영신·이선미(2010), "시장 획정별 미디어 시장 집중도 분석,"「사이버커뮤니케이션학
　　보」 27(2), 2010.06, 215－252.

Foros, O., Kind, H. J., Sogard, L.(2016). "Merger Policy and Regulation in Media
　　Industries," in *Handbooks of Media and Economics*, 225－264, (eds) Simon P.
　　Anderson, David Stromberg, Joel Waldfogel, Amsterdam: North Holland.

찾아보기

저자약력

권호영

경북대학교 무역학과 졸업
서울대학교 대학원 국제경제학과 졸업(경제학석사)
서울대학교 대학원 국제경제학과 졸업(경제학박사)

現 순천향대학교 석좌교수

경력
2009.5~2019.12 한국콘텐츠진흥원(연구위원)
1995.3~2009.5 한국방송영상산업진흥원(수석연구원)
1990.5~1995.3 KT 근무(전임연구원)

주요 저서
권호영, 『드라마 제작과 유통』, 커뮤니케이션북스, 2015년 11월
권호영외 2인, 『디지털 미디어 경영론』, 커뮤니케이션북스, 2015년 9월
권호영외 13인, 『스마트 미디어의 이해』, 미래인, 2014년 3월
최영묵·권호영외 10인, 『공영방송의 이해』, 한울아카데미, 2012년 2월
강재원·권호영외 7인, 『한국 미디어 산업의 변화와 과제』, 커뮤니케이션북스, 2010년 7월
권호영·김미경, 『방송의 미래와 전략, 2017』, 커뮤니케이션북스, 2008년 2월
권호영외 5인, 『한국의 지상파방송사 경영전략』, 커뮤니케이션북스, 2006년 11월
권호영외 5인, 『세계의 지상파방송사 경영전략』, 커뮤니케이션북스, 2006년 8월
권호영외 29인, 『디지털방송미디어론』, 커뮤니케이션북스, 한국방송학회 편저, 2005년 10월
권호영외 16인, 『문화경제학 만나기』, 김영사, 2001년 3월

한국 미디어 경제학

초판발행	2020년 8월 30일
지은이	권호영
펴낸이	안종만·안상준
편 집	조보나
기획/마케팅	오치웅
표지디자인	이미연
제 작	우인도·고철민
펴낸곳	(주) **박영시**
	서울특별시 종로구 새문안로3길 36, 1601
	등록 1959. 3. 11. 제300-1959-1호(倫)
전 화	02)733-6771
f a x	02)736-4818
e-mail	pys@pybook.co.kr
homepage	www.pybook.co.kr
ISBN	979-11-303-1058-9 93320

* 파본은 구입하신 곳에서 교환해 드립니다. 본서의 무단복제행위를 금합니다.
* 저자와 협의하여 인지첩부를 생략합니다.

정 가   37,000원

본 저서는 '한국방송학회−GS SHOP 2019년도 방송/영상 분야 저술 출판 지원'에 의해 수행되었음